荊楚文庫

〔弘治〕黄州府志

〔明〕盧濬 修 〔明〕舒旌 張縉 纂

〔康熙〕黄州府志

〔清〕蘇良嗣 修 〔清〕奚禄詒 纂

荊楚文庫編纂出版委員會
武漢大學出版社

荆楚文库

〔弘治〕黄州府志
HONGZHI HUANGZHOU FUZHI

〔康熙〕黄州府志
KANGXI HUANGZHOU FUZHI

圖書在版編目(CIP)數據

〔弘治〕黄州府志/〔明〕盧濬修;〔明〕舒旌,張縉纂.
〔康熙〕黄州府志/〔清〕蘇良嗣修;〔清〕奚禄詒纂.
—武漢:武漢大學出版社,2021.3
ISBN 978-7-307-22072-0
Ⅰ.①弘… ②康…
Ⅱ.①盧… ②蘇… ③舒… ④張… ⑤奚…
Ⅲ.黄州府—地方志—明清時代
Ⅳ.K296.34
中國版本圖書館 CIP 數據核字(2021)第 017354 號

責任編輯:李　程
整體設計:范漢成　曾顯惠　思　蒙
責任校對:汪欣怡
出版發行:武漢大學出版社(中國・武漢)
地址:武昌珞珈山
電話:(027)87215822　　郵政編碼:430072
録排:武漢恒清圖文菲林輸出工作室
印刷:湖北新華印務有限公司
開本:787mm×1092mm　1/16
印張:36　插頁:6
版次:2021 年 3 月第 1 版　2021 年 3 月第 1 次印刷
定價:169.00 元

ISBN 978-7-307-22072-0

出版説明

湖北乃九省通衢，北學南學交會融通之地，文明昌盛，歷代文獻豐厚。守望傳統，編纂荆楚文獻，湖北淵源有自。清同治年間設立官書局，以整理鄉邦文獻爲旨趣。光緒年間張之洞督鄂後，以崇文書局推進典籍集成，湖北鄉賢身體力行之，編纂《湖北文徵》，集元明清三代湖北先哲遺作，收兩千七百餘作者文八千餘篇，洋洋六百萬言。盧氏兄弟輯録湖北先賢之作而成《湖北先正遺書》。至當代，武漢多所大學、圖書館在鄉邦典籍整理方面亦多所用力。爲傳承和弘揚優秀傳統文化，湖北省委、省政府決定編纂大型歷史文獻叢書《荆楚文庫》。

《荆楚文庫》以『搶救、保護、整理、出版』湖北文獻爲宗旨，分三編集藏。

甲、文獻編。收録歷代鄂籍人士著述，長期寓居湖北人士著述，省外人士探究湖北著述。包括傳世文獻、出土文獻和民間文獻。

乙、方志編。收録歷代省志、府縣志等。

丙、研究編。收録今人研究評述荆楚人物、史地、風物的學術著作和工具書及圖册。

文獻編、方志編録籍以一九四九年爲下限。

研究編簡體横排，文獻編繁體横排，方志編影印或點校出版。

《荆楚文庫》編纂出版委員會

二〇一五年十一月

總目録

荊楚文庫

〔弘治〕黄州府志

〔明〕盧濬 修
〔明〕舒旌 張縉 纂

《荆楚文庫·方志編》編纂組

組　　長：劉偉成　陽海清（執行）

副 組 長：劉傑民（執行）　王　濤　謝春枝　范志毅（執行）

參編人員（以姓氏筆畫爲序）：

王　濤　李云超　宋澤宇　范志毅　柳　巍　馬盛南　陳建勛

梅　琳　張　晨　張雅俐　陽海清　彭余焕　彭筱溦　賀定安

劉傑民　謝春枝　嚴繼東

編　　審：周　榮

顧　　問：沈乃文　李國慶　吴　格

前言

《〔弘治〕黄州府志》十卷，明盧濬修，明舒旌、張縉纂，明弘治十三年（一五〇〇）刻本。

盧濬，字希哲，號赤城山人，浙江天台人，書法家，明成化二十三年（一四八七）進士。授刑部主事，歷官南安、邵武知縣，弘治間任黄州知府，著有《渺粟集》《黄州集》《古黄遺跡集》等。舒旌，弘治時官黄州府學教授。張縉，湖北監利人，正統三年（一四三八）舉人，黄岡縣教諭。

是志序言：『黄州在湖藩之北，春秋時爲黄國地。』然乾隆十四年（一七四九）所修《黄州府志・地理志・沿革》言：『黄州府在唐虞夏商荆、揚、豫三州之域，周爲弦子國，見《晉書・地理志》。後併於楚。或以爲黄國者，非也。黄國在漢縣之弋陽，今之光州是。』（光州係今河南省潢川縣）清人楊守敬於《隋書地理志考證》中曰：『後周黄州，因黄祖黄城縣得名。隋之黄州，移周黄州治於黄岡耳，與春秋黄國不相涉。』《中國古今地名大辭典》言：『黄州：隋開皇五年（五八五）改衡州置，治南安縣（後改黄岡縣，今黄岡市北，唐中和時移今治）。大業初改爲永安郡。唐初仍爲黄州。』以上三者所叙一脈相承，黄州沿革之始，應以後人所論證者爲準。至明太祖洪武元年（一三六八），改黄州路爲黄州府，屬湖廣行省。

是志序言：『前此亦嘗有志……然詳略失宜……弗當觀者……天台盧君……於政務之餘，繙閲舊本而考訂之，芟繁補略，昭晰隱晦，凡所當改絃易轍焉者一皆決之於心，彙分昈列，立爲凡例』，以爲基礎，委託舒旌、張縉二人編輯成志。

志分十卷，共計五綱：地理、官制、宫室、人物、藝文。是志凡例云：『纂編事蹟，悉本之《一統志》，而參以舊志』，『已載而未盡者』『載後而當續者』，『各斟酌隨類增入』。又云：『志書目録，凡可以類從者，則立綱以總之，而詳列其目。事有該括未盡者，附於各目之下』，『删繁就簡，免分裂失序之弊』，每綱之前以總序示其意。文武官職舊志取其尤者列名宦類，是志仍之，新增者據實録入。鄉邦人物當續者，必其人既没，參酌公議，方據實録之。科舉薦辟列可考者。孝子、節婦若有孝行、節操均可爲世俗勸者，並録以傳。碑文取有關世用、事可備考據者，『藝文』備載一郡之風雅。

《湖北省地方志考略》評是志曰：『《弘治志》文字簡潔，而記事反有詳於後世志書者。如各縣城均載有坊名街名，可以約略考見當時縣城的規模。』如其所述，是志所載各縣坊、街相關信息，在乾隆志中並無體現。《考略》又云：『又如土産目中所列品種較爲詳備……而後之志書反較簡略。』可見是志較之後世所修志書，所載内容之詳略選擇具有獨特之處。

是志原書未見卷二之五十九、七十九葉，卷三之八十四、一百一葉，卷四之五十四葉，卷七之五十九、七十五葉，卷八之二十四葉，卷九之五十八葉及卷十之一百葉，或有缺損、佚失可能。另有後序一篇，置於卷五之後，僅存第三、四葉。

據《中國地方志聯合目録》，是志明弘治十三年（一五〇〇）刻本僅有孤本存世，其卷一至卷五藏於天一閣，卷六至卷十藏於上海圖書館，皆有殘缺情況。本次據該孤本影印。（彭筱溦）

目録

黃州府志重修序

地之有志於往古來茲咸稱曰道
宜之者以謂事在必有而理不
可缺焉者也以謂有之則足以稽
前示後傳播罔極否則茫茫焉一
無藉手語小則一邑語大則一郡
類若委而棄之將謂委之然是則

盡天下郡邑莫不有志則天下無
遺地哉黃州在湖藩之北春秋時
為黃國地後屬楚為邾城秦漢以
還屬稱屢易迨隋若唐一再易乃
為黃州曰黃州府則我
朝所更定也凡為州一為縣七巴蜀
淮楚前帶後襟湖南諸郡莫加焉

其間山川之崇廣巖壁之峭異地
產之蕃殖與夫俗尚之隆汙租稅
之增損人物之生息長寮佐史之
交遞廨宇亭榭梁道之廢置前此
亦嘗有志焉者然詳略失宜去取
弗當觀者病焉天台盧君希拓
起家成化丁未進士歷官刑部郎

有聲年三十餘擢守是郡以謂黃
讀王元之蘇東坡文時已知有黃
州乃今更語土滯尋訪蘇王二公
故跡而官品顧出其上而力有足
為而於此不能一有暴白責焉可
逭爰於政務之餘繙閱舊本而考
訂之芟繁補略昭晰隱晦凡所當

政緫易轍焉者一時決之於心稟
令昉列立爲凡例以畀教授舒君
旌教諭張君縉俾編輯而貳守韋
君原載則專托以正校之任既成
因府推羅君鵬舉考績之來緘書
幣徵予爲序盍予言諸侯之寶三
土地人民政事夫分土畫疆實之

生聚古之所謂國則今之所謂郡
也凡爲之長而善於政則不惟人
安於當時且足貽範於來世其在
今則郡之守非古之諸侯乎是於
幅員之控制民生之撫育亦惟安
之計而範之貽乃所謂政之善者
則貽範非志何居而以爲地之無

志可誠盧君之爲是郡未三年其
餘力乃克臻茲則於百凡所急殆
善一不如意者而於是編又能增
飾繕脩蓋亦損益之惟中之適使前
此黃之形勝風㡲一展卷閒瞭然
在於目睫匪直王蘇諸公勃然以
有生氣雖後來諸賢亦與出色則

是編所繫不尤重哉政貴知所重
君於此纔若差緩然未嘗視爲泛
常而輕於所事使郡之志皆若黃
凡爲守者皆若盧君其人則天下
之大孰有弗志之地與弗治之郡
者哉書以復盧君以爲黃州志序
弘治庚申冬十月望日

資善大夫禮部尚書
經筵官前兼翰林院學士充
文華日講兼侍
東宫講讀同修
國史會典副總裁新喻傅瀚序

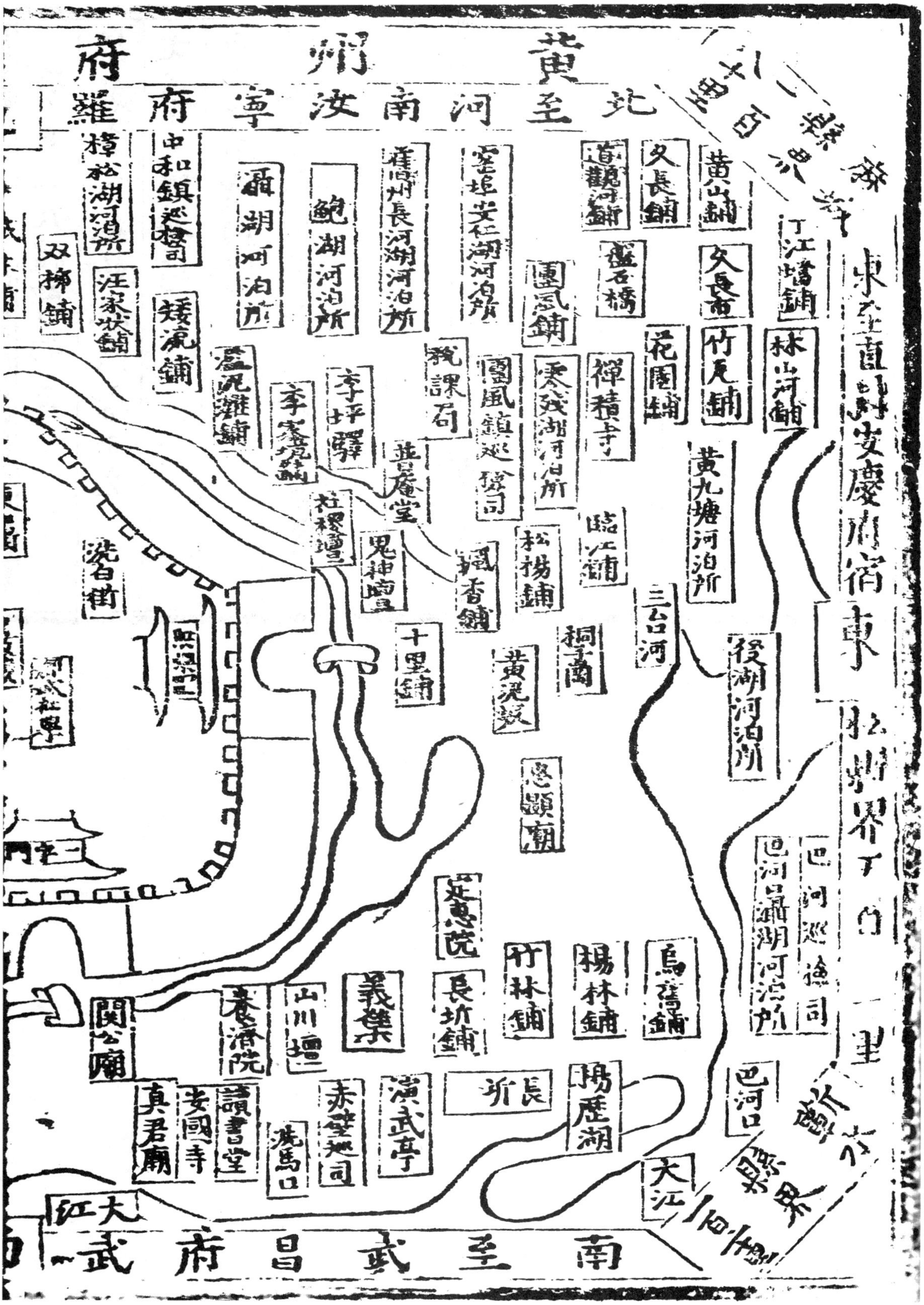
黄州府
北至河南汝寧府羅
東至直隸安慶府宿松縣界
南至武昌府武
道觀河鋪
久長鋪
黄山鋪
丁江嶺鋪
盤石橋
久長鋪
竹尾鋪
林山河鋪
花園鋪
團風鋪
禪積寺
黄九塘河泊所
樟松湖河泊所
中和鎮巡檢司
滠湖河泊所
鮑湖河泊所
雙柳鋪
汪家灰鋪
矮瀛鋪
税課司
團風鎮巡檢司
李坪驛
臨江鋪
三台河
松楊鋪
十里鋪
鬼神廟
黄泥鋪
祠子崗
役湖河泊所
巴河巡檢司
巴河湖河泊所
養濟院
山川壇
義塚
長圻鋪
竹林鋪
楊林鋪
關公廟
真君廟
安國寺
讀書堂
赤壁
演武亭
長圻
巴河口
大江

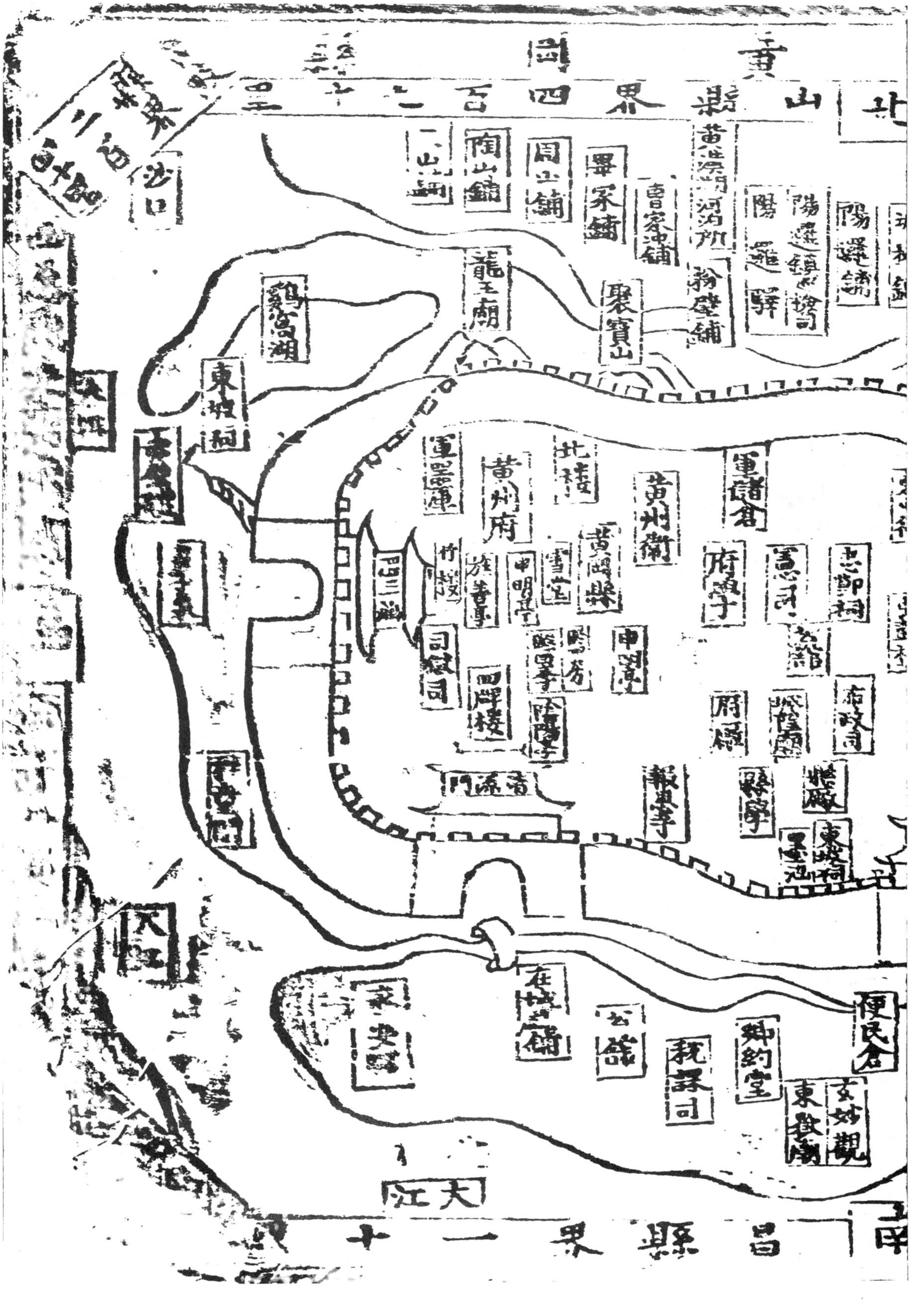
北
南
大江
沙口
陶山鋪
畢家鋪
黄岡河泊所
陽邏驛
陽邏鎮巡檢司
龍王廟
聚寶山
東坡祠
軍器庫
北樓
黄州府
黄州衛
軍儲倉
黄岡縣
竹樓
雪堂
中明亭
司獄司
四望樓
陰陽學
府學
報恩寺
縣學
府倉
布政司
便民倉
在城鋪
公館
稅課司
玄妙觀
東嶽廟

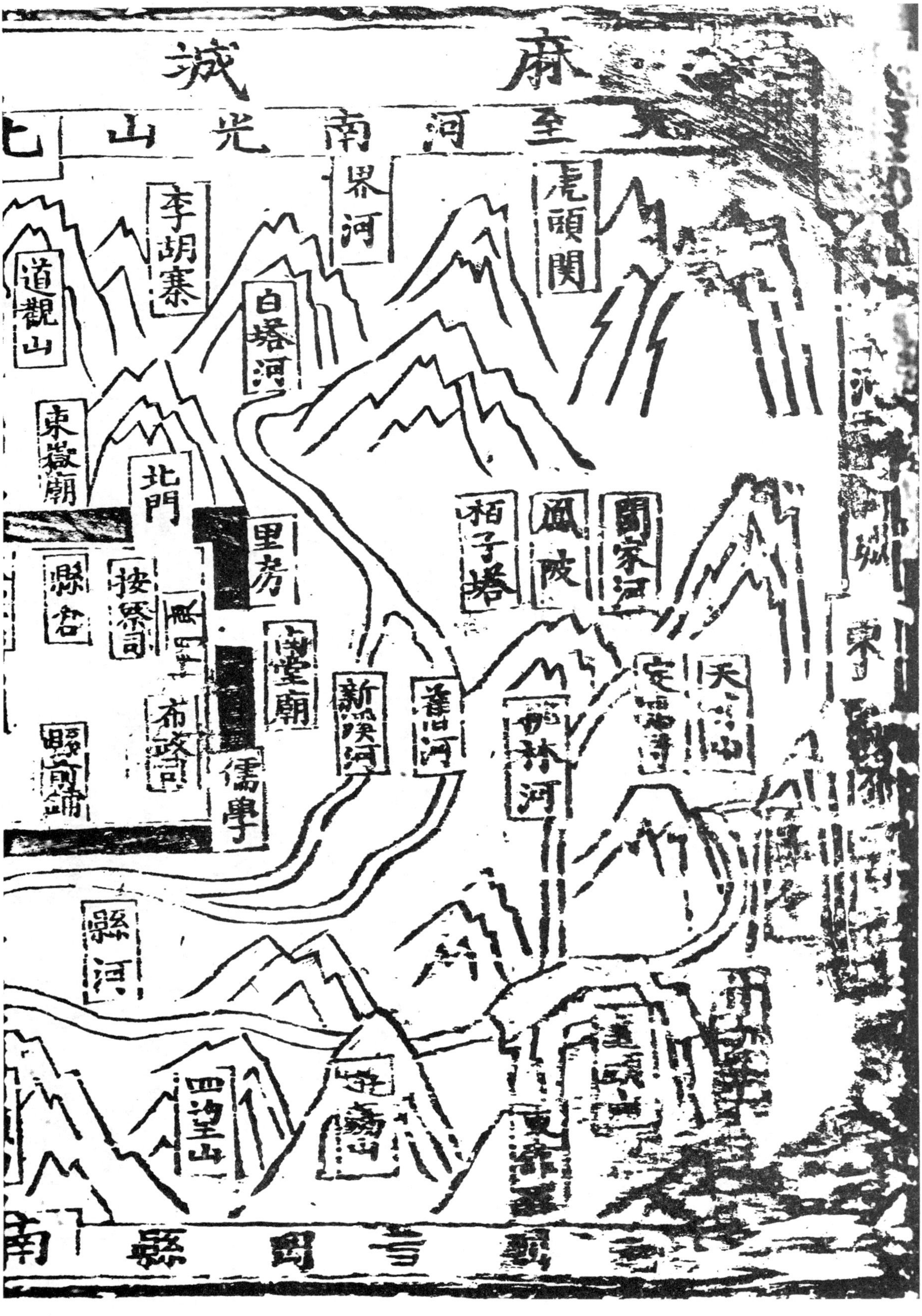

至河南光山
李胡寨
界河
虎頭関
道觀山
白塔河
東嶽廟
北門
里房
縣倉
按察司
栢子塔
鳳陂
閻家河
儒學
新淵陂河
縣河
四望山
東

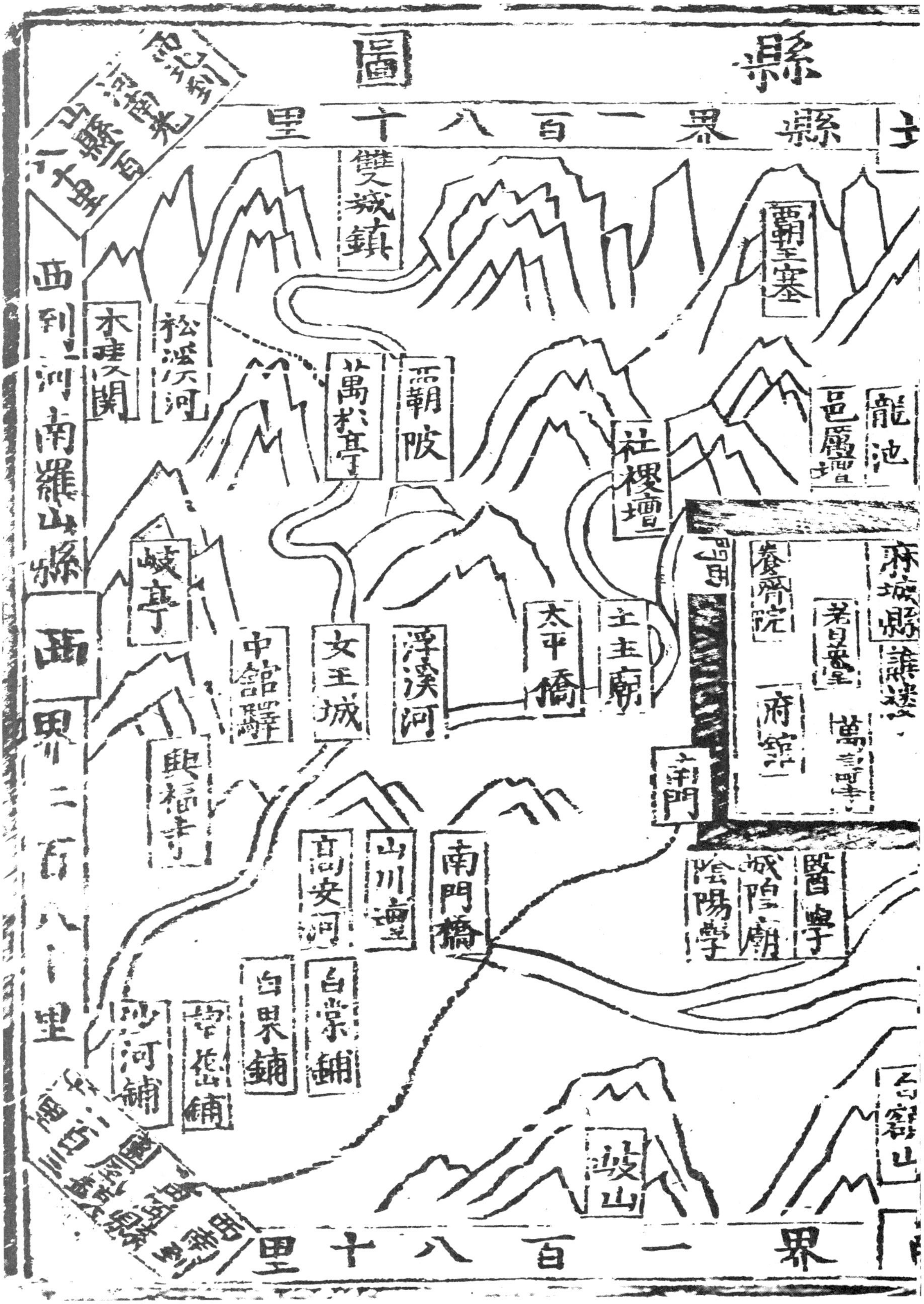
縣圖
縣界一百八十里
雙城鎮
松溪河
萬松亭
西朝陂
社稷壇
龍池
邑厲壇
麻城縣
岐亭
中館驛
女王城
浮溪河
太平橋
土主廟
養濟院
西門
南門
南門橋
山川壇
高安河
醫學
城隍廟
陰陽學
白杲鋪
白棠鋪
沙河鋪
岐山
界一百八十里

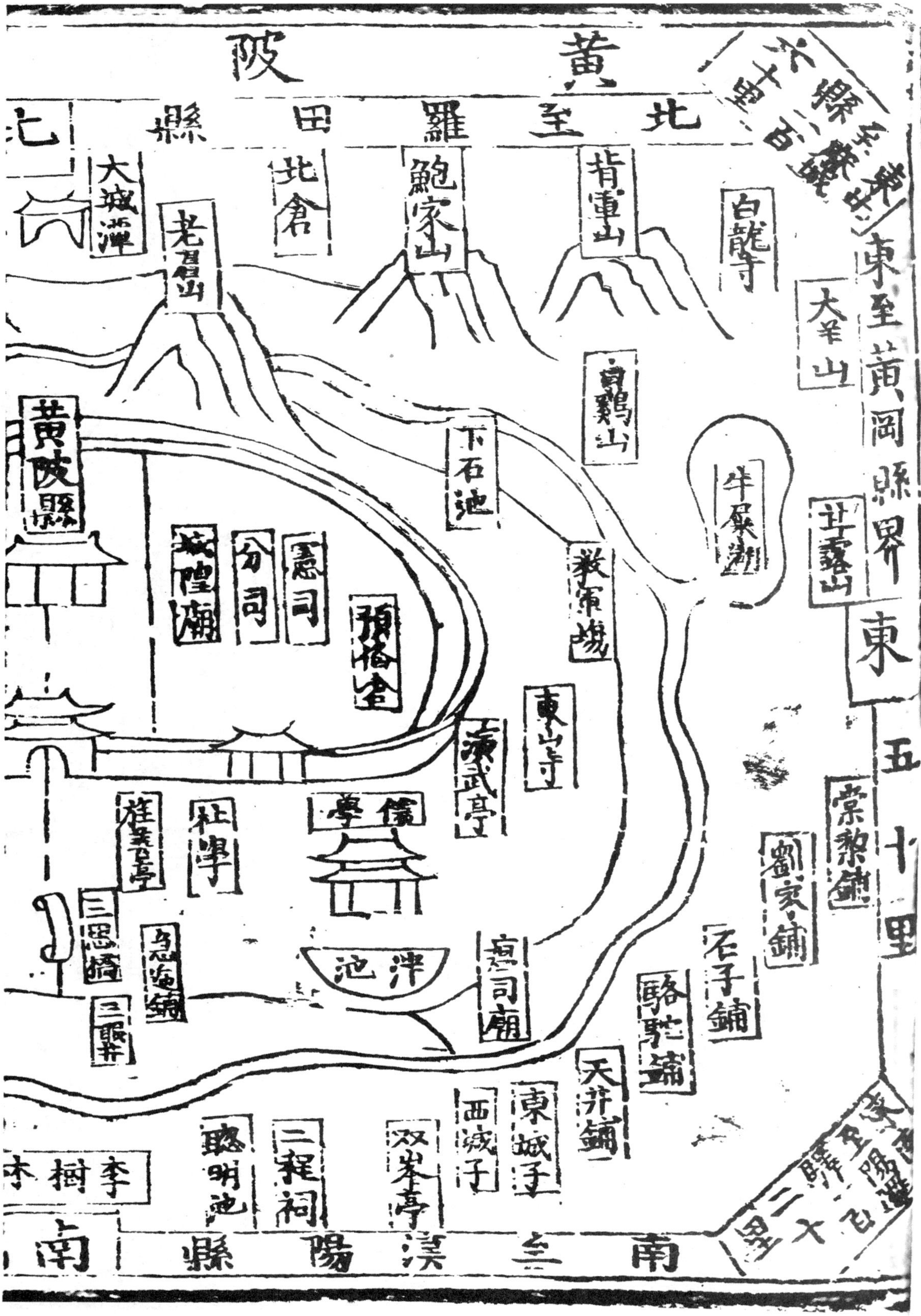
黄陂
北至羅田縣
東至黄岡縣界
東五十里
南至漢陽縣
李樹
大城潭
北倉
老君山
鮑家山
背重山
白龍寺
大羊山
白鶏山
下石池
甘露山
黄陂縣
城隍廟
分司
憲司
預備倉
教軍場
東山寺
演武亭
儒學
社學
三思橋
急遞鋪
泮池
憲司廟
劉家鋪
石子鋪
駱駝鋪
天井鋪
東城子
西城子
双峯亭
二程祠
聰明池

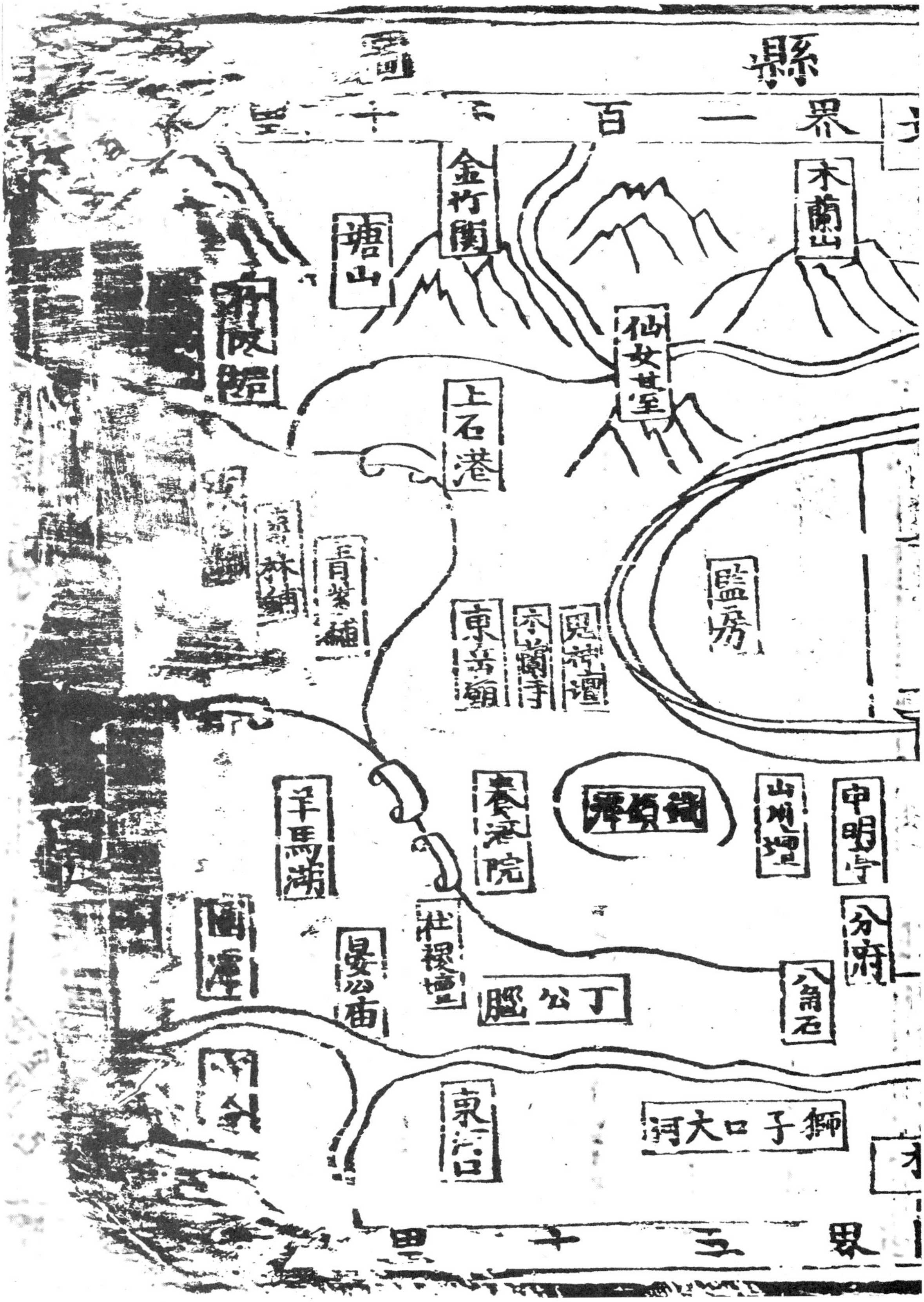
縣
界一百
金竹關
木蘭山
塘山
仙女岩
上石港
東岳廟
羊馬湖
晏公廟
獅子口大河
東河口
八角石
分府
中明亭
山川壇
丁公

蘄水
北至黄岡縣
北到羅田縣九十里
羅田縣
嚴家坳鋪
樊家港鋪
三望冲鋪
白沙嶺鋪
三家店鋪
株林鋪
滑石鋪
社稷壇
護山
青山
鳳夕山
斗方山
東到英山縣
東界九十里
醫學
陰陽學
三公廟
僧會寺
陸羽茶泉
洗筆池
綠楊橋
儒學
神光觀
山川壇
斑竹山
查兒山
金谷山
時雨亭
田瀾亭
王臺丹井
養濟院
田家山
三角山
分流山
浠川驛
石牛鋪
分流鋪
李店鋪
六廟鋪
黄城河
東南到蘄州黄泥河七十里
南至蘄州

縣圖
北界七十里
邑厲鋪
鍾師楼鋪
松林鋪
孟家山鋪
河廟鋪
巴水馬驛
流店鋪
七里鋪
黃州府
巴河巡司
子胥廟
神山
城隍廟
分司
館驛
蘄水縣
西至蘄溪西界四十里
仵洲
孫權廟
楊歷湖河泊所
蘭溪水驛
西寺山
武昌道
縣前鋪
太公石
五显廟
龍潭秋月
六堘港
合利山
白羊山
晏公廟
蘭溪巡司
仙雲觀
拆湖河泊所
茅山口
青獅山
西南到蘄州一百四十里
南界五十里

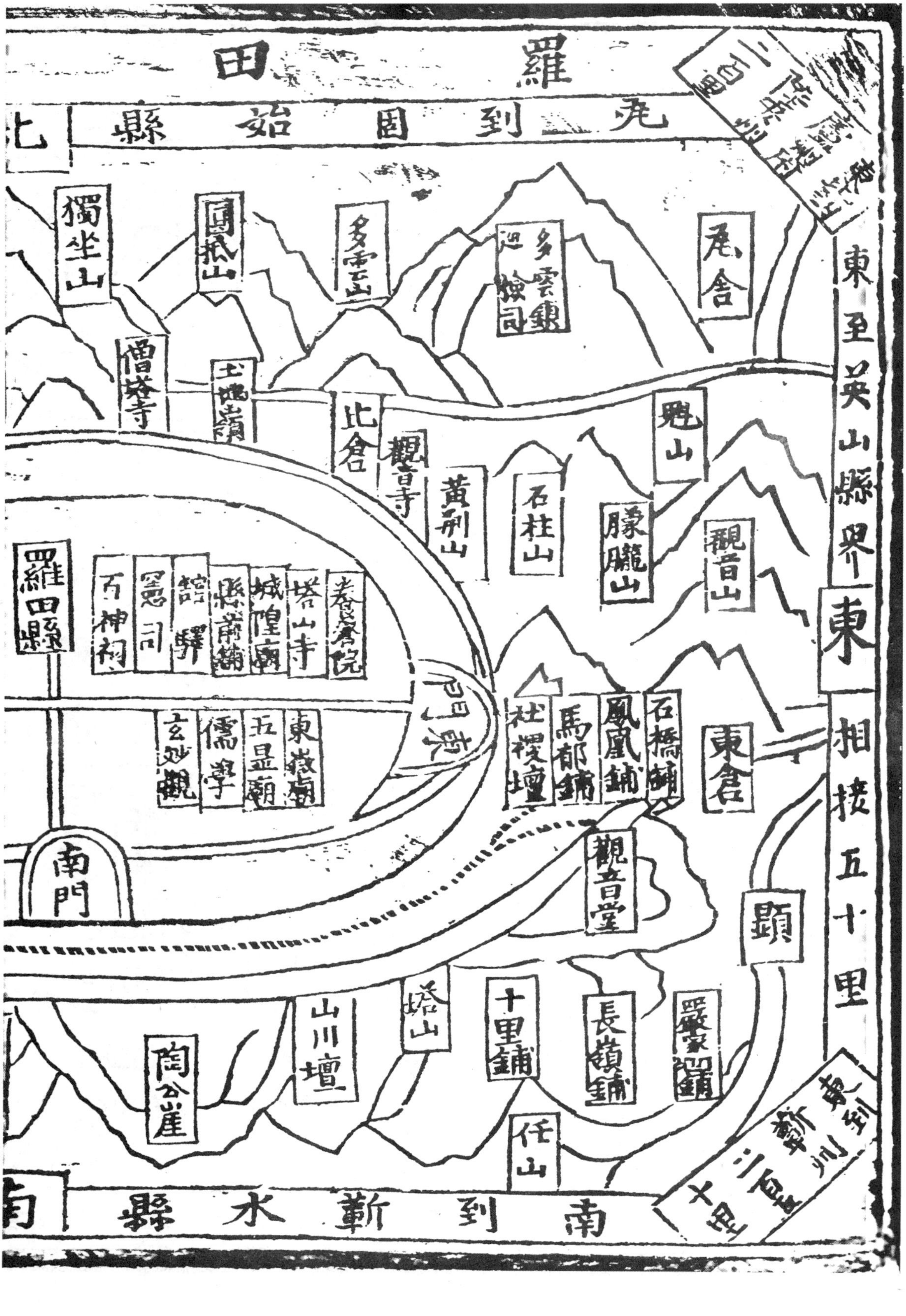
羅田
尭到固始縣
北
獨坐山
團柢山
多雲山
多雲鎮巡檢司
尭舍
東至英山縣界
東
相接五十里
曾塔寺
比倉
觀音寺
黄荆山
石柱山
鶻山
滕朧山
觀音山
羅田縣
春景院
塔山寺
城隍廟
縣前鋪
舘驛
陰陽司
百神祠
東嶽廟
五显廟
儒學
玄妙觀
東門
石橋鋪
鳳凰鋪
馬郁鋪
社稷壇
東倉
南門
觀音堂
顕
塔山
山川壇
十里鋪
長嶺鋪
陶公崖
任山
南到蘄水縣
南

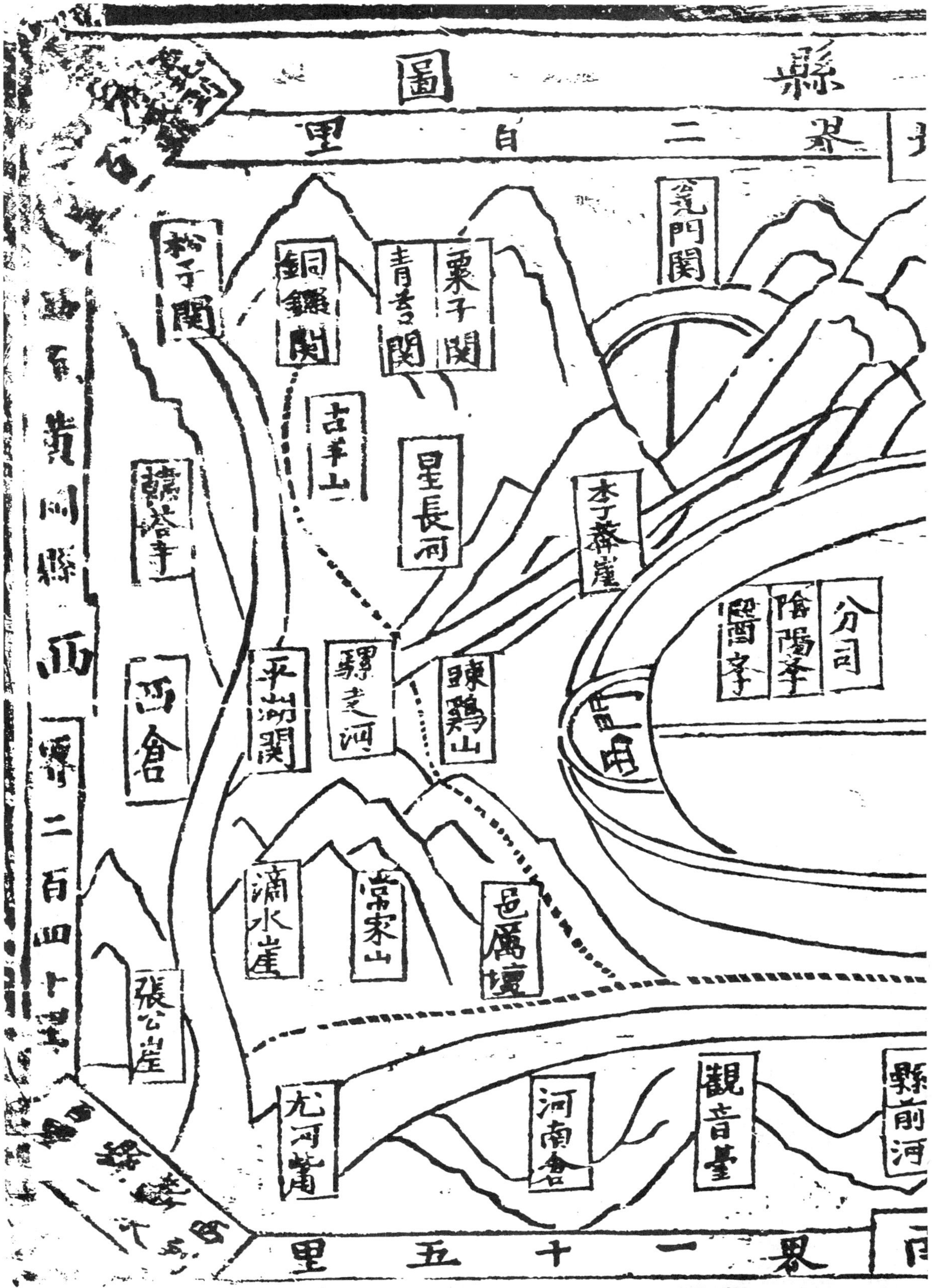
縣圖
界二百里
松子關
銅鑼關
青苔關
栗子關
古羊山
星長河
平湖關
滴水岩
常家山
邑厲壇
張公岩
分司
陰陽學
醫學
河南舍
觀音臺
縣前河
界一百五十里

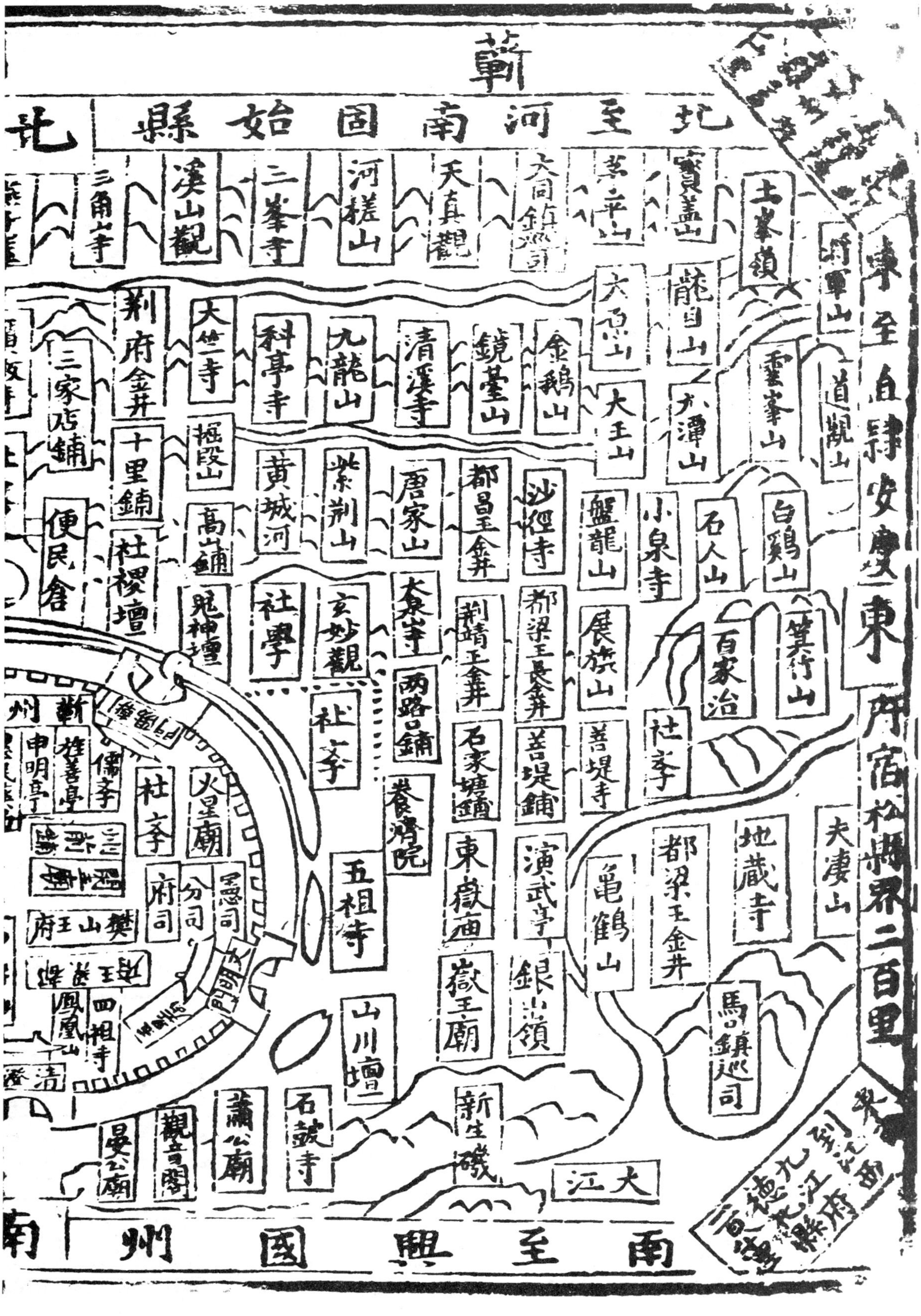
蘄
北至河南固始縣
南至興國州
大江
三角山寺
溪山觀
三峯寺
河槎山
天真觀
寶蓋山
土峯嶺
將軍山
道觀山
雲峯山
大潭山
大王山
金鷄山
鏡臺山
清溪寺
九龍山
科亭寺
荊府金井
三家店鋪
十里鋪
便民倉
社稷壇
高山鋪
鬼神壇
黃城河
紫荊山
唐家山
都昌王金井
盤龍山
小泉寺
石人山
白鷄山
展旗山
百家冶
社學
玄妙觀
兩路鋪
石家塘鋪
善提鋪
善提寺
養濟院
火星廟
府司
分司
五祖寺
東嶽廟
演武亭
龜鶴山
都梁王金井
地藏寺
嶽王廟
銀山嶺
山川壇
馬口鎮巡司
石鼓寺
蕭公廟
觀音閣
晏公廟
新生磯

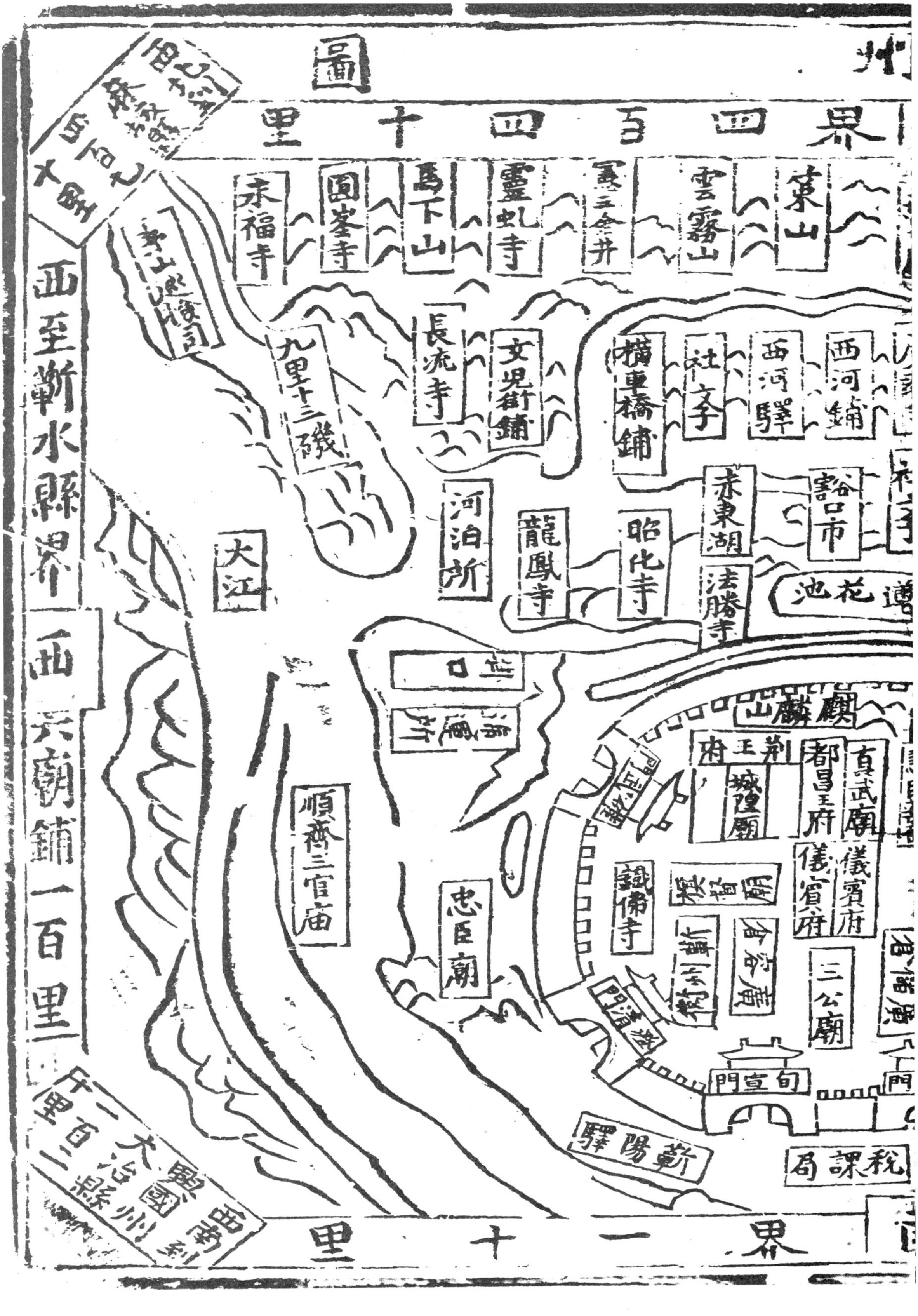
州圖
界四百四十里
西至蘄水縣界
赤福寺
圓峯寺
馬下山
靈虬寺
雲霧山
東山
長流寺
文兒街鋪
橫車橋鋪
西河驛
西河鋪
九里十三磯
河泊所
龍鳳寺
昭化寺
赤東湖
法勝寺
谿口市
大江
順濟三官庙
忠臣廟
麒麟山
荊王府
都昌王府
真武廟
城隍廟
儀賓府
鐵佛寺
三公廟
旬宣門
蘄陽驛
稅課局
界一十里

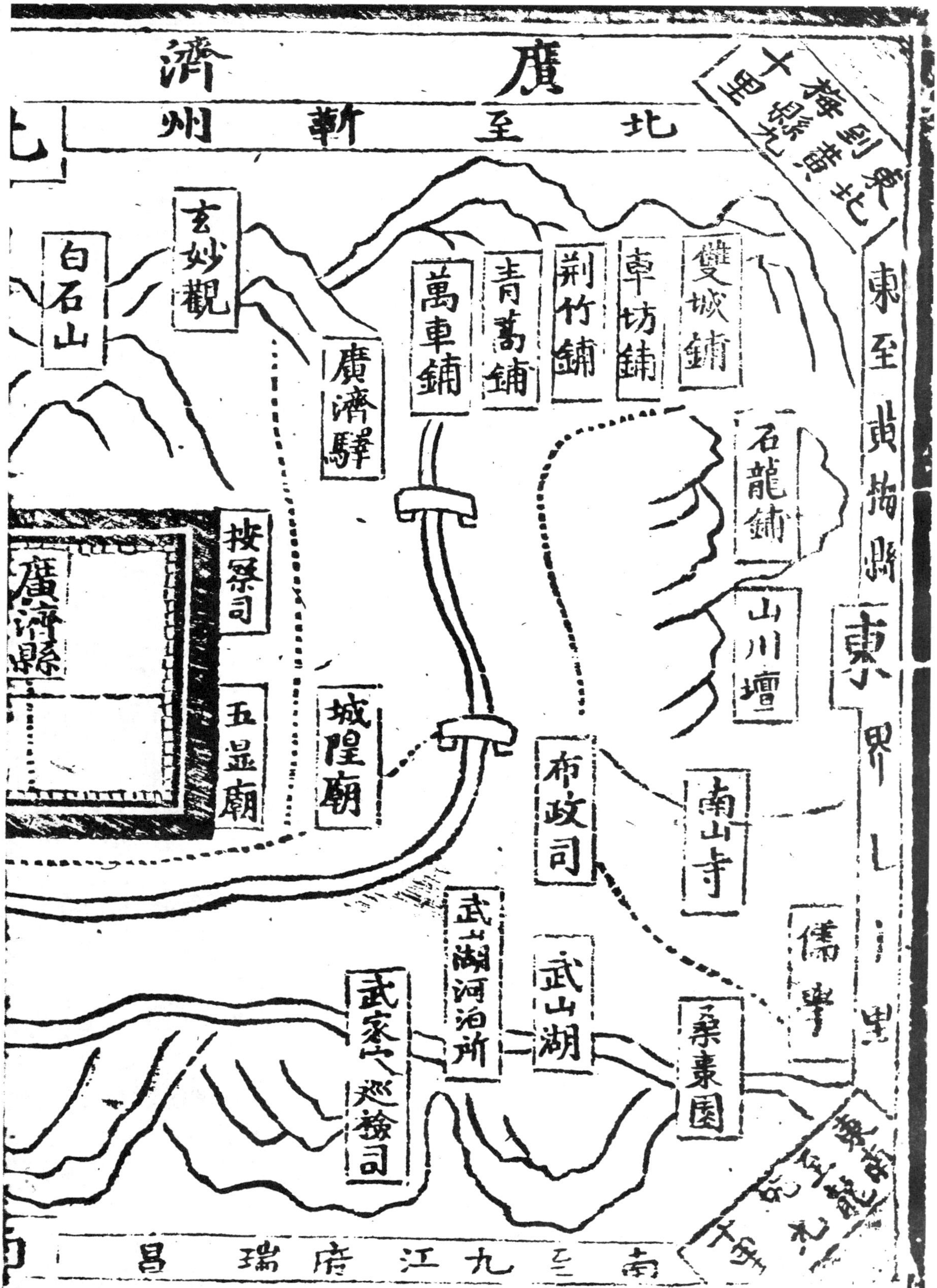
廣濟
北至蘄州
東北到黄梅縣九十里
東至黄梅縣東界
白石山
玄妙觀
廣濟驛
萬車鋪
青蒿鋪
荆竹鋪
章坊鋪
雙城鋪
石龍鋪
山川壇
按察司
廣濟縣
五显廟
城隍廟
布政司
南山寺
儒學
武山湖河泊所
武山湖
武家穴巡檢司
桑棗園
南至九江府瑞昌

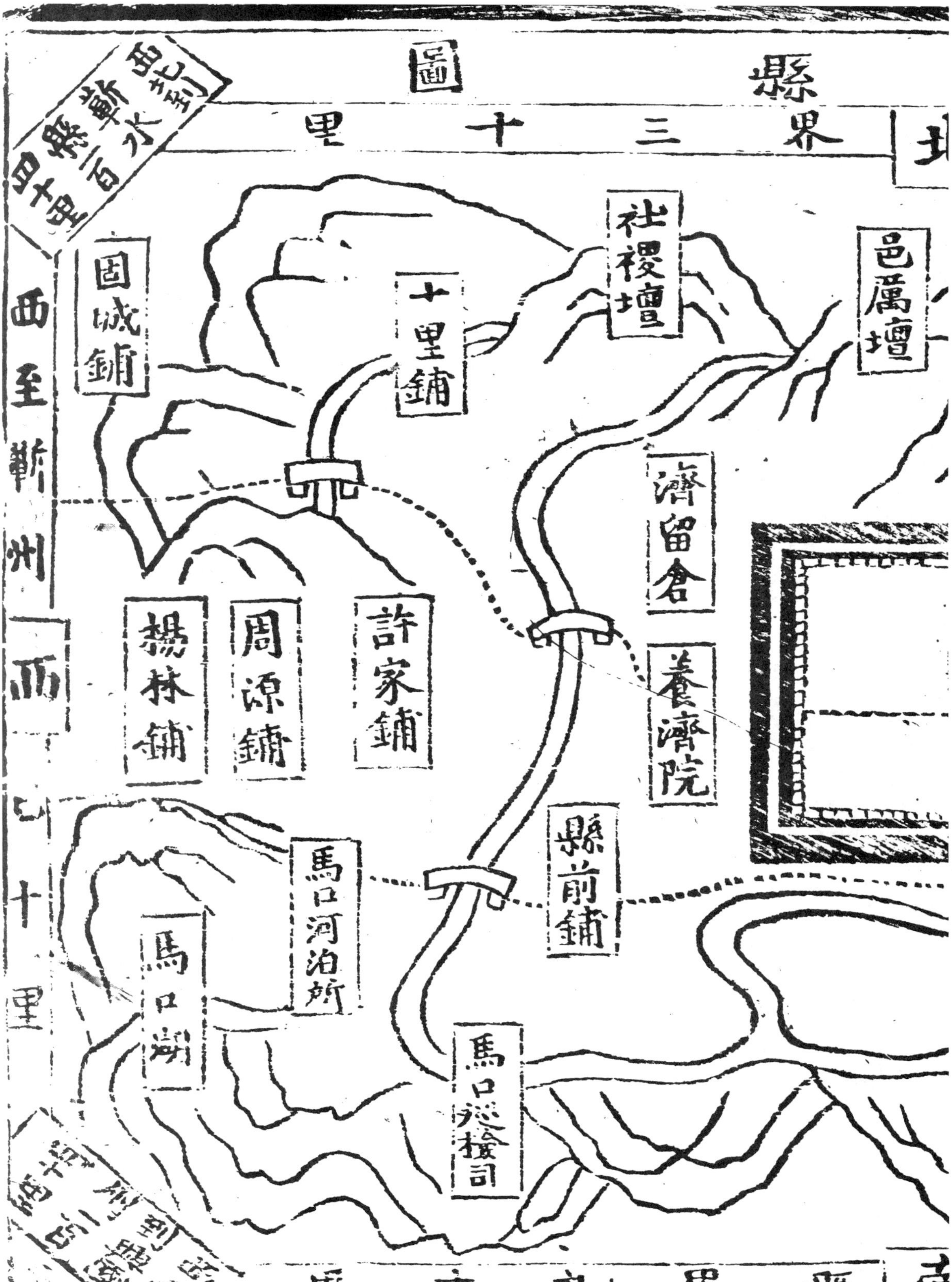

縣圖
界三十里
社稷壇
邑厲壇
固城鋪
十里鋪
西至蘄州
十里
濟留倉
養濟院
許家鋪
周源鋪
楊林鋪
馬口河泊所
縣前鋪
馬口
馬口湖
馬口巡檢司
縣界九十里

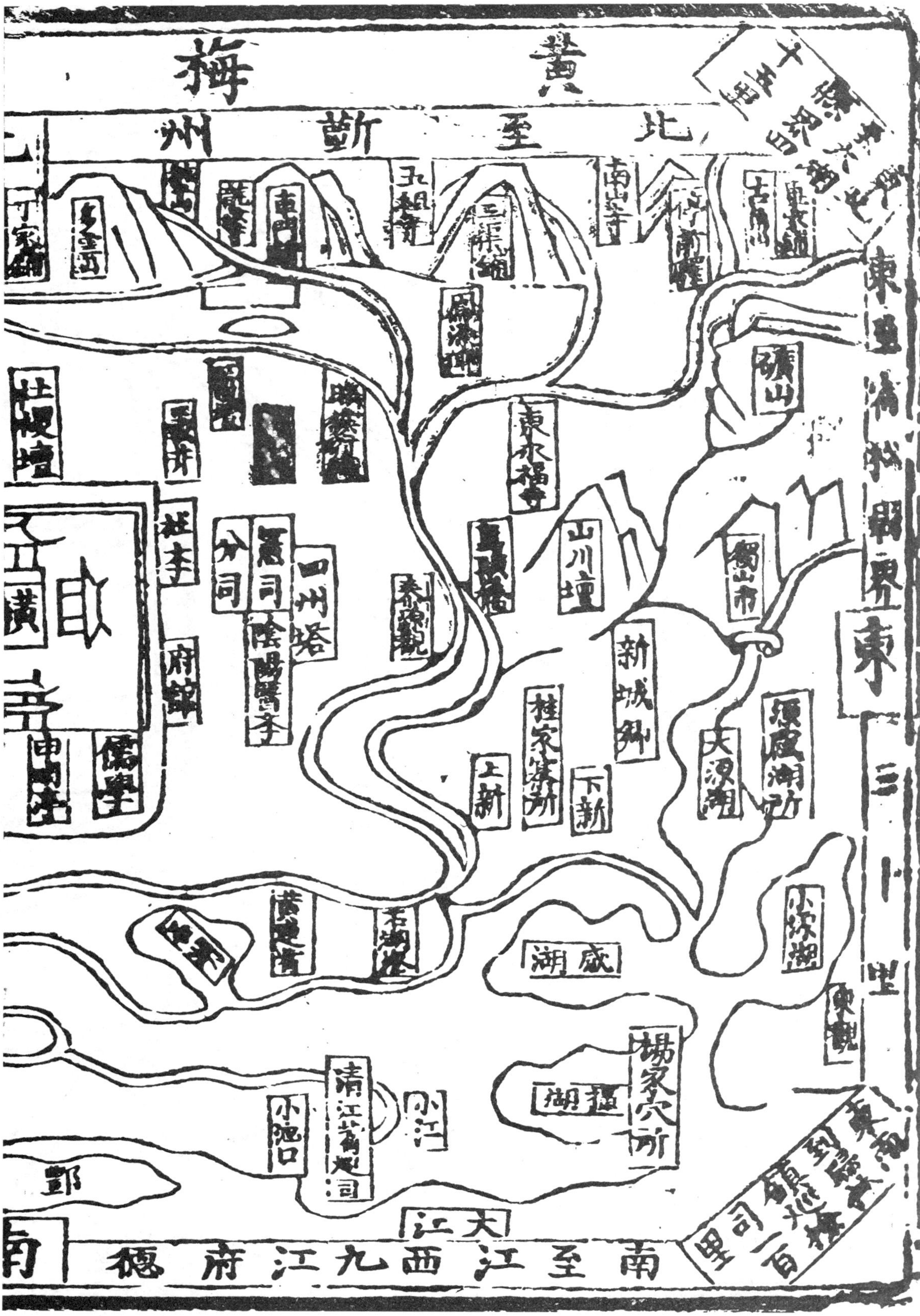

黄梅
北至蘄州
南至江西九江府德
社稷壇
山川壇
四州塔
分司
陰陽醫學
府館
儒學
新城鋪
上新
下新
大源湖
感湖
小源湖
楊家穴所
小池口
小江
大江

縣圖
界五十里
西至廣濟縣界三十五里
西水福寺
大白湖所
元鼓橋
永福鄉
長樂鄉
大港
黃泥湖所
湖
新開口巡司
洲
界五十里

黄州府志目録

亭臺

五卷

人物

名宦

流寓

土著

附孝子 節婦 烈女 [illegible] [illegible] 仙釋

六卷之十卷

藝文

詩歌 辭賦附樂府 說 序 記 傳

碑 論

黃州府志目録終

黃州府志凡例

一纂編事蹟悉本之一統志而參以舊志其或有已載而未盡者載後而當續者亦各斟酌隨類增入

一志書目録凡可以類從者則立綱以總之而詳列其目事有該括未盡者附於各目之下蓋亦删繁就簡免分裂失序之弊故於綱之下特總序之以見類從之意焉

一文武官職自前代與
國朝秉彦者更代不一歷官年月姓名多不可考故不敢妄自編次但一統志及舊志於人之沒後取其尤者而列于名宦類今仍其舊而録之其有當增者亦據實增入

一鄉邦人物昔人已有定論今所當續者必其人既沒世系酌公議擇其實而録之

一科貢薦辟之類凡有可考者以次列之其不

前書闕焉

聞而旌
旨旌表者有已
聞
命未下而死者有未及
聞而死者其孝行節操均可為世俗勸也今故並録以傳焉

一古今碑文蓋取其有關世用事可備考據者載之

一古今題咏有關於風俗山川人物有紀咏事蹟摹寫景象者實為一郡風雅故備録之以娛覽觀有事於茲舉者不敢與焉

一坊牌名號雖非要務然以繫
本朝恩典故雖廢者亦存其名且有冀于后也

黄州府志卷之一

地理

禹貢奠髙山大川以别九州周禮職方氏辨九州之國使同貫利自古九州而已秦漢以下始分郡縣而各有輿圖〻〻此地理郡縣之志達且詳矣其間建置〻同〻分野之躔度形勝有此觀疆域有界分風俗或臧或否城池或興或廢藩國之封雄鎮之勢山川之奇可以光圖而麗史土產之珍可以利用而厚生關以譏察梁以通行古今往來陵墓所在皆係之地理故有地理以總之

建置沿革

寓郡邑名

黄州府

禹貢荊州之域史記黄帝之後顓頊曾孫陸生六子受封于黄其後以國為氏第五子名安別為曹姓至周武王封裔子俠為邾之諸侯春秋時為黄國地及楚滅黄遂屬於楚（春秋桓公八年楚子會諸侯於沈鹿黄不會因伐）楚宣王滅邾徙其君於此又名邾城（今俗呼新州城）及秦拔楚以郢為南郡其地悉屬南郡（秦武安君白起故事）漢為西陵縣及邾縣地屬江夏郡三國時魏為重鎮後屬吳晉屬弋陽郡又析置西陽國東晉以邾城

[illegible]時劉宋為西陽郡蕭齊[illegible]
安郡北齊兼置衡州陳龍州後周復置隋初改衡
為黃州大業初改永安郡唐初復為黃州置總管
府天寶初改永安郡乾元初復為黃州並治黃岡
縣中和初徙治邾城宋還州治於江濱（今府治是也）元
為黃州路淮西江北道隸河南行省辛卯紅巾寇
蘄山童作亂其下羅田徐壽輝僭號據邾城及蘄
黃城陳友諒弒壽輝復自僭號癸卯
文明兵平陳友諒甲辰命重臣陶安至黃州招輯安

撫遣指揮黃榮屯守軍民歸附甚衆洪武戊申知
府李仁到治是年改為黃州府屬湖廣布政使司
先領三縣洪武己未以一州四縣隸焉今領州一
縣七

黃岡縣　附郭

春秋為黃國地漢為西陵縣地屬江夏郡南齊置
南安縣為齊安郡治北齊兼置巴州陳廢後周
置弋州縣屬焉隋廢州郡改縣為黃岡尋以縣[illegible]
黃州唐以木蘭省入黃岡宋元仍舊

本朝因之編戶八十六里八廂坊

麻城縣

在府城西北一百八十里本漢西陵縣地屬江夏
郡梁置信安縣及北西陽縣陳廢北西陽置定州
後周改曰亭州隋因晉時偽後趙石勒嘗使麻胡
秋築城故改麻城縣屬黃州後屬永安郡唐復置
亭州又析置陽城縣尋省元和初又以麻城省入
黃岡後復置屬黃州宋端平間徙縣治什子山元
復舊治

本朝因之編戶一百三十五里（成化壬辰歸併九十四里）

黃陂縣

在府城西二百四十里本漢西陵縣地漢末劉表
使黃祖於此築城為鎮後齊以鎮置黃陂縣及南
司州後周改曰黃州隋廢州後以縣屬永安郡唐
初復置南司州尋廢州以縣屬黃州宋移治鄂州
青山磯元復舊治

本朝因之編戶四十六里

蘄水縣

在府城東南一百一十里本漢江夏郡蘄春地梁
劉宋於此立浠水縣及永安郡梁又析置蘄水縣
隋郡廢以二縣屬蘄州唐初改浠水曰蘭溪省蘄
水縣後又改蘭溪為蘄水縣宋元仍舊
本朝改令屬編户四十六里

羅田縣

在府城東一百四十里本漢蘄春縣地梁於此置
義州及義城郡隋廢州郡為羅田縣屬蘄州唐省
入浠水縣宋以石橋鎮仍陞為羅田縣後廢元復

立
本朝改令屬編户四十九里

蘄州

在府城東三百一十里水路一百八十里西漢為
江夏郡蘄春縣東漢置為蘄春國吴改蘄春郡晉
省郡以縣屬弋陽郡東晉改為蘄陽縣宋齊並屬
西陽郡北齊置齊昌郡蕭置羅州後周改曰蘄州
隋初郡廢後改州為蘄春郡唐復為蘄州宋隷淮
南西路元改置蘄州路

本朝改路為府洪武丙辰改府為州屬黄州府編户
六十四里領縣二

廣濟縣

在州城東六十里本漢蘄春縣地唐武德中析置
永寧縣天寶初改廣濟縣宋紹興初廢縣為鎮尋
復置縣嘉熙間徙治大江中洲元復舊治
本朝因之編户五十二里

黄梅縣

在州城東一百七十里本漢蘄春縣地東晉置新

蔡郡及永興縣隋初改新蔡縣後改黄梅縣屬蘄
州唐初以縣置南晉州尋廢州縣仍屬蘄州宋嘉
熙間僑治中洲元復舊治
本朝因之編户四十二里

分野

按月令章句注曰天十二次日月之所躔也地十
二分王侯之所國也周禮保章氏以星土辨九州
之地所封封域皆有分星以觀妖祥判楚屬翼軫
春秋元命包云軫星散為荆州[illegible]地為楚翼軫之

進斗鶉尾爲楚之分星而荆州之星土也漢劉向

言分域楚地翼軫之分楚後漢志自軫十二度至
氐四度巳爲鶉尾楚之分晉天文志楚次自張十
七度至軫十一度爲鶉尾於辰在巳楚之分野屬
荆州又云翼軫楚荆州南郡入翼十度江夏入翼
十二度黄州當屬南郡江夏黄道宿度張十五度入翼過楚
軫九度在楚又按六家分星異同之譜班固漢志
天文翼軫荆州地理楚地翼軫之分陳卓魏太史

自張十七度至軫十一度辰在巳楚分荆州費直
説周易起張十二度蔡邕月令章句起張十三度
至軫六度皇甫謐帝王世紀自張十八度至軫十
一度楚分唐一行初張十五度中翼十二度終軫
九度觀此諸家分星之説雖有異同大抵荆楚實
爲翼軫之分野耳不然何以後世占分野而妖祥
應乎故詳列之以備考覽焉

形勝

附古蹟

前界大江後擁崇阜虚料史文劉記背通接巴蜀襟帶[illegible]
漢介乎淮楚之交古徵安志瀆帶江淮鎮捍之重唐李勛[illegible]云淮甸上游宋王禹偁月波樓詩淮甸爲内地黄岡壁上流長江遶郭宋蘇軾黄州詩長江遶郭知魚美好竹連山覺筍香山川相繆赤壁賦一大藪澤宋張耒鄂志地連雲夢城倚大江王禹偁表北接光蔡東峙灊皖興復勸州治記楚東北之鄙張文潛雜志水陸之衝山靈川娟宋許端夫東介兩淮之固西連七澤之雄九江之流挽於南五關之險據於北若蛟翔鳳峙之勢乃湖北之要衝

蘄州 南距江蘄州舊治記云北接光蔡西連黄岡東峙潛皖左舒右黄張子師廣教院記蘄春古郡云云佳山秀水環絡千里有鼓吹之白雲之勝濱帶江淮唐大詔令李勣蘄春之地云云制居江湖絶處余章三泉堂記云云占淮壖之上腴閑詠神光觀記蘄西故封浠水古邑溪山重復云云居三楚之中史記楚文王徙都于郢江陵爲西楚云云

黄岡 附郭餘縣並同府

按胡文定公曰荆諸江左上流也故楚子自稱歸
徙都日以富疆近并穀鄧次及漢東下収江黄擯
行淮泗遂兼吳越傳六七百年而後止此雖人謀

亦地勢使然也後待漢衰劉表牧之坐談西伯先主假之三分天下關羽用之威震中華孫氏有之抗衡曹魏晉宋齊梁倚為重鎮財賦兵甲當南朝之半其為江東屏蔽猶虞虢之有下陽也觀此則江黃古荆渚之最其為形勝亦甲於天下矣故述之於此云

又按三國形勢攷云邾城為吳重鎮胡文定公設險論曰地有常險則守亦有常勢當孫氏時上流守南郡夷陵下流築東興皖口中流以三萬勁卒戍邾城則邾城為鎮戍之地乃上游下流之腹心蓋要地也薛氏曰武昌乃吳建都而王陶温庾之所為督府者其地襟帶江沔依阻湖山左控廬淝右連襄漢南北二塗有如繩直胡人南牧嘗出此以襲豫章黃州實其北岸形勢倖矣

又云黃州東西界臨江與武昌相對故邾城在黃州黃岡縣東南一百二十里古邾國也吳克邾城使陸遜以三萬人城而守之晉陶侃傳議者以武昌北岸有邾城宜分兵鎮之侃曰我所以設險禦寇正以長江耳邾城隔在江北內無所倚外接群蠻必引寇虜且吳時此城乃三萬兵守今縱有兵守之亦何益於江南後庾亮以毛寶戍之果敗真氏曰今蘄舒黃三州之北有大山綿亘八百里俗呼為西山邾城在山之南東晉時寇邇群夷所以不可置戍與今不同薛氏曰淮西山澤相半無水隔者獨邾城台沙戍耳

古蹟

府舊城 在今城南其西臨江岸為水推傾其南今平為民居其北東城蹟猶存舊城門曰朝宗向日黻鳳餘無可考洪武元年指揮黃榮移築今城近北高阜固地以易舊城

邾城 在府城西北一百二十里楚宣王伐邾俘其民徙其君居此故名漢衡山王吳芮嘗都之赤烏二年八月陸遜築今名舊州城俗又呼新州城

西陽城 古郡縣志云黃州魏為重鎮黃初中吳先揚言欲畋江北豫州刺史蒲寵度其必襲西陽先為之備孫權聞之逐還西陽故城在黃岡縣東南一百三十里輿地廣記黃岡本漢西陵縣地漢縣屬江夏見玉海

石陽故城 在黃陂縣西二十三里吳征江夏圍石陽不克而還即此黃陂縣劉表為荊州刺史以此地當江漢之衝懼吳侵軼使黃祖於此築城鎮遏因名黃城鎮後周置黃城縣見玉海

永安城 在府城北一十里即楚黃歇所都防置永安郡於此號永安城或云楚王封其[illegible]之地遂城而居之乃楚所[illegible]築也城中多土堆俗呼女王城

九江城 在黃梅縣西南七十五九江王黥布所築

江夏城 在蘄州類要云晉江夏王所築

冶城 在黃陂縣東南一十五里梁武為刺史治戰守之具於此今火跡猶存

安昌城 在黃陂縣元和郡縣志云齊高帝築以[illegible]陳寇隋志黃陂有安昌郡開皇[illegible]城在府城[illegible]三十五初[illegible]

大乘山古城

□陽邊下十里城林塘近古□□□□□□□荻傳說小陷云是三國時蘆□□□□□□

誠此有鮑朗云是役特鮑家庄也其說無考其詳**閣公城**在□□□□□十五里閣家祠

畔唐閻伯嶼為豫章都督築城於此垣址尚存滕王閣序曰都督閻公者是也**麻城**即今土城

一屯東晉石勒僭為後趙使胡秋築城于此至隋以此立縣**羅州城**在蘄州北六十里北

齊所築大宋所廢今存土塹**呂王城**在蘄州東北五里傳說古呂王所築

樊車城在廣濟縣南武山湖近漢淮南

王英布所築今存土塹一統志為齙車城不知何故名此**女兒城**在廣濟縣南樊車城之東

今止存土塹亦不知何名**南司州**在黃陂縣北獨家村北齊置後周改曰黃州隋廢唐復置

南司州蘇軾云五年一夢南司州謂此**南晉州**在黃梅縣唐志武德四年以縣置南晉州

□析置義豐長吉塘陽新蔡四縣尋俱廢**木蘭廢縣**在府西本梁梁安縣北齊置湘州隋

初別置廣城縣州縣尋廢後改梁安曰木蘭屬黃州唐省入黃岡**岐亭廢縣**九域志在

麻城縣**陽邏堡**在黃岡縣治西一百二十里三國蜀漢主約合吳主以拒魏使人於此江

旦夕以邏吳兵之至因名陽邏舊稱其地東接蘄黃西抵沔漢南渡大江至鄂北距五關以拒胡四

路衝要舟車絡繹之所也宋夏貴守此堡咸淳十年歲己未元世祖攻宋淮西制使夏貴以戰艦萬

艘橫絕江面兵不敢近元伯顏·花鐵木兒攻堡令阿术鐵木兒泝流而上對青山磯止泊乘夜雪

率衆抵南岸伯顏攻堡拔之夏貴潰走存堡跡**五關**李皇奏乞復五關之險夫虎頭關形最險

西山千仞一間衝激黃土關形勢聳峭白沙關相去咨遇虜人往来俱由此關山路峭壁委折而上

大城關山關不甚高峻而橫斜盤繞據高臨下北望二十里皆在目中雲雨積雪日見懷惆以關焉

八札秋黃土白沙亦由小路公犯大城騎兵數千先至關內通射雉者六七人與之遇遂用射雉之

矜連斃兩騎虜疑有伏竟以退走不敢犯關向使諸關之兵據險效死虜豈能遽入乎見方與勝覽

白沙關在黃州西二百四十里北至光州界二十五里見王海**大

活關**東北至光州二百八里西至安州澧山關一百里在縣北二百里穆陵唐志作木陵關在

麻城縣西北八十八里在穆陵山上見王海**石險**在縣南五十里其壯萬變巧自天成觀者

稱為天下第一險也在羅田縣**仙女臺**在縣西世傳曾有仙女於此禱雨其址猶存**太

子驛**在黃梅縣南七十里舊傳梁武帝於此得子故名**夏隩**在府城西南二里宋夏竦

守黃州鑿水入陂以藏舟故名**東坡故居**在今縣學東宋元豐三年蘇軾為吳與守謫黃

州三年故人馬正卿為守得此地立雪堂居之自號東坡居士**桃黃菴**在麻城岐亭鎮蘇軾

記有王翊者得雄黃如桃仁吞之甚甘自是斷葷肉翊有菴名桃黃自號桃黃山人**石柱**在黃

陂縣治西縣舊無公署遷徙靡常宋嘉定三年縣簿應行之始還舊治劉侯代扶礎石柱以紀其事

石牛在廣濟縣西二十里**萬年松**在麻城縣西北一十里有古松一株相傳以為萬年

松**西坡**今府衛治是也洪武元年移築城于此圖東西二坡皆在其內今開展平夷惟高阜

勢最壯麗旨建公堂**石洞靈泉**在廣濟縣南六十里山岩有穴高廣三丈餘中有七洞深

二丈里內有石床石枕皆仙跡有靈前龍祠人欲禱必齋戒沐浴可入第二重洞不然則變怪皆出

且莫能前進矣**七星石**見後卷山川石下**宣聖遺像碑**在黃梅縣儒學唐吳

道子筆有記文見後卷**龍骨花**舊志云在黃梅縣鼓樓東靖亡傳說其樹生於前代時與

楊州瓊花彼此獨立一株花開時則人風清河謝也為平自今浣蕪推存政事**義樹**在黃

南前元清流劉鍵世為和家門有一樹枝柯槃抃 祠附劉忠山作義樹記以示子孫文見後卷

楓 在黃梅縣岳之東禪寺有老楓樹數株相生常云是六祖禪師持樊杖所生今止存一株在寺

前

義田 一府學 一秦氏

紫荊花

[illegible] 東坡梅 獨株在東坡洗墨池畔相傳

東坡親植今古樹猶存

怪石供

景致 州縣各有詩見藝文

黃岡 黃城八景

黃岡曉霽 赤壁春輝 竹樓勝集 柳港聯芳

臨皐月皎 洗墨雲生 吳公義井 孟倅清泉

鄰城八景 即舊州城

城南煙樹 四顧雲亭 龍潭夜月 化樂曉鐘

崎山疊翠 義井清泉 鳳臺夕照 魚浦秋風

麻城 麻城八景

龜峯旭日 鳳嶺朝雲 桃林春色 栢子秋陰

龍池夜月 晴崖飛瀑 麻姑仙洞 萬松古亭

黃陂 黃陂十景

魯臺望道 甘寨屯軍 灄水冬溫 武湖春漲

板橋人迹 鐵鎖龍升 西寺曉鍾 釣臺夜月

木蘭擁翠 甘露呈祥

[illegible] 浠川八景

蘭清時雨 磨壁洄瀾 陸羽茶泉 右軍墨沼

龍潭秋月 鳳山夕照 綠楊曉煙 玉臺丹井

羅田 羅田八景

鳳凰曉日 龍井甘霖 塔寺鐘聲 多雲樵唱

秋郊樹影 義水東流 銅鑼峭壁 石崄橫江

蘄州 蘄陽八景

麟阜江山 鴻洲煙雨 鳳岡曉鍾 龍磯夕照

龜鶴梅花 太清夜月 東湖春水 城北荷池

黃梅 梅山十景

大港漁歌 多雲樵唱 龍湫應禱 鳳臺仙跡

頖水遺碑 礦山古治 鳳池夜月 龍骨春花

東山夜燈 雙峯晨唄

廣濟 梅川八景

東衝晴嵐 橫岡霽雪 七石星聯 獨山雲聳

石洞靈泉 靈山怪石 鳳港春濤 龍湫時雨

疆域

本府東至直隸安慶府宿松縣界五百一十里

至德安府孝感縣界二百八十里南至武昌府武昌縣界一十里北至河南汝寧府羅山縣界四百七十里自府治至南京一千五百五十里至京師四千九百九十里東西相去八百一十里南北相去四百八十里東到直隸安慶府八百二十里東南到江西九江府四百九十里南到武昌府武昌縣一十里西南到湖廣武昌府一百八十里西到德安府四百一十里西北到德安府隨州六百三十里北到河南汝寧府九百一十里東北到直隸廬州府一千一百九十里

黃岡縣 東至蘄水縣界六十里西至黃陂縣界一百三十五里南至武昌縣界一十里北至麻城縣界一百二十里東西相去一百九十五里南北相去一百三十里東到蘄水縣一百六十里東南到廣濟縣一百二十里南到武昌縣一十里西南到湖廣武昌府一百八十里西到陽邏一百二十里西北到黃陂縣二百四十里北到麻城縣一百八十里東北到羅田縣二百一十里

麻城縣 東至羅田縣界九十里西至黃陂縣界九十里南至黃岡縣界五十里北至汝寧府光山縣界九十里東西相去一百八十里南北相去一百五十里東到羅田縣一百八十里東南到蘄水縣二百七十里南到黃岡縣一百八十里西南到湖廣武昌府一百四十里西

到黃陂縣一百八十里西北到河南息縣三百二十里北到河南光山縣二百四十里東北到河南固始縣三百二十里自本縣到南京水路一千八百三十里陸路一千五百三十里到北京水路五千一百七十里陸路三千五百四十里

黃陂縣 東至黃岡縣界六十里西至孝感縣界六十里南至漢陽縣界五十里北至羅山縣界二百五十里東西相去一百二十里南北相去三百里東到麻城縣一百八十里東南到黃岡縣二百四十里南到武昌府江夏縣一百二十里西南到漢川縣二百里西到孝感縣一百九十里西北到德安府一百九十里北到河南汝寧府羅山縣四百五十里東北到河南光山縣三百五十里自本縣到南京水路一千八百九十里陸路一千五百九十里到北京水路五千二百三十里陸路三千四百八十里

蘄水縣 東至英山縣界九十里西至蘭溪四十里南至蘄州界五十里北至黃岡縣界七十里東西相去一百三十里南北相去一百二十里東到英山縣一百里南到蘄州一百四十里西到武昌縣一百里北到麻城縣二百五十里自本縣到南京水路一千七百五十里陸路一千二百里到北京水路五千一百里陸路三千七百八十里

羅田縣 東至英山縣界五十里西至黃岡縣界三十里南至蘄水縣界一十五里北至固始縣界一百五十里東西相去八十里南北相去一百六十六里東到英山縣六十里南到蘄水縣一百里西到黃岡縣一百四十里北到固始縣五百里自本縣到南京水路一千七百五十里陸路一千一百里到北京水路四千五百里陸路三千六百八十里

蘄州 領二縣東至直隸安慶府宿松縣界二百 西至蘄水縣界[illegible]

一十里北至河南固始縣界四百四十里東南
北去三百里南北相去四百五十里東到安慶
府五百一十里南到興國州七十里西到本府
二百一十里北到河南固始縣七百九十里自
本州到南京水路一千三百七十里陸路二千
一百里到北京水路四千八百一十五里陸路
二千一百
五十里

廣濟縣東至黃梅縣界七十里西至蘄州界三
十里南至九江府瑞昌縣界九十里北
至蘄州界三十里東西相去一百里南北相去
一百二十里東到直隸安慶府宿松縣一百三
十里南到江西九江府一百四十里西到興國
州一百四十里北到河南光山縣七百里自本
縣到南京水路一千三百一十里陸路一十里
到北京水路四千七百五十里陸路三千九百
五十
五里

黃梅縣東至宿松縣界三十里西至廣濟縣界
二十五里南至江西九江府德化縣界
五十里北至蘄州五十里自縣治西北至本州
界一百七十里
東南到歸林鎮巡檢司一百里東北至太湖縣
泉四十五里西北到蘄州大同鄉一百七十里
西南到武家穴巡檢司一百四十里

風俗

本府

淳質儉約 隋志俗尚淳質好儉約 土風厚善 蘇軾題韓魏公詩山水清遠土
風厚善 尊德樂道 同上其民寡求而不爭其土靜而文朴而不陋尊德樂道獨異於他鄉
田事不脩 舊張耒雜志民有魚稻之利衆[illegible]而田事不脩以今觀之善脩田者

田[illegible]俗富庶 宋關詠神光觀記蘄西甚封亚俗富庶 樂於為儒 同上蘄民樂于
為儒而不輕釋其業術甚學有鄒魯之遺風 獄訟稀少 舊志秦觀謝表蘄春之便郡
實淮南之名區風氣和平獄訟稀少今以一省較之亦健訟之區 其民寡求而不
爭 蘇子瞻跋韓忠獻詩云 其士朴而不陋 同上其士靜而文朴而不陋尊
德樂道異於他鄉

蘄州

淳龐近古 李常廣濟李記其人淳龐而近古 其秀民樂於為儒 同上云云
而不輕釋其業術喜學有鄒魯遺風

黃岡縣附郭餘縣並同府

按晉地志云荊強也言其氣躁強亦曰警也言南
蠻數為寇逆其人有道後服無道先強常警備也
黃州荊域也風俗大抵相類數千百年其間淳駁
視世道之升降先來漸染
聖朝清化申飭彝典率由之以還淳古故士人冠婚
頗遵行文公家禮至於喪祭間亦鮮用浮屠眼食
[illegible]祭用頗加朴絃誦衣
冠視昔為盛矣

歲時

元日祈年 五鼓後郡人家悉洒掃灑宇陳茶酒果焚楮幣拜諸神祇祖先以祈一歲吉慶
序拜 郡人於元日羅市各盛服潔衣饗祀謁祖先伸叙尊序拜賀鄉親鄰者壽然後出拜親友
[illegible]

[illegible]里各有社[illegible]或外用[illegible]一[illegible]師禪山習館以教兵子弟倖錢訣聚道良子弟所業以酬師**立春**郡民[illegible]皆出觀[illegible]畢或燕集于家食春餅**上元**郡民於是日夕搭棚街燈或[illegible]以管絃相樂謂慶賞元宵之民往來游觀不絕亦見太平盛世之樂事也**清明**郡之民皆於是日祭掃墓下祭畢燕飲掛紙錢於塚上而去**四月八烏飯**民俗於是日取烏飯葉搗碎漬米為飯祭成紺青色或相遺送或留至一年間以和飯延客為敬**端午**是日插艾戶上以禳沴氣**角黍**楚人是日以竹筒貯米祭屈原名筒粽後人相承遂用箬葉裹米而熟之名曰角黍以為節物**競渡**楚人以弔屈原後四方相效遂為故事黃俗尚然近歲以鬬溺害禁止矣**採藥**郡人於端午日多出城取採諸藥品蓄之俗謂是日採者方驗**七夕乞巧**古於是夜民間陳瓜果於庭兒女羅拜牛女之星以乞巧次曉有蛛網於上得巧今俗尚然**焚楮衣**前中元一二日具酒饌祭享祖先仍以紙衣焚獻俗稱盂蘭會**重陽登高**是日郡人或登高賞菊飲酒插茱萸**餽歲辭歲守歲**歲晚相餽遺往來辭年除夜祀祖先及諸神相與燕集或達旦不寐謂之守歲**火爆**荊楚歲時記云山魈惡鬼犯人輒病然惡爆竹之聲以辟惡延年**宿歲**荊楚歲時記云歲暮家家具殽饌為宿歲之儲以迎新年相聚燕飲今俗尚然歲飯留至新年數日食之為吉

城池

本府城宋元在今城南二里許西臨大江東傍湖泊水漲湮沒

本朝甲辰年指揮黃[illegible]於此展築洪武十七年指揮曾奉永樂六年指揮郭顯前後脩理高二丈一尺周圍一千八百二十丈八尺五寸繚以壕塹為門四東曰清淮南曰一[illegible]子西曰清源西北曰漢川

麻城縣本縣舊有土城麻秋所築後因風雨震凌城址俱廢悉為民居止四隅各立一門弘治[illegible]未知縣常厚撤故以石甃於下重建樓於上

黃陂縣原土城守城

國初甲辰年管[illegible]居民總制王興守禦本縣重脩高一丈一尺周圍二千七百六十步洪武二年調往德安守[illegible]城因坍塌止存土塹

蘄州宋名在羅川安平下鄉廣教山之陽蘄河之濱[illegible]城北六十里舊名羅州城其地平衍中統間[illegible]擴廣教山設砲臨城守者懼夜率其民保鴻[illegible]州以擴之景定癸亥年安撫使王益始築今城元末兵燹廢弛城[illegible]土造至

本朝洪武六年守禦千戶許勝脩甃磚城門樓等處永樂六年指揮同知吳善前後脩築周圍一千一百二十丈高一丈八尺壕塹東闊一[illegible]丈六尺為門六東曰朝陽西曰向宣曰澄清曰善政南曰文明北曰雄武天順中指揮使李寅胡宣重脩

坊鄉社鎮 附市

黃岡縣附郭

紫微行省在布政分司右弘治[illegible]中重建**激揚坊**在按[illegible]分司右

善治坊在府前 武定坊在黄州衛前弘治己未重建 進士坊在三
一在府前一在府左一在一字門 承流宣化節用愛人四牌
坊在府前弘治庚申立 皇都得意坊在府學左弘治己未立 金榜題
名坊在府學右弘治己未立 聚奎坊在府學左今廢 世科坊在府學右
思賢坊在縣東一里 懷德坊在縣西 文治坊在府前 安仁
坊在府南 依仁坊 淳美坊俱在府東 里仁坊在府西 坡
仙坊在府東 咸武坊在府北 德賢坊在府東 拱辰坊在府
南 製錦坊在府南 來遠坊在城東 阜民坊在府前 都憲
坊在忠節祠右 雄飛坊在城南一字門 文明坊在府東 經魁坊
在府前 駐馬節坊 三鳳坊俱在齊安驛前 翔鳳坊 飛黄
坊俱在城南一字門外 聯芳坊在齊安驛左 清平坊在清平橋
東絃鄉在縣東三里領城子呂陽魚博黄土圻四村
慕義上鄉在縣北一百二十里領東祀鷗陽城南白兔永寧五村
慕義下鄉在縣北一百里
還和鄉在縣東二十里領昔田橫溪白陽下白陽四村
永寧上鄉在縣東北一百二十里領五穀西潼東坪三村
永寧下鄉在縣東北一百里
厯安上鄉在縣北一百五十里領安仁雲陂安定牛城四村

庶安下鄉在縣北七十里
五重上鄉在縣北一百里領板橋久長陂陂校魚四村
五重下鄉在縣北一百二十里
中和上鄉在縣西北一百八十里領武樂松岡東安三村
中和下鄉在縣西北一百里

鄉社

臣濬伏惟
太祖高皇帝稽古為治定立鄉社儀注誦誓文其大
哉
至言昭然
德教有司遵行惟謹而吾民因誓以悟舍舊而新安
如非其秉彝所同然者哉 臣濬忝守此邦循式率
舉雖未見翕然純化然亦不敢以小効自足再著
于篇期繩之于後以不替也 臣盧濬稽首謹識

里社上穀壇在城一十二社各有社長春秋選社日具禮致祭五土五穀之神祭畢
會飲讀誓詞以勸俗此雖舊制但久廢不行弘治己未申嚴令民興舉至於八十九里每里社
祭亦如之餘州縣亦舉行

隆孝社 思忠社

庶安下鄉 [illegible]

五重上鄉 在縣東北一百里 領[illegible]四村

五重下鄉 在縣北一百二十里

中和上鄉 在縣西北一百八十里 領武[illegible]松[illegible]三村

中和下鄉 在縣西北一百里

里社土穀壇 在城[illegible]一十二社各有社長春秋遇祭五土穀之神祭畢會飲讀誓[illegible]制但久廢不行弘治已[illegible]八十九里每里社祭未知之許州縣並舉行

隆孝社　忠忠社　主信社　居仁社

由義社　立禮社　秉智社　崇儉社

安土社　樂天社　明文社　興讓社

會同廂 在城南關 仙源廂 在城南長圻鋪 團風上廂 在上街編

團風下廂 在下街編 [illegible]上廂 在上街編 陽邏下廂 在下街編

盤石市 [illegible] 陽邏鎮市 在縣西一百二十里 團風鎮市

在縣北五十里 [illegible]市 在縣北一百二十里 張家店市 久長市

俱在縣北一百一十里 三家店市 在縣北一百三十里 柳子港市 在縣

東北一百一十里 上巴河市 在縣東北八十里 街埠市 在縣西北一百

四十里

主信社　居仁社

由義社　立禮社

秉智社　崇儉社

安土社　樂天社

明文社　興讓社

會同廂 在城南編 仙源廂 在城南長圻鋪

團風上廂 在城內上街編

團風下廂 在城內下街編

陽邏上廂 在上街編 陽邏下廂 在下街編

陽邏鎮市 在縣西一百二十里

團風鎮市 在縣北五十里

盤石市 去縣六十里 張家店市

久長市 俱在縣北一百一十里

三家店市 在縣北一百三十里

舊城市 在縣北一百二十五里

柳子港市 在縣東一百二十里

上巴河市 在縣東北八十里

街埠市 在縣西北一百四十里

麻城縣

育賢坊在儒學前 仙里坊在縣北 立政坊 宣化坊 通泉坊 永寧坊 井泉坊 集賢坊 教化坊俱在治南 由義坊 廣濟坊 明倫坊俱在治東 崇德坊 文會坊 仙居坊 拱辰坊俱在治北已上俱廢存址 都憲坊在治中街 翥鳳坊在治南街 金榜題名坊在治北 青雲得路坊在治東 解元群英坊在治東 繡衣坊在儒學右 經元坊在治南 地官坊在治南 進士坊一十六俱在治內 經魁坊在霸陂 文英坊在治後

中街 南街 東街 西街 後街

太平鄉在縣東領四十三里

亭川鄉在縣南領一十二里

仙居鄉在縣西領二十九里

里社壇本縣九十四里每里壇一所各鄉里老每歲春秋祭畢舉行鄉飲禮

興仁社

興讓社俱在治內 興義社 興禮社

梅家市在縣東八十里 黃名市在縣東九十里 三家店市在縣北二里 白杲市在縣南二十里 新店市在縣西四十里 朱家埠市在縣西九十里

松黃市在縣西七十里

黃陂縣

迎恩坊在縣南 懷德坊 寅賓坊俱在縣東 程鄉坊 永泰坊 仁美坊 思賢坊 歸德坊 清化坊 弘道坊俱在縣西 采芹坊 宣化坊 阜民坊 灄津坊 鳴鳳坊 高步雲霄坊 登瀛坊 登崇坊 經魁坊俱在治東 進士坊有三 觀光坊 節婦坊 里仁坊 井棠坊 中和坊 鵬程萬里坊 青雲得路坊俱在治西 魯臺街下河南岸魯臺山

東街 西街 正街 河街 後街

高邑鄉在縣東領太公白判南平三村

灄源鄉在縣北領東大活西大活二村

崇義鄉在縣西南領子孫一村

禮教鄉在縣西北領東新墩西新墩二村

坊一 廂一

里社壇本縣四十六里每里壇一所各鄉里老每歲春秋祭畢舉行鄉飲禮

灄口市在縣南四十里 沙口市在縣南六十里 巴林市在縣北九十里

團潭市在縣西五里　新河口市在縣西新河口　白湨港市在縣東四十里　涂家埠市在縣西四十里　小河口市在小河口　大城潭鎮在縣北八十里　團林埠市在縣東南四十里

蘄水縣

澄清坊　觀察坊俱在按察分司前　善教坊　南風坊　通政坊　太平坊　義和坊　導道坊俱在縣東南　文魁坊　經魁坊　攀桂坊俱在縣東　善政坊　奪錦坊　賞勸坊俱在縣西　清源坊　蘭清坊　阜民坊俱在縣南　井泉坊　集善坊　慶善坊

興賢坊　中和坊　進賢坊　折桂坊　步武坊　賓興坊　登雲坊俱在縣北　進士坊有二，一在縣東，一在縣北　縣前坊在縣前　科第坊在儒學　激濁坊　揚清坊俱在憲司左右　迎恩坊　駐驄坊俱在浠川驛左右　繼科坊　恩榮坊俱在縣北　廣寒傳桂坊　起鳳坊俱在縣東　城隍坊在縣北　蘭溪鎮在縣西　巴河鎮在縣南　縣前街在縣前　丁字街在縣東　十字街在縣北　義門南鄉在縣北　義門北鄉在縣西北　開原上鄉在縣北　開原下鄉在縣東　永福鄉在縣西南

里社土穀壇本縣四十六里，每里壇一所，各鄉里老每歲春秋祭畢舉行鄉飲禮

羅田縣

進士坊在縣東　政平坊在縣南　惠義坊　足食坊俱在縣西　咸寧坊　樂善坊　人和坊俱在縣東南　崇文坊在縣西　正街在縣學東　河街　讀書街　奉泰鄉在縣東南　平湖鄉在縣西北　多雲鄉在縣東北

里社土穀壇本縣四十九里，每里壇一所，各鄉里老每歲春秋祭畢舉行鄉飲禮

多雲鎮在縣東北一百二十里　黄家橋市在縣東六十里　平湖市

在縣西四十里　歸厚巷在縣東

蘄州

肅政坊在布政分司前　澄清坊在按察分司前　振武坊在衛右　宣威坊在衛前　宣化坊在州前　解元坊在州西　武定坊　鳳山坊　飛黄坊俱在州西　儒林坊在州學東　文明坊在州學東　文魁坊　經魁坊　登科坊　凌雲坊　擢秀坊　騰霄坊俱在雄武門外　恩榮坊有三，一在州前，一在朝陽門內，一在旬宣門外　光文坊在登門內　梯雲坊在朝陽門內

冲霄坊在朝陽門外　進士坊在州南　亞元坊在旬宣門外
俊士坊　鳴鳳坊俱在文明門外　第一坊在州南一里
第二坊在州東三里　第一廂在州北二里　滑石街在州前
丁字街在州西　麻石街在州南　十字街在州西北
安平上鄉在州東三十里
安平下鄉在州北五十里
永福上鄉在州西六十里
永福下鄉在州西六十里
青山上鄉在州北八十里

青山下鄉在州北六十里
崇居上鄉在州東九十里
崇居下鄉在州東北九十里
大同上鄉在州東一百八十里
大同下鄉在州東一百里
里社壇本州七十二廂鄉每里壇一所各鄉里老每歲春秋祭畢舉行鄉飲禮
茅山鎮在州西六十里　大同鎮在州東一百八十里　茅山市在州西六十里　西河市在州北六十里　谿口市在州北四十里

黃梅縣

進士坊二俱在學門左右　經魁坊　解元坊　承詔坊
忠孝坊　金城坊　市曹坊　希蘭坊　翔鸞坊
登雲坊　登科坊　雲梯坊　擢秀坊以上俱廢
驥騰坊在縣學前　觀光坊在義井街　高岡鳴鳳坊在布政分司在
步青雲坊在縣西義井街　彩鳳鳴陽坊在治東門街
萬里鵬程坊　一躍龍門坊俱在縣西門街　義井街
丁字街　東街　西街　南街　宗睦街在永福鄉
經雙城驛路
新城鄉在縣東南　鳳源鄉在縣東北

永福鄉在縣東北　長樂鄉在縣南
東坊　西坊俱在市
里社壇本縣四十一里每里壇一所各鄉里老每歲春秋祭畢舉行鄉飲禮
獨山市在縣東二十里　灌港市在縣南一十五里　孔家壠市在縣南五十里　下新市在縣東南一十五里　北門巷在治北　羅家巷在治後　師姑巷在治東北

廣濟縣

東南丁字街　西北丁字街

靈泉東鄉在縣東南　靈泉西鄉在縣西

永興東鄉　永興西鄉俱在縣南

泰平東鄉在縣東南　泰平西鄉在縣南

安樂鄉在縣東北

里社土穀壇本縣二十九里每里壇一所各鄉里老每歲春秋祭畢舉行鄉飲禮

武家穴市在縣南七十里　盤塘市在縣西八十里　馬口市在縣西南八十里

藩封

荆王府在蘄州城內州治之西一里山之陽正統八年以蘄州衛基建立正統十年居焉

都昌王府在州之西六十步正統八年建立

都梁王府在州城文明門內州之西一里成化五年建立

樊山王府在州城文明門內之東南一里

楚望縣主府在州之南百步許成化六年建立

石陽縣主府在州之南百步許成化七年建立

祁陽縣主府在州治西一里許成化十年建立

長史司正統十年建立

荆王府前門內之西成化十八年遷於前門內之東

黃州府志卷之一

黄州府志卷之一

山川

黄岡縣

黄岡山 在府城南度壕塹縣亘而行平岡迤邐田便民倉至洗馬池止其北則旋一字門西之山頂迺縣學按察分司軍儲倉岡而來此即赤壁賦云蘇子與二客所遊之黄泥坂也以土色黄故名而縣名亦以此耳鐫慶堂記齊安郡治據依黄岡山東自天柱

南山 即江南樊山也東坡有詩見藝文

聚寶山 在府城北上有小石日出則紅黄燦然故名東坡作怪石供

赤壁山 在府城西北漢川門外一統志云屹立江濱截然如壁而有赤色俗名一名赤壁磯

以為曹操敗走處非也周瑜與操遇于赤壁在武昌府樊口之上江之南岸蘇軾遊此作赤壁二賦非周瑜曹操戰處也又按方輿勝覽云水經載赤鼻山齊安拾遺遂以赤鼻山為赤壁山以江下口為夏口以武昌縣華容鎮為曹操敗走華容道其說牽繆蓋周瑜自柴桑至武昌樊口而後遇於赤壁則赤壁當在樊口之上今赤鼻山在樊口對岸何待進軍而後遇之乎又赤壁初戰操軍不利引次江北而後有烏林之敗則赤壁當在江之南岸今赤壁乃在江北亦非也然蘇子瞻赤壁賦乃疑以語而夫江東去之詞亦云人道是三國周郎赤壁又可見矣子瞻嘗云黄州居之數百步為赤壁或言即周瑜破曹公處不知是否斷崖壁立江水深碧二鶻巢其上有二蛟或見之遇風浪靜[illegible]毛其下

兩耳山 在府治東北三十里與赤壁山相連

孔子山 在縣治北五里東鄉九十里陽邏鎮北舊傳孔子遊楚嘗登此山有坐石卓然不侵有硯石下則墨水浸出東有顏子港北有四車坡元龍人夫嘗築書屋於其麓

崎山 在縣治東北永寧鄉一百五十里有大崎小崎嶺有龍井其深莫測旱歲取水禱雨甚小崎有飛來石石下有柱推之可轉而不仆西山岠聳至高

香爐山 一統志云去城十里者誤也在縣治陽邏此五里形如香爐故名按元史宋咸淳十年己未元世祖初侵南淮西九月乙亥日登此香爐山俯瞰大江東望陽邏堡西望武湖其南岸即許黄州也命臣伯顏卜花鐵木兒敗宋夏貴於陽邏堡即此山也

金雞山 在縣北五重鄉七十里傳說曾有金雞從此出今有金雞穴人趕至一嶺雞從穴而入今名雞爬嶺入掘雞出飛去又趕至一水次雞投水而入今名金雞汊時人惟之以立廟至今祀

之元戚晫王遊獵至此有詩曰金雞山下有金雞如何野店不聞啼夜深呼起山神問化作金烏東復西

七丈山 在治北庶安鄉　百五十里上有七丈潭

了頭山 在治北庶安鄉麻城縣界一百四十里形如丫頭昔人戲詠曰何不梳粧嫁去休免教人喚作丫頭只因不聽良媒說誤過千秋與萬秋蘄州亦有此山東坡亦詠相同止撩閣字樣不同

上千山 在縣治西北黄陂縣界二百里上有古廟前有龍井舊志誤作上官山

武磯山 世說漢黄祖駐札於此山閱武於武湖故名其磯水至險其巔有東嶽行祠其麓天妃聖母行祠

蓬萊山 在陽邏有古彌陀寺在上

□在陽邏下□□有吳神堂在上

鳳凰山 在治北舊說曾有鳳凰棲此

大森山 在陽邏下一十里上有古跡饒益寺遺址 傍有古城遺蹟一座不審何代

樟松山 在治樟松湖北岸一百一十里古產樟松 今無樟頗有松因以名山名湖

白雲山 在治永寧鄉一百二十里山下有古寺及 有尹駱塔傳說尹駱二女造不知何代所 造被雷攝塔頂落在今之攝湖去此一百六十里 猶存傳說因此名湖

柯山 一名柯丘

赤腳山 在治北五重鄉七十里傳說曾有赤腳仙 人過此蹈石上有赤腳跡尚存

馬臺山 在治應安鄉一百四十里山有石崖岩割 一名石形如棺材謂棺材石不知由何安此

傍有聚石塔 亦不知由

赤山 勝覽在楊林店

石屋山 在治北應安鄉一百四十里如屋

豹子山 在治東北一百五十里其形如豹

鑿佛山 在縣東八十里山有石佛龕

玉頭山 在治北一百八十里山有五峯如頭

馬鞍山 在治北五重鄉七十里形如馬鞍

烏林 按水經注江水源流至今巴陵之下云江水 左逕止烏林南酈道元注云右逕赤壁 □□烏林□□去二百餘里又赤壁初戰操□□ □□□□後有烏林之敗二□□□□□

漢紀紹古為烏林赤壁故荊州記臨嶂山東審結 之烏林峯亦謂之赤壁襄陽圖經以烏林為赤壁 中先之要之道元乃從魏入去三國尚近考驗必 得其真

鷄爬嶺 在五重鄉近小崎山事見前

細嶺石 在縣北中和上鄉黃陂縣界牌之北

獅子巖 在治北五重鄉一百二十里即獅峯山山 有岩形如獅首

黃泥坂 在縣西蘇東坡先生作詞又赤壁賦云過 黃泥之坂弘治庚申新建亭揭扁於其地 之旁

茶房石磯灣石 兩石凸出陽邏江邊舟行碍泊

觀音巖 在治中和鄉紫潭河石岩如屋近有釣魚 臺之石

徐公洞 勝覽圖經云名徐邈不知是何人東坡云 非有洞穴但深邃耳古有此今未考何處

烏龜石 在陽邏下臨江岸有石生成龜形陽邏地 勢如水蛇形儼然神蛇近龜之勢

卧牛石 在中和鄉長河中形如卧牛昔人詩末句 恨殺牧童牽不去至今卧在水中央

牛蹄石 在中和鄉紫潭河中石有牛足跡詩云何 年天上失金牛蹄破官溪古石頭試問山 神何處去耶鄲 縱火不曾收

漢川 即府城之大江也按史記漢江之水出於天 別山之漢口達黃境而出大江宋張体仁亦 云乃江漢朝宗之會處故曰漢川因題黃城西門 曰漢川然此川之水源於雲貴兩廣蜀陝洞湖八 藩達黃總會此川流歸 淮浙而達於大海也

飛來石 一統志在府城西板橋寺宋太平興國中 同雷雨有石墜寺

後湖在府城東一十里本湖屬府治付由縣治

武湖即黄漢湖在治西北街埠黄陂縣界一百三十里東漢黄祖守武昌習戰於武於此故名黄漢又名武湖南北時劉宋荆州刺史謝晦走武湖戍主生執之即此近下有崇埠湖亦屬於北湖

沙湖在縣東絃鄉二十里宋蘇軾嘗買田於此

樟松湖在治西北一百一十里湖北岸古産樟松故名今樟無有松東連七湖張渡湖皆屬本湖

鮑湖在治北慕義鄉六十里

舊州長河湖在治北一百二十里

窰步安仁湖在治北庶安鄉一百二十五里

團風口在治北團風五十里

零殘湖在治北還和鄉邊江三十五里

巴河口灞湖在治南東絃鄉四十里

黄九塘合土卵湖在治東東絃鄉

沙河在治北麻城黄冈两界間

沙武口河在治西黄陂界邊武湖故名發源德安府孝感縣至此達大江

街埠河在治西北一百三十里發源黄陂縣界流出武湖沿街埠至武港口達大江

感化河在治北中和鄉一百五十里發源羅田縣至雙河口會團風

舊州長河山[illegible]五重麻安三鄉界發源[illegible]會流團風出大江

巴河在治東南東絃鄉六十三發源羅田縣源接下巴河口出大江

柳港在府古城之北小流水溝洪武初鑿改為今城之城壕也

柳子港在治北庶安上鄉一百三十里地多竹園

奔港在治東東絃鄉

烏龍港在治北庶安鄉

太平港即塔石港在治北中和鄉太平橋

徐家港在治西北中和上鄉

魯貴港在治西北中和上鄉

羊鬼港在西北中和上鄉五重鳩鵝嶺亦有

蓮花港在中和上鄉麻城黄冈两界間

童家港在治西北中和上鄉

石頭潭在治北九十里

龍潭在治北慕義鄉舊州長河

馬家潭在治東東絃鄉

石板潭在治北庶安鄉

白龜渚即今鷄窩湖晋毛寶放龜之處

晏家洲古名新生洲在西北六十里三江口大江洲中宋蘇東坡詩以此洲紅鮀般皆分葉[illegible]

□□見者今三江併而分南九雁由中流北上入

江套洲在治西江家鋪大江之□□

峥嶸洲晋劉毅破桓元處在黄□與武昌相連

蘿蔔洲亦名新生洲在團風上八江中

大壯洲在府城大江中以大壯黄城之勢故名

木鵝洲在治西雙柳鋪大江之中

譚家園在府城清淮門外定惠院北相距半里餘有茂林脩竹平岡清池景物幽邃官僚暇日可觴詠焉

紫潭在縣北一百六十里通岸松湖達團風口

麻城縣

木陵山在治西北八十里□上有木陵關

陰山在治東北上有陰山關

大赤嶺山在治東五十里世傳唐太宗避暑於此山行蟻皆避遂□封

霸王山在治北十五里世傳西楚霸王項籍駐兵於此

龜峯山在治東六十里山嵯峨山有崖刻唐人詩有黄黑龍二井取水禱雨元和志云麻城縣東南八十里有龜頭山舉水所出春秋吳楚戰於柏舉即此也

九螺山在治西故縣鎮昔張憨子嘗隱此山自號九螺山逸人

老君山在治北八十里世傳老君曾煉丹於此上有藥臼石

五龍山在治南三十五里中有興福寺攢聚如龍之勢故名

紫雲山在治西北七十里層巒疊翠常有紫雲亂故名

三角山在治西北八十里三峯並出如二角

陽臺山在治西九十里山嶺夷平可壯

玉霧山在縣東北三十里陰則有雲霧氤氳

向額山在治東四十里石高如額故名

仙居山在治北十五里中有石龕上有鳳凰崖世傳晋麻姑仙女脩真處因以名鄉

道觀山在治北十五里山峻頂平有古觀基見存

四望山在治東南四十里山至險四望見元末鄉民曾斌聚衆立寨避兵無危

飛龍山在治北三十里為縣祖脉山勢峻聳雌雄並立夏月少暑無蚊傳說有龍升天今有龍井雖旱不涸可以溉田上有龍王廟遇旱民於此禱雨

栢子山在治東北三十里山多石世傳唐時處應禪師立寺於此種栢以株因名今有古詩高谿見存

石子山在治東八十里山有名峯排列蒼漢即宋端平間徙立縣治處

大安山在縣西三十里山有龐應禪師寺基址有詩錄于後

五腦山在治西北十五里乃張七相公去化之所

□流山在治西一百里接九歌山其山延於

九歌山在治東一百二十里山勢□險□□□□

鵝山 在縣西九十里山頂有石其狀如鵝故名

奉道山 在縣西五十里有古觀基石巖深廣可容十餘人

春風嶺 按統志及勝覽在縣治東嶺多梅花宋蘇軾自新息渡淮由此嶺有詩今有岐亭道上見梅花以此題戲贈陳季常之詩未知即此是否

君子巖 在治西南石鼓山之陰山頂有石巖内有石碗石臼見存

觀音巖 在龜峯山有巖如一屋内有石觀音像東有棊盤石

萬人巖 在治西五十里山頂平曠兵變時萬人潛内捍敵無危

鳳凰巖 在治北十五里下有仙姑石室壹泉晉麻仙姑脩真處

噴雪崖 在龜峯山東泉出飛流如噴雪故名

麻姑洞 即鳳凰崖仙洞

風洞 在龜峯山望龜亭石疊石峻層深邃不可測投石其中風即起故名

人跡石 在縣治東八十里龜峯山上舊傳唐真應禪師立化之地雲根上一處足跡印於苔蘚迄至今尚存

卧龍石 在縣東北有大石勢如卧龍石

棊盤石 在龜峯山上觀音崖東盤石如局覆以大松合以羅漢草世傳唐太宗奕棊於此

馬跡石 在龜峯山上世傳唐太宗嘗駐蹕於此有馬跡見存

合掌石 在龜峯山上與試心石相對如兩掌合世仁禪師以為開示之狀也

試心石 在龜峯山上橫盤龜頂[illegible]

縣前河 在光山縣界嶺於黃土關發源流至[illegible]直下接新州長河西流出團風達于大江

閻家河 出固始縣界石門山下發源古傳唐時伯嶼為豫章都督時鑿開此河流至高[illegible]接縣前河

界河 出光山縣界嶺虎頭關發源抵陰山桑林至三家灣合縣前河

白杲河 在縣治南三十里出羅田縣界發源沿梅家市接縣前河

麻溪河 在縣治南二十五里唐甸發源至汝陰河口接連縣前河

東流河 在縣西一百里出光山縣界接紫潭河通大江

沙河 在縣治西一百二十里出光山縣界流至紫潭接黃岡雙河口通大江

松溪河 在治西七十里出打磨山發源至岐亭河接縣前河通大江

東義洲河 在縣治東一百二十里固始縣發源接巴河入大江

新溪 在縣學前舊有泮池成化癸巳因水衝擊成溪溪上四圍築長堤植柳萬株合縣河故名有詩文見後集

龍孔潭 在縣治南二十里内有龍盤穴

螺螄潭 在縣治西六十里下通新州長河

栲栳潭 在縣北十里其地生栲栳樹名

黃陂縣

魯臺山 在治東一里許宋二程先生讀書之所嘗登此山眺望東魯故以名

甘露山 在治東十五里陳武帝時甘露降於此山

木蘭山在治北□十里上有□□將軍墓在北山上名隋以此名木蘭縣

白龍山在治東北六十里上有白龍寺前有井歲旱取水以祈求雨澤

横山在治北二十里山勢突兀嶙岩横峙如障

伏馬山在治北三十里山高崔嵬不能進馬

分火山在治西南六十里世傳古有仙人曾此分火上有仙女績麻石存

黄柏山在治北二百六十里世傳古有仙人在此幽遂之所

金鼓山在治北一百里其山秀拔雲表人跡莫到又云陰鼓山陰雨有聲

大悟山在治東北一百二十里上有大悟寺洪武祖師悟道於此處

太陽山在治東三十里峯巒高聳陽出則晃然

嵯峨山在治北一百二十里山險木秀人莫能登

𡾰山在治西八十里山有古寺内有二井

小尖山在治北一百一十里其崖壁立秀拔天表惟禽鳥可至

老君山在治東北五十里世傳老君煉丹於此山丹爐丹井見存

試刀山在治北六十里世傳關羽試刀於此故名

試劍石在嵯峨山世傳老君試劍其石分裂爲二故名

黄石崖洞在木蘭山下其中可藏萬人

花崖洞在嵯峨山下

仙人洞在𡾰山下有仙人跡存此

木蘭川在治北□十里其川多産木蘭故名

武湖在縣東五十里見黄岡縣

後湖在西南六十里

洋漫湖在西南六十里

石子湖在治南三十里

鴨兒湖在治南一十里

縣前河通沙口入大江

灄河在治東北二百里發源河南羅山縣南流經大城潭至縣河

舊鎮界河在治西六十里發源大悟山下流至滕子河會流出沙口

草埠潭河在治西北發源德安府南流本縣至三十六灣合流至沙口出大江

石盤河在治北七十里發源大溪嶺下經大城潭河至縣前河至沙口出大江

石港河在治北一十五里其源發於𡾰山下流出與灄河水合達沙口入大江

魯臺河在魯臺山下淵源莫測

大城潭在治北八十里有巡檢司

團潭在治西南五里許

石門潭在治北三十里河南岸石壁如門水瀠莫測下有龍盤山水泛漲土人見龍嘗出

鐵鎖潭在縣半里世傳上宵寺在上寺有祈能修道陰雨不見僧人怪異之以鐵鎖繫之一夕風雨遶鎖而去莫知所在後漁人於潭網魚得鎖收之長不已龍起驚駭遂棄之

龍驤水在治南七十相傳晉龍驤將軍王濬屯軍此水因名

沙武口在縣東南五十里

灄口在縣南四十里

小河口在縣西南四十里

五通口在縣東南四十里

兩河口在縣北一百二十里

蘄水縣

茶山在縣北山産茶唐劉禹錫詩薤葉照人呈夏簟松花滿碗試新茶

玉臺山在縣東二里漢張道陵自蜀還煉丹於此有神光觀丹井尚存

鳳棲山在治東三里俗傳嘗有鳳凰棲此山有陸羽茶泉及有王羲之洗墨池

石鼓山在治北一十里有巨石如鼓扣之有聲

神山在縣西北二十里昔孫吳進兵赤壁屯駐此山後人立祠祀廟尚存

月子山在治南二十五里上有龍潭號龍潭池昔有宋女居其側謂人曰我將馬默屍宜跡人覘果然能知風雨及女卒鄉人立祠祀之名曰龍女祠

玉鏡山在治西三十里山頂有大石圓如月又名月峯

月峯石在玉鏡山上

斗方山在治東五十里舊有唐無著禪師古寺宋佛印禪師嘗住此有六录

[illegible]

持蓑笠或天陰女曰今日晴不必雨具皆如其言後女入山不知所在土人立祠祀之故名仙女洞

白羊山在治西五十里林木森茂有石如羊下有東嶽廟有道士獄在其江南亦仙迹也

護[illegible]山在治東五里為縣來脉其山石色皆白異於他山蘄水之秀皆鍾於此

邵藤山在治北四十里昔巨假字長林有道術嘗遊此山

分流山在治南二十里昔伍子胥奔吳渡此至今水分兩派故名

龍泉山在治東四十里上有南嶽龍潭

金谷山在縣東五十里

田家山在縣南二十五里

班竹山在縣東四十五里

闍黎山在縣西二十里盤據十里餘其頂坦平傍有峭岩石望之如吠天獅子狀

燈籠山在縣西南三十里形似燈籠

蔣家山在縣西南三十里

查山在縣東南九十里

三角山在縣東六十里

梢拙山在縣南二十二里上一石有伍子胥遺跡如環刀邊花狀

環刀石在梢拙山上

觀音崖在治東五十里斗方山寺之西

羅漢洞在治東五十里斗方山寺之西

君子巖 在石鼓山山頂有泉巖內有石碗石臼

打鼓石 在治南龍潭直上巨石高數十丈遇邑中有鼓声輒響應

太公石 在治西三十里

燈籠石 在治東五十里

嶮石 在治東五十里即今萊家河當溪中有石梁圓孔泉飛瀑瀉直下常不息

花膏石 在治西有山嶮峻橫鎖山口有石粼粼色如花膏行舟過此皆玩之

鉢盂石 在治東五十里在斗方山寺東與分金石相並

回風磯 在縣西南五十里

楊歷湖 仁縣西四十里

圻湖 在縣南七十里

魯家湖 在縣北四十里

望天湖 在縣西北四十里

荷塘湖 在縣西十五里

浠水 在縣前源出雲山劉宋立浠水縣以此爲名

蘭溪 在縣東三里蘄州之地唐以此名縣

龍潭 有三一在龍泉山一在月子山一在縣前昔東坡月夜遊此東西石壁鐫留擊空明泝流光六字

[illegible]縣西[illegible]十里

[illegible] 在縣西四十里昔伍子胥適吳過此因名

分金石 在斗方山上

樊家港 在縣東南六十里

苦竹港 在縣北三十五里

六神港 在縣西二十里

羅田縣

迎山 在縣東一十里諺語云迎山雲起大雨千里

魁山 在縣東六十里形勢嵯峨高出衆山故名魁山宋建縣於此元大德甲寅年遷於今治所

石柱山 在治北一百二十里高石屹立如柱

松子山 在治北一百四十里

望江山 在治南十五里高出衆山本府大江一百六十里望之遠見

虎毋山 在治南二十五里山形如虎衆石纍纍如毋引子又名古臺山

朦朧山 在治東四十里常有雲氣朦朧

常家山 在治西一里平湖鄉

獨坐山 在治東北八十里山高出如人獨坐

淨瓶山 在治東北四十里如淨瓶

七娘山 在治東北八十里有鞋跡七雙傳說有文子七人同此升仙

藤子山 在治東北四十里

王道山在治東北五里傳說姑[illegible]又塔[illegible]名

南保山在治東北八十里

蘇雞山又名陳醫山在治北六十里

娥媚山在治東北一百里上有娥眉庵

馬家山在治西北七十里

鼓羊山在治西六十里

烏雲山在治西北四十里

揚旗山在治北七十里形似旗揚

泊高山又名鶴阜峯在治西北一百二十里

水泉山在治東

尖峯山仙臺山俱在治南官渡河

掛弓山在治北六十里

鷄籠山在治北七十里

多雲山在治北一百五十里

藍雞山在治北一百五十里

鳳凰山在治東三十里

藍家山在治北二十里

鉢盂山在治南二十里

塔山在東五十里唐人建塔於山元末兵毀遺[illegible]北三十里故仍名塔山

觀音山在東南六十里有觀音遺像在石岩

練巖在治西三十里有瀑布如練下

月山在治東南五十里傳說兄弟五人修道成誓曰見陰過見月止至此過月出即止此名月山今有廟

麻姑崖在治東八十里傳說麻姑寓此

仙人崖在治東一十里傳說仙人升此頂有鞋跡

豹龍崖在治西三十里

李本崖或云李莽崖在平湖鄉一十里

陶公崖在治南一里奉泰鄉

老虎洞在多雲鄉廣化寺左

練石洞在治西北三十里山腰有石潭飛瀑五六丈如練

含風洞在治北多雲山河一百五十里今有含風祠或云寒風洞

風洞有二一在多雲山之右一百六十里一在寄雲鄉一百八十里

燕洞在平湖鄉五十里

岐嶺在縣東一百三十里上有四關

平湖河在治西北六十里源出松子山至西河會縣前河至巴河出江

白蓮河 在治東南五十里源出[illegible]山過本縣合蘄水蘭溪出江

官渡河 在縣南百步源出娥眉山紫檀中沿桑塔山及黄岡蘄水下巴河口出大江

落翎河 在治東奉泰鄉源出英山至蘭溪出江

螺走河 在平湖鄉

深水河 在奉泰鄉水出睦安至本縣官渡河

横河 在多雲鄉二十五里

洑澤河 在奉泰鄉三十里

九子河 在縣北一百二十里

新昌河 在治北平湖鄉七十里

竹臺河 在多雲鄉一百三十里

黄石河 在縣北八十里

八兒河 在多雲鄉八十里

八迪河 在奉泰鄉舊志云元時兄弟八人皆握四功郎兵變後年遠失姓名

湯河 在多雲鄉四時常熱舊志以為温泉

石險河 在縣南五十里下流合白蓮河

神仙港 在平湖鄉七十里舊志云有神仙浴此遺[illegible]跡

龍潭港 在[illegible]一作南奉泰鄉[illegible]十里一在西平湖鄉四十里

老虎礄 在奉泰鄉[illegible]

紫檀沖 在縣北四十里

鴨子坂 在縣南六十里

黄土坳 在縣北五十里

蘄州

麒麟山 在州城内以其形似故名

鳳凰山 在州西南各縣皆有之

四流山 在州北山嶺迤邐有水南流者西流者皆入蘄水縣北流入壽州霍山縣東流入安慶府太湖縣故名四流

夫妻山 在州東三十里兩山相並故名

龍峯山 在州北八十里山麓有石穴名花蛇洞春夏水泛冬月則見舊産白花蛇

白雲山 在州西八里常有白雲山産緑毛龜隋時所建塔寺在山

龜鶴山 在州東五十里兩山相對有首有尾形如龜鶴

盤龍山 在州南十五里有石鼓院内有麻衣道者無梁禪師二祖真身

九潭山 在州山南一百二十五里有九龍井又名九龍山

金鵝山 在州北六十里傳說有金鵝下石間上有鵝籠石形

兜矛山 在州東北一十里形如兜矛故名

磨盤山 在[illegible]

[illegible]

[illegible]百[illegible]有[illegible]

[illegible]北安平上鄉六十里

鍋山在州東大同二鄉一百里抵太湖縣界北五[illegible]舊時產銅今無

馬下山在州四永福下鄉六十里傳云漢高祖討黥布曾下馬過此險山

龍目山在州東北大同上鄉一百四十里宋高宗南渡過此山見其嶮峻注目久之因名

廣教山在州東北永福下鄉六十里有廣教寺因名

百家治山在州東北安平上鄉二十里產箭竹

大浮山在州東安平下鄉一百六十里有九十九灣羅州故城在山

拆山在州北永福下鄉六十里西水流入拆湖上

茅山在州西永福下鄉六十里臨大江有十二磯故茅山鎮巡檢司

六合山在州東大同上鄉[illegible]十[illegible]有洞[illegible]三井

天[illegible]山[illegible]

[illegible]山[illegible]

[illegible]

[illegible]山[illegible]

仙[illegible]山[illegible]

燕子崖山在青山下鄉去州東北一百十里崖石峭嶮形如燕子

堆金山在大同上鄉去州東一百三十里

寶蓋山在大同上鄉東二百五十里

大原山在大同上鄉去州東二百五十里

鏡臺山在大同上鄉州東二百五十里

將軍山在大同上鄉去州東二百五十里

茅平山在大同上鄉州東二百五十里

龍玄山在大同上鄉州東二百五十里

河梯山在大同下鄉東一百七十里

掘段山在青山上鄉去州東一百八十里

丫頭山在大同上鄉東北二百五十里

靈虬山在永福上鄉去州西八十里

還源山在崇居下鄉去州東一百五十里

圓峯山在永福下鄉去州西五十里其頂圓因號為圓峯東抵赤東湖山有龍井禱雨有應

九龍山在青山上鄉去州東一百二十里

雲峯山在崇居下鄉去州東一百一十里

迴觀山在崇居下鄉去州東一百三十里上有大長觀故名

白鶴山在崇居下鄉去州東一百五十里俗傳昔有白鶴棲此

唐家山 在大同下鄉去州東北一百五十里山下唐姓居多故名

小泉山 在安平上鄉去州東三十五里山南有小泉故名泉上有亭

四口隘山 在崇居上鄉去州東二百里形勝狹隘有四口故名

展旗山 在安平上鄉去州東五里

土峯嶺 在大同上鄉去州東北二百里其峯舊聚土峯故名

小隘嶺 在崇居上鄉去州北一百五十里其嶺狹隘故云

金沙湖 在州治東又名東湖

赤東湖 在州北一十里

蘄河 在州北發源大溪山西流入赤東湖

西河 在州北六十里包絡羅州舊城

宗渡河 在東北一百八十里

黃城河 在治東北青山下鄉八十里

飛車水 在州東南八十里九江王黥布背楚歸漢於此築城名飛車城

鈷鉧水 在州治前源出爐梨山入蘄河

高溪 在州東北源出白岩山南入蘄河又名三十六水

隆磯 在州西一里大江中其磯隆然而出故名

鴻宿洲 在州西二里大江中秋冬有鴈宿此洲至有不名新生磯

黃梅縣

纔章山 在縣治東北一十五里[illegible]及清道士真身

礦山 在治東南一十五里上鐵礦舊置爐今廢鐵礦亦無

隆平山 一統志係龍宇在治北二十里又名鳳平宋時戚方嘗立寨於北山

五祖山 即東山在治北三十里又名馮茂山五祖大滿禪師道場山頂有池生白蓮花又名蓮峯唐裴度詩見藝文

四祖山 即西山又名破額山在縣西北四十里四祖大醫禪師道場上有香爐峯慈雲塔唐柳宗元詩見藝文

蔡山 在治南五十里曾出大龜因名蔡山

馬頭山 在治東南二里其形似馬頭

烏牙山 在治東北五十里上有靈峯院及白居易所撰碑宋張商英輪藏記

黃梅山 在治西四十里山多梅隋唐時皆以此名縣

東觀山 在治東四十五里

古角山 在治東北五十里

考田山 在治西北二十五里有黃龍洞及龍泉上神趙侯廟皆在北山

黃龍洞 在縣治考田山四十里晉安帝時番禺刺史宋益隱此修道為神後人於洞前立廟祭之

小溪山 在治北三十里

多雲山 在治北[illegible]二十里許上常有雲氣故名多岩岡其石岡起伏[illegible]而亡蓋一

已之王山也

東山 去治東二十九里有釋氏大淵禪師道塲為邑民馮茂所施故一名馮茂山頂有池臺白蓮名白蓮峯下有白雲臺

西山 一名破額又名雙峯去治西北四十里釋氏大醫禪師道塲在焉上有香爐峯及慈雲塔

大神石 在永福鄉白花坂有石像若冠帶公服神人之像俗呼石大神

道士石 在多雲山有二石植立形如道士故名

五阜湖 在治西一百一十里中有五阜洲禹貢九江納錫大龜世傳出於此湖

瀷感湖 在治東南三十里二湖相近合名瀷感

太白湖 在西南四十里

南北龍池湖 在治西南五十里

黄泥湖 在治西五十里

楊家穴湖 在治東南一百二十里

桂家寨湖 在治南十五里

隆平湖 在縣治東四十五里

大江 在縣南一百二十里

縣前河 其源有三其一出宮角山一出隆平山一出小溪山

濯港 在治南十五里其源西自蘄州來注太白湖即五祖母周氏處

黄梅水 源出黄梅山南流入感湖

[illegible]散花於[illegible]

淵師於此 在治西南四十里傳云漢寇恂平河内

廣濟縣

靈山 在縣東三里傳說麻姑仙住此故名今存神祠

金仙山 在治西七里相傳唐時有女於此升仙立有朝斗壇

多雲山 在縣東一十五里未雨先多雲有風洞投石則風起

明水山 在治東二十五里上有龍湫并飛瀑

東衝山 在縣東三十里其高衝霄漢

龍池山 在治南四十里傳說頂有池水有鯉魚化龍而去

積布山 在治南一百里又名積布磯臨大江石如積布

橫江山 在治北三十里

天明山 在治南二十里

獨山 在縣南五里其山特立故名

黄花山 在縣南五十里高聳關鍵

[illegible]山 在治西二十里昔羅翼仙人搗藥於此山舊尚有[illegible]

[illegible] 在縣南五十里日照則自升[illegible]

[illegible] 在治西九十里昔有三靈[illegible]

[illegible]里山有[illegible]

白家源山在治北二十里上有石龕傳說白鶴伏邪化龍而去山下有二湫

赤源山在治西昔唐祖師坐化之所

石牛山在治西二十里周源鋪前石如牛卧

仙姑山在治東七十里唐時有何許陳三仙於此飛升故名仙姑山

白石山在治北二里其山白石磊磊落落如瓊堆積故曰白石

迎山在治西六十里夾蘄州兩界二山對峙因以名之

靈泉洞在治南六十里有泉洞中出亦名石燕源洞內有巨石如床

七星石在治東石如七星布列

梅川在治南源出橫岡山下東過縣南流入武山湖出江

武家穴邊臨大江上自盤塘下抵黃梅縣之楊家穴共長一百九十里歲時修築以防江水之衝

武山湖在治南六十里

青林湖在治西近有青林山故名

馬口湖在治南八十里

連城河在治南七十里舊名連城湖蔡家港口有舊港二條地接黃梅路年久湮塞正統十年老人陳鑑奏准開通河道以便黃廣二縣民人搬運官賦

關

黃岡縣

陽邏關舊屬黃州衛指揮[illegible][illegible]防形革除

麻城縣

墨斗關在縣北八十里抵羅山縣界

九歌關在縣東抵固始縣界

虎頭關在縣東北七十里洪武四年立巡司

黃土關在縣北八十里

木陵關在縣西北八十里

白沙關在縣北九十里

大城關在縣北八十里已上五關山勢嶮峻峭岩峭壁此五關如城門固峙把截之則不能入也黃邵北距五關之險即此也南宋患金虜之擾李曌奏請從五關之險云虎頭關形勢最險兩山千仞一澗衝激黃土關形勢聳峭白沙關與黃土關相去密邇木陵關山路峭壁委折而上大城關山勢不甚高峻而橫斜盤遠修善關亦在其旁使諸關之兵援險効死虜豈能入乎今修善關近大城關

陰山關在縣東北六十里在陰山故名

黃陂縣

金竹關在縣北一百九十里

羅田縣

青苔關

平湖關俱在縣西北抵麻城界一百四十里
銅鑼關在縣西一百四十里
栗子關在縣東抵陸安界一百八十里
松子關在岐嶺傍去縣一百八十里
石門關在縣西北抵英山界一百二十里
甕門關在縣東北即岐嶺關抵固始界一百八十里

鎮

黃岡縣

赤壁磯鎮在府城南濱江

三江口鎮在府城西三十里大江南
團風鎮在縣北五十里
陽邏鎮在縣西一百二十里
中和鎮在中和上鄉成化間設巡司

麻城縣

雙城鎮在縣西北一百二十里

黃陂縣

武湖鎮在[illegible]

克敵軍寨在縣北二里俗傳宋世兵亂土人相聚立寨以禦寇故名

羅田縣

光山寨即石馬寨在縣東六十里上有石馬
周家寨在縣北六十里
石壠寨在縣東南四十里
古羊寨在縣西北四十里
熊崖寨在縣東北十里
觀音寨在縣東南六十里
班竹山寨在縣東六十里昔有道山

津渡

黃岡縣

府前大江渡在城南五里
果子灘在城西大江一十里
三江口渡在城西大江三十里
團風口渡在團風河口五十里
團風史壩渡在團風五十里
街埠渡在治西北一百三十里近陽邏
陽邏渡在陽邏大江黃岡江夏二縣各設夫渡船應涉

巴河渡在縣北一百二十里

盤石渡去縣北團風上五十五里孔治巴木河石橋一所

雙溪渡在縣北一百三十里

赤脚山河渡在五重鄉七十里

窯華潭渡在治西北一百三十里

張家店渡在庶安上鄉一百三十里

松湖垻渡在樟松并七湖口二處

感化河渡去治北一百四十里

舊州渡在慕義鄉舊州長河

橋潭渡在治北五重鄉一百二十里

柴華湖口渡在陽邏新開口五里

麻城縣

縣前河渡在縣前東儒學前

高安河渡在縣南一十里

白杲河渡在縣南二十里

浮橋河渡在縣西三十里

岐亭河渡在縣西南七十里

白塔河渡在治北二十里

黄陂縣

魯臺河渡在縣南

蘄水縣

縣溪渡在縣治東

蘭溪渡在治北七十里

青萬渡在治西南三十五里

陸神港渡在縣治西南二十里

巴河渡在縣北七十里

泉井

黄岡縣

君子泉在府治北宋通判孟震亨有賢德時稱孟君子庭中有泉蘇軾因以名之黄庭堅詩雲夢澤南君子泉水無名字託人賢年久湮塞弘治戊午推官羅瑜因脩城得泉所浚洵及泉庚申爲建小亭刻石記其事

温泉在縣北五重鄉夏温可浴冬則熱甚

義井一統志云在府城内東南市中今憲司門首西三叉街口人呼大井者是然本府各縣皆有義井皆以衆人得汲而然矣

吴公井按一統志云在縣北中和鄉一百八十里元季隱士吴應澍所鑿按吴公傳自陽邏至桃花地高難得水處開井一十九口今未知孰是

一就古[illegible]在府城西[illegible]黃州井[illegible]
詩古墓[illegible]興開入後[illegible]金甲一具[illegible]
又云此井此墓係劉宋臣謝晦之墓晦死之日以
甲投井中然此言甚繆按謝晦在南北時劉宋朝
為荆州刺史嘗過岳州黃山縣贈父之後晦卒[illegible]
過黃山不肯亡遂葬黃山民立祠至今祀之非亡
黃州也晦走亡湖戍主生執之非在
黃又亦非黃其井甲固非晦物也

雙眼井 在府城清源門內正街傍

儀門井 在府治儀門前

司獄井 在府治司獄司街中

通判井 在府城內通判街中

報恩井 在府城報恩寺內

天寧井 在府城報恩寺前

鼓樓井 在府城舊鍾鼓樓側

明倫井 在府學明倫堂前

分司井 在布政分司前街中

洗白井 在洗白街上有大小二井

一字井 在一字門內一字街俗呼濫泥井

坡祠井 在縣學東坡祠北

暗井 古有之宋蘇東坡始尋出在今縣學後坡有
暗井詩見本集後張安國詩將井蛙敵部竟
祠塑像泉之何黃州[illegible]
之人而迹今井失其處

蔡家井 在陽邏馬驛東百餘步

馮家井 在陽邏馬驛前二百餘步

華山井 在陽邏華山南古井舊有石欄鑄義井字
弃野地與馮蔡等諸井盤皆不合宣德丁
未民人書志是開平堡城為居於城底得井井面
石方五尺有井欄蹟與前棄野地井欄正合且同
一邑詳其堡城宋末夏貴已未歲所築更不知原
築何代也欄井俱合非偶然

儒學井 在縣學前弘治庚申浚砌

麻城縣

瀑布泉 在縣北麻姑洞口其泉飛瀑如練下

虎爬泉 在縣東六十里龜峯山觀音崖傳說虎爬
泉湧出四時不息

清泉井 在縣治儒學前

義井 在縣治東

白龍井 在縣東八十里龜峯山能仁寺前

泉水井 在治北六十里臨路得濟行人

赫龍井 在縣東八十里龜峯山能仁寺

官井 在縣治中街通衢

黃陂縣

三眼井 在正街乘育坊其井石有三眼鐵欄有眼
井字又名長井

木蘭井 在縣西木蘭寺前

蕲水縣

洗筆泉在縣治郭門外世傳王羲之洗筆於此

陸羽泉在縣北鳳棲山下唐陸羽茶經以為天下第三泉宋王禹偁詩甃石封苔百尺深試嘗茶味少知音惟餘萬古泉中月留得先生一片心

伍員井在縣西昔伍員過此淬劍故名

丹井有二一在蕲州一在本縣東漢張道陵煉丹於此其二井之水皆能解人熱疾

雙井在縣治古槐樹下正統辛酉立今廢

義井在縣治東昔閔雲長淬劍尚存劍蹟

羅田縣

玉虹泉在縣東二里

玉泉在平湖鄉二十里

温泉在多雲鄉三十五里

五龍井在縣治東歲旱以水禱雨

石井在治北多雲鄉二十五里

龍井有三一在多雲鄉嵩堆河一百五十里一在多雲山一百六十里一在泊高峯一百里

蕲州

湯泉在州北一百四十里宋劉湯有硫黄氣

大泉在安平鄉去州東十五里遇旱不盈溢

三泉在州崇德坊介景三泉記宋黄書鳳山之陽在寺庭之除為陸羽烹茶之泉

在鳳山之陽為說少津筆之井

龍井在青山鄉去州北四十里

雙井在青山鄉去州北一百四十里常潮

東洞龍王聖井在崇居上鄉去州北一百二十里

義井在州治西南一里一井三眼

丹井在州治東北一百三十里井底有四竅按四時出泉世傳王全真煉丹所

西河井在州西北六十里舊產綠毛龜背有黃紋今湮塞不產

黄梅縣

義井在縣市中邑人萬氏所鑿又名萬家井

廣濟縣

善潭泉在縣西五里有南北二泉大旱泉出愈甚

真惠泉在治東四十里地名車坊山石澗中有上下二泉

白家園泉在縣治北横岡山之南昔有白鶴伏卵化龍而去遺穴成二湫鄉人取泉禱雨

費家龍泉在縣治南大明山上有三泉後庵一泉止存中泉雨不溢旱不涸後山石常有奔流之聲

石洞靈泉在縣治南六十里石山中有岩穴廣三丈餘中有七洞深二十里洞口有靈泉鄉人祈禱齋沐至第二洞否則變百虫蛙步莫前

清淨泉在縣左祖師禪師公司馬文為寺時家北水相師生性汲此水治之既淤塞公吏甲春亥復之

池塘

黄岡縣

洗墨池在府城內縣學前東坡故址旁舊事洗硯劫筆汲石

泮池在府學大成門下正統間知府錢敬命工甃砌齊備

白蓮池在府東南安國寺前之東

洗馬池在府城南三里即古之夏澳今名蔴池

七星塘在城東南三里近年塘內有七墩七座以像七星傳語韓魏公所築不知何由今廢吉故氏平之拙道踏為潰

相隱塘在府城東南相隱橋之側去城二里餘宋龐公籍為郡司理參軍守夏竦稱有宰相器後來如言後入即司理廳建堂曰相隱近有塘亦因名相隱塘塘近北有道院塘近西韓魏公請書堂故有詩曰道院迎仙客書堂隱相儒庭栽棲鳳竹池養化龍魚

長塘在府城東一里許即古城之壕池也

林城縣

化龍池在治西十五里其池盤曲如龍

龍池在治北二里其勢如龍形

鳳陂在縣東舊傳曾有鳳浴於此東北有山名鳳凰臺十五里

齊鱗陂在治東一十五里世傳曾有龍昇此陂落鱗

霸陂在治北七里舊傳飲馬池世傳西楚霸王所鑿飲馬故名

黄陂縣

聰明池在治東一里瀕河南岸即宋二程夫子讀書堂前邑人傳說此池蛙不鳴蚊不鼓旱澇如常成化己丑知縣李恒周圍砌石岸建橋梁新勝縣

清水揚池在縣南七十里

放生池在縣治南城下按古志唐肅宗作放生池顏真卿撰記天下效之見事文類聚

蘄水縣

洗筆池在治東三里鳳棲山有王羲之洗筆池

羅田縣

泮池在本縣學

蓮塘在縣南五里

蘄州

蓮花池在州北一里其水四時不涸舊有蓮今無

三角山池在青山鄉俗傳三洞龍王常會於此

黄梅縣

王塘池在縣治東北泰源觀側昔人鑿池得白石狀類仙蛻又云羅真人煉蛻之所

[illegible]

土產

黃岡縣

五穀

秈穀 六十日 九十日 四節穀
百日穀 落田百日回食 秔秈穀
麻秈穀 糯穀 黃殼糯 紅殼糯 白殼糯
黑𥟍穀 晚穀 鬍鬚𥟍 白鬚糯 野麥
小麥 蕎麥 大黍 小黍 早粟
寒粟 蘆粟 芝麻 香豆 刀豆
黃豆 紅豆 江豆 綠豆 黑豆
蛾眉豆 羗豆 龍爪豆

蔬菜

芥菜 白菜 皺葉菜 花芥 莧菜
萵苣 苦蕒 波 莙薘 芹
葫荽 芫荽 蘿蔔 葫蘆 荳根
芥子 筍 葱 薤 蓮
韭 茄 芋 東瓜 蕨
稍瓜 王瓜 香瓜 絲瓜 菜瓜

元脩菜

似芥而味美蘇東坡因西蜀有此菜偶遇故人楊元脩帶此菜經過故得之以種栗坡下果效因名元脩菜今失其真種也

果品

梨 榴 杏 李 桃
梅 橙 橘 棗 栗
柿 木瓜 葡萄 雞頭 蓮子
藕 菱 栟 西瓜 白果
核桃 枇杷 花紅 芡 烏桃
無花果

藥材

天南星 茯苓 黑牽牛 桑白皮 乾葛
芍藥 烏藥 杏仁 青藤 厚朴
蟬蛻 貝母 蓖麻子 蓮房 栗殼
地骨皮 紫蘇 麥門冬 百合 鱉甲
五倍子 馬兜 皂角 黃精 松香
花椒 蒼朮 桔梗 香附子 車前子
半夏 牛膝 商陸 香茹 升麻
五加皮 [illegible] 遠志 松蘿 [illegible]

竹木

竹

水竹 筀竹 斑竹 叢竹 苗竹
瀟湘竹 苦竹 荊竹 鳳尾竹 紫竹

木

松 柏 檜 桑 桕
槐 櫨 柳 椿 楊
榆 梧桐 桐子 蠟 楓
楮 棃 栗 棗 李
桃 梅 杏 榴 櫻
白楊 冬青 荊 楮 檀
茉 椒 朴 烏桕 柘
苦楝 漆 樹 柚 鬼柳
白果木 柿 拼 核桃木 枇杷木
烏桃 楠 橙

花草

牡丹 芍藥 萱草 紫荊 木犀
玉簪 地棠 滴滴金 桂 石竹
珍珠 雞冠 鶯粟 荷 金鳳
枚子 蜀葵 芙蓉 菡萏 菊

荼蘼 海棠 姊梅 月月紅 夜落金
山丹 蘭 炭 虎耳 樣葱
小葵

草

茅 蓑 葉 蕨萁 蒲
稗 藍 靛 蘆 荻
芹 艾 蓬 蒿 芰
萍 蓼

養牲

水牛 黃牛 馬 騾 驢
豕 羊 貓 犬 鵝
鴨 雞

飛禽

天鵝 鴛鴦 鸛鴿 鵓鴣 鴻雁
鸕鶿 黃鶯 布穀 啄木 鷺鷥
鷂 鴿 鴉 鵲 鷹
鵓鳩 八哥 杜宇
白鷴 鳧鷄 野雉 燕雀
野鴨 野雞

野獸 虎 鹿 豹 麋 豺 麂 貒 兔 獐 獺
狐 狸 猪行 狗犴 猴

水族 鱘 鰔 鱑 魴 鯖 鰱 鮊 鯉 鯽 鯰
鮓 鰻 鮰 鯿 鯇 黄魣 鯛 黄鱨 鱵 鰤 鯛
鰍 鰟 蟹 鮎 鰻鱺 黿鼉 螺 龜 鮒 鱉 草鞋
蚌蛤 赤眼 鰂 鰲 鯘 鯚
魶 音諸俗呼鯽荷皮 鱄 音蒲孚俗呼江豚 鮀 音托俗呼黄頰

毒虫 蚊 鼠 蝎 蜈蚣 蝙 螟 蚤 蝗 蛇 蜂
螢 蚊蟻 蚁虫

服舍 服用 綿花布 絲 苧麻布 紬 葛麻布 絹 綾 合用木石土甎
盖覆用陶瓦茅草
卧用篾簟

麻城縣

白艾 龜峯山産蘄州蘄水羅田亦産

黄陂縣

葛麻布 猿猴 貂鼠 野猪 独活 前胡
狗杞子 當歸 荊芥 天門冬

羅田縣

綿鷄 猿 野猪 風藤 細辛

蘄州

蘄竹 亦名笛竹簟以色瑩者為簟節踈者為笛著頴者為杖唐韓愈詩蘄州笛竹天下知鄭君所寶尤瓌奇携来當晝不得卧一府争看黄琉璃白居易詩笛愁春盡梅花裏簟冷秋生簟葉中近年射利者多作偽焉

白花蛇 頂有方勝尾有指甲人劃破其腹則自起水以指甲洗去其腸蟠屈而死其長尺餘能愈風疾近以醫和熱藥太多服者不驗云

緑毛龜 背有緑毛浮水中則泛起壓置壁間數年不死能辟飛塵至冬多閟死

羅漢菜 三角山出舊傳有異僧種之而去若雜以葷物即無味

茶 出本州

蘄笛

黄梅縣

和尚麥 白芷 天花粉 茵陳 山藥 地榆
紫葫 枳殼 九節菖蒲

右各州縣物産並同黄岡

橋梁

本府

觀風橋 在城清源門之城壕間係古制洪武十二年知府石讓指揮李和重建景泰間重脩黄州衛立石欄

海棠橋 古有此橋在舊州城宋秦觀謫黄州橋南北多海棠觀醉眠於此明日題其橋柱詩見後卷橋久廢

相隱橋 在城東南安國寺前宋龐籍明道間為黄州司理參軍有宰相重器建此橋後為樞密及歸魏公曾此橋畔讀書因名洪武甲寅僧雲亭脩永樂間善民陶添瑞重脩

泮池橋 在府學內舊有五孔正統四年知府錢敏改作三孔面上建橋亭首建杏壇亭成化間亭廢

柔遠橋 在城東南山川壇西

清濟橋 在城南二里濱江景泰四年知府余清始建成化間義民陶晷重建改名金花橋麻城李正芳有記

清平橋 在城濠二里俗呼雙橋成化年義民陶晷脩

鼉龍橋 古志云在城之前有一大鼉如龍出沒其中因以名橋橋久無惟存故事

清淮橋 在清淮門之城濠間

一字橋 在一字門城濠間

黄岡縣

長清橋 舊名楓香橋在縣北二十里正統七年知府余清脩建更名長清成化六年黄陂人義民潘敬捐財重脩

永清橋 舊名蟠石橋在團風北五里古制正統七年知府余清重新創建更名永清[illegible]授尹遜撰碑文今為[illegible]士民[illegible]渡圖[illegible]

惠民橋 在陽邏馬驛前西係古制常加脩砌

玉壺橋 在陽邏華山西大江岸係古制

閬苑橋 在陽邏急遞鋪石蓮萊寺前大江岸景泰元年庚午僧啓獻始建天順七年癸未僧祖真華故民新重建立化石欄

太平橋 在縣北中和鄉古平安站南舊有之山隱士吳應尉建今毀

行祠橋 在中和鄉係古制

賀婆橋 在縣北五重鄉青垃山溪澗相傳乘係賀婆建

中和橋 在古邾城內係古制今頹雖存石及斷碑

麻城縣

岐亭橋 在縣西南七十里宋時陳慥蘇東坡徘徊於此

南門橋 在縣南一里舊名古亭橋今與南門相接故名宣德癸丑知縣孫仕中以木建成化乙未知縣胡琮舉以石建禮部尚書倪謙為撰碑記

樊家橋 在縣西一十里

三里橋 去治北三里

五里橋 去治北五里

太平橋 舊名相公橋去縣一里宣德癸丑知縣孫仕中重建上蓋瓦屋行人得便故名

桃林橋 去治東十五里桃林溪元至元二年里人孫德俊建碑文脫落無辨所由

橙林橋 去治西二里止土木橋成化丙申義民萬謐魏崇智以石砌為永固

花橋在治東七十里至元元年建以拯進士免故名

浮橋去治西四十里

塔兒橋去治南二里傍有石塔

望仙橋去治北二里麻姑於此昇仙故名

祖公橋在治北三十里

黄陂縣

駱駝橋在縣東二十里魏人來攻以駱駝載輜重聲橋下因以名

黄婆橋在治西舊志云宋太祖微時過此渴求水黄婆見而異之具禮數進酒且曰酒莽嚴請君慎勿洩祖曰諾及即位詔閏邑推賦

三思橋在縣前傳說民有爭訟至此橋三思乃息

夫石橋小石橋俱在治西一里

棠棃橋在縣東四十里

丁公橋在縣治西一里係古砌石橋

石港橋在縣治北一十五里係古砌石橋涉石港河

蘄水縣

緑楊橋在治東三里蘇東坡夜醉乘月行此橋既覺作西江月詞其末句云解鞍欹枕緑楊橋杜宇數聲春曉全句見後卷文詠之下正統六年知縣胡奎率工重脩

縣前橋惟秋冬以板木為橋在春夏則以舟為渡

昭化橋在治東昭化寺前有三孔正統六年縣吕繼率士民脩整

繩武橋在治東昭化寺右正統六年邑人黄思晟建

通明橋在治北城隍廟正統六年縣宰蕭衆造

昭嗣橋在治北昭化寺迄正統元年邑人葉仕清建

畫街橋在治北三里成化八年知縣陳輿僧會心鏡糾造成化戊戌縣丞張玘又督造

清河港橋在治西三十五里縣民程福建

苦竹港橋在治北四十里

麻橋在縣北一十五里義民湯碧建

羅田縣

黄家橋在縣東六十里

通濟橋在縣東成化初知縣徐泰建今廢

源清橋在縣南一百五十里

覇城橋在縣南河街口

板橋灣橋在縣西一里上下二座一座古橋一座義官程仲信建

河口橋在縣北十里醫官張善建

三里橋在縣東三里

剪刀山橋在縣西七里醫官張善建

花石橋在縣西北四里監生胡金建

黃堅公橋在縣東五里

李木崖橋在縣北二十里

闗口橋在縣南二里生員張羨建

蘄州

菩提橋在安平上鄉去州東三十里菩提鋪石記應真觀間僧[redacted]應建年久傾頹成化十三年知州王宜重脩

石橋在州前宋景定甲子歲安撫使王益涉石建造

盧家橋在永福下鄉去州北七十里通西門驛路以木為之

橫車橋在永福下鄉去州北七十里以木為之在橫車鋪東

轉蓬橋三座一在青山鄉武昌里去州北七十里景泰五年立一在崇居鄉大王山下去州北一百里正統三年建一在青山鄉河頭去州北八十里正統元年立

新興橋在安平上鄉大泉山下去州東廿里

芭茅橋在安平下鄉芭茅山傍去州北八十里以木為

急水橋在安平下鄉去州北四里

廣濟縣

仁壽橋在治東百餘步成化丙申知縣江震買民地砌堤岸重建

東風橋去治東四十里

萬車橋去治東八里

荊竹橋去治東三十里

車防橋去治東四十里

雙城橋去治東六十里

黃花橋去治東六十里

周源橋去治西二十五里

徐家壋橋去治西三十里

松楊橋去治西十五里

苔水橋在縣治西

閔家橋在縣治西

黃梅縣

平政橋在縣南門洪武六年造今已毀

明月橋在治城隍廟前池畔

辭母橋在治南池五祖出家辭母於此

蘆花橋在治東門外

洗魚池橋在治南莫知其所由

馬頭橋今名流水橋在治東馬頭山下舊有古石墩一座正統間民劉彥潜加石砌完以架木上豎屋數十楹以便行人

黃覺橋在治西南十五里濯港北其黃覺乃古菩也

陵墓

黄岡縣

樊噲墓 按漢書樊噲傳食邑舞陽後高帝使陳平即軍中斬噲平畏呂后執噲詣長安至則高帝已崩后釋噲得復爵邑孝惠六年噲薨諡曰武侯觀此則噲之食邑在舞陽而薨當於其地今俗傳此為樊噲墓未知是否其墓今在城內府治西北

何脫齡墓 在府城東

謝晦墓 大明一統志云在府治城西俗謂謝鐵龍墓晦劉宋臣也蓋一統志先年止憑本縣志所脩未辨其非今按謝晦在南北時劉宋為荊州刺史嘗過岳州黄山顧瞻久之及卒柩過黄山不肯去遂葬黄山非此黄州也黄山民為立祠祀之宋封顯應公

本朝定以荊州刺史謝晦廟祭於八月二十九日統志以此為謝晦墓俗呼謝鐵龍墓非也今黄地西漢川門外正有一鐵淋墓近年嘗有鐵存其曰鐵龍者訛也然不考是何人墓謂是樊噲墓亦未詳墓傍有井曰金甲井謂甲為謝晦甲亦非也互見前卷井泉欵

龍仁夫墓 舊志云在陽邏華下山之陽有墓祠蓋仁夫江西廬陵人元時授陝西儒學提舉致政寓居黄岡開教孔子山卒葬於此墓失其所詳見流寓欵

吴琳墓 中和上鄉人洪武初任吏部尚書在任善終歸葬本鄉官渓

徐本墓 慕義鄉人洪武初任雲南左布政使在任善終歸葬礌石

麻城縣

鄒來學墓 在縣西一十里樊家橋本縣人由進士仕左副都御史巡撫江南在任遂

趙誠父母墓 在[illegible]香山之麓誠[illegible]母同日而亡誠廬墓[illegible]孝感異事来集鄉人異之有司奏聞旌表其門以昭孝義

黄陂縣

汪頡母劉氏墓 在禮教鄉涂家埠頡幼孤奉母劉氏至孝及母卒廬墓三年異物感集鄉人異之以名上達

凌尚書墓 在提金城

馮僉事墓 在苑基寺

羅田縣

王少保墓 在縣北多雲鄉三十里少保燕國公王世昶之次子名韶嘉祐二年進士終太子少保卒歸葬於此

蘄州

荊憲王陵墓 在安平下鄉策山去州北七十里景泰五年主事李福督造

荊靖王陵墓 在安平上鄉大泉山去州東一十里天順五年主事周正督造

都昌王長子墓 在安平上鄉大泉山去州東一十五里成化七年本州同知鹿仁廣督造

都昌惠靖王陵墓 在安平上鄉大泉山去州東一十五里成化十六年進士郭秋督造

廣濟縣

都梁惠悼王陵墓 在縣靈泉西鄉迎山西去州十里成化十四年辦事官楊華督工修造

黃梅縣

鮑參軍墓 在縣治後有一土堆相傳云然

戚參酒墓 去縣三里許自北門山社壇向西過堋段家嶺大路傍陸土壇上面山其代貫不可考

佛母墓 在縣西佛母塔寺即五祖母周氏之墓塔

黃州府志卷之二

黃州府志卷之三

官制

周禮惟王建國辨方正位體國經野設官分職
以為民極後世官制非古惟
我朝酌古准今上下之職胥徒之屬相維相係秩然
有條遠追成周矣至如戶口有登耗十年一攷
其數於
上司即司民之登民數貢賦有厚薄循額以貢其稅於
上司職方之使同貫利人以立政政以惠民是
以富邦國生萬民之事典也皆係之官制故有
官制以總之

職役

本府

知府一員

同知一員

通判二員

推官一員

經歷司經歷一員　知事一員　典吏二名

照磨所照磨一員　檢校一員　典吏二名

儒學教授一員　訓導四員　司吏一名

司獄司司獄一員　獄典一名

陰陽學正術一員　醫學正科一員

僧正司僧正一員
道正司道正一員　攢典一名
稅課局大使一員　攢典一名
遞運所大使一員　攢典一名
蘄陽驛驛丞一員　驛吏一名
西河驛驛丞一員　驛吏一名
赤東湖河泊所河泊一員　攢典一名
本州六房司吏共七名典吏共一十四名鋪長一名承發典吏一名架閣庫典吏一名

黄岡縣
知縣一員
縣丞一員
主簿二員
典史一員
儒學教諭一員　訓導二員　司吏一名
六縣並同黄岡
黄岡等七縣
巡檢司一十三處巡檢各一員　司吏各一名

水馬驛共八處驛丞各一員　驛吏各一名
河泊所共一十九處河泊各一員　攢典各一名
稅課局一處大使一員　攢典一名
陰陽學除黄岡附廓六處訓術各一員
醫學除黄岡附廓六處訓科各一員
僧會司除黄岡附廓六處僧會各一員
道會司除黄岡附廓六處道會各一員
黄岡縣六房司吏共六名典吏共一十名承發典吏一名架閣庫典吏一名鋪長一名

六縣吏典並同黄岡
黄州衛
指揮使五員
指揮同知五員
指揮僉事七員
經歷司經歷一員　知事一員　司吏一名
衛鎮撫二員　司吏一名
右中前後四千戶所
正千戶共九員　副千戶共十五員　司吏共四名

四所百户共四十員　鎮撫共五員

本衛六房令史共二名典吏共一十二名

蘄州衛

指揮使五員

指揮同知三員

指揮僉事八員

經歷司經歷一員　知事一員　司吏一名

衛鎮撫三員

左右中前後五所

正千户共十員　副千户共二十員　司吏共五名

五所百户共四十七員　鎮撫共五員

本衛六房令史共二名典吏共一十二名

户口

本府

洪武二十四年户九萬四千九百五十二口六十四萬二千一百六十

弘治五年户七萬三千一百四十二口七十八萬八千八百

黄岡縣

洪武二十四年户一萬六千二百五十二口一十二萬二千三百四十九

弘治五年户一萬七千八百二十七口一十七萬九千七百三十

麻城縣

洪武二十四年户一萬二千七百五十口一十萬一千二百三十

弘治五年户一萬三千四百二十三口一十三萬一千四百九十三

黄陂縣

洪武二十四年户五千八百五十一口四萬二千六十二

弘治五年户五千九百一十口一十二萬六千五百五十七

蘄水縣

洪武二十四年户四萬四千三百五十七口八萬四千五百四十

弘治五年户一萬三千二百六十七口一十萬七千八百九十二

羅田縣

洪武二十四年户

弘治五年户五千七百六十二口六萬八千一百二十四

蘄州

洪武二十四年户一萬二千九百三十五口七萬八千六百九十八

弘治五年户七千九百七十口七萬二千九百五十二

黄梅縣

洪武二十四年户一萬一千三百八十二口七萬八千七百三十三

弘治五年戶七千三百二十九口陸萬陸千一百七

廣濟縣

洪武二十四年戶一萬二千一百六十五口九萬五千九十

弘治五年戶六千五百三十口四萬七千二百三十三

貢賦

禹貢荆州之域厥土惟塗泥厥田惟下中厥賦上下厥貢羽毛齒革惟金三品杶榦栝柏礪砥砮丹惟箘簵楛包匭菁茅篚厥玄纁璣組又職方云荆州其利丹銀齒革其民一男二女其畜宜鳥獸其穀宜稻然古今異宜

國朝貢賦又因地利而斟酌之

本府

貢

歲進活鹿三隻活鴈二百三十八隻鵓鴿二十九隻天鵝六隻鴛鴦一十六隻

歲辦雜皮三千三百五十七張翎毛一十萬九千二百根藥材

歲造深青段一百四十八匹黑綠段一百五匹丹礬紅段九十七匹

賦

洪武二十四年官民田地山塘三萬五千三百四十三頃七十九畝三分五釐夏稅小麥三千五百五十一石二斗三升三合四勺大[illegible]一百四石二斗二升二合隨粮絲三千二百二十八斤九兩九錢六分織絹二千五百八十二匹二丈六尺九寸四分秋粮米二十一萬六千九百五十四石三斗九升三合九勺

課程本府稅課司及黃岡等縣稅課局河泊所歲辦諸色課鈔二十六萬五千九百三十六貫七伯四十一文魚油一十二萬三千一百六十八斤四錢八分魚鰾一千五百五十一斤九兩九錢九分翎毛二十二萬二千八百三十三根

弘治五年官民田地山塘三萬六千五百二十二頃七十九畝六分夏稅租麥三千八百七十五石三升六合九勺二抄大麥一百六石六斗七升三合五勺小麥三千七百六十八石三斗三合四勺二抄隨粮絲綿并租絲三千七百四十一斤六兩一錢九分四釐共該織絹二千九百九

十三匹三尺二寸四分一釐一毫一忽秋粮租米二十五萬二千五百六十六石八斗一升六合八勺三抄

課程本府稅課司及黃岡等縣稅課局河泊所歲辦諸色鈔貫二十萬六百九十六貫一伯九十四文魚油八萬二千五百八十八斤三兩二分魚鰾一千七百二十一斤一十四兩五錢七分翎毛六十五萬九千八百二根

黃岡縣

貢

歲進活鴈二百一十隻活鴛鴦一十六隻活鵓鴿一十六隻折鈔五千貫

歲辦鹿皮三百五十張麞皮一百九十張麂皮四百張藥材[illegible]

歲造深青段三十三匹　墨綠段三十匹　紅段三十一匹

賦

洪武二十四年官民田地塘七千四百五十五頃六十一畝七分夏稅小麥一千六
百七十二石八斗四升四合八勺隨粮絲一千四
百五十七斤一十一兩八錢七分織絹一千一百
六十六匹七尺三寸五分桑柘絲五十二斤九兩
八錢二分織絹四十二匹二丈七尺三寸秋粮米
四萬五千四十四石八十九合一勺

課程本縣帶辦并團風稅課局黃漢等九湖河泊所每歲額辦諸色課鈔九萬七千二貫六十
八文

弘治五年官民田地塘七千七百八十五頃九畝四分夏稅小麥二千八十八石二斗六
升七合八勺二抄六撮隨粮絲一千四百六十八
斤九兩五錢一分共該織絹一千一百七十四匹
二丈六尺二寸六分五釐桑柘絲五十八斤七兩
三錢織絹四十五匹一丈八十秋粮米四萬七千
一百九十四石四斗四合四勺一抄

課程本縣帶辦并團風稅課局黃湖等九湖河泊所每歲額辦諸色課鈔八萬九千二百八十
二貫三伯六十文

麻城縣

貢

歲進活鴈五隻

歲辦雜皮三百三十五張 [illegible]

歲造深青段一十匹　墨綠段一十匹　丹礬紅段一十匹

賦

洪武二十四年官民田地塘三千七百八十二頃七十六畝二分夏稅小麥九十八
石三斗一升三合一勺二抄一撮二徵隨粮絲七
百二十一斤一兩二錢七分二釐六毫共該織絹
五百九十一匹二丈二尺六寸七分一錢秋粮米
二萬六千一百七十三石六斗九升二合一勺三
抄一撮

課程本縣帶辦稅課局課鈔二千一百一十三貫六百二十七文翎毛鵝翎二萬一千一百二
十一根

弘治五年官民田地塘四千一百五十九頃六十一畝六分
夏稅小麥一百一十石二斗六升五合一勺
隨粮絲七百七十二斤六兩八錢四分織絹六百一千七匹二丈二尺二寸六分
秋粮米三萬二千八百五十三石一斗四抄

課程本縣帶辦稅課諸色課鈔二千二百七十六貫六伯一十一文翎毛鵝翎二萬六千一百
一根

黃陂縣

貢

歲進活毛一隻　活鴈二隻

歲辦雜皮九十六張　鵝翎九千六百根

歲造各色段三十三匹

賦

洪武二十四年官民田地塘二千九百九十一頃七十二畝一分

夏稅小麥五十石一斗六升一合二勺二抄

隨粮絲六百五十斤二錢九分織絹五百二十一匹二丈三尺四寸一分

秋粮米二萬一百一十二石一斗七升三合

課程本縣帶辦稅課諸色課鈔四百一十二貫六伯文閏月課鈔三十九貫一伯一十文共該鈔伍百八貫四伯三十文

弘治五年官民田地塘三千七百一十五頃六十畝六分

夏稅小麥六十六石八斗九升八合九勺

隨粮絲七百二斤二錢九分織絹五百六十二匹二丈二尺四寸一分

秋粮米二萬八百一十石九斗六升一合一勺

課程本縣帶辦稅課諸色課鈔四百六十九貫三伯二十文閏月鈔三十九貫一伯一十文共該鈔五百八貫四伯三十文

蘄水縣

貢

歲進活鷹二隻

歲辦鹿皮三百四張 雜皮一百六十四張 鵝翎二萬三千四百根

歲造各色段七十二匹

賦

洪武二十四年官民田地塘四千二百六十一頃七十八畝二分

夏稅小麥五十八石六斗六升一合

隨粮絲四十斤一錢六分織絹三十四一丈三尺七寸二分

秋粮米三萬九千一百五十二石二斗六升合

課程本縣帶辦并楊歷等二湖河泊所每歲額辦諸色課鈔共該二萬一千四百十二貫八伯九十文

弘治五年官民田地塘五千四百七十一頃八十七畝七分

夏稅小麥六十六石六斗五升二合一勺

隨粮絲五十斤一十兩四錢六分織絹四十四一丈五尺七寸二釐

秋粮米四萬五千一百五十四石五斗五升九合

課程本縣帶辦并楊歷等二湖河泊所每歲額辦諸色課鈔共該二萬二千四百十二貫八伯九十文

羅田縣

貢

歲進活野鷄一隻 活馬一隻 活鵓鳩一隻

歲辦野猫皮十三 狐皮十三 黃鼠皮十三 白鷄狸皮七 黃腰狸皮四 麂皮一百四十

麂羔皮八十　鵝翎一萬一千根

歲造

賦

洪武二十四年官民田地塘九百八十九頃七十六畝二分

夏稅麥一百二十六石七斗一升

隨糧絲七十斤一兩二分織絹五十二匹二丈七尺三寸三分

秋糧米八千九百九十七石三斗六升一合

課程本縣帶辦稅課諸色課鈔一千一百三十二貫三伯一十文閏月鈔二十七貫七伯文共該鈔一千一百五十九貫九伯一十文

弘治五年官民田地塘一千三百五十三頃二十四畝

夏稅麥一百六十六石二斗九合九勺

隨糧絲八十一斤三兩九錢八分織絹六十四匹二丈九尺九寸三分

秋糧米一萬一千一十二石[illegible]五斗五升二合五勺六抄

課程本縣帶辦稅課諸色課鈔一千二百七十七貫三伯一十文閏月鈔二十七貫七伯文共[illegible]

[illegible]十三百

[illegible]人

歲辦雜皮二百七十一　紫村

歲造各色段匹四十二匹

賦

洪武二十四年官民田地塘三千九百七十八頃三十三畝一分夏稅小麥一百四十二石四斗二升二合六勺隨糧絲九十四斤六兩四錢二分織絹七十五匹一丈五尺六寸三分

租絲三十斤一兩八錢織絹二十五匹二丈七寸

農桑絲七斤一十五兩九錢六分織絹六匹一丈

五尺九寸四分秋糧米二萬八千五百七十二石五斗八升六勺

課程本州歲辦諸色課鈔一千七百三十九貫稅課局課鈔一萬七千六十二貫亦東湖河泊所課鈔一萬九千八百八十五貫六十三文

弘治五年官民田地塘四十三頃六十一畝四分三釐

夏稅小麥二百四十二石七斗一升二合四勺一抄

隨糧絲一百三十三斤九兩三錢三分六釐織絹一百六疋二丈六尺四釐

秋糧米二萬八千一百四十五石五斗九升六合六勺

課程本州歲辦諸色課鈔三千二十貫八伯一十五文稅課局課鈔一萬七千六十二貫亦東湖河泊所課鈔一萬九千八百八十五貫六十三文

黃梅縣

貢

歲進活禽麂八隻

歲辦虎皮二十五張 麂皮一千五百……翎毛……萬一千根

歲造深青段一十疋 丹礬紅段六疋 墨綠段五疋

賦

洪武二十四年官民田地塘五千四百三十六頃一畝三分 夏稅小麥五百一十石二斗一升六合七勺 桑柘絲六斤一十二兩 秋粮米三萬七千一百二十三石七升九合五勺

課程本縣帶辦稅課局鈔共七千一百七十四貫六伯一十文 商稅鈔五百六十七貫六伯一十文

弘治五年官民田地塘五千四百九十八頃九十九畝 夏稅麥四百九十八石六斗一升 隨粮絲二百七十四斤一十二兩三錢 秋粮米三萬六千五百一十二石八斗二升三合一勺一抄撮

課程本縣帶辦稅課局鈔六百一十八貫七伯一十三文 源感等六湖河泊所課鈔一萬一千九十貫八伯二十四文

廣濟縣

貢

歲進活天鵝四隻 活鴈七隻 活鷀鵝一十九隻

歲辦白硝退毛鹿皮二百七十八 白硝退毛麂皮一百二十五 熟硝帶毛虎皮一 鵝翎六千三百根 鴈翎毛一萬四千根

歲造深青段二十疋 墨綠段一十二疋 丹礬紅段八疋

賦

洪武二十四年官民田地塘四千四百三十三頃九十四畝七分 夏稅大小麥共百二十九石四斗八升八合七勺 隨粮絲二百五十四斤三兩七錢一分 織絹二百三疋三丈一寸九分 桑柘絲五斤八兩 秋糧米三萬七百一十九石三斗五升二合七勺

課程本縣帶辦弁稅課局二湖課鈔二萬六千一十九貫三伯八十二文

弘治五年官民田地塘四千五百三十四頃三十畝七分 夏稅大小麥六百二十五石四斗一升四合一勺 隨粮絲二百五十七斤伍兩四錢二分 織絹二百五疋二丈六尺一寸五分 秋粮米三萬八百八十二石五斗一升一合六勺

課程本縣帶辦弁稅課局二八湖課鈔二萬

惠政

府城義集

府城邉江客舟鮮泊每即團風巴河諸鎮集焉城中之民輙貿易日用之需於彼苦陸路風濤之緩不能及也濬來視城南有舊織染局址曠屋存且二鎮牙行輩按月朔望莅府聽點受約乃請于當道下令以局地為場以聽點之日聽民與商負貨為市設耆民以平價委縣官以防爭民樂從而集成矣命謂行貨曰商日中為市

教北方多以集煞便而不相屬自今而往能稽其所未備而益振其所已成則豈屬民也哉

赤城山人盧濬識

惠民藥局在府醫學每歲給與官錢收買藥餌以濟貧病軍民

黃岡縣

預備四倉逐年積穀二萬餘石然斂散不常數無定則

養濟院在舊申致樓東成化間遷于山川壇右存恤鰥寡孤獨之人月給口粮及寒暑衣布死者與棺葬之

水利陂塘

八大王堤在城東南三里安國寺左內有民田築此以捍後湖水不知何年建何由名此

紫荊港堤在庶安鄉原係古蹟積水渰田年久傾頹正統二年致政袁知州糾衆重脩

漏澤園在府城東為軍民貧者義塚

民壯二百五十名

謹按王昭禹曰坐作進退不講則不知刺伐擒縱不習則不能春以教振旅夏以教茇舍秋以教治兵冬以教大閱此所以簡其能也黃郡地交水陸剽胡每生軍衛之兵且多缺伍濬承乏以來選民兵為備雖城則乘隙操練萬縣則將取同操雖未必能盡中古法立取奇功然亦使之目熟於旌旗耳熟於號令知所謂坐作進退刺伐擒縱之法庶有事驅之不至於失措無統焉耳否則棄之之說恐不免焉自茲尚其毋怠也哉

赤城山人盧濬識

麻城縣

預備四倉

養濟院在縣治西圯壞弘治戊午知縣宮厚重建

惠民藥局在本縣醫學

水利堰塘太平鄉塘六百二十四口堰二十二座仙居鄉塘六百二十四口堰二十二座亭川鄉塘一百六十三口堰二十二座以上俱積水溉田

民壯二百五十名

黃陂縣

預備四倉

養濟院在縣治西一里洪武二十年知縣李蘇創建

惠民藥局在縣醫學

水利陂塘

便民倉
養濟院在縣北
水利陂塘
官塘三口在各鄉俱民築灌田
長塘在治北五十里
石堰在縣南十五里
惠民藥局在本縣醫學
民壯九十九名

蘄州

預備四倉逐年建屋三十間貯積米穀萬餘石以備荒歉
養濟院在州東一里
惠民藥局在州醫學
水利陂塘
馬婆塘在青山上鄉州北一百五十里
清水塘在州東安平鄉十五里
高家堰在州西永福下鄉六十里
漏澤園在州一里許
民壯二百一十一名

黃梅縣

便民倉在清江新鎮巡檢司
通會倉在縣西一里
養濟院在縣西南
集場在縣義井街
惠民藥局在本縣醫學
水利陂塘
殷家陂在縣南三十里
百萬陂在縣北十五里

清水陂在縣北一十里
山南陂在縣南三里
民壯一百五十四名

廣濟縣

預備五倉
養濟院在縣西
惠民藥局在本縣醫學
水利陂塘
西野山塘

大破塘

黃陂塘

青林堰 俱在靈泉東鄉

蔡家塘 在永興西鄉

武家穴堤 邊臨大江長一百九十丈每歲脩築以防水患

民壯一百五十名

黃州府志卷之三

黃州府志卷之四

宮室

易曰上棟下宇以待風雨宮室之制其來遠矣故設官分職則有公署之居教教育材則有學校之設祠廟以崇德報功寺觀以寄慶祝亭以遊覽堂以居處皆係之宮室故有宮室以總之

公署

黃州府治在今城內之西北高阜即古西坡也洪武戊申知府李仁創建後累增飾規模宏壯

正廳三間　後堂三間

經歷司一間　照磨所一間

儀門五間　譙樓一座

屏門一座　前門一座

東西司房二十間　架閣庫六間

常積庫一座 在經歷司後　鑾駕庫三間 在儀門前右

知府衙 在府堂左　同知衙 在府堂右

通判衙二 在府堂右　推官衙 在儀門前右

經歷衙 在儀門前右　知事衙

照磨衙　檢校衙 俱在儀門前左

申明亭在譙樓前左　旌善亭在譙樓前右
東西榜房二十間在譙樓前
理刑廳三間在儀門前西弘治戊午新建
上吏舍弘治己未重建　下吏舍弘治辛酉重建
司獄司在譙樓前西　醫學
陰陽學俱在府前東　稅課司在府城南清源門外
軍儲倉在府治北漢川門內弘治丁巳同知吳景增建
齊安水馬驛在府城南清源門外江滸左舊有水驛站船水夫紅船 水夫 弘治 年巡撫
都御史沈

奏准以臨皐馬驛歸併馬疋 馬夫
僧綱司在府治東南報恩寺　道紀司在府城南清源門外玄妙觀
後湖河泊所在府治東南五里　布政分司在府城東城隍廟左
按察分司在府治東正街府學左
清軍館在府城東城隍廟右成化癸巳知府王霽重建
夫廠在府城南清源門外沙街中赤壁磯巡司舊址弘治己未請于當道改後為廠以接
接遞夫前為官鋪樓房十二間取稅以為往來下程之一助也
黃岡縣在府前東正街洪武初知縣莫士安創建
正廳三間　後堂三間

幕廳一間　庫房一間在幕廳後
儀門三間　前門一間
申明亭二間在儀門前左　東西司房十間
架閣庫三間　知縣衙在後堂左
縣丞衙在後堂右　主簿衙二俱在正廳左
典史衙在正廳右　吏舍在儀門左
監房在儀門右　赤壁磯鎮巡檢司在府城南三里許濱江臨皐驛舊址弘治己未改為巡司
陽邏巡檢司在縣北一百二十里
團風鎮巡檢司在縣北五十里　中和鎮巡檢司在縣北二百里

團風稅課局在縣北五十里
李坪驛舊在縣北六十里弘治改遷於團風北岸
陽邏水馬驛在縣西北一百二十里　黃漢湖河泊所
樟松湖河泊所　鮑湖河泊所
團風口河泊所　零殘湖河泊所
巴河口灄湖河泊所　黃九塘合土卯湖河泊所
清軍所在縣東南城隍廟前
麻城縣在府治北一百八十里洪武初知縣張公紳創建
正廳五間　後堂三間

[illegible]右　儀門[illegible]
[illegible]亭一座在儀門內　前門一間
東西司房十間　架閣庫三間
儀仗庫一間在後廳右　庫房一間在後廳左
知縣衙在正廳後　縣丞衙在正廳左
主簿衙二在正廳西　典史衙在正廳左
吏舍在正廳西南　監房在儀門右
申明亭　旌善亭俱在縣前
陰陽學在縣治東　醫學在縣治南

中館驛在縣西三十里　東館驛在縣東南七十里
西館驛在縣西七十里　僧會司
道會司　雙城鎮巡檢司在縣北一百二十里
虎頭關巡檢司在縣東北七十里
布政分司在縣東稅課局舊址弘治巳未知縣韋厚重修
按察分司在縣東街　府館在縣治南
黃陂縣在府治西二百四十里洪武初知縣吳文創建
正廳三間　後堂五間
幕廳一間　戒石亭一座

儀門三間　譙樓一座
前門一間　東西司房十間
架閣庫三間　庫房一間在後堂東
知縣衙在後堂北　縣丞衙在正廳東
主簿衙在正廳前東　典史衙在正廳前西
吏舍在譙樓東　監房在譙樓西
申明亭在譙樓前右　旌善亭在譙樓前左
陰陽學　醫學俱在縣前西大街
僧會司在縣西一里許木蘭寺　大城潭鎮巡檢司在縣北八十里

布政分司在縣東　按察分司在縣東
府館在縣前西正街
蘄水縣在府治東一百一十里元末兵燹洪武初知縣趙李先創建
正廳并耳房五間　後堂并耳房五間
幕廳三間　庫房一間
儀門并耳房五間　譙樓三間
前門一間　東西司房十二間
架閣庫二間　櫃房十二間在譙樓前
知縣衙在正廳左　縣丞衙在正廳東

主簿衙在正廳西　典史衙在正廳東
吏舍在儀門左右　監房在儀門左
申明亭　旌善亭俱在譙樓前
陰陽學　醫學俱在縣北街
僧會司在縣東北昭化寺　蘭溪巡檢司在縣西四十里
巴河鎮巡檢司在縣北七十里　巴水驛在縣北四十里
浠川驛舊在縣南二十里，弘治戊午遷於縣治東側，推官羅翰董建
蘭溪驛在縣西四十里　圻湖河泊所在縣西南六十里
楊歷湖河泊所在縣西四十里　布政分司在縣西

按察分司在縣南　府館在縣西
清軍所
羅田縣舊在犁山下，元大德遷於官渡河。洪武中建，成化中知縣徐泰重脩
正廳三間　後堂三間
幕廳一間　儀門三間
前門一間　庫房一間
東西司房十二間　架閣庫二間
知縣衙　縣丞衙

吏舍　監房
申明亭　旌善亭俱在縣前
陰陽學　醫學俱在縣西
僧會司在塔山寺　道會司在玄妙觀
多雲鎮巡檢司在縣東北一百里　府館在縣東
布政分司在縣西　按察司在縣東
蘄州舊在羅州故城，宋景定癸亥安撫使王益遷今城於麒麟山之陽。元末兵燹，洪武初知州左安善建於舊址。洪武九年改府為州，久毀。弘治己未判官張弘宜重建
正廳三間　左右耳房二間為吉庫

後堂三間　吏目廳三間在正廳左
儀門三間　前門譙樓五間
東西司房十間　架閣庫三間
知州衙在廳後　同知衙在正廳東北
判官衙在正廳西北　吏目衙在同知宅南
吏舍二十間　監房
申明亭　旌善亭俱在州前
稅課局在州西善誠門外二里　赤東湖河泊所在州北一十里
廣儲倉在州南一里　遞運所[illegible]

蘄陽驛在[illegible]門外　西河驛在北六十里
陰陽學　醫學俱在州東
茅山鎮巡檢司在州西六十里　大同鎮巡檢司在州東一百八十里
僧正司在州南四祖寺　道正司在州東玄妙觀
布政分司在州東一里　按察分司在布政分司左
府館在布政分司右　清軍所在州正廳右
黃梅縣舊在本縣土城南，洪武初知縣唐輔創立，成化庚寅知縣戴中重建
正廳三間　後堂三間
幕廳一間　戒石亭一座

儀門三間　譙樓一[illegible]
前門一間　[illegible]
東西司房六間　[illegible]
知縣衙在正廳[illegible]　縣丞衙[illegible]
主簿衙在廳東　典史衙在廳東
吏舍在儀門前西　監房
榜房一十四間　申明亭
旌善亭俱在縣前　陰陽學
醫學俱在縣東按察分司左　僧會司在縣西東禪寺

道會司在縣東泰源觀　新開口鎮巡檢司治西河鋪
清江觜鎮巡檢司在治南　停前驛在縣東北四十里
源感湖河泊所在感湖東　太白湖河泊所
白水塘合黃泥湖河泊所
南北柴池湖河泊所俱在湖岸
桂家寨河泊所　楊家穴湖河泊所俱在港岸
布政分司在縣東北　按察分司在布政分司東
府館舊在學東，後遷按察分司東
廣濟縣即廣濟驛舊基，洪武初知縣胡昇創

正廳三間　後堂三間
幕廳一間　儀門三間
譙樓一座　前門一座
東西司房八間　架閣庫三間
知縣衙在廳後　縣丞衙在廳左
主簿衙　典史衙俱在廳右
吏舍在儀門前　監房
申明亭　旌善亭俱在縣前
陰陽學　醫學俱在縣東

僧會司在[illegible]東 廣濟馬驛在[illegible]

雙城馬驛在縣東[illegible]里 武家穴鎮巡檢司[illegible]

馬口鎮巡檢司在縣南七十里 武山湖河泊所[illegible]

馬口湖河泊所在縣南

布政分司稅課局舊址

黃州衛在府治東古[illegible]西[illegible]指揮黃[illegible]此遷立衛所[illegible]以千戶所百戶宋興戍守洪武[illegible]二年鳳陽指揮僉事李和領軍到此[illegible]衛洪武指揮曹[illegible]到衛脩建[illegible]部願重脩

正廳并耳房五間 後堂三間

東西司房二十間 儀門三間

前門三間 架閣庫五間

經歷司廳三間在[illegible] 鎮撫廳二間[illegible]

經歷衙 知事衙俱[illegible]後

吏舍在儀門前左 監房在鎮撫[illegible]

右中前後四千戶所各廳三間俱在[illegible]

四所每所百戶廳三間

軍器庫六座共三十間在四門[illegible]

演武廳一間在城南四里[illegible]中軍廳三間[illegible]

蘄州衛舊在州西鳳麟山之陽洪武間[illegible]趙德清領軍守禦正統八年[illegible]衛王府遷立於司宣門內舊衛於廣儲倉舊址重建

正廳三間 左右耳房二間

經歷司廳三間 東西司房一十二間

儀門五間 前門三間

鎮撫廳三間 監房

經歷衙 知事衙俱在經歷司後

吏舍 架閣庫

左右中前後五千戶所各廳三間

各門房三間俱在儀門左右

演武廳三間在城東三里

鋪舍本府黃岡等一州七縣計急遞鋪一百零一處每處廳屋三間東西廂房各二間郵亭一座照壁屏墻一座鋪門一間牌門一座墻垣一圍棹椅什物俱全每鋪鋪司一名添設驛司一名鋪兵五名衝要路多繁急處所添設八名十二名者

黃岡縣

南路 府前鋪 長圻鋪

楊林鋪 雙林鋪

烏舊鋪

北路　長坡鋪　楓香鋪

松楊鋪　臨江鋪

團風鋪　竹苑鋪

花園鋪　林山河鋪

丁家壋鋪　又長鋪

道觀河鋪

西北路　李家境鋪　濫泥鋪

矮流鋪　汪家鋪

雙柳鋪　城林鋪

陽邏鋪　粉壁鋪

曹沖鋪　畢家鋪

周山鋪　陶山鋪

三山鋪

麻城縣

南路　縣前鋪　高安河鋪

白棠鋪　白杲鋪

望花山鋪　沙河鋪

[illegible]

[illegible]　天[illegible]

駱駝鋪　十字鋪

劉家鋪　棠梨鋪

西路　青子鋪又名星子鋪　棗林鋪

廖公鋪　塔兒鋪

賈家鋪

蘄水縣

南路　縣前鋪　石牛鋪

分流鋪　李店鋪

陸廟鋪

西北路　鍾師樓鋪　松林鋪

孟家山鋪　河潮鋪

劉店鋪　七里鋪

東北路　滑石鋪　株林鋪

三家店鋪　三望沖鋪

樊家港鋪　白沙嶺鋪

羅田縣

水路 縣前鋪　馮郁鋪
鳳凰鋪　石橋鋪
南路 十里鋪　三六嶺鋪
嚴家圳鋪
蘄州
東路 州前鋪　西路口鋪
石家塘鋪　善提鋪
四路 高塘鋪　十里鋪
三家店鋪　西河鋪

火爐鋪　橫車鋪
女兒皆鋪
黄梅縣
西路 縣前鋪　板橋鋪
揚鋪
北路、陶家鋪　東門鋪
東路 三渠鋪　畢家塝鋪
廣濟縣
東路 縣前鋪　萬車鋪

青萬鋪　荊竹鋪
車坊鋪　石龍鋪
雙城鋪
西路 許家鋪　周源鋪
楊林鋪
北路 十里鋪　固城鋪
學校
本府儒學在府治東宋河東書院舊址元燬
本朝洪武初知府李仁到治重脩後漸增置脩飾規

模益宏
明倫堂五間 正統間知府錢敏重建
後堂三間并川堂 弘治己未重建
四齋各三間 曰育德曰克己曰明善曰養正
井碑亭二 在明倫堂前左右
講堂三間 在鄉賢祠後弘治庚申新建
教授衙 在明倫堂東
訓導衙三所 在學內東。一所在學外南弘治戊午以沒官房舍改造
學倉二間 在學內東

射圃一所亭一座在學內西
號房東西各九間弘治己未重修東西各立二門扁曰東號西號
饌堂三間廚房二間在明倫堂右知府畢大經重脩
學門三間
大成殿五間成化八年知府王霽重建
東西廡各一十五間
戟門三間
櫺星門三座知府王霽以石改建
泮水橋一座

碑亭三座在泮橋前
神廚庫三間并在右宰牲房
樂祭器庫二間在戟門左廡
鄉賢祠三間在學內東知府畢大經建弘治庚申祭酌郡志定鄉賢十位復以祭祀儀物禮節著為定式春秋二祭
梓橦祠在學後東北山深抵民居祠廢址存
右重建廟學各有記見藝文
祭器舊存
錫酒罇五　[illegible]

朱漆籩豆五十四　銅爵一百五十三
錫爵二十五　木方盤八十八
銅香爐五　古銅香爐花瓶燭臺一副
篚箱九　朱紅祝板一
朱漆牲匣二　棐卓二
錫瓶五　錫面盆三
磁和羹碗十
樂器新置
麾旌一　應鼓一

銅鐘十六　石磬十六
琴十　瑟四
笙十　簫十
排簫二　笛十
塤四　篪二
柷敔各一　搏拊鼓二
籥笛六十四　龍頭竿六十四雉尾全
鍾磬筍簴鼓架琴瑟几俱全
樂舞生紅綃服十

學田 新置

白虎寺田一處共三十三畝五分大小一十七坵楊家坂田一處共六十六畝五分大小一百三十六坵

塘大小六口 屋基二所

瓦房三間 草房三間 佃田人一戶王麒 一戶王昇

右樂器學田弘治己未增置暨樂舞生擇民間子弟一百七十餘人延南京神樂宫提點卞紹良教演之舊提學副使沈鍾今提學僉事歐陽旦為之記見藝文

東坡書院 蘇子瞻去後以雪堂付潘大臨陳慥開學教生徒名曰書院今之縣學即東坡故址

河東書院 宋天聖中二程先生生於本府黄陂縣為時大儒實祐中罩懷李節來守黄州請建書院於河東即今之府學是也

郡城社學 在府治東舊中鼓樓右久廢弘治庚申重建

黄岡縣儒學

在府城内東南高處即蘇子瞻所居之東坡雪堂故址初宋建學于故城南門外元末兵燬洪武戊

申知縣莫壮安移建于此後因逼民居屢建屢燬弘治丙辰僉事張彬買去民居九六家以隔為後園

明倫堂五間

思誠志道二齋各五間

教諭衙 在明倫堂旁弘治己未建

志道齋訓導衙 在學西

思誠齋訓導衙 在學東

饌堂三間 在西齋後弘治己未建

倉三間 在西廡後弘治 十建

門樓二座各三間

號房一十二間

大成殿五間 正統間知府錢𣆶重建教諭尸勗請學士李時勉撰碑今燬重建

東西廡各七間

戟門五間

櫺星門三座 知府王霽以石改建

東坡祠一所 天順辛巳僉事沈靖即遺址建祠堂三間號房十一間門樓一間墨池亭一座弘治庚申重修

龍仁夫書院在五重邨孔子山仁夫沔□人元時為陝西儒學提舉致仕居黃州開教孔子山卒葬陽邏華山

社學

麻城縣儒學

在縣治東宋末兵燹洪武初知縣張谷維創建洪武三年知縣趙乾重脩後漸增置

明倫堂三間

後堂三間

進德脩業二齋各三間

教諭衙在明倫堂西

訓導衙二所俱在東齋後

饌堂三間在西齋後

倉三間在西廡後

號房二十間

射圃一所在東廡後

學門三間

大成殿五間

東西廡各七間

戟門五間

櫺星門二座

鄉賢祠在戟門西

泮池在學前

神廚庫在戟門東

龍溪書院在縣西一里記見藝文

社學一所在縣西

黃陂縣儒學

在縣治南宋元舊基洪武初知縣吳文重建後漸

增脩

明倫堂三間知縣呂調陽重建

坐春立雪二齋各三間

教諭衙

訓導衙二

饌堂三間廚房二間

號樓二十間

射圃一所亭三間

倉三間

學門三間
大成殿五間
東西廡各五間
戟門五間
櫺星門三座
泮池
神厨三間
社學在縣治東
蘄水縣儒學

在縣治東宋元舊址元末兵燹洪武初知縣趙季
洪創建後漸增脩
明倫堂五間
進德脩業二齋各三間
興文閣明倫堂東
萃芹閣明倫堂西
教諭衙
訓導衙二
饌堂三門

倉三間
射圃一所
學門三間
大成殿五間
東西廡各三間
戟門三間
櫺星門三座
神厨庫各三間
社學在縣北

羅田縣儒學
舊在學東歸厚巷洪武中知縣石璞遷於縣南官
渡河之濱因水泛復遷於舊址知縣羅勲脩建副
使沈鍾有記見藝文
明倫堂五間
二齋各五間
後堂三間倉所
饌堂三間
學門三間

教諭衙

訓導衙二

大成殿五間

東西廡各五間

戟門三間

櫺星門三座 弘治庚申重建

泮池

神厨庫

社學一所 在縣西

蘄州儒學

在州東麒麟山元季兵燹洪武初知府左安善創建後漸增脩

明倫堂五間

東西齋各六間

學正衙 在樂育堂後宋文公記見藝文

訓導衙三所 一在東齋後二在樂育堂東西

樂育堂三間

東西耳房二間 爲饌堂倉

號房二十四間 在[illegible]

[illegible]堂五間 在[illegible]

[illegible]門一間

[illegible]亭二

觀德亭射圃一所 在西齋後

大成殿五間

東西廡各十間

戟門五間

櫺星門三座

泮池

神厨庫各三間 在戟門外

社學六所 在州二所儒林坊朝陽門外玄妙觀 在鄉三所蘄口市西河驛吾提鎮

黃梅縣儒學

在縣治東南元季兵燹洪武初重建成化間知[illegible]

訓導衙二
饌堂三間 廚房二間
倉三間
射圃一所亭一
學門三間
大成殿五間
東西廡各五間
戟門五間
櫺星門三座

神廚庫各三間
社學一所 在縣前義井街
廣濟縣儒學
舊在縣治東元末兵燹洪武中知縣陳景昌遷於
縣東南一里以舊址建驛正統初知縣陳昱重建
後漸增脩
明倫堂并耳房五間
二齋各三間
教諭衙

訓導衙二
饌堂三間
倉三間
號房
學門一間
大成殿五間
東西廡各五間
戟門三間
櫺星門三座

神廚庫各三間
射圃一所
社學一所 在縣東南丁字街三眼井側
祠廟
本府
東坡先生祠 在府城有二一在赤壁磯正統六年通判黄容建一在沈華池畔天順辛巳僉事淮南沈靖建各有碑記見藝文
二程先生祠 舊在府城中寶祐間覃懷李節爲守請建河東書院於此後遂立祠祀之即今府學也

魏公祠在府城南安國寺東宋韓琦字稚圭兄琚字子蒼守黃州建書院讀書明道中登進士慶曆中入相卒謚忠憲封魏郡公人號書院立生祠祀之歷久祠廢弘治庚申揭扁文忠政其祠於寺內東

忠節祠在府城舊鼓樓西弘治戊午請於當道立祠以祀宋死節守何大節祔蘇東坡王元之地係相公廟廢址

三皇廟在府城東南今廟廢

城隍廟在府城東南布政司右洪武初建成化中知府王霽重建

東嶽行廟在府城南玄妙觀西餘在黃岡縣陽邏武磯山樟松湖舊州城五重鄉鷄栖嶺

景佑真君廟在安國寺右唐忠臣張巡有保障江淮之功江淮民咸祀之弘治庚申改建新祠揭扁武節規摸宏敞踰舊同知韋厚為記見藝文

晏公廟在赤壁磯巔與觀音閣並

關王廟在府城南一字門外成化中知府王霽脩建

龍王廟在府城北兩耳山巔遇旱以禱雨澤

忠顯廟在府城東宋趙令㦺知黃州金虜入寇城陷不屈而死事聞贈徽猷閣待制謚愍忠州人復請立祠祀之初城破都監王遂判官呂源總檢劉卓皆不屈死之廟廢弘治庚申重建廟祀之

旗纛廟在黃州衛左本衛祀之

黃岡縣

華光廟在縣國風市後街洪武十八年民祝茂老鵠衆建

呂丞廟在縣舊州城元時左丞呂汝當戍此城無恙後人立祠祀之

麻城縣

鄉賢祠在儒學戟門外右成化初知縣胡琮建入祀吳山鄒來學周鑑周祥李正芳董應軫弘治乙卯知縣聶賢重脩

忠節祠

城隍廟在縣南洪武初知縣趙乾建弘治己未知縣劉溥重脩

張七相公廟在縣北宋時人張行七毀治江諸廟繫獄適有大災釋行七禱之立止至淺西北五腦山入馬俱化邑人為建廟於縣西隅

傅元帥廟在縣東一里鄉民為疫禱之

東嶽廟在縣北一里洪武初建弘治庚申知縣劉溥重脩

張化主廟在縣東八十里龜峯山上廟廢鐵像猶存

許真君廟在縣東三十里鳳城凡遇旱亢鄉民禱雨有感

龍王廟在縣南十五里龍潭衛遇旱禱雨有感

黃陂縣

二程先生祠在縣東一里灄源南岸即二程讀書堂民立祠祀之有池曰聰明池人言此下鳴蛙不鼓旱澇如常見流觴類宋文公先生有記見藝文

鄉賢祠在縣儒學東廡後弘治七年奉例立

文昌祠在縣東半里許成化間知縣林環遷立

木蘭廟在縣北六十里木蘭山下有忠烈廟後有塚相傳木蘭將軍蓋木氏之女木蘭名爲男子代父西征者然不著何代人獨詩中有可汗語非晉即唐人也

蕭公廟在團潭市

城隍廟在縣東洪武初建天順初知縣陳翚重脩

晏公廟在縣西一里許洪武間知縣陳宗英重建成化間知縣孫冠重脩

東嶽廟在縣西一里洪武元年知縣吳文建天順五年知縣陳翚重脩

五通廟在縣南正街古基永樂元年典史梁忠重脩

真武廟在縣南街

蘄水縣

鄉賢祠在縣儒學之右

龍女祠在月了山三十五里

仙女祠在縣東密峯山二十里

孫權廟在縣西北六十里神仙嶺

東嶽廟有二一在巴河七十里一在珎湖七十里

城隍廟在縣西北

南嶽廟在縣西四十里一立縣南五里

關王廟在縣東北成化十年知縣陳興建脩

五子胥廟在五洲

晏公廟一在縣東久廢一在巴河鎮一在蘭溪江岸俱縣丞王蔚脩

五顯廟在縣南

羅田縣

百神祠在縣儀門成化六年知縣徐泰重建

文昌祠在儒學今廢

城隍廟在縣東半里成化初知縣徐泰重脩

東嶽廟在縣東一里正統中縣丞沈俊脩成化中知縣張暹建

晏公廟在縣東一里

五顯廟在縣東南一里

蘄州

三公祠在州城內洪武三年知府徐麟建其詳不可考但祠中神主題云本郡土主中神主提刑按察使何公左神主安撫使吳公右神主安撫使張公蓋古之有惠澤於世者而民並德之故立爲三公祠

費神行祠在安平七鄉去州東十里其神不知何時人元末蘄州路總管趙昭武造

四節祠舊無弘治六年奉例創造在文廟之東其所祀王彥明李誠之秦鉅下玠四公皆任于蘄金元兵犯境竭力捍患不支死之每歲春秋二祭

城隍廟在州東洪武初建景泰初知州金鋐重脩

五顯廟在鳳山坊去州西南一里
褒忠廟在州境金人犯蘄宋知州李誠之通判秦鉅等皆力戰捍禦城破死之誠之封正節侯鉅封義烈侯立廟賜額
東嶽廟在朝陽門外去州東二里
烈士廟在隆磯傍宋王彥明守蘄州元兵壓境戰捍盡擧家登大艦鑿而沒之郡人祀之尊曰烈士王公之廟歲時致祭景泰初知州金銑展地重建撰記見藝文
三角山洞龍王廟在崇居上鄉去州北一百一十里
靖明王廟在安平上鄉去州東四十里
旗纛廟在蘄州衛經歷司後本衛祀之

鄉儺廟在州南二里
火星廟在靖晏坊
蕭公廟在州南文明門外
晏公廟在乾明磯
高山廟在州東四十里
玄天廟在州西

黃梅縣

城隍廟在縣西明月橋側
東嶽廟在城東三里
宋益廟在黃梅洞前晉青州人任晉陽刺史後棄官隱於此有道術能役鬼神掀袁後人立祠洞前祀之祈禱有應唐封顯應侯宋加封靈濟昭德元加封忠烈普濟
五顯廟在縣東北丁字街
龍王廟在縣蔡山頂
晏公廟在縣南門街
水府真君廟在孔家灘

廣濟縣

鄉賢祠在縣儒學西
城隍廟在縣東北洪武初知縣陳哲建
五顯廟在縣内永樂十五年知縣虞稱因舊址建

費聖龍君廟在縣八明山二十五里洪武初建
石港龍廟在縣南山甲龍池久未廢洪武初重建山下
東嶽廟在縣東南四十里
仙姑廟在縣南九十里
水府廟在縣西南馬口河頭
許真君廟在武家穴渡口
仰山廟在武家穴

壇壝

本府

社稷壇在府城東北三里洪武初知府李仁建正統中知府錢敏重脩植松置器建房舍

山川壇在府城東南一里洪武初建正統中重脩植松置器碑記見藝文神厨宰牲房各三間左右齋宿房各三間

郡厲壇在府城東北三里洪武初知府李仁建

黃岡縣

鄉厲壇

麻城縣

社稷壇在縣西北洪武壬子知縣趙亮建成化初知縣朱嵩重脩

山川壇舊在縣南洪武壬子建成化庚寅為水衝廢甲午改建于縣東又廢成化庚子知縣胡琮遷于縣南

邑厲壇在縣北洪武初立

鄉厲壇

黃陂縣

社稷壇在縣西一里

山川壇在縣南百餘步

邑厲壇在縣西北半里

鄉厲壇

蘄水縣

社稷壇在縣西正統間[illegible]

山川壇在縣西南玉[illegible]

邑厲壇在縣北[illegible]

鄉厲壇

羅田縣

社稷壇在縣西南三百步成化中知[illegible]重建

山川壇在縣東南一里成化初知縣羅勳重脩[illegible]

邑厲壇在縣西一里

鄉厲壇

蘄州

社稷壇在州城北一里洪武初建

山川壇在州東南三里荊府[illegible]

郡厲壇在州[illegible]

鄉厲壇

黃梅縣

社稷壇在縣北

山川壇舊在縣[illegible]

邑厲壇在縣北

鄉厲壇

廣濟縣

社稷壇在縣西半里洪武中知縣康景昌建

山川壇在縣東一里洪武中建

邑厲壇在縣北半里洪武中建

鄉厲壇

寺觀

本府

報恩天寧禪寺在府城南唐真觀五年郡人曹仁清捨基僧秉禪師立元末兵燬洪武八年僧繼法重建正統壬申僧都紀澄湛然重建內有僧綱司

安國泰平講寺在府城東南三里唐顯慶三年郡人張大用始捨基僧惠立創建按宋蘇東坡記云寺立於偽唐保大二年始名護國嘉祐八年賜今名一說不知孰是

國朝洪武七年僧雲亭重脩宣德七年住脩宋蘇軾謫居於黃嘗遷居此時太守陽長通判張覲邀軾同遊於此寺論息氣養生之事東坡碑記見後卷

大雲寺古寺在今城內五顯廟右今廢為民居地

承天寺古寺在今城南大雲寺前今為民居

乾明寺古寺在古城東今無

永興禪院係古刹在古城南近江岸圯塌不存近年有梓碑惟存永興禪院四字今碑亦失惟有宋刺史王元之所譔記文存見後卷下

觀音閣在城西北赤壁磯與晏公廟近洪武八年僧智圓建洪武二十四年清理佛教歸併安國寺惟存殿閣宣德三年火災正統六年通判黃容率僚屬協力重建甚壯

梓潼閣即晉龍驤將軍蒯思所建之橫江館後人以為梓潼閣在漢川門外左嶮崖間俗呼馬回坡與赤壁磯南北相並屹立閣久廢近年大石磯猶存今磯失為民居

玄妙觀在城南二里唐真觀間道士李雲外建宋為天慶觀元為玄妙觀元末兵燹洪武四年江西吉安府道士劉道山重脩立景佑真君祠於左立東嶽行祠於右景泰五年知縣徐紹領府縣同寅及道紀毛正昊提緣募建三清殿成化年間知府王霽提調建通明殿於三清殿後泉設本府道紀司在此觀內

真武殿在玄妙觀前元至元元年建兵燹不存惟存記文一篇見後卷

黃岡縣

禪寂寺在團風鎮洪武九年僧宗慶建洪武二十四年清理佛教歸併僧于天寧寺像宇向存天順間僧福亮重脩

彌陀寺在陽邏蓬萊山即舊志蓬萊庵洪武六年僧明鑑重建洪武二十四年歸併僧于天寧寺景泰五年僧祖真重興住持事皆見前志

能仁寺在永寧鄉崎山昔密雲禪師脩道之所洪武二十四年歸併天寧寺成化七年僧常惠住持此

化樂寺在慕義鄉舊州城內係古蹟久廢天順五年僧[illegible]重建

雙林寺在中和鄉感化井古刹基址正統元年僧真席重建

獅峯山寺在五重鄉係古刹基址成化六年僧圓秀重建

法主寺在東絲鄉上巴河僧真際重建

寶蓋寺在樟松湖北岸大林山正統十二年僧智定創立

演教寺在庶安鄉柳村港景泰間僧大休并徒來布結庵于此成化七年建寺請文住持

興善寺在[illegible]鄉白虎山古刹基址成化七年僧懷遠請文建寺

萬壽寺在永寧鄉五雲山梁志公祖師修道之所今有塔碑靈骨猶存寺久廢成化三年僧可信建

圓通寺在團風上郭家灣古刹基址成化六年僧淨倉重建

靜安寺在庶安鄉長河岸古刹基址

東山寺在永寧鄉崎山南古刹基址成化七年僧修信重修

覺林寺在庶安鄉安仁村湖近古刹基址成化三年僧祖超重修

吉祥寺在庶安鄉安仁村民蔡中和率僧常昱建

觀音堂在中和鄉街埠市舊志即古興化寺洪武十八年民人張玉田鳩財重建

南堂在團風後街古刹洪武十八年民祝茂先重建

普庵堂在團風巡檢司前古刹洪武十五年民人魏中和捨修成化五年僧繼昌重修

圓通寺在周山鋪東古刹基址元僧懋意禪師重修

清水觀即古之東華觀今廢斷碑著唐真觀間建元季兵燹惟存基址今民請文重建

鐵樹觀在治五重鄉新家沖係古額弘治間重建

麻城縣

興福寺在縣南三十五里統志云唐真觀間真濟禪師建縣志云元末兵燹

本朝初乙巳年僧法全重興洪武二十五年歸併本府報恩人寧寺洪武二十五年僧道緣復歸本寺重興

東禪寺在縣東一里古刹廢存基址正統己巳僧真敏重興

桃花寺在治東一百二十里道場

鍾山寺在縣東五十里昔故老[illegible]相傳至元間東山地忽擁出大鐘一口鄉人得之招僧汉[illegible]鐘立

寺今其地名鍾坑其後寺廢鐘鳴由風陂挑林河至大江逆上泝江夏縣界鐵佛寺僧感夢而迎果得之今鍾尚存本寺又有鐵羅二尊夜至陽邏欲渡江舟載至重渡子曰此乃似是鐵人不敢渡遂下水而去

能仁寺在縣東八十里龜峯山項傳云唐真應禪師元末兵燹至今廢惟存基址黃岡有此寺名

栢子棲真應禪師寺縣東三十里世傳虛應禪師立種柏株石上元末兵燹今存基址并塔甚壯

太安寺在縣西三十里世傳虛應禪師立元末兵燹向廢惟有基址并塔存

白水寺在縣東南一百里龜峯山之南世傳唐高峯祖師立今寺廢基存

定慧寺在縣東一百里元兵燹石甃基址并遺像輪藏鐵香爐俱各見存

玄妙觀在縣治十五里麻姑洞山之陽今觀廢基存

奉道觀在縣西五十里今觀廢基存

觀音庵在縣東五十里三水湾有石屋廣丈餘内有銅觀音石羅漢不知何代所存者

紫雲庵在縣西四十里傳說是張化主坐化處

北望寺在縣西一百里

普庵堂在縣南二里古亭橋下不知何時所立遭兵燹不存有石塔今為民居

普庵堂在縣北一十五里麻姑洞相連堂宇雖廢有石普庵石獅子尚存

黃陂縣

木蘭寺在縣西啓真觀間建洪武間重脩

⿰山廣山寺在治北八十里

甘露寺在治東一十里世傳陳時甘露降此故名

白龍寺在治東南三十里

東嶽太生宫在縣木蘭寺西係古基因兵燹遺址永樂元年典史梁中重脩有碑記見藝文

蘄水縣

昭化寺在縣北唐咸亨四年五祖弘忍禪師開山末兵燹碑亦燬本朝洪武二年僧寶林重興永樂間僧續明正統□年僧道源重脩成化丙申僧會心統建經□□□原設僧會司在其内

斗方寺在治東五十里後堂同光元年無着禪師開建元末兵燹洪武三年僧重脩

鳳城寺在治西四十里唐開元馬祖師開建元末兵燹洪武五年僧德懃重建

清泉寺在治東北二里元兵燹至今廢

觀音寺在治西巴河四十里

天緣寺在治西四十里青獅山今廢土塌結茅庵居住内有龍井

雲林寺在治南三十五里今廢

神光觀在治西漢張道陵自蜀青城山來此建煉丹爐神光燭天因名又號玉臺福地正統六年遷山川壇于觀後正統丙寅請給道士于此觀住持

鳳城觀在治西巴河七十里正統六年里人重脩

仙靈觀在治西蘭溪四十里正統辛酉成化丁酉俱係縣官率民興新脩建

萬壽寺在巴河鎮舊名觀音

羅田縣

塔山寺在縣東唐真觀間建本朝洪武初重建

十王寺在治東唐真觀間建

集仙寺在治東六十里嘉定五年建

玉泉寺在治西二十里唐寶歷中建成化十三年知縣沈雷詩遼入招提境東風宿雨晴落紅幽徑滿新綠小池平絕勝投名社何須向化城老僧留坐話忘却世間情

[illegible]洪武十[illegible]創

麻姑寺在州北九十里

真覺寺在縣北八十里

僧塔寺在縣北一百二十里有石塔

廣化寺在縣北一百四十里

韓塔寺在縣北一百里有塔二座

仁聖寺在縣東八十里

玄妙觀在縣治南

光山觀在縣東六十里

天祺觀在縣南三十里

香山觀在縣北[illegible]百三十里

蘄州

寶林教寺在州北一百五十里唐真觀間建洪武間重脩

大泉寺在州東一十里成化間重脩

松山寺在州東一百二十里碧雲峯永平間龍虎慈禪師卓錫于此山因立寺

金鵝寺在州北一百二十里洪武初重建

玄妙觀在州治東宋祥符間建國朝洪武初遷于朝陽門外

溪山觀在州北一百八十里宋元豐間建國朝洪武間重脩

四祖寺乃正覺禪寺去州南一里唐武德間大醫祖師分方後因兵燹廢弛國朝洪武元年僧聖宗興建其山門殿及法堂僧舍後因頹毀正統景泰年間僧正淨芳僧得崇僧正圓秀相繼重建成化七年僧正明鐸新立祖師殿今為僧正司

五祖寺真慧禪師寺去州東一里在朝陽門外唐咸亨三年大滿禪師分立後因頹毀正統十年僧法浩道曉相繼重脩

法勝寺去州北三里宋禪年間因民多水災法崇禪師偕郡民結寺於蓮花池甘以鎮禳之因名蓮花寺尋又廢壞宣德元年僧洪興重建天順二年荊王奏准乞重換寺額賜臣為祝聖道場奉聖旨與做法勝寺故立今名成化八年僧智明重脩寺門扁曰法勝禪林

石鼓寺去州南二里宋咸平間建立兵燹惟存舊址成化十二年荊王承奏奉允古同僧本然重脩

靈泉寺在州東八十里景泰元年僧智實重脩

廣教寺去州西北六十里唐真觀間慈應祖師開建兵燹廢弛洪武間僧守住重建年久頹毀正統年間僧明鐸重脩

菩提寺去州東三十里兵燹址存正統六年僧智英重建

乾明寺去州西一百里兵燹不存正統十三年尼福慶重脩

[illegible]禪寺去州[illegible]十里[illegible]年以來景泰二年[illegible]

鐵佛寺　去州北一里鎮武門內古有鐵佛像兵燹寺廢像存洪武元年僧永明重建年久廢壞正統二年尼僧善明重脩

觀音閣　去州治城外之西南一里永樂間尼僧智安因古跡建立正統間尼僧福慶重建

靈虬寺　州西八十里莫知所始只存石基石洞石庵正統間僧福興重建

長流寺　去州北二十里莫知所始正統間僧清明重建

永福寺　去州北三十里秀雲山洪武間廢弛宣德七年成貞庵住持僧本然復興

地藏寺　去州東十里係唐上祖師道場廢弛永樂間黃梅四祖寺僧祖昌復建

三角資教禪寺　去州北一百二十里唐貞觀元年伏虎佳禪師化創立兵燹廢弛洪武元年僧正果重建毀併四祖寺後僧善思復興

高溪寺　去州北一百二十里宋紹興間白雲禪師創立兵燹廢弛洪武元年僧智龍重建毀併四祖寺後僧智明復立

盤石寺　去州東一百八十里唐真觀間張金一禪師建立兵燹廢弛併四祖寺僧智廠復立

清溪寺　去州東一百八十里宋紹興間僧紹福建立兵燹廢洪武元年毀併寶林寺僧如滲脩建

紫金教寺　去州北二百里唐貞觀間張金二禪師建立兵燹廢洪武元年毀併寶林寺後僧如滲復興

三峯教寺　去州北二百里唐貞觀間張金二禪師建立兵燹廢弛洪武三年僧永勝重脩毀併寶林寺後僧如滲復興

升亭寺　去州一百二十里唐貞觀間慈應禪師建立兵燹廢弛洪武二十八年僧守住重建

大竺寺　去州北一百三十里唐真觀間慈應禪師建立兵燹廢弛洪武三十年僧信印重建

龍潭資主寺　去州北一百二十里唐真觀間埋公禪師興建兵燹廢弛古塔尚存

瞿舍寺　在州北一里唐貞觀間馬祖師開建兵燹廢弛洪武三年僧盛力復興

東山寺　又名昭化寺去州東一里兵燹址存

金山寺　去州北六十里唐真觀間張金二禪師建兵燹址存

昭化寺　去州北四里廢弛已久成化七年法勝寺僧智明重建

天真觀　去州北一百六十里元至正間道士詹道玄建兵燹廢弛洪武十二年歸併玄妙觀

天長觀　去州東一百三十里晉永熙間祖師王全真立兵燹廢弛洪武十四年道士蔡會祥重瀚歸併玄妙觀

雙井庵　去州北一百四十里昔傳劉五真人在此脩道尚有古蹟庵廢存址

成貞禪庵　去州北一百九十里宋紹興間德璘禪師建立兵燹廢弛洪武二年僧無澄重建歸併四祖寺後僧善淨重建

福興庵　去州北八十里唐真觀間慈應禪師建立兵燹廢弛洪武三十年僧永福嗣重建

黃梅縣

正覺寺　即四祖寺在縣西北四十里原號西山又名破額山山有二峯又名雙峯寺唐武德[illegible]祖大醫禪師建寺前澗有橋名靈潤橋[illegible]內有師塚塔名慈雲塔師有行狀已後卷洪武[illegible]

廣福寺 在治北一十里白馬村鄉入統間梵僧流支建洪武初重建

真慧寺 即五祖寺在東北三十里號東山又名馮茂山唐了真間五祖大滿禪師立寺前有深橋橫亘絕澗山頂有白蓮池有師塚塔名法雨寺燬元末洪武中重脩

東禪寺 在治西半里即五祖傳衣鉢付與六祖鑑師處

佛母塔寺 在東禪寺傍即五祖禪師之母周氏墓塔

高塔寺 在治東隅磚塔一座十三級高十七丈內有鐵鑄泗洲祖師像有碑具載興廢

東永福寺 在東五里梁僧朗公所居處中有龍泉井

西永福寺 在治西二十五里

接待寺 在孔家巃元時建詳見虞集學士撰碑記

南山寺 在古角山南

寶相寺 在鼓角山宋端平丙寅年創至延祐乙卯重建詳見本寺碑記

龍峻寺 一在小溪山頂二在龍平山以上中下為別

高山寺 在考田山

搣上寺 在大醫山

蔡山寺 在蔡山

綱埠寺 在永福鄉去治二十五里

[illegible]寺 在永福鄉去治西十五里

[illegible]

靈泉寺 在卓壁山治東三十里

慶園寺 在東觀

觀音堂 在小溪山

鳳臺觀 在治北上城外相傳羅真人于此煉丹

泰源觀 在治東半里許舊臨溪晉羅仙建洪武初重建成化壬寅知縣金章率民重脩一新以為祝壽道場

玉皇閣 在縣東泰源觀

廣濟縣

成相寺 在縣東洪武二十五年歸併僧于南山寺永樂元年僧永寧奏勘合復住持

南山寺 在縣東南唐時谷清禪師建洪武二十五年僧寧都重建

龍山寺 在縣馬湖口北相傳漢高祖因擒英布經過其地教曰龍山寺

禪居寺 在泰平東鄉唐顯慶間僧自新開建本朝宣德間僧行銓更重建有古塔高九丈餘

大藏寺 在縣南唐真觀間蔣公禪師洪武初僧用和繼興更重建

幽居寺 在縣南五祖大滿禪師立久廢洪武間僧桂遷重脩

雙泉寺 在縣西南唐真觀間唐祖師立

善潭觀 在治去五里今廢址存

玄妙觀 在治北元末燬洪武二十一年道士魏祖永重脩今惟存前殿以祀真聖龍君在內

亭堂附樓閣館軒院臺

本府

快哉亭 舊志云在府城南宋郡人張夢得建以覽江山之勝蘇子瞻扁曰快哉又為作詞末句云一點浩然氣千里快哉風弟子由作記見藝文

四望亭 在雪堂之南高阜處唐太和間刺史劉寬建李紳作記後張溦更為樓今無址疑在今一字門西城高處是其址也

如畫亭 在府治東宋王禹偁建蘇軾詞云望江山如畫因以名亭今無址

會遠亭 在府治北宋王禹偁建今不存

覽春亭 在府治南宋韓琦嘗有詩序又作春草亭於東門外今皆廢無存

遺愛亭 在府治南宋元豐中徐猷為守有善政既去蘇軾以此名亭廢弘治已未重建於府前西

息肩亭 在赤壁山下義民何傑砌石路一里築亭于上行商往來咸息于此扁曰息肩人稱便焉

覽勝亭 在府治北城上高阜處南瞰山巒環拱江湖映帶風帆煙樹景象萬狀弘治戊午許建立

瑞慶堂 宋王元之為許端夫建

睡足堂 宋王元之建取唐杜牧之詩句平生睡足處雲夢澤南州之義今廢無址

三賢堂 舊在府學祀宋王元之韓稚圭蘇子瞻三賢今堂無

相隱堂 在府城東郭三里宋理宗時蘇公籍於郡小理其鄉人邸隱建相隱堂今不存

清暉堂 勝覽云在州治

雪堂 在府城內東南百步宋蘇子瞻謫居黃三年故人馬正卿為守以故營地數十畝與之是為東坡以大雪中築室名曰雪堂繪雪于堂之壁西有小橋堂下有暗井七年移汝州去黃之日遂以雪堂付潘大臨兄弟居焉崇寧壬午黨禁既興堂遂毀其後邦人屬神霄宮道士李斯立重建何斯舉作上梁文其警聯云歲在辛酉蔚為鸞鳳之樓堂毀崇寧奄作鼯鼯之野又云前身化鶴嘗陪赤壁之遊故事博鵝無役黃庭之字蓋佳語也元季宮亦燬洪武戊申移築城遂圍舊址在內建今縣學即墨池古梅傍建東坡祠弘治已未改建堂于府治內東與竹樓對峙堂前植梅一本翰林羅先生景鳴作記

一枝堂 舊志云在府城內宋時建堂有大梅花一株取一枝向暖之義以名堂今無址疑即今東坡梅是也

寒碧堂 舊志云在府城東門外宋何頡之兄弟作此堂以待蘇東坡并諸名儒蔚為畫竹石及賦詩於堂壁今廢

鄉約堂 在府城南高廟舊址弘治已未改建每月朔舉行呂氏鄉約悉遵古法用以勵惡勸善焉

竹樓 初在古城西北隅後遷城今在城內府治儀門西南宋王元之為黃州守以竹建此樓自為記元至順辛未郡守兆頡普化九疇楚公以木閣元重建儒人龍仁夫重為記元末兵燹洪武甲戌知府葉宗因址復建宣德間推官王纘重修

月波樓在府治西城上與竹樓相通樓今毀尚有遺址舊志以爲漢川門之樓非也

棲霞樓舊志在西南宋李顒守黃州時建坐挹江山之勝昔人孫載詩地據淮西盡江吞石壁寬蘇軾詩黃州在何許與子上棲霞今毀無址

高寒樓舊云在府城東唐太和中劉熇之築四望亭於郡東高阜處及張滶攝令更名高寒取杜甫詩五山高並兩峯之義今毀無存後謂在雪堂之南高阜處恐在今南城高處

涵輝樓在古城內宋韓魏公有詩張孝祥取赤壁賦中語大書其榜曰無盡藏樓後有坐嘯堂又無倦味道二齋悉毀今無址

橫江館在漢川門外左邊高岸棒潼閣址是也

臨皐館在府城南即古臨皐亭宋蘇軾初謫黃寓居此亭有詩曰臨皐亭中一危坐三月清

明改新火後秦檜父官於黃生檜於亭改亭爲館後爲臨皐驛今改赤壁巡司

齊安館在府城南門外古名館今爲驛

壁陰軒黃魯直之甥洪芻爲黃酒正榜其室曰壁陰軒魯直爲之銘

鴻軒在城宋張耒字文潛初謫監黃州酒稅繼爲倅繼爲守凡三至此建鴻軒以居自作記見藝文

定惠院在府治東南蘇子瞻嘗寓居作海棠詩以自述院廢弘治庚申得故址其茂林脩竹園池風景宛如蘇子所言考因築亭以彰勝槩扁曰坡仙遺蹟東曰捫腹軒西曰揩目軒用詩中語也

黃岡縣

四顧亭在縣北一百一十里舊郡城內高阜之上亭廢遺址尚存

南堂在縣北五十里團風鎮洪武中民人祝茂先建

御書樓在縣西一百八十里前元帝書西山二字賜隱士呉應澍因起御書樓歲久頹毀遺址尚存
國朝洪武初子琳爲吏部尚書

鏡心樓在縣東北一百四十里團湖中元董仁輔之所作也麟州龍仁夫先生有對句云水光天上下樓影日東西樓廢石柱猶存
國朝劉伯温有詩見藝文

鳳凰臺在縣北一百里舊郡城外昔有鳳凰至此時人築此臺歲久頹毀遺址尚存

釣魚臺在縣北一百六十里紫潭河東岸石生奇異上有漁人坐釣形跡臺下遊魚出入人不能取傳云姜太公曾釣于此其山巔石最險昔人築寨于上以拒寇今址猶存

麻城縣

萬松亭在縣治西七里宋縣令張毅夾道植松萬株立亭于中故名蘇子瞻有詩天順間僉憲董應軫因址重建侍郎山東許彬爲作記俱見藝文

岐亭在縣西七十里宋時龍丘居士陳季常嘗與蘇東坡遊訖處亭廢基尚存

飛仙亭在縣北仙居山俱昔麻姑飛昇之處今亭廢基存

觀稼亭在縣後古傳郊外多良田思稼成之日登亭眺望豊年之象宛然在目亭廢基存

耆英堂在縣前成化辛卯巡撫都御史呉琛命知縣爲致仕副使周鑑僉事董應軫布政使李正芳立後爲作記見藝文

草樓在儒學東隅成化壬寅訓導朱華建樓廢基存有記

白雲臺在縣北一十五里仙居山麻姑洞前地形平坦似臺嘗有白雲罩鎖故名世傳仙迹

遊觀之所

黄陂縣

雙鳳亭 在縣東一里即二程先生讀書處後人慕之作此亭成化初知縣李恒重脩

思賢堂 在縣尉廳宋洛人程珦為尉生二子名顥頤爲大儒去後邑人思慕即尉廳建堂立祠以祀之

鄉約堂 在魯臺山西百餘步弘治己未立

望魯臺 在縣東一里即望魯臺山二程先生嘗登此臺以望東魯故名

仙侶臺 在縣北有石突起俗傳昔有仙人登眺於此臺

釣魚臺 在縣北五里有盤石臨水滸相傳宋時有隱者約魚於此

蘄水縣

疊嶂亭 在縣境宋蘇子瞻所名

洄瀾亭 在縣治南蘭溪岸蘇子遊此見水盤旋鏇激湍書洄瀾二字於石壁後人因立洄瀾亭於此正統十年知縣胡奎重立與時雨亭相並

時雨亭 舊與洄瀾亭相逼今遷於學右

雙井亭 在縣左右古槐樹下正統六年建

迎恩亭 在縣北正統六年知縣胡奎立成化初知縣陳興重脩

四望亭

覽翠亭 俱在縣東五十里斗方山亭廢址存

三賢堂 在縣治東二里因有王羲之洗筆池陸羽茶泉蘇軾西江月詞後人慕之故立此堂久廢

仙人臺 在縣東一百里大羅浮山頂世傳劉真人飛昇之處山有九十九峯

神光玉堂 在山川壇

羅田縣

迎餞亭 在縣南一里成化初知縣張邁買民胡昺池去縣三里建亭廢

迎饌亭 在縣南一里天順初知縣陳昺建

高明堂 在儒學明倫堂景泰初訓導葉春建

仙女臺 在縣西世傳仙女於此禱雨神效故名

鳳凰臺 在縣治西三十里

蘄州

環翠亭 在州治子城上宋時建

四見亭 在州治北麒麟山上宋范純仁名蓋倣其父仲淹守鄱陽建四望亭之意

安民堂 在州治又有思政貴簡雙桂雙蓮四堂皆宋時建

豈弟堂 在州治西北宋時建

忠恕堂 在州儒學廳宋時建

鳳凰臺 在州北鳳凰山昔羅真人飛昇處百鳥不棲其上

見山樓

黄州府志卷之五

人物

古今賢人君子暨列女，或仕於斯，或寓於斯，或生於斯，才德譽望、勳業文章、忠貞節操，掀揭宇宙，貫徹金石，足以定
國是，重鄉評，歷世弗磨者，非特一郡一邑宜書之，而天下所宜共書之也。俾後之人景仰休風，振起頹俗，其於世道之繫，豈淺淺哉。

名宦

黄州府

晉

庾登之 義熙中為西陽太守，善文詞，著厥政蹟，尋召赴京師。

毛寶 咸康中為豫州刺史，戍邾城，時為豫州治所。寶於武昌市得一白龜，養以放之大江。後因石勒之難，寶敗，投黃江，覺如墮石上，負渡沙至武昌登岸，方見是前放龜去，猶回顧，見為善陰騭。

朱齡石 東西陽太守，有武幹，又練吏職。

吉士瞻 為西陽太守，在郡清約，家無私積。

唐

左震 黄州刺史。時有女巫從數少年所至為害，震曳巫斬之，悉因所從少年籍其贓數十萬，具以狀聞。黄人歌曰：我欲避鄉里，我欲夫墳墓，左公令既來，誰肯捨之去。後一歲，又歌曰：吾鄉有思去，惑人人不知，天子尚尊信，左公策殺之。

杜牧 泰和間為黄州刺史，有才名，多奇節，吏民懷服之，有詩見藝文。

韓通忠 其黄州刺史也，言堅又廢記。

劉嗣之 太和間為黄州刺史，築四望亭於郡治。

蘄州

韓思彥 蘄州録事參軍，當過汴州，有張僧徹者廬墓三年，詔表其閭，請思彥為頌，餽縑二百，不受，固請，為受一匹，命其家曰：此孝子之縑，不可輕用。

員半千 蘄州刺史，不顯任吏，常以文雅粉澤，故禮化大行。

呂元膺 蘄州刺史，嘗録囚，囚白父母在，明日歲旦不得省為恨，因泣。元膺惻然，悉釋械歸之，而戒依期還。獄吏白不可，膺曰：吾以信待人，人豈遺我。因如期至。自是郡盜感德，率避境而去。

本府

宋

王明 黄州刺史。時將用師南唐，太祖密授以成算。明至州，即完城壘，訓練士卒，衆莫解其意。俄王師自荊渚而下，即移明知池州。

王禹偁 字元之，咸平間以脩實録出知黄州，期年政通人和，百廢具興，士君子慕其高風。大節有竹樓記、求興禪記。勝覽云：州境有二虎鬬，其一死，而食其半。郡雞夜鳴，經月不止。元之上疏引範傳申戒，自劾。真宗詔日官，則云：守臣當其咎。亟移知蘄州。元之謝表云：宣室鬼神之問，敢望生還；茂陵封禪之書，已期身後。帝曰：禹偁其亡乎。踰年而卒。坡集云：偁至蘄州，聞蘄惟鳥名蘄州鬼之聲而惡之，年止四十八。

樂黄目 知黄州，性簡默，能處劇，好着述，在郡獻廣孝傳五十卷、總仙記一百四十卷。

韓琚 字子蒼，非後韓駒也，相州人，知黄州，第琦有詩見藝文類。

龐籍 明道間為黄州司理參軍，獄無冤折。時夏竦知州事，謂其有宰相器，後果召為樞密副使。

夏竦 守黄州，鑿陂入水以蔵舟，名夏澳，後名洗馬池，今名鶴池。

孟震亨 為黃州通判有賢德時稱孟君子定中有泉蘇軾稱名君子泉

馮正卿 元豐間知黃州愛民下士廣學舍禁妖巫民感之

蘇軾 字子瞻蜀眉山人元豐間謫黃州監稅郎團練副使在郡五年題詠著述甚多元祐初召入翰林今崇祀本府忠節祠

朱載 舒人為黃教官有詩云官閑無一事蝴蝶上階飛蘇子瞻見之稱賞

陳軾 知黃州時蘇軾謫黃州人皆畏避惧其累已陳軾獨頗交期與同憂患

韓駒 政和間知黃州有詩名蘇軾常題其詩卷見藝文

任伋 通判黃州負氣節與兄伯兩齊名時稱為大任小任

何大節 知黃州金人犯境大節義不屈投江而死

向士璧 知黃州有才氣數立奇功時麻城尉揚撥有能名士璧檄入幕下

孟拱 知黃州增埤浚隍蒐軍實邊民來歸者日以千數皆為屋居之厚加賑貸刱兩堡為先鋒虎翼飛虎營

陳仲微 通判黃州職兼餉餽以身律下隨事檢柅軍資賴之不乏制置使上其最辭曰職分也何最之有

徐君猷 元豐間知黃州崇儒重道下士愛民東坡謫居黃與弟子由書云舉目無親君猷一見知骨肉卒後有輓詩見蘇集

李顯 為黃州守建棲霞樓

馬鄴 宋時為黃州刺史識見明遠袁郛靈基為舒州刺史為團練判官劉存所害後存還鄂州[illegible]史七門者曰書判官[illegible]以告郡吏曰劉柱霍生此往得[illegible]福于因畫馬對足祭[illegible]獎之數日存果敗死

洪芻 駒父黃魯直之甥宣和間為本郡酒正由進士第權領斷職以廉潔自持權沽有法好賦詩詞士君子多慕之靖康中召為諫議大夫

劉摯 字莘老為相落職知黃州教子孫先行實後文藝每曰士當以器識為先元祐中拜右相後謫新州卒謚忠肅

覃懷李節 寶祐中為黃州刺史請建二程夫子書院於河東即今府學地

毋制機 蜀人宋末分教黃州兼領河東雪堂兩書院教人以明體適用學者稱為平山先生卒於黃子孫奉柩窆大治縣黃龍山

蘄州

呂誨 治平中為御史知時雜議推尊濮王典禮誨力陳弗可彈歐陽脩首建邪議并劾韓琦曾公亮附會出知蘄州

范純仁 知蘄州又歷京西轉運副使召還神宗有問純仁言願陛下且無留意邊功不然將為他日意外之患

張商英 元符間朱諤彈商英在紹聖初雖有章疏論列元祐臣僚然本是姦黨遂出知蘄州列名黨籍

梅執禮 仕為給事中與宰相王黼相善以詩規之黼怒罷題謨閣待制出知蘄州

李宥 知蘄州歲凶人散委嬰孩而去者相屬於路宥令吏悉收取計口給穀俾營婦內養之每

旬閒規所活甚衆

虞策 通判蘄州時將之奇以江淮發運上計神宗訪東南人才之奇以策對擢提舉利路常平

韓世清 知蘄州州人請以兵馬鈐轄有賊劉忠犯州境世清與戰破之

王玠 蘄黃鎮撫使司幹辦公事會鎮撫使孔彥舟謀叛玠開陳百端不聽入罵曰逆賊萬段磨舟併玠家屬沉之龍眼磯

李誠之 嘉定間知蘄州金人犯蘄極力捍禦城陷誠之先戮其妻子然後自盡通判秦鉅教授阮希甫防禦判官趙汝栗蘄春主簿甯時鳳皆死之

葉適 知蘄州以經濟自負入為尚書郎官

王益 景定間知蘄州治尚寬和聞麒麟山立郡治見古墓石刻云本有千年地姑借五百年感

謝王刺史移栽過西園

王彥明 守蘄州元兵至力戰糧乏不屈率家屬乘大船於城西中流慷慨鑿船沉水而卒今民立廟祀之

余童 知蘄州賑濟法盡括户內之數第為三等量其户力以賑貸之又闔五邑度地肉粟置場立人以上蔡之蘄人至今稱之

本府

元

夏璘 字希政以學行傳學篤行素以氣節自負登領鄉薦歷任湖廣行省都事衣布茹素清風凜然至正壬辰兵變棄官入蘄屢為亂雄所脅義不辱遂自經神色如生亂者異之葬羅田縣比[illegible]寒下時丙申四月十八日也壽四十有五公未卒前數日有遺書附至武昌勉妻子以忠節語不

私劉夫人遂挈二子避難沔岳後其子時敏

國初以文學為湘陰教諭其孫原吉以純德雅量歷事累朝官少保兼太子少傅户部尚書贈太師諡忠靖功在

宗社澤被生民累贈公為榮禄大夫少保兼太子少傅户部尚書其曾孫瑄為南京太常寺少卿以文章風節聞于時人以謂皆公忠義之慶云

史弼 為黃州等路宣尉使盜起淮西司空山弼討平之

劉哈八兒 元統間蒞是邦以道德齊禮為先務政聲動江淮民多感激至元丁丑召還京師郡民立德政碑文見藝文集

趙野 字峻台登進士第至元丁亥黃州路總管公平政治民懷撫字吏感精明民立去思碑文見藝文

麻城縣

馬兒蒙 任麻城襟懷軒落蒞政廉能詞訟不作民安物阜

黃陂縣

伉公度 任縣尹在官清慎蒞政有方秩滿去邑民思之立去思碑文

羅田縣

周廣 弘農人知縣事遷縣於官渡河以就民衆邑人至今賴之

蘄州

趙寶翁 守蘄州有廉名去任民思之而不忘

鮮觀 江西吉水人任本州録事清廉善政

國朝

本府

陶安字主敬姑孰人性敏行實博通經史洪武甲
辰太祖高皇帝渡江至太平安率父老迎謁即參幕府
拜左司員外郎陞左司郎中円克平黃州思得重
臣以鎮之曰無踰安者遂命知黃州至則芟剔棘
開府治寬租賦省徭役民悅服後移守饒州惠政
至多尋召爲翰林學士遷江南行省參政以疾卒
於治所
太祖高皇帝親爲文遣使致祭封姑孰侯妻封夫人
祖父母父母皆封同子職

葉宗字允承永嘉人由進士洪武中知府事亡志
宏大决事如神善爲營治民懷吏服湖藩政
事首稱

李仁字守道洪武初陞是郡性資端謹言行老成
謙以下士慈以撫民凡廨宇壇廟學校倉庫
皆其創建

何睨齡漳州人洪武中任本府同知綽有政聲陞
知本府事廉明果斷能聲益著吏民敬仰
九載考滿行李蕭然陞遷兩淮都轉塩運使致
於治所轉塋本府城東四子附籍黃岡守墓

滕霄字九皐汝州人任禮部司務陞員外郎自永
樂中出守黃州歷一十八載廉能著稱吏民
畏服去後
黃民思之

嚴迪聰江西宜春人永樂中本府推官律法精通
鞫問詳明獄無冤抑丁艱服闋評事大理
陞太僕寺丞
俱著能聲

錢敏舒城人由進士大理評事以孝廉著聞來知
府事興學校勸農桑興利除害威嚴之中而
有慈愛凡諸廟宮壇壝廨宇靡
不脩建咸稱文章政事太守

余清四川巴縣人户部主事正統中守是郡侍郎
東公秋毫無染政平訟簡軍民悅服九載將
滿遇至轉遷尋卒旅櫬蕭
然黃人感傷贈賻以歸

楊正臨海人前福建按察使景泰間落職知本府
王事蒞政公勤撫字多方因遠奸俊罹誣未貨
成而卒至今
人猶惜之

饒鐸字聲隆江西臨川人成化中任本府通判有
德政嘗刻牧民箴以自警

王齊字景明上海人成化間知本府事興利除害
勸善懲惡百廢舉六事脩九載滿去吏民如
失父母刻去思碑以紀其政歷遷至都御史巡撫
山東尋陞大理寺卿卒於家

劉肅字子敬四川嘉定州人嘗以御史視楚有聲
弘治初治黃至直廉正鮮所阿避以故豪右

憚之而無輕紀法閭里化之亦刻去思碑以紀其
政後歷陞參政廉憲左布政使

胡錠字希曾直隸長垣縣人正德四年知郡事公
勤廉明吏民懷畏時值盜警防守有功祁丰
霖以救大旱賑濟饑民遇死者備棺埋瘞幾三干
郡邑秋治稱爲古循歷陞廉使巡撫户部侍郎

余貴字良爵四川綿州人正德七年知郡事寬猛
適中軍民懷惠府治衙宇儒學尊經閣演武
場等處俱經克拓創建煥然城內開井二十餘眼
以便居民汲飲感其惠愛至今目爲余公惠井

東坡祠 原在郭内舊縣學東坡下蘇子因取以爲號有洗墨池尚在後人思之爲建祠一所一在赤壁山上先生謫黄時每泛舟遊磯篙湖遺有二賦今刻石祠内洪武八年僧智圓於祠下建閣數間奉祀香火制如舊但湖爲業人所奪嘉靖七年春祠前新生洲地官拓一頃伍拾畝給僧本秀求爲常住

麻城縣

趙乾 浙江歸安人洪武初任知縣有謀畧有設施創造縣治政聲大著

高謙 陝西延安人永樂中知本縣事莅政公勤民心悅服

王篚 山東滿臺人正直廉能折獄如神既去民皆思慕之

羅田縣

龎敬 嘉興人正統中知縣事莅政嚴明民皆畏服壇壝踊舍祠廟煥然一新

蘄州

安善 吳元年守是郡創建衙宇興立學校公勤廉潔惠政及人至今稱之洪武初陞制部

侍郎出知河南府卒于官

徐麟 廣濟人河南知府洪武三年就祿養親調蘄州府政尚寬平愛民如子

王坦 字子平鄆城人正統間知本州公勤有守政尚寬平興學校敬先賢始終如一脩舉廢墜人心悅服至今稱之

黄梅縣

黄武 浙江歸安人廣東按察知事陞知縣在任三年撫字有方役陞山東莒州知州邑人至今稱之

李囊 河南葉縣人以經明行脩任教諭教養有方秩滿保留加教授俸再任九年

廣濟縣

高偉 浙江人任知縣作興學校勸課農桑以德化民不尚刑威後陞四川按察僉事至今邑民稱頌

李養博 白縣人任主簿立心公平待下仁恕深得民心任滿保留八品俸自爲春帖云一官兩任星霜久寸祿重添寵渥深

王素 樂平人典史日理公事夜習舉業廉靜寡欲宣德初湖廣鄉試中式會試下第任滿引年致仕

劉遜 館陶人正統間任知縣平易近民民皆樂業

流寓

黄岡縣

宋

張耒楚州人字文潛累官史館檢討宋紹聖初黨籍謫監黃州酒稅後為通判最後在龍
蘇軾卧以師弟子禮舉喪言者論其罪貶房州別駕黃州安置凡三至黃榜其居曰鴻軒

陳慥字季常蜀人寓居黃岡遷岐亭號方山子又號龍丘子幼讀書以溪山自娛宋蘇軾謫居
黃與之往來倡和軾云送至九江而還

陳過庭山陰人宋徽宗朝為御史中丞論事大忤權貴罷知蘄州未半道謫海州團練副使
黃州安置

秦觀高郵人仕宋為國史編修官紹聖初坐黨籍出通判後以御史劉拯論以增損實錄削秩
編管黃州

韓琦字稚圭河南相州人兄琚天聖中為黃守琦侍兄寓居於此讀書明道中登進士慶曆中
拜相謚忠獻封魏公

元

龍仁夫元末江西永新人徙居黃州明五經為時矜式學者稱為麟洲先生授陝西儒學提
舉癸丑年作重竹樓記見藝文

詹同新安人元季因亂徙家黃岡慕義鄉王師下武昌同歸附仕至翰林學士兼吏部
尚書文章高古操行耿介始終清白之行役致仕有詩集無有其後手總仕至都御史有聲
御制大誥甚嘉美之

國朝

周浩字季深四川奉節人正統間任本府同知九年考滿陞貴州石阡府知府以老致仕轉黃
岡壽八十餘終其子附籍黃岡

黃陂縣

宋

程珦河南西洛人父程遹寓居黃陂珦為黃陂尉有惠政秩滿不能去遂家焉生二子曰顥曰
頤後十餘年慶曆間復起為南安通守與周濂溪游因以二子受學號明道伊川先生今黃陂尉廳
有思
賢堂

程顥字伯淳號明道

程頤字正叔號伊川父本珦洛人宋天聖中任黃陂縣尉秩滿不能去遂家焉以明道壬申生
顥癸酉生頤既長俱受學於舂陵周茂叔得孔孟不傳之緒於遺經遂成大儒學者仰為宗師今從
祀孔子
廟庭

蘄水縣

宋

程居字谷隱明道伊川直下嫡孫籍隸興府武寧縣咸淳二年授漢陽府漢陽縣主簿誥賜迪
功郎由漢徙蘄占籍查山之東迨今子孫科第不乏

羅田縣

元

吳大中其先信之弋陽人元時徙居羅田夫婦善事父母皇慶間有司以孝聞
詔旌表
其門

蔣翹之廬陵人由舉人任本縣學教諭因家焉善吟詠凡山水之勝多經品題

蘄州

唐

李泌京兆人少以才敏著聞唐玄宗使與太子游楊國忠惡之奏徙蘄州安置

宋

孫傅海州人仕宋為中書舍人宣和末高麗入貢使者所過調夫治舟傳言擾擾勞費以防農

侍學相以其所論同蘇軾奏貶蘄州安置

國朝

麻城縣

趙乾 浙江歸安人任麻城官瀨遂家焉至今四世孫趙源寮中弘治乙卯鄉試

鄧泰 江西南昌人與教本縣愛其俗遂占籍焉後其孫鄧璉由舉人任房州一江津教諭知者為為御史

土著

竊惟人材之毓于山川而後學之切于景仰其來尚矣黃名郡也人物之產代不乏人雖績之或仕或隱秩之或崇或卑不同皆有所樹立以無愧於賢人君子濬既即其有據而足法者悉遵

盛典崇祀于鄉賢祠又廣其類以録于誌用以彰山川之靈而聳景仰者之意其評焉而未定考焉而未詳者寧敢悖史當闕文之義邪 後學盧濬謹識

五代

蘄州

陳起 本州人南唐舉進士為黃梅令有妖賊謝祐者自言能使貧者富富者貧俚民斂之積衆數百夜行晝息取資於崔起到官數日藉姑為吏正祐不服且謾言吾取令頭如殺豎子爾起聞執

誅之由是知名遷監察御史

宋

黃岡縣

何頡之 字斯舉本縣人號樗叟善文詞師東坡作為斯舉傳後雪堂燬因作神霄宮上梁文

潘大臨 字邠老與弟同東坡及黃廷堅張文潛三人遊冷齋夜話云黃州潘邠老工詩有佳句然貧甚東坡山谷尤喜之今崇祀府學鄉賢

潘大觀 邠老弟

蘄州

吳瑛 北部安道之子知郴州以虞部員外壯年致仕溫公贈以詩歸臨溪築室種花釀酒客至必醉或困卧花間客或藏否人物不酬一言衆變其樂易而敬其高尚輕財重義人有負錢數十萬而毋老即焚其券卒年八十餘

林敏功 治春秋下第歸杜門不出者二十年博通五經尤長於詩元符末徵詔不赴賜號高隱處士與其弟敏脩所居比隣終始以文字相交善敏脩終身不舉進士世號二林

廣濟縣

余玠 本縣人四川宣撫制置使知重慶府大更弊政遴選守宰築招賢館士之至者不厭禮接言有可用隨才任之築合州釣魚山凡十餘域屯兵聚粮脩學養上輕徭以寬民力薄征以通商賈自寶慶以來帥蜀闕未有能及之者卒贈資政殿學士子師忠歷大理寺丞又本縣志云玠作經理西蜀圖奏曰願假十年手挈西蜀地還之朝廷然後歸老山林臣之願也上許之在蜀十年有經理

之功蜀人爲立生祠祀之

張晏然 安樂鄉人咸淳十年拜禮部尚書

梅應春 靈泉東鄉人宋寶祐丙辰進士爲餘干令以趙葵薦陞瀘州安撫使淳祐間進禮部侍郎

元

黄岡縣

滕賓 字玉霄本縣人元至大間翰林學士嘗作韻府群玉序

冷庸 字用和本縣人至正間任西臺御史以老致仕

范愷 字仕元本縣人博學能文性淡泊富不易操遠近仰之壽年九十餘

黄陂縣

管如德 本縣人任爲江州部統制能一手挽二石世祖南侵如德先登陷陣以功遷浙江宣慰使上時政五條累遷江西行省左丞招降廣東盜鍾明亮卒封平昌郡公謚武襄子淳祖積仕至富州尹

蘄水縣

王壽 本縣人七世同居火長三百餘口庭無間言有司以實聞旌表其門曰孝義今鄉名義門南北鄉

廣濟縣

何朝舉 本縣人饒雙峯先生之門人至元二年編文公性理[illegible]

國朝

黄岡縣

黄榮 安鄉人洪武癸卯貢上師平陳友諒拔治鎮黄州城及舊州城民兵歸附至衆遂調紹興衛

吳琳 中和上鄉人西山先生子洪武初由考功博士授僉事陞吏部尚書轉兵部

吳琛 字文瑩於鄉錫琳之弟洪武初任浙江同知在任歿

徐本書 慕義鄉人性資倜儻學問該博尤善書由通經薦任雲南左布政使卒于官

詹徽 慕義鄉人洪武中任都御史父同持憲有聲太詔甚嘉美之

劉以文 字彦章五重鄉人洪熙乙巳任溼州臨江二府照磨有能秩滿陞太和知縣一年改陽城有惠政璽書往異增秩再任致仕陽城民樹碑彰惠歿時耆民數十人祖弔于家歸立祠祀之

張璘 永樂壬辰進士授福建參政陞應天府尹宣德間提調場屋有方略亦聞有治聲氣節

謝希哲 永樂中以人材薦歷直隸太興長垣二縣丞端重長者工書畫有幹濟材所至多政績騰言見薦郡類

王思旻 生泰州同知多惠政値淫雨懇禱輒應處置倉糧無擾民陳民患十餘事行之州人至今頌慕不已居家善著于鄉教子孫以勤儉業儒鄉評重之

麻城縣

吳山 字仲安仙居鄉人生而博極群書淹貫五經春秋隱居授徒學者多頓甄陶名重京師永樂中舉經明行脩任河南[illegible]州訓導轉陞四川合江教諭歷任内江青城知縣道卒山六[illegible]經齊

節未大用，以道淑於徒，皆成大器。事見後跋傳文。

鄒來學　字時敏，為戶部員外郎，從征麓川，轉郎中，累官至左副都御史。磊落有才畧，所歷有功業。今崇祀府學鄉賢。

周鑑　沉靜寡慾，縉紳士人皆以為長者。為御史，折獄多所平反，不附權倖，改官山東副使，致仕。與僉憲董應軫、方伯李正芳為耆英會，時人榮之。今崇祀府學鄉賢。

董應軫　博學有材器，鄉試第一，任滎陽教諭，陞福建僉事，有征討功。今崇祀府學鄉賢。

李正芳　登壬戌進士，為人倜儻，能詩文。為戶部主事、郎中，有才識，陞山東東昌府知府，轉四川保寧府，擒叛賊趙鐸有功，陞山西右布政使，致仕。今崇祀。

劉從政　由進士授御史，巡按著彈劾，陞歷河南、山西參議，皆清慎，終著能聲，卒于官。

李羆　由監生知蒼溪，九載廉介如一日，致仕歸，環堵蕭然。同羆受諭丈焯，及後過其墓，輒下馬徒步數里乃已。

劉訓　知金壇縣，以廉直稱，擢御史，持憲在有風裁，歷山西、貴州參政，卒。

李文梓　字天端，正芳之孫，登黃宋榜進士，初未授職，以言時事謫陝之咸寧縣丞，未幾召除兵部職方主事，言官劾與古人輩為私交，謫雲南興隆衛經歷，公差歸省，卒於河。為人剛正，詩論峻確寡合。所著有詩文稿存于家。

蘄水縣

王隱　永福鄉人，性謹畏，有膂力，由燕山中護衛身以洪武戊辰靖難累功封武城侯、中軍都督，人追封潼國公，謚威武，子孫仕彭城衛指揮。

羅田縣

劉廣　本縣人，洪武中以軍功為指揮僉事，守永平，有膽畧，善用雙刀。嘗病且殆，語曰：「吾當臨陣死王事，安能居牖下死兒女手乎？」後胡騎寇廣，率四十餘騎與遇，戰于城北，力戰死之。事聞，遣使護喪至京，賜其家楮幣，瘞之。

蘄州

康茂材　本州人，通經史大義，事母孝。元季盜起，乃團結鄉兵禦之。遇王師下建康，率所部降，授秦淮翼水軍元帥，守龍灣，累陞同知大都督，經畧中原，從定齊魯，取汴，下洛，駐陝西，給糧造橋以渡大軍，遂領鎮河中。茂材善撫綏，招徠絳、解諸州之人，屏蔽潼關，秦人不敢東向，民立石頌德。卒，贈湖廣行中書省平章政事、柱國，追封蘄國公，謚武襄。

康鐸　茂材之子，襲封蘄春侯。初侍東宮，讀書大本堂，賜鐸金牌，鐫「蘄國武毅公」五字，置帽上。累著征伐功，及征雲南，卒於軍，贈蘄國公，謚忠愍。

華巒　字伯聰，少以書經發解，登進士，德性純粹，才氣俊逸，選為翰林庶吉士，擢編脩，士夫咸器重之。惜早卒，未究其志。所著有詩文稿，齊藏常州公廨，又為火所焚，人惜之。

廣濟縣

王佐　由監生任徽州府同知，有善政，民多德之，保留再任，幾二十年，終始如一。陞知饒州府，專務以德化民。致政，郡僚佐贐以白金，郤之，因立郤金亭於江滸。

陳翔由監生永樂間任監察御史克振風紀六載而歿棺殮之資皆衆助之

孝子

元

周古泉蘄水縣人元兵下准被虜至薊地贅蒙古氏既生子未嘗喜其妻詢其故曰有母在欲得歸省妻許之囑曰母在當奉養勿以妾故復來及歸母尚無恙泉孝養不怠及母歿泉廬墓間妻亦亡終身不娶准西僉事幹克莊求見不遇留詩曰事親未必可曾參職分當為每愧心昨夜風來飄忽動抱琴更入白雲深後復為立孝里門

國朝

趙說麻城仙居鄉人賦性孝友宣德六年四月十一日父母同日亡塟于岐亭杏山之麓說廬墓三年寢苫枕塊蔬食飲水負土營墳哀毀骨立感二白鵲隨棲廬側經年不去及說歸鵲亦去矣正統初有司以孝行聞詔旌表其門

毛性中麻城仙居鄉人尚朴實篤倫理蚤喪父事母黃氏曲盡孝敬景泰丁二年母病幾危乃夜焚香告天刲股啖母病遂愈獲壽三年邑人稱為孝子

汪頡黃陂縣禮教鄉人自幼喪父惟奉母劉氏不怠景泰元年母喪塟于涂家埠薛家河廬墓三年朝夕悲號有二兎黃花巨蛇常近左側鳥鵲亦常繞其屋皆不畏人鄉人異之有司屢以孝聞

樂韶蘄水開元上鄉人平生正直孝養父母及母程氏卒哀毀踊慟時五十有五父年七十有八乃命子弟代其侍奉韶廬墓三年後七年父卒亦廬墓三年以時追思祀禮不惑鄉人德之

可清蘄水義門南鄉人蚤失父有母李氏孝養禮不怠冬溫夏凊出告反面始終如一人重之

吳大中羅田縣平湖鄉人夫婦善事父母父七十二寢疾大中衣不解帶極力湯藥不起塟於邑東北獨坐山奉母廬于墓側十有七年皇慶間有司以孝奏聞旌表其門

胡全羅田平湖鄉人儒學生自幼知孝親凡得果實可口者即納之荷包歸以侍母既長一順親志凡[illegible]七人親老不能完娶者全盡所有不恤一日值母疾昏憒瞽無所施全候家人睡熟乃潛出戶焚香籲天期以身代右手持刀向左手內股口齕而割肉作糜奉母良久母愈曰是何藥味香甜索粥食之數日而愈月餘其妻失口言之人始知其為孝感所致是歲慈烏巢於庭邑侯瞰容欲奏全懇辭且諱曰無割肉事乃止迨逾三載母疾仍作竟不能起全終身思慕悲泣士大夫見者留題

顧濂繼周蘄州人庠生亍三至孝父母亡後出仕為衛輝府知事得祿亦愈益有孝思因扁室曰永懷堂國子學正林瑶為作記有曰生事盡力死事盡忠之句郡人知府吳誠詩云親歿已云久終身動孝思對遺容可想得祿養無期几榻凝塵暗松楸墓雨悲永懷留翰墨足繼白華詩士夫皆詩頌之

陳昇九霄蘄州人蚤喪父事母劉氏至孝或在人家得一果味必持歸以奉母由庠士出仕為無極縣主簿板輿迎母就祿奉養時母年逾八十人皆為之憂在任康健無恙九年考滿母九年昇亦六十告歸致仕以養老母越二載母壽終人皆謂孝誠所感

劉塏本玉蘄衛人自幼父母遷充州庠生學業已勤事親至孝正統辛酉科舉幾父喪致喪二年後出仕河南教職迎母郎氏就祿奉養因扁室曰祿養堂上大夫咸賦詩張之[illegible]

尚得之之句蓋確語也

宋璧 本州人任基江主簿知府宋誠稱其至孝次雙親年老謝事而歸朝夕奉養惟謹二親沒哀毀踰禮廬墓三年

張本端 廣濟縣安樂鄉人宣德間任廣西僉事居父喪哀毀踰禮廬墓三年孝誠感[illegible][illegible]虎遊其間

列女

武氏 蘄水縣人趙正二妻年二十二其父卒貧寡固守者三十年至終不移志事舅姑尤謹有司具實奏
聞旌表其門

張總管二女 蘄州萬户府張總管二女長年三十一次年二十九俱未適人元至正辛卯年冠兵逼蘄二女與父隔散姊妹相語曰我世宦之家豈可被賊屬辱即相手挽於州北蓮花池投水而死

國朝

魏氏 黄岡縣中和鄉人魏英之長女年十五聘鄉人熊谷真之妻年二十四歲其夫谷真故魏氏奉養舅姑各壽終携幼子倚父魏英守節三十二年始終無玷有司具實奏
聞旌表其門

盛氏 黄陂縣人鄧鑑之妻當鑑陣亡時年二十七歲孀居守節撫幼至年七十餘歲閨門無玷有司具實奏
聞旌表其門

王氏 蘄水縣人甘原禮之妻年二十四歸甘門歷二載其夫卒貧寡守節五十三年有司具實奏
聞旌表其門

潘氏 蘄水縣黎山李渭妻年二十三適李甫一載夫卒踰七月生子貧守及今五十八年毫髮無玷鄉族稱之曰真節之婦時年八十餘

袁氏 蘄水縣人分流山之西程社之妻也有懿行年二十歸程克盡婦道及舅姑年老飲食供奉必順其志且善於相夫教子時鄉人莫不敬服既卒葬于黎山北人皆謂女君子之墓

徐氏 羅田縣人程祥之妻年十九歸程祥生子仲仁年二十四祥卒誓不再夫奉太姑盡孝年七十餘卒

胡氏 羅田縣人毛溢溪之妻年十六適毛門生子必登年三十二溢溪卒三年服闋姑令再適

胡氏曰誓不再夫奉姑盡孝年八十餘卒

李氏 羅田縣人年十八歸本縣舉人周錦生二子二十二錦卒誓不再夫奉公姑盡孝年六十

徐氏 羅田縣人年二十歸張義無嗣二十二義卒繼姑欲強以適人徐氏曰夫故家人我今再嫁寧不貽辱死守不從時年五十餘

王氏 羅田縣人即徐氏孀年十七歸生員張美生二子二十二美卒與徐氏同盟不再嫁以一子立之王氏時年四十歲

周氏 羅田縣人年十五歸本縣江尚忠三年夫卒遺一子半歲周氏與姑同守鄉人多求娶者姑有許意周氏以死自誓事止奉姑曲盡孝道一日姑患風疾不能動左右扶持晨昏奉養時年五十餘

許氏羅田縣人年十八歸王必文生一子年二十歲必文卒三年服闋公姑宗族強再適許氏死誓不從事公姑以盡孝道時年五十五歲

王氏羅田縣人家世殷實父早喪王氏居長諸弟俱幼自承家業終身不嫁年九十餘卒

聞氏羅田縣人歸平湖鄉余忠素賢知事舅姑一日病甚篤聞氏扶持調護不能愈遂黙夜出戶割股作糜食之姑病即愈逾十年姑卒越二十年聞氏亦卒至今人頌其美

陳氏蘄州在城第一坊人羅冠妻年二十歸羅門僅四年生二子時年二十四夫亡止有姑吳氏年老篤疾子幼無產性勤紡織營生奉姑撫幼不怠或人譏諷誓不再適不幸長子早亡姑八十四而終雖貧皆盡弃家資以塟姑居孀三十餘年貞潔無玷始終如一永樂十一年本州具實奏聞未奉旌表而卒

李阿朱蘄州安平上鄉人州庠生李震之妻朱氏歸李門逾十年生三子一女夫亡子女皆齠齔朱氏時三十歲煢然獨立以貞自守人不諶其憂志不少變撫三子成立以季子充州庠生朱氏年八十五而終惜乎其貞德未蒙達以旌表

呂氏清平衛呂仲真之女蘄民陳溥之妻溥自幼隨父從戎於清平衛溥娶呂氏為妻方一十八歲僅三載生一子溥亡舅姑以老疾告還蘄之故鄉意念呂婦少貌家鄉窎遠難弃父母親戚欲改嫁之呂婦執孩曰夫既不幸當與此子同生死豈以程遠離親為念而起二心哉願隨共往姑是歸蘄紡織為生事舅姑和長幼操心廉潔以自持身無瑕玷及公姑歿盡禮安塟呂年八十三而終人皆稱之成化十一年本州勘實具奏未奉旌表

周氏黃梅縣人景泰庚午適新城鄉義倜劉家子愷上巾太歿三月生遺腹子名諭辛勤紡績

撫育婚配成化癸卯詔外身旌終始守節

徐阿宋廣濟縣靈泉西鄉人徐崇之妻年二十一歲孀居守節洪武十六年七月初一日奉旨旌表其門

科貢

本府儒學

進士

國朝

劉從政麻城縣人洪武癸酉科解元甲戌張信榜任河南道監察御史陞河南布政司參政

蕭昇黃岡縣人永樂丙戌林環榜任福建道御史

張璘黃岡縣人永樂壬辰馬鐸榜任應天府尹事蹟見人物類

方正黃岡縣人永樂戊戌李琪榜任四川洛容縣知縣

鄭思賢黃岡縣人永樂辛丑曾鶴齡榜任祁州知州

謝杲黃岡縣人正統戊辰彭時榜任戶部主事山東司員外郎陞四川重慶府知府擢四川布政司參政轉左右布政使奉勅以右副都御史巡撫貴州

張佐黃州衛軍生成化辛丑王華榜任南京戶部主事累陞至福建按察司僉司

鄉舉

國朝

李翔黃岡人洪武丙子科任廣西柳州府學教授

劉鎰黃岡人永樂[illegible]任[illegible]學教授

盧魁麻城人洪武丙子科任葵府審理　唐楷慎黄岡人永樂乙酉科任汝州學訓導
喻永懷黄岡人永樂乙酉科任交阯使司經歷　姚文政黄岡人永樂戊子科任泉州府同知
傅思聰黄岡人永樂戊子科任安岳縣知縣　魏思義人永樂戊子科任懷遠縣訓導
胡肇黄岡人永樂戊子科任桂林府推官　戴恩文人永樂戊子科
李致中黄岡人永樂戊子科任樂安州判官　易應端永樂辛卯科任岳池縣學訓導
丁可信黄岡人永樂辛卯科　靳瑾人永樂辛卯科
何宏黄岡人永樂甲午科　冷俊黄岡人永樂甲午科任瀘川州判官
周銓人宣德丙午科　彭本黄岡人正統辛酉科任通州衛經歷
袁瑄黄岡人正統辛酉科任定州知州　李自能正統辛酉科任萬全都司斷事

徐悌黄岡人正統辛酉科任登州府通判　丁懋仁麻城人正統辛酉科任確山縣訓導
黄曆麻城人正統甲子科任河内縣知縣　項九霄麻城人甲子科任四川高縣知縣
周儒黄岡人景泰庚午科任蒼溪縣知縣　楊洪黄岡人景泰庚午科任蓬溪縣知縣
李能芳麻城人景泰庚午科　項九萬麻城人景泰庚午科
張寶黄岡人景泰癸酉科任府尹張璘子　王孚黄州衛軍生景泰癸酉科任欒城縣教諭
劉鎔黄岡人景泰癸酉科任四川長寧縣知縣　董佐黄岡人景泰丙子科任[illegible]川縣訓導
張嗣玉麻城人景泰丙子科任鄧州訓導　彭大倫麻城人景泰丙子科任廣州府推官
徐順黄岡人天順壬午科任樂清縣知縣　王文學黄岡縣人[illegible]午科[illegible]
[illegible]麻城人天順壬午[illegible]　[illegible]承實[illegible]

易潤黄岡人成化戊子科任直隸祈州學正　李玉[illegible]麻城人成化戊子科任[illegible]縣學教諭
馮鑾麻城人成化辛卯科任馬湖府推官　徐賦黄岡人成化辛卯科任知縣
李宏麻城人成化辛卯科任彭縣知縣　李本芳麻城人成化辛卯科
胡濟南麻城人成化辛卯科任碧山縣知縣　李曙黄岡人成化甲午科任知縣
朱珊黄岡人成化甲午科任知縣　熊璋麻城人成化丁酉科任潼川州知州
謝慶黄岡人成化丁酉科任河南按察司經歷　梅秀黄岡人成化庚子科任富陽縣知縣
陳富黄岡人成化庚子科任奉化縣知縣　余福善黄岡人弘治己酉科
張伯洪黄岡人弘治壬子科任教諭　秦尚恭麻城人弘治乙卯科任訓導
王濟黄岡人弘治戊午科

歲貢

國朝

陳敬任兵部車駕清吏司主事　趙玉任山東平州學正
蕭英任河南布政司參政　郭子奇任江西南昌府教授
潘淑任四川忠州知州　李信任浙江烏程縣知縣
余必選羅田人陝西慶府奉祀　史誠任鴻臚寺序班
彭進任山東道御史陞雲南按察司副使　鄒仕昇任永平府通判
蔡佪和任兵馬司指揮　龍交誠任河南汝寧府推官
劉政任貴州鎮遠府知府致仕　林讓任四川遂州訓導

陳雍 河南道御史
楊樾 任四川蒼溪縣訓導
顔和 任南直隸寧國府經歷
魏鏞 任河南杞縣訓導
蔣文運 任四川成都縣訓導
王鐸 任浙江處州衛經歷
朱靜 任知縣
曹通 任福建長亭縣知縣
周敏 任推官

周義 任北直隸新城縣知縣
劉金 任四川巫山縣訓導
蔣隐 任江西寧府審理
黎瑄 任四川儀隴縣訓導
萬樓 任四川崇慶州判官
黃鏞 任山東葉縣知縣
詹源澤 任浙江餘姚縣知縣
谿銘 任江西新淦縣知縣
胡浩 任肇慶府高要縣知縣

單麟 任主簿
宋明達 任照磨
黃崇 任四川什仿縣縣丞
朱璨 任桂州宣慰司經歷
劉璋 任浙江湖州府推官
宋榮 任浙江臨安縣典史
周正
楳子榮 任訓導

黃斌 任主簿
鄭鑑 任山東萊蕪縣主簿
鄭瓛 任江西安福縣稅課局大使
王進 任江西理問所案牘
王昇 任四川岳池縣知縣
丘仁 任江西樂平縣縣丞
蔡勳 任訓導
周郁
王簡

謝昇 任縣丞
李澄 任訓導
秦尚友
李珊

詹貴 [illegible]
陳溥
秦尚經

黃岡縣

進士

國朝

彭克誠 永樂癸未進士無錫縣知縣
黃伯垓 丙戌科進士任户部員外郎歷陞遼東苑馬司少卿

王璘 弘治丁未進士任北京户部郎中
王麟 弘治己未進士

鄉舉

元

蔡堅 本縣人中河南鄉試
趙思義 俱中河南行省鄉試

國朝

李原皋 洪武初鄉試解元任福建漳州府龍溪縣知縣
余思恭 丙子科池州府教授
余志 永樂癸未科任河南沂水縣教諭
李茂 癸未科任直隸全椒縣教諭
楊文質 癸未科任北京國子監助教
朱恕 乙酉科廣東清吏司主事
李儀 戊子科任都轉鹽運司副使

王福甲午科任廣東海豐縣知縣　喩炬甲午科
程義甲午科　劉政甲午科
羅倫江西吉安府廬陵縣人本縣學中舉訓導　陳謨庚子科任四川芒部軍民府知事
稘景庚子科任秦府典儀　椰紹先丁酉科任榮陽縣知縣
汪鑑壬子科任南安府知府　庚申丙午科任雲南靖寧州同知
陶昂甲子科任眉州學正陞廣東翁縣知縣　楊憲丁卯科任江西郡昌縣訓導
邵綱丁卯科任四川大足縣訓導　李琥庚午科任梧州府通判
陳璉癸酉科　劉堯昌癸酉科任鶴慶軍民府同知
孫讓丙子科　鄧璽甲午科
洪儒甲午科　朱澄甲午科
洪應奎　管謙
王文約　萬居恭
蕭鳳　唐友義
椰復本　曹自學壬子科任教諭
蔣珂　李忠壬子科
陳禎乙卯科
歲貢
國朝

唐友誠[illegible]　舒慈善[illegible]
張庸四川戊縣知縣　但先河南磁州同知
胡子貴四川賓縣主簿　傅思旻廣西靈川縣知縣
吳英浙江處州府知府　張佑北京中城兵馬指揮
王應奎貴州銅仁府照磨　彭鑾遼東衛經歷
鍾鳴如高州任訓導　曹珙
鬲明　彭倫
劉本　聶聰
孫良謨　馮璋
李世高　陳鸞
蔡昆　喩訓
詹[illegible]

麻城縣
進士
國朝
劉旭丙戌科進士任泰安府同知　鄒來學癸丑科進士任左副都御史
劉翀[illegible]科進士[illegible]廣東　李正芳壬戌科進士任山西右布政使
[illegible]

萬山丙戌科進士任戶部郎中　羅麒□□科進士任四川參議
李靚己丑科進士任陝西參政　董綾壬辰科進士任湖口縣知縣
王本儉戊戌科進士任廣西僉事　熊經戊戌科進士隴州知州
喻宗府辛丑科進士任山東登州府知府　舒崑山甲辰科進士任江西建昌知府
凌山甲辰科進士任南京戶部主事　李文祥丁未科進士任兵部主事
董朴甲辰科進士任保定府知府　劉璲庚戌科進士任豐城縣知縣
董緄庚戌科進士任南京福建道監察御史　董紅癸丑科進士任北京山西道御史
曾大有解元登庚戌科進士任江西道御史　梅吉己未科進士
阮章己未科進士

鄉舉

元

戊夫用　上官公謹俱中河南行省鄉試

國朝

熊紹祖洪武丙子科湾池縣教諭　黃禮端己卯科儀龍縣知縣
趙獻壬午科任河南御史　鄔玉壬午科東鹿縣教諭
蔣輔乙酉科任刑部都給中　王秉尚乙酉科任交址縣知縣
楊真戊子科任平樂府同知　陳以中戊子科任常府同知
周愷戊子科任永川縣知縣　張斕戊子科任順天府訓導
畢以成戊子科　鄒正戊子科

□賀辛卯科　段志辛卯科
項彪甲午科　喻友誠丁酉科任四川閬州訓導
陳敬丁酉科　鄒泰庚子科山西都運同知
汪洪庚子科　王以清庚子科
林志聰庚子科　李溥庚子科
陳綱癸卯科　金珂癸卯科崌山縣縣丞
徐謙任雅軍縣教諭　程讓任合江縣教諭
張迪任晉江縣知縣　楊忠己酉科寧府紀善
楊廷春己酉科貴池縣教諭　董應彰壬子科解元任福建僉事

鄧達乙卯科任教諭陞御史擢僉事　李太初任鉛山縣教諭
金球乙卯科　唐瑩乙卯科
李鑑戊午科廣福建御史　胡應先戊午科合州知州
陳敏辛酉科錢塘縣知縣　蕭永恭丁卯科任建昌府同知
劉克昌任汝陽縣教諭　鄒瀹庚午科任光祿寺典簿
周洙庚午科任巴縣知縣　董緒庚午科袁州府通判
吳宗晃庚午科任大名縣教諭　江雲庚午科任雅州學正
熊祥庚午科任莆江縣知縣　喻掐庚午科任沂州學正
謝旭癸酉科任光祿寺典簿　劉仲轅癸酉科任崇德縣知縣

劉仲輇癸酉科任四川合州同知　鄭瓚癸酉科徽府審理
鄒宗道癸酉科任河南內鄉縣訓導　周坤癸酉科蒼州訓導
程子隆癸酉科任定海縣知縣　徐公善癸酉科寧波府通判
曾啓癸酉科鍵爲縣教諭　劉綱景泰丙子科岳池縣知縣
黄琦丙子科羅江縣教諭　程儉丙子科仙居縣知縣
黄璃丙子科東肥縣知縣　宋允丙子科濟寧州知州
周璀丙子科懷慶府同知　周昰己卯科陽武縣知縣
周杲壬午科順慶府教授　鄒渶壬午科
李濂壬午科　陳本德壬午科

盧瓚任應山縣教諭　劉瑄乙酉科銅梁縣知縣
蔡必興乙酉科紹興府通判　黄時中乙酉科阿迷州知州
曾斐乙酉科岳池縣知縣　喻宗甫乙酉科
喻珍戊子科安岳縣知縣　毛成戊子科
王閭戊子科長熱縣縣丞　姜伯鯤戊子科靈川縣知縣
鄭景和戊子科袁州府推官　唐學戊子科新昌縣知縣
林舜戊子科　萬祥辛卯科蘇州府同知
鮑琦辛卯科沂州知州　高成辛卯科含山縣教諭
[illegible]甲午科[illegible]　秦安甲午科[illegible]

丘瑩甲午科朋縣知縣　李勝芳甲午科國子監助教
曾賢甲午科　秦尚賢丁酉科綿州州判
毛彝丁酉科常州府通判　段景會丁酉科建平縣知縣
明紳丁酉科鄞都縣知縣　桂相丁酉科陸涼州知州
劉壽山　消繹
陳情　李沐任河南滎陽縣教諭
楊潤任知縣　周廷璋任江西寧縣知縣
鄒同任福建連城縣知縣　董佐
盧廷春任鳳陽府通判　劉瑩任四川雅州學正

汪文遜任山東宗邑縣教諭　周珪
成公器任蘇州府訓導　鄭琦
鄭尚和　李潤
毛騤任嘉定州學正　余本任大寧縣教諭
汪正任河南鈞州學正　周廷徵任安福縣教諭
喻淳　熊縝任壽昌縣訓導
蘇勲　王寶任廣安州學正
唐書　王袞
袁倫　喻文英

開寶中解元　趙源潔
李文璧　王本源
劉天和　李文欽
劉漢　陳時
王宇　陳文
歲貢
國朝
黄銓廣西賓州同知　馮子恭雲南僉事
曾應宗廣東肇慶府照磨　史仲鉉刑部員外

張遜刑部主事　方暘通海縣知縣
夏誼南昌府同知　毛添佐德慶州知州
汪添昂徽州府通判　于彰義岳池縣知縣
李鼐蒼溪縣知縣　詹讓饒州府同知
陳貴亨河南都事斷事　於子樹廣東都司斷事
何昺順天府宣課司大使　袁俊龍泉縣縣丞
周孟安廣東南雄府照磨　周庠河南陳州知州
喻敬後軍都督府都事　鄒庠陳州知州
蔣遜江西饒州府照磨　吳時用四川瀘州經歷

[illegible]
陳宿　姜孟春
董仲春　劉政南京留守衛經歷
袁春　馮注
陳學書　陳允言
毛本學　姚永清大寧縣訓導
陳伯榮　江禎譽城縣主簿
李玉嗣迷州知州　吳敏南陽府推官
劉文聰留守衛經歷　曹倫資縣主簿

王紀天台縣主簿　劉仲鍠山東濵州州判
鄒蘭雲南河西縣知縣　胡浩南陽府經歷
吳暉廣東都司都事　張志昂陽武縣縣丞
王倹鹽運司經歷　桑善定興縣訓導
秦康蒼梧縣訓導　劉昺嘉定州州判
袁經　李廷芳思明府照磨
江紳　萬璣
董程連州州判　周文俊
萬橲　謝試

喻宗武 沂水縣教諭　萬楨
黃中　鄒駉
秦尚志　周元壽
喻淪　李珩
嚴中　李滋
秦尚清　周溥
周文盛　陳本文 邛州訓導
鄒馭　喻珊
丁偉　陳義

黃陂縣

進士

國朝

朱慶雲 成化八年中吳寬榜任行人
李誠 弘治九年中朱希周榜任戶部主事
彭鳳来 弘治三年中錢福榜任四川[illegible]縣知縣陞陝西道御史
程伯安 弘治十一年中倫文叙榜

鄉舉

國朝

張文益 丁卯科任四川巴縣教諭　廖文通 四川岐江縣訓導
李得新 成都衛經歷　汪敏 荊州府學教授
余文 長汀縣主簿　周儼 丁酉科長山縣教諭
徐祐 庚子科東昌府訓導　明應春 庚子科
鄢忠 癸卯科華陽縣訓導　鄭寬 乙酉科南昌縣訓導
熊弘 戊午科晉寧州知州　王統 甲午科山東王府伴讀
朱皞 乙卯科平樂府教授　謝憲 乙卯科瓊州府照磨
周子昂 戊午科福建鹽運副使　王坤 辛酉科北京後軍都督府經歷
張祥 庚午科工部主事　劉俊 庚午科

鄭玉 癸酉科階州知州　余瀾 癸酉科新建縣知縣
楊瓚 丙子科東流縣知縣　方經 丙子科欒州訓導
韓時省 壬午科　梅霖 壬午科南安州知州
張克恭 癸卯科戶部員外郎　徐傑 庚子科山東忠縣知縣
陳鑾 癸卯科　方大川 丙午科
梅雪 壬子科鄧州訓導　梅霄 戊午科

歲貢

國朝

曹子真 光山縣主簿　張用 綿州州判

黄倫 當州府通判
姜畋 揚州府推官
梅芳 廣安州同知
曾魯
鄧瓊 裕州知州
陳瓛 趙州同知
王貢 寧陽訓導
楊昇 河南鞏縣知縣
萬志 通州判官
王儼 通州判官
劉鑑
高鳳 福建汀州府檢校
夏中 通州州判
彭昌 夔州府通判
廖銘 宜賓縣主簿
甘鐸 樂清縣主簿
蔡英 漂水縣縣丞
佘瑄 四川梁縣訓導

陳謙 易州判官
任伯昂 泗州同知
熊恢 河南項城縣縣丞
劉昭 東川軍民府經歷
劉玉昆 昆山縣縣丞
王孚 河南獲嘉縣知縣
甘子義 路州吏目
董暹 新昌縣主簿
陳立 新會縣縣丞
黄中 杭州府通判
方矩 壽長縣主簿
胡文用 户部主事
易應時 古田縣縣丞
陳清 大寧縣知縣
蕭彩 廣西桂林大江口巡檢
甘鐸 樂清縣主簿
許敏 直隸常熟縣訓導
侯聆 桂林府經歷

彭政 温州府經歷
徐璉 進賢縣縣丞
陳周 昆陽州同知
鄧雲 武緣縣知縣
張綱 夾縣訓導
張瀛 藍井衛經歷
宋霖 雲南浪蕖州吏目
錢定 任王府奉祀
盛昌
夏福寬
黄鐸
李魁 巫山縣訓導
黄輔
周旋 臨淄縣訓導
王丞
劉廷圭 懷安縣訓導
余習舜
姜鍾秀 漢中府訓導

方用

蘄水縣

進士

元 李希白 黎山人，治春秋，至正八年阿魯輝帖木兒王宗哲榜

國朝

戴綸 洪武二十一年任亨泰榜，授山東道監察御史

許禎 永樂二年曾棨榜，任沾化縣知縣

吕渭 成化十四年曾彥榜，任行人司行人

魯永清 成化十七年王華榜，授大理寺評事，陞四川成都府知府

徐紹先成化二十二年以監生任奉化縣知縣陞户部員外郎轉陞郎中

鄉舉

宋

劉復心景炎元年

楊燁丙子科

元

劉真甲申科

何誠辛卯科

周燁庚子科

葉真庚子科

左容庚子科

楊煥丙子科

國朝

章紀壬子科南昌縣訓導

陳文顯乙酉科

何進乙酉科

張喜戊子科河間府通判

馬汝賢戊子科

可鉞甲午科涉縣訓導

丘思恭庚子科

焦昌庚子科安鄉縣訓導

彭鉉庚子科

張銑癸卯科金吾左衛經歷

吕鏞丙午科清流縣知縣

張祥戊午科

吴永揞辛酉科蕭山縣訓導

徐溱庚午科夔州府訓導

薛濟庚午科内江縣訓導

張項癸酉科開縣教諭

何憲文庚子科

鞏恭庚子科南昌縣教諭

程岳戊子科潁州同知伊川後裔

李汰丙午科烏江縣教諭

程節已酉科程岳之姪

占易壬子科大寧縣訓導

李尚仁乙卯科

徐吉真戊午科

歲貢

國朝

黄紹祖刑部侍郎

葉輝四川鹽運司同知

李思默温州府知府

王瓚青城縣知縣

程紀四川新津知縣

張珩嘉祥縣主簿

劉俸建平縣縣丞

徐添禮浙江道監察御史

戴鵬鎮安府同知

徐淳肇慶衛經歷

方文質直隸衛知事

黄思剛興州衛經歷

戴自省銅梁縣縣丞

丘高遂平縣訓導

張富賀縣知縣

曾忠衛經歷

陳仕琳太平府知府

李端南京序班

陳仕選府知事

周仕淵平樂府推官

彭垍衛教授

郭奎裕陵衛經歷

周宣瑞州府經歷

樂和眉州訓導

吴志金潭縣訓導

柯楚山麗水縣主簿

鄒以脩刑部主事

張文禮四川宮山縣知縣

劉棨奉化縣縣丞

柴孟溱休寧河舍大使

華庸奉新縣知縣 劉錞盧州吏目
程思銑保寧府知事 余璣直隸易州吏目
王直 方清州吏目
樂武 龔淵
趙淳 殷倫
張瑛 王鏞高廣通知縣
徐信衢州府知事 詹子雲
周仲安 王泰
南朝陽 徐公正

南時陽 游庠
萬福

羅田縣

進士

宋王韶嘉祐二年章衡榜文淵閣學士
元李謙太定四年李黼榜

鄉舉

國朝

秦仕方庚午科 李楚山丁卯科

廬敏壬午科 徐克賢丁酉科禮部郎中
陳庸甲午科 胡文彬甲午科
葉剛甲午科 唐交義丁酉科
葉璲甲午科 黃杲丁酉科
胡凱甲午科 徐昱壬子科
陳栝壬子科 廖侃庚午科
李秉庚午科 周楫癸酉科
萬端癸酉科 蕭洪癸酉科
徐朴乙酉科 聞韶戊子科

周錦戊子科 周銳甲午科
蕭時賓壬子科 蕭時臣壬子科

歲貢

國朝

祝成才 徐志亮
吳昇福建道御史 李志亨
董儀 樂真
鄒奇 王吉
鄧淵 胡進

胡鍾　周相
樂鳳儀　吳齡
盧鑑　孫裕
聞詠　熊飛
晏讓　王惠
吳文　熊敏
王杲　蔚禧
王定　洪清
朱啓　魯煥

饒覲　周濟
俞完　林玉
周瓚　鎮本
胡全　李本
韓忠　張彥
葉源　樂九成
葉隆　陳倫
項清　程仲智
胡大倫　魯思武

陳灝　余大德
聞廣　鄒瀾源
方正　楊學
盛思　李滸
徐敏　張義
胡祥　黃錦
王朴兵部給事中　祝瓊
周志稚戶部主事

蘄州

進士

國朝

張仕安乙丑科任縣丞　王瓛乙丑科任知州
胡琪丙戌科任知縣　熊翼甲辰科任都御史
劉瀅丁丑科黎淳榜任主事　王翰丁丑科黎淳榜任知府
華仲賢乙未科謝遷榜任參政陞布政　華鑾丙午科解元丁未進士任翰林編修
壽儒丁丑科任主事

鄉舉

國朝

葉銓 庚午科 知縣
柳隆 癸酉科 同知
汪佑 丙子科 教諭
朱彤 乙酉科 通判
程式 乙酉科 教諭
王廷 乙酉科
胡禧 甲午科 教諭
明晉 乙酉科 訓導
周和本 乙酉科 訓導
陳和
陳情 戊子科
張彤 戊子科
張价 戊子科 訓導
劉縕 辛卯科 訓導
潘虔 辛卯科
徐顒 甲午科
王政 甲午科 知縣
程禨 丁酉科解元 任訓導

鄭祉 丁酉科 同知
張惠 丁酉科 通判
余悅 丁酉科
曾瑩 丁酉科 知縣
張璉 庚午科
徐鐸 庚午科
何清 癸卯科 知縣
陳浩 壬子科 訓導
陳溙 甲子科 主事
宋誠 戊午科 知府
劉瑄 辛酉科 教諭
毛晟 丁卯科 訓導
張禧 庚午科 推官
江琳 庚午科 通判
黎晃 癸酉科
胡祥 丙子科 同知
金蘭 乙酉科 訓導
易瀛 乙酉科 知縣

井瑩 戊子科 知州
何珍 戊子科 經歷
田鵬 甲午科 知縣
華霽 癸卯科
劉臣 癸卯科 同知
井澤 丙午科 學正
陳僖 壬子科
張思齊 乙卯科
陳大中 乙卯科
黃廷玉 乙卯科 教諭

歲貢

國朝

呂仲和 吏目
楊遜 通判
朱仕俊 知府
馮思齊 御史

李思善 主簿
曹正義 郎中
佘觀 判官
李瑄 知縣
呂祥 知縣
李瑞 知縣
毛義 縣丞
潘浩 知府
葉幾 知縣
王慶 知州
葉綦 知府
顧瀛 經歷
陳惇 推官
熊兆 縣丞
馮銘 經歷
李進 主簿
江來 縣丞
潘讜 同知

曹善縣丞　張通知縣
陳暹知縣　翁裕縣丞
盛源縣丞　朱謐知縣
張清縣丞　馮志縣丞
張禮經歷　李茂縣丞
王志經歷　朱訥經歷
陳忠主簿　陳昇主簿
冦昱　周紹主簿
周傑訓導　王慎教諭

趙昌主簿　謝忠
李英縣丞　張福訓導
陳恕吏目　吳英檢校
宋奎提舉　宋璧主簿
張文兵馬　陳璜縣丞
何瓚知縣　陳玘知州
張翼經歷　吕玉主簿
傅敬縣丞　張綱訓導
鄒誠訓導　宋環教諭

曹裕　封玉典儀
熊琳訓導　李淮訓導
朱昜斷事　朱暐
顧昊　劉璟訓導
馬驄　劉迪
王璘　齊賢
游仲瑀　宋埜
馮翺　曹珙
魯昇　張永清吏目

黃梅縣

進士

國朝

韓中甲申科任知州　邢纓丁未科任山東道監史
徐欽庚戌科任行人司行人

鄉舉

國朝

馮性教諭　周才辛卯科
汪善州同　商瑛甲午科

周鑑 知縣　　姜時敏
邢繼祖　　劉禮 縣丞
朱銘 訓導　　商瑜 中解元任教諭
吳顗 訓導　　王麟
魏澄　　王忠 推官
韓璁　　洪晟 教授
吳節 丙午科　　梁奎 己酉科
項淵 己酉科　　石麟 戊午科
邢褒 戊午科

歲貢

國朝
劉彥高 新昌縣知縣　　劉仕恭 德興縣縣丞
於敬 刑部主事　　鄂鎬 任吏目
趙靖 吏目　　陳淵 任主簿
汪翰 井陘縣主簿　　張仕緣 博白縣知縣
黃真 池州府檢校　　張翀 任照磨
馮敏 任主簿　　翟敏 任縣丞
高昂 桂林府經歷　　潘文浩 任知縣

黃芳惠 南淇縣縣丞　　劉敏學 漳州府通判
洪堯 任縣丞　　施綸 判官
李毓 任教諭　　劉層 檢校
孫旺　　徐淳 檢校
黃茂　　濮端 吏目
劉欽 蓬溪縣知縣　　丘洪
張儼 吏目　　徐鑑
劉潛 吏目　　韓英
袁俊 照磨　　江澄

李馥 訓導　　張怡
汪岳　　王顒 教授
翟綬　　黃譜
石信 知事　　許文 訓導
胡璣 吏目　　金瑛
吳文 判官　　余珏
劉宗海 縣丞　　潘銓 訓導
鄧俊　　龔麟 訓導
徐用　　沙瑞 訓導

官祿　梅琥
劉紳　羅伯宣
石璽
廣濟縣
進士
宋　梅應春丙戌科任禮部尚書　梅應申丙辰科任和州知州
元　張紹祖任縣丞　余試任評事
梅溢任温州府知府　梅盛
國朝

周原學任行人
鄉舉
國朝
張根任左春坊　李潤任河南監察御史
湯任高任教諭　陳烈任福建提學僉事
何鑑任教諭　周思敬任訓導
董嶬任訓導　甘忠
段仲章　張本端任廣西僉事
陳顒任教授　陳愷任知府

伍[illegible]教授　曾[illegible]任伴讀
陳[illegible]　李錦任訓導
趙觀訓導　王惠任大理寺司務
吳守元乙卯科　何宗淯任知縣
張貴宗甲午科　劉翀任知縣
孫英任知縣　張易宗任訓導
易守忠任知縣　劉傑任教諭
董景任訓導　田昀任教授
歲貢

國朝
王佐任知府　陳勣任御史
江豹任知縣　張質任陝西道御史
徐愷任判官　黄理都察院司務
胡興文任屯田司主事　宋珏同知
胡海任知縣　范進知縣
董春任知縣　黄宜中主簿
劉康任主簿　李奎主簿
解銑任主簿　徐銓訓導

張容　黄以信
余謙　余文簡
鍾用　胡佑
陶茂　屈伸
蕭誠　黄荣中
王珩　劉鏡新城縣縣丞
朱仲礽縣丞　虞韶
田致和　毛釗經歷
吴誠知縣　王昇知縣

何侃大竹縣主簿　朱暉縣丞
王景縣丞　王奎
張溶　周鑑照磨
魯昕主簿　陳章訓導
陳勇經歷　程鵬
瞿思　陶紹知事
趙溥　徐侶判官
舒玉河泊　俞瑄
[illegible]

饒孟奇　張賓
胡缃主簿　胡泮訓導
李浙　楊寬
田熙訓導　任通經歷
伍學貴　陶憲
陳琥　魯俊
陳經　周道
趙瀚　董文
張質

薦辟

黄岡縣

國朝

楊仲洪武初由明經任本府儒學訓導
洪道洪武間由儒士任安陸州知州在任歿
湯仲洪武初由明經任本縣訓導
王友諒洪武間由明經任羅田縣學訓導
吴仁山洪武初由賢才任重戰降江西廣信府貴溪縣知縣
萬英洪武二十四年從戎東平侯以明經舉任本縣訓導

王琛 洪武中由幹濟人材舉任巡檢

王璽 王琛之弟永樂中税户人材舉任浙江清泉場大使

謝希掐 永樂中由人材舉歷直隸太興長下縣丞以蹟載人物類以子晟官贈都御史

王思旻 正統間任泰州同知十五年民多保留致仕歸以蹟載入物類孫麟濟俱登第

畢芳 由吏員任忠州府照磨歷官餘四十年無過舉以老致仕無病坐卒

李本中 洪武中由人材舉任何南通許知縣陞貴州鎮寧州同知

李仲才 由纂脩書籍舉任四川夔州府萬縣知縣

劉昂 任廣西興安縣縣丞

吳添佐 任山東蒙陰縣縣丞

張曆 任貞河倫經歷奉誥勅封贈

蘄水縣

國朝

流傑 由儒士任河州府同知

蘇浙 由儒士任藥州學正

蔡銘 由儒士任晉府紀善陞本府長史

王庸 由儒士任南京陵煙閣纂脩書籍授教授陞歷晉府紀善

薛均 由人材歷州同知陜西太僕寺少卿應天府尹致仕歸誥贈先世

楊子旻 由人材任山西太原府同知

廣水

梅思温

周澍 以上皆由人材出仕

黃梅縣

徐仕廉 洪武初由易經舉任本縣教諭

洪彌綸 由詩經舉任本縣訓導

劉嗣儼 由人材任長史

楊以道 舉孝廉任兵科給事中

吳宗吉 洪武間舉懷才抱德任直隸英山縣知縣

隱逸

黃岡縣

元

吳應澍 中和鄉人號西山隱士先生性惇實尚詩禮惜貲憐貧好善樂施置便中橋井四十餘處設行人午飯四十餘年植棉木砌道路惠宗族周鄉黨事皆見後傳元季湖廣省平章以澍德義為聞詔徵不起御書西山二字賜之澍建御書樓以示之因積善彌深慶遺後裔逮及聖朝洪武初長子琳任吏部尚書次子燦任府同知

國朝

董綸 五重鄉人讀書好禮樂善喜施鄉里以德經義推重子佐以科第出仕

畢奇中 慕義鄉人幼從父宦遊習詩書歸田設教潛心學問不希聞達亦一鄉之善士也

熊仁 中和鄉人隱居自守涉獵文史嘗與脩郡志

麻城縣

元 陳聰 世居麻城縣之西山力田務本有持禮義廉恥之風終八十而無點污

國朝

桂秩 本縣人讀書尚禮樂道安貧有良材效古人之節操壽七十餘志無冀外

毛文貽 本縣人務農脩德樂善好賢安分守已不希仕達

羅田縣

國朝

唐友義 以詩經中永樂丁酉試耕讀不仕安貧自守年九十一餘卒號多雲耕叟

蘄水縣

元 李子賢 本縣人有孝行作事不苟以廉介持身鄉人皆重之

潘彥成 本縣人有孝行處鄉里常以善道訓人人皆悅服

蘄州

國朝

王恭 本州人知府王翰之父賜誥封戶部主事職為人鯁直慎言處心正大少居閭閻中鄉人借貸錢物久而不償者盡焚其券與妻程氏同庚偕老子翰因扁室曰齊壽堂布政司參議韓陽知府金銑皆為之記

田昇 山東濟南人父文任湖廣都指揮守鎮清浪卒于官昇攀櫬負土歸葬奉母至孝及兄晨掌蘄州衛事以疾卒母亦尋卒昇廬墓踰年該昇蔭襲固遜於次房姪鳳為鄉人稱羨

陳光遠 本州人勤敏狷介涉獵經史以詩文自娛雖執役戎伍歷艱經險亦手不釋卷以老疾還鄉士君子樂從其遊有棣門歸隱集

朱紳 字樹乎隱德不仕博學經史老亦不倦充運於詩文林推重之有詩集傳於州

馮霖 本州人幼喪父母惟事祖母繼母克盡芬誠晨昏不息身從戎伍猶勤家業衣食殷足教子成名濟利之心至老不倦所以郡人咸重之

袁信 本州人讀書尚禮閑義勇為常以便民事情陳言于朝特賜俞允錫以為善陰騭孝順事實二書以獎之壽九十八無恙而終其子曆廣孝思至篤居喪盡禮人皆稱孝家訓有方生徒成效夫婦齊眉壽八十三歲

廣濟縣

元 姚楚山 本縣人工於吟咏隱而不出父老過其廬莫不指而嘆曰此白雲青山處士家也有題咏詩見後卷

仙釋

麻城縣

晉 麻姑仙 麻胡秋之女也東晉時僞後趙主石勒使麻胡秋於此築城秋性猛悍築城嚴酷晝夜不止每限雞鳴乃息工其女麻姑賢心憐之假作雞鳴效聲衆工乃息其父覺欲撻之女懼而逃入城西北山洞中脩道成仙乃於城北石橋飛昇而去追者不及因名橋曰望仙橋山曰仙居山鄉曰仙居鄉洞曰仙姑洞一統志誤編此仙在黃梅縣今改正在麻城縣是

蘄州

晉 羅翼真人 本州未詳何許人相傳云在州西一里乾明磯飛昇今石上有履跡可驗方輿勝覽云在城北悞指龍峯山也

劉六真人 未詳何許人相傳云去州東一百六十里大浮山得道飛昇今有石存名曰仙臺

唐 張祖師 未詳何許人相傳云唐真觀間有此勝地原有神人曾王原居之師欲謀居乃與神人鬪顯靈術共浴于溪以手巾蓋池令神竭取一莫能起遂占其地神怒登山以石擊師二石分列一石落師頂師以手托結成一龕以居今有掌跡手印跡見存

伏虎珪禪師 未詳何許人相傳云同光年間師居三角山資教寺道高德重感龍王送供聽法寺傍有石垆雙出今并存為驗

蘄水縣

宋 劉仙女 宋時劉公平居縣東二十里寨峯之側孤貧止一女未笄父母出耕或天晴女曰今日雨宜持蓑笠或天陰女曰今日晴不必雨具皆如其言後女入山不知所在土人立祠祀之故名仙女祠

黃梅縣

晉 羅仙致福真人 晉時脩道於鳳臺觀下蟠池煉丹丹成有老人來謁云身有病願求丹藥療之真人知非常人謂曰汝現真身可治然人即化龍真頭求治真人乃爲砭取腦中之毒藥療之而愈因醫龍得道於觀北水池[illegible]足飛昇而去今遺飛昇臺并池見存

宋益 青州人仕番禺刺史後棄官隱於黃梅洞道術能役鬼神救疾疫後人立祠祀之禱有應唐時頻感[illegible]宋加封靈濟侯

唐 四祖大醫禪師 本縣行狀師姓司馬諱道信州河內縣人父於後周將任廣濟縣令周靜帝大象二年庚子三月二日師生於任所骨相奇偉幼慕空宗至隋文帝開皇十二年去子禮三祖璨大師曰願和尚慈悲乞與解脫法門師曰誰縛汝師曰無人縛祖曰何更求解脫師於言下大悟服勤九載仁壽二年壬戌祖付衣法偈號四祖武德七年甲申往湖北黃梅縣雙峯山又名破頭山唐太宗慕師道三詔不起賜紫衣高宗永徽二年辛亥閏九月四日安坐而逝壽七十二葬雙峯山建塔存焉明年四月八日塔戶自開不復啟閉代宗廣德年間謚大醫禪師塔曰慈雲至宋元豐間加號普圓廣應[illegible]定間加號妙智正覺禪師

五祖大滿禪師 本縣行狀師諱弘忍蘄州黃梅人前身乃栽松道者一日禮四祖願求心要祖曰汝老矣設有再來得安能廣我道者乎道者曰可乎祖曰然則早來道者遂去至山下溪邊見周氏女浣衣道者揖曰寄宿得否女曰許之道者即回山外其家父母以自然有孕父母惡之逐出山外豈期乞食夜宿[illegible]文帝仁壽二年壬戌十一月二十二日師生母以無父不祥棄之水中明日視之泝流而上氣體鮮明復舉而養之成童隨照祖為師唐太宗貞觀八年受信大師衣法爲第五祖開化於破頭山北黃梅縣之東禪寺人更衆母覆卷[illegible]後名佛母堂今東禪寺西隅有佛母墓咸亨三年又於縣之東北三十里馮茂山結庵上元[illegible]年十[illegible]月十六日安坐而逝壽七十四建塔於東山師滅後茂山為東山[illegible]大滿禪師塔曰法雨宋朝賜[illegible]大中東山寺南唐保大十二年謚[illegible]禪師宋景祐三年敕賜寺曰真慧禪寺元大[illegible]

定三年丙寅加號妙圓普覺禪師

宋

演禪師 按舊志師係十二代住持宋時人自海會遷住此山戒律精嚴今塔在東山半山之間有石柱鐫其名號宋時黃庭堅有贊云問道白雲端踢著自家底無心萬事禪一月千江水踏遂摩登伽石上漫澆水赤土書蕪甚也有第一義誰言磊踐具相三十二

廣濟縣

宋

三女仙 何許陳三姓女本縣靈東鄉人天性穎悟結為姊妹一日同登山脩道大中元年正月五日祇見山頂雷雨交作仙樂隱隱遥見三人乘雲而去馬蹄鞋蹟留於石上人皆異之立祠于山頂祀之後以其地高峻復立于中稍平處至今上人祀之其地靈泉湧出旱則取水禱雨

詹祖師 即弘簡大德禪師本縣靈東鄉詹家灣詹紹祖次子母劉氏所生年十歲就於馬口

義臺山善慧院出家後還寺於赤源山下改名馬口寺于此坐化留詩曰飛錫江邊六六春脩行道性天真塵緣了却更何事萬里乾坤自在身語畢而化後大衆以香泥塑粧真身見存

國朝

冉來僧 名法幢初生於黃梅縣永福鄉民人李帯陞之次子自幼出家於四祖寺拜大嶽尚智和尚為師亦名法幢後遊去復生於廣濟縣安樂鄉民人余志五即今余高家仍往本寺出家仍名法幢識舊物永樂間召至

京師賜住報恩寺封金剛上士

陰陽

黃岡縣

詹信 [illegible]永[illegible]善文學精通陰陽正統[illegible]授本府陰陽正術

李晟 中和上鄉人由天文生舉成化丁亥授南京欽天監五官司曆考滿奉

勅進階登仕郎陞俸二級

李灝 由陰陽生精通成化年授本府陰陽學正術

黃陂縣

李善芳 麻城縣人由善文學老明敕擇保授本縣陰陽訓術

謝鑑 本縣瀟源鄉人由通曉陰陽授本縣陰陽學訓術

謝伯常 洪武間任南京欽天監漏刻博士

謝海 由下文生天順間授南京欽天監五官保章正九品滿陞正七品九年滿陞正六品俸

名醫

黃岡縣

宋

龐安常 本縣人善醫耳雖聾甚穎悟人以手畫字示之輒會人意東坡戲曰余以手為口君以眼為耳

元

葉如菴 以儒醫診視有方撰傷寒大成易覽一編為時所宗

國朝

劉政 世業醫方以濟利為心因扁室曰如心堂子彬孫禮繼為本府醫學正科曾孫必貴補太醫院醫士

詹均祥 五重鄉人洪武中以明醫學授本府醫學正科

詹智 以醫術舉為太醫長授鄭府良醫正班

莫文質懷德坊人永樂中以醫術精通授河南唐府良醫所良醫正

揭添旻永樂中以醫術舉江西饒州府醫學正科

祝得宗慕義鄉人以明醫舉太醫院醫士終復舉子玹隨侍太監三保下海洋歷諸蕃國一十二年復舉孫璋太醫院士

莫志明正統〻久精通醫術授本府醫學正科

麻城縣

樊子晉本縣人讀書明理審病察脉預知十年生死醫者學之終不得其妙訣

鄒介深明方脉每療人病應期而痊自號橘井老人

黃陂縣

任庸本縣人精通醫術授本縣醫學訓科

蘄水縣

王彬本縣人以明醫陞太醫院判官受封三代

廣濟縣

溪溥以醫士成化間授荊府良醫副

黃州府志卷之五

生於斯學於斯游宦於斯者豈徒傳誦之而已哉曷亦求諸實用而措之事業可乎為子求孝為臣求忠道學必求如二程勳業必求如韓公文章氣節必求如王蘇諸君子考山川形勝則求為之保障考民物生聚則求為之撫育考風俗淳雅則求為之培植俾豐亨豫大長有今日不至分爭糜爛如三國兩晋者焉夫然則志之所關者不亦大且遠哉若夫空言徒託實效無補賢守佐之用心豈徒為粉飾之具哉

弘治十四年歲辛酉秋七月丁未朔

賜進士奉議大夫湖廣按察僉事奉

勅提督學政前浙江道監察御史安福歐陽旦序

黃州府志卷之六

藝文

日月麗乎天，天之文也；百穀草木麗乎土地之文也；經天緯地參三才而並之人然其文故古今賢哲或詠歌或序記或詞賦，一以宣性情之正，一以鳴

國家之盛。至於羣寓景象，紀述行覽，雖一時之作，而民彝物理、風化治道實有所關，是宜備録以俟觀覽焉。

齊安

唐

憶齊安　杜牧之

平生睡足處，雲夢澤南州。一夜風欺竹，連江雨送秋。格卑常汩汩，力學強悠悠。終掉塵中手，瀟湘釣漫流。

齊安晚秋

柳岸風來影漸疎，使君家似野人居。雲容水態還堪賞，嘯志歌懷亦自如。雨暗殘燈棊欲散，酒醒孤枕鴈來初。可憐赤壁爭雄渡，惟有蓑翁坐釣魚。

齊安郡中偶成

兩竿落日谿橋上，半縷輕烟柳影中。多少綠荷相

倚根一[illegible]曲有背歌

郡齋獨酌

前年鬢生雪今年鬢帶霜往往自撫已淚下神蒼
茫御史詔分洛舉趾何猖狂闕下諫官集拜疏無
文章尋僧解幽夢乞酒緩愁腸豈爲妻子計未去
山林藏平生五色線願補舜衣裳弦歌教燕越蘭
芷浴河湟腥羶一洒掃堯很皆披攘生人但眠食
壽域富農桑孤吟志在此自亦笑荒唐江都雨初
霽刀好截秋光池邊成獨酌擁鼻菊枝香醺酣更
唱太平曲仁聖天子壽無疆

齊安郡後池

菱透浮萍綠錦池夏鶯千囀弄薔薇盡日無人看
微雨鴛鴦相對浴紅衣

宋

齊安　方干

弭節齊安郡孤城百戰殘傍村林有虎帶郭縣無
官暮角梅花怨清江桂影寒黍離緣底事撩我起
長歎

[illegible]兄　韓琦 即魏公侍兄琚守黄有讀書堂

予兄天聖中尚攝齊安守兄才無不宜吏治孰可
偶公庭常寂然所樂在文酒

初至黄州　蘇子瞻

自笑平生爲口忙老來事業轉荒唐長江遶郭知
魚美好竹連山覺筍香逐客不妨員外置詩人例
作水曹郎只慚無補絲毫事尚費官家壓酒囊檢校官例折支多得退酒袋

十月二[illegible]棠

國恩責受檢校團練副使用前韻

百日歸來恰似春餘年樂事最關身出門便旋風
吹面走馬聯翩鵲啅人却對酒盃渾似夢試拈詩
筆已如神此災何必深追咎竊祿從來豈有因

又

平生文字爲吾累此處聲名不厭低塞上縱歸他
日馬城頭不鬬少年雞休官彭澤貧無酒隱几維
摩病有妻甚笑睢陽〻從事爲予投檄向江西

別黄[illegible]

病瘡老馬不任鞿猶向君王得敝帷桑下豈無三宿戀樽前聊與一身歸長腰尚載撐腸米闊領先裁蓋癭衣投老江湖終不失來時莫遣故人非

薦任伋通判黃州

黃州小郡夾溪谷茅屋數間依竹葦知命無憂我何尤見賢不薦誰當恥

子由使至齊安未至以詩迎之

驚塵急雪滿貂裘淚洒東風別宛丘又向邯鄲枕中見却來雲夢澤南州睽離動作三年計牽挽當為十日留早晚青山映黃髮相看萬事一時休（柳子厚別劉夢得詩若許歸田去黃髮相看萬事休）

杭州故人

昨夜風月清夢到西湖上朝來聞好語扣戶得吳餉輕圓白曬荔脆釅紅螺醬更將西庵茶勸我洗江瘴故人情義重說我必西向一年兩僕夫千里問無恙相期結書社（故人相約驟載酌僕我一載什令南）未怕供詩帳（僕頃以詩得罪有司移杭取境內所留詩杭州供數百首謂之詩帳）還將夢魂去一夜到江漲（江漲橋杭州橋名）

過江夜行武昌山上聞黃州鼓角

清風弄水月銜山幽人夜渡吳王峴黃州鼓角亦多情送我南來不詞遠江南又聞出塞曲半雜江聲作悲健誰言萬方聲一槩鼉憤龍愁為余變我記江邊枯柳樹未死相逢真識面他年一葉泝江來還吹此曲相迎餞

酴醾花菩薩泉

酴醾不爭春寂寞開最晚青蛟走玉骨羽蓋蒙珠幰不妝艷已絕無風香自遠凄涼吳宮闕紅粉埋故苑至今微月夜笙簫來絕巘餘妍入此花千載尚清婉怪君呼不歸定為花所挽昨宵雷雨惡花盡君應返

君言西山頂自古流白泉上為千牛乳下有萬石鉛不愧惠山味但無陸子賢願君揚其名庶託文字傳寒泉比吉士清濁在其源不食我心惻於泉非所恵嗟我本何有虛名空自纏不見子柳子餘愚汙溪山

[illegible]散[illegible]峽不怕艱危直上磯啼鳥似從人

勸酒好小如蕉我開眉風標公子鷺得意跂蹌將軍風欵感到舍將何作歸遺江山收得一囊詩

送牛尾狸與徐使君 時大雪中

風捲飛花自入帷一樽遥想破愁眉泥深厭聽雞頭鶻蜀人謂泥滑為雞頭鶻酒淺欣嘗牛尾狸通印子魚猶帶骨披綿黄雀漫多脂慇懃送去煩纖手為我磨刀削玉肌

冬至日贈安節

我生幾冬至少小如昨日當時事父兄上壽拜脫膝十年閱凋謝白髮催衰疾瞻前惟兄三顧後子由一近者隔濤江遠者天一壁今朝復何幸見此萬里姪憶汝總角時嗁笑為棃栗今來能慷慨志氣堅鐵石諸孫行復爾世事何時畢詩成卻超然老淚不成滴

四時詞

春雲陰陰雪欲落東風和冷驚羅幕漸看遠水綠生漪未放小桃紅入蕚佳人瘦盡雪膚肌眉斂春愁知為誰深院無人前刀響應將白紵作春衣

垂柳陰陰日初永蔗漿酪粉金盤冷簾額低垂紫燕忙蜜脾已滿黄蜂靜高樓睡起翠眉顰枕破斜紅未肯匀玉腕半揎雲碧袖樓前知有斷腸人

新愁舊恨眉生綠粉汗餘香在蘄竹象牀素手熨寒衣爍爍風燈動華屋夜香燒罷掩重扃香霧空濛月滿庭抱琴轉袖無人見門外空聞裂帛聲

霜葉蕭蕭鳴屋角黄昏斗覺羅衾薄夜風搖動鎮幃犀酒醒夢回聞雪落起來呵手畫雙鵶醉臉輕匀襯眼霞真態香生誰畫得玉奴纖手嗅梅花

次韻樂著作送酒

少年多病怯盃觴老去方知此味長萬斛羈愁都似雪一壺春酒若為湯

次韻樂著作野步

老來幾不辨西東秋後霜林且強紅眼暈見花真是病耳虛聞蟻定非聰酒醒不覺春強半睡起常驚日過中植杖偶逢為黍客披衣閑詠舞雩風仰看落蕋收松粉俯見新芽摘菊叢楚雨還昏雲夢

澤吳潮不刻武昌[illegible]
無數寂寞閒窻意稍適解組與舉底二六
日與君同

二月二十六日雨中熟睡至晚強起

卯酒困三盃午飡便一肉雨聲來不斷睡味清且
熟昏昏覺還卧展轉無由足強起出門行孤夢猶
可續泥深竹雞語村暗鳩婦哭明朝看此詩睡語
應難讀

雨中看牡丹

霧雨不成點映空疑有無時於花上見的皪走明
珠秀色洗紅粉暗香生雪膚黃昏更蕭瑟頭重欲
欹扶
明日雨當止晨光在松枝清寒入花骨肅肅初自
持午景發穠麗一笑當及時依然暮還斂亦自惜
幽姿
幽姿不可惜後日東風起酒醒何所見金粉抱青
子千花與百草共盡無妍鄙未忍汙泥沙牛酥煎
落蘂

寄吳德仁兼簡陳季常

東坡先生無一錢十年家火燒凡鉛黃金可成河
可塞只有霜鬢無由玄龍丘居士亦可憐談空說
有夜不眠忽聞河東獅子吼拄杖落手心茫然誰
似濮陽公子賢飲酒食肉自得仙平生寓物不留
物在家學得忘家禪門前罷亞十頃田酒溪遶屋
花連天溪堂醉卧呼不醒落花如雪春風顛我遊
蘭溪訪清泉已辦布襪青行纏稽山不是無賀老
我自興盡回酒船恨君不識顏平原恨我不識元
魯山銅駝陌上會相見握手一笑三千年

戲作陳孟公

孟公好飲寧論斗醉後關門防客走不妨閒過左
阿君百謫終為賢太守老居閭里自浮沉笑問柏
松何苦心忽然載酒從陋巷為愛揚雄作酒箴長
安富兒求一過千金壽君君笑唾汝家安得客孟
公從來只識陳驚座

武昌銅劍歌 并叙

供奉官鄭文嘗官於武昌江岸裂出古銅劍文

[illegible]

雨餘江清風卷沙雷公蹋雲[illegible]黃蛇蛇行空中如
枉矢電光熠熠燒蛇尾或投以塊鏗有聲雷飛上
天蛇入水水上青山如削鐵神物欲出山自裂細
看兩脅生碧花猶是西江老蛟血蘇子得之何所
為蒯緱彈鋏詠新詩君不見凌煙功臣長九尺腰
間玉具高柱頤

王齊萬秀才寓居武昌縣劉郎洑

君家稻田冠西蜀擣玉揚珠三萬斛塞江流柿起

書樓碧瓦朱欄照山谷傾家取樂不論命散盡黃
金如轉燭惟餘舊書一百車方舟載入荊江曲江
上青山亦何有伍洲遥望劉郎藪明朝寒食當過
君請殺耕牛壓私酒與君飲酒細論文酒酣訪古
江之濆仲謀公瑾不須弔一酹波神英烈君杭州伍子
晉廟封英烈王

過黃州　陸放翁

局促常悲類楚囚遷流還嘆學齊優江聲不盡英
雄恨天地無私草木秋萬里羈愁添白髮一帆寒

日過黃州君看赤壁終陳迹生子何須萬户侯

六月二十日過黃州有感　朱以真

漫憶觀風日狂圖學古人此心郎稍盡素志獲徵
伸肅正經邦度寧容亂法民詳刑多惻隱問俗備
諮詢囹圄昭冤滯江湖訪隱淪遠潛驚黠鼠快覩
出祥麟孔殿鐫題在賜侯感夢陳褒鎮已七十又
踏綉林春

張文潛離黃州　蘇子瞻

扁舟發孤城揮手謝送者山回地勢卷天潤江面

瀉中流望赤壁石腳插水下昏昏煙霧鎖歷歷魚
樵舍居夷是三載隣里通假借別之豈無情老淚
為一洒篙工起鳴鼓輕櫓健如馬聊為過江宿寂
寂還山夜

黃魯直嘗題其墨蹟後云

搖地與斲木智不如機舂聖人懷餘巧故為萬物
宗世右斲泥手或不待郢工往時王黃州謫[illegible]
匪躬朝聞不及夕百壬過甚鋒九邑安盤[illegible]
[illegible]蓬浮雲當日月白髮照秋空[illegible]

直與君同

暮春懷黄州匀維那二揭軌

經春不見白維那花落瓊臺想已多陶令棄栞何日去遠公蓮社幾時過聞来貝葉還同寫病裏胡笳祇自歌萬點近来渾似雪朝衣從此掛青蘿

蘇子瞻

余至黄二年日以困匱故人馬正卿哀予乏食為於郡中請故營地數十畝使得躬耕其中地既久荒為茨棘瓦礫之塲而歲又大旱墾闢之勞筋力殆盡釋耒而歎乃作是詩自愍其勤庶幾来歲之入以忘其勞焉

廢壘無人顧頹垣滿蓬蒿誰能捐筋力歲晚不償勞獨有孤旅人天窮無所逃端来拾瓦礫歲旱土不膏崎嶇草棘中欲刮一寸毛喟焉釋耒歎我廩何時高

荒田雖浪莽高庳各有適下隰種秔稌東原蒔棗栗江南有蜀士桑果已許乞好竹不難栽但恐鞭[illegible]

井泔一飽未敢期瓢飲已可必

自昔有微泉来從遠嶺背穿城過聚落流惡壯遺芡去為柯氏陂十畝魚鰕會歲旱泉亦竭枯萍粘破塊昨夜南山雲雨到一犂外泫然尋故瀆知我理荒薈泥芹有宿根一寸嗟獨在雪芽何時動春鳩行可膾蜀人貴芹芽膾雜鳩肉作之

種稻清明前樂事我能數毛空暗春澤鍼水聞好語蜀人以細雨為雨毛稻初生時農夫相語稻鍼水矣分秧及初夏漸喜風葉舉月明看露上一一珠垂縷秋来霜穗重顛倒相撐拄但聞畦隴間蚱蜢如風雨蜀中稻熟時蚱蜢群飛田間如小蝗狀而不害稻新春便入甑玉粒照筐筥我久食官倉紅腐等泥土行當知此味口腹吾已許

良農惜地力幸此十年荒桑柘未及成一麥庶可望投種未逾月覆塊已蒼蒼農父告我言勿使苗葉昌君欲富餅餌要須縱牛羊再拜謝苦言得飽不敢忘

種棗期可剝種松期可斲事在十年外吾計亦已慤十年何足道二載如風雹舊聞李衡奴此策疑

[illegible]我有同舍郎官居在灊岳擇卜云擇也遺我三寸柑
照我光卓犖百栽儻可致當及春冰渥想見竹籬
間青黃垂屋角
潘子久不調沽酒江南村郭生本将種賣藥西市
垣古生亦好事恐是押牙孫家有十畝竹無時容
叩門我窮交舊絕三子獨見存從我於東坡勞餉
同一飡可憐杜拾遺事與朱阮論吾師卜子夏四
海皆弟昆
馬生本窮士從我二十年日夜望我貴求分買山

錢我今反累生借耕輟茲田刮毛龜背上何時得
成氊可憐馬生癡至今夸我賢衆笑終不悔施一
當獲千

姪安節遠來夜坐

南來不覺歲崢嶸坐撥寒灰聽雨聲遮眼文書元
不讀伴人燈火亦多情嗟予潦倒無歸日今汝蹉
跎已半生免使韓公悲世事白頭還對短燈檠

陳季常見過 三首

仕宦常畏人退居還喜客君來輒館我未覺雞黍
窄東坡有奇事已種十畝麥但得君眼青不辭奴
飯白
送君四十里只使一帆風江邊千樹柳落我酒盃
中此行非遠別此樂固無窮但願長如此來往一
生同
聞君開龜軒東檻俯喬木人言君畏事欲作龜頭
縮我知君不然朝飯仰暘谷餘光幸分我不死安
可獨

三月三日點燈會客

江上東風浪接天苦寒無賴破春妍試開雲夢羔
兒酒快瀉錢塘藥玉船蠶市光陰非故國馬行燈
火記當年冷煙濕雪梅花在留得新春作上元

絕句

雨洗東坡月色清市人行盡野人行莫嫌犖确坡
頭路自愛鏗然曳杖聲

問大冶長老乞桃花茶栽東坡

周詩記苦茶茗飲出近世初緣厭粱肉假此雪昏
滯嗟我五畝園桑麥苦蒙翳不令寸地閑更乞茶

[illegible]出作[illegible]有名
不相戾春來凍地裂紫筍森已銳牛羊煩訶叱宜
旨未敢覗江南老道人藍髮日夜逝他年雪堂品
空記桃花商

大寒步至東坡贈巢三

春雨如暗塵春風吹倒人東坡數間屋巢子誰與
鄰空床斂敗絮破竈鬱生薪相對不言寒哀我知
我貧我有一瓢酒獨飲良不仁未能頼我煩聊復
濡子唇故人千鐘祿馭吏醉吐茵那知我與子坐
作寒蟹呻努力莫怨天我亦皆天民行看花柳動
共享無邊春

憫東坡　張安國

繫船背西日曳杖到東坡暗井蛙成部荒祠鳥作
窠老仙騎鶴去稚子飯牛歌興廢何須問斯文自
不磨

國朝

宿黃州城下懷坡仙　鄱陽劉彥昺

五雲宮闕芙蓉苑燭剪金蓮錫宴翰林風月紫

緻花錦袍肩帶黃金硯一朝遷謫來黃州滿頭風
雪走颼颼坐爐破帽禿雙鬢兒啼妻怒聲啾啾甁
無儲粟家四壁斗酒誰[illegible]為貂裘饑腸一字不堪
煮清晝長斷人間秋獨倚竹樓題短句酒入五臟
肝膽露自擅布袖捲天風繞壁龍蛇起烟霧九重
忽報天恩來寒谷得暖陽春回黃封御宴賜顏色
賀客門迎車馬排朱輪皂蓋五花誥赤霄白日登
蓬萊人生得失有如此覆手為雲翻手雨我因登
眺撫江城歷歷東坡舊遊處臨高吊古不勝悲落
日滄波白馬飛金馬玉堂天上夢茶烟禪榻鬢如
絲　李贄　兵部郎中

欽將功業邁皋夔一代清風百世師幸喜江城瞻
廟貌敢辭道路駐旌旗黃州民物今猶古赤壁山
川恠復奇遐想先生清絕處山高月小夜深時
方向　給事中

東坡居士宗徽星到處山川長勝靈都似天公有

山高月小洞簫微想見坡仙載酒時[illegible]
叱過誰人吏聽鶴南飛

洗墨池　　懷川 姚鐸 通判

数尺方池石甃成地靈泉注一泓清濡毫夜覺星辰動滌硯時看雲霧生色映烏鵶形髣髴光涵白露影分明先生詞翰傳天下爲世斯文仰令名

吳興 顧祿

我識蘇公不是狂能將直道事君王想當作賦黃泥坂猶憶題詩白玉堂此老心胷無芥蔕何人面目有慚惶煕寧誤相王安石地下應知愧諫章

赤壁

唐

赤壁送別　　李太白

二龍爭戰決雌雄赤壁樓船掃地空烈火張天雲海周瑜於此破曹公

君去滄江望澄碧鯨鯢唐突留遺蹤一一書來報故人我欲因之壯心魄

杜牧之

折戟沉沙鐵半消自將磨洗認前朝東風不與周郎便銅雀春深鎖二喬

胡曾

烈火西焚魏帝旗周郎開國虎爭時交兵不用揮長劍已挫英雄百萬師

宋

王介甫

日淨山如染風暄草欲薰梅殘數點雪麥漲一川雲

韓子蒼

緩尋翠竹白沙遊更挽藤梢到上頭豈有危巢尚棲鶻亦無陳蹟但飛鷗經營二頃將歸去眷戀群山爲少留百日使君何足道空遺詩句滿江樓

賀新郎　　李致美

蘇子秋七月向涼宵扁舟與客共遊赤壁清風徐來波不動舉酒誦詩爲客曰露與水光相接萬頃茫茫風浩浩飄飄乎遺世而獨立棹蘭槳泝空明[illegible]問客知夫天地之間久長無物[illegible]

有清風與明月萬古用之不竭寓耳目爲聲[illegible]
客笑欣然重酌酒忽盤肴既盡盃盤狼籍東方白

又

十月臨皋暮客從予黃泥之坂凛然霜露相與行
歌而言曰月白風清如許念無酒歸謀諸婦婦曰
斗酒藏之已久可携為赤壁之遊否江水落出洲
渚登龍踞虎幽宮俯嘯一聲山鳴谷應寂寥四顧
有鶴東來西去也夢道士揖予而語赤壁之遊樂
乎否問其名不答予驚悟開戶視不知處

李璧

赤壁危磯幾度過沙江上欝嵯峨今人悞信黃
州是猶賴水經能正訛

李晃

羸得功名兩鬢秋嶢巖登處謾夷猶鄉關地迴三
千里金闕天高十二樓鶴影伴雲飛渺渺水光浮
日去悠悠憑誰喚起東坡叟携酒中流夜泛舟

丁鶴年　其先西域人因父兄遊宦寓居武昌縣之西山

横槊英聲遠聞簫逸興長至今風月夜鶴夢遶黃
岡

晉陵王謙

夢裏曾為赤壁遊月明孤鶴掠扁舟客中雖動風
波恐眷戀江山亦少留

括蒼周此山

赤壁之山何崚嶒下有江水何清冷天空月出夜
寥泬玻璃萬頃涵秋氷為問黃州雪堂老遷官何
如謫官好酒酣携客夜拏舟憂患都將談笑了劃

然長嘯來天風神遊八極世慮空但見橫江鶴白
錯落垂斗柄擧秋欲挹浮丘公洞簫聲斷潛蛟舞
月下清尊貯千古老瞞當日困周郎十萬樓船鬨
貔虎煙消水冷沉戈矛空餘野燐寒沙頭江山牢
落滿陳蹟追憶往事懷風流勝遊到我知幾度感
昔視今猶且慕乾坤何事英雄哀哀長江自東
去

國朝

東夏口西武昌赤壁峭絕當中央奸雄將軍銳世敗卒零落慚周郎得鱸魚沽美酒孰若黃州蘇子瞻謫向江湖動星斗噫吁戲曹公氣勢蘇子文章人物銷鑠塵跡荒涼惟有江水千古萬古空流長

跋赤壁圖　廬陵楊士奇 大學士

蘇文忠公以誠意直道事君而為李定舒亶之徒所毀謫黃州賢人君子之心正大明白何往不自得矧公文章璧諸景星慶雲隨所著見輝

煥萬物向使公不罹擯斥區區齊安山川風物有此光氣流於宇宙間耶

吳興顧祿 太常典簿

一樽試為酹天風滿目江山感慨中蘇子文章真俊傑曹公事業豈英雄洞簫月冷橫孤鶴戰艦灰飛決二龍回首當年傷往事漁歌一曲水雲空

過赤壁　淮南沈靖 僉事

祠宇岧嶤萬綠間偶因公暇得躋攀蕙含[illegible]雲迴門俯黃岡紫翠環飛[illegible]

[illegible]落揮灑意事業今千古留得芳名重若山

赤壁懷東坡　繁昌吳琛 巡撫都御史

當年落職赴黃州客舍蕭然僅四秋赤壁謾遊重作賦雪堂高卧不知愁英英儀像嚴祠宇燁燁文章射斗牛千古江山成勝槩幾人來往繼前脩

上海王霽 知府

雪堂東畔大江頭聞說坡翁舊此遊千尺斷磯留勝蹟百年遺廟枕長流孤忠貫日人尤仰兩賦凌雲世絕儔欲吊英靈無處覓烟波空闊使人愁

赤壁磯頭正暮秋閑来携酒泛扁舟一輪明月當空照萬古長江徹夜流仙枕夢回孤鶴唳洞簫聲斷老蛟愁江山俛仰成陳迹深愧無才繼昔遊

黃巖汪高 教授

一自先生謫此州儒林輿論恨千秋奇才不展經綸策遺蹟空成寂寞愁忠義一生心似鐵英靈千古氣吞牛舟移赤壁知多少景仰高風啓進脩

餘姚孫昇 教諭

盖世文章出鳳毛奇才曾得動先朝荆公猶自雖

谷物詩畫何能不以尭終逐靈均離荊老[illegible]

惠海棠嬌蓋棺得失事方定誰向鍾山問寂寥

仁和項麒

青山屹律摩空蒼大江東流濟洋洋山高水長猶可量先生壯節不可當直與天地俱存亡嗚呼直與天地俱存亡

汝南何珣

千尋赤壁瞰長江吳魏當年舊戰場兩國興師均失義東風何獨助周郎

黄巖應欽　副使

謾誇騎鶴上揚州雅愛東坡赤壁秋勝槩尚遺風月好英雄不盡古今愁來經攬轡清湖海直欲乘槎問斗牛十二瓊樓何處缺擬將玉斧為重脩

竹樓

李嘉祐

傲吏身閑笑五侯西江取竹起高樓南風不用蒲葵扇紗帽閑眠對水鷗

大庾朱穀　參政

剡竹為樓[illegible]半空幽閒結構思[illegible]遠吞雲夢[illegible]

天外平拖空盧入座中簾捲落紅花鳥近窗生虛

白月波通登高作記人何在留得文章冠世雄

長興吳琛

一樓兀立郡之西小小簷楹短短梯極目江山渾似畫傷情今古總堪題文章獨步人何在流落多岐我欲迷試凭欄干想高致當年風韻有誰齊

涵輝樓

宋

韓稚圭　魏公名琦

臨江三四樓次第壓城首山光徧軒楹波影撼窗

鱅

横江樓　在今漢川門外晉龍驤將軍蒯恩建其後為捍橦閣今惟有基址民占為居○按晉史益州刺史王濬破吳鐵雖鐵鎖有功封龍驤將軍其曰蒯恩者則未考

唐

杜牧之

外家兄弟晉龍驤馳騁功名業帝王畢竟江山誰是主苔磯空屬釣魚郎

城樓

嗚軋江樓角一聲微陽瀲瀲落寒汀不用凭欄苦回首故鄉七十里長亭

澄湖鏡心樓　董仁甫建

國朝　　括蒼劉伯溫　誠意伯

國湖山面開明鏡中有高樓接太清絳氣往來蟠影入碧光浮動日華生雲間威鶴孤飛下湖底遊魚作隊行安得翠軿呼弄玉金銀臺上坐吹笙

宋

雨晴至四望亭　蘇子瞻

雨過浮萍合蛙聲滿四隣海棠真一夢梅子欲嘗新拄杖閑挑菜鞦韆不見人慇懃木芍藥獨自殿餘春

高亭廢已久下有種魚塘暮色千山入春風百草香市橋人寂寂古寺竹蒼蒼鸛鶴來何處號鳴滿夕陽

定惠院

寓居月下偶出　蘇子瞻

幽人無事不出門偶逐東風轉良夜參差玉宇飛木末繚繞香煙來月下江雲有態清[illegible]聲浩如瀉已驚弱柳萬絲垂尚有[illegible]誰能[illegible]

[illegible]醉意年年謝自知醉耳愁秋風會撩霜[illegible]浮浮大甌長炊玉瀏瀏小槽如壓蔗飲中真味老更濃醉裏狂言醒可怕但當謝客對妻子倒冠落佩從嘲罵

次韻前篇

去年花落在徐州對月酣歌美清夜（去年徐州花下對月與張君厚王子忠兄弟飲酒作頭字韻詩）今年黃州見花發小院閉門風露下萬事如花不可期餘年似酒那禁瀉憶昔還鄉泝巴峽落帆樊口（在黃州南岸）高桅亞長江衮衮空自流白髮紛紛寧少借竟無五畝繼沮溺空有千篇陵鮑謝至今歸計負雲山未免孤衾眠客舍少年辛苦真食蓼老景清閑如啖蔗饑寒未至且安居憂患已空猶夢怕穿花踏月飲村酒免使醉歸官長罵

定惠顒師為余竹下開嘯軒

啼鳩催天明喧喧相詆譙暗蛩泣夜永唧唧自相弔飲風蟬至潔長吟不改調食土蚓無腸亦自終夕叫鴝貪聲最鄙鵲喜意可料皆緣不平鳴慟哭

等嬉笑既生己粗卒孫子亦未妙道人開此軒清坐默自照衝風振河海不能撓無寂累盡吾何言風来竹自嘯

寒食雨 二首

自我来黃州已過三寒食年年欲惜春春去不容惜今年又苦雨兩月秋蕭瑟臥聞海棠花泥汙燕脂雪暗中偷負去夜半真有力何殊病少年病起頭已白

春江欲入戶雨勢来不已小屋如漁舟濛濛水雲裏空庖煮寒菜破竈燒濕葦那知是寒食但見烏銜紙君門深九重墳墓在萬里也擬哭途窮死灰吹不起

海棠

東風嫋嫋泛崇光香霧空濛月轉廊只恐夜深花睡去故燒高燭照紅粧

五禽言 并叙

梅聖俞嘗作四禽言余謫黃州寓居定惠院遶舍皆茂林脩竹荒池蒲葦春夏之交鳴鳥百族土人多以其聲之似者名之遂用聖俞[illegible]禽言

使君向蘄州更唱蘄州鬼我不識使君寧知使君死人生作鬼會不免使君已老知何晚 王元之自黃移蘄州聞啼鳥問其名或對曰此名蘄州鬼元之大惡之果卒於蘄

南山昨夜雨西溪不可渡溪邊布谷兒勸我脫破袴不辭脫袴溪水寒水中照見催租瘢 土人謂布谷為脫却破袴

去年麥不熟挾彈規我肉今年麥上場處處有殘粟豐年無象何處尋聽取林間快活吟 此鳥聲云麥飯熟即快活

力作力作蠶絲一百箔壠上麥頭昂林間桑子落願儂一箔千兩絲繅絲得蛹飼爾雛 此鳥聲云蠶絲一百箔

姑惡姑惡姑不惡妾命薄君不見東海孝婦死作三年乾不如廣漢龐姑去却還 姑惡水鳥也俗云婦以姑虐死故其聲云

定惠院海棠詞

江城地瘴蕃草木只有名花苦幽獨嫣然一笑竹

雜間桃李漫山總麁俗也知造物有深意故遣佳
人在空谷自然富貴出天姿不待金盤薦華屋朱
唇得酒暈生臉翠袖捲紗紅映肉林深霧暗曉光
遲日暖風輕春睡足雨中有淚亦悽愴月下無人
更清淑先生食飽無一事散步逍遥自捫腹不問
人家與僧舍拄杖敲門看脩竹忽逢絶艷照衰朽
歎息無言揩病目陋邦何處得此花無乃好事移
西蜀寸根千里不易到啣子飛來定鴻鵠天涯流
落俱可念為飲一樽歌此曲明朝酒醒還獨來雪

落紛紛那忍觸

雪後到乾明寺遂宿

門外山光馬亦驚堦前屐齒我先行風花誤入長
春苑雪月長臨不夜城未許牛羊傷至潔且看鴉
鵲弄新晴更湏携被留僧榻待聽摧簷瀉竹聲

上巳日與二三子携酒出遊隨所見輒作數
句

薄雲霏霏不成雨杖藜曉入千花塢柯丘海棠吾
有詩獨笑深林誰敢侮三杯卯酒人徑醉一枕春
睡日亭午竹間老人不讀書留我閉門誰教汝出
簷藜枳十圍大寫真素壁千蛟舞東坡作塘今幾
尺携酒一勞農工背却尋流水出東門壞垣古塹
花無主臥開桃李為誰妍對立鵁鶄相媚嫵閑餅
藉草勸行路不惜春衫汙泥土褰裳共過春草亭
扣門却入韓家園轆轤繩斷井深碧鞦韆索挂人
何所映簾空復小桃枝乞漿不見應門女南上古
臺臨斷岸雪陣翻空迷仰俯故人餽我玉葉羹只
冷煙消誰為煮崎嶇東蘊下荒徑婭姹隔花聞好

語更隨落景盡餘樽却傍孤城叩僧宇主人勸我
洗足眠倒床不復聞鍾鼓明朝門外泥一尺始悟
三更雨如許平生所向無一遂茲遊何事天不阻
固知我友不終窮豈弟君子神所予

日日出東門

日日出東門步尋東門遊城門抱關卒笑我此何
求我亦無所求駕言寫我憂意適復忘返路窮乃
歸休懸知百歲後父老說故侯古來賢達人此路
誰不由百年寓華屋千載歸山丘何事羊公子不

安國寺浴

老來百事慵身垢猶念浴衰髮不到耳尚煩月一沐山城足薪炭煙霧濛湯谷塵垢能幾何脩然脫羈梏披衣坐小閣散髮臨脩竹心困萬緣空身安一林足豈惟忘淨穢兼以洗榮辱默歸無多談此理觀要熟

安國寺尋春

卧聞百舌呼春風起尋花柳村村同城南古寺脩竹合小房曲檻欹深紅看花歎老憶年少對酒思家愁老翁病眼不羞雲母亂鬢絲强理茶煙中還知二月王城外玉仙洪福花如海薄羅匀霧蓋新粧快馬爭風鳴雜珮玉川先生真可憐一生耽酒終無錢病過春風九十日獨抱添丁看花發

宿黄州禪智寺

佛燈漸暗饑鼠出山雨忽來脩竹鳴知是何人舊詩句已應知我此時清

次韻樂著天慶觀[illegible]

濁世紛紛肯下臨夢尋飛步五雲深無因上到通明殿只許微聞玉佩音

正月二十日往岐亭郡人潘古郭三人送余於女王城東禪寺院

十日春寒不出門不知江柳已搖村稍聞決決流氷谷盡放青青沒燒痕數畝荒園留我住半瓶濁酒待君温去年今日關山路細雨梅花正斷魂

次年同日潘郭二生共遊女王城 即永安城

東風未肯入東門走馬還尋去歲村人似秋鴻來有信事如春夢了無痕江城白酒三盃釅野老蒼顏一笑温已約年年為此會故人不用賦招魂

次六年同日復遊

亂山環翠水侵門身在淮南盡處村五畝漸成終老計九重新掃舊巢痕豈惟見慣沙鷗熟已覺來多釣石温長與東風約今日暗香先返玉梅魂

遊武昌寒溪西山寺

連山蟠武昌翠木蔚樊口我來已百日欲濟空搔首坐看鷗鳥沒夢逐麏鹿走今朝橫江來一葦[illegible]

衰朽高談破白浪飛樓輕重年去人曾幾有絕[illegible]
寒溪吼風泉兩鄙樂松竹三益交徐行欣有得[illegible]
不在蓬蒿西上九曲亭衆山皆培塿却看江北路
雲水渺何有雝雝見吳宮莽莽真楚藪空傳孫郎
石無復陶公柳爾來風流人惟有漫浪叟買田吾
已決乳水况宜酒所須脩竹林深處安井臼相將
踏勝絕更裹三日糗

與子由同遊寒溪西山

散人出入無町畦朝遊湖北暮淮西高安酒官雖

未上兩脚垂欲穿塵泥與君聚散若雲雨共惜此
日相提携千搖萬兀到樊口一箭放溜先鳧鷖層
層草木暗西嶺瀏瀏霜雪鳴寒溪空山古寺亦何
有[illegible]路萬頃青玻瓈我今漂泊等鴻鴈江南江北
無常栖[illegible]中不擬過城市欲踏徑路開新蹊路有直入
寒溪不[illegible]武昌者却憂別後不忍到見子行迹空餘[illegible]
儕流落豈天意自坐迂闊非人擠行遍山水[illegible]
[illegible]

黃泥坂詞

出臨皋而東騖兮並蘖祠而北轉走雪堂之坡陁
兮歷黃泥之長坂大江洶以左繚兮渺雲濤之舒
卷草木層累而右附兮蔚柯丘之葱蒨余旦往而
夕還兮步徙倚而盤桓雖信美不可居兮苟娛於
一聘余幼好此奇服兮襲前人之詭幻老更變而
自哂兮悟驚俗之來患釋寶璐而被繒絮兮雜市
人而無辨路悠悠其莫往來兮守一席而窮年時
游步而遠覽兮路窮盡而旋反朝嬉黃泥之白雲

兮暮宿雪堂之青煙喜魚鳥之莫余驚兮幸樵蘇
之我嫚初被酒以行歌兮忽放杖而醉偃草為茵
而塊為枕兮穆草堂之青晏紛墜露之濕衣兮升
素月之團團感父老之呼覺兮恐牛羊之予踐於
是蹶然而起起而歌曰月明兮星稀迎余往兮餞
余歸歲既晏兮草木腓歸來歸來兮黃泥不可以
久嬉

君子泉　黃庭堅

雲夢澤南君子泉水無名字托人賢[illegible]相

臨皐亭

遷居臨皐亭　蘇子瞻

我生天地間一蟻寄大磨區區欲右行不救風輪
左雖云走仁義未免遭寒餓劍米有危炊鍼氈無
穩坐豈無佳山水借眼風雨過歸田不待老勇決
凡幾箇幸茲廢棄餘疲馬解鞍馱全家占江驛絕
境天爲破饑貧相乘除未見可弔賀澹然無憂樂
苦語不成些

徐使君分新火

臨皐亭中一危坐三見清明改新火溝中枯木應
笑人鑽斫不然誰似我黄州使君憐久病分我五
更紅一朵從來破釜躍江魚只有清詩嘲飯顆起
攜蠟炬遶空屋欲事烹煎無一可爲公分作無盡
燈照破十方昏暗鎖

國朝

臨皐書屋　銅陵余可才 吏部郎中

赤壁群峯鑽翠岧臨皐書屋倚雲開攜勞峯峉散籠
問字人多帶酒來欸乃歌傳清晝永吾伊聲

皮晛風西踈囊午夜留螢火爁有金光燭上催

宋

海棠橋　秦觀 橋南北多海棠有書生家海棠叢開觀醉宿於此明日題其柱

喚起一聲人悄衾冷夢寒窻曉瘴雨過海棠開春
色又添多少社甕釀成微笑半破椰瓢共醑覺傾
倒急投牀醉鄉廣大人間小

國朝

邾城 舊名蘄州今名新州　括蒼劉伯温 封誠意伯

孤城寒落邊蒿蕪萬里蕭條近楚符鶴帶夕陽歸
舊壘雁將秋色下平沙遺堞渺渺生禾黍占木蒼

蒼接里閭故事豈勞重借問漢江流水自縈紆

元

陽邏堡　傅與礪 臨江新喻人

微雨蕭蕭濕行李馬頭即見長江水烟渚明侵白
鳥邊風帆亂入青雲裏故人南北久離居況復今
年無素書明日重吟漢陽樹何須不食武昌魚

陽邏堡歌　陳剛中 天台人

陽邏殘堡高嶙峋亂山勢如秋蛇蟠長江西來五
千里雪濤怒濺秋風寒憶昔王師駐江上旌旗白

[illegible]

□□□□白此始望見北極朝衣冠我來蘄黃望□

□□彷彿但認烟波竿漁歌數聲起何處白鳥飛盡

青天寬鮮公盈尺不論價脩然一笑生清歡興亡

往事誰復問磯頭石老蒼苔乾津鼓急催渡江去

又見曉日浮晴巒

唐

江漢　杜牧之

溶溶漾漾白鷗飛綠盡春深好染衣南去北來人

自老夕陽長送釣船歸

宋

新生洲　蘇子瞻

時復紅鮀股臂分蔽遮深浪見深仁三江自此分

南北誰向中江是主人

黃城八景

黃岡曉霽　余可才

極目黃岡澄曉霽好山一帶倚蒼旻晴光照徹千

門曙疎影搖開萬木春禹戀林芳蓮去客鴉隨暝

色送歸人從來登眺多才傑盡日銜觴對夕曛

廬陵劉孟鐸

蘄雲殘雨過黃岡一帶山光接水光好是新晴

晚景誰將收拾入詩腸

吳郡鄒亮　吏部司務

齊安地連雲夢澤迤邐岡巒帶阡陌故壘蕭條古

戍荒爲弔英雄訪陳迹疎林烟雨秋冥濛宿雲怨

開天宇空長江遶郭淨如練沙鳥風帆圖畫中

赤壁春輝　余可才

南郡城臨赤壁磯蒼蒼烟樹藹春暉萬家樓閣雲

霞簇千古江山錦繡圍風度鶯聲留客舫暖回花

氣襲人衣撫時載酒登臨處似與東坡醉後歸

鄒亮

絕巘凝烟掃空碧天塹横分限南北舳艫灰冷戟

氣消岸草汀花自春色沉沙鐵戟悲前朝割據英

雄魂莫招興來釃酒酬明月醉倚舵樓吹洞簫

竹樓勝集　余可才

城北高樓接上台偶從登眺[illegible]

[illegible]

漠漠閑雲淡淡烟竹樓勝事至今傳清時宴集相娛樂未必衣冠不似前

劉孟鐸

玉堂學士文章伯竹樓攄構無關踋浦煙汀樹入吟眸等閑忘卻遭遷謫琴棋壺矢萃群英結綺齊雲浪有名最宜酒醒烹烟歌坐聽簷前雨後聲

鄒亮

柳港聯芳

佘可才

柳港溶溶浸碧苔二蘇聯壁共徘徊一堤嫩綠揺

波瀾兩岸新芳倍草菜垂釣客乘驄馬上放歌人棹酒船回至今行處多魚鳥山水依然只獨來

劉孟鐸

細柳依依蘸碧波渾疑深港得春多聯芳認當年事載酒何妨客暮過

鄒亮

柔條罩地和烟翠飛花撲春香雪白繁陰藹藹拂晴波瀲瀲鵁鶄浮拍拍風流標格美資容曾誇張緒與王恭連枝競秀韶華好應是能承雨露濃

臨皋月皎

佘可才

臨皋亭俯大江西月照河流浸碧堤影轉江深烏没光涵茅屋斷鴻啼玉繩斜帶山烟白銀漢遥連草樹低萬古遊人此来往停驂幾度候晨鷄

劉孟鐸

一輪明月照臨皋風露無聲桂影高卻憶坡仙遊賞夜得魚釀酒氣豪

鄒亮

朝宗門外西風晚臨皋館前烟景遠為憶秦家生

寧馨慎盡蒼生竟忘返露洗明月光欲流曾照人間千古愁寒衣徐步踏花影老鶴一聲天地秋

洗墨雲生

佘可才

雪堂遺下墨池蹤洗墨雲生墨染濃瑞霧頻昇扶翥鳳靈泉時沸蟄潛龍魚群躍破星光灼兔穎揮翻斗氣衝　掬寒泓千古事至今仙仗俯臨雍

劉孟鐸

香塵不動紫雲飛知是當年洗墨池興味蕭然娛藻翰後来誰復與襟期

鄒亮

硯池水暖龍睛溢墨花晴泛金壺汁科斗浮波翠
藻紋香雲醮影淋漓濕坡翁騎鶴上青冥誰復龍
鵝過道經跡雨淡煙人不到舊時行迹苺苔青

劉政 邑人教諭

一鑑幽幽清徹底書闌週把端琨洗寒波沁動老
松烟鴝睛光燦青雲起青雲起兮影悠揚須臾相
映梅花香坡翁已去迹猶在令人景仰空彷徨

吴公義井　　佘可才

饔飧指資鑿井多寒泓處處洒松蘿轆轤聲轉銅
瓶月沆瀣光凝玉甃波濟渴至今行旅樂汲厨長
使里人歌諸賢當日從爲謚名重西山永不磨

劉孟鐸

碧甃深沉護綠欄尚書惠澤在人間莫言往事成
陳迹千載高風尚可攀

鄒亮

一[illegible]紙覆梧桐片金壺玉甖垂紫綬渴禽偷眼窺
幽人汲濤冷西山委蛻不可尋[illegible]

留傳至今寒泉光湛中宵月似照當年水

孟倅清泉　　佘可才

細讀齊安孟倅碑甘棠泉洌美如飴百年治化留
遺惠一掬清泓繫去思綠野行春袪蠹日黄岡分
潤勸農時政存人去乾坤恨飊得芳名後世知

鄒亮

古甃苔封深百尺一泓雲液涵空碧幽人来此滌
煩襟飲餉紅塵車馬客震亨去後幾多年至今君
子名猶傳春使隱之當日到賦詩安肯酌貪泉

邾城八景

南城煙樹　　文江李和

悵望邾城南葱蘢總佳木晴稍鎖空翠繁陰蔽朝
旭遠雲一片青經雨千章綠三歎爲留題明當訪
遺躅

四顧雲亭

作亭城上頭清絶塵如洗百尺欲天齊四顧占烽
起闌干白雲封窗户[illegible]盡[illegible]
畔裏

龍潭夜月

皎月麗中天寒影沉潭底波涵寶鏡圓浪湧銀痕起驚動蟄龍眠悞作明珠戲將欲問嫦娥用桂花開未

化樂曉鐘

化樂久聞名臺殿何年築霜風橫豐山鯨音動亭毒到枕夢魂驚度壑流雲迹百八聲來終扶桑上晴旭

崎山疊翠

青空倚瓊峯連亘城東雲林疊疊青岩石層層碧虹消黛色鮮雨霽蒼痕積會當躡其巔試着東山屐

義井清泉

叅軍尚義徒掘地動泉脉苔生石甃青月映銀床白恩澤信無窮慶源寧有歇解令子與孫食報公侯列

鳳臺夕照

城南有危臺層級何屹屹明時來瑞禽向夕延斜

[illegible]饒光[illegible]倒影[illegible]聲亦[illegible]今昔

漁浦秋風

琴瑟起商郊蕭蕭鳴樹裏暮天笛韻傳夜月漁歌遞塵飛沙漠場浪沸烟波地感激江東人却憶蓴鱸美

宋

黄州棲霞樓即景呈謝深道國正 戴式之（天台 號石屏）

朝來欄檻倚晴空暮來烟雨迷飛鴻白衣蒼狗易改變淡粧濃抹難形容蘆洲渺渺去無極數點斷

山橫遠碧樊山諸峯立一壁非烟非霧籠秋色須臾黒雲如潑墨欲雨不雨不可得須臾雲開見落日忽長一機雲錦出一態未了一態生愈變愈奇人莫測使君把酒索我詩索詩不得呼畫師要知作詩如作畫人力豈能窮造化

黄州竹樓呈謝國正

每日黄堂事了時一心惟恐上樓遲發揮天地讀周易管領江山歌杜詩切戒吏來呈簿曆常邀客至共評碁諷詠太平雖其似半似元之半牧之

黄州偶成

嗚呼淮南歇雪天倚樓無味抱愁眠篙從滄海与雲際行到黄州赤壁邊萬事忘於懷非忘一生窮為貧吟肩聳只問白者休教鑷要使天知老可憐

赤壁

千載周公瑾如其在目(一作眼)前英風揮羽扇烈火破樓船白鳥滄波上黄州赤壁邊長江明月更憶老坡仙

黄州府志卷之七

麻城縣

龜峯山

唐 太宗題

乾坤造化有神功勝地安然氣象雄馬蹟印開蒼石上龜頭橫插白雲中山高每有神仙過寺號能仁天子封試劍石邊風拂拂虎跑泉內水溶溶龍吟南嶺崎山雨虎嘯東林竹子風舍利塔中遺釋子觀音崖上禮慈容天開雲現琉璃碧日落霞明瑪瑙紅巖畔芊芊羅漢草嶺頭鬱鬱大夫松望龜亭內逈仙客噴雪崖前活水通萬里黎民皆潤澤一堂賢聖總虛空遊山宰相書名字採藥仙人留跡踪任是丹青描不就恍疑身世九霄宫

國朝 邑人鄭瓚(審理)

泰岱嘗知五十盤龜峯亦出白雲端懸崖古處天低窄曲徑行來路渺漫極目東瞻臨渤海轉身西望見長安太陰頻在峯前過欲步蟾宫有甚難

岐亭

宋

岐亭五首 并叙　蘇子瞻

元豐三年正月余始謫黃州至岐亭北二十五里山上有白馬青蓋来迎者則余故人陳慥季常也為留五日賦詩一篇而去明年正月復往見之季常使人劳余於中塗余以不殺恐季常之為余殺也則以前韻作詩為殺戒以遺季常季常自爾不復殺而岐亭之人多化之有不食肉者其後數往見之往必作詩詩必以前韻凡余在黃四年三往見季常而季常七来見余蓋

相從百餘日也七年四月余量移汝州自江淮徂雒送者皆止慈湖而季常獨至九江乃復用前韻通為五篇以贈之

昨日雲陰重東風融雪汁遠来草木暗近舍煙火濕下有隱君子嘯歌方自得知我犯寒来呼酒意頗急拊掌動鄰里遶村捉鵝鴨房櫳鏘器聲蔬果照巾冪久聞蔞蒿美初見新芽赤洗盞酌鵝黃磨[illegible]熊白須臾我徑醉坐睡落巾幘醒時夜向闌[illegible]州[illegible]缺我當安所主君亦無此客朝来靜庵中惟見峯巒集

我哀籃中蛤閉口護殘汁又哀網中魚開口[illegible]濕刳腸彼交病過分我何得相逢未寒溫[illegible]最急不見盧懷慎烝壺似烝鴨坐客皆忍笑髡[illegible]發其冪不見王武子每食刀机赤琉璃載烝豚中有人乳白盧公信寒陋衰髮得滿幘武子雖豪華未死神已泣先生萬金璧護此一蟻缺一年如一夢百歲真過客君無廢此篇嚴詩編杜集

君家蜂作窠歲歲添漆汁我身牛穿鼻卷舌聊自

濕二年三過君此行真得得愛君似劇孟叩門知緩急家有紅頰兒能唱緑頭鴨行當隔簾見花霧輕冪冪為我取黃封親拆官泥赤仍須煩素手自點葉家白樂哉無一事十年不蓄幘閑門弄添丁哇笑雜呱泣西方正苦戰誰補將帥缺披圖見八陣合散更主客不須親戎行坐論教君集

酸酒如虀湯甜酒如蜜汁三年黃州城飲酒但飲濕我如更揀擇一醉豈易得幾思壓茅柴禁網日夜急西鄰[illegible]甕盎醉倒猪與鴨君家大如掌[illegible]

[illegible]得此酒吟而歸

西興亭白爲老三日醉還醒个賦悵夜深欲去垂

卧想春鶯泣君奴亦矣我鬢鬚行禿缺三年已四

至歲歲遭惡客入生幾綱很莫厭頻來集

松松孫續膏楫竹欲還汁兩窮相值遇相哀莫相

濕不知我與君交遊竟何得心法幸相語頭然未

爲急願爲穿雲鵲莫作將雛鴨我行及初夏煮酒

映蹤羃故鄉在何許西望千山赤茲遊定安歸東

泛萬頃白一斛尋復再起舞花墮幘將行出告語

黄州志卷之七　四十九

不用兒女泣吾非固多矣君豈無一缺各念別時

言閉戶謝衆客空堂淨掃地虛白道所集

岐亭道上見梅花戲贈季常

蕙死蘭枯菊已摧返魂香入嶺頭梅數枝殘綠風

吹盡一點芳心雀啅開野店初嘗竹葉酒江雲欲

落豆稭灰行當更向釵頭見病起烏雲正作堆

國朝

宿岐亭偶成　會稽韓陽僉事

暝色入林川橋中几背僻纔看離海月又見滿天

星露氣濃夜白燈光的的書興來松老筆寫節紀

沈鍾

今日黄陂路始經使車轡上戴晨星帷當春半淹

風雪行到山深卧驛亭袊珮朋從皆後學鷺鷗群

起又前汀顧瞻行李丁寧語莫評驅馳不尔停

麻城僻在萬山涯百折千迴路愈賒驛舍外方停

傳馬夢魂中忽聽悲笳皆緣犇走無虛日行見文

章有大家豈不懷歸歸未得

清時且免誦皇華

黄州志卷之七　五十

五更伏枕聽鳴雞行李將行便復携正月節深逢

歲閏露華寒重覺天低山中境界清無敵門外征

夫候已齊謾對小窗孤燭語客遊不免亦稽棲

萬松亭

宋

蘇子瞻

麻城縣令張毅植萬松於道周以芘行者且以

名其亭去未十年而松之存者十不及三四傷

來者之不嗣其意也故作是詩

十年栽種百年規好德無人助我儀古語云一年[illegible]

百[illegible]年之計[illegible]縣令若同倉庚氏亭[illegible]
長子孫枝天公不赦斧斤厄野火辭憐冰雪葵
問幾株能合抱懸懸記取甫子詩

興福寺

國朝　沈鍾

巡行偶爾到招提寶殿雲廊入望迷地拱翠屏凝
虎阜泉流香水近曹溪禪心天際銀蟾瑩僧臘庭
前碧樹齊喜話浮生同惠遠不堪回首夕陽西

新溪夜泛　邑人周鑑　副使

鰲極既已立天地合定位𫏐彼泮宮南瓜園接平
地古來有遺讖故老相與傳讖言諒匪偶安得地
道穿一朝激洪流河衛地維缺通知造化功不勞
神禹決瓜園條已破溪水清如晉師儒謀夜泛主
客相徘徊主乃陳張朱客則萬郎署暢飲陶真情
聯詩得深趣清風生水面明月來天心淵魚恣游
泳沙鳥從浮沉愛此成留連洗盞隨處酌詩成燦
爛[illegible]動驚星斗落興闌謁回棹諸生猶未眠煌煌
[illegible]

[illegible]賓[illegible]此懇懃謝[illegible]
又時頗努力拱聽春雷叱客與主揖別主次詩成
帙袖卷索我觀滿目爛文章媿我林下遠老懷愜
幽悽無因結良晤有句空自題子猷泛剡溪東坡
遊赤壁千載良夜遊高風共陳迹

陶元

為愛清溪近類宮清風共載晚從容詩聯藻句題
緗帙酒向篷窻飲碧筒明月半簑漁父夢遠空幾
杵野僧鍾重遊肯許趨陪去一笑波心起卧龍

邑人李正芳　布政

鴻濛初判有吾邑名冠南州奠鰲極龜峯削出一
朵芙蓉青龍溪染就萬頃玻璃碧山有靈兮水有
靈世人居此如蓬瀛祥雲掩映學宮紫春光繡蓋
亭川晴鳳嶺岧嶤最高處萬乘鑾輿曾此駐野棠
自發沁園春山雲長鎖行宮樹今年何事觸雷公
大轟霹靂驚蛟龍一時震怒作風雨百川皆沸無
西東學前自昔車馬道一夕通流波浩浩想應天
欲生狀元故闢斯溪發先兆此水既無苗折之徑

瀾比漢又無百尺之危灘燦燦浮光金耀晚消沿
静影璧沉寒夜良明蟾天外起萬里長空渾如洗
何人約此泛溪舟無浪無風又無雨掌教詩中之
色緑貳教人中之白眉粉署仙郎後瀟湘四君儒
雅皆吾師覔舟載酒樂清賞燁燁文光輝草莽李
郭仙舟余足跨此身彷彿遊天上明星萬點耀天
津水鱗一葉隨江神逍遥解珮矛遇溪上之遊女
慷慨泣珠那有水底之蛟人放舟未知斜揮地此
時愈覺風光異徽徽遠火水邊村杳杳遲鍾溪上

寺四君奮筆肆豪吟聯詩爭振瑶華音只恐瓊箋
報天曙凝思背汗皆成霖百韻詩成發長誦明月
清風誰與共闌樽縱飲相喧呼驚散鴛鴦不成夢
回舟登岸入禪家禪林啞啞啼棲鴉香霧半簾著
羅袂孤烟、一抹籠河沙夜半山僧已酣寢忽被文
風吹夢醒起邀賓茗坐長廊蓮花露滴梧桐影東
方生匀玉繩低僕夫已報三號鷄醉後忘言各分
散一鞭馬嚼金㘅嘶台兒功名在君輩莫把兹遊
等得意頗從天上界為霖四海蒼生望汝齊

麻姑仙洞　趙□

古亭風景真奇絶遠近林巒翠重疊山川鍾秀毓
英賢始信地靈人俊傑龜峯千仞列畫屏半空雲
影秋滇滇自昔英君此駐蹕龍駒遺下玉蹄痕懸
崖瀑布如飛練流滿山溪波瀲灧洞門時有白雲
封冊竈神光夜常見龍池開鑿不記年蛟影澄輝
湛碧連微風動處清波起宛似潛蛟躍九淵鳳凰
崖下竹成藪竹間仙洞大如斗密葉吟風彩鳳鳴
琅玕㬈玉龍蛇走秋風暮景氣蕭森古栢蒼蒼聳

翠岑冰霜不改歲寒色緑陰滿道雲烟深石橋二
月陽春景千樹桃花綻紅錦行人錯認武陵源欲
訪漁郎覔仙飲高巖崒嵂多松蘿妙相莊嚴類普
陀雲霞靉靆迷秋壑時有猿鶴鳴山阿麻姑仙洞
最幽絶琪花瑶草開香雪秋高氣接巫峡雲夜深
光映瀟湘月我来覽景興未窮飄飄兩袖揚天風
躋攀絶頂遥極目恍疑身在雲霄中自從宦遊一
十載謾有虚名滿湖海老来愛此山水幽安得于
頃與錢買

鳳凰臺　　樵南教[illegible]

鳳凰崖上草萋萋臺下清風吹紫芝昨夜月明[illegible]
洞冷玉簫聲断鶴來遲

麻城八景

龜峯旭日　　王懋 訓導

蒼翠龜峯頂遥看曉日光久星飛萬里瑞彩散重
岡眠柳和煙醒積花带露香須臾瞻麗正葵藿總
傾陽

鳳嶺朝雲

萬室鷄催曉雲生鳳嶺時無心穿石起有脚隔岩
移釀雨千山黒随風六合瀰夕陽收拾去恐礙月
來遲

桃林春色

溪畔桃千樹數陳無限春霞光凝笑臉酒暈透脂
唇銀屋儲西子華清浴太真欲尋避秦者還問捕
魚人

栢子秋陰

秋風摧木葉栢秉歲寒心幕幕張青蓋幢幢[illegible]

故人名杜美蜀相古祠深更憶巴東冠芳名
照今

龍池夜月

池上月生白天然合二清淨涵雲母帳光滿水晶
毓細浪金千縷跳星棋半枰悦年卸塵鞅小艇任
縱横

晴崖飛瀑

蒼崖高絶處飛瀑落長川白練雲邊拽冰簾樹杪
懸青山明界破銀漢遠通連脱借天瓢用群生樂
有年

麻姑仙洞

神仙超物外山嶽藉佳名一曲洞天小千年功行
成藥爐瑶草緑丹井碧泉清何日乗閒暇來聽猿
鶴鳴

禹松古亭

西郭平岡上松亭已故墟風琴雖減舊鶴伴尚如
初制自張侯創詩留蘇子書鄰人新繼述往事
非虚

唧唧復唧唧木蘭當戶織不聞機杼聲惟聞女嘆
息問女何所思問女何所憶女亦無所思女亦無
所憶昨夜見軍帖可汗大點兵軍書十二卷卷卷
有爺名阿爺無大兒木蘭無長兄願為市鞍馬從
此替爺征東市買鞍韉北市買長鞭旦辭爺娘去
暮宿黃河邊不聞爺娘喚女聲但聞黃河流水鳴
濺濺旦辭黃河去暮至黑山頭不聞爺娘喚女聲
但聞燕山胡騎鳴啾啾萬里赴戎機關山度若飛
朔氣傳金柝寒光照鐵衣將軍百戰死壯士十年
歸歸來見天子天子坐明堂策勳十二轉賞賜百
千彊可汗問所欲木蘭不用尚書郎願
送兒還故鄉爺娘聞文来出
暮當戶理紅妝小弟聞姊來
□閣門□□西閣床

當窗理雲鬓掛鏡帖花黄出門看火伴火伴皆驚
忙同行十二年不知木蘭是女郎雄兔腳撲朔雌
兔眼迷離雙兔傍地走安能辨我是雄雌

又

木蘭抱杼嗟借問復為誰欲問所戚戚感激強其
顏老父隸兵籍氣力日衰耗豈足萬里行有子復
尚少胡沙没馬足胡風裂人膚老父舊羸病何以
彊自扶木蘭代父去秣馬備戎行易却紈綺裳洗
却鉛粉妝馳馬赴軍幕慷慨攜干將朝屯雪山下
暮宿青海傍夜襲燕支虜更攜于闐羌將軍得勝
歸士卒還故鄉父母見木蘭喜極成悲傷木蘭能
承父母顏却卸巾鞲理絲黄昔為烈士雄今復嬌
子容親戚攜酒賀父母始知生子與男同門前舊
軍都十年共崎嶇本結兄弟交死戰誓不渝今也
見木蘭言聲雖是顏貌殊驚愕不敢前歎重徒嘻
吁世有臣子心能如木蘭節忠孝兩不渝千古之
名焉可滅

杜牧之

自高風千古播乾坤

餘杭沈慶 僉事

宋室崇文星聚奎天生賢哲向斯時道承東魯千年緒化洽西陵百世師雙鳳亭高龍瑞藹二難堂古起人思觀風幸得瞻遺像拜謁從容出每遲

吉水劉益 參議

天啓文明宋運隆挺生賢哲振儒宗學承東魯源流遠神妥西陵典祀豐雙鳳自從鳴海内群蛙不敢鬧池中獨慚兄弟歸依久景仰何人萬一同

長樂鄭序 參議

川嶽鍾靈產二賢西陵講學憶當年群蛙聲寂三更月方沼波澄一鏡天臺望魯林遵正路道宗洙泗得真傳後生景仰經祠廟門雪春風尚儼然

泰和曾蒙簡 參政

嶽神赫赫降西陵天錫真儒輔六經上泝羲文來道統下祛佛老振生靈雲霄終古搏雙鳳奎壁當年聚五星末學仰沾膏澤厚拜瞻祠宇肅儀刑

閔學□致仕劉□

煌煌五緯聚奎躔天爲斯文產二賢道學光輝同日月遺蹤寂寞鎖雲煙雙飛鳳去存丹六一帶江流泝洛川生媿後時殊景仰那能立雪似當年

侯官陳淵 教諭

雙鳳飛來入夢靈挺生夫子冠儒林聖賢統緒分先後兄弟文明亘古今大闡六經宗孔聖靜觀萬物契天心我來端拜祠堂下景仰高風感慨深

雙鳳亭 二首

宣城貢瑞 教諭

雙鳳翩翩夢入懷斯文天祐產真才後人景仰情

無極圖精危亭在魯臺

花落花開先後紅無人識得此春風當年雙鳳今安在爲問清風明月中

黄陂十景

魯臺望道

慈谿任山 教諭

海嶽儲靈毓俊才聖門道學又重開千年心法皆宗孔二子文章不減回高築危臺供眺望遥瞻東魯指岩隈睨生涯想當年事幾度傷懷對草萊

先聖亭

吉水周濟 訓導

古寨誰屯百萬兵鎮鼉武勇已無名當年之幟有
痕在此日沉戈無血腥山道幾朝空戰鬪民歸一
統樂清平荒城盡屬農人業早起呼童帶月耕

灄水冬溫　任山

晝夜滔滔水有源潺湲澄徹到龍門一泓別渚波
光灔兩岸枯楊樹影翻嵐氣入河升復降寒泉激
石吐還吞清漣可把纓來濯不似春潮潦勢奔

武湖春漲　周沂

地闢天開有此湖春時漲滿至冬枯風來蕩蕩漫

天浪水落蕭蕭兩岸蘆明滅火光漁父樂悠揚聲
起棹歌呼曾聞昔日英雄將用武其中膽氣粗

版橋人迹　任山

官道平平水截腰何人編石駕虹橋蒼龍背上通
行客碧玉環中起怒潮殘澱雨餘留在蘚馮蹄痕
重滑如瑶往來到此無稽滯不憚前程萬里遙

鐵鎖龍升　周沂

誰將鐵鎖繫兕龍龍化深潭鎖亦從只恐有門
[illegible]如無處覓畫龍[illegible]入仅鎖曾[illegible]

誠遂轉豈古寺卜蕭今已廢寒潭猶帶瑞光濛

西寺曉鐘　任山

小星破月照長城誰把蒲牢擊斷更瞑色漸開天
欲曙晨光初動客催行香銷寶篆烟時短漏盡銅
壺見曉晴梵宇巍巍經世遠森森古木亂鴉鳴

釣臺夜月　周沂

峩峩盤石枕江流把釣無人夜尚留明月一輪天
上下清輝萬古自春秋白魚翻藻驚為餌赤鯉潛
波恐是鉤收拾綸竿何處去富春徒用著羊裘

木蘭擁翠　任山

翠巘勢嵬峩晴空手可摩煙篁常翥鳳蘚石若堆
螺一段清光好四時生意多蜿蜒無斷續古剎峙
中阿

甘露呈祥　周沂

和氣兆祥𦍑露降遂將甘露作山名曾符合邑群
生遂已荷連年百穀成嘉瑞謾傳歸上世休徵只
見應
[illegible]河清海晏山川奠更[illegible]

蘄水縣

蘭溪

唐　杜牧之

蘭溪春盡碧泱泱映水蘭花雨發香楚國大夫憔
悴日應尋此路去瀟湘

綠楊橋

宋　西江月　蘇子瞻

照野瀰瀰淺浪橫空曖曖微霄障泥未解玉驄驕
我醉欲眠芳草○可惜一溪明月莫教踏碎瓊瑤
解鞍欹枕綠楊橋杜宇數聲春曉

三角山　謝神童 失其名 二首

一尖一尖復一尖白雲深處老龍眠一番雨過清
如洗插破東崖半碧天

鳳棲山墨鷺

玉作冰肌雪作衣捕魚灘上立多時夜來飛過棲
山頂悞落羲之洗墨池

陸羽茶泉　王元之

甃石封苔百尺深試嘗茶味少知音[illegible]

中月留得先生一片心

曉至巴河口迎子由　蘇子瞻

去年御史府舉動觸四壁幽幽百尺井仰天無一
席隅墻聞歌呼自恨計之失留詩不忍寫苦淚漬
紙筆餘生復何幸樂事有今日江流鏡面靜煙雨
輕冪冪孤舟如鳧鷖點破千頃碧聞君在磁湖欲
見隔咫尺朝來好風色旗尾西北擲行當中流見
笑眼青光溢此邦疑可老脩竹帶泉石欲買柯氏
林茲謀待君必

龍潭

國朝　鄒謙

深潭見說有靈湫夜夜神光射斗牛玉兔影沉山
水小錦鱗風起浪花浮乘舟鼓棹成嘉賞醉酒高
歌足勝遊驚起老龍行雨去大施甘澤徧環洲

洄瀾亭　山陰　薛綱 副使

至理何須物外尋坡前亭上一登臨源源活水來
天地滾滾迴流自古今疏治非由神禹力空明長
[illegible]心近來觀者都無[illegible]

[illegible]

欽跡崖上浮屠舍利光未到五更先見日華來人

月便成霜登臨恍在雲霄外萬里江山入望長

神山

爭雄城此地千古只殘基樹影旌旗動風聲[illegible]

悲野花啼衆鳥荒草聚群麋惟有青山色還應似

昔時　　邑人徐紹先 貢士

昔日吳王此駐兵度山因險即為城奸雄已自先

圖漢帝冒何須且奪荊行殿有基春草合女墻無

桀暮鴉鳴登臨欲罷重回首惆悵東風不盡情

三角山　　邑人魯永清 知府

青山萬仞鬱崔巍梵刹臨空聳翠微堦下草香春

麝過澗前雲濕雨龍歸結樓僧在松頭住俯檻人

看鳥背飛今日登臨偏快我始知仙境到人稀

太公石　　廣東譚湑 知縣

一片蠻烏石中流幾百年世人推不去留與太公

[illegible]　　休寧潘珏 知縣

[illegible]門河上往来頻有渡無船惱殺人漂蟻河心求

毬濟浮梁自我起經綸量隨水勢舟無数繫住河

腰鎖脊神月下水光天上下閒来橋上數星辰

浠川八景

總詩　　王元之

蘭清時雨和甘棠石壁洄瀾映塔光陸羽茶泉金

晃冷右軍墨沼兔豪香龍潭徹底明秋月鳳頂當

空背夕陽乘得緑楊春曉興玉臺并畔泛霞觴

國朝

鳳山夕照　　浠川戴綸

極目青雲萬仞梯金烏刷羽又西飛隔林清吹鳴

天籟絶壁明霞燦錦機牛背笛横群牧散鶴邊鍾

響一僧歸騷人清興清如水坐待氷輪照竹扉

龍潭秋月　　臨川周得舉

水晶宫裏漾驪珠光徹寒波寶鏡如萬頃俱融銀

闕迥一塵不染玉臺虛霓裳究對仙娥舞雲篆遥

通上帝居駕得小船輕一葉坐贍丹桂影扶疎

玉臺丹井　鄧湖雪檜

地僻林幽境界寬仙翁曾此獨盤桓玉臺半落山空在丹井猶存水未乾鶴唳長空秋月冷猿啼老樹暮雲寒自從飛珮沖霄去何處吹簫引鳳鸞

石壁洄瀾　會稽吳彥脩

杏壇門逕倚雲開下瞰溪流碧似苔峭壁疑從天削出盤渦却與岸同回桃花楊柳春相映鸂鶒鵁鶄日往來石上亭臺更蕭爽騷人登眺句頻裁

陸羽茶泉

石髓流香出鳳山一泓洞澈素光涵人間識者能知幾天下靈源屬第三蟹眼乍生聲欲沸龍團繞熟味多甘一盃為我清神思紗帽籠頭酒半酣

羲之墨池

揮翰南遊寓此山池頭滌硯寫經閑波紋尚染龍蛇黑石髮渾疑兎穎斑一代風流出江左千年墨[illegible]人間我家住近羲之宅客裏題詩幾日還

高堂數仞倚青岑九畹傳芳歲月㴱[illegible]雨露春[illegible]生意幽香清澹可、心清標曾作靈均珮雅操[illegible]聞子賤琴交誼斷全式與合彬彬官屬古猶今

綠楊曉煙

山頭月落淡煙橫橋外高林拂曉青題柱客歸春正好解鞍人卧醉初醒落花飛絮聞啼鳥白石銀沙見遠汀為愛當年詞調古幾迴騎馬到林坰

羅田縣

石險

國朝

王昂　蔡識　四首

古羅此景自天開涉險龍門亦易哉老樹懸崖經幾變奔流觸石自千回坐凝當日曾端拜白傳何年得再來俗客此行幾誤我夕陽未可放傳盃

全堂玉室人間世仙界誰能得到頻萬疊浪花寒卷雪千般石窟暗藏春一時冠蓋有今日滿眼江山非昔人對此不須重感慨商彝周鼎亦埃塵

殘山剩水知[illegible]此險自然天未工惟石僅江[illegible]驚濤飛瀑激[illegible]卜帆鳥道[illegible]撐[illegible]

門亦下風咫尺黄州原不到浮雲飛鳥恨坡翁
夢中昨夜有龍門此險真應出世氣東去亂波濤
下峽西來孤嶂欲生雲地形自信超千古天巧誰
能開一分有約春風攜酒去座中難少沈侍文夫之
指提學憲副沈先生

次韻　沈鍾

煙煤水繭畫圖開如此山川是險哉把筆倉皇詩
浪押倚闌傾倒首頻回神劍怪石如人立天放飛
流入地來彷彿御風超八極滄溟何啻一浮盃

羅田山水真奇僻圖畫總看夢寐頻草樹周遭麟
雨露乾坤閱歷飽秋春坡翁曾欠留題句仙蹟還
應解避人亟欲追遊拚命駕渴心安得免生塵
造化獻靈奇恠甚詩家放筆品題工仙凡下判彌
千載情景相當是兩雄李白天才堪倚馬孟嘉醉
帽或衝風山靈不省能知否此地相應着此翁
詩畫相將作到門天然標格脫塵氛獨騎鸞鳳遊
尋路直到深山踏破雲宦海光陰嫌孟浪仙家一
來氣乎分品題略不煩雕琢水上風行總

常熟袁英訓導

江佳景古羅東試玩原非琢鑿功鬬石飛流瑤
噴噴闌江奇狀玉玲瓏翻騰海浪應難比屈折山
谿亦易通過此斷崖驚絕險坐殘斜日聽松風

塔山寺　王晃

此水此山俱眼前我來觀化信前緣松聲萬壑供
醉耳花影一樓張別𨗨蕭子王孫堪發興溪光禽
語自長年虎溪相送成相憶今夜空山抱月眠

玉泉寺

路岐十載盡西東入寺還驚色界空一派玉泉通
地脉千尋石壁見神功踈簾晰晰弄山月短褐蕭
蕭吹野風勝地登臨意無極白雲回首更重重

華亭沈雷 知縣

遠入招提境東風宿雨晴落紅幽徑滿新綠小池
平絕勝投名社何須向化城老僧延坐久忘却世
間情

高明堂　江陰徐泰 知縣

學宮有堂何奕奕衿佩相從此樂群洞徹八荒虛

白晝平臨千仞上青雲蠹魚怏吟侵庭雪燕子泥
香掠泮芹公暇時來聽我講悄㩀千載仰斯文

過羅田　桐城吳景　同知

小嶺牽連大嶺羅嶙屼百里轉頭過沿田鷸蚌求
人觧夾道牛羊待手摩禹跡沙堤依石壁鷄聲茅
屋隱松坡也知天下本無事其奈庸人自擾何

羅田八景

鳳凰曉日　寧海石彬　訓導

層巒嶷嶷孕奇形旭日初升五彩呈人兆地靈知

有待阿誰步武峴山名

龍井甘霖

水隨地脉去無垠誰信中涵造化神一縷好香和
霧起萬村煙雨萬家春

塔寺鍾聲

古刹幽棲地更高蒲牢清響出林皐朝朝暮暮向
人道一百八聲縱復搖

多雲樵唱

平起披雲競[illegible]

餘韻遠放一聲山水歌

秋郊樹影

飄飄霜葉滿江村百影蕭疎日色曛莫訝曉風增
慨嘆乾坤翕聚欲生春

義水東流

萬派潆迴勢必東滔滔無念不朝宗酌來廉邁貪
泉化今古君臣道不窮

銅鑼峭壁

萬仞蒼崖倚壁空天然寫就玉芙蓉古今特立誰

知己秀出風塵此道同

石險橫江

望中奇觀抑胡然萬石崢嶸迸正泉銀漢横邊星
錯落天章依様出人間

蘄州

唐

謝鄭公惠簟　韓昌黎

蘄州笛竹天下知鄭君所寶尤瓌奇携來當[illegible]
得卧[illegible]

淨無瑕疵法曹貧賤衆所易腰腹空大何能為自
從五月困暑濕如坐深甑遭蒸炊手摩袖拂心語
口慢膚多汗眞相宜日暮歸來獨惆悵有賣只欲
傾家資誰謂故人知我意卷送八尺含風漪呼奴
掃地展未了光彩照耀驚童兒青蠅倒翅蚤虱避
肅肅疑有清飈吹倒身甘寢百疾愈却顧天日恒
炎曦明珠清玉不足報贈子相好無休時

寄簟與元禮

笛竹出蘄春霜刀劈翠筠織成雙簟寄與獨眠

人捲作筒中信舒為席上珍滑如鋪蕤葉冷似臥
氷鱗清潤宜成露鮮花不受塵通州炎熱地此物
最關身

送蘄州李郎中赴任　劉夢得

楚關蘄水路非賒東望雲山夕日斜蕤葉照人呈
夏簟松花滿碗試新茶樓中飲興因明月江上詩
情待曉霞此地交親長引領早將玄鬢到京華

寄蘄春李使君　白居易

下車書奏龔黃課動筆詩傳鮑謝風江郡謳謠誇

家竹葉森千載麒麟山下路不知遊客幾登臨

國朝　郡人朱紳

新亭結構郡城巔四顧江山在目前樹暗平林春
雨裏天低遠岫夕陽邊白雲南接匡廬近綠水西
来鄂渚連黎庶萬家忘
帝力熙熙耕鑿自長年

宋

謝劉本玉先生惠簟　大梁王學

南州笛竹蘄為良織成文簟疏璃黃舊物正爾冷
如鐵此君無柰寒如霜山齋滌暑正六月野人清

夢迷二湘卷舒隨分且藏節作詩為報劉中央

寄蘄簟與蒲傳正　蘇子瞻

蘭溪美箭不成笛離離玉筋排霜脊千絲萬縷自生
風入手未開先慄慄公家列屋閑蛾眉珠簾不動
花陰移霧帳銀床初破睡牙簽玉局坐彈棊東坡
病叟長羈旅凍餓飢吟似飢鼠倚賴春風洗破衾
一夜雪寒披故絮人冷燈青誰復知孤舟兒女自
嘎咿黃天何時反炎燠愧此八尺黃琉璃願公淨
掃清香閣臥聽風漪聲滿榻習習還從兩腋生請

鯤首頂山[illegible]亦有此山此詩未詳何是

何不搲猴奴去休免教人喚作丫頭只因不曉良媒説擔閣千秋與萬秋

武昌老人説笛歌

武昌老人七十餘手把庚令相問書自言少小學吹笛早事曹王曾賞激往来征鎮戍蘄州楚山瀟瀟笛竹秋當時買材恣搜索弃却身上烏貂裘古苔蒼蒼知老節石上孤生飽風雪商聲五音隨指

發水中龍應行雲絶曾將黄鶴樓上吹一聲占盡秋江月如今老却語言遲音韻高低不自知氣力已無心尚在時將一曲夢中吹

宿蘄陽驛　韓克莊

夜宿蘄陽驛滿聲已慣聽擁衾裁短句屈指數殘更世慮知山重身謀似葉輕了堪天外鴈作急㕛三聲

國朝　江山清趣亭　袁珽 學正

紅塵奔走心無賴一上新亭眼界開江水涌涩呈碧見雲山苹擁送青来四時景物成真趣八面軒窻絶點埃對此令人清透骨恍疑身世在蓬萊

蘄陽八景

麟阜江山　郡人朱紳

地位崇高境界寬層層石磴可躋攀楚山南聳雲千疊漢水西来雪一灣公館人家煙樹裏風帆沙鳥夕陽間日前多少關心事常患英雄老鬢顏

鳳崗曉鐘

鳳山南畔擁觚堤鯨吼蒲牢月欲低遠韻悠揚傳

郭野洪音瀏亮遏雲霓曙分漸連千林鳥漏盡頻催萬户鷄聽徹聲殘一百八滿城車馬響輪蹄

太清夜月

老子宫前半畝池碧天倒浸月明漪光涵水底龍眠熟影轉松梢鶴睡遲晴雨升沉多隱顯古今来往幾盈虧道人夜夜朝星斗環珮鏘鏘肅羽儀

龍磯夕照

[illegible]磯下[illegible]幾眺景蒼茫對夕暉遠水碧連天

光釣艇歸試上西樓豁吟目感懷今古思依依

城北荷池

蘄州城北古池塘舊種芙蕖萬朶芳細雨幾番譚翠色薰風六月散清香天光雲影晴多趣魚躍鳶飛晚更涼好似若耶溪上景一時人物足徜徉

東湖春水

三月春江水入湖煙波浩淼白平鋪天邊碧色涵氷鑑水照清光浸玉壺白去自来浮釣艇無拘無束泛沙鳧迭更寒暑從消長芳草年年榮復枯

鴻洲煙雨

江分二水夾芳洲煙雨濛濛濱色稠低接波光寒霧合淡遮帆影暮雲收看来杳靄無窮處望入糢糊不盡頭八月西風鴻鴈落黄蘆衰草幾經秋

龜鶴梅花

兩山對峙鶴迎龜山有梅花分外奇晴雪不消禁老樹春風先報到南枝神遊赤壁氷香遠夢入清江月影遲若使林逋從此見還能再賦一聯詩

初到黄梅臨江驛　宋之問

馬上逢寒食途中屬暮春可憐江浦望不見洛陽人北極懷明主南濱作逐臣故園腸斷處日夜柳條新

梅花吟　李熙

平淮策騎過東来適遇梅花灼爍開耐歲耐寒存苦節故於冷境發枯荄

國朝

黄梅道中　王道　參政

山外青山村外村有輿踏處動香塵重岡複嶺雙城驛流水橫橋五里墩莎草有情凝望目野花無數笑行人驅馳王業慚無補對此臨風一愴神

別梅山　新淦戴中　知縣

費盡黄梅一片心花開滿縣柳成陰江山不管誰為主人去人来自古今

龍骨花　黄梅縣舊有此花在縣鼓樓東墻上相傳與揚州瓊花做此獨一株　邑人吳宗吉

有花有花芳且鮮幽真雅淡誠可憐根失地知者寡桃李見嫉東風[illegible]獨春三月當[illegible]

[illegible]龍骨不知何年老蛟此遺蛻化出崢嶸千丈

我來看花時雨餘繁英爛熳枝扶疎瑶臺仙子翠雲珮水府仙人白玉琚映日搖風呈瑩潔淨色奇香兩奇絕瓊花不致廣陵遊玉梅肯傲孤山雪我稽花譜尋遍之此花頗覺人間稀誰能移植上林地紛紛紅紫羞芳菲

宋

山居雜言　王安石

法和衣鉢過南華正葉傳師萃一花勝地霧迷淮水石望星人指楚天涯數千松倚西山老七百僧悲去路賒一片蒼苔涅槃石至今繚遶白雲遮

元

白蓮峯　趙國寶懷玉

絕頂峯高千仞危白蓮花發百蓮池名從妙法經中貴種向匡山社裏移色與月爭深夜照香隨風自半天吹要知五祖莊嚴意刻玉分為萬萬枝

唐

東山寺　裴度

偷尋真跡躡莓苔世事全拋不忍回上界不知何處去西天移向此間來岩前芍藥師親種嶺上青松佛手栽更有一般人不見白蓮花向半天開

白居易

直上青霄望八都白雲影裏月輪孤茫茫宇宙人無數幾箇男兒是丈夫

國朝

乘驄攬轡過梅封五祖禪林得再從風自掃開黃葉徑雲偏放出白蓮峯山僧留住烹新茗野鳥歸來認舊容惆悵飛虹橋下水流歸滄海活魚龍

泉州龔鑑通判

巍巍五祖寺佛殿與天齊南斗三台近東吳五老低有池開菡萏無地長菩提一笑下山下青雲逕馬蹄

小池口入黃梅　金谿徐霖知府

數罟寒鴉市荒村牡蠣墻草青湖望遠樹翠野牽長吳楚今疆界江山古道場擔舟初入郭沿路晚花香

東禪寺宴集

半里餘三戶千山只一亭餘歸僧臘古倦嘯客心
寘世事空蕉鹿年光秪菜鋤莫論人爵貴吾自享
吾饘

五祖自詠 時後生再来

（唐）

垂垂白髮下青山七歲歸来改舊顏入郡少年松
却老是非從此落人間

題破額山寺後禅院 常建

清晨入古寺初日照高林曲徑烟霞重禅房花木
深山光悅鳥性潭影空人心萬籟此俱寂惟聞鍾

磬聲

四祖寺 柳宗元

破額山前碧玉流騷人遥駐木蘭舟春風無限瀟
湘意欲採蘋花不自由

（元） 趙國賓

一層石塔一層雲塔外梅花幾萬根大聖自然
不壞遊人如見佛常存

五祖寺

（宋） 蘇子瞻

嶺勢巍巍逼斗太[illegible]
[illegible]紅日早回首白雲

低

國朝 閩邑林鴻 員外

佛祖說法處迴與諸天隔珠宮歷浩劫桂殿餘真
身登攀訪靈奇禮謁知所因地遠泉石異人閑猿
鳥馴松杉覆窗戶濕翠清衣巾花雨出深竹天香
来暮春久知簪組妄思與錙銖親所希慧燈影為
子照迷津

新安陳汝器 知州 二首

三月天氣新清晨陟崇巘雙峯紫翠浮林木煙霏
歛扶筇訪靈蹟不憚路崎嶮古塔高崔嵬寶座真
容儼慈雲護長松奕世宗風闡
扶輿陟遠道與子遊雙峯竹笋穿苔綠山花照眼
紅老衲來相迎殷若依長松清淡暫容與緩步拖
筇明朝丁青山公務仍匆匆

廬陵[illegible]

[illegible]塔光聳[illegible]僧[illegible]猶在石[illegible]

[illegible]支衲傳[illegible]法又拈雙[illegible]

[illegible]寺　徐霖

[illegible]壹三生破額山筍輿兜我上屭顏顏香盥面祖
師衣缽衲蒙頭釋子關鐵壁一簾飛雪瀑丹崖千
蹬透雲関小亭橋上真奇絕坐見青天白鶴還

新淦李叙 推官

雙峯高處白雲層石蹬煙崖試一登林下嚙花逢
白鹿月邊飛錫見神僧紅塵欲謝嗟何及玉帶重
留愧未能好是夜深新睡醒梵香鐘韻繞銀燈

新會余紹夔 通判

箇箇亭臺面面桃雙峯名跡入風騷囂塵不到此
仙境冠蓋俄經笑我曹日皎鳳鳴千障曉天晴龍
躍九霄高山僧獨悟忘時態雲掩禪關睡正牢

過黄梅憲司 二首　沈鍾

東入湖藩第一程亂山稠疊境寬平橋横野水苍
應險雪壓茅簷凍始晴方羨絃歌輸此邑却慚奔
走了吾生西征剛待東方曙滿桃鷄鳴犬吠聲[illegible]
清江沙嘴駕軺車境入黄梅百里餘冰雪[illegible]

[illegible]暮匡廬四首插天隅秖緣覽勝遊偏壯堪惟館
吟病未除最爾荒陬成小邑絃歌能得武城如

登泰源宮玉皇閣　徐霖

高閣晴暉晩景新虚皇境界不生塵佛衣殘刼四
五祖點瑟[illegible]風六七人湖海大觀惟此最功名舊
夢竟誰真登庸策免君休說今古浮生幾屈伸

昭德侯廟

惠應善濟昭德顯應侯廟樂神詞

神塲擊鼓聲淵淵朱衣屢舞紛遝前燗燗灌邑達
坤乾陰雨明晦倏變遷鸞旗閃爍風回旋異香勃

欝霏枰烟斯須靈駕來翩翩鬼物呵衛肅且虔惟
神聰明叢玄玄惟神正直扶化權在昔飛珮羅浮
顛羅浮道士古樂仙天[illegible]絕羽服鮮授以大道
秘法傳遨遊八極騎蛟[illegible]晚駐此山之原谿谺
洞谷青[illegible]飛湍注壑[illegible]溪峭壁隱約丹書鐫
潛身巨石同蜕蟬神飛[illegible]方往無邊凌厲日月磚
[illegible]元靈[illegible]奚情敞高騫[illegible]枝止垂千年雨暘憲
[illegible]懷穰五[illegible]秋成報祀禮所[illegible]

牷肥腯酒潔消莫祭念慮攄精專於昭神靈昭我
言我民愛神樂同然神功默相久綿綿邪穢蕩除
祥光祈我民福壽增如川歲歲得與神周旋

梅山十景

大港漁歌　邑人吳宗吉

紅蓼汀邊月滿舡白蘋沙上水如煙一聲欸乃知
何處人倚蓬窗欲醉眠

多雲樵唱

一曲嘔啞萬疊山翠嵐晴滴露華寒攀援雲磴歸
來晚猶覺餘聲杳靄間

龍湫應禱

三十六盤山鎖山龍湫石壁更嶙峋歲乾曾應鄉
人禱大作甘霖濟世間

鳳臺仙蹤

一乘鳳駕上高寒百尺遺臺縹緲間千古潭龍懷
舊德應時風雨護靈壇

頓水遺蹤

聖像鑴模自幾時李唐名筆世爭奇巍巍幾度遷

[illegible]
[illegible]藥爐久已停山頭積雪長[illegible]
[illegible]煉年深不化塵

鳳臺夜月

澄澄一鏡夜平鋪誰駕氷輪上碧虛素影寒光相
搖映玉盤擎出夜明珠

龍骨春花

老蛟遺蛻古城隅化作輪囷百尺身三月香風開
萬樹瓊花不讓廣陵春

東山夜燈

片片飛來夕氣寒如燈如燐有無間僧堂飯罷鍾
聲靜時有遊人立倚闌

雙峯晨梵

[illegible]抱木紫紆古殿崔巍劫燒餘蹋白老僧晨
[illegible]看浮屠

[illegible]

一拳恠石在山邊頭角崢嶸幾百年毛長蒼苔春夜雨頭昂芳草夕陽天終宵見月何曾喘盡日和烟自在眠惱殺牧童驅不動一聲長笛思悽然

梅川八景

東衢晴嵐　泰和羅約

翹首東衢曙色凝浮嵐萬丈接青冥層層蒼翠依辰域煜煜光華映縣庭久爛深巖樵子斧尚殘空洞道人經何時得遂登臨興直上高巔手摘星

横岡霽雪

嵳峩山勢挿雲烟頓積瓊華一色天千仞層巒瓊玉裹半空老樹爛銀纏萬方總在井平日三白非呈大有年芹泮幾人勤學子分光夜半照殘篇

七石星聯

高空何夜落星華布列人間七點嘉星瑞不妨淫雨漬露輝無惹亂雲遮生成天象為靈地鍾出人材素大家奇異非常真罕有行人一見重咨嗟

獨山雲聳

特立東南俯衆山九霄高處露青鬟氤氳嵐氣飛

岩岫滴瀝靈泉響琳環老去支節頻笑傲興來叢屐遠躋攀野翁素愛真界畫特向深林築半間

石洞靈泉

林外仙源何處尋白雲長鎖洞門深石床溫潤忘寒暑地脉流通自古今一曲宮商天籟響五更風雨石龍吟乘閑記得來遊日笑滌煩囂一解襟

靈山恠石

麻姑曾此得通靈蹤跡如今有石銘月下已聞鳴玉珮峯頭常見駕雲軿緫看嶙地堆堆石疑落層霄點點星太守曾經遊翫此蒼苔坐掃醉銀瓶

鳳港春濤

靈鳥何時兆太平芳春曲港雨初晴波光曾浴沖霄翼樹韻還調振玉聲風激浪高行棹止草香春煖釣竿横奔趍晝夜無停息歸到東瀛百萬程

龍湫時雨

山頂龍湫神力遺甘霖因此自如斯飛昇霄漢馳千古變化風雲在片時大闡化功袪旱魃弘施靈驗濟黔黎四民悉向嚴祠賀咸沐洪恩庇我私

黄州府志卷之八

本府

宋

竹樓記　王元之

黄岡之地多竹大者如椽竹工破之刳去其節用
代陶瓦比屋皆然以其價廉而工省也子城西北
隅雉堞圮毁蓁莽荒穢因作小樓二間與月波樓
通遠吞山光平挹江瀨幽闃遼敻不可具狀夏宜
急雨有瀑布聲冬宜密雪有碎玉聲宜鼓琴琴調
和暢宜詠詩詩韻清絶宜圍棊子聲丁丁然宜投
壺矢聲錚錚然皆竹樓之所助也公退之暇披鶴
氅衣戴華陽巾手執周易一卷焚香默坐消遣世
慮江山之外第見風帆沙鳥煙雲竹樹而已待其
酒力醒茶煙歇送夕陽迎素月亦謫居之勝槩也
彼齊雲落星高則高矣井幹麗譙華則華矣止于
貯妓女藏歌舞非騷人之事吾所不取吾聞竹工
云竹之為瓦僅十稔若重覆之得二十稔噫吾以
至道乙未歲自翰林出滁上丙申移廣陵丁酉又
入西掖戊戌歲除日有齊安之命己亥閏三月到
郡四年之間奔走不暇未知明年又在何處豈
竹樓之易朽乎後之人與我同志嗣而葺之庶斯
樓之不朽乎

黄州路重脩竹樓記　盧陵龍仁夫寓居黄州前提舉陜西

齊安故江淮間斗僻郡然以江山之勝望東南岷
江嶓漢淵澎浩瀁來天際赤壁巀甚涯過江武昌
樊口諸山蛟翔鳳峙森森獻狀玆其為勝已然談
是間登臨之美刺刺稱竹樓曩宋王公禹偁字元
之来守黄郡即城西北隅雉蓁滌穢作小樓二
間為退食之娛不瓦而竹從工宜也風饕雨蝕荐
圮荐新新復圮蓋三百年矣至順辛未冬侯疇楚
公初莅郡憑高踟躕曰是宜新之既期穀登民和
寮寀雍肅刑清訟簡長日湛然於是謀之監郡公
曁佐二諸賢究廢興脩故章掄材鳩工改作此樓
棟宇楔棖甍榱欂闌黝堊漆丹悉如度蓋捐俸廩
與官計之贏而民不與知焉登斯樓也所謂風帆
沙鳥煙雲竹樹與夫夕陽素月之觀煥然如在至
道咸平間屬予記客有聞而勤之曰王公茲樓之

勝竹之助亦多矣今不竹而𢈔何居予曰陋哉客崑山之旺以玉抵鵲彭蠡之濱以魚飼犬則繁故也黄之人昔者刈竹如菅蒯今者得竹如金珠夫後人之存古也存其意而已而奚竹之拘客又曰君子疑人以其倫今之搆斯樓也其猶昔人也歟予赧然曰客陋滋甚夫善論人者不于其迹于其心黄爲郡歴世稱遐陬非羈人謫客左遷竄退不至是間王公以危言直道獲譴當朝自玉堂而滁而揚而至是州也江湖魏闕之情蓋不勝黯彼鶴

氅華陽鑪香易卷之云少寄其遷謫亡聊之情而已

天朝混闢來黄爲腹郡且天曆初

皇帝曆勞於外嘗駐蹕焉頗南州赤子遠

天京勤勞擇良牧俟以身冠名流天官清選佩二千石綬爲此來而何王公之比所謂迹也天壤間魁人偉士有曠萬里而同襟懷越千百年而合符節者心而已翰林以清忠鯁亮爲宋名卿俟以公廉方正爲元鉅公心術行事軒軒磊磊揭日月行中天非予所謂曠萬里越千百年而脗合者乎矧長貳君屬無不心俟之心乎然則茲樓之勝炫映今昔夫奚疑客語塞則續請曰將無異予於是絕纓大笑曰耄哉龍子昔人所謂中書君老而禿很執筆從王公後茲其爲異歟客相與笑粲然遂書畀石工　勒　郡朝散大夫黄州路達魯花赤愓答罕俟　嘉議大夫黄州路總管脱穎溥花字九疇號疇埜　朝列大夫黄州路同知清社　承信校尉黄州路判官太不花　承務郎黄州路推

官樊克善　從仕郎經歴花有開　將仕郎知事張從禮　照磨王鐵樓成以至順四年癸酉四月十五日志

快哉亭記　蘇子由

郡人張夢建東坡扁曰快哉又為之作詞今無文惟末句云一點浩然氣千里快哉風東坡弟蘇轍字子由為作記

江出西陵始得平地其流奔放四大南合湘沅北合漢沔其勢益張至於赤壁之下波流浸灌與海

相若清河張均孟德謫居齊安即其廬之西南爲
亭以覽觀江山之勝而余兄子瞻名之曰快哉蓋
臨皋之所見南北百里東西一舍濤浪洶湧風雲
開闔晝則舟楫出沒於其前夜則魚龍悲嘯於其
上變化倏忽動心駭目不可久視今乃得翫之於
几席之上舉目而足西望武昌諸山岡陵起伏草
木行列煙消日出漁父樵夫之舍皆可指數此其
所以爲快哉者也至於長洲之濱故城之墟曹孟
德孫仲謀之所睥睨周瑜陸遜之所騁騖其流風

遺俗亦足以稱快世俗云楚襄王從宋玉景差於
蘭臺之宫有風颯然而至者王披襟當之曰快哉
此風寡人所與庶人共者耶宋玉曰此獨大王之
雄風耳庶民安得而共之玉之言蓋有諷焉夫風
無雌雄之異而人有遇不遇之變楚王之所以爲
樂與庶人之所以爲憂此則人之變也而風何與
焉士生於世使其中不自得將何往而非病使其
中坦然不以物傷性將何適而非快今張君不以
謫爲患竊會計之餘功而自放山水之間此其

宜有以過人者將蓬户甕牖無所不快而況濯長
江之清流揖西山之白雲窮耳目之勝以自適也
哉不然連山絶壑長林古木振之以清風照之以
明月皆騷人志士之所以悲傷憔悴而不能勝者
烏覩其爲快也哉

鳴軒記

張文潛（初謫監黄州酒税繼爲倅繼爲守凡三至黄）

鳴軒者文潛讀書舍也客有言曰吾聞之時其往
來以避寒暑之害而高飛遠舉能使弋人無慕者
鴻也今子以戇暗不見事幾得譴辱於聖世蒙垢

忍恥於泥塗苟升斗以自養而欲自比於鴻不亦
愧乎張子曰子之言是也然余居此以己卯之秋
其遷也庚辰之春與夫嗸嗸陂澤中獵食以活秋
至而春去者得無類乎客曰然

安國寺記

蘇子瞻

元豐二年十二月余自吳興守得罪上不忍誅以
黄州團練副使使思過而自新焉其明年二月至
黄舍館粗定衣食稍給閉門却掃收召魂魄退伏
思念求所以自新之方反觀從來舉意動作皆

中道非獨今以得罪者也破新莫之恐失其一二類而求之有不可者於是喟然嘆曰志不足以御氣性不足以勝習不鋤其本而耘其末今雖改之後必復作盍歸誠佛僧求一洗之得城南精舍曰安國寺有茂林脩竹陂池亭榭間三日輒往焚香默坐深自省察則物我相忘身心皆空求罪始所從生而不可得一念清淨染汙自落表裏脩然無所附麗私竊慨嘆朝往而暮還者五年於此矣寺僧繼連為僧首七年得賜衣又七年當賜號欲謝去其徒與父老相率而留之連笑曰知足不辱知止不殆卒謝去余是以媿其人七年余將有臨汝之行連曰寺未有記具石請記之余不得辭寺立於僞唐保大二年始名護國嘉祐八年賜今名堂宇齋閣連皆易新之嚴麗深隱悅可人意至者忘歸歲正月男女萬人會庭中飲食作樂凡祀瘟神江淮之舊俗也

永興禅院記　　王元之

齊安郡名也永興院額也蓋僧耆故老通而呼之遂以為常耳唐時舊州在齊安河上隋録去國郭史杜僕射以白雲觀建為斯院按唐史李當有官至端拱而刺黄者疑唐末杜洪據有鄂渚北結梁人東抗楊氏黄鄂之屬郡也或以宗族典之于時皇綱弛紊官紀僭殄僕射之稱不為異矣其後隨郡遷徙立院於兹兵掠火燔曾無寧歲乾寧中楊行密盡有江南之地天祐二年楊公卒其子渥稱嗣吳王奉唐正朔以部將孫彥思為黄州刺史始造院宇崇佛像彥思母王氏捨粧奩鑄鐘于今尚在主院之僧傳法之祖喪亂無紀莫得而知今所述者斷自紫陵而下紫陵者郢中名山也山僧曉禅世謂之紫陵和尚其後捨兹院遊鳳翔從清泰入洛賜號國師次曰同一次曰行忠次曰節運次曰延真次曰自正此五僧者自前唐天祐止聖朝端拱初有若蘄州二角山龍門禅院自南閣堂演法自南者合肥人世姓解氏住持凡七年復歸蘄州四祖雙峯山淳化中有若蘄州白雲山廣教禅僧智雨嗣興院事智雨者漣水人世姓朱氏以至

道三年十月十二日寂滅壽八十一夏臘六十七臨終召院衆付囑今長老仁辯仁辯遂寧仁得法于智雨者也即以某月十八日荼毗之法起塔於長圻村二十八日仁辯會大衆陞法堂有僧玄質問曰如何是齊安境答云後面青竹連道觀前綠水□此之謂又問如何是境中人答曰大似不相見此之謂住持傳法僧舊有堂廚各五間郡人王福捨錢二百萬造殿成再興捨錢一百五十萬造僧室郡之衆率錢二百萬建長老寮堂又率錢十萬立方丈室左都押丁文遂捨錢五十萬建浴堂蘄州人王真捨錢四十萬創菩薩堂塑彌勒佛里人周遇捨菜園此之謂檀越知院從節掌申牒公府維那敦功掌提宮堂司供養殿主有恩掌化募施利典座義超掌庖廚有歲省慎掌墾種此之謂知事僧先是爲住持傳法僧無祖禰道高衆伏則推之知事僧無資級才堪心願則爲之故上下熙熙而忿爭不作矣禪者儒之曠達也律者士之名教也浮圖氏離而爲二罕能兼之其甚者率相

矛楯過于仇讎惟長老仁辯禪其心以度人律其行以伏衆有來斯應虛往實歸禪其心也一衰一飯之外日誦法華經二部律其行也禹僻笠仕以來治僧訟多矣獨愛其無親疎無人我有賢智則尊而事之有才力則信而使之去而不強推而不竟渾然幾乎道矣故愬而爲之記至於院宇之至鬻田園之廣袤道具經典租庸什器請書石陰

本郡劉侯興學記　聶炳　荆門知州

國家之制百爾有位凡在官禁不得搨碑頌德所以防要譽杜貢諂也終更則弛其禁所以順民情勗中材也然則人之有善不沒其實亦君子之用心哉予舊者道經齊安郡博士而下暨學校諸子登予舟而致請曰劉侯之守吾郡三年矣今茲告滿言旋吾徒獨不能忘其劉侯者以劉侯嘗注意於學校也子盍爲我文其事於石矛聞斯言因詣厥故諸子合辭對曰郡學舊置四館以訓諸生因仍相承常虛其一劉侯下車即復舊貫於是學校駸忽壯觀矣予從而詰之曰劉侯之政如斯而已乎

諮于俊曰政有大小有善否政之大者善者莫知學校況劉侯斯舉非直爲觀美也凡諸生誦習之勤課試之法靡不各臻其實而諸生駸駸然知方矣延祐設科以來齊安之士無與計偕者劉侯上斯文郡人蔡堅趙宜相繼領河南行省鄉試文解皆吾侯鼓之舞之之功也吾徒安得而忘乎因是深有感焉世之所謂興舉學校者不過册牘廟貌粉澤塵文鄙俗相誇若浮屠老氏之所為寥寥然號於人曰報本云者豈知本哉甚則視學校循覽庫視師儒猶屬吏追呼控御如遇冗僚暇則校曆布算手案貲纖一有錙銖大抵小厚立中奇禍借曰位學官者或其自取然豈愷悌忠厚之道兩觀劉侯之所為則賢不肖之相去何其如是之懸絕也乎行將有學校之責胡靖字之言爽然若有以啓予者故不辭讓遂次第其說俾歸而鋟諸石侯名魯字景文保定世家授初興總判官陳惟嘉經歷馮天澤與其僚幕實左右之附見於此

黄州府太守洪州滕霄九皋去思碑記

國朝　[illegible]泉　撰

黄大夫滕君霄治黄十八年黄人曰罔有攸志厥于志哉迺因司徒旅萬壽夫者以命志於昶昶曰壽夫黄人諗大夫大夫政也奚志壽夫曰某生也後弗逮從大夫大夫政某弗知某但聞吾黄人曰自大夫去吾黄也一畝而穰必曰吾飽是滕大夫之教我田也一帛而繅必曰吾煖是滕大夫之教我桑也子子而父父弟弟而兄兄必曰我有孝弟是滕大夫之教我學也患難相周出入相友喪婚相慶吊必曰吾知相郵滕大夫之厚我俗也蒲而蒔秧而芸結糾而亂必曰我不相踰滕大夫之莫我生也一使一事一止一居必惟吾滕大夫之令某常是聞未嘗不羨其德吾黄人也而嘆其之期逮見大夫聞大夫若是而已然政之詳不可得而知也昶曰是奚異乎黄人之為此也是亦大夫政已茍大夫之政不能仁不能使民以衣食大夫之政不能禮不能使民以相生大夫蓋邇十數者而為之政也今大夫愛齊民媿然於縣郡之上有一

則可已而刻大夫是志矣復曰評哉壽夫曰吾黃人之慶也肆志之以慰黃人以告後之黃大夫

黃州府重建廟學記　　南郡楊溥 學士

洪惟
聖天子祗承
祖宗大統仁恤蒼生勉圖嘉績慎簡賢良理庶務而於親民之職尤擇其人廬江錢君敏由進士評事
大理
命守黃郡以廉勤涖事以平易近民不踰年百廢具舉士民樂業獄訟日簡官府無事重惟郡學寔
朝廷所賴以宣教化育人材祀典係焉歷年既久頹弊不稱乃謀僚屬捐俸金傭力鳩工掄材陶瓴圖維新之於是郡民好禮者亦樂然趍事乃拓故址度之垣之剏其廉隅甃之石之必底甓密乃締搆之經始於正統三年三月越明年秋訖工殿廡門墻有恤其嚴神庫神廚有事維備明倫有堂授業有齋教官廨宇諸生遊憩之所維正維真惟厥攸寧告成之日郡人交慶斯文歆動咸謂前所未有教授安城尹遜具其事請記之孔子之道本乎天具乎人心載諸方冊不救於異端不泯於烈焰亘萬古猶一日也前乎堯舜以是而帝禹湯文武以是而王皐夔稷契伊傅周召以是弼亮之世臻大順民樂雍熙禮曰四代三王惟其師此之謂也自漢以下明智之君信用賢掊能一天下保家國長久彷彿乎是也昧是則忽矣
聖朝建學立師化成天下厥惟有年今
聖天子緝熙聖學益篤躬行欲躋斯世比隆唐虞三代之盛學校蓋先務也有司不有徇名忘實者乎若錢君者可謂能體
聖心無負所任者矣予因是記其槩同事諸君子題名碑陰以昭永久云

黃州府重脩學廟記　　華容黎淳

入湖藩首臨黃郡謁黃郡諸公署首登郡學其大成殿巍然高峙冠冕一方左右分兩廡前豎戟門又前豎欞星門崇廣一遵今時王制質文兼脩其宏麗焉其明倫堂趯然端坐擁護前猷左右列兩

爵役為膳堂為祭器官庫為弟子誦為倉廩又略微大[illegible]之制品式全具甚整齊焉遠而望之丹青煇煥如瞻闕里之宮墻近而即之禮度詳明如見杏壇之制作可以尊祀先王啓迪後學傳之萬世而無斁矣惟玆廟學古書院故址也舊皆傾圮今一新之誠有大功於斯文舉其綱者承制巡撫湖廣賛理軍務都察院右僉都御史繁昌吴公與璧振其紀者布政參議晉陵劉公廷賓按察

僉事仁和邵公叔璋經營其始終而成之者前郡守嘉興俞公浩今郡守上海王公霦勗其力者同知李侯恒通判張侯英龔侯鑑推官余侯貫董其役者郡幕費廣陳琮教授江禹訓導夏璿林勝造端於成化辛卯之秋畢事於癸巳之春都憲公乃謂其屬曰斯舉也當銘其德以告于太史氏有其人乎衆曰當請于華容黎淳遂遣使來徵黄郡淮楚要衝江山萃秀昔我高皇創業時則多武將金戈鐵馬從征於四方後豎

列聖守成時則多文儒金榜甲科歟歷於中外惟以地之靈鍾為人之傑焉爾然而氣質不齊事業亦異必有待於學校之教然後暴者化為仁邪者變為正昏懦不立者改為聰明才辨各得其中醇而無疵也今幸貞元會合國家太平之治薰蒸百年氣化澄清又幸都憲公暨郡之諸侯皆仁厚之政睦雍千里風俗淳茂賢材生於斯時有足觀矣冠帶縉紳來游來歌得盡納大川崇阜之英華聚於學宮懋為時用安可不務學哉然所以學之法何如今

提督學校按察副使莆田嚴公宗源之教條量學者資性高下程限書句令其默而識之次及科舉文字而默其幽陟其明蒐棟俊良供給國家此其要也若等而上之性敏者既治一經又兼通一二經游觀子史百家資其法程立我名節為古者功名之士此其優也又等而上之貫通五經而傳於文踐履五常以約其禮上師周孔下友顔曾為古者道德之士斯乃其高品者也天地之氣運無窮學校賢才之出亦無限黎淳讓不敢謂黄郡[illegible]

人而暑焉頹俾此以俟衆遂以復於都憲公銘曰

惟黃建學　革故鼎新　昌以致斯　國有其人
穆穆王宮　神綏爵位　尊俎豆籩　嚴恭歲祀
潭潭儒室　士履典常　鼓鐘經史　浚發福祥
人在春風　物沾時雨　乘時奮興　雲龍風虎
當其無事　爾養厥躬　官守言責　蹇蹇匪躬
其或有虞　爾身殉道　臣終於忠　子終於孝
觀文成化　四海永清　天子萬年　吾道大行

黃州府屬州縣舉人題名碑記

麻城李正芳　布政

黃郡歷科鄉舉未曾立石題名是一缺典也雲間王公景明由名進士歷官南京刑部郎中讞獄詳明賢名大著

聖天子軫念元元擢守吾郡到郡之三年歲在甲午當天下大比吾郡與諸邑之學登名薦書者十有七人魁經者三人草木為之增輝山川為之出色猗歟盛哉時臨川饒公聲隆來為判府謂科名之盛由太守之作興也乃作歌一章以頌之且謀題名子之名并刻其歌于石以傳其盛而紀其業於是載石於南康之麓未有其趺偶於官舍壓土中得之其高低廣狹與碑身相稱似有鬼神呵護以待今日之用豈偶然哉龜石已成予與憲副周孔明寔至二守永新馬公自強判府金州張公廷傑推府常山樊公秉玉僉謂予宜為記予辭之至再不獲竊惟人思

聖明之世則得行其志地遇豪傑之才則得效其靈故皐夔之志得行於唐堯虞舜治世之日閩蜀之靈得效於文翁常袞治郡之時載於史冊信不誣矣洪惟我

朝之世熙熙皞皞遠邁於唐堯虞舜之為君我太守之為烈烈轟轟遠法乎文翁常袞之為郡志則行矣才則傑矣吾地得不效其靈乎彼郡城前大江之中連擁三洲横亘樊山之口大壯黃城之勢是地效其靈矣地既效靈秀氣悉鍾於人故諸子之間學文章精純典雅所以科目人材之盛前此未有也吾知太守之得行其志者由遇

聖明之世地得效其靈者由遇豪傑之材今而題諸
予之名刻饒公之歌是補其缺典也前科舉子之
名不題而題今日之名者是紀其盛也況諸子之
學淵深宏博見我
朝之人材庶幾乎唐虞之盛饒公之歌冲融雅淡見
我
朝之制作彷彿乎雅頌之音使後之來官於此者誦
其歌靡不企慕景仰思接王公之武來學於此者觀其
名莫不奮發興起思踵諸子之跡嗚呼悠久無疆

者天地也流峙不息者山川也吾冀此石此名此
歌與夫太守之德政亦與天地同悠久山川其流峙
歷萬世而無磨也與是為記

赤壁重脩東坡祠記　繁昌吳琛　都御史

宋儒蘇軾子瞻以元豐二年己未三月自彭城移
守吳興四月二十九日抵任上表以謝又以事不
便明者不敢言以詩諷庶有補於國御史李定
舒亶何正言摭其表語并媒孽所為詩以為訕謗
逮赴臺獄欲置之死鍛鍊久之不決神宗獨憐之
以十二月二十九日責授黃州團練副使本府安
置三年庚申二月一日至黃寓居定惠院未久遷
臨皋亭幅巾芒屩與田夫野老相從溪谷間五年
壬戌就亭東築雪堂自號東坡居士七月遊赤壁
作前赤壁賦十月夕遊之作後赤壁賦祝君澤評
其前賦瀟洒神奇出塵絕俗如乘雲御風而立乎
九霄之上俯視六合何物茫茫後賦人影在地仰
見明月及江流有聲斷岸千尺山高月小水落石
出等句更是賦景物妙處是時神宗數有意復用

輒有當要路者沮之遂手扎徙汝哲宗即位復之
登州尋召為禮部郎中自是或內任或外補其忠義
惠政表表於時卒誣以謗訕安置惠州大臣以流
竄為未足復以瓊州別駕安置昌化繼遇赦北還
如常遂卒東坡之名尚在赤壁之賦未泯後守黃
者仰其流風思其過化乃於赤壁之上立祠肖像
以時祀之歲久祠宇就敝未有飾者成化辛卯冬
侍御建安江本達弭節湖湘蒲期適侍御淳安王
用之來代二妙皆文士也同會於黃謁於祠觀敝

弗稱乃捐廪措錢召命黃守余誥別駕沈璧通倅龔鑑張英推官余貫圖而新之更命龔琨刻二賦立於祠以聳觀瞻郡官如命遂飾祠立石事竟二侍御以予叨臺長承命於茲欲一言以紀其意嗚乎予何敢言蓋先生文章光乎日月道德巍乎山斗功業昭乎汗簡聲名垂於宇宙奚假鄙言為增飾雖然夫先賢之詞壽著作之文使人心敬仰士旨景慕此觀風使者之盛事故雖腐陋亦勉言以暴之抑嘗考史臣論曰蘇軾自弱冠時父子兄弟

至京師一日而聲名赫然動於四方既而登上第擢詞科入掌書命出典方州器識之閎偉議論之卓犖文章之雄雋政事之精明四者皆能以特立之志為之主而邁往之氣輔之故意之所向言足以達其有猷行足以遂其有為至於禍患之來節義足以固其有守皆志與氣所為也仁宗初讀軾轍制策退而喜曰朕今日為子孫得兩宰相矣神宗尤愛其文宮中讀膳進忘食稱為天下奇才二君皆有以知軾而軾卒不得大用豈非軾之所長不可摧抑者天下之至公也相與不相有命焉噫軾不得相又豈非幸與當時之相如王安石呂惠卿章惇蔡確雖曰把握鈞衡隆赫權勢視於軾則戚戚矣百世之下仰慕之者軾重而諸公輕又以見人心公道古今同一致也過於祠下者宜考於斯

黃州府重脩報恩寺記　毘陵成始終　僉事

景泰辛未春予以監察御史擢陞湖廣按察司僉事瀕行同寅麻城李公鑑曰黃州府僧都綱澄湛然吾之表弟脩上乘造真源識道理誠空門之領袖也居黃之報恩寺公按臨乞問信焉是夏六月予泛大江而至齊安合屬官僚次沙際迎接中有一僧即湛然也公暇因造寺以遊焉寺居府治南隅境頗幽邃初入門覺夷曠登石臺上大殿度斜

廊梯磴漸峻松檜花竹綠繚陰翳曲有奥趣凭高遐矚豁然渺綿前介大江滄洲後臨洗筆之池赤壁峙其北聚寶環其西東有韓魏公之書院南有玄妙觀之仙老君閣乃湖湘之佳寺也肇自唐貞觀初

曹仁齋捨基乘禪師開建洪武間住持僧繼法重脩歲久殿宇傾圮圓像頹毀正統五年會湛然領職來居兹寺誓加脩建謀諸徒眞崇常澍豈改復瑛鑑通八人竭心勞躬給薪水運磚木建正殿塑佛像演壁三大士綵繪具美金碧輪奐禪房齋厨鐘樓丈室皆加葺新而增構焉唯正殿工費浩繁高僅五丈闊相等深三十尺起工於正統九年九月落成於明年三月湛然曰自殿成迄今已七年矣不得名公鉅卿之言以記其事今幸獲大人先生之

臨伏乞明言刻以示後人知予自引而弗辭則沒身無憾矣予時維諸赴任期迫未暇為也是年仲冬出巡黃州湛然復來申申其言勤勤其意以請予文噫予常病世之信浮屠樂山水嗜安閒華堂高屋美衣精饌優游而自得者居多求湛然清潛自勵勞勤不辭苦新宗門丕闡緇教鑿大昏之墉闢靈照之户丘陵山谷咸為之增高江湖池澤咸為之增廣正柳子所謂浮屠誠不可斥者故為記

復蘇公舊跡記

南城羅玘編脩

盍識諸

劉侯曰吾自有記匪可施諸遠者丈者志吾復公之跡寔惟羨指予也夏六月乃以書屬吾守舒侯暫予記蓋舒侯黃人也先是與予論侯是役也咸民之所欲為而民不知既成又無德色於民有類古之為政者予故樂為書之非以私同年也

黃州府增置學田樂器記

金陵流鍾　副使

黃州郡治介淮楚之交倚江而城羣山環繞樓堞巋然湖瀦東北一巨鎮俗尚儉朴秀民率樂為儒

彬彬嗜學有鄒魯之餘風乃弘治丁巳冬天台盧君濬字希哲者以成化丁未進士歷工刑二曹郎官僅十年擢為之守蓋妙而質敏而學博而才識超邁視郡事所不堪者扶衰補弊真若良醫投劑務痛拔病根乃已厥地素多淫祠行旅過輒有事祈禱亟屢以危語嚇之倡索貨賄甚至寇盗亦往往憑藉恣所為用是怪且憤亟擬梁公故事殘厥像放諸江流一時土木之妖殄盡每朔望詣學宮謁

先聖罷登明倫堂顧諸生嘗學愛甚令次弟執書進
講至與析疑探賾闡奥比見後堂棟老就壓即多
方規措市材叢工撤而新之下逮齋號之類煥然
改觀于昔學旁民有侵漁官錢栩宇違式者因械
治厥罪適校官有廨舍傾圮假處齋號者給而與
居之又民有以廢寺田訟于官者度其田于寺于
民兩持不可與乃慨然曰夫是田與其如虞芮視
之寧歸之學宮如汶陽之于魯不尤愈乎庸請于
當道以其田為其學義田募農耕佃除常稅外每

歲計所租租百石積于公廩凡補葺宮宇齋號之
費及助生徒貧不克舉婚葬者悉於是乎取給抑
春秋丁祀
先聖籩俎前樂設而不奏器亦寖敝併歌舞者亦復
乏人緣是預于樂器之敝者飾之既備特延南京
神樂宮羽流其至揀民間童兒十許輩教演幾三
月奏者舞者弗復乏而丁祀時洋洋然于于然聲
容駭然于人耳目間矣猗歟懿哉孟軻氏曰知者
無不知也當務之為急君蓋急于當務者矣軻又

曰所惡于知者為其鑿也如知者若禹治水行其
所無事則知亦大矣君行所無事者鑿云乎哉茲
固庶幾乎大知而無歉焉耳教授舒君旌司訓王
君瀛方君昂李君麟輩以君究心于其學宮請予
言記之貞石用垂不朽而併勒其所以于碑陰俾
百世下之人之有所遵承也云

黃州府脩設
文廟祭器樂舞生記　　安福歐陽旦　僉事

皇明有天下黜百家尊孔氏自國都以及郡衞州邑

皆有學學有廟以祀
先聖孔子歲用春秋仲月上丁日釋奠以顏曾思孟
四大賢配閔子以下諸賢暨後儒有功於道學者
從祀器有常數食有常品樂舞則止於郡學
先憲宗皇帝詔加八佾十二籩豆比之郊社弘治戊
午黃州守盧君希哲甫任之初恭謁
文廟深以禮樂器數廢缺弗稱為懼迺考圖定式鳩
工集材凡鉶登簠簋籩豆尊爵笙鏞搏拊琴瑟柷
敔麾纛干羽之屬缺者補壞者脩舟滌不飾者以

縣以繪擇民間子弟[illegible]之歌舞而使其身
明年己未秋丁事適就緒君率僚屬師生行釋奠
禮籩豆既嘉笙鏞既成干羽旍章璨穆布列左三
湄君既就位凡在分獻陪祀暨百執事嚴嚴翼翼
率由矩度儼若
大聖人臨之在上諸大賢侑之在傍禮成環泮而觀
者嘖嘖稱嘆風聲所及遐邇丕應兩學博士弟子
員舒旌張縉等以予職司學政請紀于石粵自生
民以來未有盛於

孔子尊崇之典未有盛於
今日天地之大日月之明孰得而議擬譽揚之哉惟
安上治民莫善於禮移風易俗莫善於樂是故韓
起觀禮而知周之所以王季札觀樂而知王化國
風盛衰之所以異蓋儀文度數聲容節奏之間實
精神心術道德風化之所寓古先聖帝明王化民
成俗率以是也吾聖人當周衰殘缺之餘參互考
訂載之於經以詔天下後世
國家以禮樂為教百三十年于茲君以民之師帥祗
奉
德意稽曲攷今脩廢舉墜俾窮鄉下邑纔覩禮樂之
盛視彼瑣瑣於簿書期會以此為不急之務者豈
知古人之出治本末先後固自有次第也哉為吾
徒者固不徒習於文也尚求其本措諸躬行實踐
使凡民有所觀感興起相率而歸於太順至和之
中此固
大聖人之教
明天子之化抑亦君之志也君名濬希哲其字也浙

之天台人起成化丁未進士授尚書刑部郎中歷
陞至今職其器數樂舞生姓名刻於碑陰

賦

宋

前赤壁賦　蘇子瞻

壬戌之秋七月既望蘇子與客泛舟遊於赤壁之
下清風徐來水波不興舉酒屬客誦明月之詩歌
窈窕之章少焉月出於東山之上徘徊於斗牛之
間白露橫江水光接天縱一葦之所如淩萬頃之
茫然浩浩乎如馮虛御風而不知其所止飄飄乎

遺世獨立羽化而登仙於是飲酒樂甚扣舷而歌之歌曰桂棹兮蘭槳擊空明兮泝流光渺渺兮予懷望美人兮天一方客有吹洞簫者倚歌而和之其聲嗚嗚然如怨如慕如泣如訴餘音嫋嫋不絕如縷舞幽壑之潛蛟泣孤舟之嫠婦蘇子愀然正襟危坐而問客曰何爲其然也客曰月明星稀烏鵲南飛此非曹孟德之詩乎西望夏口東望武昌山川相繆鬱乎蒼蒼此非孟德之困於周郎者乎方其破荊州下江陵順流而東也舳艫千里旌

旗蔽空釃酒臨江橫槊賦詩固一世之雄也而今安在哉況吾與子漁樵於江渚之上侶魚鰕而友麋鹿駕一葉之輕舟舉匏尊以相屬寄蜉蝣於天地渺滄海之一粟哀吾生之須臾羨長江之無窮挾飛仙以遨遊抱明月而長終知不可乎驟得託遺響於悲風蘇子曰客亦知夫水與月乎逝者如斯而未嘗往也盈虛者如彼而卒莫消長也蓋將自其變者而觀之則天地曾不能以一瞬自其不變者而觀之則物與我皆無盡也而又何羨乎且

夫天地之間物各有主苟非吾之所有莫取惟江上之清風與山間之明月耳得之聲目遇之而成色取之無禁用之不竭是造物者之無盡藏也而吾與子之所共食客喜而笑洗盞更酌肴核既盡杯盤狼藉相與枕藉乎舟中不知東方之既白

後赤壁賦

是歲十月之望步自雪堂將歸于臨皋二客從予過黃泥之坂霜露既降木葉盡脫人影在地仰見

明月顧而樂之行歌相答已而嘆曰有客無酒有酒無肴月白風清如此良夜何客曰今者薄暮舉網得魚巨口細鱗狀似松江之鱸顧安所得酒乎歸而謀諸婦婦曰我有斗酒藏之久矣以待子不時之需於是攜酒與魚復遊於赤壁之下江流有聲斷岸千尺山高月小水落石出曾日月之幾何而江山不可復識矣予乃攝衣而上履巉巖披蒙茸踞虎豹登虬龍攀栖鶻之危巢俯馮夷之幽宮蓋二客之不能從焉劃然長嘯草木震動山鳴谷

應風起水湧予亦悄然而悲肅然而恐凜乎其
可留也反而登舟放乎中流聽其所止而休焉時
夜將半四顧寂寥適有孤鶴橫江東來翅如車輪
玄裳縞衣戛然長鳴掠予舟而西也須臾客去予
亦就睡夢一道士羽衣翩躚過臨皋之下揖予而
言曰赤壁之遊樂乎問其姓名俛而不答嗚呼噫
嘻我知之矣疇昔之夜飛鳴而過我者非子也耶
道士顧笑予亦驚悟開户視之不見其處

朱元晦云前赤壁賦言吾與子之所共食食如食
邑之食今人改作共樂非矣後賦前言二道士後
言孤鶴東坡親蹟亦然則或是筆誤耳

黃岡縣

子姑神記　蘇子瞻

元豐三年正月朔日予始去京師來黃州二月朔
至郡至之明年進士潘炳謂予曰異哉公之始受
命黃人未知也有神降于州之僑人郭氏之第與
人言如響且善賦詩曰蘇公將至而吾不及見也
已而公以是日至而神以是日去其明年正月炳

卒塵委戈旗徙使江山蕭條草木連殃而一佳
之不施於乎噫嘻是何能爲者也蘇子於是烹
細鱗泛太白邀明月以相從揖清風而司客沽
醉而溪壑迴姿長嘯而流雲激石撫宇宙於須
史將任運而安適爭名自古以爲然而何有於
絲毫之失得予生後千載以爲期盖嘗慕公之
卓特方赤壁之時遊焉知夫黃州之爲謫偶披
圖以攄言增喟焉之太息

黃岡縣

子姑神記　蘇子瞻

元豐三年正月朔日予始去京師來黃州二月朔
至郡至之明年進士潘炳謂予曰異哉公之始受
命黃人未知也有神降于州之僑人郭氏之第與
人言如響且善賦詩曰蘇公將至而吾不及見也
已而公以是日至而神以是日去其明年正月炳

又曰神復降于郭氏予往觀之則衣草木為婦人而宜䈒手中二小童子扶焉以䈒畫字曰妾壽陽人也姓何氏名媚字麗卿自幼知讀書屬文為伶人婦唐垂拱中□陽刺史害妾夫納妾為侍妾而其妻妒悍甚見殺於側妾雖死不敢訴也而天使見之為直其冤且使有所職於人間蓋世所謂子姑神者其類甚衆然未有如妾之卓然者也公好留而為賦詩且舞以娛公詩數十篇敏捷立成皆有妙思雜以嘲笑問神仙鬼佛變化之理其荅皆

出於人意外坐客撫掌作□調梁州神起舞中節曲終再拜以請曰公文名於天下何惜方寸之紙不使世人知有妾乎予觀何氏之生見掠於酷吏而遇害於悍妻其怨深矣而終不指言刺史之姓名似有禮者客至逆知其平生而終不言人之陰私與休咎可謂智矣又知好文字而恥無聞於世皆可賢者粗為録之荅其意焉

國朝□儒學記　　盧陵李時勉學士

學校之興有資於守令舊矣文翁之在[illegible]仁之在襄邑皆以能興學校崇教化致民俗丕變故聲譽顯於當時名聞昭於後世有不可及也蓋學校風化之源三綱五常之道由是而明詩書禮樂之教由是而行風俗由是而變人才由是而出古昔治效之盛非後世所及者有此道也洪惟我

太祖高皇帝自即位以來輙

詔天下郡縣皆立學置師弟子員付之守令以程督之藩臬二司考察其勤惰而勸懲之賢能文學之士往往出於其間自公卿大夫至於州縣之選常

不乏人焉是亦興學校之效也比年以來儒學之士多以記誦文辭為業而不務實學者蓋由有司者每以簿書期會為急視學校若不干已者雖廟舍頹毁教化廢弛畧不加之意故為師者怠於教為弟子者怠於學雖

朝廷專設憲臣以督理之未能或之變也吁豈漸染之深未可以朝夕革也歟是殆不然憲臣之巡歷有時而守令臨涖無間苟一加之意焉則無不可者在鼓舞而作興之者何如爾黄岡黄州之附郭

世也地濵大江舊有學規制卑隘且歲久頽圮
守錢公至周覽慨嘆首捐己俸欲擴而大之於是
縣正僚佐邑人富室爭出錢幣以相助者甚衆乃
庀材僦工諏言興作自大成殿以至明倫堂池臺
門廡師生講誦之所齋宿之舍一一新理之至於神
廚倉庫泡湢之處莫不備且壯麗宏偉數倍於昔
經始於正統二年九月告成於五年庚申七月費
不出於公帑勞不及於庶民而成此大功其孰能
之公之為人端厚坦夷廉靜而不阿居家以孝弟

聞親喪廬墓三年
朝廷旌異之在大理獄不以冤令為黃州環千里之
民無不歸心焉又能以其餘力一新郡縣之學暇
則與諸生講論經史課其所業而奬勵之莫不翕
然嚮於學文翁范純仁不得專美於前矣孔子曰身
脩而后家齊家齊而后國治此大學之道也若公
者可謂身體而力行之矣邑學官尹昜以書來求
予言夫郡縣博士樂得賢太守以蒙其作興之惠
又樂得英才以盡其教育之功何其幸哉故予不

[illegible]
重建東坡洗墨池祠堂記　[illegible]
天之生才不偶然也鍾靈毓秀奮乎數百載之上
數百載之下四方萬里想慕其風聲雖一能片善
之遺猶愛重之而不可以廢矧過化之地故迹斯
存可以廢而不治耶黃州黃岡縣學宮之前有宋
蘇長公洗墨池而學宮即其故宅處也世變已遠池
今為之勢力所有前賢之跡將遂泯沒無聞矣天
順五年辛巳予按節來黃因訪其實傾俸貲買而

得之池窪然以方上有古梅相傳當時所植雖樸
榦欹撓而生意隱然若有待者予亟命工疏其湮
廢構祠池畔中塑長公遺像尤懼久而褻且弊也
乃繚以周垣闢徑於隣之報恩寺且俾寺僧所奉祠事
之庶使瞻仰興起而其迹終不至於泯也嗚呼惟昔
長公當宋盛時奮自制科才名傾天下世謂眉山
二蘇元豐初出守湖州以賦詩為時貴所忌謫官
黃州團練副使本州安置公至黃故人馬正卿為
守以郡東故營地數十畝界之因爲阜築雪堂自

[illegible]以詩酒自娛又[illegible]寶曆累取為翰林學士掌司帝制事業炳然著述經史有功於名教後世之士誦其詩讀其書想慕數百載之上時愈遠而名愈重間氣攸鍾信不偶然也說者又謂公之書翰得古人叩泥折釵股之法 之氣鬱鬱然與秋色爭高豈其居黃時嘗慕張芝臨池學書而斯池遂以洗墨名耶愛慕其人而及其跡興廢起墜風教是敦非吾事而誰事繼自今黃之人得以脩敬祠下款門而心開

登臺而容肅公之靈氣盖洋洋也予故識其顛末刻諸麗石用圖悠久為一郡勸云

序

郱城八景序（即舊州城今名新州城）　畢奇中

郱城古黃子之國楚王滅郱徙其君於此故名環城治方十餘里許壤沃而潤林榮而茂水秀山明朝暉夕曛其形勝熾麗氣象萬千不可盡狀故士生其間者玉潤 傳懷材抱道或出或隱莫不馳聲揚譽[illegible]有以練夫山水之秀[illegible]氣[illegible]之盛而然也若陳季常范士元吳西山之隱而著諸書載諸誌與出而若滕翰林吳吏部張京兆徐方伯之芳聲昭著於當今也愚何幸生於斯得際昇平幼而隨侍先父游宦仕途佩服彝訓得近衣冠文章道德之士講習討論薰陶漸染始有以得其所依據壯而歸守田園奉親祀享以敘鄉情釋塵俗之聒樂林泉之趣日與袁定州高一太周希鑑諸先生高朋勝友窮蒐尋壑崎嶇經丘卧烟霞詠風月逍遙徜徉無適而非清致佳況也慨陳跡之荒蕪

歎遺蹤之湮泯於是詢稽故老之遺言合其地之名勝者列為八景俾當時縉紳大夫士相與而詠歌之其東而崎山疊翠秀拔千峯雲生而雨集晴散而太虛此崎山之壯觀也西而龍潭清碧浩浩濵濵素娥浴水靈盪金精倒霓裳之清影來廣樂之天聲城南有煙樹葱籠繁陰鬱鬱林端清氣若有若無翠含山色紅射朝暉北廓有化樂之古刹翠竹蒼松蒲牢吼振海門紅禽鶴鶯飛閶闔啓月落星稀瞻生雲淡危亭荒蕪豎千古之旌旗高阜

蘭跡顧四方之烽息義井存吳公之惠澤風雲參
儀叙之清光魚浦秋風霜清水碧白蘋紅蓼蒲汀
洲紅葉黃花盈野岸有魚可膾有酒可需收綸捲
網其樂何如朝昏之氣不同四時之候不一氐此八
景各極其致皆郡城之所有也夫地雖勝矣苟不
得其人則一無所聞焉盖地以人而勝人以地而
靈覩前諸公明體用之學富經綸之才文章事業
榮耀當時此山水之勝所以有托矣若會稽之蘭
亭浣溪草堂輞川之別墅彭澤之柴桑非王右軍
杜少陵王摩詰陶靖節諸公則何以見其勝哉郡
城八景豈異於是乎故序

傳

黃岡隱士西山吳公傳 [redacted] 曲阜魯真

天有知乎天無耳目之視聽天無知也主宰於冥
冥之中作善者降之以百祥作不善者降之以百
殃為之主宰豈非天乎如果天也是天之有知也
人感之天應之猶影之隨形如聲之應響也天未
始有不定也以為未定者殆不知天者也觀黃岡
吳氏積善厚施而未食其報者何哉夫生賢子孫
能世其家即天報之也豈必食祿倍爵而後為報
哉況子孫賢天爵脩而人爵至是天報之也聞南
招撫使吳 [redacted] 生公七歲而父亡賴毋夫人汪氏匡
扶保養延師教以詩書及長通儒業習國語傳與
多能以德義為鄉黨親戚之所推服暨兄長曰東
山次曰南山其東山兩淮塩場司歿無後繼以南
山之次子南山亦早世遺孤五人女六人西山撫
育教誨男為之娶女為之嫁以己財招克產業數
倍於前以己財所置產業均分之六縣皆感悅公
之樂善好施惠宗族鄉黨禮名士大夫自陽邏至
桃花地高處得水甚艱者公鑿井一十九所冢
不闕水造橋自太平橋五里至陽邏地高險處不
通車馬公為開險鑿石道遂平坦行者便之砌路
陽邏至蓮花橋一百三十餘里鄉人立石以記功
歲施棺以濟死者日施粥以活饑人立義塾招明
師以訓鄉里之子弟名士大夫若吳草廬曾子曇
龍麟州黃子肅平章乞住忽剌歹右丞扎忽台等

政襲交輔御史李子源皆與公交天曆己巳湖廣省平章同薦公德義不求聞達上遣異珍庫大使陶索卿賫詔徵之公不起御書西山二字賜之公建御書樓以侈賜危大僕為之記公生於至元甲申殁於至正己丑娶袁氏名妙本後娶虞氏名妙恭塟中和五里之原生四子長魯思不花入為內臣次琳次琛幼珪琳琛皆與予交琛乃曰西山之樓已毀翰苑諸公之詩文皆不復存予其為我先人作傳將刻石以示子孫不可辭也予過黄之吳氏積善厚施天既報之身又報之以子孫子孫賢天爵脩而人爵至信乎天之有知也豈有未定者乎論曰洪範九疇曰念用庶徵有天人感應之理九曰嚮用五福威用六極言天人感應之效也由是觀之為善而天報之不差毫髮天即理也未嘗不定也吳氏子孫之昌也宜哉

黄州府志卷之八

黄州府志卷之九

麻城縣

萬松亭記

山東許彬侍郎

山東憲副周孔明黄之麻邑人也嘗按部過予曰麻城西曰七里岡坦夷軒豁宋令張浚相其地宜植松其岡約萬株不數年欝然秀茂因稱亭其間扁曰萬松以為觀風問俗之所時蘇子瞻謫黄州每道經于此必憇亭上消遣懷抱因賦詩有十年栽種百年規之句亭與詩俱載方輿勝覽盖亭以詩而顯也今亭廢址存萬松所生依舊邑之後人過此莫不舉手加額曰前令之遺澤也吾友董應軫字宗南世居亭之側天順八年宗南以廣西按察司僉憲致政來歸慨念前賢勝蹟恐久而廢沒乃重建新亭於故址木不加雕斲而已壁不加飾朽而已柱石堅整軒窻敞亮掩映萬松之中藹好蒼翠四時可掬星霜變態而勁節自如凡邑之巒峯鳳嶺森列後前與夫清溪碧澗峽帶左右誠一邑之勝槩也斯亭立於張尹蘇公並光矣余凡歸

省丘隴每與舊遊　李正芳彦實周庠公
庠陳敏尭聰華洎邑庠士子過宗南而憩此亭則
觴酒暢懷咏歌遣興于以澄俗慮怡心神不可以
言揄香不知此身之在人世間其視歷劳鞅掌爲
何物也先生東魯偉人以文章鳴世亦當代之蘇
子也苟不靳一言以記之則後人之視斯亭亦猶
今人之視蘇公而有宋三百年休風復見於今日矣
余復之曰地因人而勝蘭亭不遇右軍則清泉茂
林蕪没於空山矣孔明諸君子文章政事齊驅古

人又得此亭之助則名垂於不朽無疑矣余昔較
文八閩宗南時為僉憲有一面之雅况孔明舊知
之深而萬松亭又名勝之地者乎昔蘇子由作七
賢堂記東坡為書之以為與廬山結緣他日入山
庶幾不為生客予今述孔明之言以為記亦猶是
耳

重脩明倫堂記　東呉錢溥學士

人有大倫之五由其天性之五性原於禀賦之初
倫形於生質之後然倫有天屬父子兄弟也有人
屬君臣朋友夫婦也夫婦人倫之本有夫婦然
有父子而後有兄弟學焉而後有朋友食焉而後
有君臣則是道也莫備於尭舜尭舜人倫之至也
舜遭人倫之變而能夔夔齋慄克諧以孝父子之
倫定矣同其憂喜不宿怨不藏怒兄弟之倫定矣
不告而娶刑于二女夫婦之倫定矣然尤慮夫百
姓之不相親遜也乃命契為司徒以教之使君臣
知有義也父子之有親也兄弟知有叙也夫婦明
友知有別有信也處變于己則察乎人倫而[illegible]

不失其常施教于人則敬敷在寬而化之不[illegible]
效此帝舜所以為法於天下可傳於後世其[illegible]
教于校商射于序周養于庠而登賢于澤宫[illegible]
殊而明倫之道則一也孔子生周之末道尼不[illegible]
乃删詩定書繫周易作春秋正禮樂經雖異而教
民則同也洪惟我
太祖高皇帝法古帝王之道務脩躬行之實首製大
誥三編中明五常又詔立大學於京師名其堂曰
明倫兹府州縣學于天下[illegible]

國化民之本而明倫端本之始極建于民歸之[illegible]
風行于草偃之餘故能
君師宇内而兼隆於帝舜之治孔子之教也嗚呼盛
矣哉麻城儒學在縣治東南隅洪武初所創明倫
堂規模狹隘諸生無所于容成化癸巳秋姑蘇胡
侯来知縣事顧兹卑陋乃嘆曰工必居其肆而學
可非其所耶乃身親伐木于山範甓于冶繳故為
後堂重建正堂三間高二丈有七深三丈有九來
繪丹堊翬飛跂翼高爽閎麗使諸生升降有容
進退有度明目而達聰教孚而道洽侯其知所本
乎本立於此而成於國化于天下也易矣侯名琮
字文德由丙戌進士擢令江陵綽著賢聲憲臣累
舉于
上旌其能詔試為監察御史尋以事改知麻城不朞
月而能敦本如是是役也始於甲午之春成於乙
未之秋董其事者義官王本榮而乞予文以記

儒學科舉題名記　邑人李正芳

化十三年歲在丁酉冬十月朔劉公應乾以[illegible]

進士來令吾邑公先令浙之餘姚六事允修而賢
聲大著今令吾邑猶前日也一旦視學宮閱科舉
題名碑而名已徧矣因與縣尉吳公暨邑博劉公
聚首而籌度之曰去歲鄉榜七人今戊戌春榜三
人咸無題名處況科目盛事將來者又不可數記
可不再勒諸堅珉以繼之二公遂起而揖曰此正
予輩中心之所先欲言及者於是命工礱石走幣
徵予文以為之記予竊惟自古人才之生固由乎
山川之秀而其名賴托以傳者則貴遇乎豪傑之
士也故崧嶽生申甫而功名蓋世閩蜀遇常袞文
翁而科名大顯蓋有不偶然者吾邑在汴河之南
漢江之北前有龜峯之峻後有鳳嶺之巍峩人
才之生固有自矣脫無豪傑之士作令以振動之
則不朽之名何所賴也矧吾邑自
國初以來出自科目殆百餘人有長内臺者有伯外
藩者有憲副者有僉憲者與夫職黄門者居部
擢侍御典光禄守天下之郡令天下之邑
之教者後先相望然今[illegible]

旹鍾有其人今豈無其人歟碌碌焉不題其名則後將何所迹劉侯下車之初作興士氣獨先乎此可謂達政而知務矣後之學者觀是碑思師前人之學仕者誦斯文思師前令之心謂非侯之惠遺可乎然則侯用心之仁其深且遠哉史載循吏以六事克舉此盖六事之首也不可無記因其請特書之俾刻諸石上

南門浮橋記

錢塘倪謙 尚書

麻城湖廣黃州之屬邑也其縣在黃河之南漢江

之北四通八達之地城南有水一溪曰黑龍池春夏則水潦泛漲秋冬則水縮凝涸前人嘗架木為梁以通往來以其高而且危也商賈樵牧驅馳車馬與凡邑民之由於此者稍有不戒即遭顛溺人多病之知縣事胡宗舉丙戌進士先知江陵有善政巡撫巡按交章薦其才能召試果優等拜監察御史尋以詿誤謫知麻城下車以來勤於撫綏矜卹疾苦循舉廢墜不期年德化大行顧其木梁病民且非經久之計欲易以石乃捐俸貲為倡命僧人貞良等募財召工伐石於山以建之下列三券高一丈五尺長十有三丈廣二丈四尺凡用石一萬餘丈石灰十萬餘斤鐵三千餘斤用米五百餘石傭工白金二百餘兩經始於成化乙未之夏落成於丙申之春窖築深甃堅緻完好人不知費之所出工忘其力之勞穹然若長虹之亘空而鉅鰲之卧波也於是殺高為平易危為安行旅無墮溺之患往來有坦途之便矣方伯李君正芳邑人也偕邑之僚屬暨士大夫僉謂不可無文以記其成請

予為之記嘗聞橋梁不脩昔人以為過乘輿濟涉先賢以為譏是故為政者之當務也況縣令為親民之職貴在聚民之欲去民之惡則民心感悅親愛若父母政化所及蓋有不言而信不令而從者矣胡君之令麻城惟其心一於愛民視民如子故凡其所欲者必與聚所惡者必與去即是一橋為民之病思有以利之雖費攘工鉅為之不憚其大用之器而不愧古之循吏方伯諸君屬後之人享其利而不知所自也謀有以志於石所謂不忘者

本也故為之記

人物記

柯潛 學士

余友陳君鉞為麻城教諭之三年訓導張君德瑄朱君謹亦相繼而至考邑中士出而著勲名處而高行義者得十有八人將礱石刻之寘諸明倫堂之南以俟來者而嗣書焉乃以書及麻城圖志付其學徒毛本學來徵予為記昔洛人程珦尉黃陂久而與民相安遂家焉而其子明道伊川二先生寔生於其邑王翰林韓忠獻蘇文忠皆嘗居於黃州

而麻城為黃州之屬邑於黃陂為鄰封則程王韓蘇諸賢之道德文章流風餘韻之所被及宜其感而興者蔚乎盛也然考諸圖志所載之士自洪武癸酉以後為始盛前此則寥寥焉何也蓋先賢之風化固足以感人然非上之人有以休養生息之則亦未能以遽興也仰惟我

朝列聖相承以深仁厚德興治於上田野之民皆給人足熙熙安治於下乃以其餘暇之力[illegible]讀書[illegible]有不能自已者[illegible]方教其信然乎此麻城之士所以盛於今也陳君雅教於此邑既喜其今之盛而又慮其後之或替焉日與士子講習詩書禮樂之文究窮道德性命之旨蓋其所以為教有卓然出於科舉文字之外者而其同寅又能協而相之以各舉所職於是縣人學子益感而興期以所脩者施用於世以報

國家休養之恩而嗣書於石者將烝烝乎其未艾也故為記之以俟

耆英堂記

淳安王寶 御史

莫之為而為者天也莫之致而至者命也孰不欲貴貴原於天非人力之所為孰不欲壽壽原於命非人力之所致蓋人必有德而後天命之貴也有德而後天命之壽也壽與貴皆原於天命固不易得況得其壽者未必貴得其貴者未必壽求壽與貴之兩全者尤不易得也麻城致政三老先生憲副周公鑑僉憲董公應軫方伯李公正芳皆有德之士故天皆命之貴而又命之壽也其偶然哉周與董生同庚壯同遊學同道李也幼則鼓篋啓

崇於黄也長則執經問難於周師友相傳講明正學名登科第發身一也拜官明時得行其道貴顯一也掛冠帝里樂志林泉退休一也去就之義潔出處之分明有學也有守也斯足以驗三老之全德而出尋常之萬萬矣非入中之耆老一代之英傑也耆英於周董二公皆年踰七十矣李公年踰六十矣又皆康強無恙駝顏鶴髮酌酒論文優游自適以茲越中壽躋上壽可馴致矣昔有宋文潞公以太尉留守西都慕唐九老會集洛中公卿大

夫富公輩一十三人為耆英會建大厦曰耆英堂會像堂中良辰美景宴集自得進而能退貴而且壽為世景慕麻城令西蜀宋公嵩傚其芳躅於邑治西南通衢命匠氏立耆英坊僉憲古杭邵君宗大書三字以揭之榮其名不若樂其心又於邑治南僦隙地一區立耆英堂寢室庖房俱備為三老燕會之所樹花木供清翫不出戶庭而四時風景可愛可樂今之尊賢尚德可足加矣昔也文富邵公悉踰七袠而溫公纔踰六袠潞公重之請入于

會今也周董皆長於李而李公與焉其即溫公與於文富邵公之會乎貴顯後先一揆也壽年後先一轍也功業文章後先一致也後之視今猶今之視昔今日三公之耆英堂即有宋十三公之耆英堂千載而下文人才子侈於歌詠必同一美談也然則貴也壽也豈人力之所能為人力之所能致哉實天命之自然有德之符驗也堂既落成令來請記予觀風是邦目覩其事遂不辭而書以復之然此特其大畧也麻城山川之秀人才之盛與夫三

老先生歷官之詳繼世之美都憲繁昌吳公之雄文悉矣予奚容喙

序

龍溪書屋圖序　李東陽學士

龍溪書屋者李氏獻翁之所作也翁舊家麻城世守儒業翁嗜學博涉經史買書數千卷置書屋于溪上以為藏脩之所又延師置塾聚宗族鄉黨之子弟而教之暇則挹清流玩群芳游詠以自適如是者若千年翁老且卒矣其子冕以鄉貢士作宰

于潍宗黨子弟亦多出就事業而宋氏之遺書存嗣其業者未已也允在潍三年遣其子文傑上京師徵諸大夫為龍溪書屋之詩若干篇介然進士載道請予序夫人之材質不同而亦各繫其地内有賢父兄而其子弟幸而生乎其家外有宿儒老師而其後進者幸而出乎其鄉則所以育德成業者易矣令尹君得以成其仕麻城之士得以成其業者皆龍溪之教其及於一家一鄉者不既多乎令使人過其地登其堂取其書讀之想見其為

人蓋有勃然而興者矣而况其鄉人乎况其子孫乎有父書而能守守而能讀讀而行之者令尹君之志而子孫之事也若溪山之奇勝庭宇之宏麗則世之恒事人之所共有者豈足為宋氏重耶諸詩皆叙景興事而其歸在乎問學行業之間予以一為猶有引而不發於此者故比論之以為序

新溪夜泛序

邑人萬山 郎中

癸巳六月之望暑虹晝明灼焦燎秸方思不獲登覽崙泛南濱覽清勝以消煩炎或謂學宫之前新為聚潦突擊成溪景象物趣皆爛然一新勝足嘯眺予試往焉適元肅朱君命僕駕小舟載酒殽偕同官陳君張君將夜泛新溪以叙遊樂予甚欲之二先生亦喜予不約而同也是夕也烟霏雲斂水碧沙明萬籟俱寂凉飔灑然遂放舟中流縱其所適把酒賦詩以招山間之明月或散髮濯足以吟閶闔之清風擊壺而歌解衣而飲内和外適樂而忘極若接安期羨門於蓬萊方丈之境而與人世隔異也沿溪之上舉目異態左則環以層巒疊嶂

狀如城郭斷垣峭岸或飛浮奔舞若與遊者皆来右則儒宫梵宇隱隱於脩竹茂林之間璀璨奪目彷彿不可正視水當合流相搏處澎湃恍類絃歌聲棲鳥驚鳴林間悠揚似與人語相荅和凡此皆非耳目之所嘗接見者今忽見之如夢而覺醉而醒也不能不愴然也元肅復舉酒以告曰值茲長夜當清吟嘯歌以開懷抱烏可效昔人嘗歎兩悲耶陳君遂為首倡予二人者以觴酌循環而傳和之文采相發玉潤金輝酬酢錯行極歡而罷異日元

薊錄舟所聯句蒐其遺韻自為擬古選一章風物之美游詠之樂陳君記之詳矣衆謂予辱茲遊之末亦不可無言惟人生如絮相值聚散靡常維得酒一日之歡猶不獨得況復除此太平全盛之日得相與陶情泉石朋徒雲物以騁乎翰墨之娛者耶古人謂嘉會良不偶有以也矧余邑僻在谿谷無佳山勝水以快登臨之適尚矣今溪不假人力疏鑿而具夫高明遊息之道吾徒又幸首得專其勝而樂之豈造物者閟是而欲遺之人乎苟天欲

遺之不得人焉不能彰也予不足齒彼三先生率以豪儁偉人蔚有時望其風流詞翰又皆可傳而誦也異日高人韻士相率好事翱翔於茲溪之上究其從遊之所始誦其詩想其風采如見其人論今猶昔將與蘭亭羨陂同一歎禮羨慕之無已也然則是溪之所以流光氣於宇宙之間而既遠且久者寔有以藉於斯遊也肅書此以俟之

稼說送張琥　　蘇子瞻

蓋嘗觀於富人之稼乎其田美而多其食足而有餘其田美而多則可以更休而地力得完其食足而有餘則種之常不後時而歛之常及其熟故富人之稼常美少秕而多實久藏而不腐今吾十口之家而共百畝之田寸寸而取之日夜以望之鋤耰銍艾相尋於上者如魚鱗而地力竭矣種之常不及時而歛之常不待其熟此豈能復有美稼哉古之人其才非有大過今之人也其平居所以自養而不敢輕用以待其成閔閔焉如嬰兒之望長

也弱者養之以至於剛虛者養之以至於充三十而後仕五十而後爵信於久屈之中用於既足之後流於既溢之餘發於持滿之末此古之君子所以大過人今之君子所以不及也吾少也有志於學不幸早得與吾子同年吾子之得亦不可謂不早也吾今雖欲自以為不足而衆且妄推之矣嗚呼吾子其去此而務學也哉博學而約取厚積而薄發吾告吾子止於此矣子歸過京師而問焉有曰轍子由者吾弟也其亦以是語之

黃陂縣

二程先生記　蔡元晦

齊安在江淮間最為窮僻
國朝以來名卿大夫多辱居之如王翰林韓忠獻公
蘇文忠公郡人至今樂稱而於蘇氏尤致詳焉至
於河南兩程夫子則亦生於是邦而未有能道之
者蓋王公之文章韓公之勳業皆以震耀於一時
而其議論氣節卓犖奇偉尤足以聳動世俗之耳
目則又莫若蘇公之盛也若程夫子則其事業湮

鬱既不足以表於當年文詞平淡又不足以夸於
後世獨其道學之妙有不可誣者而又非知德者
莫能知之此其遺蹟所以不能無顯晦之殊亦其
理勢之宜然也蓋天聖中洛人太中大夫程珦初
仕為黃陂尉秩滿不能去而遂家焉實以明道九
年壬申生子曰顥字伯淳又以明年癸酉生子曰
頤字正叔其後十有餘年當慶歷丙戌丁亥之間
攝貳南安乃得獄掾舂陵周公惇頤而與之遊於
是二子因受學焉而慨然始有求道之志既乃得

景泰五年冬十一月予行部至黃陂數日既畢事
將詣漢陽因道出縣北郭僅一里許望見僧寺殿
堂甍棟巋然高竦回環周繚中植松檜溪水映帶
碧色湛然雖密邇縣治紛爭往來四達之區而陰
翳森蔚喧囂不至蓋靜幽之勝境宏壯之名剎也
予緩轡顧問左右對曰此木蘭寺也心切慕一遊
覽而未暇焉今年春正月予復以公務憩黃陂理
政之隙僧會名正憲號古章者拜而進曰木蘭寺
者以縣北有木蘭山山勢盤礴迤邐數十里乃盡

於此遂因以名焉而寺之開基剏始則昉於唐宋
以靈濟師為第一祖師自後繼之者若常公湛然
圓公方中定公古祥或授僧會之職或未授職而
署司事皆名德主持茲寺為時所敬服然於浮屠
脩建增益則槩乎其未有聞也永樂辛丑我師讓
公無我禪師以江右繩金塔寺名僧膺薦授職來
正法席顧瞻寺宇之圮壞毅然以興造為己任遂
捐貲倡衆建立佛殿兩廡丈室中嚴金相前列鐘
鼓而寺稍以完具至於鐘樓禪法二堂之制則讓

公有志而未得為而委頒示衆矣憲自幼侍讓公受衣鉢法律嗣領寺事于今殆歷三紀正統丙寅又尋縣司舉膺僧會之職出入俯仰大懼無以纂前人之遺緒而佛殿卑隘黨以當時掄材非良歲久朽腐日就傾毀憲公為懼益甚乃極力經營錙銖積累以集工役鍾樓禪堂則創於正統十一年法堂則創景泰之四年佛殿則於景泰五年徹而新之為間者五崇三十有九廣七十尺脩視廣不及三十尺三尊羅漢像設悉仍其舊而規模崇廣

制度雄杰視舊則有加矣玆不自揆敢請一辭以紀歲月而垂永久嗟夫世之營學佛者多矣然其為教雖異而秉彜好德之懿未始異也是故前人有欲為之志而未為後人能有以成就之是謂善繼前人有已為之事而可法後人能有以遵守之是謂善述善述善繼而孝道得矣此先哲垂訓而吾徒之所用心也今觀憲公於寺增脩晃創可謂有為矣而未及為者尚多也所以為者可謂尚完矣而圖久遠者弗可恃也正求以祗於成是豈盡

能而擴其識可以繼述之道有攸在也正憲拘于於彼而所存不背於此誠有可尚矧吾適經其寺而慕遊覽焉者則於請記也奚容固辭遂次第其事以歸之俾刻諸石庶來者知正憲之用心而益致其力是為記

蘄水縣

時雨亭記

番陽胡奎　知縣

天地生萬物聖人成賢才同一化工而已蓋聖人與天為一其至教之妙因時以化成賢才豈不猶

天澤及時而化生萬物乎今夫天高高在上物無不覆當春之時靈雨既零百卉萌生固天之恩也夏五六月祝融竊火亢暘為旱萬物枯槁雨澤不降如之何弐必也有渰萋萋興雨祁祁不先不後適當其時土地斯沃畎畝溢霑萌者舒葉者秀青者渥翠者濃芃芃然蔚蔚然若忽抽而有神天時化生萬物之妙如此聖人教人莫不同然嗟夫周室既東盛極斯變天不愛道適生孔子而不得君師之位於是祖述堯舜憲章文武刪詩書定禮樂

贊周易脩春秋皇帝王伯尊卑以明亂臣賊子懼
然而懼當是時也三千之徒速肖七十聖人施教
各因其材成其德者以成其德達其材者以達其
材善答問者進之就所問私淑艾者使之及所教
至若有如時雨之化之者如顏曾之徒迪佐已到
因而發之也因其默識之通告以四勿因其真積
力久教以一貫大以成大小以成小聖人至教神
速之妙如此信乎其如時雨之化矣雖然聖人之
道全體大用高妙難言事則切近所謂學聖人者

舍民生日用彝倫之常而他求哉是故求乎父子
則必親求乎君臣則必義求乎夫婦長幼朋友則
必有別有序有信求食則必耕求衣則必織濟川
則必舟載陸運則必車牽養牲則必飲食宫室送
死則棺槨衣衾明為禮樂幽為鬼神綱紀法度秩
然不紊天下萬世治教永賴孔子既沒孟軻氏發
明聖人之教闢異端排邪說迴狂瀾於既倒漲百
川而東之其功大矣古今治世王國郡縣莫不建
學以明其道立廟以妥其神而吾蘄水學南又在

洄瀾時雨二亭創於東坡廢於近時今復作於正
統文明全盛之日廟學一新有名公著作惟是亭
落成景麗瀾清彷彿洙泗予不敏敢述聖人至教
之妙與天地同一化工如此遊學孔門霑時雨之
化有志以行斯道者當不至於聖賢之地不止也
周子曰士希賢賢希聖聖希天

洄瀾亭記　　安城尹遜 教授

昔東坡先生蘇文忠公居黄岡時任情放達不以
文法自拘性嗜山水聞佳麗處輙携童挾琴雖遠

必造或吟詠或品題華翰珎字留徧人間以故黄
地多遺勝蹟也蘄水之儒學居溪潭之上流水盤
洄翻湧波瀾且四面青山若畫誠有足於怡翫者
故先生嘗遊覩其間甚懽愛之因書激湍二大字
鐫於峭石之壁因作亭其上名曰洄瀾乃正統丁
巳爲洪水所壞邑大夫胡奎景聚番陽之秀出者
也以科發身來令是邑忠厚愛民首崇學校於聖
殿廟廡歷歷完[illegible]洄瀾亭在學宮之前
[illegible]

構之亭成以書招予與賞其勝予乘暇而來與胡侯臨眺于亭徘徊顧盼酌酒賦詩深羡乎山水之奇雖蓬萊閬苑不是過也於是胡侯舉酒而屬曰學雖卑陋願先生有以記之俾後人知予續是亭也得有所關乎予躩然而嘆曰美哉侯之學術心志也夫流水之於物也有類乎學者之事如夫子之在川上而言逝者如斯夫不舍晝夜即水見道之無間斷也孟軻謂觀水有術必觀其瀾所以見水之有源以譬道學之有本也今觀斯溪之水來有源

委遠接英山之清流納羅田之廣二水混合奔流於溪巨石中立逆障其流水乃洄旋躍滾浪花波濤洶湧爛然有文之可觀變化魚龍潤澤生物非淺近之可擬也若夫泮宮士子朝入而說夫斯暮出而覽夫是甚者頭以沐之身以浴之觀水之消長認道本末則於學問之功豈不大有裨益焉雖然侯之脩是亭也非欲誇奇而鬬美也蓋深有慕前賢之雅志而欲學者觀瀾以究夫道也侯之命予以記亭者非耀文於當時必使後來見斯文之[illegible]今[illegible]設仙之亭[illegible]意也予喜侯好[illegible]君[illegible][illegible]錄為之記云

重脩廟學記

廬陵陳循　學士

學校自京師以至天下府州縣莫不有夫子廟其所從來遠矣蓋夫子道如天地之化覆幬持載及於萬民凡萬民之生成長養皆有所賴而不失是孰使之然哉天地之化成也仁義道德明於天下凡天下親親長長皆知所向而不昧是孰使之然哉夫子之道行也蒙天地之化者皆知感荷於俯

仰之際學夫子之道者孰有不欽崇於瞻仰之間也哉天地俯仰有象夫子瞻仰無方此廟學所由建也黃之蘄水縣學在縣治東之高阜前臨大溪元季廟學並燬於兵

國朝洪武甲寅知縣趙季先始復建於此歲久日就朽壞宣德癸丑縣丞黃舍觀主簿夏時共患之始剏新禮殿未幾復被震壞正統己未鄱陽胡奎以大臣薦來領縣事下車之初即謁廟學而周覽之夬惧無以稱瞻望之盛心謀於僚佐師儒曰為政

僉此邑所當先於是縣丞李蔚主簿王輔典史金
昆教諭申屠鐸訓導簡縉紳左惟賢僉曰不可後
相與市材鳩工撤其舊而大之為禮殿九三楹東
西兩廡戟門外楹各視殿之數而有差等備臯有
厨藏器有庫楹皆如之經始於明年之春落成於
是年之秋既成胡奎兩以職事至京皆求記其興
畢之歲月於戲為政以興學為先惟令克知教化
之本紀事以溢美為戒故余不敢沒人之善况求
之篤如此遂為之記不辭

重脩蘄水縣治記　　三山申屠鐸　教諭

聖朝有天下也土地至廣生齒至繁因地而設縣任
人以為政甚重其事焉夫縣乃百里之總會土地
之所產出人物之所由盛風俗之所由美甲兵錢
穀貢賦方物無一而非縣之所出設必任人以官
東之苟非得其人則事不能自理矣是故縣之設
職有令有丞有簿而令又為一縣之領袖也縣既
立矣令有人矣又必丞簿亦得其人贊政有方則
縣治之道著稱於天地之間者昭昭矣猶必脩廢
墜安神人斯可謂盡善盡美焉且蘄水縣治在禹
貢荊州之域星分翼軫之次圖經志云始名浠川
次名蘭溪次名蘄水山川相繆與蘄州連境縣有
一水自東南而達於蘄州故曰蘄水東晉之時以
為蘄水縣屬蘄州近因其地附近黄州故隸黄州
府焉其田地有五千四百七十一頃夏稅秋粮四
萬五千一百五十四石有零男婦大小八萬四千
五百有畸與夫山川地里土產人物咸載版籍昭
昭可見元末兵燹文獻煨燼僅存基址廢弛之後

洪武十七年知縣趙季先草創聊且粗畧因循日
久未可美觀正統嗣承以
聖繼聖任官惟賢守令尤重選有才德者以任斯
職於是鄱陽胡公以儒官發身擢令斯治視篆之
初周旋細視深不愜懷謂一縣雖微百里瞻仰豈
細故哉乃謀於二尹李公蔚判簿王公輔典史金
公昆曰為縣莫先於制度而制度莫先於營縣治
也嚴祀典也興學校也脩廢墜也擇日興工量度
去取次第所行豁然一新前有堂曰公明次則忠

厚忠愛以及勤政有廳吏胥有舍財物有庫儲糧有倉達諸圜圄靡不脩治東南西北四方完固田視前創大相遠矣不特此也甚至儀門之外鍾鼓二樓相隔里許其聲晨昏相應風雨不移禁禦之法民不敢犯街衢坊巷井井有條莫不相達祀典壇塲郵驛傳舍燦然一新誠為百里人民之仰望四方来客之觀瞻也作於正統五年之春完於正統五年之秋今當梓匠告成屬余為記余時領教斯邑躬覩其事嘆賞不已特以官府之制度諸公

之能事次序調成以為記復賀我
朝正統以来雨暘時若五穀豐登誠乃熙皥之盛時也矧諸從政者能體
朝廷之心為心經營非昔首舉學校而賢材益興厚倫成俗變惡為美行者讓路耕者讓畔禮義興賊盗息田不荒野不蕪人民育戶口增桑麻稷黍之芬敷雞豚犬彘之畜息雖曰蘄水善治實皆
朝廷致治之美誠蘄民萬世無疆之福也因併此以為記

浮橋記

天下事有可已而不已者有不可已而已者皆也可已而不已則厲民不可已而已則隳事君子之莅政也必酌其中以為制則使民不厲事不隳而足為吾人之永利斯可矣若今蘄水縣之所謂浮橋者吾有取焉初蘄水有渡在縣之南門當驛路之衝每入冬斵木為橋春漲作則橋壞而濟以舟舟不勝載墮溺隨之秋水涸而灘磧露則橋不時成舟不即達歲費白金十斤責以渡夫六人而

民恒病涉焉為歲滋久莫或究心焉徽之婺源潘君珏以成化甲辰進士擢知蘄水縣事嘗祇謁
宣聖廟進其師生與語而前教諭周同倫訓導楊復初周寬暨諸生王泰等首以是為言蓋渡當儒學前故悉其事而君亦首肯心計曰是必為浮橋使守者斂放有時庶可久也歲連歉不克如志會巡撫都憲馬公來有令諏縣興革事君躍然以狀上報可即往行水令耆民游泰度河面之廣狹以丈計者六十計廠造之費不足以給募之義民[illegible]

金以佐官而君又慮吏之有所朘削也親徃視役
命僧會悟智市材鐵集工力肇功於成化戊申七
月訖事於十月每艘縱若干尺衡若干尺砌以巨
板繫以鐵維長與河等歲益夫四人水平則放以
渡漲起則歛以俟東西往來若履坦途行者歌呼
居者慶嘆以為永利實始自今非賢令君之究心
民事節其勞而紓其費莫與致此於是寛與令教
諭傅楫訓導徐文賢暨諸生汪倫等具其事以請
記於戲此非事之出於不可已者哉惟事之出於

不可已者則所為者皆義而非利言於上聽之而
不撓倡其下應之而不譁謀之同行之果而成之
亟利之大有如此者彼無所酌於事之中制則或
坐而任其事之隳或起而為其民之厲又何擇乎
義利之說而遑恤夫君子之譏哉矧學校公論所
自出乃亟稱潘君之賢雖橋梁一事亦有得於先
王拯溺濟涉之遺規則其他政之善從可知矣异
時陟位台鼎則任益隆天下所謂可已而不已與
不可已而已者固當大明乎義利丕見乎勳猷而

蘄水固其發軔也然則是橋也將有甘棠之思繫
焉豈可無述哉君字玉汝生于朱子之鄉而誦其
遺書甚力且於予有講習之雅故嘉其並仕有恵
及民而又知所先務如此俾後來者有所考且有
所勸以嗣經父之圖焉

羅田縣

新遷儒學記

金陵沈鍾

弘治丙辰九月既望有儒二生踵予門予令之入
二生歷階以升肅甚予曰子為誰曰羅田余大德

胡大本也予曰子來奚故曰敝學賴古渝羅侯勳
新遷告成敢以記於先生請是以來予退老林下
頗稀闊鉛槧事懇辭辭雖懇而請益堅且曰先生
曩提學時生俱嘗受教左右斯記宜莫如先生非
惟學宜先生記而卒教於先生亦無乎不宜也予
曰子獨不念孟軻氏彼一時此一時之說矣乎彼
一時予於諸生莫之教此一時予又安所教于諸
生也二生竟致書于予予覽之始知其學蓋如書
所廢有興云者肅即其廢興之故而言曰羅田本

黄之屬邑僻介萬山隴岡巒聳峙狀若奔馬排空然而澗流盤亘石齬則又若伏蛇之狀學舊在邑東官渡河之滸比歲溪潦衝突棟宇隨以飄没而俎豆弦歌之地倏為魚龍所家沙礫所障塞弘治戊申羅侯下車初慨然咨嗟迺謀諸教諭章瓊訓導朱鑑袁英廩膳生胡大倫輩冀一新之遂申請諸當道僉可之爰擇邑之歸厚巷境勝而龜吉輒市材鳩工凡百費悉勸助于多貲而好義者之室一無所侵於民擻義民胡月臨周文鄒榮富聶永

瓚胡大剛程仲信董學洙胡大韶董之經始于辛亥二月訖工于十一月維時大成殿東西廡戟門櫺星門與夫明倫堂兩齋膳堂號舍之類罔不蔚然就緒聖賢肖像一皆巋然其中此其學之廢興之故有若是者傳曰不有所廢焉有所興然而難易判焉之學也廢於河水俄傾耳何其易興於羅侯彌歷歲月而後已何其難且學之難易廢興固然矣至於諸生之為學也亦然蓋學所以學為聖賢也學為聖賢童而習之白首紛如也難矣方今

聖明建學育生徒覲為世用最重科目之選借非讀書窮理卒莫可得讀書窮理選自科目壬子一人先是每寥寥然諸生尚惟讀書窮理毋徒歸咎於科目而已也周子曰過則聖及則賢不及則亦不失於令名自科目選不特失令名耳諸生惡可視以為難而不易而不之學矣夫不以為難而不易而之學焉選自科目斯有光於其學無愧負於羅侯遷學之盛心矣抑孟軻氏曰知者無不知也當務之為急侯名進士邑事利弊知無不為者遷學

乃其急先務之一事也云

知縣徐泰去思碑記　錢塘倪謙　尚書

心之官則思思者感物而動者也理有未明思以析之明則思已事有未當思以處之當則思已惟德也被於人者既深則感於人者自不能忘其為思也容有已乎夫人有受人一飯之恩百金之惠者尚感其德而思之不置況乎推一視之仁徧百里之邑使其家給人足俯仰畢遂其德在人淪肌浹髓豈值一飯百金而已哉詩曰有斐君子終不

謂守宣居善之無已也黄之屬邑有學者

成化元年

諸以江陰徐泰士亨來知縣事士亨景泰丙子京闈發解第一人也學有源委而存心仁恕立志遠大其得縣為治遂以一夫不獲為己責視篆之初首與城隍誓曰政事未備神其默相息改奸貪神其降殃故其蒞官臨民廉慎自持克勤撫字恪盡乃心一本於誠凡百有為皆可質諸神而無愧是以扶善抑強濟貧卹患早民為先勸農為急貧無牛

種者官為給之助其畊藝興庠序以振士風厚儲蓄以備救荒置義塚以掩骼歲嘗大饑發粟以賑有饑殍瘠瘦不能負粟者捐己俸廩倡率邑之富民輸米菜為粥食之雖隣邑之饑者聞風來乞食之而不拒活民不可勝計見男女不能及時備嫁娶之禮禁其論財悉令婚姻軍有本戶將絕而過繼他人戶者官為出資贖還俾承宗祀逋逃者聞之悉還復業免其徭役給官田以存活之歸者如市有負租不能償者措理代其輸納豪右欺蔽

田粮六百石餘產去稅存民困輸陪士亨精算數法覔欺蔽之罪嚴清理之格有田則有粮據粮以尋田田在而粮清欺蔽者悉露而占田輸稅向之無徵困於陪償者皆脫然矣民安得而不思之哉士亨本江南富家任六載凡周身之給悉自家鄉輦至一毫不取於民雖當隸從散遣務農而不入其工價其他善政未易枚舉是以德教夬孚而人化之民無鬭很吏不受遺里老胥徒恥言財賄成化四年士亨述職之京矣群吏相率詣城隍祠拜

誓曰不敢以我侯離任而受汚辱有犯者神責而殛其屛辱之是以囹圄刑措民心感悅親之若父毋愛之若四體相與合七邑之人赴京保為郡守不報都憲吴公琛撫巡湖廣奉

勑考察推其德政為諸縣第一用羊酒織文彩聯褒勞之續

聞於朝遂有荊門知州之擢去任之日絡溢於庫粟盈於庾析數印封加於始儕至從扶筇擁涕號泣處地為之濕攀留者塞道遶境度不可留則脫其

華轍置之帥廟以示不忘其得民心可謂深矣故侯既去而衢童壤叟耕夫饁婦飲食必思起居必思相遇於塗則必更相謂曰安得我侯復來撫我哉思慕不已更相謀曰曷若紀去思之寔於貞珉哉於是老而八十耆民廖浩等道達衆志遠來謁文歸刻于石孟子曰民之歸仁也猶水之就下獸之走壙言仁之感人其易若此今觀士民致羅氏感悅思慕而愈久不忘者豈非一仁之所及哉可書也已昔劉寬平陵滿去百姓攀車拒輪崔瑗今汲遷秩男女為碑頌德此古之循吏番休前史書也今復為士夫見之又何讓於古人哉予用是紀之以示後既以慰羅民情又以為今者勸也傳循吏者尚當有考於斯文

黃州府志卷之九

黃州府志卷之十

蘄州

重建熊主王公廟記

淮安金銑知州

天地剛直之氣稟之以生人與物皆然然而人得其全能全剛直之氣奮百世而特立者乃豪傑其人也是氣處乎百世之常泯無形跡之可見間及其遭大變臨大節而發焉則死生榮辱之境以定於胸中不死而辱不生而榮則何外物足以動其心而奪其志哉是故於夏而發也為龍逄於殷而發也為比干於楚而發也為屈原於唐而發也為張巡為許遠為顏魯公於宋而發也為文天祥為三益為王彥明之數君子也安於臣節以死為身所謂能全其剛直之氣奮百世而特立者也自達及孟史書之廟祀之名公鉅儒為之詩歌為之傳記以稱羨之刻於石登于方策後世得以景仰而羨慕者良有以也惟彥明死節以來史失其傳廟燬於火未聞名公鉅儒為之詩歌傳記以刻於石登於方策剛直之氣不得白於天下無置諸人心矣

天地之間者固自若也是蓋不以暫而存久而歿也銑承命來蘄索蘄圖經考古名宦將師法之首得公焉公未詳何許人守蘄有德惠在民當元兵壓境忠義不屈拒戰日久粮盡民不忍叛未幾城陷公挈其妻子登大艦於州西隆磯慷慨鑿艦而沒之蘄民哀而思之尊為烈士立廟於磯傍曰烈士王公之廟歲時祀之遂詢諸父老僉曰故廟卑隘弗稱逼于民居數罹於火不可以千稔遺址鞠為草莽亦已久矣予聞而感其心謀於僚屬同知淮陽王

倫滇南趙和判官西蜀王錦吏目陝右王鼒相與捐俸市其民居以益其地東撤周行西抵大江袤計七十餘丈廣六十餘丈新其廟貌路行門圍以墻經始於景泰癸酉秋越明年冬十一月甲子落成予與僚寀率父老拜瞻廟下咸喜公剛直之氣肅然如生因請書其事以刻于石噫公剛直之氣塞乎天地固不藉此而存而公之神靈不無藉是廟以棲以安而凡蘄人水旱疾疫之禱於公者舍是將焉適乎他日來名公鉅儒為之詩歌傳記以[illegible]千載之下[illegible]百世之[illegible][illegible]予夏歟楚傳諸君子者又焉可謂其不藉於是予銑慕公生有功德於民死有關於名教而水旱疾疫之禱又足以福乎人祀典所載不可誣也遂書之并系以詩俾蘄之人歌以祀公其辭曰彼都兮烈士全天地兮正氣視殺身兮如歸凛秋霜兮忠義隆磯兮蘄巖壽宮兮新制在祀典兮有徵綱常兮攸繫洋洋兮格思驂騑兮孔熾載雲旗兮委蛇繪靈衣兮組麗奠桂酒兮椒漿神樂康兮少憩願歆福兮錫民永廟祀兮百世

儒學記　朱元晦

乾道八年秋予友建安李君宗思為蘄州學官始至入學釋菜召諸生坐堂上而告之曰朝廷立學建官所以教養人才而待其用德意甚美宗思不佞得備選焉深為淺陋懼不能稱今將有以教二三子者而相與朝夕乎古人為己之學庶以無負朝廷教養之意二三子其亦有志於斯乎諸生起而對曰諸生不敏惟先生有以教之則幸甚於是宗

思退即其居則距學且十里宗思顧而嘆曰學官宜朝夕于學與諸生相切磋者其相距之遠可若是耶翌日相學之東偏有廢地焉請於州願得為屋以居而日往來于學以供厥事於是通守北海王侯賞其領州符喜宗思之意而悉其力以相之役不踰時遂以備告然後宗思得以日至於學進諸生而教誨之蓋使之潛思乎論語孟子之書以求義理之要又考之編年資治之吏以議夫事變之得失焉日力有程不躐不惰操策而問勸督以時凡使

之知所以明善脩身之方齊家治國之本而於詞藝之習則緩焉而不急也既久禮其士之賢而有德者而與其居凡學之教悉使聽焉由是蘄之為士者始知所以為士之事而用其力宗思亦喜其教之行而將有成也礱石於堂孜前為茫官者得自某人以下若干名訓歲月刻之而書屬予使因記其所以然者予惟宗思之教可能也而其所教則非世儒之所及王侯之悉意於學可及也而不以宗思之說為迂闊於事者則非俗吏之所及是皆足書

[illegible]書於後蓋非獨能繼宗思而居此者有考郡亦承流千里而帥其民者所宜知也於是悉書其本末如此俾刻寘題名之首云

蘄州廟學重脩記　眉山萬安侍講

天順五年辛巳歲春正月蘄州知州趙侯重建廟學新成初侯來涖職因過安言將建廟學功成願有記也時安許之至是學正涪州朱成具狀介生員陳玘來請曰功成而記之執事嘗隆言於趙侯矣願無辭辭既弗獲乃據狀記其成績按蘄本漢蘄

春國後為郡為縣不一後周始改為州後又更置不一

國朝洪武初為府尋復為州然蘄州之有學則自宋景定癸亥始蓋自漢以來孔子有廟不出闕里唐置州縣始立廟通祀孔子然蘄之學雖起於宋而其學之有廟則固始於唐矣

國朝混一天下詔自京師及海隅郡縣咸建廟學而蘄州廟學寔知府左安善重建也然規制卑隘且歲久頹弊戊寅春趙侯來為州欲更大之顧[illegible]有

未能迄吊期民懷其惠上服其教遂謀及僚屬曰
廟學不飭惡足妥神明崇教化吾輩奉
朝命来官於州茲事尚怠何以塞職盍撤而新之僉
曰職分事也敢不祗承於是相與合謀市材鳩工
始建大成殿東西兩廡戟門櫺星門雕塑聖賢遺
像次建明倫堂進德脩業時習三齋及賔客之位
會饌之舍至於庖廩咸以次備完輪奂甚美規模
邃加始成祀聖育賢之所而湖南北廟學莫有踰
此者矣是役也以庚辰夏四月庀工僅十越月而

成迺二月丁丑侯率僚屬及諸生行釋菜禮退即
學丁寧諸生砥礪行業期其有成又為之豐廩餼
蠲徭役凡可崇教道而敦俗化者侯罔不究心也
然蘄介舒黄闓其形勝阻山帶河其民務稼穡士
習詩書有鄒魯之風比来掇科第躋要津以及持
麾外郡顒顒繼出今又得侯剛明仁恕勤於撫字
汲汲惟學校是興政教是舉則當坐收治化成效
也可期矣所可書者詎止工役之勤而已哉故併
書之使刻諸珉石用以志蘄之學大興則自趙侯

始侯名應隆字文盛番以明經領鄉薦拜知州
尋以憂去任服闋再調於蘄於時佐其事者同知
淮安王倫判官單懷武信也若耆老勵督匠氏効
力者其名氏悉列碑陰云

蘄州四見亭記　　安城劉廷闓

蘄陽郡治負麒麟山自山之麓纍石拾級委折以
升至於山之巔有亭曰四見今郡守雲中李崇祖
所重建也亭之高仰瞰城郭壓居鱗次若在淵谷
岷山嶓冢之流洞庭雲夢之匯合集奔放滔滔洶

洶千數百里而来縈帶洲渚橫流於亭之前而後
紆徐以東去吳蜀荆陽之山高者摩霄漢遠者隱
烟霧昂者龍驤伏者虎踞莫不出奇獻秀畢趨乎
軒楯之側至於林廬之隱見清朦之分晝原隰之
袤衍衢里之衝從凭几而觀迎在目睫於是一郡
之勝槩畢萃於斯亭矣按圖志郡有舊址在廣教
山去州西北五十里蘄水界其陰水北白雲山有
四見亭則故范忠宣公純仁所名也宋治平中忠
宣以御史言事出守是邦暇日乘白雲焉處行之

顧瞻而樂之山僧為之作亭忠宣喜而名之而儀
郡士林敏功為之記其後郡治荐罹兵燹轉徙不
常再易所而至於今治允城之廨宇里閭臺榭之
觀釋老氏之居悉遷於治而不易其故名故麒麟
山之亭非復白雲之比而四見有爲循仍其舊焉
然其為室卑陋弗稱歲久且圮李侯奉
天子命來為郡牧思所以稱
朝廷遴選任賢之意廉以持身仁以牟人恤民隱祛
吏蠹期年之間弊無不除廢無不舉令行禁止閭

郡大治迺其餘力撤故亭而新之重簷穹楹焱舉
霞映雄峙盛麗倍蓰於前而未嘗以一毫賦於民
父老聚觀而美之曰偉哉斯亭前所未有也又曰
仁哉太守其使吾民安於田里以同其樂也于時
僕自江右校藝還泊李侯邀余舟宿江之滸設觴
豆於亭上曰亭成子適至宜文以記之辭不獲則
為叙其因革始末之故以示來者舉酒復於侯曰
吾聞樂民之樂者民亦樂其樂侯之為政其庶幾
古人乎侯釂觴而謝曰吾不足以知之然吾聞之
百年之先長淮大江南北烟塵桴鼓之警交乎遠
邇蘄於斯時號為邊郡其人狼顧倉皇莫之攸底
方是時士君子之遊於斯欲求頃刻遊觀之娛若
今日之暇豫其何可得乎吾今升高以望四境桑
麻陰陰禾黍蔽野黃童白叟熙熙然遊於鷄豚之
社商馳宦舸東西上下於江波烟靄之中者朝暮
而不絕太平之盛世久矣吾黨之於斯也得以燕
居祿食幸其風淳俗簡時和歲豊而與斯民相安
於無事委蛇自公時從寮寀賓友嘯詠斯亭無瘝

官之譏有登眺之暇由是而知
聖天子之深仁厚德所以光被寰區涵煦庶類蓋無
一民一物之不得其所又不特一郡之幸一時之
美而已余曰盛哉侯之言其將致吾君於唐虞之
治而與天下同其樂歟遂書其言以為之記

脩廣廟學記　浮梁戴珊侍郎

蘄之儒學在州治之東背麒麟山面漢而趾通衢
肇于宋毀于元復于我
國朝與

規于廟規制咸備餘百二十年予茲守丞安善錢敏
王坦趙應隆莊澈甚創以脩者久之入于敝廟為
甚且在逼於官民家參以非其鬼之祠不可以尺
寸展諸弟子升堂齋服師訓退而會講或獨息無
所與居在宋時守李誠之王彥明通判秦鉅後先
捍金元兵力不支死之王玠有事蘄黃鎮撫司會
孔彥舟謀逆以罵遇害四侯之忠節學政有關欲
祀之以表以式而未能者州當藩府末流監臨大
吏曠歲無足跡雖有之亦不能以累日加之才不

裕見與力不定惡乎賴哉弘治五年夏秋之交司
禮太監蕭公敬錦衣衛指揮同知孫公瓚偕珊奉
使涖州既事待報謁眎廟學胥曰是誠脩廣之不可
緩者而鎮守太監劉公雅巡按監察御史汪君宗
器右布政使王君範知府劉君肅具在以為然巡
撫右副都御史樂安謝公綬進分巡按察僉事蕭
山富君玹及知州山陽楊淮而言曰脩廣有
明詔矧得之為有財緩當主之君輩其[illegible]以咸玹曰
敢知命時祠已撤法撤去臨僑數家亦議他徙以

悉來售酬其直以丈計橫盈十而加二縱倍橫之
數而加二併之以秩隆殺繚之以堵高堅中構講
堂五間南向扁曰麗澤前翼栖息房四十八間東
西相向門三間西向扁曰道義房絕處仍限以堵
外構祠三間另門道出入用安四侯之神扁曰四
節其廟學之殿堂之齋廡之門庖倉庫凡棟梁榱
桷板檻之腐折者蓋瓦級甎灰堊之破損者以至
繪素之鮮駁不鮮者一切易以堅良仍舊增新規
制益備且弘矣其費白金五百五十餘兩米二百

餘石酌官民之當取者而非正供非橫斂力亦擇
其班役于官者用之始事於秋九月至冬十二月
訖工淮率同知鄭昕學正袁珽訓導楊浩衛永昌
諸弟子錙迪吳山游仲璃輩請為記珊嘗為御史
為按察副使董學西南每思誦法孔孟而忘筌蹄
者切恨之所請能已於樂道邪共惟我朝
聖聖相承稽古右文置學立師徧郡縣簡俊秀充弟
子員聚而教之所以瞻仰聖賢申申夭夭誾誾侃
侃嚴嚴之氣象所講讀易書詩禮春秋之文字所

明所率仁義禮智之性君臣父子夫婦長幼朋友之倫驗諸心身而有得於諸詞說而不悖推諸國家天下而可行從而厚廩餼以養之公貢舉以登之班爵禄以用之是則居之無異處教之無異術取之無異途矣於戲孟子三遷其業隨之程子見獵猶動夙好人非大賢異處顧可以居之乎廟學之所以脩廣要非美觀聽而已幸相與深鑒而勉進之師知所以教弟子知所以學毋壞心於異術毋失身於異途處爲正士以善其俗出爲名臣以

善其治雖遇變臨危成仁取義亦非所難夫然斯有以光衍我

聖朝人文之化而於教養之恩作新之圖均不負矣

雖然春秋以民力爲重築臺囿作門觀新延廄法無善書今茲之役時且義者其諸異乎彼之書歟若謝與珫非裕於才而有定見定力舉動罔不獲能若是哉叙成績揚休風以爲來勸固不可少也庸書以復

江山清趣亭記　戴珊

弘治五年壬子五月戊寅珊偕司禮監太監劉瀞

蕭公錦衣衛指揮同知鄧平孫公奉

使來黃之蘄州

命下甫七日即就道衝冒暑雨跋涉山川如是者月餘比至會鎮守太監劉公巡撫右副都御史謝公巡按監察御史汪君暨都指揮同知高君右布政使王君按察僉事富君往理乃事月又二日事始竣洎

聞孫公北產也南壤伏暑殊不堪假館鳳凰山之四

祖寺殿堂門廡蕭礎聯屬又無從而風之爰率官奴剗峻坂取小徑蚓曲魚貫而上之得隙地孔良凹凸者平之欹斜者正之蕪冗者芟之搆亭一間雕飾不施門户不設後抱平岡而左右翼木松杉前駕殿廡城堞而出之無所障蔽長江大湖一碧千頃遠近山岫起如劍戟伏如波濤柳陰荷香鳶飛魚躍率相爭獻奇秀天風時來肌髮飄飄恍若身世之在廣寒九成也蕭公爲書江山清趣扁之作詩若干首孫公方適趣于柱笏凭闌之頃而有

感于候鴈南歸之首江漢朝宗之勢幡然思以憂
曰瓚職在侍衛出入禁闥
天顏不違咫尺外處迄今夏向秋矣而我
聖躬天祐歟
帝德日新歟文教興行而武衛不弛歟求賢從諫若
渴若流歟一切無復瓚所預聞者能恝然不介之
懷徒戀戀清趣於一山一水之曲耶嘗舉以語珊
竊惟人所以參三才而靈萬物謹諸天人之際而
已故月令有曰仲夏可以居高明遠眺望升山陵

處臺榭范文正公曰處江湖之遠則憂其君孫公
出積善餘慶之家戚里將門之裔好讀書明理道
通古今謂父兄門地不足恃膏粱紈綺不可溺乃
不避艱險左右大將軍克捷貴陽之不庭者以奇
勳授顯秩屢衛
使命之陝之汴之南京綽著聲績今茲一憂樂張弛
間而能順天時循人道待命占先聖賢之語良可
書也雖然地因人而勝人以賢而名韓昌黎之詠
谿堂蘇東坡之賦赤壁歐六一之記醉翁亭幾之
亦人誦其詩文猶想見其盛美蕭公賢名重海內亦
詞翰得之者不啻若隋珠荊玉然重孫公之賢夫
書長篇無所吝而謝公輩繼之皆傑作千古江山
一時光重亭之名未必不與谿堂赤壁醉翁同其
傳也而珊得以託名於諸公之次其亦幸且幸歟
知府前監察御史劉君肅偕知州楊淮請為記遂
書以歸之

黄梅縣

宣聖遺像碑記　　陳可大 教諭

至治二年春沔陽之景陵簿蕲良叔以公務抵江
陵遊玄妙觀見唐吴道子圖形碑勁而古貌恭而
安摩挲審視而知為宣聖燕居之像詢其由黄冠
曰適有當道執政者羅封遇水梁馬嘶伏不進鞭
箠數四愈退却令皂隸視之報梁石有像遂起而
舉植於此蘄歸所治以告寮屬幕佐陶景山力請
蘄移文取置於江陵崇文閣任回打碑像以歸太
定丙寅秋余職梅庠陶君能言其事之本末甚悉
一日於李和甫家暨得其像是之令尹景山李公

躍然以書而感亦隨之曰仲尼日月也無得而踰焉吾生神筆也千載陸沉復見今日抑先聖之靈昭昭赫赫遺像所在自有神物爲之守護而撝呵視隨文鎮石之語亦固甚矣於是捐已俸命工勒像于石碑人人瞻仰乎申申夭夭之容如獲親炙之久者焉噫盛哉周宣岐陽之石鼓復見於鳳翔之宣廟餘慶之力也今令尹景山勒石之心餘慶之力也可大謹敘其事而爲之記

儒學田土祭器碑記　郭友直　天寧路總管

嘗謂教養所以興學禮器所以將誠教養偏廢則學不興禮器不備則誠不盡皆守臣效職之所以盡其責也故學有錢粮以充其歲用者贍師生供祀事而已俾之不以饑寒累其心而後禮義之治足以行其教苟爲無養則惟救死而恐不贍奚暇治禮義哉甚矣教養之不可偏廢也然有其禮無其器樽俎不足以供於前豐潔無以陳於上則雖致敬以有禮而祀事之誠有不盡者矣教養兼舉禮器兼備賢守之自責固如是之用心也晉寧

齋尹誠齋爲黄梅尹日以學校爲心慨宮殿廊廡頹毀不稱治政之二年悉徹其弊而新之始鑄銅爲器以供祀事又慮職教者傳替不一田土或湮無以爲養舊有圖形砧基簿籍歲久摩弊或夤緣爲姦後難以徵於是勘劵明正列田土條段及祭器之目以鏤諸石蓋欲盡其責於學校而俾教養祀事之永傳也故述其端以紀歲月且以示勸於後云

義樹記　邑民劉建先世門有一樹枝柯相附劉忠山作義樹記以示子孫

劉忠山

祖宗父母者根本也兄弟子孫者枝葉也重祖宗父母者重根本也兄弟子孫相愛敬者厚枝葉也是猶木之根本固則枝葉茂此造化必然之理子不見門首樹乎難合者樹枝易合者兄弟木且如斯況爲人乎後之子孫共保此樹共培此樹寧與此樹俱合合之爲道知而已矣忍而已矣和忍之道不過出入相友守望相助疾病相扶持勿信妻挈之言語則聽隣里之教唆詩不云乎兄弟鬩于

以外傑其每嘗不云乎命之薄者雖分益貧矣
分而貧孰若合而富貧之與富命而已矣分與否
何預耶

新脩儒學碑記　華容黎淳

謹按成化六年夏五月朔都察院右僉都御史繫
昌吳琛承
制巡撫湖廣下車之初奉揚
德意興墜補廢自學校暨凡公署皆務葺完圖新政
化維時守令有指有督有勗有以心感或連數州縣功

罔就緒罰亦隨行惟新淦戴侯由縣丙戌名進士
令黄梅克能厥官也事上使下絜矩有方疏滯植
抑敷法中度踰年滑彊梧柔隱然發舒政既大通
乃制貲財就工役勸民而官以己丑十二月甲戌
首建明倫堂東西兩齋各五楹堂崇二丈深三丈
一尺廣五丈五尺募義官余亮富民嚴文及其弟武
相其成齋崇深亞等用尹銘錢渭司其事前建大
成殿東西兩廡亦各伍楹序坐先□□木主陳列□
凡則訖汪才徐讓周浩督之啟之□□於堂□之
□□於殿又廟建戟門欞星門左□門則委
泥塗金碧參丈陶永信監之各視舊規愈美甚高
凡九閱月而畢事講道得所釋菜禮成壯麗通明
仰瞻敬悼次以餘力□衆藩館□心臺整飭縣治廳
事暨諸彊壤經理置郵之宇徼巡之司倉庾之屋
百度畢具未幾都憲公臨焉入其郊無惰農進其
郭無羈旅坐其公堂無囂訟怨詻臨其學宮師勤
教弟子勤學儀文制度蔚乎足觀父老仰適千旄
而稽首曰下邑之廢於學也久矣大惟我侯克共厥
職急此先務因民良心而感動之而費之欲以成
其材勞之欲以溥其利以故為之是有矣費與夫勞
而人莫或以為厲也吾儕今獲如
聖道當共行
王化當共遵三綱五常當共由之而不可一日廢率
在斯學敢具以聞都憲公曰然既有先於進士甲
科者雖微不言吾固將表揚之以為群吏勸遂肆
其政績薦于
朝明年夏擢□□□而侯去之

君命来矣都憲公又曰君子樂善無窮盍銘茲德以
告太史氏而刋之碑于是教諭鍾定安訓導元仲
余浩来請予曰美哉黄梅山川之靈於地也往年
大江雪漲吾汎舟上下遠而望之見德章龍平馮
茂破額烏牙諸山巻舒雲霞送迎日月而爭奇競
秀于萬里雲霄之表晴焉障屏之麗錦也晦焉樓
閣之迷煙也吾意其山神靈藴洩必鍾于人其先
亂時英豪奮起而戰爭豈無奇謀忠勇之士出而
仗義立節及入治朝賢儁奮庸又豈無道德之儒

直良之輔生而弼化長民然傳攷載籍無聞焉惟
一二釋氏子乃樵稱斯土若專其神靈者何歟夫
豈山川之靈豐在外説而獨嗇于吾儒正脉與抑
亦有之而傳記小説失于傳聞歟無寧人心之靈
惑於他道無學校之教以開之雖有山川之靈莫
能顯也仰惟
天德崇文幸都憲公隆儒以振其綱幸督學憲副嚴
公申飭教條以肅其紀又幸有諸賢侯成此風化
之基百年文運復一新矣吾當盡收山川之靈還
于爾學必有傑材科第騰芳罔俾異端澆漓氣化
凢我同盟務敬勗焉銘曰
有嘉新學　載侯所葺　孰振厥綱　都臺有徼
厥初庳隘　上陋旁穿　燥濕不除　神罔降賢
乃新斯堂　人安其業　冠帶縉紳　古訓是式
乃完斯廟　神妥其靈　罇俎旂章　粢稷在庭
金節煇煌　都臺来蒞　惟德之造　師儒咸會
都臺有心　昭格神人　旌能懋德　庸激衆勤
濬爾名山　越暨嘉水　安奠此邦　嵗崇祀禮

爾靈在地　峻極于天　弗鍾於人　精爽曷宣
都臺有心　山川鑒燭　宜配崧高　甫申是毓
奎壁騰輝　江漢發祥　群賢福國　丰采聿彰
後之諸侯　毋替成績　太史琢辭　永歌
帝力

儒學科目題名記　崑山金章　知縣

我
朝治天下惟養士以圖養民故自
大祖高皇帝受命之明年即詔天下郡縣皆建學以

養士急先務也其法凡有官者子弟與民之秀者皆選而教于學學必專經經明而合試之試凡三場中式而後貢試南宮其登額而進對
天廷者特
賜第曰進士以次官之仍命工部立石太學紀其名氏示重科目人材且為天下士勸也故凡天下有司推廣
朝廷德意亦各得立石于其學紀其上之由明經進于科目者焉黄梅為湖藩大邑山川秀發亦豪傑所產地也余幸第乙未科進士試政春官越二年出宰是邑既至觀于學見舉進士及鄉薦者未有題名石問其人有無而諸生歷舉進士韓中舉人馮性華若干名以告且述其科第年次甚悉予曰噫嘻
朝廷設學校以養士如雨露之養萬物既設師儒以教之又
命憲臣以作成之士粗有進即有廩餼之供材既成而官之又有祿養之厚至於作興鼓舞之道又備至焉士而得作養於學校必思上之所以望我者
天奚可學文章以媒祿養而已必禮義養心以備吾他日養民之具求不負上之所以作養我者可焉為守令而不知振作士氣涵養士習又豈
朝廷寄學校於有司之本意哉爰夫立石題名以重科目人材正我有司作興之首務胡獨缺於斯適有舟客載堅珉來自南畿者其高闊與碑製宜遂購而樹於講堂之右覆之以亭刻諸進士舉人名姓于科目年次之下俾二三子朝夕觀焉必相謂曰某與某皆以作養有成進於科目得刻名斯石豈永久吾可悠悠歲月而不求銳進耶豪傑之士奮然以出科目之英後先相望區區片石殆不勝其書矣因誌此於石用旌多賢為諸士勸云

縣尹戴侯去思碑記　高唐劉魁 縣丞前監察御史

仕而去任得民心之思者固難去久而得民心之思者尤難也是何也盖任當其時可以作威可以作福人或避其所不欲而規其所欲言遜禮恭譽交而頌德未必皆[illegible]去後而人必思之斯無

若積年之不平不明者以平以明弱者得立寡者得安饑寒者飽煖士有教養而登科者相繼强衆者守分而免於有過老者尊重為善者知勸民罕見吏三載以治最補內臺御史民以俊良登崇無不相慶相賀民以懷其德安其政而不欲其去者比比皆然去後民有訴訟曲直者有輸納錢粮者有承受徭役者有趨事赴工者皆以侯為準稍有不同則曰我戴侯之在當時何如也殆今成化丁未十有六年侯謫雅州節判亦三年矣邑民惜其

不偶恐其復用之不早也思念之心愈篤夫侯以喬遷而去民心思之或者可曰勢之使然去久而左遷民心思之久近一致不以盛衰易心是豈刑驅勢迫使民心違而面從者歟抑豈假仁假義使民歡娛於一時者歟良以心在為民而無矯偽以行乎其間事有終始之所致也黃梅素號難治今斯之民懷慕戴侯如此天理人心豈可誣也歟先儒謂天下無不可化之民亦無不可為之事於此亦有驗矣是年予爲是邑丞邑民知予與侯為同

年進士以除知縣同為御史謫官亦略同也愛之如侯兄弟見之必曰我戴侯之起居何如也我戴侯果在何時而有徵也譽揚美德善政如出一口豪吟雅譚多能記之喜談而樂道殆及其子孫亦世講其好不知何時而忘也邑之致政劉欽舉人上舍石信等并諸耆老因名所欲共記上舍金瑛乘便市石於南畿載立本縣儀門之左時大尹朱均壁聞知忻然而董成其事判簿聶均靳王均洪幕賓丁均瑄皆為之贊襄邑學掌教金均寬二教

王均輔表均儔無不同聲稱善予以侯之政得民之所敬愛仰藉餘光亦感德之難已也備為文以記之與情之所同也非一己之私也形容有不盡也稱述豈有過歟

重建城隍廟記　　文江金寬　教諭

國朝統一華夷分置郡邑皆
命立城隍廟俾有司以時奉祀民有水旱災疫必往禱焉世傳城隍之神皆古名臣烈士其說虛誕不足深信嘗觀斯人之生皆稟天地徽茁之氣具有

形性靈於萬物别山川土地風雲雷雨皆氣之大者乎是城隍之神乃一方土地之氣聚結而有靈異如山川風雲雷雨之神皆氣之聚者信不誣矣故神依人而血食能爲民禦災捍患有禱輒應亦理之常我

朝俾各立廟宇以爲神棲良有以也黄梅城隍廟在邑治西北明月橋之右面對西池塘而遠向廬山之峯後接多雲之麓而近環大港之清流亦一勝地也舊廟堂及兩廡門垣俱朽壞不堪者累年矣

宰是邑者甲徙乙來莫之或脩成化二十有一年乙巳朱均璧以進士奉

命來知邑事首謁斯廟見其堂廡門垣壞甚慨然歎曰廟宇若爾其何以安神靈而奉祀事乎遂有志脩舉而未果自是洗心滌慮毅然以民事爲己責廉以律己勤以莅事越三載政興教舉民和物阜乃下令毁淫祠野寺凡若干處廢龍舟千餘艘使民皆崇正道而遠邪術一日遊十村見古廟五間軒豁延袤可爲堂遂命工移置于斯以其他祠寺所廢瓦木復營兩廡各五間正門三間堂之左别搆齋舍三間門之前增廣道路俾寬平可馳制度規模煥然維新視昔蓋百倍矣經始於成化丁未冬十月越明年戊申而廟成縣丞任均讓主簿文均英周均彦高賔贊相之而董其事者則義官許均還也落成之後塑像堂中但見廟貌森嚴威靈凛凛見者莫不知所敬仰矣厥功既就又以其羨力餘材營學舍千餘間遷山川壇于邑治東募民搆石橋于內湖渡庶事畢舉而未見其勞民之力

傷民之財功績昭然不可枚數也居無何以内艱去任士民罔不懷之噫嘻朱君此舉豈獨有功於神哉其所以正人心而轉移風俗者正在于斯也蓋楚俗多尚鬼異而黄梅亦然民于祀典罔知崇尚而淫祠野寺乃至傾產以奉時或喧騰至萬餘人雖士夫以正倡之未之或變予未嘗不重爲時俗悼焉爲有司者非惟莫之禁顧亦駕御往謁以爲民先惟恐或後其爲民害可勝言哉多見其不智也乃者朱均集一邑之淫祠野寺一掃而空之且

以其財營治典祀神廟及諸公署內足斯民嘈然
知舊俗之非而惟正道之宗數載于茲野香謡樂
洋溢于境外而伊吾之聲遍閭里則人心可謂正
矣風俗可謂變矣其轉移鼓舞之機有不在于朱
均去郡崇正之舉乎由是言之則其于世道豈曰
小補之哉監生石均信董暨邑中長者思其功之
不可泯乃為之購石屬余記其事以垂不朽予故
不辭而為之述其本末云

白湖渡新橋記

金谿徐霖 知府

去黃梅一舍許有白湖其源濫觴于蘄陽廣濟諸
山而滙于太白白湖太白之支派也湖之上舊有
渡渡當南北要衝驛傳之往來遠近之負販租稅
之輸納匪此弗達春夏潦盈濟以小舟往往運載
不勝秋冬潦涸涉以徒步則又泥濘莫前喧競咨
嗟行者病焉成化秋樂平朱璧以進士宰茲
邑下車即號于衆曰維茲劇邑寄予以民社歲久
弊滋民利罔興予雖不敏欲漸脩舉汝予同心用
贊予以有成既而又曰維茲白湖實邑大弊梁以

詛石庶克堅久工費重大弗資于有力厥觀罔成
衆曰諾侯乃選于衆得冠帶義民陳哲張錦付以
董理之責募四鄉耆民馮瑾等隨其力之多寡為
工費之資又朞年而梁告成梁之基橛以松木四
圍甃以石版其下穴三竇門不朴不華既堅且久
行無掎踦水無患害昔雨隆冬如履周道於是老
稚相與歌于野商賈相與歌于途遠宦賓客之歷
是者莫不歎嗟羨而侯亦膺顯擢去矣梁成十
年予仲子行夔亦以進士繼侯武而致任知衛事

石均信大行人徐均欽等相與謀曰茲梁之建為
利匪小匪勒之石無以永侯之功石具而徵予以
文予維先王之政杠以濟徒梁以濟輿國二梁也
而一年一役至冬乃成前此猶病涉也豈若茲梁之
利哉費不取于公帑工不擾于齊民義者資焉財
者成焉行者安焉厥而董之雖千𢇁可也侯之功
不亦大矣哉侯公清畏慎勤能幹濟勸農興學理
材治獄備荒整戎百廢具興利于民者匪直一梁
也乃為詩一道俾刻之石俾往來之人歌之以永

荆楚文库

〔康熙〕黄州府志

〔清〕蘇良嗣 修
〔清〕奚禄詒 纂

《荆楚文庫·方志編》編纂組

組　　長：賀定安　陽海清（執行）

副 組 長：劉傑民（執行）　王　濤　謝春枝　范志毅（執行）

參編人員（以姓氏筆畫爲序）：

王　濤　李云超　宋澤宇　范志毅　柳　巍　馬盛南　陳建勛

梅　琳　張　晨　張雅俐　陽海清　彭余焕　彭筱溦　賀定安

劉傑民　謝春枝　嚴繼東

編　　審：周　榮

顧　　問：沈乃文　李國慶　吴　格

前言

《〔康熙〕黄州府志》九卷，清蘇良嗣修，清奚禄詒纂，清康熙二十四年（一六八五）刻本。

蘇良嗣，字小眉，一字肖公，遼陽州（今遼陽市）人，屬漢軍八旗，廕生，康熙二十三年（一六八四）任黄州知府，著《鏡煙山房詩集》。

奚禄詒，字克生，黄岡人，清順治十六年（一六五九）進士，曾任常州府同知，著《知津堂集》。

蘇良嗣任黄州知府期間，百廢俱舉，愍郡志之廢缺百一十年，中經明末兵燹，典籍燔燬，老成凋謝，慨焉修飭，故延請郡人奚禄詒編纂州志，又得周禮、高登雲協助，周諮博訪，增新沿舊，不厭精詳，几經校改，終成一志之通，于康熙二十四年（一六八五）刊印成書。

是志二十二餘萬字，分九個門類，三十餘子目：卷一爲天文志，設星野一目，又附祥異；卷二爲地理志，分沿革、疆域、古蹟、山川、鄉鎮、風俗、物産七目，疆域下附形勢，山川下列有水利、關津、橋梁；卷三爲建置志，分城池、公署、學校、秩祀、驛遞、陵墓六目，公署下附倉廒；卷四爲賦役志，分户口、田賦二目；卷五爲官師志，分歷官、武衛、名宦三目；卷六爲選舉志，分科貢、辟薦、武科、武勳、貤封、録廕六目；卷七爲人物志，分理學、忠孝、賢哲、貞節、隱逸、流寓六目；卷八爲藝文志；卷九爲稗函志，分仙釋、方伎、寺觀、兵變四目。有凡例十二條，輿圖十一幅。

是志對明代舊志的編纂體例作了一些改進，從而有其鮮明的特點：其一，以舊志多魯魚亥豕之譌，故悉歸訂正，眇見所遺，以俟博雅；其二，舊志未纂輯萬曆、天啟、崇禎朝各縣新增情況，本志參考明代湖廣提學道高世泰《三楚文獻録》，輯録各縣自萬曆以來新增内容；其三，藝文志先按府縣次序排列，再按體裁分類，惟取其律度整嚴，聲勢穩順者，以存典型；其四，是志不録家乘，凡世族誥勅及私相贈答詩文無關政教故不概收；其五，蘇軾相關事跡收録甚全，黄州自春秋以後，賢守牧與名卿碩士世遠迹湮者甚多，獨蘇子瞻其逸事遺文記

方家所指謫。

據《中國地方志聯合目録》載：國家圖書館、南京圖書館、湖北省圖書館等皆藏有此志。《南京圖書館稀見方志叢刊》亦收録此志。本書據湖北省圖書館所藏康熙二十四年（一六八五）刻本影印。其中缺葉、漫漶、缺字而影響閲覽者十四葉，則以同版另本之同葉替换；卷四第三十四、三十五葉爲原書所缺；卷八第五十九、六十葉重複，然内容各异，可能是原書在刊刻、刷印、裝訂過程中出現之失誤，請讀者在使用過程中注意。（柳巍）

目録

黃州府志後序

太守藾公蒞黄三年百度俱舉慇郡乘久墮慨焉修飭不知余之伐耋而授以汗青二徵不得不起於是作而言曰善哉杜預之序春秋也周禮有史官掌邦國四方之事達四方之志諸侯亦各有國史春秋晉乘史記之名也今黄之爲郡雖楚服一隅比封建五等之爵亦伯國也而周禮書

策簡牘之制豈可不存明運既衰官失其守上之人不能使春秋炯昭赴告策書多廢弃賢太守孰能修之藾公志其典禮上以遵始和之德化下以埀萬世之章程斯仲尼之心也其微顯闡幽裁成義類亦如史書之舊統而發端之體有九九者乾德之元體而天下皆犄誣之甚可惜也一曰天垂象王者則之星躔有行也人官有能也足以輔危亂而致太平故首天文二曰建都立邑度地居民一圻一同民之命也故艮止坎行易象合而爲蒙惟包蒙能求其童惟擊蒙能禦其寇故次地輿三曰王者向明而治厥有都宮以聚萬物之歡諸侯承之縣其槷規營其國宅壇墠而天下之禮義皆可舉也故次建置四曰提封萬井禹貢之錯壤也兵農合一周公愼之聖

人之徒出而九賦九職之不違百物阜安國孰與不裕哉故次賦役五曰敎養克勤足食足兵而民信斯事不明由於受要致會之無敍受要致會之無敍由於使之不得其材而用之不盡其道故次官師六曰取士之法代不相襲漢唐以降制科最公公也者聖人長君子消小人之具也物勝權而衡殆形過鏡則照窮君子懼其消而

不長矣故次選舉七曰大學之道各原於心聖人立教王者立政士子立身自家而國而天下率此德也故次人物八曰聖作明述天人之道往往而存惟慎以取之合於典雅故次藝文九曰淫辭詖行足以致亂明正王道使逃邪而歸於五常故終稗函九者之中指事揭凡凡三十六例以成一志之通旨使讀者曲而暢之尋其枝葉

以究其所本然後爲得也藴公之志蓋上法於孔子王道之正萬物之經庶幾備矣若夫抱周身之防復隱諱以辟患孔子以爲欺天而余又何敢

康熙二十四年歲次乙丑仲秋上澣郡人

奚祿詒譔

黄州府志目錄

凡例

一舊志多魯魚亥豕之譌悉歸訂正眇見所遺以俟博雅

一分星災異葢爲視聽明威之義然天人感應之際不在乎此

一江山之脉皆從禹貢荆及衡陽四字蔡沈謂荆山南包衡陽故云及也至内方大别敷淺源逶迤千里俱江漢北境之山形家之言吾無取焉

一典章所有未敢遺逸惟蘄州藩封舊止食粟使吏治之亦尺寸地不可假人之防範也今已國除故遵功令不録

一郡志廢鈌百一十年中經明末兵燹典籍燔燬老成凋謝歷官姓氏恐參考未詳或有遺失及舛錯者嗣容補正

一舊志自萬曆以至啟禎原未纂輯各縣新志率爲濫觴惟取明督學道高世泰三楚文獻録爲息壤然彼當日亦未成書至康熙間其子續補以吴人採楚事未免傳聞異詞此兹編之所以兢業也

一學宫官署屢經兵火興廢不常兹僅録其暫修者不敢粉飾

一人物核實循天理也懼王章也州縣新志不免有萊葹盈室之憾祁奚舉伉魏收貪麥二者可揭日月而行

一藝文多濫竽懼傷風雅惟取其律度整嚴聲勢穩順者以存典型

一郡志非家乘也凡世族誥勑及私相贈答詩文無關政教故不概收

一刲股非孝亂兵中解脰陷腦者非節兹寛以收之所以磨鈍耳

一黄自春秋以後賢守牧與名卿碩士世遠跡湮者甚多獨至蘇子瞻其逸事遺文紀載不漏殆齊人知管晏之謂歟

總裁

黄州府知府遼陽蘇良嗣校定

同知臨川王民皥

通判奉天董維祺 分校

參定

蘄州知州新建張士騆

黄岡縣知縣山陽汪 灝

蘄水縣知縣嘉善李振宗

麻城縣知縣大興祁嘉謨

 一

黃陂縣知縣遼東張士倬

黃安縣知縣奉天張國柱

羅田縣知縣莆田林甲春

廣濟縣知縣安吉顏正色

黃梅縣知縣丹徒歐陽旭

周　禮

郡人奚祿詒編輯

高登雲

經歷山陰王　鏡督梓

黄州府地輿圖

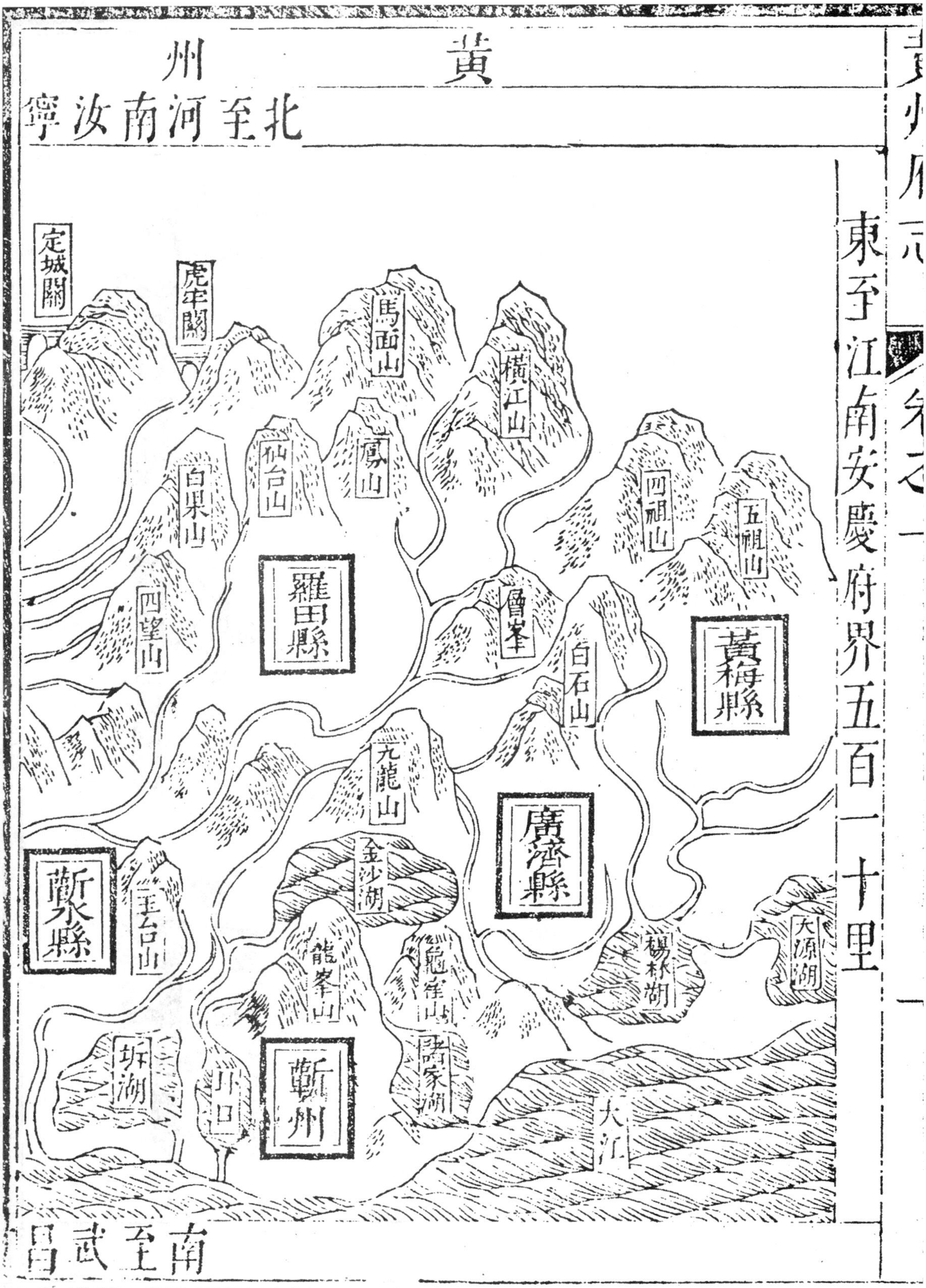
黃州
北至河南汝寧
東至江南安慶府界五百一十里
南至武昌
定城關
虎牢關
馬面山
橫江山
仙台山
白果山
四祖山
五祖山
羅田縣
四望山
白石山
黃梅縣
九龍山
廣濟縣
金沙湖
蘄水縣
王台山
大源湖
龍峯山
蘄州
大江

府圖

府界四百七十里

西至德安府界二百八十里

府界一十里

王几山
黃泥畈
聚寶山
龍王山
七賢祠
察院
縣學
清淮門
總府
布政分司
府城隍廟
按察分司
兵備道
東樓
一字門

黄州府地舆图

黃州府志　卷之一　輿圖　三

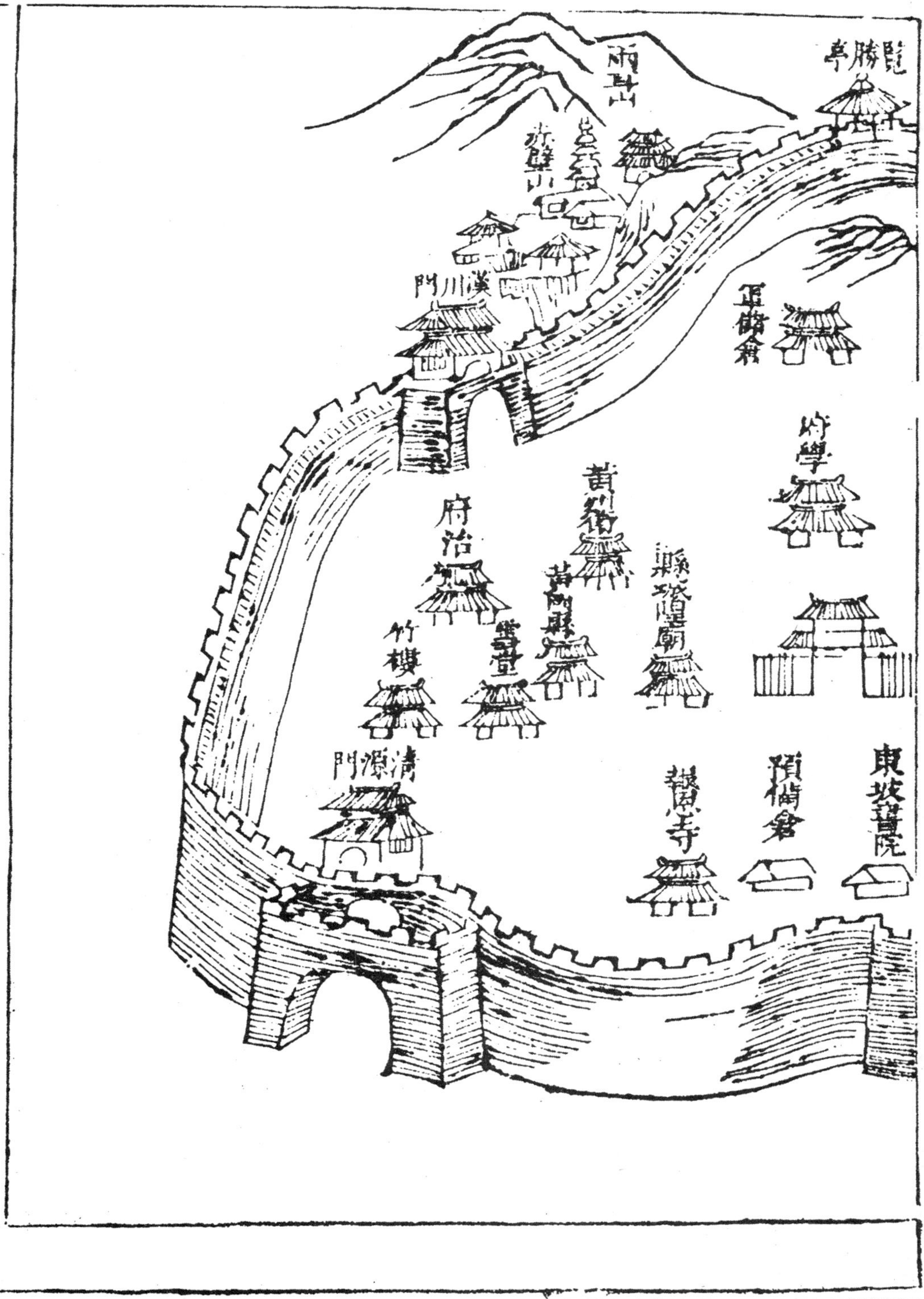

黃州府志　卷之一　三

縣圖
界一百二十里
西至黄陂縣界一百五十五里
縣界十里
赤壁山
漢川門
軍儲倉
府學
黄州衛
府治
威遠閣
黄岡縣
縣城隍廟
竹樓
雪堂
清淮門
東坡書院
預備倉
報恩寺
上新河
下新河
東嶽廟
元妙觀
臨臯亭
丹井
演武場

蘄水

北至羅田

東至江南英山縣界九十里

南至蘄州

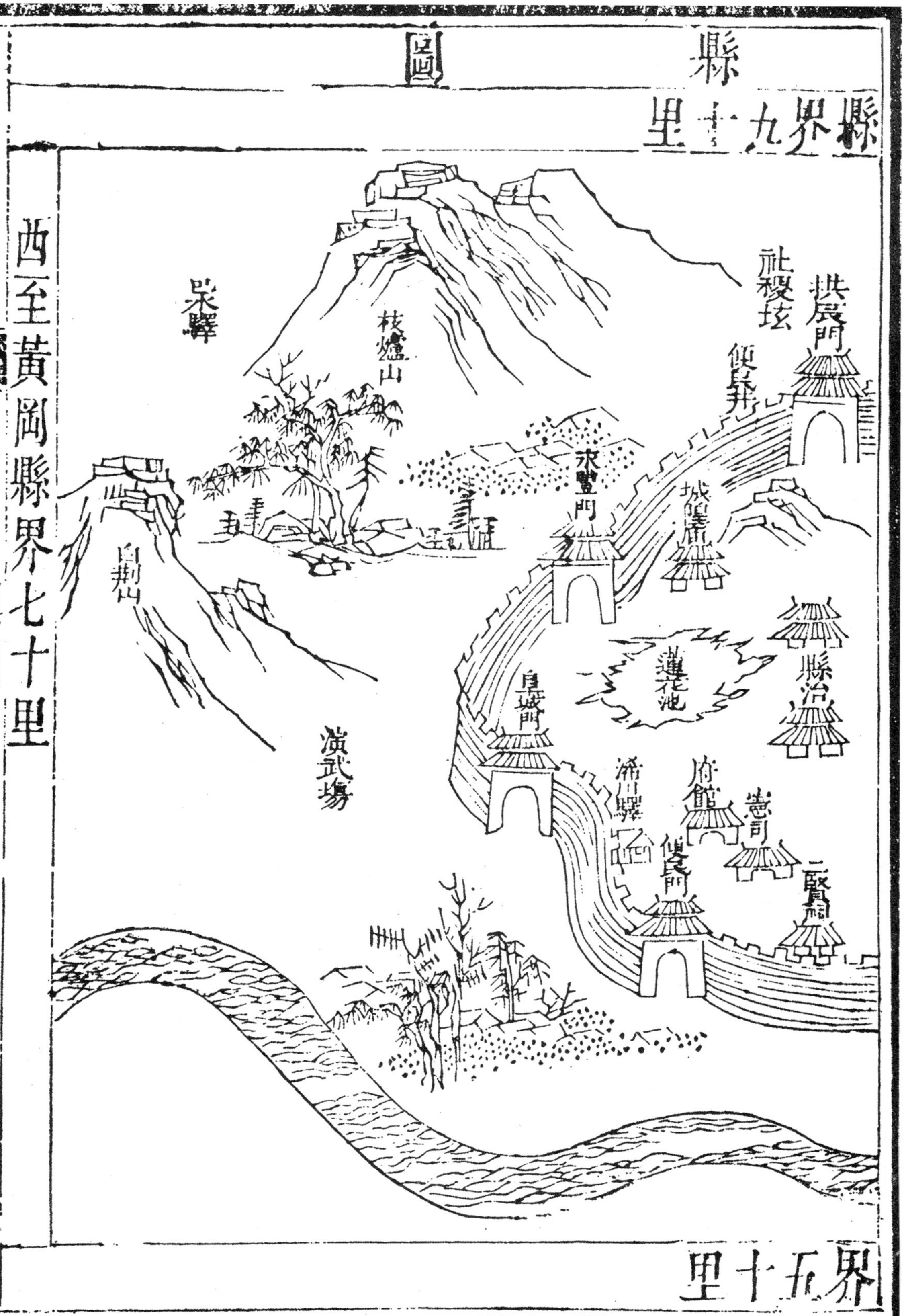
縣圖
縣界九十里
西至黄岡縣界七十里
社稷壇
拱辰門
便門
永豐門
城隍廟
縣治
蓮花池
皇華門
演武場
府館
便門
三賢祠
界五十里

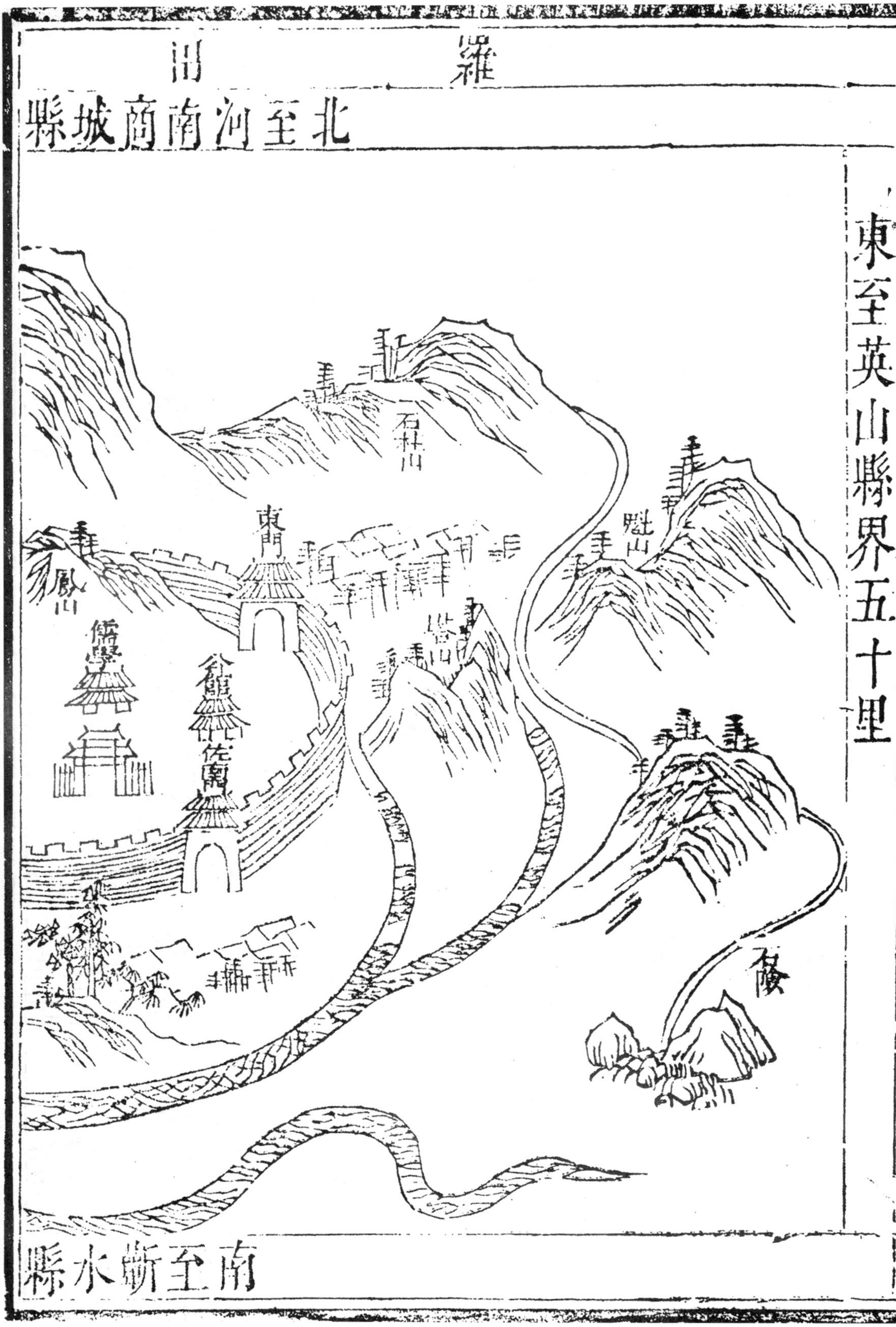
羅田
北至河南商城縣
東至英山縣界五十里
東門
儒學
南至蘄水縣

黃州府志　卷之一　地輿　六

縣　圖

界一百四十五里

西至黃岡縣界三十里

界一十五里

麻城

北至河南光

東至羅田縣界九十里

南至黃岡縣

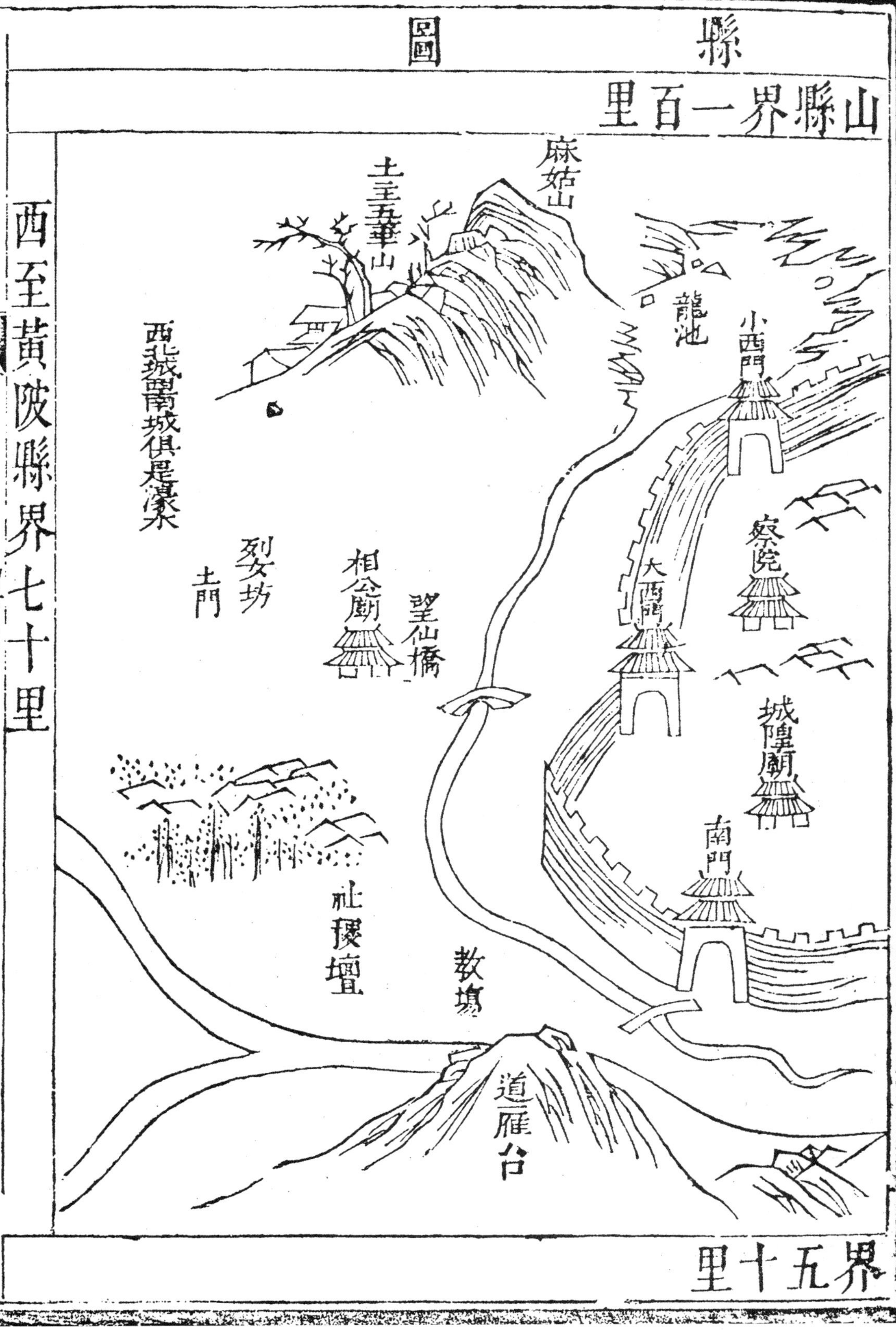
縣圖
山縣界一百里
西至黄陂縣界七十里
界五十里
麻姑山
土主五華山
龍池
小西門
察院
大西門
城隍廟
南門
西北城與南城俱是濠水
烈女坊
土門
相公廟
望仙橋
社稷壇
教場
道雁台

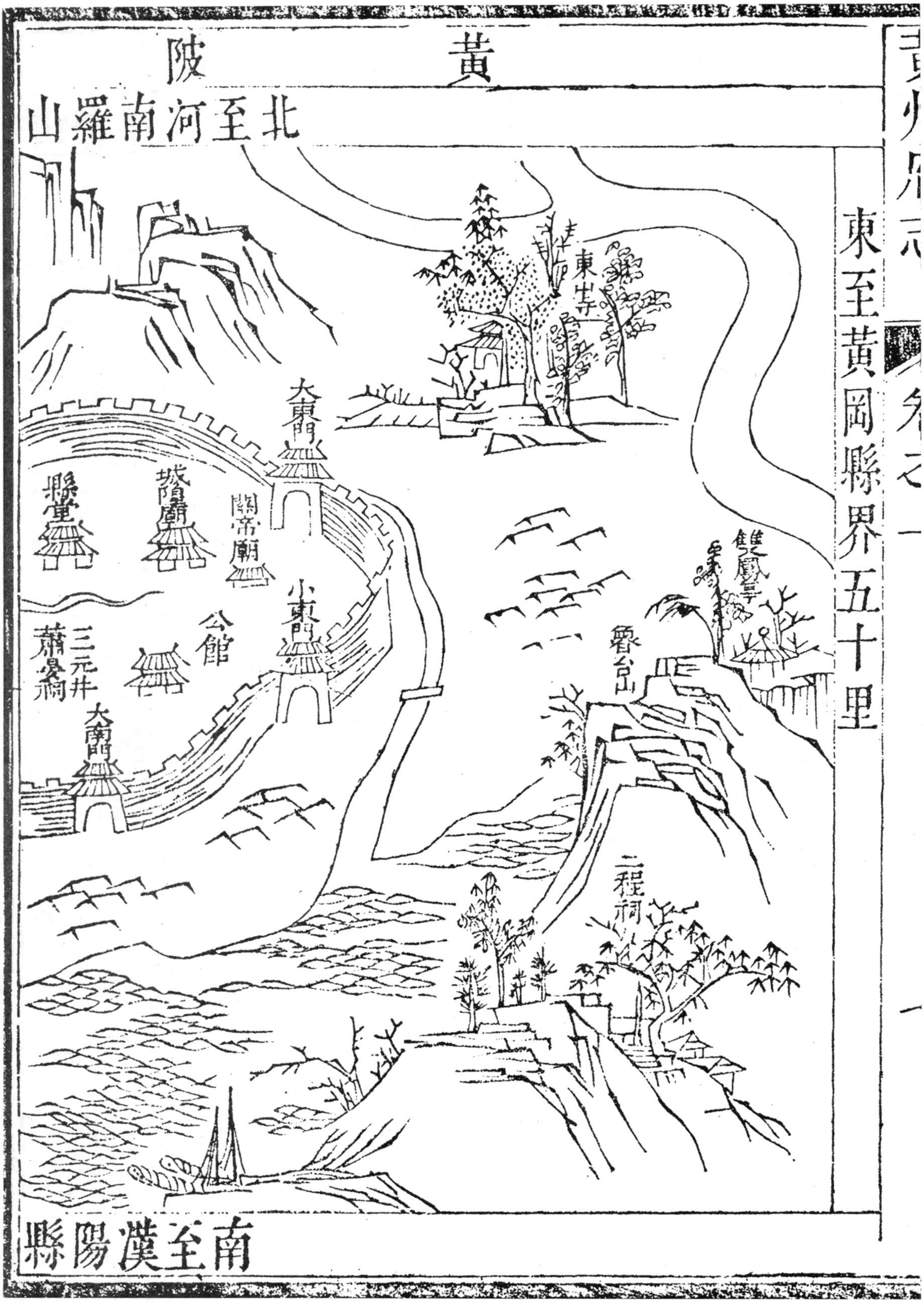
黃陂
北至河南羅山
東至黃岡縣界五十里
南至漢陽縣
大東門
小東門
大南門
縣堂
城隍廟
關帝廟
公館
三元井
東岳寺
雙鳳亭
二程祠
黃州府志
卷之一

縣圖

縣界一百六十里

西至孝感縣界六十里

界四十里

黄安
北至河南光
東至麻城縣界四十里
南至黄岡縣
北門
公館
儒學
東門
義山
遊仙山
三角山
釣臺
龍灣
五雲山
張大湖

黃州府志　卷之一　輿圖　九

縣圖

山縣界八十里

西至黃陂縣界四十里

界八十里

蘄州

北至固始縣

東至宿松縣界二百里

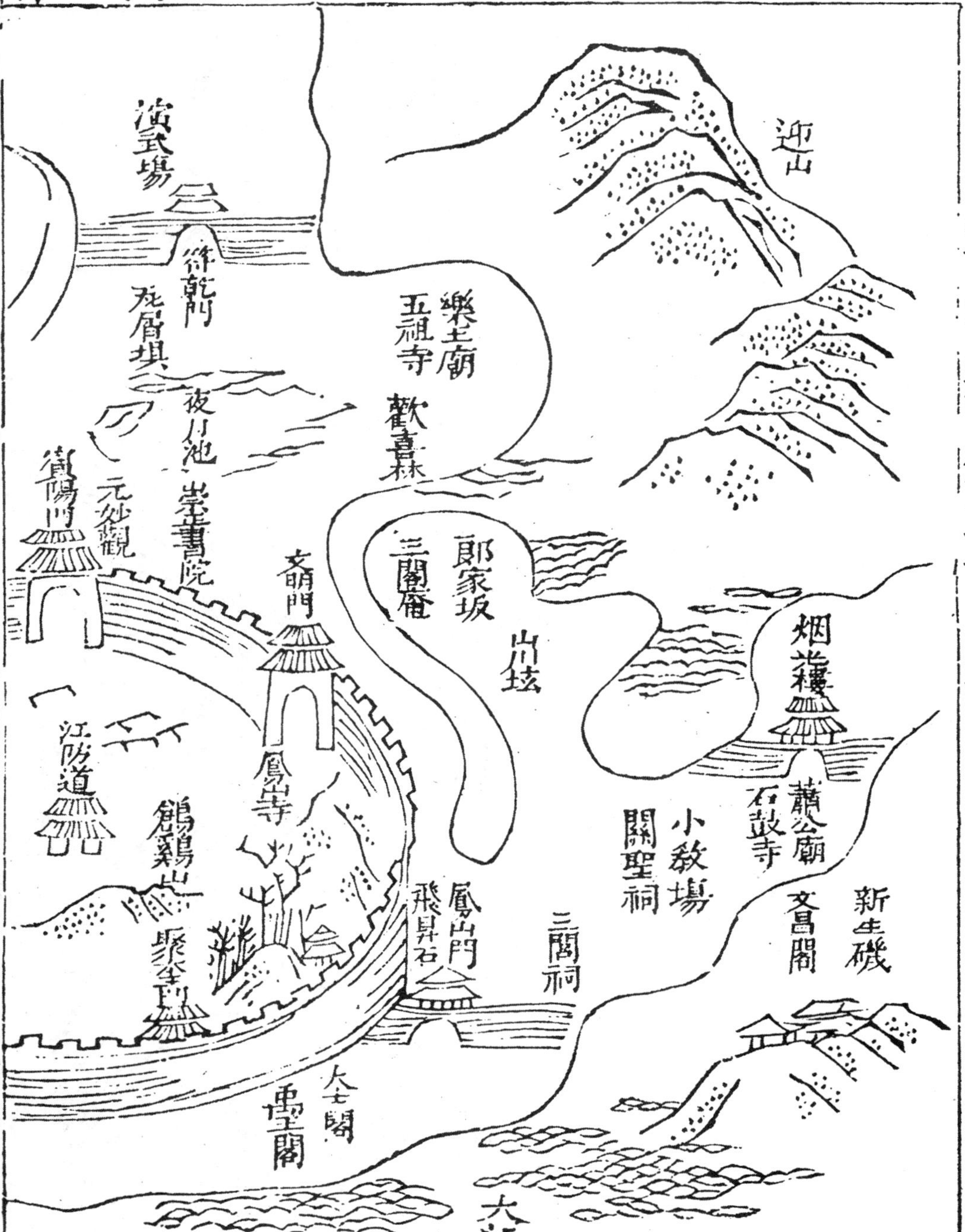

南至興國州

黃州府志 卷之一 輿圖

圖
界四百四十里
西至蘄水縣界一百里
界一十里
赤東湖
沿市湖
郡厲壇
陽明書院
便民倉
東城濠
社稷壇
水口
蓮花池
法勝寺
城隍廟
四節祠
儒學
蘄州治
麒麟山
荊藩廢基
蘄州衛
鐵佛寺
褒忠廟
龍磯門
澄清門
大江
龍眼磯
蘄陽驛

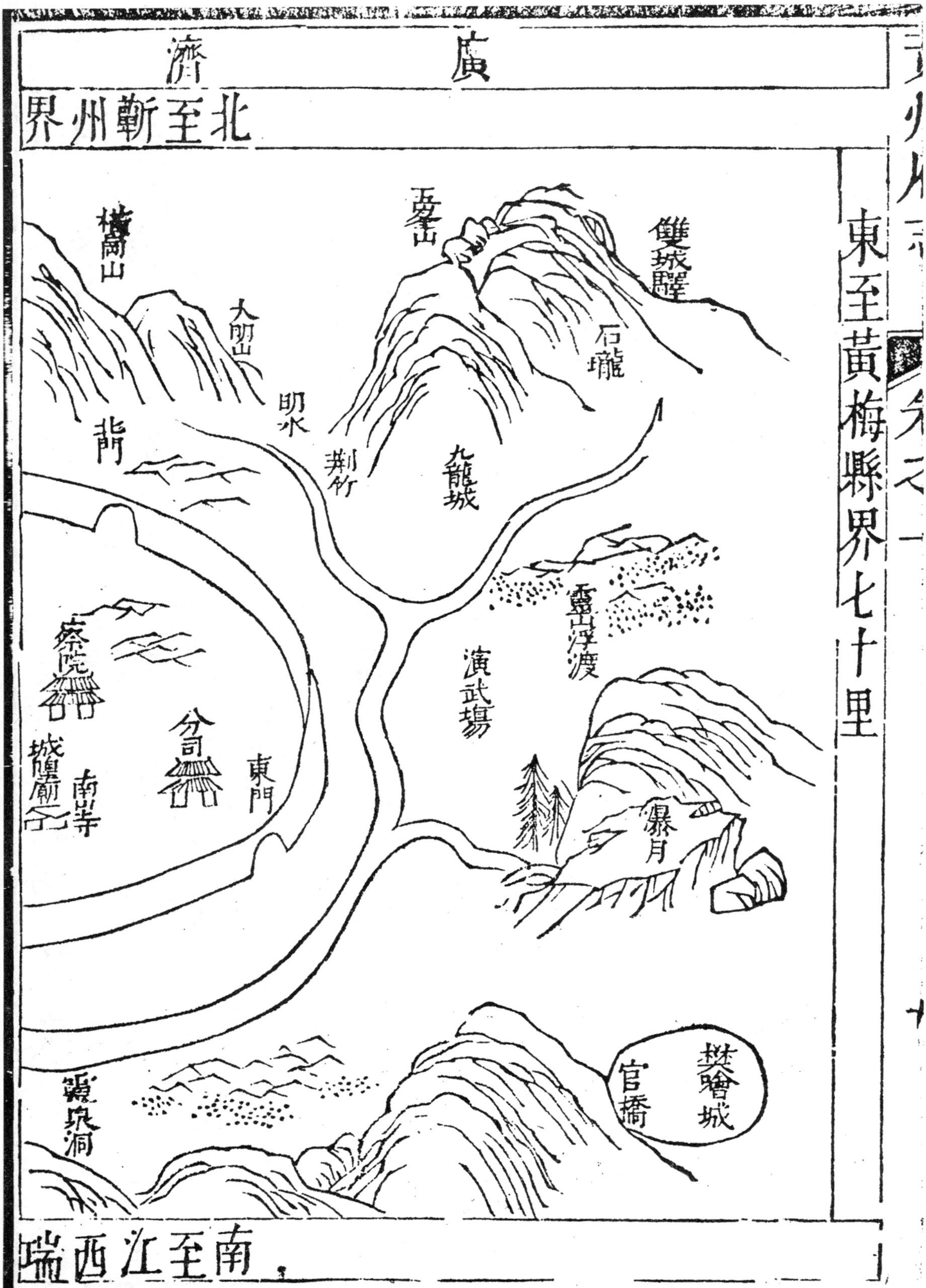
廣濟
北至蘄州界
東至黃梅縣界七十里
南至江西瑞
橫岡山
雙城驛
九龍城
演武場
察院
分司
城隍廟
東門
官橋

黄州府志　卷之一　輿圖　上

縣圖

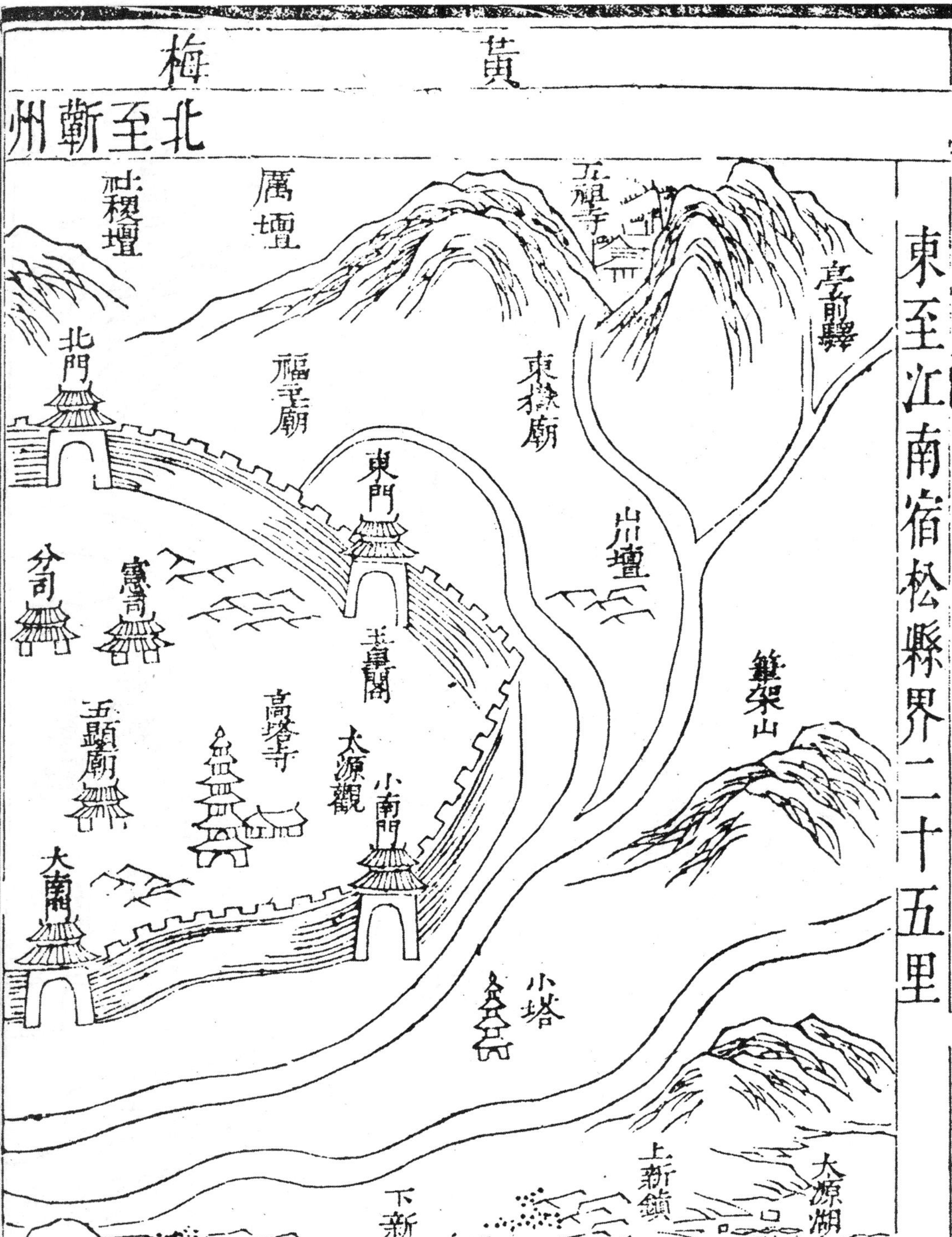
梅
黃
北至蘄州
東至江南宿松縣界二十五里
南至江西德
社稷壇
厲壇
五祖寺
亭前驛
北門
福主廟
東嶽廟
東門
山川壇
分司
憲司
玉皇閣
穌架山
五顯廟
高塔寺
太源觀
小南門
大南門
小塔
上新鎮
下新鎮
太源湖

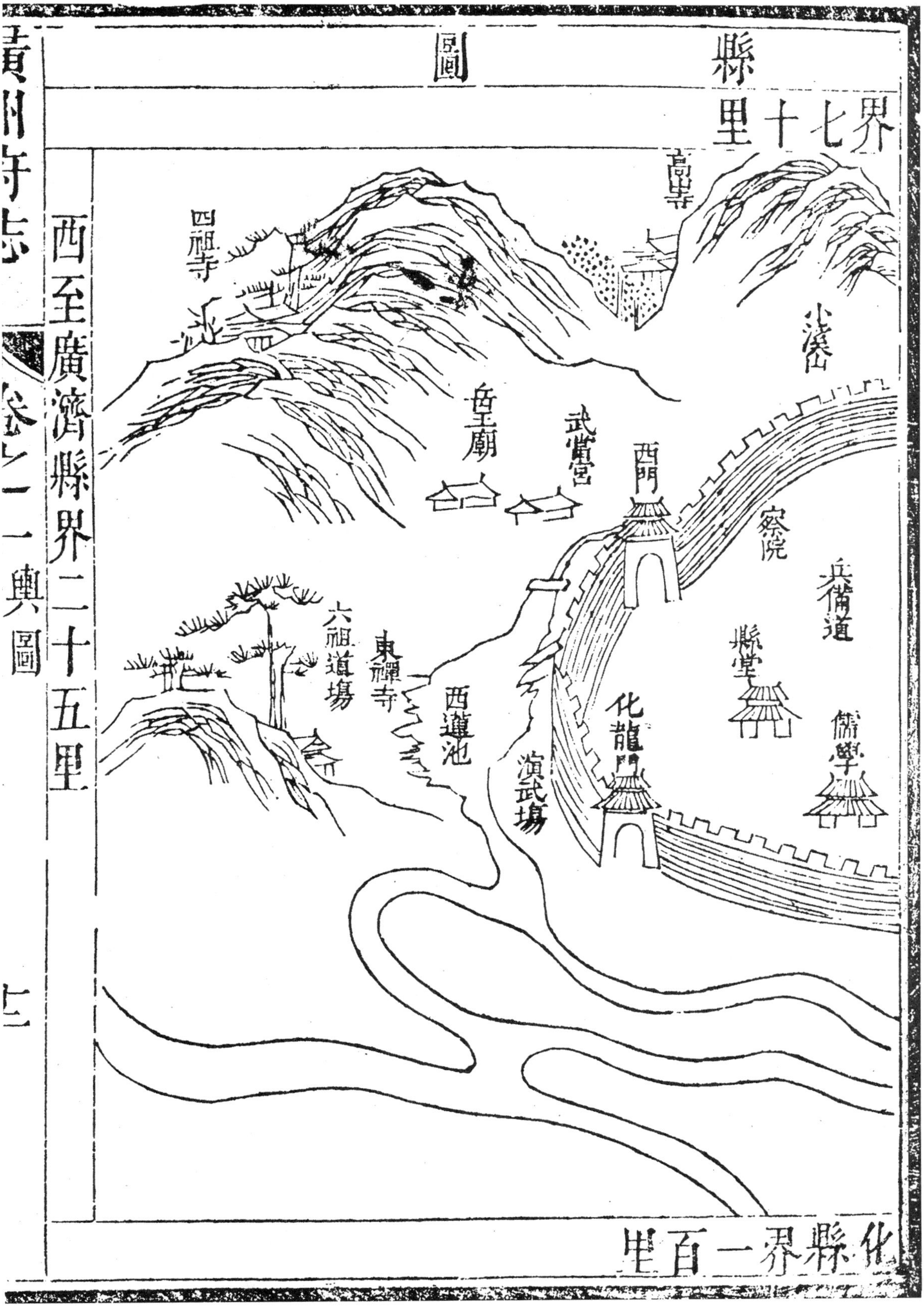
黃州府志
卷之一 輿圖
縣 圖
界七十里
四祖寺
西至廣濟縣界二十五里
武當宮
西門
察院
兵備道
縣堂
儒學
化龍門
演武場
西蓮池
東禪寺
六祖道場
化縣界一百里

黃州府志卷之一

知黃州府事襄平蘊良嗣較定

天文志

星野（祥異附）

天開縣物各以類應理也氣動於地而精成於天水土人物且然矧觀文察變之君子乎故敬天勤民側身修事古哲王務之

列郡分野云黃州府古荊州翼軫分野秦屬南郡漢屬江夏郡

翼軫之分次在鶉尾辰屬巳卦屬巽翼二十二星軫四星居中又有二星爲左右轄長沙一星在旁合爲七星周官保章氏以星土辨九州之地所封（諸侯封也）封域皆有分星以分周天之度而昏旦之中星定矣二十八舍者二十八宿之度數也沈括曰天無度以二十八宿爲度然二十八宿豈有度哉要以日躔適與各宿相值者計筭之日躔不相當故其度不得不潤日躔一二日適與之相當故其度不得不狹又非舉一宿全體盡占此度也況經星一度統地一千九百餘里占者豈易言哉即以楚言之東漢志載永元太史黃道銅儀翼十九度軫十九度唐志又云翼十八度軫十七度舊經又曰翼九十七度軫九十八度一行大衍曆翼一百三度軫百度至班固等所註多少各不同惟一行大衍度數於古爲精所以著赤道帶天之腹書二十八舍以分周天之度也蓋以日所行分天爲三百六十有奇（日平行三百六十五日有餘而爲一期天以一日爲一度也）既分之必有物以記之然後可以窺數（舍所以繫度度所以生數也）於是以當度之星計之循黃道一期當者止二十八宿而已

陳卓范蠡鬼谷張良諸葛亮譙周京房張衡所著楚南陽入翼六度南郡入翼十度江夏入翼十四度零陵入軫一度桂陽入軫六度武陵入軫十度長沙入軫十六度（據一行大衍翼軫皆滿百度則此所著大要未准黃州府正當翼之初度蓋九江府斗牛分野汝寧府角亢氐分野故也又翼軫不獨荊州之域如廣西之桂林柳州慶遠平樂潯州南寧梧州皆翼軫之分野而廣東之廉州府乃古南越地亦翼軫分野若王勃謂洪都爲星分翼軫是絕不考究之妄語也）

赤道黃道星度翼（赤十九度黃十九度少）軫（赤十七度黃十六度太）赤道分南北之中（此帶天之腹也）黃道出入於赤道之內外赤道橫而黃道斜斜長於橫故黃道爲之增赤道居中黃道旁出

旁狹於中故黃道爲之裁蓋自然之數非人能增減之也雖然赤黃二道本皆天度但以赤分天中故爲天度日行黃道故爲日度日行天之內經星隨天運亦在內天運日之外外則有餘內則不足此翼軫赤多黃少之故孰非自然之勢哉赤黃之色亦借之以別筭位耳

漢天文志吳楚之彊今以彊作疆誤候在熒惑占於鳥柳八星爲朱鳥衡衡太微之庭也

星經云玉衡星主荆州北斗七星一樞觀斗以樞星爲主二璇三機四權五衡六闓陽七搖光黃州屬衡

史記曰南宮朱鳥南宮赤帝其精爲朱鳥權衡正義曰衡四星在軒轅尾西主烽火備警急占以明爲安靜不明則警急搖角亦如之衡太微三光之庭匡衛十二星藩臣西將東相南四星執法中端門門左右掖門門內六星諸侯其內五星五帝座也後聚一十五星蔚然名曰郎位旁一大星將位也月五星順入軌道司其出所守天子所誅也其逆入若不軌道以所犯命之中坐成形中坐犯帝坐也成形形禍福形見也皆羣下從謀金火尤甚翼爲羽翮主遠客軫爲車主風與巽爲風也占明大則車騎用太白守之天下學較散文儒失業兵戈大興熒惑守之南方有不用命之國當發兵伐之長星守之徐泗有戮之者旁一小星曰長沙星不欲明明與四星等若五星入軫中兵大起南方火主夏日丙丁禮失罰出熒惑熒惑失行是也出則有兵入則兵散以其舍命國熒惑熒惑爲勃亂殘賊疾喪饑兵若角動繞環之及乍前乍後左右殃益大與他星鬬光相遠爲害不相遠不害五星皆從而聚於一舍三星合是謂驚位絶行其國外內有兵與喪人民饑乏四星合是謂太陽兵喪暴起君子憂小人流五星合是謂易行有德者慶無德者殃其下國可以禮致天下此謂熒惑五星當翼軫也

三台屬司命星宋志三台六星爲天階太乙躡以上下上台爲司命主壽中台爲司中主宗室下台爲司祿主兵文曰上台上星主兗豫下星主荆揚中台上星主梁雍下星主冀下台上星主青下星主徐黃州亦在上台下星內

宋志天市垣東西各列十一星東垣曰宋南海燕東海徐吳越齊中山九河趙魏西垣曰韓楚梁巴蜀秦周鄭晉河間河中黃州在天市垣第二星

天文志五車五星在畢東北其西北大星曰天庫主太白秦也東北星曰天獄主辰星燕趙也東南星曰天倉主歲星魯衛也中央星曰司宮主鎮星楚也西南星曰卿主熒惑楚魏也

論曰昔蘊伯衛謂分野視分星古不謂地也蓋地有彼此之不齊而分星在天則一定而不易以彼此不齊之地必欲求配於在天之十二次整然之分其說之難通也固宜由此推之保章氏之說亦隨其土之所屬應其星之所臨故謂之星土辨九州之地非如鄭康成言十二邦繫十二次也隨其國之所封屬其星之所在故謂之所封封域皆有分星亦非如賈公彥言受封之日歲星所在國焉大抵在天成象在地成形非地之在北者其分野在天亦居北地之在南

者其分野在天亦居南也（如吳與越在南而星紀反在丑魯與齊在東而元枵反在子之類）豈惟翼軫哉即衛星熒惑三台天市之度亦如天之北極爲天之首其體及背亦免有吳北魯東之差說者何必牽合傅會而定指後世郡國之名以求配也昔孔子作春秋記日食星隕之變豈必皆周魯之分而後言之乎五星聚東井漢入秦之應也崔浩嘗言其不在十月司馬光作通鑑棄而不取歐陽修志唐天文日食星孛一一紀之必不言其事應亦未嘗拘拘於占星之說也孔子曰成敗禍福皆由於人如此可與言星占矣（以上星野）

西漢景帝二年彗星出西南明年吳楚七國反　四年七月甲辰辰星在翼月犯之　六年七月辛亥晦日食軫七度　後元年七月乙巳先晦一日日食食翼十七度

武帝元光元年七月癸未先晦一日日食翼八度

昭帝元年三月丙戌流星出翼軫東北干太微入紫宮聲如雷鳴者三

東漢光武建武十年十二月巳亥流星如缶出柳西南

行入軫分爲十餘如遺火狀須臾有聲

建武十二年八月辛酉水見於翼分

和帝永元七年八月甲寅火土金聚於軫

安帝元初五年八月丙辰朔日食翼十八度

桓帝元嘉二年七月二日庚辰日食翼四度

獻帝建安十二年十月辛卯星孛鶉尾

西晉武帝太始四年正月丙戌彗星見軫七月星隕如雨

咸寧二年八月星孛太微至翼

穆帝升平五年三月月犯塡星在軫
大興元年春二月酉陽地震
東晉孝帝太元六年十月乙卯有奔星東南經翼軫聲
如雷
安帝義熙元年七月庚辰太白晝見在翼軫
唐高祖武德四年八月丙戌朔日食翼四度
貞觀十有四年黃州進紫芝白兎
肅宗乾元二年正月癸未歲星食月在翼
憲宗元和十四年八月丁丑歲星太白辰星聚於軫

文宗太和九年夏太白見自軒轅至於翼軫
宋太祖建隆元年九月辛巳太白犯熒惑入於軫
至道二年甘露降於蘄之麟鳳山
乾德四年九月芝草生麻城縣堂上
明道元年黃岡橘柹連枝
神宗元豐三年七月癸未彗出西北太微垣郎位南
白氣長一丈斜指東南至軫度中丙戌至翼度中
寧宗三年八月甲戌金火水合於翼
元仁宗延祐二年十一月丙午客星變爲彗犯紫微垣
歷軫
大德三年秋九月流星赤色長尾墜地聲如雷
明洪武四年冬十月大霧成黑雪
洪武十年正月十八雨黑水如墨池水盡黑
弘治十一年自十月至春正月黃岡不雨有鴉銜火
褁絮以翼扇熖居民露宿
正德十年十二月熊飛過麻城縣治
十有四年夏五月黃岡雨雹如鷄卵壞民舍
嘉靖五年麻城民宋氏生子二首四臂四足　十三

年麻城萊花悉生人物禽蟲龍鳳之狀　二十七
年夏麻城白兎再見鄭氏下三豕一人首牛項肉
角一猿首　二十二年三月十五日月犯火星於
軫
萬曆二年春二月黃岡地震　十有八年四月黃岡
雨雹如磚　二十有四年府學文廟災　三十三
年黃岡地震　三十五年彗星見昏東晨西　二
十八年十月福星順行守翼三百餘日　四十二
年四月初二日湖廣武昌漢陽黃州同日地震

天啟元年冬大雪三月不止

崇禎六年二月念八日地震如雷

十五年廣濟馬生角

國朝順治五年廣濟民家牛生四五角或出背上耕如常　九年正月朔日黃屬震電大雪十五日黃岡上伍鄉雨黑水如墨汁自正月至二月郡縣地屢震日中星屢經天是歲大旱

康熙元年黃屬郡縣皆旱　六年黃岡田鼠害稼

論曰祥異何以書言變乎其常也變有大小史必書之非禆竈劉向之謂也慎之也慎乎其故而救事勤民焉雖因亦吉矣

黃州府志卷之二

知黃州府事襄平蘇良嗣較定

地理志

沿革

郡古黃國也左傳魯莊公十九年春楚子伐黃杜預註云今弋陽是徵也而荆之稱楚亦自此始秦罷侯置守更國為郡禹貢九州析而統於郡矣厥後有時為州為軍為路名雖不同實則府也統轄析置歷代不無因革之殊而名亦由茲或異焉（晉置黃州為弋陽郡）

世	省	府	州縣
禹貢	荆州		
春秋	黃國		
戰國	楚		邾城（楚徙邾君於此）
秦		南郡	
漢		江夏郡	西陵　蘄春　邾
三國	魏		
	吳		
晉		弋陽郡（東晉改為豫州）	邾縣　西陵

宋		西陽郡	
南齊		齊安郡	
北齊		齊安郡	南安 巴州
梁	衡州	齊安郡	西陽 信安
陳		齊安郡	
後周	衡州	齊安郡	弋州 南安
隋	淮南道	黃州 開皇初	
		永安郡 大業初	黃州 木蘭 蘄春
			羅田 麻城 黃陂

唐	淮南道	黃州 置總管府	
		永安郡 武德初	黃州 黃岡 蘭溪
		齊安郡 天寶中	亭州 南州 陽城
		永安郡 天寶間復	堡城 蘄水 麻城
		黃州 乾元初	
五代			
宋	淮西道	黃州 又爲團練軍州	黃岡 蘄水 羅田
			黃陂 麻城 蘄春
元	河南行省淮西	黃蘄州宣慰司 黃州路	黃岡 蘄春 羅田

	江北道		麻城 黃陂 蘄水
明	湖廣布政使司黃州府		黃岡 羅田 麻城
			黃陂 黃安 蘄水
			蘄州 黃梅 廣濟
皇淸	湖廣布政使司黃州府		黃岡 羅田 麻城
			黃陂 黃安 蘄水
			蘄州 黃梅 廣濟

黃州府

黃岡縣 附郭

漢西陵地 南北朝齊南安北齊巴州 隋木蘭 唐黃岡 五代 宋 元 明俱仍舊

皇淸因之

蘄水縣

漢蘄春地屬江夏郡 晉蘄春地屬弋陽郡 南北朝宋浠水縣梁析置蘄水縣後齊改齊木縣又改齊興縣 隋蘄春縣 唐蘭溪縣武德中改蘄水縣 宋蘄水縣 元蘄春縣又改蘄水縣 明蘄水縣

皇淸因之

羅田縣

漢蘄春縣地屬江夏郡 三國屬蘄春郡 晉屬弋陽郡 隋羅田縣開皇初改州屬蘄春郡 唐省入浠水縣 宋羅田縣 元 明俱仍舊

皇清因之

麻城縣

漢西陵屬江夏郡 三國屬魏名西陵重鎮後屬吳 晉西陵屬弋陽郡 南北朝梁信安縣北齊西陽陳定州後改亭州 隋麻城縣屬永安郡 唐亭州陽州縣復爲麻城 宋 元 明俱仍舊

皇清因之

黃陂縣

漢西陵屬江夏縣 晉西陵屬弋陽郡 南北朝北齊黃陂縣屬南司州陳定州後周黃州 隋黃陂縣 唐南司州武德中置復改縣 宋黃陂縣 元 明俱仍舊

皇清因之

黃安縣

自漢至元俱未建縣 明嘉靖末以地多盜割黃岡麻城黃陂地添置黃安縣

皇清因之

蘄州

周蘄國 漢蘄春縣屬江夏郡 東漢蘄春國吳改蘄春郡 晉蘄春縣東晉蘄陽縣 南北朝宋齊俱屬西陽郡北齊置齊昌郡兼置羅州後周改蘄州 隋蘄春郡 唐蘄州復置蘄春縣

宋蘄州防禦州 元淮西宣撫司改蘄州路 明改蘄州領縣二

皇清因之

廣濟縣

漢蘄水地屬江夏郡 晉蘄春地 南北朝後周置廣濟縣 唐武德中析蘄春置永寧縣天寶初改廣濟縣 宋紹興初改廣濟鎮尋復爲縣 元廣濟縣屬蘄春路 明仍舊

皇清因之

黃梅縣

漢蘄春地屬江夏縣 晉置新蔡郡及永興縣 隋開皇初改新蔡縣開皇中改黃梅縣 唐黃梅縣改南晉州 宋黃梅縣嘉熙間僑治中州 元黃梅縣復舊治屬蘄州路 明仍舊

皇清因之

論曰司空執度度地居民建都立邑以治民也然地有廣狹時有興衰有名存而實易者有名易而實存者存乎其人也存人者何以實不以名也王者之道變革中有不可變革者也

疆域 形勢附

古者畫疆而理畛域縱橫民無甌脫之爭邦制定也黃郡北接光蔡東連彭皖爲淮海上游要害亦綦重矣內治外治誠不可不慎也

黃州府廣七百九十里袤四百八十里

東至江南宿松縣界五百一十里

西至本省孝感縣界二百八十里

南至本省武昌縣界一十里界抵武昌江岸

北至河南羅山縣界四百七十里

陸路至省由陽邏一百八十里由馬橋渡江一百五十里

水路至省一百八十里

陸路至京師由麻城二千八百里

水路至京師沂淮河四千七百里

郡城枕巴蜀襟帶江淮合九江之流以達於海亦湯池也虎頭石陽石柱之險鎖鑰金城豈非三楚一重鎮哉此段言形勢

黃岡縣附府城廣一百九十五里袤一百三十里

東至本府蘄水縣界四十里

西至本府黃陂縣界一百五十五里

南至本省武昌縣界一十里界抵武昌江岸

北至本府麻城縣界一百二十里

黃岡雄峙江滸淮淝上游荊蜀門戶也問吳魏宋元之壁壘猶有存焉者乎民和而後地爲之利斯可謂設險以守其國也此段言形勢

蘄水縣抵府治一百一十里廣一百六十里袤一百四十里

東至江南英山縣界九十里

西至本府黃岡縣界七十里

南至本府蘄州界五十里

北至本府羅田縣界九十里

蘄水山勢巃嵸英羅接壤淮西上腴治亂每相倚伏如唐李勣之制蘄春濱帶江淮鎮捍之功爲政者力之哉此段言形勢

羅田縣抵府治一百八十里廣八十里袤一百六十里

東至江南英山縣界五十里

西至本府黃岡縣界三十里

南至本府蘄水縣界一十五里

北至河南商城縣界一百四十五里

羅田雖稱義水然其民素砦砦則可使有勇義則可

使知方加之山盤路阻禦侮頗易古名羅國亦儼然一轄也此段言形勢

麻城縣抵府治一百八十里廣一百六十里袤一百五十里

東至本府羅田縣界九十里

西至本府黃陂縣界七十里

南至本府黃岡縣界五十里

北至河南光山縣界一百里

麻城萬山叢峙江環於東汴帶於北皆百里而遙峭

巘之勢恃山而不恃水也五關實處此土進可戰而退可守孟珙之遺制存焉此段言形勢

黃陂縣抵府治一百九十里廣一百一十里袤二百里

東至本府黃岡縣界五十里

西至本省孝感縣界六十里

南至本省漢陽縣界四十里

北至河南羅山縣界一百六十里

黃陂與羅山接壤分阨東北浮江漢軫汝海豈非輿區哉然瀦澤衍沃蓄洩宜時故稱陂焉此段言形勢

黃安縣抵府治二百四十里廣八十里袤一百六十里

東至本府麻城縣界四十里

西至本府黃陂縣界四十里

南至本府黃岡縣界八十里

北至河南光山縣界八十里

黃安古無是邑也自明肅宗甲子昉也環域皆山率多伏莽於是剖黃岡麻城黃陂之土田而建治焉故頑民不敢為非自是邑饒君子俗若於化孔子曰善人為邦百年不獨可以勝殘而且可以禦侮此段言形勢

蘄州抵府治一百八十里廣三百里袤四百五十里

東至江南宿松縣界二百里

西至本府蘄水縣界一百里

南至本省興國州界一十里

北至河南固始縣界四百四十里

蘄州山懷水抱舊言形勝者祇目為瀏覽之區誤也元末之戎先起於蘄是下江治亂之關也君子經綸詞客豈有濟哉此段言形勢

廣濟縣抵府治二百五十里廣一百里袤一百二十里

東至本府黃梅縣界七十里
西至本府蘄州界三十里
南至江西瑞昌縣界七十里
北至本府蘄州界五十里
舊志謂横岡跨其北大江經其南然横岡自東而西而北連峯峭壁透迤騰起者不可勝紀邑去江稍遠灌於湖瀦是難攻而易守之地也因其地之善以寓其經濟豈不抗然於吳豫之間哉此段言形勢
黃梅縣抵府治三百五十里廣五十里袤一百七十里

東至江南宿松縣界二十五里
西至本府廣濟縣界二十五里
南至江西德化縣界一百里
北至本府蘄州界七十里
梅吳楚咽喉之地也屏泖皖距潯陽雖廣袤不過二百里而阨塞最重居其地者但知其浮圖之靈宅而不知其爲陰陽之所交則惑也此段言形勢
論曰域民必以其界而書其至到焉豈僅見幅員之廣哉王者立司徒以擾邦國司馬以平邦國政教相爲表裏葢安擾之道在焉黃郡背山面江地水之義具備容民畜衆大易可稽而法也故附形勢

古蹟

往事逖矣何志乎慨往也黃郡千百年來代有傳人亭榭記碣多亡者而江山如故也登九京之阪望西陵之墓田喟然有如可作之心焉
孔子使子路問津處在縣北九十里孔子自陳蔡適楚至此上有講經臺曬書埸下有洗墨池其坐石至今草木不侵前爲孔子河橋橋北十里曰回車埠自此

反蔡焉三里許曰顏子港其左右爲長沮桀溺阪石刻子路問津處五大字楚狂歌鳳亦其地也後人共建文宣廟置田供祭創問津書院西祠祀仲子配以沮溺東祠祀理學先儒元末兵燬明萬曆間知府王世德推官許惠一重建
赤壁在漢川門外距城數武宋蘇軾遊此作賦遂指爲吳魏鏖兵處考水經及方輿勝覽皆謂之赤嶼或武昌樊口之上當別有古戰場東坡之賦姑借此以發攄其牢騷不平之氣耶上有大士閣明崇禎乙亥流寇逼郡衆議此

閣傷城恐寇憑之以瞰城内因縱火焚焉趙文敏所書赤壁二賦石刻同燬今所存惟東坡書滿庭芳一詞耳又有無盡藏涵江樓文昌祠水月亭問鶴亭東白亭清風橋共適軒明末悉爲寇燬　國朝康熙間知府于成龍重爲修建榜其堂曰二賦堂

邾子城在縣西百二十里楚宣王伐邾俘其民徙其君居此故名漢衡山王吳芮嘗都之吳赤烏二年陸遜築城今遺址尚存名舊州城俗呼爲新州古有文王廟祀芮及其將列侯梅鋗今廢

黃歇壘在縣北十五里即永安城楚黃歇所都隋置永

安郡於此一呼女王城或謂楚王封其女之地遂城而居之一作呂王城

伍洲在縣東南與武昌劉郎洑相對蘇文忠云子胥奔吳所從渡江處舊有伍君祠及解劍亭今廢

武湖去縣百三十里一名黃漢湖漢黃祖守武昌時習水戰閱武於其中因名後宋謝晦走五洲戍主生執之即此地

橫江館在赤壁山南晉劉恩建今廢

峥嶸洲在赤壁山前江中崛起俗名得勝洲晉劉毅破桓南郡處酈道元水經注云冠軍將軍劉毅破桓南郡於此洲

白龜渚在赤壁山下晉毛寶軍人有買一白龜者養之漸大放江中後寶以萬人守邾石虎遣子鑒等帥五萬人來寇城陷軍士及寶赴江死者甚衆養龜人墮水覺有物負之登東岸乃所放龜也明嘉靖間知府郭鳳儀石刻白龜渚三大字

金甲井在赤壁磯宋紹興間浚得金甲二具蓋劉宋謝晦所投井也傍有古墓相傳即晦葬處

琴臺在三江口宋昇明間司空柳世隆於西陽城列三層艦泝流而進降劉攘敗沈攸之嘗於此鼓琴後改建守備司行署今廢

龍蟠磯在縣東南隆起江中周七十五尺石勢蜿蜒如龍因名黃邑以武昌江岸爲界磯屬黃上有大士閣

靳巫驛相傳在臨皐亭右唐肅宗時王璵以禱祠見寵得幸相帝嘗不豫璵遣女巫乘傳分禱天下名山大川巫皆盛服中人護領所至干託州縣賂遺狼籍時有一巫美而艷以惡少年數十自隨尤憸狡不法馳

入黃州刺史左震晨至館請事門鑰不啓震怒破鑰入取巫斬庭下悉誅所從少年籍其贓得十餘萬因遣還中人輿不能詰帝亦不加罪黃人爲之歌曰吾鄉有鬼巫惑人人不知天子正尊信左公能殺之

大崎山距縣東北百六十里山勢龍從飛瀑下注上有寺曰能仁創自貞觀寺前有澗寺南有古橋西南爲留雲洞俗訛爲劉婆巖相傳前代避兵於此寺上十里爲龍王廟龍井在焉石亭方丈每遇旱雩刺龍取雨輒應去大崎十里爲小崎山巖壑木石更奇南有

飛來石其下石柱推之可轉而不仆

寶誌塔去城山十餘里地名羊角冲有誌公塔相傳梁僧寶誌遺蛻今考寶誌瘞骨塔在金陵當別是一僧

四望亭高寒樓在縣西南高阜府舊志云在雪堂南唐太和中刺史劉應之建李紳作記

竹樓在城西北隅府治儀門外之右宋王禹偁建有記今廢

月波樓在縣西北城上王禹偁建或云今漢川門城樓其址也

如畫亭在縣東高阜宋王禹偁建卽舊東閣址今廢或云晉陶侃登眺於此爲縣學巽峯久頹

春草亭在縣東南宋韓琦建今安國寺旁有相隱橋讀書堂皆公遺蹟今倂廢

夏隩在城西南隅二里宋明道間夏竦守黃州府治濱江常苦風湍不利泊舟鑿隩於臨皋驛東以納木維纜人皆便之今洗馬池其故隩也

君子泉近赤壁宋通判孟震有賢德時稱孟君子庭中有泉因以名之蘇子由爲銘子瞻爲跋黃魯直爲詩

棲霞樓在縣西南宋李顯守黃時建今廢

聚寶山在城北二里產小石光瑩類瑪瑙蘇子瞻作怪石供卽此山石也山有龍王廟文昌閣浮翠亭後有泉甘美名寶山泉

定惠院在城東清淮門外蘇子瞻以元豐三年二月至黃寓此院之東有海棠一株爲子瞻手植因作海棠詩後手書開嘯二字勒石下有快哉亭前有海棠軒後有洗墨池南門內亦有洗墨池又捫腹軒睡足堂文忠祠今倂廢

臨皐亭在縣南瀕江乃古之廻車院也蘇軾嘗寓居嘗曰亭下大江半是峨嵋雪水爲築南堂於此久廢國朝康熙間知縣李經政建亭於址以憩行人（又府舊志云秦檜父官於黃生檜於此地）

雪堂老梅在城東南蘇子瞻謫黃二年故人馬正卿爲守與故營地數十畝躬耕其中是爲東坡（舊志云縣學東）築垣作室落成時大雪因名雪堂後移汝州遂以堂付潘大臨兄弟居焉黨禁起毀堂其後邦人屬道士李斯立重建元季燬明洪武戊申展築郡城舊址遂在

城內今縣學其基也弘治間改建於府治東隅與竹樓對峙子瞻嘗於雪堂前手植一梅大紅千葉一花三實（府舊志在洗墨池畔）至嘉靖後始枯知府郭鳳儀摹形於郡齋之石今置赤壁

洗墨池在縣治西南爲蘇文忠洗墨處至今春夏之交泉涌如墨色（內有蘇文忠祠明末兵燬　國朝康熙間通判宋犖置亭浚池移建雪堂竹樓祀王元之蘇子瞻張文潛秦少游四先生舊有趙文敏書洗墨池三字石刻爲居民移置階砌修建時淸出嵌壁間）

黃泥坂在淸淮門外二里許蘇子瞻與二客過從處明嘉靖間知府郭鳳儀建一聆亭今廢

涵輝樓在縣西宋狀元張安國書其額曰無盡藏今廢

龍丘在縣東百二十里陳季常號龍丘居士以此明初劉伯溫嘗駐節旬日南隅有濯錦池北三里爲慈悲塔蘇子瞻每與季常遊憩之所

海棠橋在城北橋側多海棠故名宋秦觀嘗醉臥此橋留詞其上今廢

陽邏堡在縣西百二十里春秋爲羅汭三國時漢約吳拒魏於此又爲宋夏貴王達與元伯顏鏖戰之地

覽勝亭在治北城上高阜明弘治間建今廢（以上屬附郭黃岡縣）

天下第三泉在蘄水蘭溪驛東數里南嶽廟後潭有乳泉津津漫出唐陸羽茶經品爲天下第三

綠楊橋在城東楊色蒼翠蘇軾嘗醉臥其上作綠楊橋詞故名

洗筆池在鳳山下晉王羲之於此洗筆池崖小竹俱墨色今池水尚黑

廻瀾石在城南蘇軾鐫激湍二字於上明成化間知縣潘珏因建廻瀾亭不數步有李白所書鳶飛魚躍四

字以上屬蘄水縣

懸翠河在羅田多雲鎮九子河側石壁有懸翠河三字

漢松在縣東王道山嶺迄今幹上干霄枝下拂地相傳植自漢代

唐梅在老峪山相傳唐貞觀時所植以上屬羅田縣

杏花村在岐亭有杏林杏泉陳季常隱居處旁爲蘇步橋子瞻與季常遊宴其上久廢國朝康熙間同知于成龍重建

柏子塔在九龍山寺唐德宗四年盧應禪師建塔九級頂覆以鐵鑊鑊側一柏蟠根而生每立秋日午塔無

影

萬松亭在縣西七里岡宋縣令張毅植萬松於道以庇行者立亭其中故名今廢

望仙橋在縣西二里舊傳爲麻姑昇仙處

桃黄菴在岐亭宋王翊得雄黄於桃仁食之自是斷葷肉號桃黄山人以上屬麻城縣

石陽城在黄陂縣北十五里劉表爲荆州刺史以此地當江漢之口懼吳侵軼使黄祖築城於此今名西城

子

望魯臺在治東逾河百武二程先生築以望魯明景泰間同知蔡綬建祠於其麓久廢今重建

雙鳳亭侯夫人夢雙鳳投懷生二程先生明天順間僉事沈靖建亭於臺上因名久廢今重建

理趣林在祠前一里喬木聳翠即先生傍花隨柳處以上屬黄陂縣

四見亭在蘄州舊治白雲山北塔後宋治平中范純仁知蘄州建今廢

涵輝閣在舊治子城上今廢

仙人臺在州治一百五十里大桴山西山名石魁一名旋螺有九十九峯遠望數百里世傳爲劉五劉六眞人修煉飛昇處上有玉虛宮仙林寺夜有天燈或五色神光屢見明嘉靖間邑紳　守正重修

溫泉在治東六十里三冬蒸氣上騰人皆沐浴以上屬蘄州

四高樓在廣濟西門外即文昌閣舊址樓下爲梅浦植梅千樹隔浦搆亭滄浪橋跨之與樓爲掩映

鮑照讀書臺在東衙第一尖

樊噲城在武山湖濱世傳漢高帝命樊噲征九江王黥

布築此屯兵

浴佛井四祖醫大師生時取水於此澡浴原名清淨井明正德間雙峯眞身自焚夢感荆王鑄銅像送寺道經井前先井涸數十年至是水忽涌出如舊以上屬廣濟縣

鳳凰池相傳羅眞人丹成以一粒療龍疾一粒被鄰雞破甕啄之化爲鳳飛鳴大市池中故名今湫

太子驛即今停前驛梁武帝行兵駐此產昭明太子蕭統故名

李玭讀書遺址在東山麻林窪

散花洲在縣南六十里大江北周瑜戰勝犒士散花於此

瀑布泉即四祖寺碧玉流

鬭法洞相傳五祖入東山五顯神爭其地祖坐山窩五顯飛石來擊祖堅指却之石墜於地四擊四毃遂藏一洞故名

墜腰石在東禪寺六祖墜腰舂米者以上屬黃梅縣

論曰古蹟之在全楚夥矣治黃者圖黃亦孟子師百世之志也數千年內域中最勝者莫如孔子問津處循周而降歷代名公巨卿多有芳躅兵燹屢熾故址空存黠惡之徒竊據爲利或廬舍或僧剎猶可恐也甚且涸而圃如韓魏公讀書處焉羣而塚如蘇子瞻定惠院焉其他州縣可槩見矣邑之士大夫旁觀太息而莫知所爲吏又因循而莫振獨不念古聖賢之政教爲磨礪斯民之大關是可恐乎周官封人司救誦訓皆以中士爲之如此其重且密更於草木蟲魚之細時有厲禁聖賢之遺詎可忽諸傳檄而釐剔之將與後人圖其廢也

山川

荆州因荆山而得名也禹貢導嶓冢至於荆山內方大別蔡沈曰內方在襄陽府南章縣大別今漢陽軍與蜀江會而達于敷淺源水經云衡山在湘水之南敷淺源在湘水之北今廬州以爲鄱陽者非數言而包萬里之地蔡元定所謂江漢北境之山是也江漢別爲沱潛朝宗於海則黃郡之山川脉綿且厚屬邑形勢皆以郡爲宗焉

本府附郭黃岡縣

黃岡山在縣左平岡迤邐而南至洗馬池止其脉來自天柱土黃因以名縣

兩耳山縣北二里與聚寶山連　迴龍山在縣北五十里有東嶽廟

白楊山在縣北六十里　赤脚山在縣西北六十里

樟松山在縣西北百十里多產樟松故名下爲樟松湖一里許名萬松山

武磯山近陽邏鎮黃祖屯兵蒐武其上　蓬萊山在陽邏鎮上

香爐山在縣北百二十五里宋咸淳間元世祖登以俯大江望武湖命伯顏卜花帖木兒敗宋將夏貴遂拔陽邏

石屋山在縣北稍東百四十里遠望如屋下有石板潭通麻城高岸河

七丈山在縣北百五十里　鑿佛山在縣東北八十里

上千山一名上官在縣西北二百里上有古廟併龍井黃安縣界

城山在縣東北七十里　五雲山在縣東北八十里有井脉通大江

白雲山在縣東北百二十里　泉華山在縣東北百五十里

大崎山在縣東北百六十里詳古蹟治內之山莫高於此來自龜峯爲繞郡治之祖山至巴河方盡嶺有龍井歲旱取水輒應　馬騎山與下巴河對岸

獅子巖在縣北百二十里　小崎山去大崎十里與麻城分界巖壑更奇

天神山與小崎山相對相傳昔有神人逐金鷄於此因以名之

鳳凰山在縣北一百八十里昔有鳳凰止此因搆臺于其上今廢遺址尚存

龍岡山在縣北一百二十里古者掘地得龍骨因名爲龍岡

觀音巖在中和鄉紫潭河石巖如屋是爲黃安交界之處

祈祥嶺在縣北百五十里道觀河關隘

大江岷山導江自蜀東行以入於海嶓冢導漾東流爲漢至漢陽與江會兩水環抱黃郡

巴河在縣南四十里　後湖在縣東十里

上巴河在縣東八十里發源治西北迤邐至一流河抵魚博下巴河達江

三台河在縣東北十五里　沙湖在縣東二十里東坡買田於此

灄湖在縣東四十里　奔港在縣東四十里

馬家潭在縣東八十里　姜家洲在縣西北三十里舊名新生洲

零殘湖在縣西北三十五里　佗鷂洲在縣西北五十里

鴨蛋洲在縣西北五十里　鮑湖在縣西北六十里

木鷄洲在縣北九十里　樟松湖在縣西北百十里

舊洲長河湖在縣北九十五里源出河南光山南入團風江

烏龍港在縣北百二十五里　武湖在縣西北百三十里

沙武河口在縣西北百三十里發源孝感達大江近武湖因名卽宋史沙洑夏貴與元將伯顏戰處

白塔河在縣西北　紫潭河在縣西北百六十里達漲渡湖

草埠潭河在縣西北百三十里發源南流至黃陂縣三十六灣通武河口

感化河在縣西北百五十里黃安縣界發源羅田至雙河口會舊洲長河

淋山河在縣北八十里　團風湖口在縣北五十里今崩入江

塞步安仁湖在縣北百二十五里　漲渡湖在縣西北九十里內有七湖併屬樟

松湖

竹根潭在縣北九十里通團風注大江

石頭潭在縣北九十里通大江

龍潭在縣北百十里舊洲長河

烏龍潭在庶安鄉

石板潭在庶安鄉

七丈潭在庶安鄉

火燒港在魚博

蓮花港在中和上鄉黃岡麻城兩界間

柳子港在縣北百二十五里庶安鄉源出路灌口入麻城界會岐亭河西流至三家店環川其水橫亘店口亦云橫河

龍口港在縣北百十里通樟松湖達大江

雙木港在縣西北百五十里近黃陂界

來遠橋在一字門外關王廟左

清淮橋在清淮門外

觀風橋在清源門外

赤山橋在團風鎮東三里

相隱橋在安國寺前韓魏公讀書堂之傍俗名和尚橋

太平橋一在安國寺前塔下一在縣西百八十里元隱士吳應澍建址存

新橋一名榆木橋形家謂郡城環帶水不宜引去舊爲木板今易石橋

長清橋在楓香渡舊名楓香橋明正統七年知府余清修更今名

史壩橋在團風鎮西北里許明嘉靖中陶仲文建

永清橋即盤石渡在團風鎮北五里明正統中知府余清建土民聯毁設渡射利正德中知府余貴修嘉靖中陶仲文重建崇禎中知府楊通宇合黃麻兩邑官紳重修分地築堤勒石表志今橋存而石堤漸毁夏秋水漲行者苦之若及今修築崩頹尚淺猶易爲力也

惠民橋在陽邏驛前土有孝弟坊

覔兒橋近魚傳

賀婆橋在縣北五重鄉青坻山溪間相傳前代賀婆建

行祠橋一作行獅在中和上鄉

望仙橋在縣西百六十里傳麻姑仙女過此

三台河橋在縣東十五里明嘉靖中陶仲文造

道人湖橋在縣東三十里

魚博橋在縣東七十里

馬橋官渡在縣西二十里

倒河口官渡在縣西六十里

團風橫河口官渡在縣西北五十里

鵝公頸官渡在團風鎮

陽邏官渡

方溢官渡在團風西北二十里

赤山官渡在赤山橋

白塔河官渡在縣西八十里

漪子灘在縣西十里濱江

大江渡在縣南五里

三江口渡在縣西三十里

松湖壩渡在松樟湖併七湖口二處

柴埠湖口渡在陽邏鎮新開口五里

街埠渡近陽邏鎮十里

窰埠潭渡在縣西北百三十里

張家店渡在庶安上鄉

雙溪渡在縣北百三十里

舊洲渡在慕義鄉舊洲長河

赤脚山河渡在五重鄉

姚二渡在縣北百里慕義鄉

巴河渡在縣東四十里

舊洲長河堤在慕義鄉

白米河堤在慕義鄉

灄河堤在五重鄉

黃金潭壩在慕義鄉頹明正統二年重建

紫金港壩在庶安鄉向積水瀦田歲久傾

長塘在縣東一里即古城濠

白蓮池在安國寺東池上卽韓魏公讀書處久爲僧業 國朝康熙十二年守道徐惺贖改放生池
相隱塘在縣東南二里相隱橋側近北爲道院近西爲韓魏公讀書處
官塘在陽邏蓬萊寺右　火燒堰在上五重鄉
葛洪井在元妙觀　東坡墻井在縣學前
儀門井在府儀門外　鼓樓井在府治鼓樓側
司獄井在保釐坊下　學井在府學明倫堂左
梅家井在府學宮前久在民間明知府潘允哲拓學前地得之 國初又爲民占康熙二十三年知府蘇良嗣修葺學宮查出　鐵欄井在報恩寺佛殿前
盧家井在縣學南街　天寧井在報恩寺右一名沙井

局林井在縣學射圃右舊係軍器局有火巷通天街今爲民居所占宜查復
義井在憲司前以衆共之故名　分司井在布政分司前
雙眼井在清源門外國寶坊下　通判井在紅水巷
洗馬井在洗白街有大小二井　八角井在北樓灣
一字井在一字門街俗呼濫泥井　聖井在永寧鄉
溫水井在永寧鄉有三泉上燠中可燖牲下可浴　龍井在崎山上有九井雩祀輒應
五靈山井在山寺中脉通大江　華山井在陽邏華山舊有石欄鐫義井
臥龍井在陽邏鎮　以上黃岡縣
玉臺山在縣東一里世傳張道陵烹玉之所　茅盧山在縣東九里

鳳棲山在縣東二里張道陵煉丹鷄食之化爲鳳　密峯山在縣東二十里宋劉平隱處
金谷山在縣東四十里　斗方山在縣東五十里山方如斗
三角山在縣東六十里盤踞羅田蘄州二界有宋人趙不逆書觀願視履四大字三峯挿天上有龍洞三泉府伏虎禪師修道於此　大羅浮山在縣東百里上有仙人臺
登瀛山在縣南一里　葛公山在縣南十里晉葛洪隱處
石龍山在縣南十八里　分流山在縣南二十里
榾柮山在縣南二十里　玉鏡山縣西二十里有石如月又名月峯山
太子山一帶數十里皆孫吳屯駐處土人每掘得昔年兵器廟祀皆吳君臣遺像
城山在縣西二十五里吳孫權土城遺址　西山在縣北一里

茶山在縣北三里　護山在縣北十里卽白石山
石門山在縣西北六十里峭壁臨河　石鼓山在縣北十五里巨石如鼓扣之有聲
游洪山在縣北三十里　小靈山在縣北五十里
大靈山在縣北六十里舊有城壍　邵藤山在縣北七十里晉王烈遊此
神保山在縣北七十里　雨標山在縣西南三里
石佛山在縣西北四十里有石如佛　羊角山在縣東北六十里山絕峻如羊角
華柱山在縣西北九十里上有寺　長嶺在縣北五里
樸樹嶺在縣東八里　虎踞嶺在縣東三十里
廻風磯沿河而下西泊江渚五十里

大江在縣西四十里　樊家河在縣東十里
南門河在縣城南即浠水源出英山六安遶縣西流合衆流入大江
白港河在縣東五里　倒流河在縣東南四十里
閻家河在縣東三十二里　尤河在縣北九十里
白蓮河在縣東四十五里　蔡家河在縣東六十里
上巴河在縣北六十里　下巴河縣西七十里會諸水入江源出羅田
皂泥湖在縣南六里　楊歷湖在縣西南四十里
荷蕩湖在縣西十里　黃草湖在縣南四十里
薛家湖在縣西南二十五里明成祖知薛均貧甚命有司賜官湖頃餘爲贍養資因名

坼湖在縣西南六十里　灄湖在縣南七十里
蘭溪在縣西四十里水源出苦竹山天下第三泉　桃花潭在縣西北七十里
龍潭在縣南一里　王公隄在巴河鎮
萬工隄在縣西南五十里　胡可堰在縣西北六里
月塘在縣東十里　聯塘在昭慶寺前
義井在縣治東　張道陵井在縣東一里
伍員井在治西　清泉井在縣東二里清泉寺唐貞元鑿
大木井在縣東三十里　白家井在縣西
便民井在縣北　老龍井在三角山

浮橋在縣治南河　昭化橋在昭化寺前
畢氏橋在縣東五里　滸家橋在縣東十里
馬坡冲橋在縣二十五里　大馬橋在縣東四十里
盡街橋在縣西五里　皇風橋在縣西五里
麻橋在縣西十五里　苦竹港橋在縣西三十五里
萬花橋在縣北十五里　新橋在縣北二十里
六神港橋在縣南二十里　青蒿港橋
倒流河橋在縣東南四十里　南門河渡在縣治南
巴河渡在縣西七十里　以上蘄水縣

塔山在縣東五里　王道山在縣東十里
印臺山在縣南一里　鉢盂山在縣南三里
迎山在縣南十里　望江山在縣南十五里
峨嵋山在縣東北一百里　鳳山在縣北三里爲縣治主山
仙臺山在縣北十里　大霧山在縣北五十里
揚旗山在縣北七十里　龔家山在縣西三里
鼓羊山在縣西六十里　掛弓山在縣北六十里
蘇鷄山在縣北六十里　獨坐山在縣東北八十里
泊高山在縣東北一百二十里　烏雲山在縣西北七十里

練巖在縣南三十里有瀑布　石獅巖在縣西北四十里

雲蓋山在縣東二十里上龍井可禱雨　朦朧山在縣東四十里

鳳凰山在縣東三十里　虎母山在縣南二十五里

月山在縣東南五十里　觀音山在縣東南六十里

藤子山在縣東四十里　龍嘴巖在縣東南一百里

鷄籠山在縣北七十里上有真武殿以鐵爲瓦　七娘山縣北七十里或傳有七女在此昇仙

石柱山在縣東一百一十里　多雲山在縣東北一百五十里

鹽堆山在縣東北一百五十里　岐嶺在縣東一百三十里

淨瓶山在縣東四十里　南保山在縣東北五十里

石缸山在縣東四十五里山頂石凋結一圓缸水過此瀉下十餘丈

官渡河在縣南源出峨嵋紫潭冲西流與多雲河合經縣出蘄水界河通黄岡巴河石潭口注之江

北峯河在縣北二十五里　東安河在縣東北七十里

多雲鄉河在縣東北一百里源出石柱山七里冲西流與東安河合入北峯河南下至縣

湯河在縣東四十里泉溫可浴　奉泰鄉河在縣東南五十里

横河在縣東北二十里　洑澤河在縣南三十里

八廸河在縣東五十里昔兄弟八人俱廸功郎　石險河在縣南六十里

白蓮河在縣南五十里源出英山合蘄水蘭溪　黄石河在縣北八十里

平湖鄉河在縣北三十里源出鹽堆山　九子河在縣北一百二十里

龍洑河在縣北一百二十里　騾走河在縣北七十里

新昌河在縣北七十五里　尢河嘴在縣西三十里

石源口在縣北七里　石橋阪在縣東二十里

舊縣阪在縣東六十里即古縣治　龍井四一鹽堆山一泊高峯一多雲山一塔山

石井在縣東北二十里横河　鄒家均井在縣治東街

鳳坡井在縣西北水甚清冷　及泉井在舊學前

元妙觀井在縣西　倉井在縣左側稻穀倉

玉泉在縣西北十五里靜練如玉　玉虹泉在縣東五十里

胡師灘在縣東十里　石堰在縣南十五里

神仙港在縣西北七里

石門關在縣東北一百里抵英山界由北去甕門關五十里

青苔關在縣北一百八十里抵六安界　栗子關在縣北一百八十里抵六安界

銅鑼關在縣西一百四十里抵商城界　松子關在縣西北一百八十里抵商城界

甕門關在縣東北一百八十里即古岐廟關抵六安界乃陸遜追曹之處　以上羅田縣

龜峯山在縣東六十里春秋吳楚戰於柏舉即東麓十里白木阪自麓達巘二十里許山勢嵯峨上有化王廟傳即宋邑侯張穀　八叠山在龜峯東路

大勅嶺山在縣東五十里　遊蕩山在縣東四十里

什子砦山在龜峯東十里　雨流山在縣東一百里

四望山在縣東十五里　白臬山縣東南三十里山多怪石上有雁臺

鹿角尖山在縣東五十里　甑山在縣東三十里

基隆山在縣東四十里　天井山在縣東八十里

玉霧山在縣東北三十里　祖功山在縣東北二十五里

九龍山在縣東北二十里土名柏子塔　黃蘗山在縣東北九十里爲商城縣界

鳴山在縣南四十里　舞龍山在縣東三十五里有興福寺

大崎山在縣南五十里爲黃岡縣界　駱億山在縣北八十里俗呼落衣山

奉道山在縣西四十里　九螺山縣西八十里在岐亭昔張憨子隱此

飛龍山在縣北三十里傳寺棟畫龍飛去故名　大安山在縣西二十五里

五腦山縣西北八里即土主飛昇處有紫微侯廟　七里岡在縣西三里宋縣令張毅植松處

仙居山在縣北十二里有鳳凰巖下有仙洞石室雲泉即昔麻姑修真處俗呼麻姑洞

紫雲山在縣西七十里爲黃安界　朱山在縣西三十五里

青山在縣西四十里　萬人巖在縣西四十五里

鳳凰臺在縣東北二十里　春風嶺一曰東界嶺縣東八十里

道觀磯在縣西北十五里

縣前河有兩源一出商城界經虎頭關陰山阪合界河至縣前一出光山界經黃土岡至柏塔河合陰山阪河至縣前　鎖口河在縣北十五里

新河在縣東一里昔邑侯王世祿因河水衝城鑿濟以分殺水勢

高岸河在縣南十里舖合桃林河下岐亭入江　桃林河在縣東十里

閻家河在縣東十五里源出商城石門山下相傳唐洪州都督閻伯嶼所居故名

麻溪河在縣南二十里　白臬河在縣南三十里

浮橋河在縣西三十里　新店河在縣西四十里

宋埠河在縣西六十里　岐亭河在縣西七十里

霧仙司河在縣北七十里　界河在縣北九十里光山界

木稱二里河在縣東九十里出巴河達江　東義州河在縣東一百里

響龍潭在白泉山飛泉瀑布百餘丈　螺殼潭在縣西六十里

龍吼潭在縣南五里　白田阪官塘在縣南十五里

龍潭冲塘在縣南二十五里　馬家山官塘在縣南二十五里

沙河塘在縣東南十五里　七里岡官塘在縣西北十里

東白石堰在縣東三十里　石牛冲堰在縣東三十里

響水潭堰在縣北八十里　北石堰在縣北十里

三角湖在縣南二里　茭湖在縣北五里

龍潭湖在縣東北二十里　鳳陂在縣東北二十里

梅興港在白田阪　龍池在縣北一里

黑龍池在縣東二里　化龍池在縣西四十里

義井在縣治南街　官井在縣東街

虎跑井在龜峯山頂　南門橋
相公橋在縣西門　望仙橋在縣北五里
祖功橋在縣北三十里　樊家橋在縣南十里
花橋在縣東十五里　岐亭橋在岐亭東門外
縣河渡　高岸河渡
宋家埠河渡
虎頭關在縣北七十里商城縣界　黃土關在縣北九十里光山縣界
白沙關在縣北九十里光山縣界　大城關在縣北九十里羅山縣界
修善關在五關之旁　長嶺關在縣東北一百里商城縣界

鐵壁關在縣西四十里上名鵝籠司　木陵關在縣東一百里　以上麻城縣
魯臺山在縣東一里宋二程先生讀書處　甘露山在縣東十五里相傳陳武帝時甘露降
白龍山在縣東北四十里上有井取水禱雨輒應　太陽山在縣東北三十里
木蘭山在縣北六十里　橫山在縣北二十里
金鼓山在縣北一百里上有石如鼓陰雨有聲　大悟山在縣北一百二十里
嵯峨山在縣北一百三十里　黃柏山在縣西北一百六十里
獅子巖在縣西北五十里　觀音巖在縣西北九十里
縣河在縣南郭外接灄河達魯臺河流入江　東河在縣南二里達武湖
石港河在縣北十五里　石盤河在縣北七十里

舊鎮界河在縣西北六十里發源德安南山　草埠潭河在縣東北三十里
灄河在縣北二百里發源羅山入縣河達江　鴨兒湖在縣南五里
薛家湖在縣南一里　洋漫湖在縣西南五里
石子湖在縣西南三十里　後湖在縣西南四十里
牛湖在縣西南五十里在省要津　木蘭川在縣東北六十里
武湖在縣東南二十五里周圍四十五里相傳黃祖閱武於此東通大江
五通口在縣南四十里接武湖　沙口在縣南五十里通武湖入江
灄口在縣西南四十里接縣河入江　鐵鎖潭在城內西百武
團潭在縣西南二里通陽邏江　石門潭在縣北三十里

大城潭在縣北七十里大城鎮　放生池在城內西百餘武
三眼井在城內南十字街　木蘭井在西郊外
三姑井在縣東二十里舊傳三女成之　駱駝橋在縣東二十里
板橋在西郭外　金竹關縣北百九十里　以上黃陂縣
三角山在縣東三十里　遊仙山在縣東三十里
駟馬山在縣西南七里　大金山在縣南五十里
車望山在縣南五十里　陽臺山在縣西四十里
仙居山在縣西九十里　龍王山在縣北四十里
五雲山在縣東南十五里　老君山在縣北九十里

天臺山在縣北一百二十里有石臺高百仞峭壁四周惟一逕石磴可躡而登上廣數畝　陡埠河在縣東八里
東流河在城西里許源出光山白沙關
沙河在縣南十里　紫潭在縣南八十里
松溪河在縣南四十里　官倉河在縣西五十里
橋流河在縣西六十里　雙河在縣西三十里合流而南曰兩河口
聖人湖在縣北三十里　匆驀泉在城中
杏花井在縣東二里　三公井在縣南四十里　以上黄安縣
麒麟山在治北州治儒學皆依此山　鳳凰山在州南洲治儒學向山
鶴鷄山在治內　迎山在州東南八里

大泉山在州東二十五里　野狐山在州東二十五里
龜鶴山在州東五十里　鑿峯山在州東一百一十里
還元山在州東一百一十二里　九龍山在州東北一百里
金鷄山在州東一百二十里　四隘山在州東一百五十里
道觀山在州東一百五十里　鏡臺山在州東北一百五十里
將軍山在州東北一百五十里　小泉山在州東北一百五十六里
石人山在州東一百六十二里　六合山在州東一百六十三里
大桴山在州東一百六十里有九十九峯　鼓角山在州東北一百六十七里
鐵釜山在州東二百五十七里　相山在州東北二百五十八里抵太湖縣界

圓峯山在州西五十里　靈虬山在州西北八十里
廣教山在州北六十里　白雲山在州西北五十里
馬下山在州西六十里漢高祖討英布駐馬處　茅山在州北六十里
周公山在州西北二里　兜鍪山在州北十里
九潭山在州北百二十里有龍井九　宣撫山在州北十里
細石山在州北四十里知府王翰結庵隱此　火爐山在州西北五十五里
雲霧山在州北七十里　蘄山在州北六十里諸湖水發源
燕子巖山在州東北一百一十里　三角山在州東北一百二十里
四流山在州東北一百二十里山有泉水南流入蘄水西流亦入蘄水北流入霍山縣東流入太湖縣

四隘口山在州東北二百里
蘄河在州城北　谿口河在州北四十里
西河在州北六十里通赤東湖　宗渡河在州東八十里
月車河在州東南八十里　赤東湖在州北十里入水之處爲掛口渡
沿市湖在赤東湖東　金沙湖在赤東湖東
諸家湖在赤東湖南爲業漁者輸轄而納稅於官雖屬廣濟而實附於州今改名南湖爲遊觀勝景
西湖在赤東湖東　太清池在州治東
鴻宿洲在州治西北洲內屹立江濱爲龍眼磯　蓮花塘在州北一里
馬變塘在州北百五十里　淸水塘在州東十五里

義井在州西南一里　兩河井在州北六十里
丹井在州東北百三十里底四竅泉分四時出　留丹井在永福鄉五岳山下
三泉在懷德坊下　湯泉在州北百四十里水如沸有硫黃氣
滑石橋　吳公橋
大明橋　新興橋在州北四里
排埠橋在赤東湖中　橫車橋在州北兩河驛
芭茅橋在州北芭茅山側官路　中心橋在鴻宿洲
西河渡　掛口渡
乾明渡在州西一里　黃顙渡在州西十里通興國州

白馬渡在州治東即死竹壩　以上蘄州
多雲山在縣南二十里　獨山在縣東南三里
大明山在縣東二十五里　靈山在縣東
東衝山在縣東三十里　橫岡山在縣東北二十五里勢接東衝
白石山在縣北二里　五峯山在縣東三十里
雨山在縣西南十五里　大聖山邑東南有靈湫廣輿記云飛瀑奇絕
大闔山在縣東二十五里　大符山在縣東四十里
龍頭山在縣東五十五里爲黃梅界　鳳凰山在縣東四十五里
太平山在縣東南六十里　登高山在縣南里許

嶽山在縣西北七里　陽城山在縣南六十里
仙姑山在縣南六十里爲何陳許三仙姑修煉處　盤塘山在縣南六十里
青林山在縣南六十里　積布山在縣南白里磯石臨江如積布
大江在縣南七十里　梅川河在縣南源出橫岡山流歸武山湖
連城河在縣南六十里有渡　斤竹河在縣治東出東衝水至明水
馬口湖在縣南十里　武山湖在縣南四十里
青林湖近青林山　廣濟塘在縣治北
武家穴壩在大江邊自盤塘下至黃梅楊家穴計長百九十里每歲修築以捍江流
善潭在縣西五里南北二泉　費家龍泉在大明山

搭水橋在縣治西　松陽橋在縣西十五里
周源橋在縣西二十五里　荊竹橋在縣西三十里
黃花橋在縣西六十里　松楊渡在縣治西　以上廣濟縣
北邙山在縣北二里山頂周正類方屏　台望山在縣北七里
紫雲山在縣北七十里　多雲山在縣東北十五里
五祖山在縣東北二十里一名馮茂山俗呼東山唐五祖大滿禪師道場
龍坪山在縣東北五十里　南山有普庵禪師道場
北山在縣東北七十里無迹禪師道場俗云南山煮水北山烟
石牌山在縣西北三十里渡入爲三十六水山一水盤環三十六渡

西山在縣西三十里一名破額山即四祖道場　考田山在縣西北三十里
黃梅山在縣西四十里山多梅縣之取名以此　馬頭山在縣東南三里
筆架山在縣東十里　德章山在縣東南十五里
鳳翔山在縣西南十五里　蔡山在縣南五十里山產大龜因名
漏頭山在縣西十里明太祖討陳友諒駐蹕於此　福盆山在縣西南十里
舒城山在縣西南四十里山在太白湖東四面皆水爲避亂地
縣前河在縣治南　隆斗河在縣東十五里
龍坪河在縣北四十里　西河在縣東北十里
亭前河在縣東北三十里　源湖在縣東南三十里有大源小源

太白湖在縣西南四十里　陶木湖在縣西南四十里
柴池湖在縣西南九十里　白湖渡在縣西南三十里
濯港在縣西南二十里自濯港至孔壩於此運餉　黃花港在縣南二十里
清油港在縣南二十里　大港在縣東南二十里
古港在縣東南二十五里　安亭港在縣東南十里
武思穴壩縣東三十里自楊家穴至宿松分界　西池塘在縣城西北諸水滙此
白馬堰在縣北十里　穀嘴堰在縣十五里
老鴉堰在當龍坪河之衝　三渠堰在縣東南三十里
萬家井在縣前一名義井一　平政橋在縣治南

明月橋在城隍廟前　亭前驛橋在縣北三十里
縣前河渡在縣治南　濯港渡在縣東二十里
白湖渡在縣南三十里　清江渡在縣南九十里
北隘北通蘄州後山　東北隘東北通宿松太湖亭前驛
東隘東通宿遷佛坐嶺　西隘西通廣濟雙城驛
西南隘西南通廣濟龍坪　南隘南通潯陽江清江鎮
東南隘東南沙湖口江　以上黃梅縣

論曰黃在荆州楚尾也江山之脉皆從嶓岷迤北而東東通吳會西邇巴蜀南扼湖襄北控淮洛古稱用

武之國也然徒知蘄黃之勢而不知所以爲蘄黃之經略非知險者也以武昌爲握奇荆襄爲權衡九江爲籓屏則立國之要害固矣近來習俗凋敝鮮有積儲故其民卒多呰窳雖關津易於守禦而水旱時以病民使山邑澤邑謹隄防時蓄洩亦水利也

鄉鎮

鄉者隴畝之區也鎮者市廛之區也凡物之地載師閭師縣師任民之耕事焉凡物之價司市質人廛人平民之劑事爲袤惡過失之徒古人防禁密矣

黃岡縣計九鄉二鎮

廂坊分隸城鎮　東紘鄉

還和鄉　永寧鄉

慕義鄉　五重上鄉

五重下鄉　庶安鄉

中和鄉

團風鎮在縣北五十里（凡州縣所轄并設立巡檢者不入鎮例）

陽邏鎮在縣北百二十里

蘄水縣計五鄉二鎮

南鄉　北鄉

上鄉　下鄉

永福鄉

蘭溪鎮在縣西南四十里

巴河鎮在縣西七十里

羅田縣計三鄉一鎮

平湖鄉　多雲鄉

奉泰鄉

多雲鎮在縣東北百二十五里

麻城縣計三鄉二鎮

太平鄉　仙居鄉

亭川鄉

鵝籠鎮在縣西四十里舊名鐵壁關今移駐岐亭鎮

虎頭關鎮在縣東北七十里

黃陂縣計四鄉一鎮

高邑鄉　禮教鄉

崇義鄉　灄源鄉

大城鎮在縣北八十里今改兩河口

黃安縣計三鄉二鎮

太仙鄉　中和鄉

灄源鄉

中和鎮在縣南六十里

雙城鎮在縣北三十里

蘄州計六鄉二鎮

坊廂　安平鄉

永福鄉　青山鄉

大同鄉　崇居鄉

茅山鎮 在州西七十里
大同鎮 在州東一百八十里
廣濟縣 計七鄉二鎮
靈東鄉　靈西鄉
永東鄉　永西鄉
太東鄉　太西鄉
安樂鄉
馬口鎮 在縣南七十里
武家穴鎮 在縣南九十里

黃梅縣 計四鄉二鎮
新城鄉　鳳源鄉
永福鄉　長樂鄉
新開口鎮 在縣西六十里
清江鎮 在縣南九十里

論曰先王鄉郊之制鎮卽寓焉漢有亭長而鄉鎮分亦將任其業稽其勤惰邪正而救之也非有求於民也後世征輸叢出民亦愈詭茲論列之使知夫制所由始也

風俗

因物而遷之謂風從風而靡之謂俗移風易俗存則人亡則書周司徒敷教之慮深長矣

冠禮 士大夫之冠禮父親醮子而升於堂重冠事也始加緇布冠再加皮弁三加爵弁冠之次日見於鄉大夫鄉先生以成人之禮見也近雖不用古禮而併朱文公家禮亦不講也

婚禮 多遵古制六禮之中惟納吉納徵缺焉不備人各有偶締從其類惟近年來嫁娶尚繁縟貧富尤務

侈靡至若庶民婚姻或不辨同姓夫亡更嫁恬不爲非

喪禮 哀戚服制哭弔頗爲近古但崇尚佛事貴賤皆然間有一二秉禮不用者反竊笑之庶民之家鼓樂治具尤爲惡習若溺於形家風水或惑期不葬或已葬再遷則又合郡之惑牢不可破者

祭禮 巨室始有家廟春秋行古禮自餘惟奉神主於中堂四時節序及祖先生忌奠酒焚楮庶民則惟於親死三年後清明一墓祭而已

社　社者三代以來之古禮也歛錢具市牲醴品無兼味器用陶匏以祀本社土神祀畢長少共飲間有沉醉扶歸者亦與民休息之意猶存三代遺風焉

儺　儺以逐疫古禮也近以二人衣朱衣執旗鳴金花冠雉尾（俗名急脚子）比戶皆入中堂致祝太抵祛疹增福之語自春徂冬深山窮谷未有不至者雖近於俗蓋禮失而羊存也

歲時　元旦慶賀讌飲郡邑村市皆然　元夕張燈燈製日益奇巧農人以火炬照田　清明簪柳踏青掃

墓兒童爲風鳶戲而田間東作勤矣　端午插艾葉飲菖蒲酒畀角黍競渡以弔屈原民間因成角勝之俗所爭在丈尺間顛覆沉溺亦不惜也　過此又有神舟之製或簇紙或刻木爲之上縛神鬼形狀鬬靡者飾以綵繪迎神於衢醵金爲費十八日舟之紙者焚於野木者浮於江曰送瘟（此俗郡城爲甚外邑間有不然者）　七夕乞巧　中秋賞月　重九登高　十月朔飯牛以陰晴占穀價　十二月廿四日掃舍夜祀竈神　除夕門神爆竹守歲圍年村落間滌釜乞靈於竈卜來歲豐歉五鼓視之稻菽之屬豐者忽有數粒於釜中不知其何自來也黃郡幅員八百里風土之習大約多同間有小異瑣褻不必載也

附府舊志　黃岡農力耕種士尚氣節無依阿澳涊之態布衣投交或榮顯者禮貌有不至則拂衣去至老死不相往來　蘄水善田勤女紅富人多畏法豪健之徒多與吏胥因緣爲姦歛賦錢漁獵小戶　羅田窮巖邃谷無商賈百工方伎之術其民專力於務本用亦甚節嗇　麻城土風厚善樂於爲儒出重名節

處尚廉耻不士即商販他術往往以筋力起家　黃陂勤農桑寡遊販駸慕儒術　黃安爲三邑分土俗亦大都各近之地在郡西北一隅深山大澤盜賊多有民多悍獷而不馴　蘄州務稼穡習詩書而俗侈靡有三吳風豈蘄故楊州之域而風物亦大較似之歟　廣濟淳龐近古然好氣任俠動以毛髮之忿相挺擊　黃梅民力農不事商賈游俠今則市井無賴間習狙詐誣善良以逞私細民苦旱澇多逐末不敦本業漸偷薄矣

論曰五行運於天而其氣寓於土人物皆禀是以生也五土之物所生異宜五物之民所生異便故因其性習之常而施十有二教焉周禮土會之法斤斤乎詳矣遷乎物而弗能爲艮固民之愚然譏習以復性不可無人於是敎官之外比閭族黨之長（即今之里正保長）皆士爲之而統於鄉大夫（即今告老在籍之紳）掌其鄉之政教禁令故民不敢爲非一鄉且然況一郡哉今黃之俗熾惡志具之矣其最暴而不忍志者莫如蘄水之巴鎮元夕燒花舉鎮若狂斂錢以造花火分壘而鬬花

焰穜趋如火攻能斃一二人斯爲奏凱敵之斃者匿而瘞之玼北也雖兄弟姻婭亦秦越焉作俑始於明末一達聳遂相沿而不可止

物產

山澤陵隰之宜高而陽平而陰其產具焉鱗毛羽植之屬是地所同姑採郡之少異者以備覽觀而制地亦由以辨矣

黃扇　藕（出黃岡）

大柑　石耳　白合　山蘭　藕粉（出蘄水）

黃精　土茯苓　木耳　栗　蕨萁　蒨草　紫草（出羅田）

鹿皮　紬　白艾（龜峯者佳）　蕨粉（出麻城）

葛布（出黃陂）

茅栗　果子狸（出黃安）

竹（各邑俱產惟蘄州爲最）　艾　簞　龜（背有綠毛浮水中則毛自泛俗傳避塵驅蠅恐亦設）　白花蛇（一名褰鼻蛇諸蛇鼻向下惟此向上龍頭虎口黑質白花背有二十四方勝尾尖有一佛指甲腹旁有念珠斑剖之置水中則反尾滌其腹長尺餘能愈風疾　出蘄州）

山藥（產龍坪武穴）　木棉（出廣濟）

青靛　筆竹（出黃梅）

附府舊志　夫齊安土瘠無所宜自古記之矣即宋稱多竹八元已失其故民生所需原隰之利五穀而已且也澤國下流間焉爽塏比弗逢年其何以聊生耶雖艮牧守視之如傷然逋負日積杞人之憂靡所終矣

論曰禹貢所紀杶栝礪丹箘簵底貢厥名者皆全楚所納非蘄黃之謂也至元纁璣組惟金三品蓋古有而今無矣黃地所產不過植動瑣褻佐民五穀之窮

負販足矣匪商賈之懋遷者也按名物而安擾之周
公復起也歟哉

黄州府志

（石）

卷之三 建置志
卷之四 赋役志

黃州府志卷之三

知黃州府事襄平蘓良嗣較定

建置志

城池

圭臬測影爰定於址形有平陂高庳磞阜注川險斯設矣君子居之藏民之固可繹也

郡城黃岡附郭宋元遺築在今城南二里許張耒雜志云黃名爲州而無城郭西以江爲固其三隅畧有垣壁間爲藩籬城中居民纔十二三餘皆積水荒田民耕漁其中西臨大江東傍湖泊水漲每齧於波臣舊志云舊城門曰朝宗向日龍鳳餘

無考今東北城蹟猶存明洪武戊申指揮黃榮拓其基築今處甲子指揮曹奉永樂戊子指揮郭顯相繼修高二丈一尺厚依山不可計周一千八百二丈八尺有奇繚以濠警鋪三十雉堞二千一百一十九門四東清淮南一字西南清源西北漢川敵樓各三間金湯中諸郡崇禎癸未三月廿有三日平明賊張獻忠掩至從東北隅緣獮猴梯而入驅婦女以鋤钁平城旋平旋殺屍枕籍土壤中故城所存不及肩焚殺凡五日棄去秋知府周大啟返舊治任事先是亂民有詹瑞甫江咸一者詹家湖新城湖二水寨寨主降賊各以小舟二十艘爲贊賊吾留麾下許恣其掠以酬之漸廣舟楫大江以南無噍類矣五月獻忠破省城二人從掠貲億萬歸賊去周大啟執瑞甫咸一責以修城貸其死二人因陋就簡周歲畢工敗磚殘石耳視舊制低五尺有奇廣依其舊　國朝順治丁亥知府牛銓建譙樓四康熙乙卯清源樓風折知府于成龍建承平久濠漸淤半爲右民禾稻菱藕之利

蘄水縣舊無城明萬曆乙卯巡撫趙賢釆輿議創建知

縣劉憲董遝經始周七百六十丈有奇寬四丈爲門五東來泰南麗文又便民西永豐北拱辰後益以二東南躍龍西南阜城崇禎乙亥知縣龔鼎孳葺而增崇焉爲敵樓六堡二十八癸未三月賊張獻忠襲之驅婦女擲與地平甲申知縣孔惟時督民重修廣雖仍其故址而草率圖工制迥非其舊矣

羅田縣舊城元大德間在官渡明成化己亥信陽寇入寇知縣沈雷築土城嘉靖庚寅歲大水盡圮賊復入寇知縣勞樟因舊址砌以石戊戌復大水圮者半知

縣祝翊重修城周五里高一丈五尺厚一丈西北依山東南臨水坊四東崇仁南崇道西崇義北崇德但城曠廓而居民寥落未免有地廣人稀之慮

麻城縣舊爲石虎將麻胡秋所築繫城於麻記始事也垣以土成入元而廢明弘治己未知縣章厚砌以石建樓於上萬曆初廵撫趙賢廵按舒鼇建甎城議董其役者知縣錢節用周九百五十八丈有奇高一丈七尺門七東賓暘西寅餞南迎薰北拱辰朝聖應壁又小西門今閉崇禎乙亥知縣劉星耀修而增拓　國朝順治甲午知縣王灝濬濠惟西北東南瀕河不須濬

黃陂縣舊祇土城環其治者半明洪武甲辰晉軍總制王興守禦重修旋調去功未竟正德間知縣周昺蓋營房繞衛焉萬曆癸酉廵撫趙賢檄建甎城凡三月而功竣周九百八十三丈九尺有奇高一丈八尺橫一丈三尺門六東昭明南景福又康阜西豫泰與豐亭巽隅新開者曰文昌各有樓明末城陷於賊樓堞半毀崇禎末年署篆葉長青重修　國朝順治三年知縣張尚忠加葺移城外廢寺改建各譙樓可謂重城隍而黜異端者也

黃安縣建於明嘉靖四十二年從撫臣張雨按臣唐繼祿請也始建城同知袁福徵督其役周五百九十九丈有奇高一丈八尺邑志云費銀六千五百九十四兩約每丈費銀一十兩八錢五分七厘存之備後來營繕之權衡者門凡四隆慶二年雨城半圯通判王可大葺之裁卑四尺萬曆二年知縣應存初增高五尺焉後二十四年因形家言縮南城而小之城如彈丸民居日蹙可謂惑於術而未聞道者

蘄州古羅州城宋景定四年元兵據白雲山設礮守者懼走保鴻宿洲安撫使王益遷城麒麟山今因之元至正辛卯紅巾賊劉福通倡亂徐壽輝僭號據之陳友諒弒壽輝自據爲僞漢後友諒子理降明洪武初遣指揮趙應清千戶許勝守禦依舊地修砌永樂六年指揮胡善增築腰墻雉堞周九里三十三步一千一百三十丈高一丈八尺門六東賓暘西澄清西北觀瀾西南聚奎南文明北武襄警舖三十雉堞三千一百六十五西濱大江東南北皆江水滙而爲湖爲濠不須鑿而其險可守

廣濟縣舊無城守縣治爲市民擁衛外開四門東覲陽南迎薰西繼旻北得朋又西北曰保和有慶而大河中注之東南二門在河東其他門與縣治在西外有陂連貫似珠越西門曲轉如長蛇抵大河河水時漲不可以城故不城明崇禎十二年有建城之議自西徂東跨河爲之包南山壞原田興工數月不果成

黃梅縣舊無城明萬曆乙未巡撫郭惟賢請建石城長沙通判孫鈺掌篆而董其役周三里徑可一里門七東仁育北拱辰西正義南文明西南利道久閉化龍東

角又有門曰小南門四年而成崇禎十五年賊張獻忠破毀知縣張聯芳復治繕之北依山東南瀕河西有池亦强名爲濠者

論曰傳云城郭溝池以爲固是謂小休則太上貴德不恃此也此而可恃嬴黃邾子之世至今存可也周公大聖宅中作洛猶流爲守府惟仁義其籓而教養其守則金湯之勢成矣

公署

大相南土審曲面勢肆克乂之民胥以寧居其室者明其辟風人屋漏之什何爲而作也

本府　治在清源門內明洪武戊申知府李仁建正德十六年知府余貴重修中爲正堂東西司各十三楹堂後爲後堂堂東爲知府宅內有文酒樓堂前爲戒石亭又前爲儀門東西角門門西爲鑾駕庫東爲土地祠爲雪堂嘉靖間知府郭鳳儀增修爲賓館正南爲譙樓樓東爲申明亭西爲旌善亭亭南爲吏廨正南爲大門崇禎癸未賊張獻忠屠城盡燬官借居民房　國朝順治丙申知府徐士儀建大堂三楹康熙

丙辰知府于成龍次第修建康熙戊午知府郭廷弼補葺惟譙樓址存

同知署在府堂西燬分駐岐亭

通判署在府堂西燬移住府學街右

推官署在府堂西燬今裁

經歷司在府堂左燬賃民居

照磨所在府堂右

司獄司在譙樓南

陰陽學在大門前東燬

醫學在大門前西燬

僧綱司在報恩寺

道紀司

布政分司在府城隍廟左燬今爲民居

按察分司在府城隍廟右久廢無考

岐亭兵備廳明嘉靖丙戌撫按奏設建城添駐捕盜通判　國朝通判裁同知分鎮

軍儲倉在府北

預備倉在府南半里今廢

齊安驛在清源門外

演武場在城東南三里周圍三百七十餘丈大廳三楹榜曰足兵堂後軒面江榜曰江漢雄鎮

黃岡縣　治在郡治東明洪武戊申知縣萬士安建大堂三楹成化二十一年知縣程奎重建大堂後爲後堂又後爲知縣宅堂前東西六曹以次列左爲幕廳嘉靖中知縣孟津於月臺增建戒石亭又前爲儀門爲大門萬曆三十四年知縣茅瑞徵增置屏門縣庫在正堂側冊房在後堂右儀門前左爲有嘉館旁一楹爲土地祠吏廨在其左崇禎癸未賊張獻忠屠城盡燬　國朝順治三年知縣汪士蕎始草創大堂順治十年知縣劉國寧建後堂併東西六曹房康熙三年知縣徐鑛建內宅康熙九年知縣董元俊建戒石亭監獄在頭門內右

縣丞宅在堂右

典史宅在堂左

北察院在縣學左係陶仲文入官宅明萬曆元年知府潘允哲改建燬基爲民居

南察院在縣學左亦係仲文入官宅舊爲兵備道署燬基爲民居

憲司在府學左明萬曆三十五年知縣茅瑞徵重修今廢民居

惠民藥局燬民居

團風巡檢司在縣北五十里

陽邏巡檢司在縣北一百二十里

稅課司在團風鎮缺裁

李坪驛在團風鎮

陽邏驛在陽邏鎮

後湖河泊所在定惠院右

樟松湖河泊所在縣北一百二十里

養濟院在山川壇北燬民居

蘄水縣　治明洪武甲寅知縣趙季光建正統中知縣胡奎正德壬午知縣謝爵各增修萬曆己卯知縣閻士選修大堂堂下爲儀門爲譙樓爲榜房　國朝順治甲午知縣李蓀修大堂及兩廊右贊政亭儀仗庫戒石亭儀門外左爲倉禁爲大禁爲土地祠爲賓賓館譙樓外左爲申明亭右架閣庫儀門外右爲吏舍譙樓外右爲旌善亭大堂後爲思政堂堂後爲知縣宅順治丙申知縣劉佑修

縣丞衙在大堂左

典史衙在大堂右

按察分司在治西

布政分司今燬

府館在治西

陰陽學在治東

醫學在治南

蘭溪巡檢司在縣西南四十里

巴河巡檢司在縣西七十里

巴水驛在縣西四十里

蘭溪驛在縣西四十里

楊歷湖河泊所在縣西南六十里

坼湖河泊所在縣西南六十里

僧會司在昭慶寺

道會司

聚民倉今燬基址尚存

預備倉一在華家坳曰東倉一在分流曰南倉一在巴河曰西倉一在團陂堡曰北倉

巴河官倉在巴河鎮

蘭溪官倉

永豐倉在治西明崇禎末流寇屢焚知縣龔鼎孳移入

府行館

養濟院在聚民倉側

教場在治西永豐倉側

羅田縣　治舊在魁山下元末知縣周廣遷今官渡河創建廳堂幕廨明成化乙酉知縣徐泰重修弘治辛亥知縣羅勳建儀門正德丁卯知縣夏雷建後堂壬申燬知縣張佐張愉相繼建立嘉靖甲子知縣沈越林宗貴相繼重修辛丑知縣祝琊重修東廳增廣吏舍崇禎乙亥流寇破縣焚燬止存大堂後堂譙樓知縣白乃忠修正衙復燬　國朝順治八年知縣李雨霑建前廳併儀門知縣王政賓建正堂衙舍併圍墻戒石坊衙舍在大堂左譙樓在儀門外康熙間知縣

王光鼎重建縣獄在頭門外

縣丞宅在大堂左久廢今裁

主簿宅在大堂右久廢今裁

典史宅在大堂西

醫學在縣西久廢

僧會司在縣東萬壽寺

道會司在縣南元妙觀

憲司公署在縣東今燬

府館在縣東

多雲鎮廵檢司在縣東北百二十五里

預備倉廢

便民倉在縣南一里

養濟院在下新街社學後

教場在西關外

麻城縣　治大堂三楹明洪武間知縣張谷維趙乾建成化中知縣劉規胡琮重建正德中寇燬知縣王世祿蔡時重建明末賊燬　國朝順治乙酉知縣李衛重建後堂三楹又後大觀樓爲知縣宅宅東譙樓康

熙六年知縣孫弘娃建架閣庫三間東西幕廳各一今廢寅賓館在頭門內左順治十三年知縣王潞修監禁房在儀門右倉禁房在儀門左頭門三間申明亭在頭門左旌善亭在頭門右鐘鼓樓在縣治前康熙巳酉知縣屈振奇增築舊基建二層樓置鐘鼓於其上

縣丞宅在大堂左

主簿宅在大堂右久廢今裁

典史宅在儀門右

陰陽學在治右今廢
醫學在治左即惠民局今廢
北察院在縣治右明萬曆五年知縣連三元建後焚燬
國朝順治丁亥年重建
分司在東城隅今廢民居
三老堂在縣前街右明成化中知縣朱則川爲邑致仕
觀察周孔明方伯李彥碩僉憲董宗南建燬　國朝
康熙已酉知縣屈振奇查出重修
僧會司在萬壽寺
道會司在東嶽廟

西館驛廢
中館驛在縣西三十里今廢址存
東館驛廢
虎頭關巡檢司今廢借居民房
鵝籠司巡檢司今廢借居岐亭民房
縣倉在儀門東
積穀倉在大堂右　國朝順治十三年知縣王潞建
便民倉舊在團風鎮燬　國朝順治十三年知縣王潞

移置宋埠
養濟院在後街今廢
教場演武廳在南關外
黃陂縣　治大堂三間燬　國朝康熙二年知縣楊廷
蘊重造川堂即大堂後直廳宅門在川堂後三堂在
宅門內自公堂在三堂後內舍在自公堂右積儲庫
在川堂左儀仗庫在大堂左古賢堂在大堂右班房
在大堂前左右各六間戒石坊在大堂甬道中儀門
在戒石坊前傍爲土地祠譙樓在儀門前賓館在
譙樓內左獄在譙樓內右申明亭在譙樓外左久廢旌

善亭在譙樓外右久廢
縣丞廳在縣堂左久頹　國朝康熙四年縣丞李成紀重
建
主簿廳在縣堂左久廢今裁
典史廳在縣堂右
東公館在縣治東百武　國朝康熙四年知縣楊廷蘊
重建
西公館在縣治西二百武

府館在東公館前今廢
灄口公館在灄口鎮
巡檢司在縣北二十里大城潭
僧會司在城北一里久燬
道會司久廢
禾豐倉在縣大西門外官廳五間倉屋三十六間積穀
倉四間
漢陽倉共三十六間
預備倉在寅賓館後今廢

義倉今廢
便民倉在魯臺山下今廢
養濟院在西郭外今廢
教場在治西三里
黄安縣　治明嘉靖四十四年建在城北中爲理事廳
三楹右爲盈濟庫左右翼爲吏廊各七楹前爲儀門
三楹儀門左爲土地祠右爲獄又前爲大門三楹理
事廳後爲燕堂堂後爲令廨隆慶四年作鄉箴亭理
事廳左爲幕廳左右爲吏廨大門内左爲寅賓館又
左爲申明亭右爲旌善亭門南百武爲譙樓
主簿宅在理事廳左今裁
典史宅在理事廳西
憲司在治東　國朝康熙四年知縣蕭恒重建
分司在治東今廢
預備倉在大門内左
陰陽學在大門外左
雙城巡檢司在縣北三十里
中和巡檢司在縣南六十里

養濟院在東門外
教場演武廳
蘄州　治在麒麟山左明洪武二年知府左安善建洪
武九年改爲州正統二年知州王坦景泰十年知州
陳範成化六年知州莊輗代相修建成化十二年知
州王宜重建後復拆毁弘治十一年判官張弘宜復
建正廳堂幕各三間東西二司房各五間承發司一
間架閣庫十間儀門五間譙樓五間土地堂一間官
衙各一所吏舍二十間獄二連左申明亭右旌善亭

治後大觀亭三間嘉靖壬子知州崔一濂重建崇禎
十六年賊張獻忠破城焚燬未及修復歷任皆借居
國朝順治十八年知州王宗堯仍於舊基重建廳
堂衙舍規模以次復舊
州同宅燬今裁
州判宅
吏目宅
江防道署缺裁
布政司公署在州治西南明正統十三年遷治東南知

州姜浩建今廢
按察司公署在州治東南今廢
清軍廳在朝陽門外遺址存
府館在分司右今廢
陰陽學在府館西南
醫學其址連陰陽學有窮民藥局
僧正司在四祖寺
道正司在元妙觀
稅粮司在州西門外今廢址存

蘄陽水驛在大西門外
西河馬驛去州五十里
茅山巡檢司去州六十里
大同巡檢司去州北百二十里
便民倉在北門壇左
廣儲倉在兵備道後
預備倉明洪武二十三年知州楊珙建後圮嘉靖六年
知州李材剏廣儲倉隙地建
遞運所在得勝寺前

養濟院在嶽廟左
教場在賓陽門外有演武廳
廣濟縣　署近西門中爲正堂西爲幕廳東爲庫堂後
有廳左右亦有庫廳後知縣廨前堂左爲鑾駕庫下
爲東廊次爲生春堂右爲西廊下爲吏舍中道爲戒
石亭亭前爲儀門門外東爲五顯祠前爲獄獄左爲
譙樓樓前右爲申明旌善二亭明崇禎八年寇燬
國朝順治八年知縣毛華鵬建正堂川堂後樓及前
儀門

縣丞廨在庫左今裁
主簿廨在幕廳右今裁
典史廨在縣堂右
布按分司俱在縣治河東
行察院在縣治東北今廢
陰陽學在縣治南今燬
醫學今燬
僧會司在南山寺
道會司

馬口驛巡檢司在縣西南七十里
武家穴巡檢司在縣南七十里
便民倉在龍坪鎮大江北
預備倉五在縣治右者一泰東靈東永東安樂四基存
惠民藥局今燬
養濟院在縣治南
演武場在縣東一里
黃梅縣　治坐城西南隅明洪武九年知縣唐輔開設
治廳署廨洪武十四年知縣黃子政建譙樓成化六年知縣戴中建儀門至頭門正廳三間中堂曰琴堂堂左架閣庫左前有幕廳右有庫琴堂後曰圓堂堂後內廳五間中有自公堂西有西樓琴堂下左右兩廊中道有戒石亭前為儀門門外西為獄東為土地祠寅賓館前有鼓樓東有申明亭西有旌善亭又前數丈為頭門崇禎十五年十二月二十五日賊張獻忠屠城官民房盡燬知縣張聯芳逍後還治搆草舍建治廳三間卑小今仍之　國朝順治十一年知縣鄧源濬始建圓堂三間坐樓三間於後以為廨署

縣丞宅在縣署東今廢
主簿宅在縣署西明末裁今廢
典史宅在儀門內東今廢借居民房
陰陽學在急遞舖左今廢
醫學在急遞舖右今廢
僧會司在東禪寺
道會司在泰源觀
新開口巡檢司在縣西南七十里今廢
清江鎮巡檢司在縣南九十里今廢

停前驛在縣東四十里今廢驛丞寓城廳遞

察院在西關外今廢

分憲二司在鳳凰池南今廢

兵備道衙門在西門內今廢

通會倉在縣署右今廢

清江鎮便民倉今廢

孔壠公館今廢

養濟院在西關外

演武廳在城西南外

副總府署在府城洗白街

黃州衛署舊在府治左今燬基爲民占官寓民房

蘄州衛署在蘄州

論曰穆穆棟宇天下家國所同庥教於斯讀法於斯士史叱族聚於斯其所以爲具如此雖更治亂而可守也几席之間應在千里啟我於晨乎而蔽我於夕乎而

學校

庠序始虞夏周人修而兼用之所以明倫理治經術也士貴士賤率由自取能若於聖賢而不趨於流習者幾人乎教化之原詳其興廢以備勸懲

黃州府儒學　去府治東數百武即宋河東書院乃寶祐中郡守李銑建以祀二程先生者也元燬明洪武初郡守李仁就其址改建爲學正統後知府事者錢敏俞浩王霽余貴相繼增修逮嘉靖間劉友仁益拓其基應明德再葺其宇七君子者明賢二千石也中爲

先師殿五楹兩廡翼楹各十三大成門頖水橋櫺星門

在其前左爲儒學門由門入而右爲兩訓導宅省牲所啟聖祠鄉賢祠又爲訓導宅折而西曰成賢門入北爲明倫堂前碑亭一載學田祭射器數齋四育德克己明善養正東西各六楹堂北敬一亭亭北尊經閣內有藏書東爲祭器庫弘治戊午知府盧濬增置祭器歷久而壞嘉靖辛卯知府吳淮燬淫祠鐘鼎佛像再增置祭器樂器備焉數具亭碑庫東爲教授宅又爲訓導宅堂西爲射器庫名宦祠祠南即射圃圃有亭後堂三川堂一講堂三號房東西各九饌堂三在明

倫堂右萬曆間知府潘允哲買民居數丈學前之地益拓焉崇禎癸未燬張獻忠焚燬甲申知府周大啟建廟五楹明倫堂亦五楹餘荒蕪侵沒　國朝康熙壬戌知府蘇良嗣剪荆棘查隱占葺堂繕廟建大成門建東西兩廡各十三楹鄉賢祠名宦祠悉輿創壯麗按學宮右爲白虎不宜高聳康熙丙午通判宋犖建將毋樓於右本學士子鄉試屢不中式犖自拆去可謂善補過者矣

學田二區塘六口弘治已未知府盧濬爲兩學公置計白虎寺田三十三畝三分一十七丘楊家阪田六十六畝七分一百三十六丘歲久盡沒於民嘉靖乙丑知府張嘉孚按故籍查之乃下令許自首宥其罪僅得楊家阪田復歸於學隆慶間知府孫光祖以贖金八十兩更置田焉學倉舊在學東今廢

祭器燬未備

樂器燬未備

書籍燬未備

社學舊在治東鼓樓右明弘治間知府盧濬建後燬萬曆間知府潘允哲建於漢川門內今廢

黃岡縣儒學　宋建南城外元末燬明洪武初知縣萬士安移建於城隍廟之西南址甚隘堂宇久漸傾圮正德中知縣胡潔乃遷於清淮門內軍器局東廢地或曰即東坡故居也惟兗隅尚屬弁業倍其直而廣之始建

大成殿外戟門櫺星門集賢門各三楹左右兩廡各五楹後明倫堂兩齋各五楹齋東西列更後稽古閣五楹左右號房各十楹西爲膳堂戟門之前爲泮池西號房外隙地即射圃其基直工費潔悉出諸公帑之餘不以勞民未逾年而工竣嘉靖後知縣孫崇羅應鶴茅瑞徵先後葺崇禎癸未燬張獻忠燬　國朝順治戊子知縣高自訓始建廟已亥知縣楊鍾秀建大成門辛丑知縣徐鑰建啟聖祠康熙壬子知縣董元俊易廟而更新之丙辰知縣李經政建櫺星等門壬戌學道蔣永修捐貲不足合學士子捐優免銀建明倫堂及兩廡知縣汪灝董其役按舊學碑載西以古井火巷直至大街北抵曹士皐原賣地東抵北察院南抵大街

學田先是郡守盧濬孫光祖爲府縣兩學共置田數已詳見上矣萬曆三十五年令茅瑞徵查隱糧

數玉戶下田二十畝二分詳允糧道准充學田

祭器燬未備

樂器燬未備

書籍燬未備

小學在府城隍廟左即七賢祠今廢

社學一在漢川門內一在陽邏巡檢司左今廢

附縣舊志　城外有岡橫亘正對學宮形家稱爲一字文星故城門以一字名城上東樓角舊額爲培風樓久圮形家稱爲縣學巽峯又爲郡縣華表

河東書院即府學址

東坡書院即縣學址

陽明書院在安國寺左即韓魏公讀書處今寺僧爲圃

問津書院見古蹟

蘄水縣儒學　在縣治東即宋元舊址元末兵燬明洪武甲寅知縣趙季光始創正統巳未天啟甲子知縣胡奎孔宗榮相繼修崇禎癸未燬於賊　國朝順治庚寅知縣倪籥元重建尋災甲午知縣李蓀再建中爲大成殿東西兩廡各五間前戟門櫺星門後明倫堂左齋進德右齋修業號房各五間後爲訓導宅　土地祠五經樓啟聖祠射圃教諭宅各依位置名宦祠左鄉賢祠右昔所稱興文閣泮芹閣空存其名焉

學田即興賢莊明崇禎間邑令李汝璨置有學租充給卷價

祭器燬未備

樂器燬未備

書籍燬未備

孫公書院明萬曆間知縣孫善繼建

宋公書院明萬曆間知縣宋文器建

雲路書院明萬曆間知縣游王廷建

大成書院明天啟間知縣孔榮宗建

羅田縣儒學　元以前在縣東歸厚巷明洪武乙卯知縣石璞遷於縣南官渡河濱弘治辛卯水圮知縣羅勳仍移舊址嘉靖辛卯知縣勞樟庚子知縣祝珝前後更新焉崇禎癸酉知縣楊見龍徇衆議又改遷於縣治西數百武工垂成燬於賊丁丑知縣白乃忠又徇衆謀遷乃以舊學宮易元妙觀爲之　國朝順治

甲午知縣李雨霑復移建鳳山之苞今仍改歸舊處
先師殿明倫堂少存榱桷舊廡祠齋圍門亭池庫悉廢

學田無

祭器無

樂器無

社學在縣西二百武明嘉靖甲午知縣沈越買地建今久廢不可考

白公書院在元妙觀右

古塔書院在萬壽寺側

麻城縣儒學　在縣治東宋舊址也燬於元季明洪武

初知縣張谷維趙乾相繼建正統後知縣楊順翁遜胡琮陶天忠尚德恒司李嚴肅次第葺成化甲午知縣胡文德易明倫堂而新之崇禎末客兵來往拆供爨薪　國朝順治乙未知縣王瀠補葺殘缺康熙庚戌知縣屈振奇復加修葺中爲

文廟廡東西向明倫堂居後又尊經閣東西齋號舍射圃居其東敬一亭居其北儒學櫺星各有門啟聖祠

廟之左名宦鄉賢祠分戟門左右神厨神庫文昌閣各依其方頖池久淤爲平地康熙甲子知縣郝嘉謨濬圍以石欄

學田無

祭器備廢未

樂器備廢未

社學計五處一在治西四在四城隅

龍溪書院在縣西明天順間邑紳周兌建今廢

白杲書院在縣南明弘治間邑紳董朴建今廢

東溪書院在蓮湖明弘治間邑紳熊經建今廢

道峯書院在牛棚山明嘉靖間知縣陳子文爲縣士毛道峯建今廢

輔仁書院明嘉靖間邑紳周思久建今廢

黃陂縣儒學　宋元舊址原在縣治東南明洪武十五年知縣吳旻依舊址建學正德丁卯教諭楊樑捐百金購民居以拓其基殿廡堂齋門以次就理尋圮嘉靖壬午副使陳昌督縣令周音修葺再搆民居以廣規制遷戟門於池所增名宦鄉賢二祠又特建祠合祀宋故令開府程公適原尉太中公珦明倫堂三楹再建於崇禎己卯知縣周元泰任內

至聖殿兩廡東西名宦祠鄉賢祠櫺星門戟門學門明

倫堂頖池各依制　國朝順治初知縣張尚忠康熙
丙午知縣楊廷蘊相繼葺敬一亭坐春齋立雪齋膳
堂久廢教諭宅在堂後訓導宅今改奉啟聖木主射
圃在其旁
祭田一在禮教鄉丁家澥田四頃七十六畝四分七厘一在駱家山係明萬曆間邑紳張濤所捐田四畝官濠二口
祭器
樂器
書籍俱無

社學舊在金鼓寺老山堡
二程書院在魯臺山下
井露書院在井露山下
黃安縣儒學　設邑後始建學明隆慶三年知縣李講
於縣治西南建
先師廟左右廡各七楹戟門左名宦祠右鄉賢祠各三
楹櫺星門前爲頖池明倫堂居廟後萬曆二年知縣
應存初建尊經閣號房教諭訓導宅在堂左右
學田

祭器
樂器
書籍俱無
社學在縣前
蘄州儒學　在麒麟山之陽乃宋乾道八年教授李宗
思州守王益共建者也元末燬明洪武二年左安善
爲知府於舊址建府學是時州方爲府九年改爲州
始號州學知州事相繼修葺者天順則趙應隆成化
則莊輗明倫樂育二堂建焉弘治五年楊淮知府事

購學旁民地毁二郎廟爲
大成殿櫺星門東西廡各九楹戟門三楹采芹亭一厨
庫各一東西齋各六麗澤堂一觀德亭一號房二十
有四射圃鐘樓官廨及禮樂器皆備焉詳具侍郎戴
珊記崇禎癸未賊張獻忠燬　國朝順治間副使范
鳴珂始建廟五楹迨後堂廡齋祠相繼修補未復舊
制按州志學基長二十五丈濶一十七丈
學田
祭器

樂器

書籍俱無

社學三處一在府館西南今改陰陽學一在丁家坡西今廢一在鄧家坡門廳三間尚存

鳳麓書院在南門內鳳凰山麓明正德間邑紳陳大中建今廢

陽明書院在北門外明嘉靖間邑紳馮天馭建今廢

崇正書院在北門外明嘉靖間邑紳顧闕建今廢

廣濟縣儒學　舊在縣治東北元末兵燬明洪武初知縣胡昇依舊址建學後知縣陳昺昌移建東南一里許正德壬戌知縣陳奎以學宮僻處河東又徙於縣

治之左以按察行臺暨府公館舊地爲之中大成殿東西兩廡前戟門東名宦祠西鄉賢祠前櫺星門外頖池神厨神庫各一後爲明倫堂左齋進德右齋修業饌堂居官廨左敬一亭居啟聖祠前左號舍名登瀛右號舍名聚奎崇禎末賊燬　國朝順治丁酉知縣閻國士始建廟焉康熙丁未知縣黃王鉉濬池建門外貌可觀矣射圃在舊學基側近沒於民

學田

祭器

樂器

書籍俱無

社學舊察院左今廢

黃梅縣儒學　居縣治左元末燬明洪武三年知縣唐輔建久漸圮成化六年知縣戴中重建嘉靖十六年知縣梁廉建敬一亭隆慶三年知縣姜忻鑿頖池改置名宦鄉賢二祠於戟門左右崇禎壬午冬賊張獻忠燬　國朝順治六年知縣陳覲天教諭張士淑以諸生優免銀買民房改建今

聖廟按舊制中爲廟廟東爲明汲井東西兩廡前戟門左右爲名宦鄉賢二祠下爲頖池前櫺星門左黌門折而東爲啟聖祠廟後爲明倫堂前祭器書籍庫西土地祠後敬一亭尊經閣兩齋教諭訓導宅咸廢鉄未修今見存者一廟之外明汲井而已

學田元知縣喬思忠置有學田係馮政祥戶侵隱明隆慶間知縣姜忻更置田六十三畝半荒

祭器

樂器

書籍俱無

社學舊址在東關外

江漢書院在龍坪明嘉靖間知縣張元一建爲瞿九思講學處

論曰二帝三王之後其中間常更衰亂而餘澤未熄也漢尚辟舉去古未遠魏晉以譜牒官人學校虛矣行卷自獻倡於唐安石經學謬於宋及其末流不見宮墻者皆他途以進私智私學滅裂教化千百世以來折衷於孔子在慎以申之也今治尊崇先聖秩祀講習之地間鞠茂草惜哉

秩祀

祭有法有義禮之正也不經而祀淫也非德而祭瀆也故曰淫祀不享瀆禮無福也

黃州府

文廟

啟聖祠

名宦祠凡名宦鄉賢等祠社稷山川等壇黃岡附郭例無專祀統於府也不重載但廉能縣令有功德於民者不獲崇祀府名宦祠內似屬缺典

唐左震 宋王禹偁 元夏璿 明陶安 何晩齡

滕霄 錢敏 王霽 劉肅 盧濬

胡錠 黃壽 朱節 楊最 吳淮

韓秉文以上載府舊志 郭鳳儀 商廷試 張嘉孚

孫光祖 潘維岳 王世德 祝萬齡 胡維霖

林肇開 鄒廸光 李繼周 吳叔度 秦時懋

顏顧行 潘允哲 白范 周浩 趙以敬

袁福徵 劉容 胡士奇 韋厚 汪大壯

饒澤 毛應時 嚴廸聰 查秉彝 吳宗周

崔孔昕 羅瀚 歐起鳴 許士奇 李長德

葛寅亮 徐孟 曹賢 張淮 安貞

國朝于成龍

鄉賢祠凡名宦鄉賢府縣均祀者姓名重載

宋潘大臨 余玠 元王蕭孝義 周古象 明黃榮

吳琳 詹同 張璘 王思旻 鄒來學

周鑑 陳言 董應軫 李正芳 劉從正

王聰 劉廣 陳嘉學 康茂材 曾恕

蕭昇 謝杲 張佐 陳首俊 唐文義

王濟 黃伯垓 王麟 余鑾 董朴

劉以德 王澄 張明道 賈啟 曹珪

陳廷瓚　余文瑞　程轍　王廷槐　方勇
奚朴　奚世亮　丘尚忠　方任　陳桐道
范芝　王廷陳　陶珪　瞿晟以上載府舊志
耿定向　樊玉衡　杜鳴陽　曹光德　王廷瞻
徐倫　丘岳　詹徽　李楠　穆天顏
杜傑　易倣之　詹時明　張寶　李葵
孫大祚　王同謙　張澤　張濟　李田
周啟孫　李之用　周之訓　官如皐　官應震
姚瑞　熊瓊　熊養中　王陞　葉正棠

王欽濂　甄善　劉承芳　甄其賢　樊煒
汪之漁　祝宗文　程希召　程希伊　祝一先
王崇擢　汪世極　王鳳陽　姚文政　詹希元
詹謙之　樊玉衢
國朝
詹謹之　樊維域　李遐齡　王追本　王一鈃

社稷壇在治東北三里

風雲雷雨山川壇在治東南一里

厲壇在治東北三里

城隍廟在治東南

忠節祠在府城舊鼓樓西即相公廟舊址祀唐張巡宋岳飛吳源趙令宬王遠劉卓何大節附蘇軾王禹偁

張睢陽廟在安國寺右榜曰武節俗呼真君廟

岳武穆王廟在城南隅俗呼高廟

關王廟一在一字門外一在清源門內

旗纛廟在黃州衛左本衛祀之

蘇東坡祠一在赤壁磯一在洗墨池

七賢祠在城隍廟左祀周濂溪程明道程伊川張橫渠邵康節朱晦菴王陽明今燬

韓魏公祠在安國寺東

吳公祠在府城隍廟對公名淮有功於郡祠燬

黃岡縣鄉賢俱列府學

文廟

啟聖祠

縣城隍廟在縣署左

忠顯廟在清淮門外宋建炎初趙令宬王遠吳源劉卓死金人之難後人即其地立廟祀之

晏公廟在赤壁磯

孝介祠在府學左祀邑紳崑山令樊玉衡

蘄水縣

文廟
啟聖祠
名宦祠
明胡奎　潘珏　申屠鏵　汪溪以上載府舊志
宋文昌　游王廷　孔榮宗　江世東　龔鼎孳
鄉賢祠
元王燾　明王聰　呂鏞　魯永清　程轍
李延芳　李宗元以上載府舊志　朱袗　周郎
周延甲　蔡斗移　周應期　周延光　王希元

周光德　閔廷甲　金玉節　朱廷錫　李羲嗣
朱朔昌　楊楚龍　姚光盟　孫慈　黎民範
社稷壇在治北二里
山川壇在治東
厲壇
城隍廟
張睢陽廟在巴河鎮
羅田縣
文廟

啟聖祠
名宦祠
元周廣　明徐泰　勞樟　麗敬　陸敏
齊錕　李儁　陳璉　陳瓚以上載府舊志
鄉賢祠
宋王韶　元李濂　吳大中　余闕　明劉廣
唐友義　程瑩　王澄　張明道　胡明庶
周楫　蕭洪　胡明睿　張羡以上載府舊志
王先

社稷壇在城外東北一里
山川壇在城外南一里
城隍廟在治東
麻城縣
文廟
啟聖祠
名宦祠
宋錢治　張毅　元馬兕棠　明趙乾　張谷維
黃琮　高謙　王篚　胡琮　劉規

聶賢　陳子文　劉溥　尚德恒　王三宅
史文德　鄧應旂　韓僉可　宋一麟　國朝王潞

鄉賢祠

明鄒來學　董應軫　李正芳　劉從政　董朴
周庠　喻文偉　吳山　陳情　鄧逵
曾啟　趙訪　萬祥　劉訓　周鑑
萬山　李文祥　劉璲　曾大有　曾大顯
劉天和　詹瑩　丘瑩　周廷徵　劉漢以上載府舊志
蔣輔　劉采　周思久　耿定向

喻哲　梅吉　梅國楨　梅國樓　李文欽
周賢　董士毅　曾烶　李長庚　劉爕
陳以聞　劉廷舉　黃卷　梅汝觀　周弘祖
蔡應陽　周思稷　劉守泰　劉守有　李承祚
劉奕　周業　王庭
國朝王路闢　梅之熉

社稷壇在治西北

風雲雷雨山川壇在治南

厲壇在治北

城隍廟在縣南

忠節祠在縣治內祀趙令歲王遠吳源劉卓

張化主廟在治東八十里龜峯山鐵像猶存

紫微侯廟在治北宋人張行七世火災建廟祀之

黃陂縣

文廟

啟聖祠

名宦祠

宋程逌　程珦　元仇公度　明李恒　王憬

顧鰲　穆富以上載府舊志　謝廷蒞　石巨川
蘇景和　熊偉　李際春　狄同然　蕭應儒
洪其道　董紹舒　王明舉　張一鴻　武化中
李鑑　周元泰　趙元有　葉長青　夏統春
薛聞禮　楊楪　楊富

鄉賢祠

元管如德　明萬鈞　鄧鑑　汪頡　彭鳳來
杜時以上載府舊志　丁晉郎　陳寬　王謙
熊弘　徐尚夔　蔡完　鄭佶　任惟賢

李悅洪　李誠　方一鳳　王霽　張天爵
張濤　吳子榮　黃雲闔　張大猷　吳之皐
黃彥士　黃奇士　張國勳　鄧光舒
國朝 王爾祿　胡天啟　陳壽　姚承恩　譚德化
李元萃　羅明諭

社稷壇在治西一里

風雲雷雨山川壇在治南

厲壇在治西北

城隍廟在治東

二程祠在灄源南岸即二程先生讀書堂居人立祠祀之

雙忠祠在縣東一里睢陽張公巡太守許公遠並祀

文昌祠在縣西鐵鎖潭墩上

關帝廟在縣堂東數百武

木蘭將軍廟在縣北六十里木蘭山下有忠烈廟後有塚

黃安縣

文廟在治西

啟聖祠

名宦祠

明 應存初　袁福徵

鄉賢祠

元 吳應澍　明 詹同　鄒來學　吳琳　耿金
方民懷　耿定向　耿定力　彭台　吳化
周家棟　盧廷篪　陶釆　秦如容
國朝 耿應瞿　盧爾悌　吳國寧

社稷壇在南門外

風雲雷雨山川壇在北門外

厲壇在治西

城隍廟在治西南

蘄州

文廟

啟聖祠

名宦祠

唐 韓思彥　員半千　呂元膺　宋 呂誨　范純仁
王禹偁　林大年　張商英　梅執禮　李宥
虞策　韓世清　施溫舒　蕭服　劉光世
李宗思　羅頎　王玠　李誠之　秦鉅

趙汝標　寗時鳳　阮希甫　嚴剛中　杜謂
林棨　葉適　余童　王益　蔡希甫
王彦明　丘岳　元趙質翁　李榮祖　狄思聖
趙昭武　明左安善　徐麟　孔思森　楊琪
李士安　王坦　金銑　莊敏　何綸
葉仕美　李純　俞敬　張弘宜　董佐
林宗以上載府舊志　夏元吉　翁學淵　侯堯封
韓孫愛　吳國仕　王世德　徐希明　韓紹
黃仁榮　胡世賞　丁繼嗣　李若納　陳應元

范中彦　王相悅　施元徵　唐登儁　張秉貞
路雲龍　鄭夢禎　何之圖　倫應祥　錢光元
唐世照　陳策
國朝范鳴珂　周漢傑　吳之應　王顯　呂陽
汪繼昌　楊志遠　李登第　張定邦　柳愈
方于光　金貴　王宗堯　韓友

鄉賢祠

宋吳瑛　明康茂才　陳堯章　趙霖　馮思齊
熊翼　王翰　陳漆　張禧　甘榮

華仲賢　華巒　陳大中　劉樽　胡文熙
馮天馭以上載府舊志　馮翱　馮鵬　張思齊
高鵬　李朴　李儒　顧問　李啟昭
周禧　李時珍　梁佳　郁思學　李同春
李盛春　李建中　李孟春　李際春　徐之德
張星　李楷　李樸　李建木　岳鎮華
王之佐　李新　夏忠　董一化　李樹初
盧如鼎　宋誠　顧闕　張邦翼　李樾
汪宗文　晏摅忠　郭承恩　孫仍　李化龍

王臣紀　饒京

社稷壇在北門外一里

風雲雷雨山川壇在南門外

厲壇在州北三里

城隍廟在麒麟山之東

軍牙六纛廟在蘄州衛

文昌閣在南關外新建

四節祠舊爲褒忠廟

順濟龍王廟在龍磯之巔

廣濟縣

文廟

啟聖祠

名宦祠

明高偉　劉遜　陳昱　[illegible]　杜墩　陳奎

葉溥　江震　汪倬　[illegible]　吳禎　沈瓊

李養　張芳　王素　[illegible]　洪範　舒瑄

羅珦　詹晟　梁文以上載府舊志　盧濬

羅翰　楊阜　魏時光　胡昇

鄉賢祠

宋余玠　梅應申　梅應春　張紹祖元何朝舉

姚楚山明徐麟　于克誠　王佐　陳栩

張根　鄭達　張本端　陳愷　王欽以上

載府舊志張晏然　史玉明　王大謨　舒賢

舒共志　吳亮嗣　胡士容　陳王道　張易宗

國朝金之純　胡海　胡浩　張全和　吳自守

韓紳　胡篤生　劉醇驥　舒益生　李奇觀

社稷壇在治西半里

風雲雷雨山川壇在治東一里

厲壇在治北半里

城隍廟在治東

費龍君祠在治東二十五里

黃梅縣

文廟

啟聖祠

名宦祠

元喬思忠明戴中　金章　[illegible]　朱璧　黃武

李美　蔡敏　李震　沈鑑　蕭廷儲

唐世卿　顏樸　席磬以上載府舊志　來三聘

桂生芝　武圖功

鄉賢祠

宋岳雲元郭友直明韓中　邢纓　邢寰

石金　胡鳳　韓璁　瞿晟　洪晟

王麟　向榮　張桂　王忠　陳昉

潘文浩　沙瑞　鄧俊以上載府舊志　吳宗吉

石崑玉　石有恒　瞿九思　段尚繡　龔懋

社稷壇在治北

風雲雷雨山川壇

厲壇在馬頭山

城隍廟

福主廟姓宋名益任刺史棄官隱龍救旱疫後人立廟祀之廟在黄鵠洞

岳武穆王廟

鮑公祠公名照前宋人以參軍駐守梅地因家焉縣基乃其故址

郭公祠公名惟賢巡撫湖廣建梅城因祠祀

論曰侯國祭境内之社稷山川鄉大夫鄉先生而不

遺於百物之鬼神古也有祈焉有報焉有由弭焉其典嚴且厚餙牲繹辨音彝所以昭告其功德故曰厚也匪此族者典有禁故曰嚴也古者慮周而處當寧容逆祀歟

驛遞

井田之時六卿之大夫各掌其禁以旌節傳令則達之司關掌節悉統於此古以嚴幾察今以導往來法雖不同而出内之意猶警焉爾

黄州府

齊安驛在南城邊係水驛明弘治間以臨皋馬驛併焉考會典臨皋舊屬縣

黄岡縣

急遞總鋪在清源門外　長蘄鋪

楊林鋪　桑林鋪

烏岡鋪以上由東路抵蘄水　長城鋪

楓香鋪　松楊鋪

臨江鋪　團風鋪

花園鋪　竹瓦鋪

淋山河鋪　丁家壋鋪

久長鋪　道觀河鋪以上由北路抵麻城

李家境鋪　濫泥鋪

矮劉鋪　汪家鋪

雙柳鋪　城林鋪

陽邏鋪　粉壁鋪

曹冲鋪　畢家鋪

周山鋪　陶山鋪

三山鋪以上從團風由西北路抵黄陂

蘄水縣

浠川驛在治南

巴水驛在治西四十里
蘭溪驛在治西南四十里
急遞鋪在縣前
石牛鋪
分流鋪
李店鋪
六廟鋪以上四鋪由南抵蘄州廣濟
鍾師樓
松林鋪
孟家山
何廟
劉店鋪
七里鋪以上六鋪由西北抵黃岡
滑石鋪
株林鋪
三家鋪
白沙鋪
三望冲

樊家鋪
嚴家坳
長嶺鋪以上八鋪由東抵羅田

羅田縣
縣前鋪在縣西
十里鋪出城南界由蘄水往府大路
長嶺鋪離城二十里
嚴家坳鋪離縣三十里以上俱在蘄州
馬郁鋪在縣東五十里
鳳凰鋪在縣東三十里
石橋鋪在舊縣阪以上俱在英山路

麻城縣
館驛在縣中街今廢馬養於縣治中而分養於縣北九十里王家樓以便北來應付
中館驛今廢馬由縣中應付
急遞總鋪在縣前
十里鋪

白棠鋪
白杲鋪
望花山
沙河鋪以上俱在府大路接道觀河

黃陂縣
急遞鋪
大井鋪
駱駝鋪
什仔鋪
流嘉鋪
耳棠鋪以上東至陽邏鋪
青紫鋪
棗林鋪
廖公鋪
達義鋪
賈家鋪以上西至孝感界

黃安縣
急遞鋪在城中

仙盤鋪
桃花鋪
五里橋鋪
八里灣鋪
太平橋鋪
高家林鋪以上至陽邏達會城又達府城

蘄州
蘄陽驛
西河驛
州前總鋪
兩路鋪
石家鋪
菩提鋪
高山鋪
十里鋪
三家鋪
西河鋪
火爐鋪

横車舖　兒女街舖
廣濟縣
廣濟驛
雙城驛　急遞總舖在縣前
萬車舖　青蒿舖
荆竹舖　車坊舖
石壠舖　雙城舖以上六舖接黄梅
許家舖　周原舖
楊林舖以上三舖接蘄州　十里舖
団城舖以上二舖接蘄水高山舖

黄梅縣
停前驛東通太湖之楓香驛西通廣濟之雙城驛
急遞總舖　柘林舖
兩河舖　三渠舖自總舖東抵停前驛之畢家舖
金鐘舖　大湖舖
大河舖自總舖西抵雙城驛　路頭山
濯港　白湖渡
孔家壠　深溝舖
唐思穴　志火舖

清江舖俱總舖南　畢家塝
三渠舖　車門舖
陶家舖　後昌舖
板橋舖以上由停前驛抵雙城設横山之舖自車門以下四舖無兵

論曰邦國都鄙郊野四方之往來不可無掌先王制爲之節達於天下十里有廬二十里有舍三十有路室委積以柔士大夫之聘問商旅之出入上士掌之無節者有幾所以防淫比之私也遺意既湮山國置驛澤國置舟通往來而已鄭康成云一驛之徵係人

心之操舍國勢之安危豈非控馭之機要也哉

陵墓

三代公墓邦墓皆有司者非僅謹衣冠窀穸之藏葢亦有度數存焉今其職廢矣而其意猶可法也過墟而興哀瘠賢而增封風俗之厚君子培之

本府黄岡縣

春秋黄歇墓此誤也故封在毘陵墓在江陰縣碑見存
漢樊噲墓在縣西北噲食邑舞陽而葬此恐誤
南宋謝晦墓在縣西俗云謝鐵龍墓晦墓另載黄梅

宋任氏墓在黄岡山麓 蘇軾乳母

元龍仁夫墓在陽邏華山之陽 有墓祠

明吴琳墓在中和上鄉 洪武初任吏部尚書勅葬

孫本墓在磻石 洪武初任雲南左布政使

程通泰墓在縣東七里羅星湖 永樂時任御史勅給地招魂葬衣冠

何晚齡墓在縣東十五里蔡家潭 本府太守近名何家山

謝杲墓在楓香橋 任都御史勅葬

奚世亮墓在定惠院左 嘉靖間殉興化難贈光祿卿勅葬

陶仲文墓在巴河陶家潭 嘉靖間以方術得幸封恭城伯隆慶間削籍

王廷瞻墓在寶珠墩 刑部尚書贈太子少保勅葬

詹同墓在府城北九十里雷公山 官學士

樊玉衡墓在還和鄉桐梓岡 皇山令

國朝王宗臣墓在還和鄉楊家陂 贈左都督勅葬

蘄水縣

秦隃穀墓在金鼓山 學士

明漳國公王聰墓在縣西南司家阪

楊思義墓在黄草湖 戶部尚書

孝子范承吉墓在縣西土門二十里

羅田縣

宋少保王韶墓在多雲鄉

明劉應春墓在多雲鄉封宣武將軍

吴知縣墓在獨坐山麓 吴大中孝子之父有石碣

麻城縣

魏毛玠墓在縣東十五里花橋 尚書左僕射先爲太原人因出使道麻城樂其風土遂家焉卒賜葬

唐閻都督墓在縣東十五里閻家河

宋陳季常墓在岐亭杏花村

元毛廷元墓在縣北八里五腦山之麓 團練副使勅葬

虞集墓在縣東古城虞家墩

趙元亮墓在縣西打磨山 樞密副使

明鄒來學墓在城西十里樊家橋 都御史勅葬

劉天和墓在縣西二十里鎖口河 兵部尚書謚莊襄勅葬

劉采墓在縣東木稱二里河 太子少保吏部尚書謚端簡勅葬

喻干祿墓在縣南三角湖

吳善應墓在岐亭北門外二里

黄陂縣

木蘭將軍墓在木蘭山明時盜發其墓風雷衛止

黃安縣

明耿定向墓在縣北袁英河戶部尚書諡恭簡勅葬

蘄州

明荆憲王墓在安平上鄉大泉山陽韓家寢

荆靖王墓在大泉山朱家寢

荆端王墓在廣濟楊門張家寢

荆莊王墓在廣濟楊門武家寢

荆和王墓在諸家湖韓家寢妃劉氏合葬

荆恭王墓在安平鄉翁家寢

荆敬王墓在安平上鄉湯家寢

荆康王墓在安平上鄉熊家寢

荆定王墓

荆王墓國除無諡併未封

康靳國武毅公父子墓俱葬江寧鍾山祖墓俱在大同上鄉康家冲

吉安侯郴良正墓在崇若鄉打鼓臺

朱侍郎仕俊墓在黃土嶺

陳千戶福清墓在鳳凰山麓

馮御史思齊墓葬江寧浦口香爐山祖墓在大泉山

華編修繇墓在馬口湖

張方伯思齊墓在菩提壩楊門

馮大司寇天馭墓在迎山老米橋

李少司馬際春墓在竹林湖

李參將同春楷棟父子墓俱在安平方家橋

張方伯邦翼墓在圓峯山下

顧節婦墓在騎思圍貞節坊下

廣濟縣

隋徐儉墓在永寧崇化山孝穆子官吏部隨父征濟卽僑寓焉

宋余玠墓在縣東余公山年久荒頹 國朝康熙間知府蘇良嗣修復勒碑

誥封修武郎王宗泉墓在縣東

忠翊郎王翊墓在縣東四十里

張塡墓在縣北五里官內閣學士

明史孝子墓在縣東南十里正明以備工部孝行有碑亭墓田

黃梅縣

南北朝鮑照墓在縣北半里許前宋參軍

唐義門陳宗達墓在繪亭港有碑

岳震岳霆墓在楊梅嶺武穆王二子

相公於用墓在接待寺

尚書於任墓在劉家塘

宋王仲瑄墓在縣東五十里鼓角山翰林學士諭葬

元陳學士墓在繒亭港榜眼學士陳經

戚祭酒墓在艮家嶺國子監祭酒戚容

汪御史墓在屯頭嶺御史汪振卿

孝子陳至立墓在孫陂阪

四川宣撫使陳義墓在縣西十五里向家阪

劉學士墓在赤塘山直賢院學士劉忠山

孝子陳德懋墓在唐家山

孝婦伏氏墓在茶兒嶺

孝子洪祥墓在尨石山

孝子熊楫墓在馬頭山

節婦胡氏墓在縣北杜氏園李文明妻

節婦陳氏墓在古村左胡顯妻

石忠烈墓在五祖山前

論曰考冢人及墓大夫所掌而歎古者忠厚之至也諸侯卿大夫之兆域各有政令無功德者罰之域外尚矣至國民之族葬亦頒天子之經營設大夫以主之且有厲禁焉秦漢以下惑於陰陽務於侈費或亭或遷或侵凌貪富貴而失仁心矣夫陰陽始於郭璞璞行天下擇地以葬其親未逾年而身不自保非殷鑒乎

黃州府志卷之四

知黃州府事襄平蘇良嗣較定

賦役志

戶口

戶口者稽其人民而周知其數於以平其政蝺其渙散而已後世引戶以定丁非大事不以致民之意失矣古今異宜勢使然耳

黃州府屬

戶柒萬陸千伍拾玖戶

口捌拾柒萬壹千貳百柒拾伍口

原額人丁玖萬陸千伍拾丁額徵丁銀貳萬玖千肆兩陸錢貳分壹釐肆毫捌絲貳忽貳微壹塵壹纖柒渺內康熙四年奉　文豁免運夫人丁壹千陸百貳拾貳丁豁除丁銀伍百壹拾貳兩叁錢捌分壹釐貳毫陸絲捌忽肆微貳塵壹纖柒渺實在人丁玖萬肆千肆百貳拾捌丁實徵丁銀貳萬捌千肆百玖拾貳兩貳錢肆分貳毫壹絲叁忽柒微玖塵外於康熙十一年並二十一年編審新增人丁捌百肆拾貳丁新增丁銀貳百陸拾捌兩伍錢貳分壹釐肆毫貳絲陸忽陸微叁塵肆纖陸渺

黃岡縣

戶壹萬叁千叁百玖拾陸戶

口壹拾伍萬柒千捌百玖拾伍口

原額人丁壹萬貳千柒百捌拾叁丁額徵銀肆千柒百壹拾壹兩貳錢玖分陸釐柒毫貳絲壹忽柒微貳塵玖纖伍渺內除豁免人丁貳百叁拾丁豁免丁銀捌拾肆兩柒錢陸分捌釐陸毫玖絲陸忽肆微捌纖實在人丁壹萬貳千伍百伍拾叁丁實徵

丁銀肆千陸百貳拾陸兩伍錢貳分捌釐貳絲伍忽叁微貳塵壹纖伍渺又於康熙十一年並二十一年奉　文編審新增人丁貳拾壹丁該增徵銀捌兩壹錢捌釐叁毫壹絲玖塵壹纖貳渺

蘄水縣

戶壹萬叁千壹百伍拾玖戶

口壹拾壹萬捌千柒百肆拾壹口

原額人丁壹萬叁百玖拾丁額徵銀叁千肆拾叁兩

壹錢玖分肆釐陸毫肆絲叁忽陸微肆塵肆纖伍
渺內除豁免運夫人丁壹百壹拾陸丁豁免丁銀
叁拾叁兩玖錢柒分陸釐壹忽伍塵貳纖捌渺實
在人丁壹萬貳百柒拾肆丁實徵銀叁千玖兩貳
錢壹分捌釐陸毫肆絲貳忽伍微玖塵壹纖柒渺
又於康熙十一年並二十一年奉　文編審額外
新增人丁壹百壹拾玖丁該增徵銀叁拾肆兩捌
錢伍分肆釐陸毫玖絲柒微叁塵伍纖貳渺

麻城縣

戸壹萬柒百肆戸
口壹拾壹萬貳百捌拾柒口
原額人丁壹萬陸百伍丁額徵銀叁千叁百玖拾陸
兩陸錢柒分叁毫陸忽捌微捌塵叁纖叁渺內豁
免運夫柒拾叁丁豁免丁銀貳拾叁兩貳錢捌分
壹釐壹毫叁絲肆忽伍微玖塵伍纖實在人丁壹
萬伍百叁拾貳丁實徵丁銀叁千叁百柒拾叁兩
貳錢捌分玖釐壹毫柒絲貳忽貳微捌塵捌纖叁
渺又於康熙十一年並二十一年奉　文編審新
增人丁壹拾玖丁該增徵銀陸兩捌分伍釐伍毫
柒微捌塵伍纖

黄陂縣

戸肆千玖百壹拾肆戸
口壹拾叁萬伍百口
原額人丁壹萬叁千玖百伍拾柒丁額徵丁銀叁千
肆拾壹兩壹錢玖分伍釐肆毫捌絲內除豁免運
夫伍拾柒丁豁免丁銀壹拾貳兩肆錢貳分壹毫
伍絲柒忽柒微玖塵柒渺實在人丁壹萬叁千玖

百丁實徵丁銀叁千貳拾捌兩柒錢柒分伍釐叁
毫貳絲貳忽貳微玖纖叁渺又於康熙十一年奉
文編審額外新增人丁肆丁該增徵銀捌錢柒分
壹釐伍毫玖絲貳塵肆渺

黄安縣

戸伍千捌百肆拾壹戸
口柒萬玖千陸拾捌口
原額人丁陸千貳百貳拾肆丁額徵丁銀壹千柒百
貳拾柒兩陸錢貳分伍釐貳絲伍忽內除豁免運

夫人丁陸拾丁豁免丁銀壹拾捌兩肆錢肆分柒釐捌毫捌絲伍忽肆塵捌纖實在人丁陸千壹百陸拾肆丁實徵丁銀壹千柒百玖兩壹錢柒分柒釐壹毫叁絲玖忽玖微伍塵貳纖無新增

羅田縣

戶伍千玖百戶

口捌萬陸千貳百玖拾口

原額人丁肆千伍百叁拾捌丁額徵銀壹千陸百貳兩捌錢陸分伍釐捌毫壹絲玖忽柒微肆塵壹纖

壹渺內除豁免運夫人丁叁拾丁豁免丁銀壹拾兩伍錢玖分陸釐柒毫玖絲貳忽叁微叁塵貳纖實在人丁肆千伍百捌丁實徵丁銀壹千伍百玖拾貳兩貳錢陸分玖釐伍毫貳絲柒忽肆微玖纖壹渺無新增

蘄州

戶柒千玖百壹拾肆戶

口陸萬捌千伍拾口

原額人丁壹萬伍千伍百柒拾壹丁額徵丁銀肆千叁百玖拾玖兩叁錢伍分陸釐陸毫捌絲伍忽內除豁免運夫人丁叁百壹拾貳丁豁免丁銀捌拾捌兩壹錢伍分壹釐肆忽壹微肆塵陸纖肆渺實在人丁壹萬伍千貳百伍拾玖丁實徵丁銀肆千叁百壹拾壹兩貳錢伍釐陸毫捌絲捌微伍塵叁纖陸渺又於康熙十一年奉　文編審額外新增人丁叁百壹拾貳丁該徵丁銀捌拾捌兩壹錢伍分壹釐肆忽壹微肆塵陸纖肆渺

廣濟縣

戶陸千捌百壹拾戶

口伍萬肆千壹百柒拾陸口

原額人丁壹萬壹千柒百壹拾肆丁額徵丁銀叁千肆百貳拾貳兩陸錢柒分玖釐玖絲陸忽貳微貳塵叁纖叁渺內除豁免運夫人丁叁百捌拾貳丁豁免丁銀壹百壹拾壹兩陸錢壹分伍釐肆毫伍絲貳忽捌微柒塵捌渺實在人丁壹萬壹千叁百叁拾貳丁實徵丁銀叁千叁百壹拾壹兩陸分叁釐陸毫肆絲叁忽叁微伍塵貳纖伍渺無新增

黃梅縣

戶柒千肆百貳拾壹戶

口陸萬陸千貳百陸拾捌口

原額人丁壹萬貳百陸拾捌丁額徵丁銀叁千陸百伍拾玖兩柒錢叁分柒釐柒毫叁忽玖微玖塵內除豁免運夫人丁叁百陸拾貳丁豁免丁銀壹百貳拾玖兩貳分肆釐陸毫肆絲肆忽壹微柒塵捌纖實在人丁玖千玖百陸丁實徵丁銀叁千伍百叁拾兩柒錢壹分叁釐伍絲玖忽捌微壹塵貳纖

又於康熙十一年並二十一年奉 文編審額外新增人丁叁百陸拾陸丁該增徵銀壹百叁拾兩肆錢伍分叁毫叁絲捌微伍塵陸纖肆渺

論曰均土地以定稅役古法有之然上地中地下地可任也者各有多寡公旬不過三日惟田與追胥竭作無所謂丁賦也丁而賦焉則田稅之外又有稅焉施舍之宜租庸調之政良矣哉

田賦

阡陌之開咎在商鞅固也然魏晉占田均田之法得少失多唐之口分世業猶踵後魏之弊諸法之不可復時也勢也便民者莫善於明臣張居正一條編其良法美意至今不磨

黃州府屬

原額田地山塘除撥歸更名外實在陸萬玖千肆百叁拾叁頃玖拾肆畝捌分叁釐貳毫伍絲額編米麥貳拾伍萬肆百玖拾石叁斗陸升捌合壹撮叁粒內除麻城黃安二縣帶科全夾官併學濠米壹萬貳千貳百玖拾貳石肆斗捌升肆合柒勺捌抄

玖撮伍圭外實在米貳拾叁萬捌千壹百玖拾柒石捌斗捌升叁合貳勺壹抄壹撮伍圭叁粒夏稅麥絲俱入秋糧內帶派各折徵不等共折徵銀貳拾貳萬叁千貳百陸拾兩柒錢陸分玖釐貳毫柒絲貳忽捌微柒塵陸纖柒渺

額徵驢腳米折銀柒千玖百柒拾陸兩壹錢叁分

原額更名田地塘壹千叁拾叁頃玖拾柒畝肆分叁釐額編米貳千捌石肆斗玖合伍勺額徵租餉併穀折銀叁千貳百陸拾陸兩伍錢玖分貳毫陸絲

伍忽捌微壹塵

以上共額徵銀貳拾叄萬肆千伍百叄兩肆錢捌分玖釐伍毫叄絲捌忽陸微捌塵陸纖柒渺

人丁數見戶口志內項下實徵銀貳萬捌千柒百陸拾兩柒錢陸分壹釐陸毫肆絲肆微貳塵肆纖陸渺

以上糧丁貳項共實徵銀貳拾陸萬叄千貳百陸拾肆兩貳錢伍分壹釐壹毫柒絲玖忽壹微壹塵壹纖叄渺

原額編本色漕糧正耗共米伍萬肆千伍百伍拾石

貳斗柒升貳合

原額編本色南米陸萬陸千肆百陸拾柒石柒斗伍升

一起運

戶部項下

戶部禮部工部光祿四部寺額解銀壹拾陸萬陸千捌拾兩肆錢壹分捌釐陸毫肆絲柒忽玖微叄塵陸纖壹渺內除豁免運夫丁銀貳百柒拾伍兩陸錢貳分貳釐玖毫捌絲貳忽貳微捌塵柒纖玖渺實解銀壹拾陸萬伍千捌百肆兩柒錢玖分伍釐陸毫陸絲伍忽陸微肆塵捌纖貳渺

隨漕項下

隨漕淺船併驢腳米折額銀貳萬伍千叄百柒拾陸兩壹錢陸分捌釐伍毫捌絲叄忽內除豁免運夫丁銀玖兩捌錢陸分伍釐貳毫叄絲貳忽貳微捌塵陸纖壹渺實解銀貳萬伍千叄百陸拾陸兩叄錢叄釐叄毫伍絲柒微壹塵叄纖玖渺

一存留

驛站項下

排夫腳馬協濟江濟紅船水手等項額銀肆萬叄千伍拾捌兩玖分肆釐壹毫陸絲貳忽內除豁免運夫丁銀壹百叄拾壹兩伍錢貳分玖毫壹忽貳塵實解銀肆萬貳千玖百貳拾陸兩伍錢柒分叄釐貳毫陸絲玖微捌塵

俸工項下

官員俸薪及門皂馬步快斗級禁卒弓兵舖兵膳夫門斗等役工食解費等項共額銀貳萬肆千叄

百貳拾玖兩捌錢肆分陸釐壹毫叁絲叁忽玖塵
陸纖伍渺內除豁免運夫丁銀捌拾兩陸錢肆釐
肆毫肆絲壹忽叁塵壹纖叁渺實該銀貳萬肆千
貳百肆拾玖兩貳錢肆分壹釐陸毫玖絲貳忽陸
塵伍纖貳渺

支給項下

額支祭祀及鄉飲孤貧舉貢盤纏長夫廩糧三分
之一等項額銀肆千玖百叁拾貳兩壹錢肆釐玖
毫貳絲壹忽伍微肆渺內除豁免運夫丁銀壹拾
肆兩捌錢肆分壹釐伍毫玖絲壹忽壹微玖塵陸

纖肆渺實該銀肆千玖百壹拾柒兩貳錢陸分叁
釐叁毫叁絲叁微肆纖

一蘆課

原起徵並新增除泥灘溝港白沙水影不載課外
稀蘆寄蘆熟地草塌草墻原額陸百肆拾捌項柒
拾叁畝陸絲壹微於康熙二十四年奉　文爲蘆
洲漲坍不齊等事案內查出黃岡蘄州貳屬崩卸
地叁拾項肆拾捌畝又丈出黃岡蘄州廣濟三州

縣變則新淤稀蘆熟地草塌草墻共貳拾伍項叁
拾陸畝捌分捌釐柒毫柒絲叁忽壹微玖塵貳纖
除崩卸外實在納課洲地陸百肆拾叁項陸拾壹
畝捌分捌釐捌毫叁絲叁忽貳微玖塵貳纖共該
徵銀玖百陸拾叁兩伍錢貳分貳釐貳毫叁絲壹
忽玖微柒纖伍渺貳漠

一丁糧帶派

奉裁優免充餉銀伍千伍百伍拾伍兩叁錢玖分
肆釐壹毫陸絲捌忽壹微肆塵

另派麂皮京損銀玖兩貳錢玖分叁釐陸毫

南北柴池湖於明季淤塞陞科本湖鈔銀民糧帶
派銀壹百柒拾叁兩捌錢叁分貳釐叁毫

一丁糧外派

原額湖洲雜課南北乾魚蘇鐵線膠門灘活鴈等
銀除無徵並豁免外實徵銀貳千柒百叁拾肆兩
貳錢貳分陸釐捌毫叁絲貳忽叁微肆塵叁纖柒
渺遇閏加銀壹百柒拾貳兩肆錢肆分陸釐伍毫
柒忽伍微

一英山縣民買過蘄水縣米折銀壹百壹拾兩壹錢
柒分壹釐肆毫
一麻城縣新加代徵黃州衛籽粒計料銀陸兩陸錢
伍分陸釐貳毫柒絲
一匠班
江南人匠除逃亡故絕外現在納班叄百捌拾柒
名每年共徵銀貳百叄拾貳兩貳錢
一本府帶辦府鈔乾魚蘇鐵共銀捌拾貳兩壹錢肆
分捌釐叄毫貳絲

黃岡縣
原額田地塘壹萬叄千壹百壹拾頃玖拾柒畝叄分
陸釐額編米麥共肆萬壹千伍百貳石伍斗玖升
柒合叄抄叄撮肆圭叄粒夏稅麥絲俱入秋糧內
帶派共折徵銀叄萬捌千玖兩肆錢肆分捌釐叄
毫陸絲陸忽伍微肆塵陸纖壹渺
額徵驢脚米折銀壹千貳百陸拾叄兩貳錢壹分
以上共額徵銀叄萬玖千貳百柒拾貳兩陸錢伍
分捌釐叄毫陸絲陸忽伍微肆塵陸纖壹渺

人丁（數見戶口志內）項下實徵銀肆千陸百叄拾肆兩陸錢
叄分陸釐叄毫叄絲伍忽肆微壹塵貳纖柒渺
以上糧丁貳項總共該徵銀肆萬叄千玖百柒兩
貳錢玖分肆釐柒毫壹忽玖微伍塵捌纖捌渺
原額編本色漕糧正耗共米壹萬叄千貳百伍拾貳
石貳斗肆升
原額編本色南米壹萬伍百貳拾陸石柒斗伍升
一起運
戶部項下

戶部禮部工部光祿肆部寺額解銀貳萬陸千陸
百捌拾捌兩捌錢壹分柒釐玖毫捌絲伍忽貳微
陸塵捌纖叄渺內除豁免運夫丁銀叄拾捌兩陸
錢叄分貳釐玖毫伍絲壹忽陸微陸塵柒纖伍渺
實解銀貳萬陸千陸百伍拾兩壹錢捌分伍釐叄
絲叄忽陸微捌渺
隨漕項下
隨漕淺船并驢脚米折等項額銀肆千叄百肆拾
貳兩壹錢肆分貳釐捌毫伍絲肆忽伍微內除豁

免運夫丁銀捌錢叁分伍釐伍絲捌忽壹微陸塵捌纖柒渺實解銀肆千叁百肆拾壹兩叁錢柒釐柒毫玖絲陸忽叁微叁塵壹纖叁渺

一存留

驛站項下

排夫脚馬協濟江濟紅船水手等項額銀陸千柒百肆拾伍兩壹錢壹釐肆毫貳絲伍忽內除豁免運夫丁銀貳拾捌兩叁錢壹分捌釐肆毫伍絲伍忽實該銀陸千柒百壹拾陸兩柒錢捌分貳釐玖

毫柒絲

俸工項下

官員俸薪及門皂馬步快斗級禁卒弓兵舖兵膳夫門斗等役工食解費等項額銀肆千柒百捌拾柒兩貳錢貳分柒釐伍毫玖絲叁忽伍微玖塵捌纖伍渺內除豁免運夫丁銀壹拾貳兩叁錢玖釐肆毫陸絲玖忽捌微柒纖捌渺實該銀肆千柒百柒拾肆兩玖錢壹分捌釐壹毫貳絲叁忽柒微玖塵柒渺

支給項下

雜支祭祀及鄉飲孤貧舉貢盤纏長夫廩糧並府學廩糧各三分之一等項額銀壹千肆百貳拾捌兩柒錢柒分叁釐伍毫肆絲內除豁免運夫丁銀肆兩柒錢肆分陸釐肆毫肆絲壹忽壹微陸塵肆纖實該銀壹千肆百貳拾肆兩貳分柒釐玖絲捌忽捌微叁塵陸纖

一蘆課

原起徵並新增除白沙水溝沙灘不載課外稀蘆

草塌熟地共叁百叁拾壹頃叁拾柒畝捌分叁釐叁絲貳忽壹微於康熙二十四年奉　文爲蘆洲漲坍不齊等事案內查出崩卸貳拾柒頃外又丈出變則草塌稀蘆熟地壹拾柒頃壹拾柒畝叁分柒釐陸毫叁絲叁忽壹微玖塵貳纖實在納課洲地叁百貳拾壹頃伍拾伍畝貳分陸毫陸絲伍忽貳微玖塵貳纖共該徵銀伍百肆拾陸兩伍錢伍分叁釐陸毫壹絲柒忽叁微貳塵柒纖伍渺貳漠

一丁糧帶派

伍忽叁微玖塵貳纖壹渺
額徵驢脚米折銀壹千肆百陸拾壹兩捌錢柒分
以上共額徵銀叁萬柒千陸百柒拾叁兩肆錢壹
分柒釐玖毫捌絲伍忽叁微玖塵貳纖壹渺
人丁數見戶口志內項下實徵銀叁千肆拾肆兩柒分叁釐
叁毫叁絲叁忽叁微貳塵陸纖玖渺
以上糧丁貳項總共該徵銀肆萬柒百壹拾柒兩
肆錢玖分壹釐叁毫壹絲捌忽柒微壹塵玖纖
原額編本色漕糧正耗共米壹萬肆千玖百叁拾玖

石伍斗貳升
原額編本色南米壹萬貳千壹百捌拾貳石貳斗伍
升
一起運
戶部項下
戶部禮部工部光祿肆部寺額解銀貳萬壹千叁
拾捌兩壹錢壹分伍釐貳毫伍絲捌忽肆微柒塵
壹纖捌渺內除豁免運夫丁銀壹拾肆兩貳錢肆
分玖釐捌毫壹絲壹忽叁微壹塵叁纖壹渺實解

奉裁優免充餉銀壹千叁百叁拾柒兩陸錢貳分
另派麂皮京損銀壹兩陸錢叁分捌毫
一丁糧外派
原額湖洲雜課南北乾魚蘇鐵線膠門攤課鈔等
項共該銀壹千玖拾伍兩陸錢陸分肆釐肆毫捌
絲捌忽玖微柒塵捌纖陸渺內除門攤無徵豁
免銀壹百叁拾貳兩貳錢伍分伍微實徵銀玖百
陸拾叁兩肆錢壹分肆釐肆毫捌絲捌忽肆微柒
塵捌纖陸渺遇閏加銀肆兩柒錢叁分貳釐伍毫

一匠班
江南入匠除逃亡故絕外現在納班玖拾名每年
徵銀伍拾肆兩
蘄水縣
原額田地塘除英山縣買過田畝外實在柒千伍百
玖拾玖頃玖拾壹畝柒分壹釐伍絲額編米肆萬
肆千玖百叁拾伍石叁斗伍升貳合肆勺壹抄肆
撮壹圭夏稅麥絲俱入秋糧內帶派共折徵銀叁
萬陸千貳百壹拾壹兩伍錢肆分柒釐玖毫捌絲

銀貳萬壹千貳拾叁兩捌錢陸分伍釐肆毫肆絲
柒忽壹微伍塵捌纖柒渺
隨漕項下
隨漕淺船併驢脚米折等項額銀柒千壹百捌拾
陸兩捌錢貳分玖釐玖毫柒絲捌忽內除豁免運
夫丁銀伍兩玖錢玖分伍釐肆毫肆絲捌忽玖塵
伍纖貳渺實解銀柒千壹百捌拾兩捌錢叁分肆
釐伍毫貳絲玖忽玖微肆纖捌渺
一存留

驛站項下
排夫脚馬協濟江濟紅船水手等項額銀捌千貳
百柒拾壹兩伍錢玖分壹釐伍毫柒絲伍忽內除
豁免運夫丁銀壹拾壹兩捌錢陸分壹釐叁毫壹
絲壹忽陸微陸塵壹渺實該銀捌千貳百伍拾玖
兩柒錢叁分貳毫陸絲叁忽叁微叁塵玖纖玖渺
俸工項下
官員俸薪及門皂馬步快斗級禁卒弓兵舖兵膳
夫門斗等役工食解費等項額銀叁千陸百柒拾
肆兩叁錢陸分柒釐貳毫捌忽叁微內除豁免運
夫丁銀壹兩捌錢貳分肆釐壹毫陸絲玖忽玖微
捌塵肆纖肆渺實該銀叁千陸百柒拾貳兩伍錢
肆分叁釐叁絲捌忽叁微壹塵伍纖陸渺
支給項下
雜支祭祀及鄉飲孤貧舉貢盤纏長夫廪糧三分
之一等項額銀伍百捌拾兩伍錢陸分叁釐叁毫
內除豁免運夫丁銀肆分伍釐貳毫陸絲實該銀
伍百捌拾兩伍錢壹分捌釐肆絲

一蘆課
原起徵併新增除泥溝沙灘不載課外稀蘆草塌
熟地共伍拾捌項陸畝叁分玖釐叁毫共該徵銀
玖拾捌兩肆錢捌分玖釐叁毫伍絲捌忽
一丁糧帶派
奉裁優免克餉銀伍百陸拾伍兩壹錢貳分叁釐
肆毫捌絲
一丁糧外派
另派麂皮京摃銀壹兩陸錢肆分壹釐陸毫

原額湖洲雜課南北乾魚蔴鐵線膠門攤課鈔活鴈等項除撥改歸蘆政外該徵銀叁百伍拾貳兩貳錢貳分貳釐陸毫陸絲叁忽貳微伍塵遇閏加銀玖錢伍釐

一英山縣民買過米折銀壹百壹拾兩壹錢柒分壹釐肆毫

一匠班

江南人匠除逃亡故絕外現在納班伍拾叁名每年徵銀叁拾壹兩捌錢

麻城縣

原額田地塘共壹萬肆百肆拾玖頃陸拾柒畝貳分肆釐額編米貳萬肆千壹百叁拾貳石玖升柒合壹勺捌抄內除帶科官米學田濠米陸千玖百貳拾捌石柒斗叁升玖合壹勺捌抄實在民米壹萬柒千貳百叁石叁斗伍升捌合夏稅麥絲俱入秋糧內帶派共折徵銀貳萬伍千壹百伍拾玖兩伍錢肆分捌釐捌毫肆絲伍忽壹微陸塵伍纖玖渺

額徵驢脚米折銀捌百肆拾伍兩壹錢玖分

以上共額徵銀貳萬陸千肆兩柒錢叁分捌釐捌毫肆絲伍忽壹微陸塵伍纖玖渺

人丁（數見戶口志內）項下實徵銀叁千叁百柒拾玖兩叁錢柒分肆釐陸毫柒絲叁忽柒塵叁纖叁渺

以上糧丁貳項總共該徵銀貳萬玖千叁百捌拾肆兩壹錢壹分叁釐伍毫壹絲捌忽貳微叁塵玖纖貳渺

原額編本色南米柒千肆拾叁石貳斗伍升

一起運

戶部項下

戶部禮部工部光祿肆部寺額解銀壹萬玖千玖百柒拾兩壹錢捌分叁釐肆毫肆絲叁忽叁微叁塵肆纖貳渺內除豁免運夫丁銀壹拾兩陸錢貳分叁釐玖毫玖絲玖忽伍微玖塵陸纖伍渺實解銀壹萬玖千玖百伍拾玖兩伍錢伍分玖釐肆毫肆絲叁忽柒微叁塵柒纖柒渺

隨漕項下

隨漕淺船並驢脚米折共銀壹千陸百陸拾伍兩

陸錢捌分柒釐叁毫捌絲柒忽內除豁免運夫丁
銀壹錢陸釐壹毫叁絲壹忽肆微貳塵壹纖柒渺
實解銀壹千陸百陸拾伍兩伍錢柒分壹釐貳毫
伍絲伍忽伍微柒塵捌纖叁渺

一存留

驛站項下

排夫脚馬協濟江濟紅船水手等項額銀伍千貳
百伍拾陸兩貳分肆釐肆毫陸絲伍忽內除豁免
運夫丁銀柒兩捌錢貳分伍釐柒絲陸忽肆微捌

塵叁纖陸渺實該銀伍千貳百肆拾捌兩壹錢玖
分玖釐叁毫捌絲捌忽伍微壹塵陸纖肆渺

俸工項下

官員俸薪及門皂馬步快斗級禁卒弓兵舖兵膳
夫門斗等役工食解費等項額銀壹千玖百柒拾
貳兩叁錢肆分陸釐叁毫伍絲柒忽伍微內除豁
免運夫丁銀叁兩柒錢陸分伍釐陸毫貳絲叁忽
貳微叁塵捌渺實該銀壹千玖百陸拾捌兩伍錢
捌分柒毫叁絲肆忽貳微陸塵玖纖貳渺

支給項下

雜支祭祀及鄉飲孤貧舉貢盤纏長夫廪糧三分
之一等項額銀伍百肆拾叁兩貳錢伍分叁釐內
除豁免運夫丁銀壹兩伍分伍毫叁忽捌微陸塵
貳纖肆渺實該銀伍百肆拾貳兩貳錢貳釐肆毫
玖絲陸忽壹微叁塵柒纖陸渺

一丁糧帶派

奉裁優免充餉銀玖百捌拾伍兩玖錢
新加麂皮京損銀壹兩肆錢陸分叁釐肆毫

一丁糧外派

原編門攤鈔官地租銀陸拾貳兩捌分捌釐原有
額今無徵

一匠班

江南人匠除逃亡故絕外現在納班柒拾肆名每
年徵銀肆拾肆兩肆錢

一代徵黃州衛籽粒計料銀陸兩陸錢伍分陸釐貳
毫柒絲

黃陂縣

原額田地山塘除撥歸更名外實在壹萬壹千柒百
伍拾貳項捌拾肆畝叁釐額編米麥壹萬陸千肆
拾捌石伍斗捌升肆合柒勺夏稅麥絲俱入秋糧
內帶派共折徵銀壹萬玖千伍百肆拾貳兩肆錢
捌分壹釐叁毫玖絲玖忽陸微柒塵肆纖肆渺
額徵驢脚米折銀伍百伍拾陸兩叁錢捌分
原額更名田地塘捌百叁拾壹項叁拾玖畝叁分捌
釐額編米壹千肆百貳拾肆石玖斗叁升玖合伍
勺額徵租餉并穀折銀貳千伍百陸拾伍兩陸錢

捌分陸釐壹毫伍絲叁忽玖微肆塵
以上共額徵銀貳萬貳千陸百陸拾肆兩伍錢肆
分柒釐伍毫伍絲叁忽陸微壹塵肆纖肆渺
人丁（數見戶口志內）項下實徵銀叁千貳拾玖兩陸錢肆分
陸釐玖毫壹絲貳忽貳微貳塵玖纖柒渺
以上糧丁貳項總共該徵銀貳萬伍千陸百玖拾
肆兩壹錢玖分肆釐肆毫陸絲伍忽捌微肆塵肆
纖壹渺
原額編本色漕糧正耗共米伍千肆百柒拾石玖斗
貳升捌合
原額編本色南米肆千陸百叁拾陸石伍斗
一起運
戶部項下
戶部禮部工部光祿肆部寺額解銀壹萬柒千壹
百肆拾捌兩捌錢玖分壹釐伍毫貳絲陸微叁塵
陸纖肆渺內除豁免運夫丁銀陸兩壹錢壹分玖
釐捌毫叁忽陸微伍纖肆渺實解銀壹萬柒千壹
百肆拾貳兩柒錢柒分壹釐柒毫壹絲柒忽叁塵
壹纖

隨漕項下
隨漕淺船并驢脚米折額銀壹千伍百柒拾壹兩
柒錢陸分柒釐叁毫叁絲壹忽伍微內除豁免運
夫丁銀柒分壹釐貳毫叁絲肆忽伍微捌塵玖纖
柒渺實解銀壹千伍百柒拾壹兩陸錢玖分陸釐
玖絲陸忽玖微壹塵叁渺
一存留
驛站項下

排夫脚馬協濟江濟紅船水手等項額銀肆千肆百捌拾貳兩陸錢肆分叁釐捌絲內除豁免運夫丁銀叁兩肆錢柒分伍釐叁毫陸絲肆忽實該銀肆千肆百柒拾玖兩壹錢陸分柒釐柒毫壹絲陸忽

俸工項下

官員俸薪及門皂馬步快斗級禁卒弓兵舖兵膳夫門斗等項工食舜費等項額銀貳千壹百柒拾叁兩柒錢貳分捌釐叁毫伍絲玖忽玖微玖塵捌纖內除豁免運夫丁銀貳兩伍錢玖釐壹毫柒絲陸忽貳塵伍纖陸渺實該銀貳千壹百柒拾壹兩貳錢壹分玖釐壹毫捌絲叁忽玖微柒塵貳纖肆渺

支給項下

雜支祭祀及鄉飲孤貧舉貢盤纏長夫廩糧三分之一等項額銀叁百貳拾玖兩伍錢捌分肆釐叁毫叁絲壹忽伍微肆渺內除豁免運夫丁銀貳錢肆分肆釐伍毫柒絲玖忽伍微柒塵實該銀叁百貳拾玖兩叁錢叁分玖釐柒毫伍絲壹忽玖微叁塵肆渺

一丁糧帶派

奉裁優免充餉銀柒百貳拾伍兩肆錢柒分捌釐伍毫

另派麂皮京損銀貳錢陸分肆釐捌毫

一丁糧外派

原額門攤商稅並代納黃岡縣子池蘇鐵等銀貳百叁拾兩伍錢貳分肆釐玖毫叁絲壹微玖塵壹渺內除崩卸逃亡等項無徵銀伍拾伍兩壹錢伍釐玖毫陸絲壹忽實徵銀壹百柒拾伍兩肆錢壹分捌釐玖毫陸絲玖忽壹微玖塵壹渺遇閏加徵銀壹兩叁錢陸分玖釐

一匠班

江南人匠除逃亡故絕外現在納班陸拾陸名每年徵銀叁拾玖兩陸錢

黃安縣

原額田地山塘除撥歸更名外實在肆千陸百壹拾

項叁拾陸畝肆分柒釐額編官民米壹萬柒千壹百陸拾石柒斗捌升叁合叁勺肆抄柒撮伍圭內除科全爽官米伍千叁百陸拾叁石柒斗肆升伍合陸勺玖撮伍圭實在米壹萬壹千柒百玖拾柒石叁升柒合柒勺叁抄捌撮夏稅麥絲俱入秋糧內帶泒共折徵銀壹萬肆千叁百伍兩貳錢壹分肆釐肆毫捌絲伍忽捌微肆塵柒纖陸渺

額徵驢脚米折銀肆百玖拾肆兩貳錢貳分

原額更名田地山塘貳百貳項伍拾捌畝伍釐額編米伍百捌拾叁石肆斗柒升額徵租餉銀柒百兩

玖錢肆釐壹毫壹絲壹忽捌微柒塵

以上共額徵銀壹萬伍千伍百兩叁錢叁分捌釐伍毫玖絲柒忽柒微壹塵柒纖陸渺

人丁（數見戶口志內）項下實徵銀壹千柒百玖兩壹錢柒分柒釐壹毫叁絲玖忽玖微伍塵貳纖

以上糧丁貳項總共該徵銀壹萬柒千貳百玖兩伍錢壹分伍釐柒毫叁絲柒忽陸微陸塵玖纖陸渺

原額編本色南米肆千壹百壹拾捌石伍斗

一起運

戶部項下

戶部禮部工部光祿肆部寺額解銀壹萬貳千叁百捌兩捌錢肆分陸釐貳毫柒絲貳忽柒微壹塵柒纖陸渺內除豁免運夫丁銀玖兩貳錢壹分柒釐玖毫玖忽貳微實解銀壹萬貳千貳百玖拾玖兩陸錢貳分捌釐叁毫陸絲叁忽伍微壹塵柒纖陸渺

隨漕項下

隨漕淺船舺驢脚米折共銀玖百捌拾叁兩壹錢捌分柒釐叁毫壹絲壹忽內除豁免運夫丁銀壹錢柒分貳釐陸毫柒絲伍忽肆微叁塵叁纖叁渺實解銀玖百捌拾叁兩壹分肆釐陸毫叁絲伍忽伍微陸塵陸纖柒渺

一存留

驛站項下

排夫脚馬協濟江濟紅船水手等項額銀壹千柒

百叁拾壹兩伍錢陸分肆釐陸毫壹絲伍忽內除
豁免運夫丁銀叁兩捌錢肆分壹毫玖絲柒忽實
該銀壹千柒百貳拾柒兩柒錢貳分肆釐肆毫壹
絲捌忽

俸工項下

官員俸薪及門皂馬步快斗級禁卒弓兵舖兵膳
夫門斗等役工食解費等項額銀壹千捌百伍拾
貳兩玖錢貳分陸釐壹毫貳絲肆忽內除豁免運
夫丁銀肆兩柒錢貳釐貳毫伍絲柒忽叁微伍塵

肆纖柒渺實該銀壹千捌百肆拾捌兩貳錢貳分
叁釐捌毫陸絲陸忽陸微肆塵伍纖叁渺

支給項下

雜支祭祀及鄉飲孤貧舉貢盤纏長夫廩糧並府
學廩糧各三分之一等項額銀叁百伍拾壹兩肆
錢叁分玖釐叁毫內除豁免運夫丁銀伍錢壹分
肆釐捌毫肆絲陸忽陸塵實該銀叁百伍拾兩玖
錢貳分肆釐肆毫伍絲叁忽玖微肆塵

一丁糧帶派

奉裁優免充餉銀伍百兩肆錢貳分伍毫陸絲
另派麂皮京摃銀陸錢陸分肆釐貳毫

一丁糧外派

一匠班

江南人匠除逃亡故絕外現在納班叁拾柒名每
年徵銀貳拾貳兩貳錢

羅田縣

原額田地塘貳千柒百貳拾肆頃柒拾柒畝肆分壹
釐柒毫額編米壹萬壹千壹百陸拾叁石柒斗捌
合伍勺陸抄夏稅麥絲俱入秋糧內帶派共折徵

銀壹萬柒百捌拾陸兩伍分柒釐柒毫壹絲捌忽
玖微柒塵捌纖伍渺

額徵驢脚米折銀叁百肆拾捌兩肆錢捌分

以上共額徵銀壹萬壹千壹百叁拾肆兩伍錢叁
分柒釐柒毫壹絲捌忽玖微柒塵捌纖伍渺

人丁（數見戶口志內）項下實徵銀壹千伍百玖拾貳兩貳錢
陸分玖釐伍毫貳絲柒忽肆微玖纖壹渺

以上糧丁貳項總共該徵銀壹萬貳千柒百貳拾

陸兩捌錢柒釐貳毫肆絲陸忽叁微捌塵柒纖
渺
原額編本色漕糧正耗共米叁千肆百玖石貳斗捌
升
原額編本色南米貳千玖百肆石
一起運
戸部項下
戸部禮部工部光祿肆部寺額解銀柒千捌百壹
拾肆兩肆錢柒分玖釐玖毫壹絲捌忽陸塵伍纖

陸渺內除豁免運夫丁銀陸兩壹錢玖分捌釐伍
毫壹絲肆忽陸微叁塵壹纖實解銀柒千捌百捌
兩貳錢捌分壹釐肆毫叁忽肆微叁塵肆纖陸渺
隨漕項下
隨漕淺船𦫵驢脚米折共銀壹千貳百叁拾貳兩
肆分柒釐貳毫玖絲叁忽內除豁免運夫丁銀陸
分捌毫捌絲貳忽捌微柒塵伍纖實解銀壹千貳
百叁拾壹兩玖錢捌分陸釐肆毫壹絲壹微貳塵
伍纖

額徵驢脚米折銀捌百玖拾玖兩伍錢貳分
以上共額徵銀貳萬伍千伍百陸拾肆兩貳錢陸
分陸釐捌絲貳忽肆微玖塵壹纖
人丁（數見戸口志內）項下實徵銀肆千叁百玖拾玖兩叁錢
伍分陸釐陸毫捌絲伍忽
以上糧丁貳項總共該徵銀貳萬玖千玖百陸拾
叁兩陸錢貳分貳釐柒毫陸絲柒忽肆微玖塵壹
纖
原額編本色漕糧正耗共米玖千伍百陸拾捌石叁

斗貳升
原額編本色南米柒千肆百玖拾陸石
一起運
戸部項下
戸部禮部工部光祿肆部寺額解銀壹萬捌千柒
百貳拾貳兩壹錢貳分叁釐壹毫貳絲玖忽柒微
陸塵柒纖肆渺內除豁免運夫丁銀肆拾伍兩伍
錢貳分捌釐玖絲伍忽實解銀壹萬捌千陸百柒
拾陸兩伍錢玖分伍釐叁絲肆忽柒微陸塵柒纖

肆渺
隨漕項下
隨漕淺船並驢脚米折等項額銀叁千柒百柒拾壹兩柒錢伍釐柒毫叁絲捌忽内除豁免運夫丁銀伍錢陸分玖釐伍毫陸絲柒微肆塵肆纖實解銀叁千柒百柒拾壹兩壹錢叁分陸釐壹毫柒絲柒忽貳微伍塵陸纖
一存留
驛站項下
排夫廊馬協濟江濟紅船水手等項額銀肆千叁百壹拾叁兩玖錢貳分玖釐肆毫伍絲内除豁免運夫丁銀壹拾捌兩柒錢陸釐壹毫叁絲柒忽叁微陸塵實該銀肆千貳百玖拾伍兩貳錢貳分叁釐叁毫壹絲貳忽陸微肆塵
俸工項下
官員俸薪及門皂馬步快斗級禁卒弓兵舖兵膳夫門斗等役工食解費等項額銀貳千陸百柒拾肆兩叁錢柒分伍釐叁毫伍絲叁忽捌微柒塵内

除豁免運夫丁銀貳拾兩肆錢叁分伍釐玖毫陸絲肆忽肆塵貳纖肆渺實該銀貳千陸百伍拾叁兩玖錢叁分玖釐叁毫捌絲玖忽捌微貳塵柒纖陸渺
支給項下
雜支祭祀及鄉飲孤貧舉貢盤纏長夫廩糧三分之一等項額銀伍百陸拾玖兩陸錢肆分壹毫内除豁免運夫丁銀貳兩玖錢壹分壹釐貳毫肆絲柒忽實該銀伍百陸拾陸兩柒錢貳分捌釐捌毫伍絲叁忽
一蘆課
原起徵並新增除泥灘沙灘水影不載課外密蘆稀蘆草塲草塌熟地共貳百叁拾伍頃柒畝壹分玖釐捌毫貳絲捌忽於康熙二十四年奉　文爲蘆洲漲坍不齊等事案内查出崩卸叁頃肆拾捌畝外又丈出變則新淤草塌草塲柒頃壹拾畝柒分貳釐叁毫玖絲實在納課洲地貳百叁拾捌頃陸拾玖畝玖分貳釐貳毫壹絲捌忽共該徵銀貳

百柒拾陸兩叁錢肆分貳毫肆絲柒忽伍微捌塵

一丁糧帶派

奉裁優免充餉銀肆百陸拾伍兩捌錢壹分貳釐

貳絲玖忽柒微肆塵

另派麂皮京貢銀壹兩叁錢叁分玖釐貳毫

一丁糧外派

原額湖洲雜課南北乾魚蔴鐵桐油線膠門攤課

鈔等項共該徵銀肆百伍拾捌兩壹錢叁分柒釐

伍毫玖徵伍塵遇閏加銀陸拾貳兩貳錢壹分柒

釐捌毫貳絲伍忽又鰣魚銀伍拾兩奉 文豁免

一匠班

江南人匠除逃亡故絕外現在納班貳拾壹名每

年徵銀壹拾貳兩陸錢

廣濟縣

原額田地塘陸千叁拾捌頃肆拾畝陸分叁釐捌毫

額編米麥叁萬捌百捌拾貳石伍斗壹升壹合陸

勺夏稅麥絲俱入秋糧內帶派其折徵銀貳萬陸

千肆百肆拾柒兩玖錢壹分肆釐叁毫玖絲玖忽

伍微肆塵伍纖伍渺

一額徵驢脚米折銀玖百柒拾貳兩肆錢捌分

以上共額徵銀貳萬柒千肆百貳拾兩叁錢玖分

壹釐叁毫叁絲玖忽伍微肆塵伍纖伍渺

人丁（數見戶口志內）項下實徵銀叁千叁百壹拾壹兩陸分

叁釐陸毫肆絲叁忽叁微伍塵貳纖伍渺

以上糧丁貳項總共該徵銀叁萬柒百叁拾壹兩

肆錢伍分肆釐玖毫捌絲貳忽捌微玖塵捌纖

原額編本色漕糧正耗共米伍千壹百捌拾陸石壹

斗陸升

原額編本色南米捌千壹百肆石

一起運

戶部項下

戶部禮部工部光祿肆部寺額解銀壹萬玖千玖

百伍拾肆兩壹錢貳分貳釐捌毫壹絲叁忽玖微

玖塵捌纖捌渺內除豁免運夫丁銀捌拾兩叁錢

柒分壹釐捌毫肆絲肆忽伍微伍塵陸纖肆渺實

解銀壹萬玖千捌百柒拾叁兩柒錢伍分玖毫陸

絲玖忽肆微肆塵貳纖肆渺

隨漕項下

隨漕淺船並驢脚米折等項額銀貳千叁百柒拾伍兩叁錢伍分壹釐貳毫肆絲伍微內除豁免運夫丁銀柒錢伍分柒釐伍毫貳忽壹微柒塵壹纖實解銀貳千叁百柒拾肆兩伍錢玖分叁釐柒毫叁絲捌忽叁微貳塵玖纖

一存留

驛站項下

排夫脚馬協濟江濟紅船水手等項額銀伍千叁百柒拾捌兩陸錢伍分伍釐壹毫叁絲內除豁免運夫丁銀壹拾伍兩肆錢伍釐玖毫捌絲柒忽實該銀伍千叁百陸拾叁兩貳錢肆分玖釐壹毫肆絲叁忽

俸工項下

官員俸薪及門皂馬步快斗級禁卒弓兵舖兵膳夫門斗等役工食解費等項額銀貳千柒百陸拾壹兩柒錢叁分玖釐柒毫伍絲壹忽貳微柒塵內除豁免運夫丁銀壹拾叁兩肆錢叁分叁釐肆毫陸絲陸忽壹微肆塵叁纖肆渺實該銀貳千柒百肆拾捌兩叁錢陸釐貳毫捌絲伍忽壹微貳塵陸纖陸渺

支給項下

雜支祭祀及鄉飲孤貧舉貢盤纏長夫廩糧三分之一等項額銀叁百柒拾叁兩貳錢壹釐伍毫內除豁免運夫丁銀壹兩陸錢肆分陸釐陸毫伍絲叁忽實該銀叁百柒拾壹兩伍錢伍分肆釐捌毫肆絲柒忽

一蘆課

原起徵並新增除泥灘不載課外稀蘆熟地柒頃伍拾叁畝陸分肆釐肆毫於康熙二十四年奉文爲蘆洲漲坍不齊等事案內查出泥灘變則草塲地壹頃捌畝柒分捌釐柒毫伍絲實在納課淵地捌頃陸拾貳畝肆分叁釐壹毫伍絲共該徵銀壹拾肆兩叁錢玖分玖釐伍毫捌絲玖忽

一丁糧帶泒

奉裁優免兌餉銀伍百伍拾玖兩叁錢伍分貳釐
玖毫玖絲捌忽
另派鹿户京塡銀壹兩伍錢壹釐貳毫
一丁糧外派
原額湖洲雜課南北乾魚蘇鐵線膠門攤課鈔等
項除無徵外實徵銀叁百壹拾貳兩貳分柒釐伍
毫壹絲叁忽伍微陸塵遇閏加銀貳拾肆兩陸錢
柒釐捌毫肆忽伍微
一匠班

江南人匠除逃亡故絕外現在納班壹拾陸名每
年徵銀玖兩陸錢
黃梅縣
原額田地山塘柒千叁百壹拾頃壹拾玖畝伍分伍
釐額編米麥叁萬陸千伍百壹拾玖石壹斗叁升
伍合肆勺柒抄夏稅麥絲俱入秋糧內帶派共折
徵銀貳萬捌千壹百叁拾叁兩捌錢壹分叁釐肆
絲玖忽貳微叁塵伍纖陸渺
額徵驛腳米折銀壹千壹百叁拾肆兩柒錢捌分

以上共額徵銀貳萬玖千貳百陸拾捌兩伍錢玖
分叁釐肆絲玖忽貳微叁塵伍纖陸渺
人丁（數見戶口志內）項下實徵銀叁千陸百陸拾壹兩壹錢
陸分叁釐叁毫玖絲陸微陸塵捌纖肆渺
以上糧丁貳項總共該徵銀叁萬貳千玖百貳拾
玖兩柒錢伍分陸釐肆毫叁絲玖忽玖微肆纖
原額編本色漕糧正耗共米貳千柒百貳拾叁石捌
斗貳升肆合
原額編本色南米玖千肆百伍拾陸石伍斗

一起運
戶部項下
戶部禮部工部光祿肆部寺額解銀貳萬貳千肆
百叁拾肆兩捌錢叁分捌釐叁毫伍忽陸微柒塵
陸纖內除豁免遞夫丁銀陸拾肆兩陸錢捌分伍
絲貳忽柒微壹塵捌纖實解銀貳萬貳千叁百柒
拾兩壹錢伍分捌釐貳毫伍絲貳忽玖微伍塵捌
纖
隨漕項下

隨漕淺船併驢腳米折等項額銀貳千貳百肆拾柒兩肆錢肆分玖釐肆毫肆絲玖忽伍微內除豁免運夫丁銀壹兩貳錢捌分陸釐柒毫叁絲捌忽柒微捌塵柒纖伍渺實解銀貳千貳百肆拾陸兩壹錢陸分貳釐柒毫壹絲柒微壹塵貳纖伍渺

一存留

驛站項下

排夫腳馬協濟江濟紅船水手等項額銀伍千叁百柒拾伍兩玖錢壹分貳釐叁毫貳忽內除豁免

運夫丁銀肆拾壹兩叁分伍釐玖毫叁絲柒忽柒微捌塵陸纖叁渺實該銀伍千叁百叁拾肆兩捌錢柒分陸釐叁毫陸絲肆忽貳微壹塵叁纖柒渺

俸工項下

官員俸薪及門皂馬步快斗級禁卒弓兵舖兵膳夫門斗等役工食解費等項額銀貳千伍百柒拾陸兩伍錢壹釐壹毫柒絲陸忽玖微陸纖內除豁免運夫丁銀壹拾捌兩玖錢陸釐玖毫玖絲肆忽叁微肆塵陸纖貳渺實該銀貳千伍百伍拾柒兩伍錢玖分肆釐壹毫捌絲貳忽伍微伍塵玖纖捌渺

支給項下

雜支祭祀及鄉飲孤貧舉貢盤纏長夫廩糧三分之一等項額銀肆百貳拾肆兩柒分玖釐捌毫伍絲內除豁免運夫丁銀叁兩壹錢壹分肆釐玖毫貳絲伍微肆塵實該銀肆百貳拾兩玖錢陸分肆釐玖毫貳絲玖忽肆微陸塵

一蘆課

原起徵並新增除溝港泥塗不載課外稀蘆熟地草塌草墻壹拾陸頃陸拾柒畝玖分叁釐伍毫共該徵銀貳拾柒兩柒錢叁分玖釐肆毫貳絲於康熙貳拾肆年奉 文為蘆洲漲坍不齊等事案內並無崩卸新淤

一丁糧帶派

奉裁優免充餉銀貳百柒拾兩陸錢伍分柒釐壹毫叁絲壹忽壹微

南北柴池湖課銀壹百柒拾叁兩捌錢叁分貳釐

叁毫

一丁糧外派

原額湖洲雜課南北乾魚蔴鐵線膠商稅等銀除附廣濟縣代納外該銀肆百玖拾壹兩壹錢肆分柒釐玖絲伍忽捌微壹塵伍纖內除門攤商稅鎮廢無徵外實徵銀肆百陸拾陸兩伍釐陸毫玖絲陸忽捌微壹塵伍纖遇閏加銀柒拾捌兩陸錢壹分肆釐叁毫柒絲捌忽

一匠班

江南人匠除逃亡故絕外現在納班壹拾捌名每年徵銀壹拾兩捌錢

論曰先王制賦入必以田爲本無求於田外無貸於田內法至平也故不以務穡增其稅不以輟稼減其租則播種多不以飭勵重其役不以窳惰蠲其征則功力勤時其凶豐而復除焉故民俗阜矣楚地在禹貢厥田下中厥賦上下舊之黃版有定額也向來乎圖法行猾胥奸里上下其手飛灑科派之弊不可勝言今奉檄官征官解聽花戶自輸民欣欣然爭先不恐有司免逋負之懲則奸胥飛詭豪强包納盡見於花名册矣

黃州府志

綠

卷之五

官師志

黃州府志卷之五

知黃州府事襄平蘇良嗣較定

官師志

歷官

職非守土例不借書志府言府爾

歷官何爲而書乎考幽明定民極也一曰治典得民以經紀二曰教典得民以賢儒兩者無分職而後代分爲不可遂云釐積聯而名示民之向背焉爾

黃州府 知府一員同知一員通判一員 經歷司 經歷一員 照磨所 照磨一員 司獄司 司獄一員 儒學 教授一員訓導一員 軍儲倉 大使一員 齊安驛 驛丞一員 陰陽學 正術一人 醫學 正科一人 僧綱司 都綱一人 道紀司 都紀一人

知府佐貳以下添設裁省代無定制今所載職銜一遵 國朝今典

後漢 太守 陸遜 吳郡人吳赤烏四年任

晉 太守 鄧嶽 陳郡人咸康年任　毛寶 陽武人咸康中任

樊峻　滕畯 建元間任

庾登之 義熙間任

宋 太守 朱齡石

梁 太守 吉士瞻

唐 刺史 左震　杜牧

劉嗣之 泰和間任　韓通忠

袁儀

宋 知黃州 王明 乾德初任　魏能 咸平間任

王禹偁 鉅野人咸平間任　樂黃目

韓琚 相州人天聖中任　夏竦 明道間任

任師中　馬正卿 元豐間任

徐君猷 元豐中任　陳軾

劉摯　宋愿 紹聖初任

彭思永 廬陵人　韓駒 政和間任

趙令宬 建炎初任　何大節

向士璧　孟珙 棗陽人

覃懷 寶祐中任　李節

蔡幼學　李顯

馬鄴 瑞安人　李銑 乾道間任

元 達魯花赤 慢達罕傒 至順間任　劉魯

總管 脫顏普花 至順間任　劉哈八兒

趙野

明 知府 陶安　李仁

葉宗 永嘉人進士洪武間任　陳旺 宣城人貢士洪武間任
何曉齡 漳州人歲貢洪武間任　滕霄 汝州人歲貢永樂間任
盛璞 宣城人永樂間任　余清 巴縣人正統間任
錢敏 舒城人進士正統間任　楊珏 臨海人景泰間任
林表 天順間任　俞浩
畢大金 成化間化　王霽 上海人成化間任
楊瑛 長洲人成化間任　謝恭 休寧人成化間任
劉肅 嘉定州人進士弘治間任　盧濬 天台人進士弘治間任
胡錠 長垣人進士正德間任　曹廉 安定人進士正德間任

黃州府志　卷之五　官師　三

余貴 綿州人舉人正德間任　鄭信 山東人進士正德間任
劉友仁 福建人進士嘉靖初任　楊最 射洪人進士嘉靖間任
吳淮 鎮江人進士嘉靖間任　吳世良 博平人進士嘉靖間任
應天桂 僊居人進士嘉靖間任　熊汲 南昌人進士嘉靖間任
任轍 巴縣人進士嘉靖間任　黃謹容 莆田人進士嘉靖間任
郭鳳儀 祥符人進士嘉靖間任　商廷試 會稽人進士嘉靖間任
孫渭 閩縣人進士嘉靖間任　應明德 臨海人進士嘉靖間任
張嘉孚 華昌人進士嘉靖間任　葉期遠 漳浦人嘉靖間任
黃襄 南安人進士嘉靖間任　孫光祖 慈谿人進士隆慶間任

潘允哲 上海人進士萬曆間任　鄒廸光 無錫人進士萬曆間任
陶克大 萬曆間任　楊守仁 萬曆間任
范可奇 萬曆間任　瞿汝稷 萬曆間任
李繼周 萬曆間任　劉克勤 萬曆間任
王世德 萬曆間任　胡芳桂 萬曆間任
馬人龍 萬曆間任　吳叔度 桐城人進士
胡惟霖　秦時懋
林肇開　顏顧行
祝萬齡 陝西人進士　楊通宇 貴州人舉人崇禎間任

黃州府志　卷之五　官師　四

史纘烈 金壇人進士崇禎間任　許文岐 杭州人進士崇禎間任
龔正英 江西人進士崇禎間任　周大啟 吳縣人進士崇禎間任

國朝

知府

牛銓 河南人順治二年任　王偉 山西人順治五年任
郭鳴鳳 河間人順治九年任　杜之璧 河南人舉人順治間任
王猷著 新蔡人順治間任　徐士儀 貴溪人順治間任
何應珏 桐城人順治十七年任　羅載惇 霑化人歲貢康熙七年任
余三汲 遼東人廕生康熙十三年任　于成龍 永寧人副榜貢康熙十三年任
郭廷弼 遼東人貢士康熙十八年任　蘇良嗣 遼陽州人廕生今任

同知　通判　推官 今裁

宋同知 莫濛

元同知 青社

宋通判 孟震　張耒淮陰人

任伋　丘岳嘉定間任

陳仲微

司理參軍 龐籍明道間任

團練副使 蘇軾眉山人熙寧間任

元判官 大不花至順間任

推官 樊克善至順間任

明同知 安貞洪武初任　白范錢塘人洪武間任

薛恭　周浩

蔡壽正統間任　陰秉綱景泰間任

李雍天順間任　李恒成化間任

吳傑進士弘治間任　韋厚進士弘治間任

謝朝宣進士弘治間任　印寶正德間任

顧鰲正德間任　王相正德間任

夏廷芝山東人正德間任　江鶚四川人嘉靖間任

趙以敬進士嘉靖間任　蕭珩舉人嘉靖間任

劉純應天人舉人嘉靖間任　郭顯文江西人舉人嘉靖間任

胡思忠淮安人進士嘉靖間任　沈淵雲南人舉人嘉靖間任

陳然雲南人舉人嘉靖間任　谷鍾秀餘姚人進士嘉靖間任

張恩祥符人舉人嘉靖間任　袁福徵華亭人進士嘉靖間任

劉容羅山人舉人嘉靖間任　吳三聘洛陽人舉人萬曆間任

熊烱南昌人舉人萬曆間任　李維祐

胡士奇　汪大壯

唐禴　唐允中崇禎間任

向宸崇禎間任　陳文德崇禎間任

施德裕崇禎間任　宮家珍順治間任

國朝同知 白秉眞順治間任　胡鎔南樂人歲貢順治間任

程雲順治間任

李之柱山東人舉人順治間任　郭永祚新鄉人拔貢順治間任

屠宏順天人拔貢康熙間任　陳昊

張登舉遼陽人進士康熙間任　于成龍

佟世俊　趙邦牧

蘇應麟　翁介眉錢塘人例監康熙十八年任

王瑞芳滄州人拔貢康熙二十二年任　王民皞臨川人拔貢今任

明嘉靖五年以岐亭當三縣之界去治遠多盜添駐捕盜通判一員今缺裁止以同知分駐姓名不更重載

明通判

曹振祖 洪武初任
黃穀 正統間任
周彥宁 正統間任
嚴政 景泰間任
常庸 景泰間任
江弘 景泰間任
張英 成化間任
龔鑑 成化間任
饒鐸 臨川人弘治間任
張德 弘治間任
張奇 弘治間任
楊俊 正德間任
王澤 正德間任
牛璠 正德間任

毛應時 蘄州人舉人正德間任
蕭士安 正德間任
陳瑞 正德間任
韓宗福 舉人嘉靖間任
王一鵬 舉人
羅瑤登 浙江人舉人
陳雲章 生員
李瑤 四川人舉人
白鉉 舉人
聶璜 江西人舉人
鄭渭 安肅人官生
金珪 舉人
朱夔 舉人
郭逵 山東人舉人
郭嘉賓 舉人
查應元 江西人歲貢
黃約 歙縣人舉人嘉靖間任
楊道南 舉人嘉靖間任

張經 江西人舉人嘉靖間任
胡名學 犍爲人舉人嘉靖間任
郭大治 廣東人歲貢嘉靖間任
雙應麟 四川人舉人嘉靖間任
黃嬌 南安人舉人嘉靖間任
郭任 長洲人進士嘉靖間任
羅士賢 河南人舉人嘉靖間任
張愚 懷寧人舉人嘉靖間任
高履謙 舉人嘉靖間任
巫璋 廣德人舉人嘉靖間任
孫漸 鄭州人舉人嘉靖間任
蕭浩 江西人舉人嘉靖間任
張鑄 武功人進士隆慶間任
王可大 應天人進士隆慶間任
馬應麟 裕州人例貢隆慶間任
張師伊 濬縣人舉人隆慶間任
梅繼勲 宣城人舉人隆慶間任
王言 上饒人舉人隆慶間任

宋崇獻 武定人舉人萬曆間任
周世澤 資陽人舉人萬曆間任
薛一鶚 萬曆間任
陳應禎 萬曆間任
韓煥 蒲州人萬曆間任
張穗 萬曆間任
王誦 萬曆間任
莊安甫 萬曆間任
尚覲光
鄒道增
姚廸嘉
錢夢極
郜繼藎
崔亮彩
蕭時顯 歲貢崇禎間任
鄭錫祈 崇禎間任
宋雲龍 貴州人歲貢崇禎間任
吳亮忠 歲貢崇禎間任

張文蔚 河南人拔貢 崇禎間任

國朝

通判

陳三章 北直人舉人 順治間任

馮瑞 北直人舉人 順治間任

王國輔 北直人拔貢 順治間任

梅欽 江南人拔貢 順治間任

王瑞麟 直隸人生員 順治間任

程洮 山東人拔貢 順治間任

王全昌 北直人拔貢

宋犖 河南人廕生 康熙三年任

鄧顯名 遼東人廕生 康熙九年任

王元臣 遼東人康熙 十四年任

王定鼎 直隸人拔貢康 熙十七年任

董維祺 奉天人監 生今任

明

推官

李能 洪武 初任

嚴廸聰 宜春人永 樂間任

梁萬全 正統 間任

楊旭 景泰 間任

黃州府志　卷之五　官師　九

羅瀚 豐城人正 德間任

張淵 正德 間任

陳璇 正德 間任

朱節 山陰人進士 正德間任

張宗舜 正德 間任

王濟 嘉靖 間任

嚴肅 嘉靖 間任

王聰 嘉靖 間任

張遜 嘉靖 間任

查秉彝 海寧人進士 嘉靖間任

皇甫汸 長洲人進士 嘉靖間任

張曰翼 慈谿人官生 嘉靖間任

孫照 慈谿人官生 嘉靖間任

趙時舉 饒平人進士 嘉靖間任

王臣 舉人嘉 靖間任

吳宗周 安慶人進士 嘉靖間任

崔孔昕 濱州人進士 嘉靖間任

劉南金 祥符人進士 嘉靖間任

王佳士 彭澤人舉人 嘉靖間任

張勳 壽光人舉人 隆慶間任

周明衛 山陰人舉人 隆慶間任

宋萬葉 莆田人進士 萬曆間任

李好問 磐山人進士 萬曆間任

曾維倫 萬曆 間任

高維垣 萬曆 間任

熊文燦

許士奇

李長德

王萬金

許惠一

歐起鳴

周大啓 吳縣人進士 崇禎間任

侶鶴舉 進士崇 禎間任

傅上瑞 山東人進士 崇禎間任

汪姬生 歙縣人進士 崇禎間任

黃州府志　卷之五　官師　十

國朝

推官

丁期昌 山西人進士 順治間任

潘泗水 南陵人進士 順治間任

馬纘緒 豐城人進士 順治間任

祝昌 商城人進士 順治間任

王綵 合肥人舉人

此後缺裁

教授　訓導

宋

教授

李宗勉

分教

朱載

毋制機

明

教授

徐訓 應天人歲貢

商祿 南昌人歲貢

李泰 巴縣人歲貢 嘉靖間任

徐孟 福建人歲貢 嘉靖間任

陶登 貴州人舉人 嘉靖間任

倫學智 南海人舉人 嘉靖間任

曹賢 興化人歲貢嘉靖間任
夏宗龍 馬平人舉人嘉靖間任
梁敦 邛州人歲貢隆慶間任
張容民 安寧衛人歲貢隆慶間任
姚翼 歸安人歲貢萬曆初任
蔣性 瑞安人歲貢萬曆間任
尹遜
米允登
王世寀
舒旌
朱丙爕
徐顯揚
楊士超
費登俊
劉莘
黃鈇
王問仁
王汝霖

費而隱

國朝教諭

尚九重 開封人歲貢順治八年任
段袗 大冶人歲貢順治十一年任
汪節吉 崇陽人歲貢順治十四年任
王大猷 鄖縣人歲貢順治十五年任
王大章 鄖縣人歲貢順治十七年任
秦祈文 漢陽人歲貢康熙元年任
林甲 江陵人舉人康熙四年任
彭一卿 嘉禾人歲貢康熙五年任
李嘉升 孝感人舉人今任

明訓導

馬舉
田輅 臨安人歲貢
吳中 四川人歲貢
左海 建昌人歲貢
王錡 樂平人歲貢嘉靖間任
夏尚德 臨淮人歲貢嘉靖間任

梁克宅 臨川人歲貢嘉靖間任
李宗爵 安樂人歲貢嘉靖間任
張淮 吳江人歲貢嘉靖間任
李葵 蓬州人歲貢嘉靖間任
周敬 鄞縣人歲貢嘉靖間任
徐綸 雙流人歲貢嘉靖間任
張翀 貴陽人歲貢嘉靖間任
汪梁 貴池人歲貢嘉靖間任
莫柯 滁州人歲貢嘉靖間任
楊復興 定遠人歲貢嘉靖間任
徐臣 內江人歲貢嘉靖間任
李梓 信陽人歲貢嘉靖間任
沈佐 壽州人歲貢嘉靖間任
楊維璧 樂平人歲貢嘉靖間任
金洋 崇寧人歲貢嘉靖間任
魯騰 鄧州人歲貢嘉靖間任
蘇日華 潮陽人歲貢嘉靖間任
王守綱 武陽人歲貢嘉靖間任

梁騰光 永州人歲貢嘉靖間任
王續振 祁門人歲貢嘉靖間任
呂圭
許士 孝豐人歲貢嘉靖間任
嚴泰 筠連人歲貢
侯思賢 靈壽人歲貢
晁光勛 馬湖人歲貢
吳希尹 星子人歲貢
歐昇 柳州人歲貢隆慶間任
黃秋 星子人歲貢
陳勑 東安人歲貢
瞿大居 建州人歲貢萬曆間任
李讓 萬曆間任
劉昇 萬曆間任
劉衢 萬曆間任
黃學閔 萬曆間任
李應節 萬曆間任
朱之禎 萬曆間任

劉可賢 萬曆間任　方昴 萬曆間任
李麟 萬曆間任　林正 萬曆間任
王灝 萬曆間任　伍桂芳 萬曆間任
姜一梧 萬曆間任　唐栻 萬曆間任
余選中　歐陽燧
魯紳　余應治
徐可久　胡承訓
潘紹元　劉汝燦
莫與京　滕爲幹

倪宗謙　朱泰
滕周翰　李邁
鄒世彥
國朝訓導 鄒萬恒 雲夢人歲貢順治九年任　鄒毓祚 遠安人歲貢順治十年任
陳奇勛 咸寧人歲貢順治十二年任　郭琮 漢川人歲貢順治十二年任
劉之益 房縣人歲貢順治十四年任　朱家藩 竟陵人歲貢順治十五年任
徐之琛 武陵人歲貢順治十八年任　詹大衡 江夏人歲貢康熙十六年任
易泰登 宜都人歲貢今任
國朝經歷照磨附 府首領州縣佐貳舊志不載姓名無考今止載國朝除授餘雜職悉從舊志例不編載

經歷 曹福高 北直人順治二年任　孫士達 諸暨人順治四年任
郭理陽 祁縣人恩貢順治十六年任　高凌璧 商水人康熙二年任
張徙濵 濮州人拔貢康熙七年任　章士煥 通州人康熙十八年任
王鏡 山陰人今任
照磨 汪逢源 休寧人順治四年任　陳永明 北直人順治十年任
李應兆 宛平人順治十二年任　王允中 順天人順治十三年任
楊梓 富平人康熙八年任　李德 肥鄉人康熙十四年任
戴弘仁 富平人康熙十六年任　趙謙 閬縣人今任

黃岡縣 知縣一員 縣丞一員 典史一員 儒學 教諭一員 訓導一員 團風陽邏二
鎮巡檢司 巡檢各一員 李坪陽邏二驛 驛丞各一員 樟松零殘
湖二湖河泊所 河泊各一員

知縣

宋 周孝孫　張澂
明知縣 徐誼 壽昌人洪武初任　萬士安 洪武中任
陳希 大興人進士　張玉 宛平人舉人永樂間任
袁整 宣德間任　徐瑨 景泰間任
吳節 淮陰人天順間任　任廣 成化間任

毛錫 成化間任　程逵 成化間任
莫濳 臨桂人舉人弘治間任　陳曦 弘治間任
周遵 奉節人舉人弘治間任　胡潔 豐城人進士正德間任
簡霄 清江人進士正德間任　王浩 上元人舉人正德間任
夏國孚 涪州人進士嘉靖間任　方端 大理人舉人嘉靖間任
周乾 桂林人舉人嘉靖間任　麗麟 成都人舉人嘉靖間任
吳時宜 都勻衛人監生嘉靖間任　胡民表 龍游人舉人嘉靖間任
張允濟 順天人舉人嘉靖間任　孫棠 普安人舉人嘉靖間任
虞儼 丹陽人舉人嘉靖間任　楊世第 長壽人進士嘉靖間任

孟津 滁州人舉人嘉靖間任　萬升 南城人歲貢嘉靖間任
來端本 蕭山人舉人嘉靖間任　高价 神木人歲貢嘉靖間任
賈應璧 無錫人進士隆慶間任　唐應元 崑山人進士隆慶間任
羅應鶴 歙縣人進士萬曆間任　顏大化 桐鄉人舉人萬曆間任
沈弘宗 會稽人舉人萬曆間任　趙士登 涇縣人進士萬曆間任
劉夢周 沁州人進士萬曆間任　涂宗濬 南昌人進士萬曆間任
曹愈參 涪州人進士萬曆間任　徐紹曾 海寧人進士萬曆間任
羅萬言 廬陵人舉人萬曆間任　茅瑞徵 歸安人進士萬曆間任
周萬鎰　晏春鳴 四川人進士萬曆間任

熊江 四川人進士天啓間任　梁鳳翔 廣東人進士
吳允初 宜興人進士崇禎間任　李希沆 慶陽人進士崇禎間任
徐調元 無錫人進士崇禎間任　侯鼎鉉 無錫人進士崇禎間任
孫自一 河南人進士崇禎間任
國朝知縣 汪士衡 望江人貢士順治間任　高自訓 濟陽人貢士順治間任
楊日昇 富平人舉人順治間任　劉國寧 遼東人廩生順治間任
楊鍾秀 南鄭人貢士順治間任　徐籀 長洲人舉人康熙間任
李正美 廣西人舉人康熙五年任　董元俊 華陰人進士康熙六年任
李經政 瀋陽人廩生康熙間任　汪灝 山陽人貢監今任

教諭　訓導

元教諭 王師顏 至正間任
明教諭 尹暠 正統間任　簡縉紳 景泰間任
金元 成化間任　張縉 弘治間任
林智 莆田人正德間任　王沂 福建人歲貢正德間任
應鵬翀 臨海人舉人正德間任　吳賓 象州人舉人正德間任
張鳳鳴 旌德人歲貢嘉靖間任　韓秉文 慈谿人歲貢嘉靖間任
吳讜 宜山人舉人嘉靖間任　梁鳴鑾 崑山人歲貢嘉靖間任
王奕 四川人歲貢嘉靖間任　趙儒 江西人歲貢嘉靖間任

向上 巫山人歲貢嘉靖間任
武鉞 滁州人舉人嘉靖間任
康志 泰和人舉人嘉靖間任
周祿 廬陵人歲貢嘉靖間任
張性魯 當塗人歲貢嘉靖間任
王銓 山陽人歲貢隆慶間任
葉于僉 閩縣人舉人隆慶間任
吳完 固始人歲貢萬曆間任
林箕 莆田人舉人萬曆間任
蕭文光 江陵人歲貢萬曆間任
王旌 瀾滄衛人歲貢萬曆間任
楊逢時 江陵人進士萬曆間任
文立經 全州人舉人萬曆間任
劉文定 興國人舉人萬曆間任
李趨庭 鄒平人歲貢萬曆間任
盧雲龍 邵陽人歲貢萬曆間任
辛良偉 竹谿人歲貢萬曆間任
劉以台 萬曆間任

魏開之 泰昌間任
熊應元 應城人天啓間任
沈應魁 景陵人崇禎間任
向明元 大冶人崇禎間任
劉應宸 江夏人崇禎間任
文炳 漢陽人崇禎間任

國朝教諭

任光國 荆州人舉人順治間任
趙之奎 沔陽人舉人康熙間任
李嘉卉 孝感人舉人康熙間任
葉自巖 江夏人舉人康熙間任
王鼎隆 漢陽人舉人今任

元訓導

胡良佐 至正間任
范世美 至正間任

明訓導

鍾鑑 景泰間任
蕭鑑 景泰間任
余勛 成化間任
汪紹 成化間任

張鳳岐 弘治間任
潘溶 弘治間任
劉習禮 四川人歲貢正德間任
楊巒 汝陽人歲貢正德間任
王麟 蕭山人歲貢正德間任
周盛 青田人歲貢正德間任
劉紀 河南人歲貢正德間任
李修爵 信豐人歲貢嘉靖間任
賈通 成都人歲貢嘉靖間任
唐相 和州人歲貢嘉靖間任
任价 四川人歲貢嘉靖間任
田嘉禮 四川人歲貢嘉靖間任
吳允直 饒州人歲貢嘉靖間任
謝燕 都昌人歲貢嘉靖間任
李逑 邳州人歲貢嘉靖間任
朱琰 宜賓人歲貢嘉靖間任
姚溢 汝陽人歲貢嘉靖間任
陳良金 仙居人歲貢嘉靖間任

沈升 天台人歲貢嘉靖間任
郭濟時 龍潛人歲貢嘉靖間任
吳繼武 井陘人歲貢隆慶間任
蘇希顏 寧海人歲貢隆慶間任
劉宗韜 萬化人歲貢隆慶間任
頡偉 四川人歲貢萬曆間任
崔仲沂 公安人歲貢萬曆間任
王三錫 華容人歲貢萬曆間任
蕭一和 襄城人歲貢萬曆間任
董廷賓 大冶人歲貢萬曆間任
羅鳴遠 景陵人歲貢萬曆間任
劉烜 漢川人歲貢萬曆間任
馬化時 廣通人歲貢萬曆間任
李敬簡 平江人歲貢萬曆間任
王三錫 巴東人歲貢萬曆間任
蕭策 衡山人歲貢萬曆間任
楊燧 武昌人歲貢萬曆間任
吳九思 當陽人歲貢萬曆間任

張大有益陽人歲貢萬曆間任　陳三聘宜都人歲貢萬曆間任
何德泰始興人歲貢萬曆間任　吳國澍鄰水人歲貢萬曆間任
陳巽語雅州人歲貢萬曆間任　孔弘憲歲貢萬曆間任
陳雷歲貢萬曆間任　王珩歲貢萬曆間任
金一星歲貢崇禎間任　毛詩序歲貢崇禎間任
古大復歲貢崇禎間任

國朝訓導趙慶先歲貢順治八年任　李明英襄陽人歲貢順治十二年任
金膺白歲貢順治間任　文景曜安陸人恩貢康熙間任
李光衡孝感人歲貢今任

國朝縣丞典史附

縣丞趙振芳浙江人貢士順治間任　葉大臣浙江人順治間任
金殿臣遼東人　王公濯魏縣人貢士康熙八年任
孫文涵錦縣人例監康熙十六年任　張文璉大興人例監康熙十六年任
胡爾元山陰人例監康熙二十一年任　劉文烺汝上人歲貢今任

典史邵魁邦浙江人順治間任　沈端浙江人
吳秉鋼浙江人康熙三年任　周錦臨潼人康熙十四年任
茹仁瀚山陰人今任

蘄水縣知縣一員縣丞一員典史一員儒學教諭一員訓導一員巴河蘭溪二鎮巡檢司一員巡檢各浠川巴水蘭溪三驛驛丞各一員陰陽學訓術一人醫學訓科一人僧會司僧會一人道會司道會一人

知縣

明知縣朱文漢洪武初任　趙季光洪武間任
郭德謙舉人洪武間任　祖宗文舉人洪武間任
陳德義舉人洪武間任　張政蘇州人舉人洪武間任
尹起晰廣東人舉人　曹興盧州人舉人
譚渭廣德人歲貢宣德間任　鄭伯圭江西人舉人宣德間任
王振福建人舉人宣德間任　陳李福建人舉人宣德間任

胡奎鄱陽人舉人正統間任　李文輔舉人正統間任
蔣茂舉人正統間任　李序真定人舉人正統間任
楊端廣東人舉人正統間任　何寶東莞人舉人天順間任
王㬎吳橋人天順間任　陳洪新淦人舉人天順間任
陳興許州人舉人弘治間任　楊經新昌人舉人成化間任
潘珏婺源人進士成化間任　余浙綿州人舉人弘治間任
黃鳳吉水人舉人弘治間任　張正烏程人監生弘治間任
汪深進賢人舉人弘治間任　程昌祁門人進士弘治間任
何澄侯官人舉人弘治間任　王伯灌縣人舉人正德間任

謝爵 寧州人舉人 正德間任　徐甲 崑山人舉人 嘉靖間任
楊世相 太和人進士 嘉靖間任　拱廷臣 桂林人進士 嘉靖間任
王幹 眉州人舉人 嘉靖間任　譙陽 南充人舉人 嘉靖間任
李佳 四川人舉人 嘉靖間任　周愼 高淳人監生 嘉靖間任
盛鳳 合肥人舉人 嘉靖間任　方玉岡 崑山人歲貢 嘉靖間任
蕭祥庚 太和人舉人 嘉靖間任　陳蘭化 新建人舉人 嘉靖間任
倪民悅 上元人官生 嘉靖間任　曹恩 天長人歲貢 嘉靖間任
譚汝讓 興建人嘉靖間任　謝于岡 安福人舉人 嘉靖間任
張惟孚 成都人舉人 隆慶間任　劉憲 崇仁人舉人 隆慶間任

董遷 嵩縣人進士 萬曆間任　闞士選 江都人進士 萬曆間任
孫善繼 萊陽人進士 萬曆間任　王建屏 陝西人進士 萬曆間任
崔濤 山東人進士 萬曆間任　江世東 歙縣人進士 萬曆間任
杜長春 四川人進士 萬曆間任　宋文昌 商城人進士 萬曆間任
游王廷 臨川人進士 萬曆間任　孔榮宗 商城人進士 天啓間任
李大受 閬穹人進士 天啓間任　李汝璨 南昌人進士 崇禎間任
龔鼎孳 合肥人進士 崇禎間任　胡振芳 浙江人舉人 崇禎間任
孔惟時 四川人選貢 崇禎間任

國朝 知縣

田玠 昌樂人選貢 順治間任　高岫 寧晉人貢士 順治間任
倪籥元 平湖人進士 順治間任　劉澤溶 太原人貢士 順治間任
李蓀 狄道人舉人 順治間任　劉佑 曲周人拔貢 順治間任
李長應 大興人進士 康熙元年任　洪理順 龍溪人舉人 康熙間任
蔣燦 東寧人廩生 康熙間任　李振宗 嘉善人進士 今任

教諭 訓導

明 教諭

李恕 濤州人舉人 洪武初任　鄭昌 廣東人洪武間任
申居鐸 淮安人舉人 正統間任　薛謙 武進人正統間任
鄭京畿 太和人舉人 正統間任　李廣居 四川人成化間任
劉復 永安人成化間任　陳訥 江陰人成化間任

宋玉 楚雄人成化間任　張澡 德興人成化間任
馬本倫 全州人正德間任　杜增 古田人正德間任
李仁 舉人正德間任　鍾萬 順德人嘉靖間任
蕭璞 大足人嘉靖間任　高啓東 南昌人歲貢 嘉靖間任
施纘卿 無錫人舉人 嘉靖間任　黃鍾 南昌人歲貢 嘉靖間任
黃鰲 四川人歲貢 嘉靖間任　郭聘 內江人歲貢 嘉靖間任
劉光裕 寶寧人隆慶間任　申騰漢 清浪衛人萬曆間任
尹孚 大冶人選貢 萬曆間任　蕭文明 江陵人歲貢 萬曆間任
杜方偉 同安人舉人 萬曆間任　黃楠 舉人萬曆間任

秦光祚萬曆間任　周曰庠江西人進士萬曆間任
游一濤萬曆間任　靑宗益常德人舉人萬曆間任
張邦譽歲貢萬曆間任　武典歲貢萬曆間任
易惟時荆州人舉人萬曆間任　黃問景陵人舉人天啓間任
陳之恪武陵人舉人天啓間任　詹在前景陵人舉人崇禎間任
唐之學貴州人歲貢崇禎間任　王體中雲南人歲貢崇禎間任
鄒應孝臨川人舉人崇禎間任

國朝教諭
周瓊大冶人順治間任　段袗大冶人歲貢
李子翼孝感人舉人　易永昇應城人舉人康熙間任

周統應山人舉人康熙間任　金玉新化人舉人今任

明訓導
張友諒洪武間任　勞謙浙江人洪武間任
盧與齡豐城人歲貢洪武間任　張坤江西人歲貢洪武間任
左惟賢武進人歲貢　簡縉紳臨江人舉人宣德間任
王顒江西人歲貢宣德間任　聞學銅梁人歲貢正統間任
宋叔昭莆田人舉人正統間任　趙友四川人歲貢正統間任
鄧林四川人歲貢正統間任　盛德上元人歲貢成化間任
楊復初泰和人歲貢成化間任　胡廣瑞州人歲貢成化間任
周寬雲南人歲貢成化間任　徐文質四川人歲貢弘治間任

冉鎡涪州人歲貢弘治間任　汪溥江西人歲貢弘治間任
胡深西安人歲貢弘治間任　夏時亨山東人歲貢正德間任
朱鈁直隸人歲貢正德間任　李玨英山人歲貢正德間任
李元素雲南人舉人正德間任　劉璧定遠人歲貢正德間任
麥盈之廣東人歲貢嘉靖間任　牟正表巴縣人歲貢嘉靖間任
余鑒滁州人歲貢嘉靖間任　梅乾內江人歲貢嘉靖間任
官仕四川人歲貢嘉靖間任　楊元雲南人歲貢嘉靖間任
吳臣華亭人歲貢嘉靖間任　胡用中光州人歲貢嘉靖間任
鄔元黼寧海人歲貢嘉靖間任　陳吉四川人歲貢嘉靖間任

鄭文運雲南人歲貢嘉靖間任　段盡忠山東人歲貢嘉靖間任
董爵溫州人歲貢嘉靖間任　陳堯福寧人歲貢嘉靖間任
陳滌四川人歲貢嘉靖間任　顧承勛鳳陽人歲貢嘉靖間任
李陛繁昌人歲貢隆慶間任　周岱睢州人歲貢隆慶間任
董日旭華亭人歲貢隆慶間任　陳塤福建人歲貢萬曆間任
朱萬銓茂州人歲貢萬曆間任　李蕃江寧人歲貢萬曆間任
俞之屏馬平人歲貢萬曆間任　徐緎青陽人歲貢萬曆間任
汪楚賓長沙人歲貢萬曆間任　汪學海萬曆間任
傅之道萬縣人歲貢萬曆間任　陳正言萬曆間任

瑜嘉垣萬曆間任　謝天植耒陽人歲貢萬曆間任
黃裳吉萬曆間任　劉漸天啓間任
陳佐聖武陵人天啓間任　邵巨武昌人歲貢崇禎間任
毛應龍歲貢崇禎間任　孫偉承天人歲貢
盧宗顧　文在人
曾上哲　王璧岳州人歲貢
房連雲　童明衡鍾祥人歲貢
李庚潛江人歲貢　童天申施州衛人歲貢
金音荊州人崇禎間任

國朝訓導王大章如陽人歲貢順治間任　潘如安臨湘人歲貢順治間任
朱體仁安陸人歲貢康熙間任　李之岳大冶人歲貢康熙十八年任
國朝縣丞附典史
縣丞沈啓隆浙江人順治間任　湯揖如丹陽人恩選順治間任
馮時泰延長人拔貢　吳世睿太倉人歲貢康熙間任
王霖句容人　李容榆次人恩貢今任
典史楊文達　王如德
楊世芳富平人順治間任　張守禮宛平人康熙間任
施鳳翔鄞縣人今任

羅田縣知縣一員儒學教諭一員訓導一員多雲鎮巡檢司巡檢一員陰陽學訓術一人醫學訓科一人僧會司僧會一人道會司道會一人

知縣

宋知縣吳季益弋陽人　詹曾山
元達魯花赤陳珂至順間任　周廣弘農人大德間任
明知縣唐元舉人洪武初任　石璞舉人洪武間任
王昇紹興人進士宣德間任　張儀宣德間任
羅如南昌人歲貢宣德間任　龐敬嘉興人舉人宣德間任
陳鼎慶遠人舉人宣德間任　王恕廬陵人舉人宣德間任

段容宣德間任　張暹雲南人成化間任
徐泰江陰人舉人成化間任　余洪六安人監生成化間任
陳德成長樂人成化間任　沈雷華亭人歲貢弘治間任
王璣山東人弘治間任　羅勳永川人進士弘治間任
楊琦鄞縣人舉人弘治間任　康紹儒宛平人舉人弘治間任
蕭英新淦人舉人正德間任　夏電嵊縣人舉人正德間任
殷佐高唐人舉人正德間任　章式臨川人舉人正德間任
張愉南充人舉人正德間任　周英忠州人舉人正德間任
夏國孝涪州人進士嘉靖間任　鄒明魁綏寧人舉人嘉靖間任

勞樟崇德人舉人嘉靖間任　沈越錦衣衛人進士嘉靖間任
唐鯉化閩縣人舉人嘉靖間任　林宗柱閩縣人舉人嘉靖間任
祝珝蘭溪人舉人嘉靖間任　梁士翘東海人舉人嘉靖間任
徐文烱宜興人歲貢嘉靖間任　張廷器閩縣人舉人嘉靖間任
方長卿餘杭人舉人嘉靖間任　余懷善象山人歲貢嘉靖間任
朱良用廣德人舉人嘉靖間任　蔡銳慈谿人歲貢隆慶間任
芮聰　梁大暭
凌嗣音浙江人進士隆慶間任　張三畏獲鹿人歲貢萬曆間任
葉于僉閩縣人舉人萬曆間任　莊量福建人舉人萬曆間任

姚孟昭浙江人舉人萬曆間任　徐言句容人舉人萬曆間任
王彝萬曆間任　王邦翰陝西人舉人萬曆間任
張世維海門人舉人萬曆間任　李一陽烏程人舉人萬曆間任
袁應龍江西人選貢萬曆間任　范世禎靖江人舉人萬曆間任
張其舉廣西人歲貢崇禎間任　倪景豫鄞縣人舉人崇禎間任
楊見龍廣東人舉人崇禎間任　梁志仁江寧人舉人崇禎間任
白乃忠江津人舉人崇禎間任　劉燧四川人崇禎間任
沈壽嶶宣城人舉人崇禎間任　汪洋識廣西人歲貢崇禎間任
國朝知縣白廷芳山東人歲貢順治間任　胡應徵三河人進士順治間任

李雨霑山東人進士順治間任　呂鳴和北直人副榜順治間任
婁泰真定人恩貢順治間任　王政資莆田人進士康熙間任
蔡嗣襄福建人舉人康熙間任　王光鼎遼東人廩生康熙間任
林甲春莆田人舉人今任

教諭　訓導

元教諭廖王佐　蔣翘之盧陵人舉人
明教諭曾嘉勉盧陵人舉人洪武間任　何明浙江人洪武間任
錢休象山人舉人洪武間任　章遵欽州人監生宣德間任
陳璉南昌人舉人宣德間任　陳賢淮安人宣德間任

陳訪銅陵人舉人宣德間任　崔見賢揚州人歲貢弘治間任
徐衢餘姚人歲貢弘治間任　曾嘉慶泰和人舉人正德間任
陶清臣浙江人正德間任　楊鑾秀水人舉人正德間任
蔡元偉晉江人舉人正德間任　鄧山銅梁人歲貢正德間任
李明言揭陽人歲貢嘉靖間任　黃德裕浮梁人舉人嘉靖間任
熊烱桂林人舉人嘉靖間任　徐瑞龍游人歲貢嘉靖間任
許寅曲江人歲貢隆慶間任　蔣學成桂平人舉人隆慶間任
吳繼武井陘人歲貢萬曆間任　饒思鄒新淦人歲貢萬曆間任
蕭懋功江夏人歲貢萬曆間任　錢文昇歲貢萬曆間任

蕭應鳳 夔陵人舉人萬曆間任　張克魯 河南人貢士萬曆間任
唐良基 宿松人萬曆間任　陳光裕 江夏人貢士萬曆間任
胡天定 巴陵人貢士萬曆間任　程三樂 四川人舉人萬曆間任
周廸 莆田人舉人崇禎間任　吳國泰 池州人貢士崇禎間任
鍾明朝 浙江人貢士崇禎間任　鄭之鱗 揚州人貢士崇禎間任
譚光先 武陵人舉人崇禎間任　吳鳳來 福建人舉人崇禎間任
金道合 潛山人貢士崇禎間任　李占興 嘉魚人貢士崇禎間任
國朝教諭胡念祖 大冶人舉人順治間任　吳緒揚 鄖陽人歲貢順治間任
袁一鏡 荊門人順治間任　喬士魁 巴陵人歲貢康熙間任

李倆 荊門人歲貢康熙間任　吳大成 江夏人舉人康熙間任
張佐瑞 漢陽人例貢今任
明訓導栗琳 洪武間任　葉春 潁州人天順間任
吳承宗 莆田人歲貢天順間任　袁英 常熟人歲貢天順間任
李勉 江西人歲貢正統間任　胡學儉 泰和人歲貢正統間任
李鑑 山東人歲貢正統間任　石彬 浙江人成化間任
陳誌 永嘉人歲貢成化間任　張佑 固始人歲貢成化間任
姚瓚 鄧州人歲貢成化間任　韓鎡 桐城人歲貢弘治間任
趙廷佐 桂林人舉人弘治間任　鄧穆 吉水人歲貢正德間任

馬順 定遠人歲貢正德間任　郭愈華 龍南人歲貢正德間任
孫本淑 璧山人歲貢正德間任　洪炯 歙縣人歲貢正德間任
黃彥珠 邛州人歲貢嘉靖間任　蔡方 邳州人歲貢嘉靖間任
石煥 寧州人歲貢嘉靖間任　王尚儒 四川人歲貢嘉靖間任
黃深 信陽人歲貢嘉靖間任　万可臣 淳安人歲貢嘉靖間任
王文寶 德平人歲貢嘉靖間任　王德民 貴州人歲貢嘉靖間任
張翊 雲南人歲貢嘉靖間任　劉賓 歲貢隆慶間任
狄巡 山陽人歲貢隆慶間任　冉三元 萬縣人萬曆間任
黃桓 含山人歲貢萬曆間任　王重民 南康人歲貢萬曆間任

金閣　王鳴鳳
馬應龍 穀城人萬曆間任　徐恬 巴東人萬曆間任
韓養量 山西人萬曆間任　冷逢選 南漳人萬曆間任
張濂 四川人萬曆間任　嚴惟慇 孝感人歲貢萬曆間任
朱廣 南雄人萬曆間任　李時春 辰溪人萬曆間任
張謙亨 江陵人　烏應元 襄陽人
楊芴 盧溪人　蕭貢 岳州人
黃甲士 四川人　鄭餘慶 當陽人
吳翰東 廣東人　張守心 唐縣人

傅宗夔雲南人　牛化質彰德人
盧大受寶慶人　李楷山西人
吳時俊雲南人　李鯤騰陝西人
歐陽煌潛江人
國朝訓導陳修漢川人順治間任　胡士魁沔陽人康熙間任
向宗可荊門州人歲貢康熙間任　何孔義漢陽人歲貢康熙間任
國朝典史附
典史徐明貞海鹽人順治間任　俞從先浙江人康熙間任
陳從禮浙江人康熙間任　陸錫綬雲南人康熙間任
何邦榮霸州人今任

麻城縣知縣一員縣丞一員典史一員儒學教諭一員訓導一員鵝籠虎頭二鎮巡檢司巡檢各一員陰陽學訓術一人醫學訓科一人僧會司僧會一人道會司道會一人

知縣

唐知縣徐嚴　景肅
宋知縣錢治武進人進士　張毅元豐間任
翟起宗
元達魯花赤馬兒蒙　樂九成蒙古人

明知縣張谷維洪武間任　趙乾洪武間任
楊子秀餘姚人薦舉洪武間任　孫仕忠永樂間任
王士先永樂間任　黃琮高安人永樂間任
高謙米脂人永樂間任　王籃蒲臺人永樂間任
楊順潁上人永樂間任　鄧謙德安人舉人永樂間任
李飛舉人成化間任　劉珂萬安人進士成化間任
朱嵩四川人歲貢成化間任　胡琮蘇州人進士成化間任
劉規巴縣人進士成化間任　薛承學江陰人進士成化間任
陳典許州人舉人成化間任　孔榮番禺人舉人弘治間任

商清楊州人舉人弘治間任　聶賢長壽人進士弘治間任
韋厚長興人進士弘治間任　劉溥安慶人進士弘治間任
湯驥蕪湖人舉人弘治間任　薛价蒲州人進士弘治間任
宋賢四川人舉人正德間任　侯璧諸城人舉人正德間任
蔡琦新昌人進士正德間任　王世祿廣德人進士正德間任
王應賢中牟人進士嘉靖間任　杜朝紳崇慶人進士嘉靖間任
陳祥麟福建人進士嘉靖間任　李景蕃汝寧人舉人嘉靖間任
陳子文閩縣人進士嘉靖間任　王生賢廬陵人舉人嘉靖間任
羅道卿吉水人舉人嘉靖間任　李寶浮梁人舉人嘉靖間任

黎泮　樂平人舉人嘉靖間任　羅士賢　番禺人舉人嘉靖間任
金勿　富平人進士嘉靖間任　黃釜　餘姚人舉人嘉靖間任
陶天忠　鄞縣人進士嘉靖間任　尚德恒　南充人進士嘉靖間任
蘇松　廣安人進士嘉靖間任　胡昇　餘姚人舉人嘉靖間任
瞿穗　四川人進士隆慶間任　穆煒　新建人進士隆慶間任
錢節用　富順人進士萬曆元年任　王三宅　衛輝人進士萬曆甲戌任
連三元　永年人進士萬曆間任　文德　涪州人進士萬曆間任
鄧應旂　四川人進士萬曆間任　游朋孚　婺源人進士萬曆間任
韓僉可　四川人舉人萬曆二十七年任　劉文琦　南充人進士萬曆間任

張鍵　瀘州人進士萬曆間任　張翼明　永城人進士萬曆間任
宋一麟　南樂人進士萬曆壬子年任　莊應德　武進人進士萬曆丙辰年任
戈允禮　保山人進士天啓癸亥年任　趙洪範　嘉定人進士天啓甲子年任
蔣煜　武進人進士崇禎戊辰年任　劉星耀　金谿人進士崇禎甲戌年任
單恂　華亭人進士崇禎庚辰年任　杜特彥　全州人舉人崇禎辛巳年任
陸喬錫　上海人恩貢崇禎間任

國朝知縣

李衡　恩縣人恩貢順治丙戌年任　徐鼎　華亭人進士順治丁亥年任
劉愷　鄒平人進士順治辛卯年任　王潞　餘杭人恩貢順治甲午年任
苗增秀　大興人恩貢順治辛丑年任　孫弘甡　樂安人恩貢康熙甲辰年任
屈振奇　洋縣人進士康熙間任　崔涵璽　高平人例監康熙十七年任
祁嘉謨　大興人歲貢今任

教諭　訓導

元教諭

秦達善

明教諭

夏均輔　洪武間任　鄧泰　南昌人
張宗琦　重慶人洪武間任　陳祖舜　四川人天順間任
陳鉞　莆田人舉人天順間任　劉涓　閩縣人舉人成化間任
曾瑀　番禺人舉人成化間任　李思義　廣東人弘治間任
王章　黃巖人舉人弘治間任　楊珣　潮陽人舉人弘治間任

張嵩　貴州人舉人弘治間任　張舜舉　武功人舉人正德間任
梁鼐　閩縣人舉人正德庚辰年任　楊英　雲南人舉人正德間任
戴恩　儀封人歲貢嘉靖間任　汪泗　開化人嘉靖間任
齊瓊　天台人歲貢嘉靖間任　譚大智　潼川人歲貢嘉靖間任
林繼習　潮陽人舉人嘉靖間任　胡錦　餘杭人歲貢嘉靖間任
何祥　內江人舉人嘉靖間任　貢安國　寧國人歲貢嘉靖間任
沈一貫　無錫人舉人嘉靖間任　張翺　邵武人舉人嘉靖間任
秦伯修　全州人舉人嘉靖間任　孔承宣　臨水人隆慶間任
雷汝恒　九江人舉人隆慶間任　何仁言　桂陽人歲貢萬曆間任

郭鉞豐城人舉人萬曆間任　王尚禮歙縣人舉人萬曆間任
詹景鳳海陽人舉人萬曆間任　薛應期江夏人舉人萬曆間任
劉日曦彭澤人舉人萬曆丙辰年任　趙璧雲南人舉人萬曆間任
馮奇江夏人舉人崇禎間任　王用予舉人崇禎間任
孫節雲南人舉人崇禎丁丑年任　鄒學成舉人崇禎間任
蕭頌聖定遠人歲貢崇禎辛巳年任

國朝教諭

沈一道江夏人歲貢順治己丑年任　陳應善景陵人舉人順治乙未年任
高遠漢陽人舉人康熙四年任　黃熊漢陽人舉人康熙十六年任
陳仰可應山人舉人康熙十八年任　萬士彥隨州人歲貢今任

明訓導

桂南歲貢洪武間任　鄧林歲貢永樂間任
張德宣永樂間任　王懋宜興人舉人永樂間任
朱甦永樂間任　朱華長壽人舉人正統間任
熊復禮桂林人舉人正統間任　陶春浙江人正統間任
王敘宜山人舉人景泰間任　劉顒萬安人歲貢景泰間任
李士實楚雄人歲貢景泰間任　李芳蘇州人歲貢天順間任
王用四川人舉人天順間任　陳鏜泌陽人舉人天順間任
費濵廣東人舉人成化間任　薛理湘江人歲貢成化間任
敖仰孚新喻人歲貢成化間任　陶俊蒼溪人歲貢弘治間任

夏滾德興人歲貢弘治間任　馬崇雙流人舉人正德間任
汪朝宗浮梁人歲貢正德間任　嚴球慶符人歲貢正德間任
劉以讓巴縣人歲貢正德間任　周楫都勻人選貢正德間任
王機永嘉人歲貢嘉靖間任　陳恩埜江人歲貢嘉靖間任
鄭質夫閩縣人歲貢嘉靖間任　黃傑同安人歲貢嘉靖間任
青雲遂寧人歲貢嘉靖間任　殷子瑞威遠人歲貢嘉靖間任
魏洪量威遠人歲貢嘉靖間任　黎大鵬新蔡人歲貢嘉靖間任
陳萬雲南人隆慶間任　游霽汝陽人隆慶間任
楊薦南充人隆慶間任　袁椿沔陽人歲貢萬曆間任

周琪豐城人歲貢萬曆間任　潘元珍歲貢萬曆間任
左親臣雲南人歲貢萬曆間任　胡試江夏人歲貢萬曆間任
周惟德松滋人歲貢萬曆間任　王尚賓漢陽人歲貢
李宙遜嘉魚人歲貢　王應振漢陽人歲貢
蔡藎明漢陽人歲貢　王夢尹澧州人歲貢
梁玞璧歲貢

國朝訓導

堵際亨漢陽人舉人順治間任　陳堯前武昌人歲貢順治間任
魏左相應城人歲貢順治間任　邵烈澧州人歲貢順治乙未年任
張祚應鄖陽人歲貢順治辛丑年任　朱士上通山人歲貢今任

國朝縣丞典史附

縣丞 賈國相 大興人順治間任　施泰 浙江人順治間任

朱之鼎 四川人順治間任　張文德 順天人恩貢康熙間任

陳希堯 正紅旗人康熙六年任　蔣朽 長洲人監生今任

典史 徐世臣 餘姚人順治間任　王興龍 大興人順治間任

徐朝興 曲阜人順治間任　王政 韓城人順治間任

樓可瞻 大興人康熙八年任　楊蕙芳 大興人康熙十五年任

裴士珍 莘縣人今任

黃陂縣 知縣一員縣丞一員典史一員儒學教諭一員訓導一員大城鎮巡檢司一員陰陽學訓術一人醫學訓科一人僧會司僧會一人道會司道會一人

知縣

宋 知縣 程適 博野人

元 胡寓　王修武

仇公度　忽都鐵木兒 燕山人至元三年任

明 知縣 吳晃 洪武間任　楊啓予 洪武間任

李稼　楊淑安

陳宗英 天台人　劉時省 正統間任

周鼎 景泰間任　楊觀 景泰間任

陳犨 天順間任　李恒 儀封人歲貢成化間任

孫冠 婺源人舉人成化間任　李環 莆田人舉人成化間任

金樹 成化間任　談信 彰德人歲貢弘治間任

呂調陽 太和人舉人弘治間任　李本洪 四川人舉人弘治間任

余蘭 正德間任　徐璉 程鄉人舉人正德間任

陳傑 光山人舉人正德間任　朱銑 樂平人舉人正德間任

謝廷秀 福建人舉人正德間任　周昺 永寧人進士正德間任

應鵬沖 臨海人舉人嘉靖間任　周音 華亭人舉人嘉靖間任

王憬 崑山人舉人嘉靖間任　林東海 莆田人進士嘉靖間任

明紉冲 南充人舉人嘉靖間任　謝廷藩 富順人進士嘉靖間任

謝烱 莆田人舉人嘉靖間任　毛文炳 餘姚人舉人嘉靖間任

劉天寵 宣慰司人舉人嘉靖間任　霍薰 永昌人進士嘉靖間任

余韶 四川人歲貢嘉靖間任　石巨川 寧州人舉人嘉靖間任

康志 太和人舉人嘉靖間任　李河圖 上元人恩生嘉靖間任

許際可 固始人舉人嘉靖間任　王朴 句容人舉人嘉靖間任

蘇景和 瀘州人進士隆慶間任　熊偉 建昌人進士隆慶間任

江珏 舒城人選貢隆慶間任　劉起鵬 江西人舉人萬曆間任

高翔 福建人歲貢萬曆間任　胡璉 陝西人舉人萬曆間任
李際春 武進人舉人萬曆間任　狄同然 溧陽人舉人萬曆間任
蕭應儒 清江人舉人萬曆間任　洪其道 商城人舉人萬曆間任
胡仲瀾 扶風人選貢萬曆間任　董紹舒 貴州人進士萬曆間任
李應先 福建人舉人萬曆間任　潘允中 雲南人進士萬曆間任
王明舉 海陽人舉人萬曆間任　蔡懋廉 華亭人舉人萬曆間任
張一鴻 陝西人舉人天啟間任　邵元凱 浙江人舉人崇禎間任
武化中 溧水人舉人崇禎間任　李鑑 四川人進士崇禎間任
周元泰 四川人舉人崇禎間任　趙元有 福建人舉人崇禎間任

國朝
知縣 張尚志 長洲人廩監順治間任　弓省穀 鄭州人選貢順治間任
吳道凱 巢縣人拔貢順治間任　王鳳翔 榆社人貢監順治間任
劉正孝 通州人歲貢順治間任　呂熀如 山海衛人歲貢順治間任
王昌祚 福清人貢監順治間任　孟素 渭南人貢監順治間任
楊廷蘊 武進人舉人康熙間任　金殿臣 遼東人康熙間任
李拱極 遼陽人廕生康熙間任　張士伸 直隸人今任

教諭　訓導

教諭 劉睿 景泰間任　王政 四川人歲貢成化間任
陳淵 侯官人成化間任　貢璹 宣城人歲貢弘治間任

杜山 崇慶人舉人弘治間任　任山 慈谿人弘治間任
楊樑 宜山人歲貢正德間任　孫立 貴州人舉人正德間任
衛熈 崑山人歲貢正德間任　鄭子充 莆田人舉人嘉靖間任
顧鰲 上海人歲貢嘉靖間任　宋泰 長洲人選貢嘉靖間任
濮瀛 雲南人選貢嘉靖間任　蔡紳 上海人歲貢嘉靖間任
余東山 雲南人舉人嘉靖間任　唐鯉化 福建人舉人嘉靖間任
金洋 崇寧人歲貢嘉靖間任　萬濟川 南昌人舉人隆慶間任
張維翰 安縣人歲貢隆慶間任　李先庚 鄧州人舉人萬曆間任
鞏用 常熟人萬曆間任　傅進賢 竹谿人歲貢萬曆間任

趙嘉煥 巴陵人萬曆間任　鄭彥 竹谿人萬曆間任
祝世祿 德興人舉人萬曆間任　韓果 光山人舉人萬曆間任
朱鏊 襄陽人萬曆間任　段書 隨州人萬曆間任
范蕚 河南人萬曆間任　黃校 應山人萬曆間任
卜二南 秀水人舉人萬曆間任　周盤 丹徒人萬曆間任
張醇政 武陵人舉人天啟間任　黃和儒 藍山人歲貢天啟間任
錢選 大興人舉人崇禎間任　潘應源 光山人崇禎間任
萬斯朝 崇禎間任　方純 昆明人崇禎間任

國朝
教諭 梁嘉棟 隨州人順治間任　劉目吉 潛江人舉人順治間任

覃之琦 彝陵人順治間任　鄒毓祚 遠安人順治間任
邵光祿 彝陵人舉人康熙間任　張燕翼 漢陽人舉人康熙間任
聶之翰 潛江人康熙間任　羅俊 江夏人康熙間任
詹大衡 江夏人歲貢今任

明訓導
陳榮 景泰間任　洪楷 成化間任
呂誠 太湖人成化間任　康典 成化間任
戴本 九江人弘治間任　周沂 吉水人弘治間任
孟韶 會稽人正德間任　徐昇 成都人歲貢正德間任
曹軒 上虞人舉人正德間任　王暾 定海人正德間任

朱簡 光州人舉人正德間任　楊富 太和人舉人正德間任
葉秀 安慶人嘉靖間任　祝南 內江人嘉靖間任
喻廷璜 光州人嘉靖間任　陳高 高要人嘉靖間任
胡憲 新繁人嘉靖間任　楊客 鄷都人嘉靖間任
蘓東山 蓬谿人嘉靖間任　蔣好信 夏津人嘉靖間任
高卿 太和人嘉靖間任　任友端 鹽亭人嘉靖間任
陸一韶 汝寧人嘉靖間任　俞貢 建德人嘉靖間任
吳文學 西平人監生嘉靖間任　高尚朴 南昌人歲貢嘉靖間任
胡璡 合州人歲貢嘉靖間任　楊正謨 膠州人歲貢嘉靖間任

朱天啟 永康人嘉靖間任　丘隅 四川人隆慶間任
李剛 江西人隆慶間任　萬士爵 眉州人歲貢隆慶間任
栗應山 長沙人萬曆間任　鄧國禮 富順人舉人萬曆間任
趙一鶴 全州人舉人萬曆間任　王用予 靖州人萬曆間任
劉鯨 竹谿人萬曆間任　劉惟棟 四川人萬曆間任
楊遷 阿迷人萬曆間任　劉中孚 監利人萬曆間任
曾紹周 龍陽人萬曆間任　陳珽 南郡人萬曆間任
劉大偉 襄陽人歲貢萬曆間任　廖應科 池陽人萬曆間任
郭化成 江夏人萬曆間任　唐興化 辰溪人萬曆間任

陳耀 河南人歲貢萬曆間任　張耀然 當陽人歲貢萬曆間任
段聯科 保定人歲貢萬曆間任　耿文炳 宜良人歲貢萬曆間任
邊三策 玉田人歲貢萬曆間任　劉定禮 泌陽人歲貢萬曆間任
吳文懿 通城人貢士天啟間任　劉祖庚 江陵人歲貢天啟間任
羅景泰 景陵人貢士天啟間任　曾發祥 鍾祥人歲貢崇禎間任
勞日宣 漢陽人貢士崇禎間任　陳琮 京山人歲貢崇禎間任
田一成 曲阜人貢士崇禎間任　張珩 濟寧人歲貢崇禎間任
李僩 安陸人貢士崇禎間任　李如槐 雲南人歲貢崇禎間任

國朝訓導
趙光大 施州衛人貢士順治間任　張居中 澧州人貢士順治間任

孫基鞏 遠安人貢士順治間任　夏啓昇 鍾祥人貢士康熙三年任
陳立功 江夏人康熙間任　向之涓 衛州人康熙二十三年任

國朝 縣丞附典史

縣丞
王士上 江西人生員順治間任　黃芝芳 北直人貢士順治間任
鈕俊 浙江人生員順治間任　王希曾 北直人貢士順治間任
謝世恩 紹興人貢士順治間任　王訪奇 真寧人貢士順治間任
盧傳　鄒希孟 清江人舉人康熙間任
李成紀 商河人康熙四年任　馮時泰 陝西人康熙間任
薛鍾秀 山西人今任

典史
金朝鑑 餘姚人康熙間任　陳中侃 武進人康熙間任
楊名世 保定人康熙間任　張英瑞 富平人康熙間任
文煒 華原人康熙間任　李文標 直隸人康熙間任
孟鳳翔 天津人今任

黃安縣 知縣一員 儒學 教諭一員 訓導一員 中和雙城二鎮巡檢司 巡檢各一員 陰陽學 訓術一人 醫學 訓科一人 僧會司 僧會一人 道會司 道會一人

知縣

明 知縣
林葵 大興人舉人嘉靖間任　李講 清平人舉人嘉靖間任
常正紀 富順人舉人隆慶間任　應存初 仙居人舉人萬曆間任
孫振芳 宣化人舉人萬曆間任　章如鉦 會稽人進士萬曆間任
黎來王 順德人舉人萬曆間任　余相 會稽人舉人萬曆間任
劉冠南 廬陵人舉人萬曆間任　秦煒 容縣人歲貢萬曆間任
李含錦 雲南人舉人萬曆間任　李文芳 綿州人進士萬曆間任
王家泰 璵山人舉人萬曆間任　胡尚質 歙縣人選貢萬曆間任
錢弘毅 靖安人選貢萬曆間任　李克榮 玉田人恩貢萬曆間任
向應賢 通江人進士萬曆間任　宣大勳 蒙化人進士萬曆間任
王世臣 高安人舉人萬曆間任　丁惟謹 楚雄人舉人天啓間任
林鳳翀 莆田人舉人天啓間任　陳汝倩 保安人歲貢天啓間任
蔣洪先 全州人舉人天啓間任　王嘉善 濰縣人舉人崇禎間任
趙利真 滕縣人舉人崇禎間任　李玉 新貴人貢士崇禎間任

國朝 知縣
任有剛 平原人貢士順治三年任　蕭世贊 大興人進士順治間任
楊之琳 西安人舉人順治間任　詹人訓 衢州人貢士順治間任
汪景勳 景州人貢士順治間任　蕭恂 三原人進士順治十五年任
張一躍 樂亭人貢士康熙四年任　李同亨 宜興人進士康熙九年任
徐秉仁 遼陽人舉人康熙十二年任　白艮琯 遼東人筆帖式康熙十六年任
王雲明 西華人舉人康熙二十一年任　張國柱 奉天人監生今任

教諭　訓導

明教諭　周天衢 江安人歲貢嘉靖間任　文承誥 全州人舉人隆慶間任
劉寵 長淮衛人歲貢隆慶間任　曹輅 天長人歲貢萬曆間任
王元弼 南昌人舉人萬曆間任　劉允祚 衡陽人舉人萬曆間任
趙時中 潁州人歲貢萬曆間任　何鋆 大典人舉人萬曆間任
熊輪 城步人歲貢萬曆間任　田文齡 恭城人歲貢萬曆間任
高可升 雅州人歲貢萬曆間任　李應南 衡陽人歲貢萬曆間任
董大雅 永嘉人歲貢萬曆間任　呂時煥 江夏人舉人萬曆間任
費朝宗 鉛山人歲貢萬曆間任　武建邦 祥符人歲貢萬曆間任

黎汝謨 羅山人舉人萬曆間任　黃圖昇 蒲圻人舉人天啓間任
胡試 江夏人舉人崇禎間任　黃元春 新建人舉人崇禎間任
張道謨 溆浦人貢士崇禎間任　方懋修 漢川人舉人崇禎間任
吳守中 漢陽人貢士崇禎間任
國朝教諭　林瑾 大冶人舉人順治間任　盧如參 應城人舉人康熙五年任
劉士臣 沔陽人舉人康熙十四年任　王顯奇 沔陽人舉人今任
明訓導　饒有仁 青城人歲貢嘉靖間任　袁伯偉 豐城人歲貢隆慶間任
高樹 高陵人歲貢隆慶間任　項生奇 龍泉人歲貢萬曆間任
馬錦 成都人舉人萬曆間任　趙應麟 長沙人歲貢萬曆間任

王鑰 湘陰人歲貢萬曆間任　阮良謨 邵陽人歲貢萬曆間任
王建極 歸州人歲貢萬曆間任　鄢良仕 鄰水人歲貢萬曆間任
彭洵 永州人歲貢萬曆間任　郭紹孔 澧州人歲貢萬曆間任
熊兆 漢陽人歲貢萬曆間任　徐自新 嘉魚人歲貢天啓間任
舒應鶚 溆浦人歲貢天啓間任　潘應源 光山人歲貢崇禎間任
傅應元 安陸人歲貢崇禎間任　駱中駿 蒲圻人貢士崇禎間任
國朝訓導　王大猷 鄖西人貢士　范起鳳 鄖縣人貢士
鄒璧明 歲貢　彭焱 孝感人歲貢今任

國朝典史附

典史　張起蛟 通州人順治間任　李震 山陰人順治間任
陳聖訓 東陽人康熙間任　陳銓 彭城人今任

蘄州　知州一員　州判一員　吏目一員　儒學學正一員　訓導一員　茅山大同二鎮巡檢司 巡檢各一員　蘄陽西河二驛 驛丞各一員　陰陽學 典術一人　醫學 典科一人　僧正司 僧正一人　道正司 道正一人

知州　蘄州自漢迄明爲府爲州爲縣沿革各殊官制亦異姓名可考槩置守土之列

唐刺史　裴行立　李實
李播　伊愼
員半千 全節人　呂元膺 東平人

太守
李象

宋知州
呂誨 鄆城人　范純仁 潁州人
王禹偁 咸淳間任　林大年
張商英 元符間任　梅執禮 浦江人進士
李育　蕭服 盧陵人進士
韓世清　施溫舒 淳熙間任
陳晦　章燾 宣城人
李潛　秦希甫
夏倪翁　馬防 政和間任

喻樗 建德人進士　陳過庭
李誠之 東陽人嘉定間任　沈起 鄞縣人進士
葉適 括蒼人進士　余童

元總管
趙贇翁 至正間任　狄思聖
趙昭武　志榮祖 雲中人

明知府
左安善　徐麟

蘄春知縣
王德明

知州
孔思森 洪武間任　楊琪 永樂間任
李士安 宣德間任　王坦 鄆城人正統間任

錢敏 正統間任　姜浩 正統間任
金銑 山陽人天順間任　陳範 天順間任
趙應隆 合州人舉人天順間任　何堯中 合州人舉人天順間任
莊轍 上元人進士成化間任　錢承德 常熟人進士成化間任
何綸 成化間任　王宜 進士成化間任
白福祥 祥符人進士成化間任　周廣榮 上高人成化間任
楊淮 山陽人進士弘治間任　侯直 華亭人進士弘治間任
陳璐 秀水人舉人弘治間任　余忠 無錫人舉人正德間任
李紳 內鄉人舉人正德間任　葉士美 閩縣人舉人正德間任

黃嵩 浮梁人舉人正德間任　李純 莆田人進士正德間任
楊清 山陰人舉人正德間任　魏修 興化人舉人嘉靖間任
李孚先 莆田人舉人嘉靖間任　季林 進賢人舉人嘉靖間任
周南 羽林衛人舉人嘉靖間任　周訓 寧州人舉人嘉靖間任
馬淮 秀水人舉人嘉靖間任　高惟孝 偃師人舉人嘉靖間任
張洗 鄱陽人舉人嘉靖間任　陳震雷 閩縣人舉人嘉靖間任
吳鳳 貴溪人舉人嘉靖間任　萬敏 南昌人進士嘉靖間任
崔一濂 南昌人進士嘉靖間任　谷鍾秀
范信 金華人舉人嘉靖間任　石璽 滁州人舉人嘉靖間任

向天眞 眉州人舉人嘉靖間任　袁伯嵩 豐城人舉人嘉靖間任

蕭奇勳 莆田人進士隆慶間任　聶瀛 保定人進士隆慶間任

楊魁 江山人歲貢隆慶間任　裴應時 河間人舉人萬曆間任

劉黙 臨川人舉人萬曆間任　路雲龍 宜興人進士萬曆間任

徐希明 上虞人舉人萬曆間任　潘珏 婺源人進士萬曆間任

鄭夢禎 莆田人舉人萬曆間任　譚經

蔣如蘭 全州人萬曆間任　何之圖 婺源人舉人萬曆間任

侯大節 汲縣人進士萬曆間任　朱圻 商城人舉人萬曆間任

趙善紀 南海人舉人萬曆間任　倫應祥 東莞人舉人萬曆間任

湯應選 臨川人舉人萬曆間任　錢兆元 仁和人舉人天啓間任

胡承烈 山東人歲貢天啓間任　唐世熙 灌陽人舉人崇禎間任

張叔鑑 新淦人舉人崇禎間任　孫光祚 山東人舉人崇禎間任

陳邦奎 南海人崇禎間任　黃金榜 上元人舉人崇禎間任

張登衢 臨桂人崇禎間任

國朝

張定邦 滿洲人生員順治三年任　柳愈 寧晋人舉人順治四年任

方于光 大興人進士順治七年任　包隆道 浙江人拔貢順治八年任

龎堯年 遼陽人貢士順治九年任　金貴 滿洲人貢士順治十年任

王宗堯 廣寧人廕生順治十六年任　高于翼 閩縣人進士康熙十年任

李成才 遼陽人貢士康熙十三年任　張士駉 新建人進士今任

州同　州判

唐 錄事參軍 韓思彥　蔡少霞

宋 錄事參軍 杜諤　楊偉

王玠

防禦判官 趙汝標

通判 何閎　程戡 陽翟人進士

虞策　錢易

劉極　羅頎 婺州人

孫通齡　胡宗同 元符間任

夏竦　李材 太平人宣和間任

范應鈴 豐城人開禧間任　祖士衡 上蔡人進士

聶冠卿　秦鉅

王彥明　管景模 景定間任

桂璧　甯時鳳

防禦推官 明鎬　丘岳

司法 龎籍

元 錄事參軍 解觀

通判 鄭鏞眞定人 馬侃

宋教授 李宗思 汪安行

阮希甫

學正 訓導

明學正 傅舟永樂間任 汪景福宣德間任

萬鈞黃陂人正統間任 陳璽正統間任

王諶蘄州人天順間任 董佐

林宗 朱成重慶人

陳瑄閩縣人舉人天順間任 裘淑登天台人舉人天順間任

倪憲仁和人舉人天順間任 袁珽東莞人舉人弘治間任

李時達博羅人舉人弘治間任 劉瓚宣城人舉人正德間任

黃玉臨安人舉人正德間任 周綱晉寧人歲貢正德間任

倪鏜上虞人舉人嘉靖間任 王舜卿舉人嘉靖間任

周于德華亭人歲貢嘉靖間任 華榮金華人歲貢嘉靖間任

孔昭清遠人歲貢嘉靖間任 鄒士元萬安人舉人嘉靖間任

陳韞龍溪人舉人嘉靖間任 楊濵武義人歲貢嘉靖間任

劉鵠翔閩縣人舉人嘉靖間任 岑性邳州人歲貢嘉靖間任

龍如卿萬載人歲貢嘉靖間任 羅教四川人歲貢隆慶間任

劉繹思桂林人舉人隆慶間任 匡直洛陽人歲貢萬曆間任

沈華昌化人歲貢萬曆間任 李炳奎江西人舉人萬曆間任

江有光沔陽人舉人萬曆間任 裴晉卿枝江人舉人天啓間任

余盛富順人舉人崇禎間任 龍憲常德人舉人崇禎間任

國朝學正 錢民瞻襄陽人選貢順治五年任 李開早武陵人舉人順治十二年任

任崇嘉魚人舉人順治十六年任 尚登岸京山人舉人康熙五年任

傅彬孝感人歲貢康熙九年任 龔起燦潛江人舉人今任

明訓導 陳堯章洪武間任 趙霖永樂間任

陳隲歲貢宣德間任 李素宣德間任

李太鉛山人歲貢正統間任 陳克仁莆田人舉人正統間任

羅鍾忠州人歲貢正統間任 柯茂池州人歲貢天順間任

徐仁蓬溪人歲貢天順間任 黃和安慶衛人歲貢天順間任

楊浩嵊縣人歲貢成化間任 李務本舉人成化間任

蕭環新淦人歲貢成化間任 衛永昌南豐人歲貢成化間任

劉聰江都人歲貢成化間任 王一鄂巴縣人歲貢成化間任

林鍾連江人歲貢弘治間任 吳伯鈞內江人歲貢弘治間任

張灝德興人歲貢弘治間任 羅昕儀隴人歲貢正德間任

李明名山人歲貢正德間任 蘇龍寧都人歲貢嘉靖間任

封淵內鄉人歲貢正德間任　王啓賓州人歲貢嘉靖間任
章鑰富陽人歲貢嘉靖間任　裴文朱真陽人歲貢嘉靖間任
趙士讓閬縣人舉人嘉靖間任　李茂蒙化衛人歲貢嘉靖間任
胡聰雩都人歲貢嘉靖間任　石渠漳浦人歲貢嘉靖間任
郝珉建水人歲貢嘉靖間任　鄭器寶應人歲貢嘉靖間任
陳寵內江人歲貢嘉靖間任　宋綱留守衛人歲貢嘉靖間任
聶少夔漢川人歲貢嘉靖間任　余士阜星子人歲貢嘉靖間任
喻太昇富順人歲貢嘉靖間任　羅天爵德化人歲貢嘉靖間任
范德光巴縣人歲貢嘉靖間任　王猷江津人歲貢嘉靖間任

毛尚志河南人歲貢嘉靖間任　陶瑚四川人歲貢嘉靖間任
謝恩直隸人歲貢嘉靖間任　程序休寧人歲貢嘉靖間任
王賚合肥人歲貢嘉靖間任　何燭彭澤人歲貢嘉靖間任
先知當塗人歲貢嘉靖間任　王時鳳合肥人歲貢嘉靖間任
王聘河南人歲貢萬曆間任　吳道宣福建人歲貢萬曆間任
王春醴泉人歲貢萬曆間任　李綸興平人歲貢萬曆間任
陳燭南昌人歲貢萬曆間任　葉仲仁和人歲貢萬曆間任
高校彭澤人歲貢萬曆間任　米濟世蒲圻人歲貢萬曆間任
辛大方江西人歲貢天啓間任　吳伯禧漢陽人歲貢天啓間任

魏應龍漢陽人歲貢天啓間任

國朝訓導彭祖商監利人歲貢順治四年任　毛之徤巴陵人歲貢順治十二年任
龔學洵公安人歲貢順治十七年任　曾三壽監利人拔貢康熙十六年任
唐振烈通山人歲貢今任

國朝州判吏目附

州判田信安肅人貢士順治三年任　史可成遼東人貢士順治六年任
邵殷邦密雲人拔貢順治八年任　吳多瑜高陵人歲貢順治十三年任
于遮泓肅寧人歲貢順治十四年任　王奪標單縣人進士康熙四年任
吳自性嵊縣人康熙九年任　陳平廣寧人廕生今任

吏目靳弘謨順治二年任　高明則膚施人順治五年任
范明琦寧波人順治十二年任　沈毓林浙江人順治十六年任
鄭淑聲莆田人康熙十三年任　陳法韋會稽人今任

廣濟縣知縣一員教諭一員典史一員儒學訓導一員馬口武家二鎮巡檢司巡檢各一員廣濟雙城二驛驛丞各一員陰陽學訓術一人醫學訓科一人僧會司僧會一人道會司道會一人

知縣

明知縣陳桂洪武初任　胡昇
陳景昌舉人洪武間任　余寅洪武間任

高偉浙江人進士永樂間任
張琮永樂間任
劉遜館陶人正統間任
陳昱浙江人正統間任
張安山東人舉人成化間任
江震錢塘人成化間任
孫節舉人成化間任
杜燉蘭谿人成化間任
張瑤上蔡人舉人弘治間任
陳奎南昌人進士弘治間任
葉溥龍泉人進士正德間任
孫寵上海人歲貢正德間任
石鼎趙州人進士正德間任
王艮佐華亭人舉人正德間任
江偉貴溪人舉人正德間任
李重成都人歲貢嘉靖間任
謝秋分宜人舉人嘉靖間任
侯嘉祥廣西人舉人嘉靖間任

王焯歲貢嘉靖間任
蔣崇祿成都人舉人嘉靖間任
黃儀新城人舉人嘉靖間任
劉寬建昌人監生嘉靖間任
段重廬陵人舉人嘉靖間任
楊阜宜興人舉人嘉靖間任
胡尚志績溪人舉人嘉靖間任
何濬南海人歲貢嘉靖間任
丁臻永昌人舉人嘉靖間任
閔道充烏程人舉人隆慶間任
梅友竹墊江人舉人隆慶間任
劉則唐廬陵人舉人隆慶間任
朱邦華南昌人歲貢萬曆間任
姚翼歸安人歲貢萬曆間任
陳傑萬曆間任
王廷俊江西人萬曆間任
劉廷揚禹州人舉人萬曆間任
張憲圖洛陽人舉人萬曆間任

尚方珍山西人舉人萬曆間任
趙國華舉人萬曆間任
周艮弼江西人舉人萬曆間任
蔡洪輝同安人舉人萬曆間任
劉應昌桐城人進士萬曆間任
夏可雷四川人舉人萬曆間任
趙之璋四川人舉人萬曆間任
張燮元光山人舉人萬曆間任
張燮任雲南人舉人天啓間任
王世臣高安人舉人天啓間任
劉俊四川人舉人天啓間任
周驥四川人舉人崇禎間任
黃弘曾晉江人舉人崇禎間任
黃恂四川人崇禎間任
朱議瀘江西人崇禎間任
張登衢桂林人舉人崇禎間任

國朝

知縣郝光輔永平人順治二年任
馬步月順治六年任

毛華鵬四川人順治八年任
許大華南昌人舉人順治九年任
龍雯順治十一年任
楊楚安邑人順治十三年任
閻國士保定人順治十四年任
孫謙亨東安人選貢順治十六年任
安璇贊皇人順治十八年任
黃玉鉉洋縣人進士康熙三年任
任暄猷河南人進士康熙八年任
潘士學遼東人康熙十二年任
王繼茂直隸人康熙十九年任
陳肇祉江西人監生康熙二十一年任
顏正色浙江人進士今任

教諭 訓導

明

教諭羅絢洪武間任
陳聚楊州人永樂間任

洪範宣德間任　李坦江西人歲貢成化間任
顧昂浙江人歲貢弘治間任　趙杲歙縣人弘治間任
李復廣東人歲貢正德間任　莫芳廣西人舉人正德間任
戴謙江西人歲貢正德間任　黃仕進長樂人舉人正德間任
王潮揚州人歲貢嘉靖間任　龔善治南昌人舉人嘉靖間任
周艮吳縣人歲貢嘉靖間任　熊應周富順人舉人嘉靖間任
包啟蒙蒙陰人歲貢嘉靖間任　吳哲晉安人舉人嘉靖間任
賀鐸武進人歲貢嘉靖間任　胡東明江西人歲貢嘉靖間任
許維翰桃源人歲貢嘉靖間任　李錫開封人歲貢嘉靖間任

胡躬行湯溪人歲貢嘉靖間任　張鑑泰州人歲貢隆慶間任
劉鶴齡桂林人舉人隆慶間任　石中美桂林人舉人萬曆間任
吳宙萬曆間任　陳道濟南康人萬曆間任
魏秉忠廣昌人萬曆間任　胡來賓萬曆間任
萬一和天啟間任　許煒江夏人崇禎間任
李苑宜都人崇禎間任

國朝教諭

王禹錫蒲圻人順治間任　傅鍠孝感人舉人順治間任
李延春宜城人順治十六年任　李以範漢陽人舉人順治十八年任
胡大猷武岡人康熙十一年任　羅人龍枝江人康熙十六年任

蕭芳邵陽人今任

明訓導

舒瑄正統間任　曹瑄宣州人舉人天順間任
詹晟浙江人歲貢弘治間任　許晃弘治間任
王垓浙江人歲貢正德間任　孫顯祖雲南人歲貢正德間任
洪清安慶人歲貢正德間任　孫復歲貢正德間任
劉盛永川人歲貢正德間任　趙顏歲貢正德間任
劉鉅吉水人歲貢正德間任　徐艮弼永川人歲貢嘉靖間任
梁文嘉靖間任　葉杞建德人歲貢嘉靖間任
梁本星子人歲貢嘉靖間任　趙墩麗水人歲貢嘉靖間任

俞鳳新都人歲貢嘉靖間任　喬魏泗陽人歲貢嘉靖間任
李中和陸豐人歲貢嘉靖間任　林懋北勝州人歲貢嘉靖間任
張懋學浦江人歲貢嘉靖間任　胡朝縉長汀人歲貢嘉靖間任
劉鳳鳴孟縣人歲貢嘉靖間任　王守恒贛榆人歲貢嘉靖間任
李緝漳浦人歲貢嘉靖間任　高廉漢川人歲貢嘉靖間任
吳袞桐城人歲貢隆慶間任　顧槃秀水人歲貢隆慶間任
馬同春南充人歲貢隆慶間任　孫霞太平人歲貢萬曆間任
赫大化郧陽人歲貢萬曆間任　李宙奕萬曆間任
秦時中萬曆間任　吳熊紀天啟間任

郭金範 天啓間任　符於思 崇禎間任

國朝訓導

王金 宜城人順治間任　胡效順 邵陽人順治間任

汪紹遠 漢陽人例貢康熙間任　劉大年 安鄉人今任

國朝典史附

典史

劉文延 山陰人順治間任　姜天棟 浙江人順治十二年任

董天琇 仁和人順治十八年任　童汝構 浙江人康熙七年任

湯銘 江南人康熙十五年任　薛家楹 陝西人今任

黃梅縣 知縣一員縣丞一員典史一員儒學 教諭一員訓導一員新開口清江

二鎮巡檢司 巡檢各一員 停前驛 驛丞一員 陰陽學 訓術一人 醫學

訓科一人 僧會司 僧會一人 道會司 道會一人

知縣

南唐 令 陳起 進士

宋 知縣 程晃 浮梁人進士祥興間任

元 達魯花赤 會阜　樊懋侁 真定人皇慶間任

喬思忠 晉寧人至正間任　忽都不花

明 知縣 白德成 貢士洪武間任　唐輔

黃子政 進士洪武間任　張同寅 舉人永樂間任

楊遇春 歲貢永樂間任　張德 進士永樂間任

徐仲勲 永樂間任　錢濟 景泰間任

黃武 歸安人景泰間任　王端 舉人景泰間任

戴中 新淦人進士弘治間任　金章 上元人進士弘治間任

袁中吉 進士正德間任　林福 舉人正德間任

諸偁 秀水人進士嘉靖間任　郭基 舉人嘉靖間任

梁廉 泰和人舉人嘉靖間任　劉璋 桂林人舉人嘉靖間任

程宇 富順人舉人嘉靖間任　馬應龍 永昌人舉人嘉靖間任

張九一 新蔡人進士嘉靖間任　胡效忠 沐陽人舉人嘉靖間任

劉伯源 舉人嘉靖間任　楊本俊 嘉靖間任

姜忻 南昌人舉人嘉靖間任　范德超 巴縣人舉人隆慶間任

張維翰 安鄉人歲貢隆慶間任　蔣熡 舉人隆慶間任

葉鏓 舉人萬曆間任　來三聘 進士萬曆間任

皮宗詩 舉人萬曆間任　孫鉝 舉人萬曆間任

馮可立 四川人萬曆間任　陳嘉言 江西人萬曆間任

桂生芝 舉人萬曆間任　武圖功 進士萬曆間任

王繼祖 舉人萬曆間任　鍾顯俊 舉人萬曆間任

徐澤 舉人　周獻 舉人

饒臺 舉人　王質 進士

何文都 貴州人貢士　張聯芳 舉人

國朝知縣 張典 北直人順治二年任　李鑄實 北直人選貢順治四年任

陳覲天 江南人選貢順治六年任　鄧源濂 遼東人順治七年任

祁山 北直人貢士順治十二年任　孫琦 北直人歲貢順治十三年任

徐昱 北直人恩貢順治十五年任　趙應登 上元人康熙間任

樓旋 諸暨人副榜康熙間任　王庭龍 晉江人進士康熙八年任

李成林 遼東人廕生康熙十三年任　吳景恂 長安人進士康熙十九年任

歐陽旭 丹徒人進士今任

教諭 訓導

元教諭 陳可大

明教諭 魯壽 興國人成化間任　李震 葉縣人成化間任

鍾安定 歲貢成化間任　金寬 舉人成化間任

唐世卿 海寧人舉人嘉靖間任　沈鑨 平湖人嘉靖間任

熊梁 舉人嘉靖間任　王廷美 歲貢嘉靖間任

徐爵 歲貢嘉靖間任　黃早 舉人嘉靖間任

饒光庭 歲貢嘉靖間任　段盡忠 歲貢嘉靖間任

陳文 靖安人舉人隆慶間任　魏申 許州人歲貢隆慶間任

張相 南昌人舉人隆慶間任　滕國賢 萬曆間任

何子遠 萬曆間任　謝自修 蒲圻人舉人萬曆間任

周敬止 舉人萬曆間任　王堯天 舉人萬曆間任

黃建中　林若偉

周玉振　闞士琦 舉人

吳思文 江夏人舉人

國朝教諭 胡虞潢 舉人順治間任　蕭蘊樞 孝感人舉人順治間任

吳從周 應城人舉人康熙十六年任　周崑 漢陽人例貢今任

明訓導 支學禮 正德間任　王宣 山陽人舉人正德間任

鄧琳 正德間任　余浩 正德間任

阮鑑 正德間任　龔章 閩縣人嘉靖間任

元仲 雲南人歲貢嘉靖間任　顏朴 廬陵人歲貢嘉靖間任

汪廷瑤 繁昌人歲貢嘉靖間任　陳裕 嘉靖間任

馬驥 辰州人嘉靖間任　席慤 四川人歲貢嘉靖間任

孫勵明 歲貢嘉靖間任　聶翰 嘉靖間任

胥用中 四川人歲貢嘉靖間任　胡躬行 歲貢嘉靖間任

徐慶 歲貢嘉靖間任　劉佩 歲貢嘉靖間任

程大本 歲貢嘉靖間任　范堪 歲貢隆慶間任

謝君相 歲貢萬曆間任　劉壽仁 萬曆間任

嚴玉振 萬曆間任　雷孟陽 萬曆間任
包艮臣 萬曆間任　劉師洛 萬曆間任
吳世卿　張堯勲
張聖化　李明元
國朝訓導
傅若訓 孝感人恩貢順治間任　蕭仲蔚 鄖陽人貢士順治間任
吳祖堯 鄖陽人歲貢順治十六年任　劉逢吉 潛江人歲貢
周汝楫 夔陵人歲貢康熙十八年任　彭大年 巴陵人歲貢今任
國朝縣丞典史附
縣丞
趙紹 山西人貢士順治二年任　陸道亨 江南人順治五年任

董復禎 河南人順治十年任　章國材 浙江人
沈宗文 浙江人順治十三年任　戴國宰 山西人歲貢
高如乾 山西人歲貢　陳嗣起 浙江人例貢
樓自新 諸暨人康熙八年任　沈鉉 海寧人今任
典史
時必昌　梁文正
盧顴俊 北直人　徐麟瓚 浙江人
陸豐 大興人今任

論曰納於百揆統於冢宰虞夏殷周之致貢嚴矣沿革代謝不令漫沒雖非古而近於古歲月無缺蹈官常也職守無䘮蹈官箴也俾無厭縱其耳目心志尚有弊而詔之之遺也

武衛

兵曷爲乎稱衛司馬之法建牧立監以維邦國故曰衛也軍法本於井田散出大小之國寓兵於農無兵之可統寓將于卿無將之可名聖人不得已而後用吉凶與民同患也後世失其意分勳臣於列衛不隸刺史而民病矣

黃州府城守副總兵一員　守備一員　千總二員把總四員

副總兵
徐勇 都督同知總兵官順治二年任　線維綺 副總兵順治三年任
楊廷機 副總兵順治六年任　張大治 副總兵順治十一年任
佟透 副總兵順治十四年任　李占春 左都督副總兵事順治十七年任
王宗臣 副將康熙五年任　孔宗舜 副將康熙十四年任
林艮斛 副將康熙十八年任　阮進 左都督副將事今任
守備
吳進德　劉傑
何允燒　陳天才

解帨　潘宮桂都司僉書管守備事
張其操　朱諟
馬應功都司僉書管守備事　長漢
丁玄祥　黑子
汪世福武進士今任
蘄州營守備一員　千總一員把總二員
叅將康熙十四年裁缺
韓友順治四年任　賀世虎順治十年任
馬應龍副將管叅將事順治十八年任　王魁康熙九年任

黃廷豸康熙十二年任
守備
張祿順治四年任　賀繼戈順治十一年任
程士然順治十四年任　袁應登順治十八年任
王俊民康熙六年任　張潛蛟康熙十二年任
張崇信康熙十三年任　李薛延康熙十九年任
協鎮黃州營經制戰守兵七百五十名
蘄州營經制戰守兵三百名
黃州衛　守備一員　千總一員舊設今汰指揮千戶百戶附後

守備
田登元武進士順治五年任　劉振斗武進士順治八年任
周京武進士順治十一年任　朱昱武舉人順治十七年任
王清遠武進士康熙十年任　李芬武進士今任
千總
程士然順治八年任　萬崇儒順治八年任
徐鳳翥順治十年任　史在勲順治十年任
賁鵬程順治十三年任　牛應照順治十七年任
宋舉　陳可寄康熙二十一年任

蔣偉今任
指揮舊設今汰
明
曾斌衡州人洪武間調　夏聚懷遠人洪武間調　嚴禮蒙城人洪武間調
陳榮滁州人洪武間調　倪義六合人洪武間調　郭顯保定人永樂間調
胡海臨潼人永樂間調　牛瑛涉縣人永樂間調　孟凱德州人洪熙間調
趙能陽信人洪熙間調　郭忠廣昌人宣德間調　李勲沂州人成化間調
張永魚臺人成化間調　張貴章丘人成化間調　胡輔海縣人成化間調
袁逵懷遠人嘉靖間調　劉威蘄水人嘉靖間調　滿芳定遠人嘉靖間調
彭弘四川人　彭益孫麻城人

舊設今汰鎮撫

詹勝鳳陽人　劉綱江西人　余瑛江西人

李芳衡州人　王棠哥禿瀋陽人　徐福江西人

舊設今汰千戶

李成靖海人　潘正初贛州人　秦得鳳陽人

朱昺泰州人　毛大節巴陵人　奚佛關廣德人

舊設今汰百戶

葉成新建人　陳德新息縣人　左艮臨汾人

李誠鳳陽人　朱昱儀真人　陳虎安常熟人

杜玉臨淮人　方可大紹興人　范天受廣德人

吳斌兗州人　雍大亨江西人　韓望六安人

梅芳南昌人　潘亨餘干人　張文譽盧州人

高興合肥人

屯田　實在成熟屯田地陸百陸拾貳項壹拾捌畝壹分肆釐零

屯糧　實在應徵熟糧柒千玖百肆拾陸石肆斗玖升壹合零該徵銀貳千捌百零伍兩壹錢壹分壹釐零

蘆課　壹拾壹頃柒拾壹畝柒分叁釐零該徵銀壹拾玖兩零捌分柒釐零　合餘屯丁間丁消長不一不悉載

蘄州衛　守備一員　千總一員　舊設今汰指揮千戶百戶附後

守備

任之鼎順治四年任　陰養蒙棗強人武進士順治七年任

朱日芳浙江人武舉人康熙六年任　張瑞鳳

耿熖京衛人武進士今任

千總

李復奇　戚文郁江西人

楊鎮邦建德人武舉人　張祿

舊設今汰指揮

明

陳聚諸城人洪武間調　茆羽合肥人洪武間調　李彰鳳陽人洪武間調

王榮南郡人洪武間調　李郁洛陽人洪武間調　田文信陽人永樂間調

岳得清河人永樂間調　李郁　李旺

姚勝　李春　舒祥

胡誥　王成　王英

李楷

舊設今汰鎮撫

袁德　唐鳳　梁棟

陳友直

舊設今汰千戶

朱福　湯成　胡成

王隆　劉全　顧安

宋興　張麟　杜彬

朱眞　李成　朱朗

王彬　歐成　華稷

洪阿忠　程文聚　吳眞

舊設今汰百戶

趙德成　王仲艮　李慶

張德　劉勝宗　戴文雲

賀清　蕭義　龐興

周源　李華　劉華

蕭旭　史整　鄭富

趙公保　方英　梅玉興

高仲祥　黃馨　陳巖

許宗　袁顯　鍾成

陳八郎　李泰　王潤

郝成　王翰　李能久

許添起　崔富　羅保

許必榮　吳勝一　田斌

田足國 以上二衛俱明世襲至崇禎末年止內年代久遠應調赴衛年月多有不可考故姓名亦有間遺者

屯田　實在成熟屯田地捌百陸拾叁項肆拾伍畝伍分叁釐零

屯糧　實在應徵蒸糧柒千零玖石捌斗貳升貳合零

該徵銀貳千捌百捌拾伍兩玖錢肆分叁釐零

蘆課　叁百捌拾柒項肆拾肆畝零該徵銀伍百貳拾伍兩肆錢捌分捌釐零 舍餘屯丁開丁消長不一不悉載

論曰先王足兵而未嘗有後代有兵而未嘗足專權之制異也古者井牧之兵無專將營陣之將無專權鄉遂屬於司徒時役屬於司馬致政令屬於司空有事詔用天子遣使一牙璋發之其權專統於君是以兵滿列國而居然若無後世南軍則郎衛也北軍則兼兵而衛也兩宜多番上之勞失井田之意稍得中

制唐之府兵可法也無事耕練於野有事命將以出師事罷則兵散於府將歸於朝故士不失業將不擅權誠法唐而府籍卒而屯且領於經濟之文臣其視豢養坐食者有間矣

名宦

人臣食其食則事其事其有功德於民者匪干譽也是故宦而名非古也然民不能忘彰其最著

唐

左震爲黄州刺史（蘄女巫事詳見古蹟）民歌之曰我欲避鄉里我欲夫墳墓左公今既來誰肯舍之去

宋

王明乾德初知黄州時太祖欲取南唐密授戍算明至黄即繕城壘練士卒衆莫解其意俄王師自荆潜而下多賴其力

韓琚字子蒼相州人魏公琦之兄也天聖中知黄州政總其大不拘拘簿書

馬正卿元豐間知黄州愛民下士廣學舍禁妖巫俗爲一變

趙令峞燕懿王裔也建炎初知黄州奉詔修城凡六月工畢賊張遇過城下兵勢甚盛招令峞出度不能拒自見之遇飲以酒一舉而盡曰固知飲此必死但勿殺害軍民死無憾遇驚曰先以此試公爾更取毒酒沃地地墳乃引軍去未幾丁進李成兵至俱擊却之又叛將孔彦舟引兵圍城令峞率兵固守凡六日乃解三年以憂去有詔起復金人聞孟太后在南昌欲邀之徑趨黄州令峞已還在道聞急疾趨夜半入城金人力攻翌日城陷欲降之大罵不屈金人怒鞭之血流被面罵不絶口而死事聞贈徽猷閣待制謚曰愍忠郡人乞爲立廟祀之時都監王遠判官吳源巡檢劉卓同以不屈死

何大節字中立嘉定辛巳知黄州金人圍黄詔馮榯督兵援之逗遛不進大節召僚佐各予以使差出使自爲去計乃取郡印佩之誓以死守一夕左右告曰城陷矣大節從門出投江死

孟珙字璞玉棗陽人知黄州增埤浚隍蒐軍實邊民來歸者日以千數皆爲屋居之厚加賑貸又創兩堡分處軍士兵威大振自茲經畧荆襄金人憚

之

張耒字文潛淮陰人弱冠登第紹聖初以直龍圖閣出知潤州坐黨籍謫監黃州酒稅徽宗初起判黃州爲政任法人不敢干以私

蘇軾字子瞻眉山人熙寧間知湖州御史李定等摭所爲詩劾之以爲謗訕下詔獄久不決神宗獨憐之以黃州團練副使安置在郡五年日與田父野老相從溪谷間談笑自得築室東坡自號東坡居士

母制機蜀人分教黃州兼領河東雪堂二書院教人以明體達用爲先學者稱爲平山先生

元

劉彝字景文保定人守黃三年政先學校復舊置四館以訓諸生自是郡人蔡堅趙思義相繼領河南行省鄉解咸謂彝興學所致

劉哈八兒元統間蒞郡政以德禮爲先聲動江淮

夏璿字希政歷黃州行省都事至正壬辰兵變棄官入蘄屢爲亂兵所脅義不辱自經妻劉氏攜二子避亂沔岳間入明其孫原吉事累朝有大勳官少保戶部尚書

明

陶安字主敬當塗人性敏行慤博通經史明太祖初克黃州思得重臣鎮之遂以命安至則刈荊棘開府治寬租賦省徭役遠民相率歸附尋召爲翰林學士

何曉幹漳州人由歲貢洪武間任知府事廉明果斷吏民敬畏九年遷兩淮鹽運使歿於官遺命其子還葬本府城東因家焉

盛璞字玉夫宣城人永樂間任來去惟行李一肩

僕馬各一而已

盧濬天台人由進士弘治間任廉直多惠政在郡風各邑所遇佳山水多題詠禮賢士毀淫祠嘗泛舟江上風起舟師頻呼楠木大王問故以妖對公歸撰文牒本府期三日以本來屆期濬詣江上忽一木自樊口至命縛之登岸時修府學宮以爲左柱

楊最射洪人由進士嘉靖間任律已清嚴性峭直居常無笑容言挺勁寡與雖與上官會者言不少

易也凡乘傳士大夫並當轄差遣聞其風多迂道
去即督學校士亦移文屬縣緣此禮際減少徭役
大省
吳淮鎮江人進士嘉靖間由御史轉任簡重平恕
務以文學飭吏治文廟禮器未備者銷淫祠鐘鼎
及佛像爲之建號舍二十楹拔諸生茂異者數十
人講習其中躬自校藝一時人才稱爲獨盛
袁福徵華亭人進士嘉靖間補黃州同知時盜賊
充斥深山窮谷身自擒捕盡掃巢穴境內遂寧

崔孔昕濱州人進士嘉靖間任黃司李剛正廉介
門無私謁臨下以和至論法必不爲假貸公暇則
與諸生論藝
國朝郭鳴鳳任丘人順治間守黃州愛民如子有冰蘗
聲禱雨輒應作粥濟饑陞任去民至今思之
于成龍字北溟永寧州人由明經任郡丞性戇不
畏彊禦布衣蔬食分駐岐亭郊爲盜藪悉廉得其
姓名或按籍而索或微行造其窟孰無漏者法雖
嚴峻咸服無枉一郡夜戶不閉者數年適滇黔告

警東山餘孽風生督撫委以討賊團鄉勇冒矢石
先聲素著賊勢遂弱單騎詣壘諭降之督撫上其
績晉郡守治行一如丞時累官總制卒於任人以
擬之海中丞焉
白秉真杏山人順治間爲黃郡丞軀幹短小具膽
畧屬東山土寇李有實等鳩光霍諸醜薄城連十
三山而壘討先克鄉堡以絕犄角丞督義勇與寇
連戰月餘寇敗退單騎入賊巢有實等感降晉秩
去一郡不忘以上府職

明
胡潔豐城人由進士正德間除黃岡令廉有幹才
其於民推心置腹藹如也時上臺力主遷邑庠於
今址歲祲不贍潔爲區畫告成其他振飭類是
簡霄清江人進士正德間任敏而文有吏材督修
諸鄉隄壩爲民永利
虞儼丹陽人舉人嘉靖間任明敏公恕不妄取一
錢緩征省刑民至今思之
孟津丹徒人舉人嘉靖間任師事王文成講良知
之學動以古人自期蒞政不事嚴肅而丰采凝然

退食正襟危坐雖家人不見喜愠之色

賈應璧無錫人進士隆慶間任倜儻有才思遇事輒迎刃解厲操守有淸白聲而坦衷惠政不煩不弛

趙士登涇縣人進士萬曆間任以德化民亹亹問瘵疾苦有不便不移晷輒去至聽獄惟片言折之時奉丈量田畝之令調停委悉邑人咸受其庇

涂宗濬南昌人進士萬曆中邑連歲饑疫流喪過半令黃者多苛猛失民心當道計所爲代無踰宗

濬者奏聞報可遂由江陵令調黃岡仁風翔洽得之先聲下車則恤民隱布利澤搜蠹孔暇與諸生講道課業爲名理宗辛卯擢御史去邑人思慕貌其像與趙士登並祠

徐紹曾海寧人萬曆間以進士授黃岡令廉平不苛有魁盜夜殺人按之急遂讕訴上官幾爲移聽邑薦紳士民爭以身代雪當事因廉得其故由是聲益起會用兵倭猺徵發不時持戟者相望又中使採榷出楚諸邑橫被荼毒曾獨慷慨爲民捍蔽獲以無擾擢主事去行李蕭然

茅瑞徵歸安人由進士萬曆間令黃岡凡保甲賦役水利郵傳悉備極經畫民稱便焉公餘留心邑乘蒐羅編纂閱六載乃成

李希沆慶陽人由進士崇禎間授黃岡令性剛介善騎射初治喜論文字未逾朞流寇逼黃守禦甚力每寇至輒戎服佩刀單騎先馳郡義勇從之賊由是不敢犯奏最擢兵科給事中

國朝董元俊由進士以經術起家前政之朘削者一切

報罷訟獄衰息禁絕羨耗舉卓異以憂去輿人之頌後令李經政能繼之以上黃岡

明

胡奎鄱陽人由舉人正統間知蘄水縣事政尚寛厚好爲民興利蘄有回風磯港通圻湖達大江易爲民患奎乃以竹籠篝石塞其上俾湖水不通江運土實港俾江水不入湖二水分命人壘而亢之工計以萬名曰萬工隄仍立廟磯上妥江神

蕭祥庚由舉人嘉靖間知縣事鎭靜儉約催科有法至今爲晝一規奏最與籌大計後即致政歸當

道移檄催赴任終不至

閩士選由進士萬曆甲戌知縣事時下方田令乃與士夫里老等制弓格計便宜度肥瘠促民秋斂畢令戶自爲丈積筭胥吏閉弗使出且嚴連坐之法卒無欺者民甚便之

孫善繼萊陽人由進士萬曆己丑知縣事甫下車值荒歲乃出積穀六千石以救民饑四門煮粥以施城內窮民令書名以進貧者給穀有差不足邑有素封登堂四拜爲民請輸捐輸旣具復泛洞庭

糴穀民賴以存活者甚衆

龔鼎孳號芝麓崇禎甲戌令浠年方弱冠治倅文翁士習文風一時振拔時賊蹂土荒歷有積逋民多竄者力勞來而賦足以民和爲地利賊不侵擢諫垣去

吳文奕福建人崇禎辛巳爲縣丞值寇亂分信地守南城樓忽夜半寇從西門無人處攀援而上守者潛竄文奕猶堅守不去賊乃殺之於南門城下邑人哀之以上蘄水

徐泰江陰人由舉人成化間知羅田縣事有清操捐俸置便民倉以備賑時邑有豪右欺隱田糧六百餘石民賠累苦之泰素精筭法乃覔欺蔽嚴清理據糧以尋田欺隱畢露賠累得甦

勞樟崇德人由舉人嘉靖間知縣事稽田賦懲吏胥左右之言絕不入耳當爲者輒爲之無復疑畏即當道尼之不易也

梁志仁江南人由舉人崇禎乙亥令羅邑流寇陷城志仁手刃六賊被執罵賊賊碎其屍而焚焉妻

唐氏亦被執奮奪賊刀以復仇不獲口罵賊手亦被殺時教諭吳鳳來訓導盧大受典史單思仁同日死之

國朝王光鼎遼東人康熙甲寅知羅田事躬儉約廉能蜚聲時荊岳軍事繁鼎悉傾橐代民科派旁邑人慕之爲歌義州行以上羅田

元

麻城達魯花赤馬兒蒙襟懷軒豁政尚清簡暇日登臨山水賦詩自適

樂九成蒙古人從學李术魯子華以世胄知縣事

治有聲按劉青田序畧云先生質粹而溫行果而
毅學博而知要可想見矣

明

胡琮蘇州人由進士御史左遷麻邑令勤撫綏修廢墜雖風裁凜凜豪右憚之而小民皆得輸其情

聶賢長壽人由進士弘治間爲令性明敏凡大政疑獄諸司所不能斷者剖決如流

劉溥安慶人由進士弘治間爲令性質實爲政嚴明尤惡異端凡一切淫祠皆火之以袪民惑

陳子文閩縣人由進士嘉靖中爲令明達有爲多

惠政徵稅糧立一條編法民至今便之

國朝孫弘炷樂安人由恩貢康熙甲寅授麻邑令能振紀綱絕苞苴先是邑徵收無畫一法民苦於吏胥那移之姦炷每里爲制一小箱置一小冊立限令民自輸月終躬親會計那移弊杜催科無擾民勒石門左非獨惜其去以紀德也葢亦恐良法之壓久而廢焉以上麻城

宋

程適博野人太平興國中任陂令清謹過人卒於官贈開府儀同三司吏部尚書加贈司空子珦以父爵蔭本縣尉有惠政秩滿貧不能還遂家焉

元

仇公度清愼多善政比去士民懷其遺愛焉

明

李恒儀封人成化間任時歲荒盜起恒多方賑濟盜息民安居常教民畜牝羊種二麥植桑棗民至今利之

謝廷范富順人由進士嘉靖中令正己繩下勤事愛民舊多滯獄剖決如流雖稺子貧婦皆得以情自達督姦詆燭幽伏警惰弛振廢墜暇日卽與諸生講課文藝

趙元有由舉人涖任於崇禎末年值奇荒重疫賊寇蝟集居民流亡公獨宿城頭晝夜防衛後賊大至遂捐軀殉焉陂民哀之

楊樑宜山人弘治間爲陂諭初至學宮不蔽風雨樑議修之乃捐俸百餘金鼎新焉

李价亳州人歲貢任黃陂丞性英敏明斷邑中蠹獘剗滌殆盡以上黃陂

唐

韓思彥爲蘄州錄事叅軍嘗過汴州有張僧徹者廬墓三年詔表其閭請思彥爲墓志餽縑二百不

受徵固請之乃受一縑謂家人曰此孝子縑也不可輕用其淸介類是

呂元膺東平人策賢良高第歷殿中侍御史出刺蘄州嘗錄囚囚以歲暮不得歸省爲恨因泣下膺心惻悉釋械歸之令如期至囚如其言自是羣盜感德避境去累官左丞吏部尚書

員半千全節人擢高第武三思用事以賢見忌出爲蘄州刺史文雅自飭而禮化大行睿宗朝召爲太子左諭德累封平原郡公歷事五君有淸白節

辛年九十四

宋

呂誨鄆城人治平中爲御史時議尊濮王典禮誨力陳不可彈歐陽修首建邪議幷劾韓琦曾公亮附會出知州事尋加集賢殿修撰知河中府

范純仁蘇州人仲淹子也從胡瑗孫復遊治平中爲侍御史多所彈劾畧無諱避時方議濮王典禮與御史呂誨等更論奏不聽家居待罪旣而尊號甫定復以應詔就職知蘄州事

李宥以進士知州事歲凶民散委嬰兒而去者相屬於道宥令吏收取計口給穀俾營婦養之每旬閱視所活衆多有殺人者賂吏匿姧宥得其情論如法擢湖廣提刑

王玠長洲人倜儻負氣能文徙居鄂州紹興初孔彥舟爲舒蘄鎭撫使聘玠爲幕屬玠爲鄉里計遂佐彥舟捍蔽衝要拊循井閭後彥舟有異志問計於玠玠正色曰總管被命鎭撫二州任優祿厚豈可負朝廷自陷不義凡數百言彥舟怒囚之越數日復問其辭益厲遂沉玠於龍眼磯與妻子俱死

郡人悲其志立廟祀之

李誠之東陽人嘉定間知蘄州金人犯蘄誠之捍禦以寡援城陷先殺妻子而後自殺朝爲立廟祀之賜額褒忠仍贈妻孥之死難者通判秦鉅防禦判官趙汝標州判官寧時鳳教諭阮希甫都大監嚴剛中錄事參軍兼司戶杜諤俱從誠之死贈官各有差蘄春知縣林棨統領孫中一同死難

桂璧貴溪人以薦授蘄州判北兵徇蘄太守徐揮逸去璧欷歔奮發申明大義率城中人日夜捍禦

敵不能犯踰旬乃出奇兵擊之圍遂解

葉適括蒼人淳熙進士除大學博士朱晦庵爲林栗所論適上疏言非是出知蘄州治務寧靜入爲吏部郎歷官侍郎世稱水心先生

王彥明守蘄州元兵壓境彥明力戰以糧乏不屈卒家屬乘大舟於城西中流鑿舟沉水死州人立廟祀之

明

石璽嘉靖末知蘄州事荆王常泠淫暴惡石驁因祈雨誘令知州接雨跪烈日中須臾雨驟至平没尺許不令起石憤甚竟密疏陳狀詔奪王爵廢爲庶人

潘珏婺源人進士知蘄州事重積貯作阜民倉踰年大旱發倉賑民多所全濟益廣倉庾積粟至八萬餘石

陳策江西人由貢士於萬曆戊子判蘄州値黄梅賊首梅鐙等倡亂踞蘄之柴家山撫檄策征剿策率衆奮勇突入賊巢與賊相擊被賊以鎗中之莫能脱不屈遂死之以上蘄州

劉應昌桐城人於萬曆己酉由進士知廣濟豪鄒某者武斷殺人爲某所訴拘至遂斃於獄司吏徐某下通書吏爲奸廉得其狀竟詳院司發本縣治之暇卽與諸生登高嘯咏於邑西門外建四高樓度河爲滄浪橋置亭祠兩隄植梅柳以當梅浦又江隄久圮乃與丞樊守純創築堅隄爲濟永利

周驥江津人崇禎初以鄉舉知廣濟吏治敏給精勤左右無敢欺者徵比以單爲牽法畫一山谷老穉皆自輸里胥無能爲僞至今法之租賦皆手冊細書一目可曉以是編書惟紀成數而已靈東四圖宦米居半黠者憑焉多爲欺隱驥集諸書吏大破飛詭諸奸狀搜括殆遍

王素樂平人由掾爲廣濟典史獨好讀書理公事餘習舉子業至夜深不倦中湖廣鄉試士大夫奇之

魏時光南昌人有膽氣能以雙刀馳擊崇禎丙子爲廣濟典史時流寇猖獗光率排兵與賊相持久之賊偵其兵弱間道奄至衆潰光猶獨立高坡持

利刃殺賊賊環繞之馬蹶斷被執不屈死事聞賜
贈廕以上廣濟
來三聘進士居官清介民無差提之擾徵收革火
耗縱有羨餘拆封之日卽充解費
桂生芝舉人萬曆三十六年値洪水冲隄縣民半
處水澤芝乘舟先散銀米以濟之請賑請蠲請建
隄工派丁糧民悉子來竟成永利獲眞盜輒溺之
故處荒歲民得安枕以上黃梅
國朝張大治遼東人於順治十一年鎭黃性燥儆故束

兵嚴愛民下士人親如慈母焉不讀書凡疏剳令
幕者口誦入耳卽解其可否何其似儒將耶
李占春陝西人於康熙初鎭黃善飯有勇樓季之
城能距而超每夕跳城外察墩卒馴擾雖圍人不
敢犯蔬圃歿於黃五子皆貧莫能振
王宗臣浙川人氣質雄偉歷官戎政以恤兵愛民
爲念滇黔川蜀之間率多奇績康熙五年授黃州
副將優恤軍卒賞罰嚴明士民無不戴德歲辛亥
黃屬大荒捐俸賑饑全活者多繼又江右湖口告

警領兵斬西親駐江干多方捍禦積勞成疾卒於
官事聞贈左都督廕子入監諭祭葬今葬於黃岡
縣之還河鄉楊家阪

論曰名者實之賓也否者諂幽不諂明飾巳咈人達
道干譽咸非凝績其德也不慕焉復民性曰德求民
瘼曰勞禦大災曰功捍大亂曰伐庶人傳語國將以
其勤命施於烝彝鼎

黄州府志

竹

卷之六上

選舉志

黃州府志卷之六上

知黃州府事襄平蘇良嗣較定

選舉志

科貢

立治以官才爲本官才以制科爲先理學經濟具在經書策論中矣下而辟舉所以通科目之窮淸流品以得其實將以塞倖門端化本也

進士 會試次序照榜編載州縣分註於下

唐

閻伯璵 麻城人咸淳間官豫章都督

周墀 黃岡人官檢校尚書右僕射

徐良賢 廣濟人

徐遜志 廣濟人

徐栗 廣濟人

徐統 廣濟人

徐貞志 廣濟人官學士

後唐

陳起 蘄州人

宋

李委 黃岡人

潘丙 黃岡人

張炳 黃岡人

王韶 羅田人官學士侍郎謚襄敏

王世規 羅田人官少保封燕國公

余天錫 羅田人

甘霖 蘄州人

李俊臣 羅田人

王宷 羅田人

張紹祖 廣濟人

劉朝俊 黃梅人官招討

魏謙 黃梅人官四川宣撫

劉昕 黃梅人

陳義 黃梅人官四川宣撫

徐山 廣濟人官太子太師

田景 廣濟人官禮部尚書

徐洼 廣濟人

徐愿 廣濟人官寶謨閣學士

梅應春 廣濟人

梅應申 廣濟人

張新卿 廣濟人

劉應端 黃梅人官僉憲

劉思齊 黃梅人

王仲瑄 黃梅人官翰林學士

田蕙 麻城人官評事

元

趙玉峰 麻城人官樞密使

薛漢卿 蘄水人官博士

李希白 蘄水人

何誠 蘄水人

余闕 羅田人官總管

李謙 羅田人官行人

余試 廣濟人

梅溢 廣濟人

梅盛 廣濟人

陳經 黃梅人官學士

汪堯舉 黃梅人

汪振卿 黃梅人官御史

明洪武乙丑科 丁顯榜

王瓛 蘄州人官知州

張仁安 蘄州人官尚書

甲戌科 張信榜

劉從政 麻城人

庚辰科榜胡靖
王政蘄州人
永樂甲申科榜曾棨
彭堯成黃岡人官知縣　韓中黃梅人官知州
許貞蘄水人官知縣
丙戌科榜林環
蕭昇黃岡人官御史　劉旭麻城人官同知
胡琦蘄州人官知縣
壬辰科榜馬鐸

張璘黃岡人官府尹
戊戌科榜李騏
方正黃岡人官知縣
辛丑科曾鶴齡榜
鄭思賢黃岡人官知州
甲辰科榜邢寬
熊翼蘄州人官御史
宣德癸丑科榜曹鼐
鄒來學麻城人官都御史

正統己未科榜施槃
劉訓麻城人官參政
壬戌科榜劉儼
李正芳麻城人官布政
乙丑科榜商輅
趙訪麻城人官御史　周鑑麻城人官副使
戊辰科榜彭時
謝泉黃岡人官副都御史
天順丁丑科榜黎淳

王翰蘄州人官知府　劉澄蘄州人官主事
成化丙戌科榜羅倫
黃伯垓黃岡人官苑馬少卿　萬山麻城人官郎中
周原學廣濟人官行人
己丑科榜張昇
李瀜麻城人官參政　鄒騏麻城人官參議
壬辰科榜吳寬
董紱麻城人官知縣　朱慶雲黃陂人官行人
乙未科榜謝遷

華仲賢蘄州人官布政

戊戌科曾彥榜

呂渭蘄水人官行人　熊經麻城人官知州

王本儉麻城人官副使

辛丑科王華榜

喻宗府麻城人官知府　魯永清蘄水人官參政

張佐黃岡人官僉事

甲辰科李旻榜

董朴麻城人官參政　舒昆山麻城人官副都御史

凌山麻城人官員外　王璘黃岡人官參政

丁未科費宏榜

華鑾蘄州人官庶吉士　李文祥麻城人官主事

邢纓黃梅人官御史　徐紹先蘄水人官知府

壽儒蘄州人

弘治庚戌科錢福榜

劉燧麻城人官知縣　徐欽黃梅人官行人

彭鳳來黃陂人官御史　董⿰糸辰麻城人官御史

癸丑科毛澄榜

曾大有麻城人官布政　董紝麻城人官參議

丙辰科朱希周榜

李誠黃陂人官布政　楊鳳黃岡人官副使

己未科倫文敘榜

王麟黃岡人官知縣　阮章麻城人官副使

梅吉麻城人官知府　陳伯安黃陂人官副使

壬戌科康海榜

王濟黃岡人官參政　曾大顯麻城人官參議

何景明羅田人中河南鄉試官副使

乙丑科顧鼎臣榜

余洪恩黃岡人官行人　張思齊蘄州人

廖紀黃梅人

正德戊辰科呂柟榜

劉天和麻城人官兵部尚書太子太保謚莊襄

陳大中蘄州人　邢寰黃梅人官給事中

鄭文炳黃岡人　余志蘄州人官知府

辛未科楊慎榜

傅鳳翔黃陂人　曹珪黃岡人官太僕少卿

余鑾黃岡人官行人　鄭雲翔麻城人官參政
石金黃梅人官御史　鄭傑廣濟人
賈啟黃岡人官副都御史
甲戌科唐皐榜
周文熙麻城人官僉事　劉淑相麻城人官府尹
詹瑩麻城人官參議　王澄羅田人官郎中
劉樽蘄州人　范時敬麻城人官僉事
丁丑科舒芬榜
王廷陳黃岡人官庶吉士　高鵬蘄州人

劉漳黃岡人　魯綸黃岡人
辛巳科楊維聰榜
毛鳳韶麻城人官僉事　周瑯蘄水人官副使
胡仲謨蘄水人官按察使　余文瑞黃岡人
葛瀾羅田人
嘉靖癸未科姚淶榜
喻希禮麻城人官御史　曾烶麻城人官參議
劉桂黃岡人官知州　王廷梅黃岡人官知府
郝守正蘄州人官知府　阮朝東麻城人官副使

丙戌科龔用卿榜
曹誥黃岡人官巡撫　陶珪黃岡人官按察使
胡仲誥蘄水人官參議　李釆麻城人官推官
胡鳳黃梅人官參政
己丑科羅洪先榜
劉釆麻城人官四部尚書謚端簡　陳念麻城人官郎中
汪文淵黃岡人官知府　張明道羅田人官副使
黃卷麻城人官僉事
壬辰科林大欽榜

劉澯麻城人官郎中　方任黃岡人官副都御史
胡明庶羅田人　董德明黃岡人
乙未科韓應龍榜
李學顏黃岡人官主事　万尺悅麻城人官副使
呂韶黃岡人官知府　馮天馭蘄州人官刑部尚書
周佶麻城人官主事　馮艮知黃陂人官知府
戊戌科茅瓚榜
顧問蘄州人官參政　洪恩黃梅人官太僕卿
阮朝策麻城人官知縣　李寵麻城人官知府

冷珦麻城人官同知

辛丑科沈坤榜

方治麻城人官主事

王霽黃陂人官太僕卿

董威黃陂人官都御史

丁未科李春芳榜

奚世亮黃岡人官同知殉難贈光祿卿

丘岳黃岡人官禮部侍郎

鄭眞黃岡人

庚戌科唐汝楫榜

曹麟黃梅人官副使

鄭佶黃陂人官知府

劉廷舉麻城人官副使

顧闕蘄州人官副使

癸丑科陳謹榜

瞿晟黃梅人官知府

趙教麻城人官僉事

劉涷麻城人官知縣

錢邦偁蘄水人官太僕卿

朱袗蘄水人官布政

周思久麻城人官知府

孫喬廣濟人官主事

丙辰科諸大綬榜

張詣、廣濟

耿定向麻城人官戶部尚書謚恭簡

方岳麻城人

蔡完黃陂人官御史

李敔昭蘄州人官知府

己未科丁士美榜

鄧楚望麻城人官副使

周弘祖麻城人官太常卿

周鳴塤蘄水人官參議

王廷瞻黃岡人官戶部尚書太子少保

壬戌科申時行榜

王同道黃岡人官御史

陳謨麻城人官僉事

李畿嗣蘄水人官副使

周禧蘄州人官御史

田成法蘄州人官御史

乙丑科范應期榜

徐時可黃岡人官布政

董石麻城人官知府

熊養中黃岡人官員外

丘齊雲麻城人官知府

隆慶戊辰科羅萬化榜

劉如臯蘄州人官知縣

周思敬麻城人官侍郎贈尚書

周思稷麻城人官主事

徐應聘黃岡人官副使

易倣之黃岡人官御史

辛未科張元忭榜

李盛春蘄州人官兵部侍郎

李時成蘄水人官御史

王希元蘄水人官副使

杜伸黃岡人官僉事

江沛元黄岡人官郎中　徐一唯蘄水人官副使
周文卿黄岡人官副使　劉天衢廣濟人官太僕卿
劉守泰麻城人官主事　劉諧麻城人官給事中
耿定力麻城人官侍郎
萬曆甲戌科孫繼臯榜
周弘綸麻城人　朱期至蘄水人官主事
何起鳳蘄水人官知州
丁丑科沈懋學榜
李載陽蘄州人官太僕卿　蔡斗移蘄水人官運使

李際春蘄州人官副使
庚辰科張懋修榜
李之用黄岡人官副使　劉如寵蘄州人官副使
王大謨廣濟人官副使　汪可受黄梅人官兵部侍郎
石崑玉黄梅人官巡撫
癸未科朱國祚榜
唐一鵬蘄州人官御史　樊玉衡黄岡人官御史
梅國楨麻城人官兵部侍郎　陳楚產麻城人官主事
梅國樓麻城人官參議　曹繼孝黄岡人官同知

劉奕麻城人官知府
丙戌科唐文獻榜
徐存德蘄水人官主事　王一鳴黄岡人官知縣
李承槐麻城人官主事　彭好古麻城人官僉事
彭遵古麻城人官尚寶卿　張濤黄陂人官僉都御史
邢懋敬黄梅人官知縣　龔懋黄梅人官知縣
己丑科焦竑榜
阮文蔚黄岡人官行人　何其弘蘄水人
閔廷甲蘄水人官通政　周崇惠麻城人官僉事

周應嵩麻城人官博士
壬辰科翁正春榜
蔡茂春麻城人官知府　吳士瑞黄岡人官副使
李挺蘄州人　余心純黄岡人官知縣
乙未科朱之蕃榜
孫大壯黄岡人官苑馬卿　周應明麻城人官主事
李長庚麻城人官吏部尚書　樊玉衡黄岡人官知縣
舒其志廣濟人官布政　吳化黄安人官主事
張大猷黄陂人官布政　邢懋順黄岡人官主事

戊戌科顧起元榜

胡賓臣黃陂人官檢討　官應震黃岡人官太常卿

穆天顏黃岡人官御史　萬一奇黃岡人官推官

韋石麟黃岡人官主事　袁世振蘄州人官副使

張邦翼蘄州人官布政

辛丑科張以誠榜

於倫黃岡人官通政　王思善黃陂人

周延光蘄水人官光祿卿　周應期蘄水人官御史

王同謙黃岡人官知縣　曹光德黃岡人官推官

黃建衷麻城人官主事

甲辰科楊守勤榜

田生金麻城人官太僕卿　黃彥士黃陂人官御史

吳之皡黃陂人官大理卿　汪元極黃岡人官庶吉士

張應奎蘄水人官推官　郭士望蘄水人官按察使

吳亮嗣廣濟人官太常卿　梅之煥麻城人官巡撫

丁未科黃士俊榜

周之夫麻城人官知府　杜應芳黃岡人官副使

陳以聞麻城人官刑部侍郎

庚戌科韓敬榜

秦繼宗黃岡人官主事　鄒之易黃岡人官主事

鄒人昌麻城人官知府　朱期昌蘄水人官知府

甄淑黃岡人官刑部尚書　盧堯臣黃安人官推官

胡士容廣濟人官太常卿

癸丑科周延儒榜

周之訓黃岡人官參政贈太僕卿　周邦璟麻城人官兵部侍郎

劉鍾英麻城人官吏部侍郎

丙辰科錢士升榜

田生芝麻城人官通政使　王先羅田人官主事

己未科莊際昌榜

王珙蘄州人官太常卿　石有恒黃梅人官知縣贈太僕少卿

姚明恭蘄水人官大學士　周振麻城人

蕭震蘄州人官知府　秦植黃安人官知縣

李樹初蘄州人官副使　祝世美黃岡人官太常少卿

蔡璿蘄水人官知府　田乃穉蘄州人

樊維城黃岡人官副使　晏清黃岡人官副使

天啟壬戌科文震孟榜

毛舜獄麻城人官知府　洪周祿黃岡人官知府
饒京蘄州人官御史　靖科元黃岡人官郎中
陶承謨麻城人官參議　李延蘄州人官主事
何閎中黃岡人官副使　蔡茂春麻城人官知府
乙丑科余煌榜
劉宗祥黃岡人官巡撫　田雨公蘄州人
王源昌黃岡人官副使　陶起虞黃岡人官知縣
魏公韓黃岡人官參政
崇禎戊辰科劉若宰榜

王用予黃岡人官檢討　楊楚龍蘄水人官知縣
張久徵麻城人官知縣　劉伸麻城人官知縣
劉承棠麻城人官推官
辛未科陳于泰榜
嚴師範黃岡人官參議　桂啟芳蘄水人官知縣
鮑之祥麻城人官知縣　趙之英麻城人官御史
熊世懿麻城人官博士　劉近臣廣濟人官知縣
石確黃梅人官知縣
甲戌科劉理順榜

陳瑾黃岡人官僉事　秦如容黃安人官中書
南有臺蘄水人官主事　周之茂麻城人官知府
劉侗麻城人　宛三奇黃梅人官知縣
丁丑科劉同升榜
王追駿黃岡人官知府　牛若麟黃岡人官知縣
韋克濟黃岡人官知縣　黃耳鼎蘄水人官御史
畢十臣蘄水人官知縣　周壽明蘄水人官知縣
毛羽儀麻城人
庚辰科魏藻德榜

萬曰吉黃岡人官知縣　王臣縉蘄州人官知縣
高弘基蘄水人官推官　毛祈蕃麻城人
癸未科楊廷鑑榜
陳儒樸麻城人　曹應昌麻城人官知縣
皇清順治丙戌科傅以漸榜
葉成賢黃岡人官通政
丁亥科呂宮榜
喻勳麻城人官知縣　李生美蘄水人官知縣
項始震麻城人官知府

己丑科劉子壯榜

劉子壯黃岡人狀元官修撰　曹本榮黃岡人官侍讀學士

盧紘蘄州人官參政　汪基遠黃岡人東鄉知縣殉難賜廕

程啟朱黃岡人官運使　周禮麻城人官知府

胡三順蘄水人官知縣　胡明垣黃陂人官同知

汪薦蘄州人官知縣　張先基廣濟人官知縣

毛炳廣濟人官知縣　李本晟蘄州人官巡撫

壬辰科鄒忠倚榜

戴治盛黃岡人官知縣　吳之珍黃安人官知縣

鍾琇黃安人官知府　胡躍龍麻城人官知縣

黃中實黃岡人官行人　魏邦哲黃岡人官員外

汪煉南黃岡人官侍讀學士　張正志蘄州人官推官

乙未科史大成榜

萬邦維麻城人官知縣　王澤弘黃岡人任詹事府少詹

熊光裕黃岡人官僉事　楊繼經蘄水人官評事

戊戌科孫承恩榜

陳肇昌黃岡人任提學僉事　張邦福蘄水人官同知

王封溁黃岡人任侍讀學士　王保鼇蘄水人官通判

盧經黃安人官推官　鄒宗彥麻城人官知縣

己亥科徐元文榜

吳升東黃岡人任主事　汪士奇黃岡人中書

王追騏黃岡人官給事中　杜蘅黃岡人官知縣

董時申麻城人官知縣　奚祿詒黃岡人官同知

樊維域黃岡人官知縣　王元士麻城人官知府

陳光龍黃陂人官推官　姚締虞黃陂人任副都御史

譚忠義黃陂人官知縣　葉封黃陂人主事

饒軫中廣濟人官推官　項一經黃陂人任副使

辛丑科馬世俊榜

鄒二成黃岡人官知縣　龍可旌黃岡人官知縣

汪沅黃岡人官知縣　宋敞廣濟人

宋必達官寧都知縣耿逆叛死守孤城保障南贛　程啟張俱黃岡人官知縣

康熙甲辰科嚴我斯榜

楊允楨黃岡人官知縣　高昌明黃陂人官知縣

丁未科繆彤榜

陳國祝黃岡人官知縣

庚戌科蔡啟僔榜

周之美黄岡人官知縣　吳瑾廣濟人任知縣
鄭昱黄岡人任知縣　盧綎黄安人官知縣
唐封麻城人　鄒琬麻城人
癸丑科韓奕榜
韓庚寅黄安人　周維矩麻城人
己未科歸允肅榜
王材任黄岡人任吏部員外　宋敏求黄岡人任庶吉士
王風采黄岡人　畢友宜蘄水人
黄亮羅田人　吳應庚黄安人

龍尚傳黄岡人
壬戌科蔡升元榜
金德嘉廣濟人會元任編修　王懋德黄岡人
王懋才黄岡人
乙丑科陸肯堂榜
張希良黄安人任庶吉士　宋如辰黄岡人任庶吉士
鮑同賢麻城人
舉人歷科鄉試俱州縣分載不照榜序
唐
徐珊廣濟人官秘書正字　徐鵬程

宋
姚彥良蘄水人　劉復心蘄水人
毛文穆麻城人　王漢舉羅田人
冉澤蘄州人　徐貌廣濟人官知府
徐境廣濟人　董起潛廣濟人
王大用黄梅人　魏允最黄梅人官運使
黄宗黄梅人官御史　劉漢傳黄梅人官教授
元
蔡堅黄岡人　趙思義黄岡人
李芳孫蘄水人　周華蘄水人
左容賢蘄水人　楊煥蘄水人

劉貞蘄水人　畢蘭亭蘄水人
葉真蘄水人　林景春羅田人
楊華羅田人　孫用復黄陂人
保保黄陂人　哈直黄陂人
周應龍廣濟人　成大用麻城人
上官公謹麻城人　趙璧峯麻城人
納臣黄陂人　陳天祥黄梅人
魏明黄梅人官翰林承旨　郭友直黄梅人官總管
陳子英黄梅人官提舉使

明洪武己酉科
李原舉 黄岡人官知縣是年始開科
甲子科
徐禍一 蘄水人　張仕安 進士
王獻 進士以上蘄州人　張庚
李潤 官御史以上廣濟人
丁卯科
張益友 黄陂人教諭
庚午科

戴綸 官御史蘄水人　廖士芳
王朴 官給事中以上羅田人　葉銓 官知府蘄水人
癸酉科
劉從政 進士麻城人　柳隆 官教諭蘄州人
許禎 進士　章琦 官訓導以上蘄水人
丙子科
李翔 官教諭　余思恭 官教授以上黄岡人
熊紹祖 官知縣　盧懷 官審理以上麻城人
江祐 官教諭　朱彤 官通判以上蘄州人

己卯科
李楚山　周志雄 官主事以上羅田人
黄瑞禮 官知縣麻城人
壬午科
彭克誠 進士　楊文質 官助教
余志 官教諭　王忠
錢斌　李懋 官教諭以上黄岡人
廖敏 羅田人　趙獻文 官御史
鄔玉 官知縣以上麻城人　程式 官訓導

王廷中 官訓導以上蘄州人　馮性 官教諭
韓中 進士以上黄梅人
永樂乙酉科
朱恕 官刑部郎中　蕭昇 進士
劉鎰 官教諭　唐惟慎 官訓導
喻允慎 官經歷以上黄岡人　陳文顯
何進 以上蘄水人　徐克賢 官郎中
唐友義　黄杲 以上羅田人
蔣輔 官給事中　王秉常 官知縣

劉旭進士以上麻城人
胡琪進士
明晉官學正
周和官訓導
張彤官主事以上蘄州人
楊志高廣濟人
周才官知縣黃梅人
戊子科
傅思聰官知縣
姚文政官同知
胡肇官推官
戴思文
魏思義官知縣
李致中官判官
李儀官副使以上黃岡人
張喜官通判

馬汝賢以上蘄水人
楊貞官同知
陳以忠官同知
周愷官知縣
張淵官教諭
畢以成
鄒正以上麻城人
張价官教諭
陳情
張恒以上蘄州人
楊守中廣濟人
汪善官知府黃梅人
辛卯科
易應端官訓導
丁可信
靳墐
張璘以上黃岡人

丁質麻城人
潘虔官教諭
劉蘊以上蘄州人
劉傑廣濟人
商玖黃梅人
甲午科
冷俊官判官
方正進士
王福官知縣
喻矩
程義官孔目
劉政
何宏以上黃岡人
可鉞蘄水人
陳庸
胡文彬

葉剛
胡凱
葉璲以上羅田人
段志
項虎以上麻城人
廖文通官訓導
李德新官經歷
王韡官主事
汪敏官教授以上黃陂人
徐顯官教諭
胡僖以上蘄州人
周蘊官知府
姜時敏以上黃梅人
丁酉科
郴紹先黃岡人
喻友誠官教諭

陳敬以上麻城人　余文官知縣
周儀官教諭以上黄陂人　程璲解元官訓導
鄭杜官同知　張惠官通判
曾榮官知縣　余俛以上蘄州人
陳烈　何鑑官教諭以上廣濟人

庚子科

陳謨官知事黄岡人　羅倫盧陵人黄岡訓導
穆景官典儀　鄭思賢進士
鄭源以上黄岡人　丘思恭官知府

焦昌官訓導　彭鉉
何憲文以上蘄水人　鄒泰官運同
汪洪官教諭　周鑑進士
鄒來學進士　王以清
林志聰　李溥以上麻城人
鄧鑑官光祿署丞　徐裕官訓導
明應春以上黄陂人　張璉
徐鐸以上蘄州人　周道敬官教授廣濟人
邢繼祖黄梅人

癸卯科

陳綱官縣丞　金珂官縣丞
徐謙官教諭　程讓官教諭
張廸官知縣以上麻城人　鄢忠官訓導黄陂人
何清　熊翼進士以上蘄州人
董熙　田昀
芮忠　段仲章
鄭逵官知縣以上廣濟人　劉禮官縣丞黄梅人

宣德丙午科

周銓　唐中官同知
栁復本以上黄岡人　呂鏞官知縣蘄水人
朱銘官訓導黄梅人　張本端廣濟人

已酉科

楊志官紀善　楊廷春官教諭以上麻城人
陳顯官教授廣濟人

壬子科

汪鑑官知府黄岡人　董應軫官叅議
劉訓進士　李正芳進士以上麻城人

徐昱 官通判 | 陳哲 官通判以上羅田人

乙卯科

鄧逵 官御史 | 李太初 官教諭

金球 以上麻城人 | 朱皞 官教授

謝憲 官照磨以上黃陂人 | 商瑜 官助教黃梅人

正統戊午科

張詳 蘄水人 | 李鑑 官御史

胡應先 官知府以上麻城人 | 周子昂 官運副黃陂人

宋誠 官知府蘄州人 | 吳顥 官訓導黃梅人

辛酉科

謝杲 進士 | 彭本 官經歷

袁瑄 官知州 | 李自能 官斷事

徐悌 官同知以上黃岡人 | 吳承哲 官御史蘄水人

陳敏 官知縣 | 趙訪 進士

丁懋仁 官知縣 | 劉克昌 官同知以上麻城人

王坤 官經歷黃陂人 | 陳愷 官知府廣濟人

甲子科

陶鼎 官知縣黃岡人 | 黃睿 官知縣

項九霄 官知縣以上麻城人 | 劉瑄

陳溱 以上蘄州人 | 伍常 廣濟人

丁卯科

楊憲 官知縣 | 邵綱 官訓導以上黃岡人

蕭允恭 官同知麻城人 | 劉澄 進士

毛晟 官訓導以上蘄州人 | 詹琛

陳愉 官御史以上廣濟人

景泰庚午科

周儒 官知縣 | 楊洪 官知縣

李琥 官通判以上黃岡人 | 徐溱 官教授

薛濟 官知縣以上蘄水人 | 董緒 官通判

周洙 官知縣 | 鄒瀹 官知縣

項九萬 官通判 | 李能芳 官學正

喻哲 官學正 | 熊祥 官知縣

江榮 官學正 | 吳宗鼐 官教諭以上麻城人

廖侃 官知縣 | 李秉 官教授以上羅田人

劉俊 黃陂人 | 張傛

江琳 官知縣以上蘄州人 | 李錦

趙觀　周原學進士

王惠官評事以上廣濟人

癸酉科

張寶試場火死封進士　王孚官教諭

劉璐官知縣　劉克昌官同知

陳璉以上黃岡人　張頊官教諭蘄水人

周楫　方端

蘇鎮以上羅田人　鈐敬官學正

徐公善官同知　穆于隆官知縣

周坤官教諭　鄒崇道官教諭

鄭瓚官審理　劉仲騎官知縣

劉仲銓官同知　謝旭官通判以上麻城人

余潤官知縣　鄭玉官知州

楊贊官知縣以上黃陂人　王翰進士

黎晃以上蘄州人

丙子科

董佐官訓導　孫讓以上黃岡人

鞏泰官教諭蘄水人　黃琦官知縣

周璀官同知　朱兌官知州

黃瑪官知縣　劉綱

程儉官知縣　李泌進士

彭大倫官推官　張嗣玉官訓導以上麻城人

方經官訓導黃陂人　胡祥官州同以上蘄州人

天順己卯科

周旻官知縣　唐瑩官知縣

萬山進士　鄒騏進士以上麻城人

華仲賢進士蘄州人

壬午科

徐頤官知縣　王文學官訓導以上黃岡人

呂渭蘄水人　鄒濼官知縣

周杲官教授　李濂

陳本德　董綬進士

盧瓚官教諭　羅孟芳官司務以上麻城人

韓時省　梅霖官知州以上黃陂人

成化乙酉科

黃伯垓進士　賈汝楫中順天鄉試以上黃岡人

魯永淸 蘄水人　徐朴 官知縣 羅田人
劉瑄 官知縣　蔡必興 官通判
黃時中 官知州　喻宗府 進士
曾夔 官知縣　喻珍 官知縣
王本儉 進士　趙永實 以上麻城人
鄭寬 官訓導 黃陂人　金蘭 官訓導
易濂 官知縣 以上蘄州人　吳守元 廣濟人

戊子科

張佐 進士　易潤 官學正 以上黃岡人

程岳 官同知 蘄水人　周錦
闕韶 以上羅田人　毛成
王閶 官縣丞　唐學 官知縣
江伯鯤 官知縣　林舜 官知縣
鄭景和 官推官　李玉樹 官教諭 以上麻城人
熊弘 官知州 黃陂人　甘瑩 官知州
何珍 官提舉 以上蘄州人　朱慶雲 進士 黃陂人

辛卯科

徐賦 官知縣 黃岡人　萬祥 官同知

鮑琦 官知州　馮鑾 官僉事
李宏 官知縣　胡濟 官知縣
高成 官知縣　李本芳 官知州 以上麻城人
王麟 黃梅人

甲午科

李曙 官知縣　朱珊 官知縣
鄒璽 官知縣　洪儒
朱澄 官通判 以上黃岡人　周銳 羅田人
丘瑩 官知縣　熊經 進士

鄧延 官知縣　秦安 官知縣
李騰芳 官長史　曾大賢 官學正
凌山 進士 以上麻城人　王統 官訓導 黃陂人
田鵬 官知縣　何宗淯 官知縣
張貴宗 以上蘄州人　邢纓 進士 黃梅人

丁酉科

熊璋 官知州　謝慶 官知縣
洪應奎　管謙 以上黃岡人
段景 官知州　蔡尚賢 官州判

桂相官知州　舒昆山進士
明紳官知縣　毛爽官通判以上麻城人
魏澄黃梅人
庚子科
梅秀官知縣　陳富官知縣
王文約　萬居恭以上黃岡人
徐紹先蘄水人　董朴進士
劉燧進士　劉壽山進士
趙繹進士　陳情進士

阮章進士　李沐官教諭以上麻城人
徐傑官知縣黃陂人　劉珅廣濟人
王忠官推官黃梅人
癸卯科
蕭鳳　蔣珂以上黃岡人
李文祥進士　楊潤官知州
鄒同官知縣　周廷璋官知縣
盧廷春官通判　董佐以上麻城人
張克恭官郎中　陳鸞官同知以上黃陂人

壽儒進士　華霽官同知以上蘄州人
孫英官知縣廣濟人
丙午科
唐友義　王彝進士
李汰以上黃岡人　董綬進士
劉瑩官學正　周珪官通判
汪文燧官通判　陳公器官教諭
鄭琦官知州　鄭尚和官知州
董綎進士以上麻城人　方大川

彭鳳來以上黃陂人　華巒解元進士
劉臣官知州　甘澤以上蘄州人
韓璁官訓導　洪晟
吳節官知州以上黃梅人
弘治己酉科
李潤　余復善官知縣
王麟進士以上黃岡人　程節蘄水人
曾大有解元進士　毛騤官知州
周廷徵官御史　汪正官參政

熊績官知縣　蘓勳官經歷
喻淳官知縣　余本官教諭以上麻城人
梁壑　項淵
徐欽進士以上黃梅人
壬子科
李忠官知縣　張伯洪官教諭
曹自學官教諭以上黃岡人　詹易官訓導蘄水人
蕭時賢官知縣　蕭時臣官知縣以上羅田人
王寶官知州　王袞官知縣

袁倫官知縣　唐書官知縣
喻文英官知縣以上麻城人　梅雪官學正
梅霄官通判　陳伯安進士
李誠進士以上黃陂人　陳僖官知縣蘄州人
乙卯科
陳禎官知縣　秦尚恭官教授以上黃岡人
李尚仁蘄水人　陶寶解元官知縣
梅吉進士　李文璧官知縣
趙源潔官知縣　王本元官通判以上麻城人

黃廷玉官知縣　陳大中進士
張思齊進士以上蘄州人　張易宗廣濟人
戊午科
王濟進士　柳復本以上黃岡人
徐吉貞官郎中蘄水人　李文欽官知州
劉天和進士　陳時官知縣
陳文官長史　王宇官僉事
劉煥官知縣以上麻城人　石麟
邢寰進士以上黃梅人　何景明進士羅田人中河南省鄉試

辛酉科
曹珪進士　陳廷瓚官通判
余洪恩進士　蕭大韶以上黃岡人
程翀蘄水人　王澄進士羅田人
曾大顯進士　趙賓
熊夔官推官　阮朝聘
謝廷珪官推官　耿光官教諭
曾煥官推官以上麻城人　鄧景春官知州黃陂人
楊榮蘄州人　程仲禮

向榮官知州以上黃梅人

甲子科

張濟官知縣　曹顯官通判

陳榮官知縣以上黃岡人　郭文輔官提舉

陳榮官知縣　錢重器官知縣

錢貢官同知以上蘄水人　侯正綱官知州

王廷官知縣　毛馭官知縣以上麻城人

宋艮臣官知縣蘄州人　劉艮輔廣濟人

周球官知縣　張桂官知州

石經進士以上黃梅人

正德丁卯科

郭慶官知縣　胡永華官知縣以上黃岡人

呂爵進士　周瑯進士以上蘄水人

傅全中順天鄉試以上羅田人　李漢中廣西鄉試

方鳳官知縣　毛驌官知縣

鄧朴官通判　詹瑩進士以上麻城人

劉永賢官知縣　雷寅官知州以上黃陂人

張禮進士　鄭傑進士以上廣濟人

陳言官學正黃梅人　胡大有官知縣羅田人

張綸官提舉黃陂人

庚午科

周瓚官知縣　余鑾進士

陳璉官知縣　賈啟進士以上黃岡人

李宗元官知縣　操永魁官長史以上蘄水人

匡輔官同知羅田人　熊縱官知縣

毛驗官知縣　鄭雲翔進士

劉光官通判　周傳官知縣

董士毅官知州以上麻城人　彭祺壽官知縣黃陂人

王儼官知府　劉檜進士

余志進士以上蘄州人　洪模進士

胡鳳進士　陳華以上黃梅人

癸酉科

王廷陳進士　王廷梅進士

余文瑞進士　夏時中官通判以上黃岡人

張明道進士羅田人　阮朝東解元進士

周文熙進士　劉淑相進士

毛鳳韶 進士　喻冲 官僉事
喻希義 官知縣　秦鏜 官知縣
胡承學 官知縣　鄒崇義 官知縣以上麻城人
馮霄 官知州黃陂人　卋棠 官長史蘄州人
余慶 官知縣　胡橋 官知縣以上黃梅人

丙子科

梅賢 官知縣　王廷祿 官知縣
王廷儒 官都事　曹誥 進士以上黃岡人
程轍 官助教　蔡曰涇

程象 以上蘄水人　王德純 官御史
葛鴻 中河南鄉試進士以上羅田人　吳孔祥 官通判
熊大輅 官知縣　鄒崇仁 官知縣
徐華　吳濂 以上麻城人
姜茂 官知縣　高鵬 進士
李朴 官知州　劉傑 官知州
張達 官知州以上蘄州人　饒繼明 廣濟人

己卯科

劉桂 進士　金國用

曹詔 官知縣　蔡珀 官知州以上黃岡人
胡仲謨　陳欽 官評事
張瑨 官知府以上蘄水人　喻希禮 進士
陳仲愚 官知州　彭鳳儀 官教諭
楊鳳 官教諭以上麻城人　劉愷 官知縣
傅鳳翔 進士以上黃陂人　程翰 官知縣廣濟人
陳昉 官同知黃梅人

嘉靖壬午科

陶珪 進士　魏春

盧靜　曹諸 官司務
孫欽 官通判　鄭廷相 官知縣以上黃岡人
劉采 進士　周載 官運使
劉爍 進士　阮朝隨 官知縣
曾烶 進士　周岱 進士
劉淞 進士　阮朝策 進士
鄒驗 官知縣以上麻城人　侯天奇 黃陂人
郝守正 進士蘄州人　陳晟 官知縣黃梅人

乙酉科

方任 進士　宋大經 官知州
萬民望 官知州　汪文淵 進士
王秉直　張澤 官知縣
宋希文 官知縣以上黃岡人　李襲芳 官知州
胡仲誥 進士以上蘄水人　胡明庶 進士羅田人
汪篤初 官知縣　汪三山
劉本 官同知　周鼐 官通判
李釆 進士　陳全 官教諭以上麻城人
陳吉言 蘄州人　張穎 官通判廣濟人

戊子科

余夔 官教諭　周宏
朱鴻翔 官知縣　王廷槐 以上黃岡人
殷楫 蘄水人　胡明通 官通判
胡明書 官通判以上羅田人　周賓 官知縣
李寵 進士　朱文式 官教諭
林文明 官知縣　陳念 進士
曾嘉誥 官知縣　方民悅 進士
羅大會　冷珂 進士中四川鄉試

黃卷 進士中順天鄉試以上麻城人　李時言 官知州
馮天馭 進士　翁景昕
張仁 官通判以上蘄州人

辛卯科

李學顏 進士　謝九遷
呂禧 官知縣　奚朴 官知縣
王鳳陽 官知縣以上黃岡人　李承陽 蘄水人
丘柟 官推官　蔡完 官同知
黃梅 官知縣　周廷聘 官知州以上麻城人

郜思學 官知縣　姜仲賢 官通判
甘澧 官知府以上蘄州人　文大才 廣濟人
周繼學 官知縣　汪玉 官知州以上黃梅人

甲午科

汪文瑞　呂韶 進士
王同鶴　劉亮 官通判
戴淳　李時芳 官同知以上黃岡人
易文訓 蘄水人　王釆 官郎中
駱億 官知州以上麻城人　蔡完 進士黃陂人

郭欽 官知縣 | 陳素養 官知州
劉提 官知州以上蘄州人
丁酉科
黃自然 官通判 | 唐珪 官長史
盧大化 官知州 | 杜銓
陳廷舉 官知州 | 陳尚訥 官知縣以上黃岡人
劉廷舉 進士 | 周弘毅 官通判
萬我 官知州 | 周弘烈
陳仲晦 官知州 | 董性 官知州以上麻城人

吳仲芳 | 馮艮知 進士
董威 進士中河南省鄉試 | 王彝 進士以上黃陂人
高暘 官同知 | 張大顯 官推官
顧問 進士以上蘄州人 | 劉寅 官知州
姜壽 | 舒良材 官知州
周勝夏 以上廣濟人 | 洪恩 進士
曹麟 進士以上黃梅人
庚子科
周之冕 官知州 | 劉珙 官知州

陳萬策 官知縣 | 涂瑜 官推官以上黃岡人
徐步雲 官知縣 | 錢邦偁 進士以上蘄水人
劉瀾 官知縣 | 方民懷 官知縣
彭曉 | 方治 進士以上麻城人
任惟賢 官知縣 | 鄭佶 進士以上黃陂人
楊芳 | 陳仁近 官知州
張鋌 以上蘄州人 | 張價 官教諭
胡伯資 以上廣濟人 | 熊偉 官知州黃梅人
癸卯科

杜鳴陽 | 黃泰然 官知縣
奚世亮 進士 | 魏鳳陽
嚴宏 以上黃岡人 | 汪本浹 官知縣羅田人
劉炎 官知縣 | 宋文木 官知縣
郭進賢 官知縣 | 周戴 官同知以上麻城人
陶采 官僉事黃陂人 | 姜梅
盧奎 官知縣 | 胡煥 以上蘄州人
瞿星 黃梅人
丙午科

萬一貫官同知　朱廷相官知縣
丘岳進士　奚世文官知州
羅朝錫官同知以上黃岡人　蕭繼美官知縣羅田人
張袞官知州　鄧楚望進士
丘梁官通判　周賜
明善官知州　胡玉璣官知州以上麻城人
杜子喬官知州黃陂人　田成法進士
楊旦官知縣　易鴻磐官知縣
吳之翰官知縣　陳其愚官知州以上蘄州人

胡伯涵官知縣　饒之初官知縣
孫喬進士　胡莊以上廣濟人
周家官知縣　倪民望官知縣
邢奎官知州以上黃梅人

己酉科

黃士元官通判　程鳳全官知縣
袁文星官知縣　羅星官長史
祝宗文官知縣　江漢官同知
袁廷椿官通判　李文運官知州

蕭濂官通判以上黃岡人　周鳴塤進士
李猷官知州以上蘄水人　何一乾官通判
趙教進士　彭台
李本仁官知縣　江澤官知縣以上麻城人
晏應科官知縣黃陂人　湯一賢官知縣
化之行官同知　董士仁官推官
洪大賓官員外　易龍見官知州
顧闕進士　陳文章
劉拯官知縣以上蘄州人　徐鰲官孔目廣濟人

瞿晟進士黃梅人

壬子科

陳仕官同知　汪之汸
王廷瞻進士　曹瑯以上黃岡人
朱袗進士蘄水人　萬言策官知縣
余瑞官知州以上羅田人　耿定向進士
周思久進士　劉涑進士
朱繼孔官通判　袁亮官苑馬卿以上麻城人
丁惟誠官主事黃陂人　周祈官郎中

周禧進士　甘繼忠以上蘄州人

乙卯科

黄自任官通判　汪仲川官參議

王睦　熊養中進士

陳廷政官知州以上黄岡人　樂浹官知縣蘄水人

熊繼魯官員外　蔡光祖官郎中

周弘廸　周弘祖進士以上麻城人

馮天騤官知縣　吳鳳瑞

韓表來官知縣　李啟昭進士

甘受學官知州　曹承誥官知縣以上蘄州人

邢璧黄梅人

戊午科

范宗政官知州　杜傑官知縣

丘養蒙官通判　嚴璞

曹光以上黄岡人　李嗣箴進士蘄水人

陳謨進士　劉方官通判

蔡應陽官布政　周思大官知縣

熊讜官主事　曾嘉祐

梅汝求以上麻城人　周祚官郎中

徐之徠官知縣　王省吾官教諭

高世相　戴符以上蘄州人

徐祥麟官主事廣濟人

辛酉科

嚴珣　周文卿進士

葉維喬官知縣　王址

李植官僉事　馮言官通判

王同道進士　王追美

何天德官知縣以上黄岡人　阮孝官知州

丘齊雲進士　丘龍雲官同知

曾嘉祿官知縣以上麻城人　史修官知州

王之佐　余登庸官知縣以上蘄州人

劉天衢進士　陳希闕

張裴雲官主事以上廣濟人　章宗禮官知縣黄梅人

甲子科

周朴官知縣　曹繼孝進士

徐時可進士　李之用進士

曹美　杜伸進士
易倣之進士　汪本英官知縣
袁文伯官知縣以上黃岡人　朱期至進士
胡邦謙以上蘄水人　劉守泰解元進士
董石進士　周思敬進士
周思韶官知府　耿定力進士
謝鰲官知縣　黃𡾰官知州以上麻城人
壽表　李建中官同知
易可訓官知州　余時中官知縣

劉如皐進士　余盛春進士以上蘄州人
舒企廣濟人　段尚繡官御史黃梅人

隆慶丁卯科

王追伊官知州　劉逵官知縣
江沛然進士　余光先官知縣
劉功允官同知　徐應聘進士
丘一奇官同知　李裕官知州
朱朝龍官知縣　徐銘官同知
汪守廉官同知以上黃岡人　李時成進士

張鵬翎官知縣　徐一唯進士以上蘄水人
徐雲山官推官　周思稷進士
阮宗孔官知府　梅國楨進士
劉諧進士以順天鄉試　李爵中四川鄉試官郎中以上麻城人
陳正誼　吳之問
李孟春官主事以上蘄州人　程希舉廣濟人
宛如麟黃梅人

庚午科

汪之煥　王廷植官知縣

葉正蒙官知縣　涂巍官知府
程希凱官教諭　汪一右官同知以上黃岡人
易之貞官知府　胡仲合官知縣
王希元進士以上蘄水人　高儀官知縣羅田人
梅在廷官同知　李承泰官知縣
周弘祈　王龍麟官知縣
曾嘉袞官同知以上麻城人　張冥
葉奇　張日新官知縣
馬希遷以上蘄州人　楊大軏廣濟人

王應奎　邢應軫以上黃梅人

萬曆癸酉科

王同晉　余應鶴官知縣

黃宗聖官知縣　劉道官參政

余心純進士　於廷諍以上黃岡人

李第　石三復官同知

何鳳起進士　周延甲官知縣以上蘄水人

蕭磐官主事羅田人　周弘綸進士

鄒思亮官通判　李世薦官同知

羅樹聲官同知　梅維範進士

陳楚產進士以上麻城人　李際春進士

張邦彥官知州　燕祖名官副使以上蘄州人

陳王道廣濟人　瞿九思官待詔

嚴自綮　王夢麟官知縣以上黃梅人

丙子科

王同大　汪季川

朱萬年官監丞　廖自伸官同知

陳九德　周時烈官通判

陶便官通判以上黃岡人　張文光

蔡斗移進士　周廸官通判

周道大官知縣以上蘄水人　胡效臣官知縣羅田人

徐期進士　李承槐進士

黃順乾官知縣　毛思龍

周至德　詹仰望官知府以上麻城人

王體元黃陂人　李載陽進士蘄州人

湯之相　呂應期以上廣濟人

邢懋敬官知縣黃梅人

己卯科

郭知易官員外　曹士彥官知縣

阮文蔚進士　李汝賢官知縣

王壂官通判　陳守俊官知縣

余履盛官教諭　杜若芝官知縣以上黃岡人

潘學聖　何其弘蘄水人

黃圖解元進士　劉奕進士

黃建衷進士　謝師啟官教諭

鄒思哲以上麻城人　王心正

王三極以上黄安人　劉如寵進士
劉廷策　唐一鵬進士以上蘄州人
王大謨進士廣濟人　石崑玉進士
汪可受進士
壬午科
樊玉衡進士　王一鳴進士
瞿成名官同知　吳嵩
孫大壯進士　吳士瑞進士
盧國禎官同知　孫紹芳以上黄岡人

胡永寧　朱期萃
馮國祥　徐存德進士
閔廷甲進士　周光德官知縣
何其謙官知縣以上蘄水人　劉承芳官審理
梅國樓進士　梅國森
汪源浩官教諭　王之機官參政
黄在中官知縣　魯之賢官御史
閻遇官知縣以上麻城人　張濤進士
鄧宦舒以上黄陂人　盧堯臣進士

耿汝忠以上黄安人　袁世振進士
張星官同知以上蘄州人　徐來建
程可文進士以上廣濟人　瞿甲
龔懋進士　熊華宇以上黄梅人
乙酉科
汪起雲解元　蔡正茂官知縣
盧勲　孫大祚官僉事
周有爲官推官　劉美官教諭
韋宗孔　曹光德進士

程登雲　徐學禮以上黄岡人
陳所志　周應期進士
桂凌雲官通判以上蘄水人　王楡官知州羅田人
彭遵古進士　劉秉鑰官長史
王可相官同知　彭好古進士
吳從周官司務　王庭官同知
詹淑官知府　周崇惠進士以上麻城人
楊成性官知縣　余新民官副使
張大猷進士以上黄陂人　陳其要

蕭明哲　　宋道亨以上蘄州人
邢懋順進士　　邢懋學
熊華國官推官以上黃梅人
戊子科
張原碩官知州蘄水人　　周應嵩進士
周制官知縣　　劉文杰官同知
李鼎　　劉承緒以上麻城人
彭應嗣黃陂人　　秦懋
周家棟　　吳化進士以上黃安人

張劾堪　　王之臣官知縣
李璗官知府　　史朝貞官同知
顧懋宏以上蘄州人　　鄒如顏官知縣黃梅人
辛卯科
汪元極解元進士　　盧登
熊養初官推官　　祝名先
洪聲遠官參政　　何天申中應天鄉試官治中俱黃岡人
黃之壯官知縣羅田人　　梅維芳進士
周應明進士　　李長庚進士

田生金進士　　鄒衡官評事
劉泮官同知　　汪之澄以上麻城人
王一凱官同知　　段養度官推官以上黃陂人
夏忠官同知　　汪廷玉官僉事
陳王道官同知　　黃鳳翔以上蘄州人
舒其志　　宋元宰
董三奇以上廣濟人　　金玉節蘄水人
甲午科
秦繼宗解元進士　　官應震進士

黃中官教諭　　汪應節
樊玉衡進士　　梅獨早
程元瑜中應天鄉試　　萬一奇
吳思溫以上黃岡人　　陳秉厚官知府
楊繼哲　　周延光
孫慈官知縣以上蘄水人　　朱一統官知州羅田人
黃會中　　毛可教官知府
曹大受官副使　　周邦基進士
黃位中　　鄒瑄官通判以上麻城人

張邦亨官知州　龔漢臣官知縣以上蘄州人
張嵩　宋之琦官知縣以上廣濟人
丁酉科
穆天顏進士　王同謙進士
韋石麟進士　胡欽闕
陳鴻恩官知府　羅一哲官教諭
周藎臣　陳余達官教諭
周之訓進士　胡來臣以上黃岡人
張應奎進士蘄水人　熊嗣先官同知

王成位官同知　毛茂春官司務
周之夫進士　楊之彬官同知
熊所師官推官以上麻城人　胡賓臣進士
黃彥士進士以上黃陂人　張邦翼進士
蕭世聘　陳時宜官同知
汪宗文官副使以上蘄州人　石柱國官知縣
項楚以上黃梅人
庚子科
鄧應張官知縣　吳時泰

於倫進士　曾日省官知縣
吳崴　官應賓
黃振辰　程士升以上黃岡人
楊惟一官郎中　王之民官知州以上蘄水人
汪之浹官知府　蕭魚官知府以上羅田人
周應寄官知縣　田生芝進士
曾汝鑨官知州　王育德官布政
鄒人昌進士以上麻城人　周棐
范志琦官同知　吳之皡進士

王思善進士以上黃陂人　彭應會黃安人
王之栩官同知　劉世寧官知州
劉銳官知州　晏攄忠官副使
嚴恭以上蘄州人　吳亮嗣進士
楊大鰲　劉人表官同知以上廣濟人
胡奇垣官知縣黃梅人
癸卯科
鄭之艮官知府　鄭謙官知府
劉文忠　甄淑進士

魏國賓　王同定以上黃岡人
郭士堅解元進士　畢大猷官教諭
許元卿　孫逢時
姚明恭進士以上蘄水人　王焯羅田人
王奇官知縣　梅之煥進士
毛調元官知縣　王養中
李廸官主事以上麻城人　秦文化黃安人
劉寰官知府　王夢豢官通判
邢懋勳　梅啟元官知縣以上黃梅人

丙午科
杜應芳進士　陳懋官教諭
余士忠　鄒之易進士
晏清進士　余弘埼以上黃岡人
游之英官知縣蘄水人　張會心羅田人
鄧漢臣官知縣　張繼孔官同知
鄭天懿官知縣　李新楚官知縣
陳以聞進士　田生蘭官主事
閭察言　周世盛官知府以上麻城人

鄧光舒官知府黃陂人　秦植黃安人
王臣紀官知州蘄州人　石有恒進士黃梅人
己酉科
陶起虞進士　程之式
王一桂官主事以上黃岡人　朱期昌中順天鄉試蘄水人
王先進士　汪攀龍官推官以上羅田人
王之楨官知縣　劉鍾英進士
周崇極官僉事　宋應軫官主事
李延官主事以上麻城人　詹先志官推官

王景隆　劉有聲官知州
周若衡　杜廸
周中極官知州以上黃陂人　胡士容進士
陳嘉言以上廣濟人
壬子科
丘惟明　丘惟時
丘宗魯　王欽濂官知縣
李五美官知府　趙世貞官知州
魏之璪　魏國彥

杜祝進官助教以上黃岡人　南有臺進士
楊楚龍進士以上蘄水人　周維光官知州
劉涵清官知縣　毛舜嶽進士
蔡茂春進士　劉孔源官推官以上麻城人
王猷官知縣黃安人　李梃進士
蕭震進士　田乃穉進士
易道偉　郤于行官知縣
曾鳳采官知縣　劉琛中順天鄉試以上蘄州人

乙卯科

劉宗祥進士　洪周祿進士
李顯祖官知縣　曾齊賢
周三俊　靖科元進士以上黃岡人
朱朝熙官知府蘄水人　黃可柱官主事羅田人
劉忠清　毛丹采官推官
周應昕　鮑之祥進士
劉秉衡官知州　周之茂進士以上麻城人
李藏春官同知黃陂人　耿汝忞黃安人
王琪進士　田雨公進士

茆世德以上蘄州人　金之純官知州
井許國　陳楚瓊官知縣以上廣濟人
石有信黃梅人

戊午科

汪燝南　祝世美進士
何閎中進士　王六如官主事
嚴師範進士　阮維岳官知府
屠振鐸官知府　樊維城進士
蕭正大官知縣　程烰官知縣以上黃岡人

蔡睿進士　三覺民
桂啟芳進士　謝天申官知縣以上蘄水人
王煋羅田人　劉承棠進士
梅之燿　周士美
田弘恩　曾嗣禹官教諭
周振中順天鄉試以上麻城人　耿汝思
韓邦先　胡贊華以上黃安人
李樹初進士　饒京進士
李新官僉事　洪名鼎以上蘄州人

余鍾岳　陳欽命官教諭以上黃梅人

天啟辛酉科

王家錄官主事　劉相可

盧任澄　呂元音

周弘邦　鄧謙進士

程艮球　吳思文

牛若麟進士　舒中天以上黃岡人

魯若參官教諭蘄水人　劉伸進士

陶承讜進士　趙之英進士

曾嗣仲以上麻城人　李元萃官副使

周禎應官知縣以上黃陂人　劉之禎黃安人

袁雲龍蘄州人　梅調燮中順天鄉試

饒嘉元以上廣濟人　石確進士

陳瑜官兵馬指揮以上黃梅人

甲子科

魏公韓進士　王源昌進士

蕭繼芃　程之敦以上黃岡人

毌九臣官同知蘄水人　周應華進士

余士瑞進士　董九功官學正

周世璽官知縣　楊魯

李雲程以上麻城人　周若崧官推官

傅乃根官主事以上黃陂人　田漚官知縣

張劼葵官同知　貢其志

劉廷教以上蘄州人　劉近臣解元進士

張楚偉以上廣濟人

丁卯科

周啟元　蔡馨明

王用予進士　鄢之燧

劉師徠以上黃岡人　周之士官知縣蘄水人

王增官知縣　王熺官知縣以上羅田人

周世垣進士　鄒師捷進士

熊世懿進士　陳鵬舉官副使

陳儒楧進士　周濼官教諭

李鄧林官知縣　張久徵中順天鄉試進士以上麻城人

秦如容黃安人　康思孝

李雲慶官知縣以上蘄水人　藍季曙

劉近甲（以上廣濟人）　宛三奇（進士黃梅人）

崇禎庚午科

王追駿（進士）　劉子壯（進士狀元）

王一翥　陳師泰（官知府）

張士志　詹大有（官知縣）

李掞林（官員外）　蕭奎

陳瑾（進士）　易士龍（官知縣以上黃岡人）

楊繼錦　高弘基（進士）

胡三宗（官知縣）　饒應元

丘之宗　畢期玗（以上蘄水人）

盛世彥（羅田人）　胡公國

朱師忠（以上麻城人）　鄭文侯

丁若呂　周昌應（官知縣以上黃陂人）

金天宿（官知州）　朱永昭（以上蘄州人）

癸酉科

於斯行　葉國章（官知縣）

汪煉南（進士）　汪爚南（官知府）

李如瑾（官知州）　魏師田

鍾天與　奚還吉

吳元伯（御賜進士）　胡公陳（以上黃岡人）

南居翼　胡三順（以上蘄水人）

朱之理　詹應熊

魯元公（官知縣）　馮九思（官推官）

劉怡（官知縣）　董璜（中順天鄉試官同知）

劉侗（中順天鄉試進士以上麻城人）　阮國允（官學正）

梅灝（官知州）　鄧章光（以上黃陂人）

盧希儲（黃安人）　陳奇思（蘄州人）

石鎮國（官副使）　吳卿（官知縣）

洪世講　張國光（以上黃梅人）

丙子科

萬曰吉（進士）　張士佳

韋克濟（進士）　萬爾昌

黃鉉（官主事）　詹謹之（官推官以上黃岡人）

周壽明（解元進士）　黃正色（官知縣）

畢十臣（進士）　黃爾鼎（進士以上蘄水人）

江山柱　鮑修吉

毛祈蕃進士　毛羽儀進士

毛元暉以上麻城人　王命璞黃陂人

張士智黃安人　李炳然官知縣

盧紘進士　王臣縉進士以上蘄州人

巳卯科

奚鼎鉉　秦餘馨官知縣

韋成賢進士　王源善

陶克峻　於斯昌

方應地　劉子芬

魏應熊　詹大衍以上黃岡人

李見璧　尤宗先

楊簡以上蘄水人　余彌綸羅田人

曹應昌解元進士　謝應申

劉鍾蓉　梅念殷

周損官推官　葉采

王山玉以上麻城人　方啟渭官同知

蕭芳　李應栢以上黃陂人

江載清官知縣黃安人　梁之垣

朱晙以上蘄州人　張復熙

饒來中以上廣濟人

壬午科

程文　曹澄

郭都城　晏濟官推官以上黃岡人

金甌　謝天知

張繼善　南之俊以上蘄水人

喻勲進士　董珍

鄒知新官知縣　董璋官知縣以上麻城人

詹龍翔官知縣　羅世玠官知縣

胡明垣進士　黃墀以上黃陂人

劉洪瑤　吳敏含官知縣

翟近宸　張楚璠

王欽命官學正　于應試以上廣濟人

蔣文　蔣杲官知縣以上黃梅人

國朝順治丙戌科

魏邦哲進士　周九華官知縣

鄧錦官通判　宋皇佐

張偶賢官知縣以上黃岡人 李生美進士
程維伊 汪文光
李果以上蘄州人 項始震進士中順天鄉試
劉輝以上麻城人 汪衢進士蘄州人
毛炳進士 張先基進士以上廣濟人
邢秉鈞 熊兆師官知縣黃梅人
戊子科
曹本棨進士 程啟朱進士
凌建奇官孔目 黃中實進士

汪基遠進士 王用世以上黃岡人
張五衢 楊繼經進士以上蘄水人
周禮進士 金九鼎官知縣以上麻城人
張國運官知縣 陳光龍進士以上黃陂人
李本晟進士蘄州人 梁憲黃梅人
一光珊羅田人
辛卯科
王澤弘進士中順天鄉試 王承啟
張之杜官教授 熊夢熊

孫如芝官知縣 汪申達官學正
陳肇昌進士 王成以上黃岡人
李之驥 李華
陳琛官知縣 駱驕
桂冲雲 高耀基以上蘄水人
徐熙明官知縣羅田人 王國佐
楊典學官教諭以上黃陂人 王元士進士
萬邦維進士 胡躍龍進士
董時升進士 黃倫

顧允基 高翥以上麻城人
鍾琇進士中順天鄉試 吳之珍進士
蕭湑中順天鄉試以上黃安人 顧咸泰蘄州人
宋叡 吳瑾以上廣濟人
甲午科
馮雲傳 張本忠
熊光裕進士 宋必達進士
樊維域進士 汪沅進士
程啟張進士 汪建遇

杜琦官教諭　胡翊明官教諭
楊碩官知縣　黃名啟
王一鈃中順天鄉試以上黃岡人　王保釐進士
邢子愿　洪一翥以上蘄水人
江漢英　唐封進士
郭更名　毛祈華以上麻城人
周于藩官教諭　周讚官教諭
姚締虞進士以上黃陂人　程之澍
程一棐官教授以上黃安人　劉洪璽廣濟人

丁酉科
汪士奇進士　王追騏進士
奚祿詒進士　王封溁進士
周之美進士　吳升東進士
杜蘅進士　龍可旌進士
宋文球　汪嶼南官知縣
徐子有任教諭　杜士英任教授
黃如松　林昆翰官知縣
余卓　魏信陵

葉自巖任教授　洪有守中順天鄉試以上黃岡人
張邦福進士　李成棟進士
徐秉應　程維極以上蘄水人
鄒宗彥進士　鄒四知官教諭
吳虞廷官知縣以上麻城人　黎時舉官知縣
譚忠義進士　楊兆傑官主事
葉封進士　項一經進士以上黃陂人
盧綖進士　盧經進士以上黃安人
張承位蘄州人　饒軫中進士廣濟人

程允廸黃梅人
庚子科
張從瑜官教授　王追騄任教授
王之鯨官知州　楊允楨進士
鄭二成進士　鄭一洪以上黃岡人
鄒琬進士　周維秬進士
葉蓮　劉本源中順天鄉試以上麻城人
張啟祚黃陂人　金德嘉會元
藍應彖　張金基

李必泰以上廣濟人
癸卯科
陳敏常　梅佳楠
操之盛　江永祚
王萬瞻　余世羽
陳國祝進士以上黃岡人　朱國是蘄水人
王庶善　丁若達
黃熊　高昌明進士
王遵度以上黃陂人　盧緯官知縣黃安人

劉洪璇廣濟人　徐熙明官知縣羅田人
丙午科
鄭昱進士　黃嘉應
胡垣　黃名凱
胡思樊任教諭　張仲經任教諭以上黃岡人
畢紹輿蘄水人　秦至
盧爾慥中順天鄉試以上黃安人
己酉科
王鳳采進士　陳弘仁

孫銙任教諭　鄧維憲任教諭
徐光林以上黃岡人　程達任教諭羅田人
袁進麻城人　韓庚寅進士
張希艮進士以上黃安人　張志焜
王軒　王煋以上黃陂人
魯鳳喈　袁懷吉以上廣濟人
壬子科
晏勛明任教諭　王文繡
姚之年以上黃岡人　周梓蘄水人

劉懋京廣濟人　秦如莞任教諭
盧绛任教諭以上黃安人　蔡楷麻城人
陳坦黃陂人
乙卯科
王材任進士中順天鄉試黃岡人
丁巳科附江南省
韋鍾藻中江南鄉試黃岡人　姚繩虞中順天鄉試黃陂人
戊午科
宋敏求解元進士　胡之太

王懋才進士　詹士懿
毛鴻漸　龍尚傅進士以上黃岡人
畢友宜進士　高鑑
徐雲弘中順天鄉試以上蘄水人　黃亮進士羅田人
陳世懷　冷文煦以上黃陂人
徐奇志黃梅人　吳應庚進士黃安人
張萬選　劉懋弼廣濟人
辛酉科
汪基美　孫篤棐

劉同向　王懋德進士以上黃岡人
官純貞　邢雲以上蘄水人
許文岐羅田人　李如龍
蕭一舉　陳世封
黃道茂以上麻城人　喻士鼎黃安人
黃利通黃梅人
甲子科
宋如辰解元進士　江一崙
吳國禎　祝軒齡

舒士才以上黃岡人　鄒士璁麻城人
黃仁讓　鄧際聖以上黃陂人
何通黃安人　張仕渾
陳正誼以上蘄州人　張佳晟廣濟人
張光庭黃梅人　鮑同賢麻城人
閻承志　邢子楨以上蘄水人

黃州府志

卷之六下

選舉志

黃州府志卷之六下

知黃州府事襄平蘓良嗣較定

選舉志

貢士 分註州縣槩不編年

明

陳敬 官員外
趙玉 官學正
唐友誠 官副使
蕭英 官參政
郭子奇 官教授
張甫 官知縣
潘淑 官知州
李信 官知縣
舒志善 官布政經歷
余必選 官奉祀

史誠 官序班
但先 官州同
彭進 官副使
鄒仕昇 官通判
胡子貴 官主簿
蔡伯和 官兵馬指揮
龍文試 官推官
傅思旻 官知縣
劉政 官知府
林讓 官訓導
吳英 官知府
陳雍 官御史
鍾旻 官教諭
張佑 官兵馬指揮
楊懋 官訓導
謝禾試 官布政檢校
王應奎 官府照磨
周義 官知縣

劉金 官訓導
王震 官推官
顏和 官府經歷
魏鏞 官訓導
彭鑫 官衛經歷
黎瑄 官訓導
蔣聰 官審理
張鼎 官訓導
蔣文選 官訓導
蕭棲 官州判
王鐸 官衛經歷
鍾鳴 官訓導
黃鏞 官知縣
朱靜 官知縣
曹珙 官知縣
詹源 官知縣
曹通 官知縣
黃瑞 官知縣

喻銘 官知縣
周敏 官推官
屠明 官主簿
陳艮
黃斌 官主簿
單麟 官主簿
彭倫 官推官
宋明達 官府照磨
鄭鑑 官知縣
劉本 官州同
黃崇 官縣丞
鄭巘 官主簿
聶聰 官主簿
朱璨 官宣慰經歷
王進 官理問
孫艮謨 官知縣
劉璋 官推官
王昇 官知縣

宋棨官主簿　馮璋官主簿
丘仁官縣丞　朱聰官學正
周正官經歷　李世高官縣丞
蔡勳官訓導　楊子榮官訓導
陳鸞官同知　徐時中官教諭
蔡昆官教諭　周郁官主簿
曹儼　王僑官推官
謝昱官縣丞　喻訓官知縣
詹寶官經歷　李涇官主簿

黄州府志　卷之六　選舉下　三

詹玉　張兹
鍾琛　秦尚文
秦尚經　張紘
徐輔官衛經歷　李珊
袁寶　張鶚官教諭
汪經　李義官經歷
鄒軒官知縣　賀祿官學正
王玠　宗昇官訓導
袁璽官教授　李文明官學正

袁釧官教諭　皮珪官訓導
王爵官訓導　王德官縣丞
馮大本官縣丞　方敏官教諭
詹孟夏官知事　杜華官鹽提舉
徐麟官通判　曾介官教諭
劉大同官訓導　陳言官通判
袁尚明官訓導　邢寬官訓導
吴慶官教諭　丘峻官訓導
董公善官通判　馬良官知縣

黄州府志　卷之六　選舉下　四

閔泰官知縣　朱應詔
胡靜官訓導　陳溥官經歷
宋章官知縣　劉大倫官教諭
張文淵　徐寬官訓導
李春官教諭　周廷相官推官
樊模官兵馬指揮　潘仕佑官教諭
林嵩官布政理問　王筮官訓導
許賢官教授　余洪績
陳杲　蔣夔官通判

李承芳官教諭　董昱官教諭
黃芳官審理　陳暹官知縣
萬珊官學正　曹琮官紀善
宋希哲官知縣　鄧廷鳳官知縣
杜翔官知縣　陶珽官州判
范芝官知縣　吳偉
徐崇德官教諭　呂祥
侯佐　許錦官訓導
李仁　孫鉞官州判

熊忠官知縣　陳實
吳紀官訓導　黃蕙
曹雲鳳　謝文祥
陳恩　趙寅
黃華官知事　蔣希周官訓導
劉錠官訓導　張治官訓導
羅素官訓導　聶惟賢官知縣
余淪官主簿　張玉振官訓導
余廷桂官訓導　李澍

徐相官教諭　徐希孟官教授
蔡明試官訓導　甄善官訓導
袁邦祥官知縣　胡濬
康祥官訓導　魏麟
張起鰲官訓導　劉承芳官訓導
陳大器官教諭　朱宸官訓導
林民表官主簿　曾守約官訓導
蔡明儒官訓導　孫之祐官主簿
鄧正官教授　汪文相官教諭

蕭文奎官訓導　丘尚策官訓導
屠宗禹　周文炳官訓導
李實官訓導　汪一右中鄉試
廖通官訓導　沈廷臣官學錄
袁邦祿官訓導　徐自懋官通判
高士官教諭　梅一株官推官
劉賢　王光官署丞
陳嘉學官知縣　余宸知
丘尚夔　蕭韋官教授

鄭文彬官知府　王松
黃自中官訓導　徐鏘官知縣
余大韶官通判　黃甲官通判
何天申中鄉試　陳化官教諭
陳嘉謨　王同恒
樊煒官教諭　高栢官學正
王同亨官教授　蕭友蘭官訓導
姚端官教授　秦一清
朱廷光　熊養純官教諭

劉文爚　陳大奎
陳養官教諭　余應奎官教諭
樊鼎遇　高第官教授
劉文元官教諭　丘縉
汪傑官通判　魏岫官訓導
胡瀞官知縣　余繼盛
祝文斗官通判　陳相道
梅應時　汪儒
林國卿官訓導　陳宗顏官教諭

龍雲程　李之本官訓導
宋德祈官訓導　劉功遠官訓導
胡克矩官訓導　周啟孫官同知
陳九成　程師明官縣丞
李應翠官訓導　汪廷桂
葉維禎　王同鼎官主事
徐言官州同　陳三鳳官知州
余道南　彭應元
詹時明官教諭　陶一經官知縣

趙炳　羅一振
魏士元　胡克武官訓導
洪聖典　曹士謨官學正
曹之楝官訓導得士心入名宦　廖自强官知縣
杜璚芳官教諭　樊玉衢
余本淳　熊應鳳
黃德　曹之建官知縣
杜鎮　丘一儒
張奇節　方來賓

葉應昌　於斯瑞
、夏道律　王賓
杜喬芳　鍾天錫
杜銓　袁用宜官教授
王家鎮　洪有臨官知縣
丘之壂　江中柱官知縣
鄒之旦　王士龍官訓導
杜絡先　陳克岐官知縣
丁應明官同知　魏師卜

何昌祚　萬引吉
孫錫蕃官知縣　嚴之聰官知縣
魏師段任同知　王承祜
劉文運
國朝梅斯瑞官訓導　曹亮采官教諭
殷之提官訓導　方焰官知縣
陳敦官知縣　王躬允官知縣
梅斯美官教諭　周維鏞
王用世中鄉試　甄嘉棠

祝世標官教諭　王澤弘中鄉試
金鳴虞　胡克峻官知縣
周士韻　靖乃猷官知縣
熊光裕中鄉試　穆修官知縣
王源曾官縣丞　陳之賓官教諭
呂尚和官知縣　祝守峻官訓導
洪有守中順天鄉試　高登雲官知縣
鄭光聚官教授　熊雯官知縣
周泰祥官教諭　汪郜孫官縣丞

王一喬　林秀
官撫應官通判　龔秀官教諭
錢交叟官知縣　晏勳明
操日臻　張弘任
姚彥　何履仕
樊齊署　曾克明
朱日濬　余世羽中鄉試
何右彬任訓導　汪以載
余二俊　王追駿

丘學佺　高思忠官訓導
王㫖烈　王追驥
王追駬　詹大衢
王材任中鄉試　王源復任教諭
易道憲　陳繼賢
洪有能　孫叔嗣
黃煥文　陳吉
程景申　陳鴻元
王如琮　馮士尹

廖之渾　李拱祝
李遐齡　汪墀
劉宏蘭　孫子侯
汪惟鏞　王追驊
李朝琨　廖如愚
瞿體元　張宏功
王之張　汪基邦
黃善滋　曹大輅
陳大章任中書舍人　郭又述

詹大衡任教諭　王材升
王封溁　王材成
魏嶠官知縣　王封潆
吳大本任教諭　魏嶼
王學朱　詹士朗官訓導
劉孫茂任訓導　姜維周官教諭
殷光文任訓導　周惟樸
周惟棫　曾明德
程光禧任訓導　周祖武任教諭

萬爲隨任訓導　鄭昌任訓導
陳大年　張世斌　姜祚昌
陳大肇　王追騊　杜士默　詹士廉　以上黃岡人

明

黃紹祖官侍郎　葉輝官同知
鄒以修官主事　李思默官知府
王瓚官知縣　程紀官知縣
劉棨官同知　朱伯琦官教諭
張珩官主簿　陳賓官同知
劉淳　徐添理官御史

劉俸　張瑛
戴鵬官同知　徐淳
柴孟溱　柴孟洧
方文質官知縣　黃思剛
徐振　王鏞高官知縣
王德全　張富官知縣
徐信　魯忠
陳賓　陳仕霖官知府
王直　程思銑

方清　樂武
李端官序班　龔淵
劉汝賢　華鏞
余璣　戴自省
殷倫　邢道鑑
彭垍官教諭　張文禮官知縣
郭奎　丘高官訓導
周仕淵官推官　周宣
周仲安　吳志官訓導

樂和官訓導　徐公正
南朝陽　王奉
南時陽　周廷士官知縣
胡宗周官訓導　萬福
游庠官署丞　詹子雲
汪倫　王紳
周紹武　張練
畢鴻　王中正官知縣
陳大鵬官州判　樂㧑

李性文官知縣　程文遠
李延芳官訓導　袁紹芳
閔子厚　丘璽官訓導
周臣官知縣　龔鍪
周仕哲　丘璋
畢良凱　張珏
周制　朱文明官教諭
魯恩官訓導　何爵
夏尚表官訓導　周玉球

汪輔官知縣　朱蘊祥
叅辯官訓導　潘瑤官知縣
熊正山官知縣　柯楚山
程輅官知縣　周望官訓導
徐文臣　陳鵬官知縣
陳鉽官通判　潘瑯
游虬　李之實
徐克私官知縣　萬艮儒官訓導
周申　李昉直官訓導

華邦基　葉廷梅
夏貢　畢艮謨官訓導
錢邦似　周中
陳鈕官知縣　王三輔
王希舉　周廷大
丘文山　周道行
楊達春官教諭　易之會官學正
周之祐　饒正宇
周廷申官知縣　汪凝官通判

楊伯瑋官知縣　楊伯廷
畢昌　錢鑌官訓導
汪効忠　胡行謙官知縣
楊日隆　萬事忠
周之倆　王來泰
華于堯　周徤行
楊廷簡　劉炎
南山石　徐二南
徐一倬　徐二瑞

周鳴咸　官撫邦官教諭
岑柱瀾官訓導　周之篆
徐學昌官教諭　錢邦伊
李生蹊官訓導　周從文官教諭
楊于星　徐喬齡
官撫辰官知州　陳于前官通判
程九萬官知州　姚允恭官通判
楊伯賓　呂應宸官州判
官撫極官通判　郁文初官知縣

閔以棟官同知　黎弘祚
王士俊　夏之謨
姚居恭官同知　畢祖洲
國朝楊繼暢　南仲官知縣
何之旭官知縣　夏奇男
胡旦　皮浚明官訓導
黃士英官教諭　姚師孟
黃宗鼎　畢瀛洲
楊成珙　楊錄用官通判

王臨民　李見瑤
畢紹昌　鄭嗣產
歐陽鼎　南之傑官知縣
李報玉　楊于儒
高子才　王綸
李光祖　畢鳳洲
張問政　周文翰
何聖時　李開禧
官撫滇官知縣死難陽豀　南夢班任知縣

華文薰　鄭文先任教諭
陳兆玉　徐五宗
李見傑　官純佑以上蘄水人
明楊瓊官通政使　蔡明甫官提舉
方永中　祝成才
徐志亮官御史　吳昇官御史
李志亨　董儀
樂真　鄒奇
王吉　鄒淵

胡進　胡鍾
周相　樂鳳儀
吳齡　盧鑑
孫裕　聞林
熊飛　晏諫
王惠　吳文
熊敏　王杲
蔚禧　王定
洪清　朱啟

曾煥　饒觀
周濟官布政理問　方正
楊學　盛思
李諸　李本
凃敏　喻鏑
林玉官通判　周瓚
鎮本　胡全
張彥　韓忠
張盩　王邦儀官學正

葉源　樂九成
王儼　葉隆
陳倫　項濤官州同
程仲智官通判　胡大倫
曾思式官知縣　陳灝官知縣
余大德　聞廣
鄧瀾源官通判　李本勝
王應時　張顯榮官知縣
祝壽　余孟正

張美　祝鳳
余羕　王洺官審理
汪吉舟　歐陽時
汪昆官紀善　胡九鼎
李朝陽　李南陽官通判
張樟　聞嘉讌
胡明睿　王德盛官知縣
舒翼　黄梅官鹽運使
王渠官知縣　聞奇

董正官訓導　王德茂
胡大亨　祝敬宗
龔相　蕭克紹
蔡惟忠官知縣　蔡惟孝官知縣
黄可望官教授　黄之愚官教授
余慶　余裕
王際　周玠官教諭
胡效勞官教諭　王來儀
胡漸　胡效順

萬言試　胡效華
胡沛官知縣　胡效恭
蔡相衡官教授　萬言書
蕭繼顏官訓導　祝啟袁
張萬壽　王樂
胡效祖官教諭　余可甲官教諭
汪之沛官教諭　胡一范
胡瀛官訓導　閻時泰官訓導
蕭熹　余一貫

張翼北官訓導　王輝
王梃　胡一立
聞士偉　胡存忠官知縣
余先覺官州判　周明瑋官知縣
林棨官知縣　方啟棠
國朝胡一鉉官教授　胡一濟官知縣
方應星官訓導　劉一炅
余彌峻　周光垣
羅三才官知縣　喻於義任縣丞

金有聲　蕭喜
涂宗尼　王光運
胡誾然　胡升然
王光範　葉泰明
余鑑　喻於禮
張翀　胡起龍
劉朝輿　秦文熾
胡圻　周錫袞　徐鉅　以上羅田人
明　吳山官知縣　夏均輔官教諭

喻文偉官教諭　嚴毅官教諭
鄧林官訓導　桂南官訓導
馮子恭官僉事　張遜官主事
史仲鉉官員外　黃銓官同知
夏証官同知　詹讓官同知
梅國棨官同知　劉承禮官同知
毛添佐官同知　余祚官同知
李玉官同知　周祥官同知
鄒庠官同知　劉子弼官同知

李長年官同知　田生玉官同知
周應泰官同知　董楫官通判
董渠官通判　王璡官通判
汪添昂官通判　張淑安官知縣
劉昺官通判　董繼官通判
張應奎官推官　王之謨官推官
李燧官通判　吳敏官推官
余學淵官推官　王廷介官知縣
方暘官知縣　于畛參官知縣

袁春官知縣　喻珊官知縣
周廷制官知縣　曾三畏官推官
李袞官知縣　李鼎官知縣
王之策官知縣　董子廷官知縣
廖敦官知縣　朱大坤官知縣
詹仰斗官知縣　黃銘吉官通判
董繼舒官知縣　王都俞官知縣
梅之煒官助教　魯重禮官州同
周仁官縣丞　周溥官主簿

鄒崇敬官教授　晏然官教授
鄒承流官通判　鄒崇禮官學正
萬鶴齡官學正　萬彭齡官學正
梁宸官教諭　梁賓官教諭
熊吉官教諭　鄒承中官通判
徐賓官訓導　周瑩官訓導
馮濂官訓導　盧勛官訓導
王美官訓導　鮑鳳官訓導
唐明德　金向華官訓導

周偁官訓導　周應時官訓導
鮑馨官訓導　曹奐之
劉堯祚官訓導　毛本學
劉德敏　董治
鄭昌期　朱大任
李春榮　曾若洛
王則乾
國朝鮑之煒官訓導　余維新
鄭羽南官知縣　田弘恕官訓導

程浩官同知　王承時官知縣
田弘盧　周撍
陳士琳　史聯元官知縣
蔡之治　黃鉉
王都命官知縣　楊會
李孔茂官訓導　李春旺官訓導
鄒知徵　楊搆官知縣
鄒世美官訓導　程百朋
成一卿　鄒知彰

毛燕若　周長流
謝加恩官教諭　劉韋孫官訓導
徐勉　何克孝官同知
程之渫　徐大韓
張若棫官知縣　陶同文
萬幾　馮人樞
薛善王　白光啟
毛羽長　張文豹任知縣
王龍翔任訓導　毛之璋任教諭

梅先月　黃正運
王延雍　梅映月
梅炯　戴暉
李中素　孫呂運以上麻城人

明

黃中官通判　胡文用官主事
陳立官縣丞　董運
易應時　陳清
方矩　甘子儀
蕭昇　黃倫

曹子貞　張用官州判
王儼官通判　姜政官推官
楊昇官知縣　王質官訓導
萬志官州同　陳獻官同知
劉鑑　高風
彭昌官通判　喻存義
梅應春　夏中官州判
梅芳官同知　廖銘
蔡英官縣丞　陳謙

任伯昂官同知　劉玉崑官縣丞
王孚官知縣　許敏
熊倣官縣丞　余瑄官訓導
劉昭官經歷　侯軫官經歷
彭政官經歷　徐璉官縣丞
陳子周官州同　鄧雲官知縣
宋霖　張瀛官經歷
錢定　盛昌
張綱官訓導　夏福寬

黃鏵　黃甫
李魁官訓導　周旋官訓導
王丞　劉廷柱官訓導
余習訓官衛經歷　萬訪
方用　周流
王鸞官訓導　胡昇官訓導
姜鍾秀官訓導　杜峙
潘子民官訓導　劉廷憲官教授
陳寬官訓導　任儉官縣丞

梅珄官同知　朱必達官知州
高明官縣丞　王綎
席上王　王襄官知州
喻里官教諭　王試官知縣
劉恂　羅尚賁官知縣
李大華官訓導　余鑄官訓導
喻秉直　王琰
任尚質　施仁
鄭鸞　馮霖官經歷

余鎬官訓導　王守成
郭田官經歷　羅尚素
劉源潔官訓導　蔡寰
熊治官訓導　陳芹官訓導
黃偉官訓導　李乾官教諭
吳之傑　詹馭
陳九疇官州同　周詰
王仕官知縣　蕭應黃官知縣
彭家官教諭　張淪官訓導

陳廉官衛經歷　張人傑官知縣
李士元官知縣　周世贍
黃雲閣官教授　馮克先官訓導
錢九功官訓導　傅一元
翁恕官知縣　王天臣
鄧應旂官教諭　胡純臣官教授
胡泮　胡元定官教授
周繼初官知縣　胡鼎官教諭
胡宗仁　陳肖梅官縣丞

張芹官鹽運經歷　鄭明城官知縣
王惟善官通判　雷聲
陳于廷　李發甲
胡純化　周道東官州同
周道南官訓導　吳惇泰
黃城　熊列獻官通判
王立先官訓導　張圖南
詹先定官知縣　阮一清官訓導
羅明諭官教諭　張國勳官訓導

侯王臣官知縣　王立位官訓導
徐時進官訓導　周士弘
蔡士廉　王立昌官訓導
張垣昇　韓張楩官知縣
鄧學一　吳高官教諭
易之謙官教諭
國朝陳壽　李君柱官知縣
彭永祜官知府　張焜羅官通判
鄭滋官知縣　歐陽世逵官同知

彭之位官教諭　周詵
任惟仁官州判　黃信讓官員外
王命珣官通判　吳瑛官通判
方叔裔官州同　王名俊官訓導
吳之琯官州判　段蔚官訓導
蔡亦襄官縣丞　李維世官訓導
胡暘　梅先
王度　楊乾晉官知府
涂世衢　汪金

侯王楷　吳于荆
吳定鼎　喻廣益
杜棻　韓維翰
馮步崧　姜起渭
潘肇昌　鄧宗魏
姚哲任知縣　歐陽方暹任教諭
井作霖任教諭　姚諧任司務
任俊任教諭　陳于璉任教諭
吳煒　陳大羣　許仁涵　以上黃陂八

明
王國任官縣丞　方傑官通判
耿汝愚　汪延美
趙文林　程子鳳
陶淳　韓宗德
王三顧　王之策
吳謙　汪霑
秦九思　吳楚仁
韓宗政　方一鯤
王之模　周之禮

韓邦偉　黃通
方民昭　姚一古
毛舜孝　耿汝思
王倜官知縣　吳光龍官知縣
彭應選官通判　丁世美
吳采官教諭　秦棟
曾師孔　熊光楚
胡應祥　李時芳
王之賞官訓導　王之春官縣丞

程繼善官推官　王國寧官知縣
韓欽夫　吳光寅官知縣
劉廷玉官知縣　劉三台
韓漢文　蕭引鳳
王之獻官縣丞　程之渾官知府
國朝
王先正官縣丞　李光炳官訓導
趙應瓚官教諭　程之驥官訓導
曾岳年　曾鼎年
李映珍　盧之懍官教諭

張德一　孫叔嗣
耿起宗　周啟祚
吳立儒　姚觀
張經錫　黃漢臣
江維清　鍾琇中鄉試
吳之雍　黃瑄
蕭湑中鄉試　何遜
彭繩祖官知府　曹維翰
葉玆　孟應瑄官教諭

秦中理　鍾應遂官訓導
盧維玆任訓導　盧緒任訓導
陳志道　吳弘初　彭鴻功　以上黃安人

明

呂仲和　朱仕進
楊遜官通判　馮思齊官御史
張允誠　李思善
曹正義官主事　余觀官州判
李瑄官知縣　呂祚官知縣
李端官知縣　毛義官縣丞

潘浩官御史　葉畿官知縣
王慶官知府　葉蓁官知府
顧濂　陳惇官推官
熊兆　馮銘
李俊　江永
潘謨官知縣　曹善
張通官知縣　陳暹官知縣
翁裕　盛源
朱謚官知州　張清

張永清　馮志
張禮　李茂
王志　朱訥
陳惠　陳昇
寇昱　周紹
周傑　王慎官教諭
徐卿　趙昌
謝忠　李英
戴珍　張福官教諭

陳恕　楊英

何瓚　陳玘官知州

張翼　傅敬

昌玉　張綱官訓導

鄒誠官訓導　宋環

曹裕　封玉

陳濟　熊琳官教諭

李淮官訓導　顧昊

朱易官知州　朱暉

劉琛官訓導　馬驄

劉廸　王麟

齊賢　游仲瑀官推官

宋埜官同知　馮翺官推官

曹珙　曾昇

甘銘　吳山

張瑩官訓導　王鸞官教諭

昌允升　李樂

甘泉　張清官學正

馬謙　王鳳

李顯官州判　陳祜

彭珠　丘隆官訓導

陳斐　胡思明

程仲甫官通判　陳詠官訓導

壽鳳　張思學

徐金　陳僚官訓導

馮鵬　嚴泉

劉經濟官通判　梁珠

王仲儒官學正　傅京

劉經綸官州判　張翰官教諭

化雨　李世賢官訓導

姚仲生　王廷良

韓世奇　楊仲金官教諭

壽濂官訓導　李仲儒

盧琮　鄭逵官訓導

宋良相官訓導　田壐官訓導

彭綬　馬文龍官訓導

桂璉　鞠蕙
高鵾　張湘官知縣
陳賓官教諭　劉作官教諭
韓萬鍾　李元貞官訓導
湯金官訓導　黃思官訓導
田于藍官訓導　李頌官訓導
鍾沂官訓導　顧闌
余大中官訓導　舒晴官訓導
高曜官訓導　王薦官訓導

李鍾濂官訓導　張文華官訓導
姜仲卿　張積
田行轍　韓疏來
易之豫　陳伊
劉寓拯　田澤
王顯仁　王之信
易可賢　郭承恩官教諭
余芳官通判　徐有成官教諭
湯孫說　張兌官教諭

馮士冠官知縣　張維
侯來朝官教諭　楊一新官教諭
何其中官教諭　華時行
董一化官知縣　顧大訓
化大訓官教諭　張邦立
張翼　楊善
李樹宗　袁熙振
李扶官同知　李猶龍官知州
張效方官學正　馮一麟官訓導

徐有望　茆遂梁
王有為官訓導　張效侗
李廷模　夏思
馮㰅官推官　張效恍
陳宰　駱思駬
陳正
國朝陳之京　李本裕
張士淑　劉復周
葉彭官知縣　王協官知縣

張承瑞官知縣　董良因官教諭
葉俊士官教授　馮琮官教諭
張效鍊官訓導　陳言先官教授
封岳　晏昇
張泮　孫天衢
方舟官知縣　高培官知府
陳王道官知州　顧景星
陳其勅　易恂
龔栢　舒嘉抱

金天斗　孫芝
田之玉　駱思伯
王極　陳文炳
李本衍任知縣　李坦任州同
葉優士　程大肇
葉世榮　葉鳳翔
王天爵
明、王佐官知府　江豹
張質　徐愷

黄理　胡文典
宋珏　胡海官知縣
徐志稜官教諭　范暹
陳翊　董春
黄宜中　劉康官兵馬指揮
李奎　解銑
徐銓　張庸
黄以信　余文簡
鍾用　胡佑

陶茂　蕭成
黄榮　王弼官御史
劉鏡　朱仲禮
盧韶　田致和
毛釗官通判　吳誠
王宗明官同知　王昇
何侃　朱輝
周鑑　王景官知縣
王奎　張溶

馮慰　陳章
魯昕　陳勇
程鵬　王時汝
陶紹　瞿思
王時魁官兵馬指揮　趙溥
徐佋官州判　舒玉
藍蓀　朱能
饒孟奇　張賓
胡泮　程通

田涗　胡湘
陶憲　陳琥
陳經　魯俊
趙瀚　董文
張質　張賢
梅緝　張贇官訓導
王欽　胡櫝
魯翔　董儉官推官
李正含　李淑

余謙　胡熒
田秀　張琳
陳棫官教諭　呂用聘官知縣
呂宸　梅紅
伍學貴　張懋
饒繼學官通判　徐文官訓導
徐謙　張璵
張頌官通判　李恭
余軫　李元

舒良相　張淑儀
劉輔璽　陳叔學
魯飛鳳　胡繼矩官學正
楊良璧官教授　張鉞官教諭
何勞　徐夢鵬
胡其大官教授　徐世樂官學正
楊民服　饒于襄官訓導
胡敏見　許卿龍
吳之龍官教諭　舒倫

呂希孔官知縣　翟待官教諭
蕪雨　劉秉錄
劉秉鈇　張金和
陳于闕　王逢年官署正
廿廷諫　潘如皐
劉洪甲官中書　梅調燮
楊大烈　文衛國
翟近鸞　劉秉錡
游之雲　于崇雅

奚所蘊　吳敏師官知縣
劉洪芳　宋懋雲
藍縉　梅之魁
張星朗　劉煸
吳亮思　饒嘉亮
陳敬中　劉洪昕
國朝楊復　張懋純
胡一璉官布政　劉醇驥
胡來庭官知縣　梅朗中任知州

孫克諧官教授　胡魁楚官知縣
劉漢美官教諭　夏時奇官教授
陳文斌官訓導　劉堡
郭存仁　舒芝生
劉懋從　周登任
張仁熙　呂應啟
胡石軍　劉楙佳
劉楙敏　舒逢吉
夏鼎奕　王衍治

吳又升　李日躋
葉庶　梅奕廷
葛如藩　張元爵以上廣濟人
明
張訓官鴻臚序班　劉彥高官知縣
於敬官主事　劉仕恭
趙靖　鄂鎬
汪瀚　黃真
陳淵　張士緣官知縣
馮敏　張翀

高昂　翟敏
黃芳惠　潘文浩官知府
洪亮　劉敏學官通判
施綸　孫旺
劉睿　黃茂
徐淳　劉欽官知縣
濮端　張儼
丘洪　劉潛
徐洣鑑官知縣　袁俊

韓英　江澄
李馥官教諭　汪岳官同知
張怡　翟紱
王頤官教諭　石信
黃譜　胡機
許文官訓導　吳文
潘銓官訓導　鄧俊
徐用　龔麟官教授
官祿官光祿寺署丞　沙瑞官紀善

劉紳官學正　梅琥官知縣
石頤　羅伯暹
石鸞　胡瀚
胡鑑官州判　李藻
項潔官縣丞　趙忠官審理
劉瀚　向必成官知縣
程仲義官經歷　翟華
程仲甫官主事　王宗憲官知縣
張清官訓導　徐鐙

張壐　周龍
沈淪官縣丞　吳珂官縣丞
余世魁官訓導　洪範官都事
桂棟　石鎮
李人傑　夏文質
袁鎣　沈汀
徐鎡　程麟
周渭官照磨　張洪
張潤官訓導　田寶官知縣

盧俊 官學正　洪佑 官教諭
黃卷 官學正　周京
徐廷獻　鄧天麒 官訓導
李馥宇 官訓導　田珊 官訓導
王淸 官訓導　吳治
沙奠蘭 官教諭　胡惟貞 官教諭
何名棠　梅枝 官訓導
劉楚儒 官訓導　程夢麟
柳榮　石朝章

楊璞 官訓導　魏廷槐
熊華學　熊汝璞
汪美　汪勳
王國士　徐廷鑑 官知縣
石有定　李榮
李芳春　石應昌 官知縣
石鍾靈 官縣丞　馮體道
王夢周 官學正　祝多壽 官學正
吳鳳翎　商起巖

邢懋才　佘夢龍
張宏道　張弘慶
熊汝瑤　劉宥
石翰明　石經玉
陳錫　石煒然 官知縣
陳龍顔　張養浩
沈一鳴　周士龍
商祚永　王賢臣
魯如愚　魯邦常

程甲代　張瑛
熊啟翼　郭應昌 官教諭
周天度　陳千
毛文錦　周應夏
洪度　曹鯤
國朝黎平　歐陽佺
徐健　陳萃
魏朔 官教諭　鄧起鳳
歐陽任　項城

熊楚　董學
蔣袞官訓導　張潋
石碤　梅開瓊
黃中醇　吳士千
黃景恒　徐之綸官訓導
趙之牧　陳文蔚
石觀國官訓導　劉學成
吳剛　程之亨
王壐　吳卜祺

石高年　石定烈官學正
程長治　姜祚昌
熊經　石末年　熊正以上黃梅人

辟薦

唐　李玭黃梅人
宋　程頤黃陂人　戚容黃梅人
余玠廣濟人　張晏然廣濟人
元　秦達善麻城人　王松齋麻城人
毛廷元麻城人　趙璧峰麻城人

毛廸功麻城人　成大用麻城人
陳復一黃梅人　上官公謹麻城人
明　詹同官翰林學士兼吏部尚書　吳琳官吏部尚書
吳仁山官知縣　楊仲官訓導
湯仲官訓導　王友諒官訓導
萬英官訓導　徐本官布政使
洪道官知州　李本中官同知
王琛　王璽
謝希哲　王思旻官州同

劉以德官知府　李仲才官知縣
劉鼎官縣丞　吳添佐官縣丞
張曆　張滋
汪指南官同知　涂友紀以上俱黃岡人
楊思義官戶部尚書　蘊哲官學正
楊泰官同知　薛均官府尹
楊子旻官同知　沈傑官同知
蔡鑑　王庸
易愷官太醫院　席永官副使

張民瞻 官副使　梅思溫 官副

周澍　王道 官知府

張存禮 官知州　王如源 官通判

徐麟　王彬 官太醫院判

易濬　黎民範 以上蘄水人

方雄才 官鴻臚寺卿　王思忠 官知縣

李子文 官知縣　聞玉成 官知縣

程志剛 官行人　程瑩 官知府

程燾　李鍾 官太常寺少卿

李相 以上俱羅田人　馮英

夏均輔 官教諭　鄧林 官訓導

桂南 官訓導　喻文偉 官知縣

吳山 官知縣　嚴毅 官教諭

趙洪 官知縣　劉夢 官同知

熊瑄 以上俱麻城人　張端 官布政使

萬鈞 官學正　張子貞 官兵部侍郎

王彰卿 官太僕寺少卿以上俱黃陂人　陳堯章

盧爾惇 官知州以上黃安人　于克誠

徐麟　王希文

徐文顯　馮惟德

王鑑　游子真

陳雄　周清

徐忠　陶淑清

程必貴　劉淳

胡思誠　余玉

單鐸　伍善

陶惟賢　周伯洪

張華宗 官同知　彭梁

呂賓　許秀

呂用世　陳鳳儀

陳鳳池　張德輔

饒之食 以上俱廣濟人　洪友璋 官訓導

劉嗣儼 官儀正　楊以道 官兵科給事中

徐士廉 官教諭　沙典

洪爾高 官訓導　洪升遠 官州同

魏鑲　陶瓊

周俊　瞿罕官知州

曹飛　吳宗吉

汪堯舉以上俱黄梅人

國朝韋光振官知府　陶之俊官縣丞殉難贈蔭以上黄岡人

萬象任知州　何克孝官同知

朱珍任教授以上麻城人

論曰漢徵博士經學始明唐宋間用辟舉猶慮以公薦爲私門故特重科貢則聖賢之理寓於通經周之六德六藝未始不存也至若東漢流品不清用心百

態駕術萬端錐刀起而涇渭淆矣嘗試以古準今修德奮爵品行何其不侔甚寔賁於上舉公於下得其人有賞失其人有罰世安得不修德乎父兄詧之親戚助之有人事則通無人事則褰世安得不奮爵乎故三代既降貴者朋黨富者貝訴士氣卑弱劉毅薛登陛贊論之矣苟非鼓舞奮厲烏能有效哉

武科

魯頌頖宮之作美僖之獻馘也非備士也古制武臣或取於勳伐之子弟或拔於營伍之材官進賢興功皆前日之士大夫也科之設也其始於唐乎則天女主臨殿策士惟試其經畧爾蒼葛之對晉文曰武不可觀文不可匿覿武無烈匿文不昭

武進士

明蔡一申官參將　徐時濟官守備以上黄岡人

文質狀元官都督　文應詔官錦衣衛指揮

鄧祖禹官參將　陳經邦官守備

雷應貴官遊擊以上蘄水人　劉守有官錦衣衛指揮使加宮保

周弘謨官都督僉事　彭信古官都督

丘坦官參將　劉承禧官錦衣衛

羅萬有官守備以上麻城人　韓養正官副總

彭益嚴官參將　熊奮渭官遊擊

韓范聞官參將　蕭起龍官遊擊以上黄陂人

李茸來官參將　胡海官參將

翟志超以上廣濟人　周乃武官遊擊黄梅人

國朝張奇官都司　周中時任守備以上黄岡人

周嘍官守備　韓奕探花官參將

張文弘以上黄陂人　秦文光

秦懋璜以上黃安人　管遵王官守備
嚴鈞　丁彭以上蘄州人
張峻基　饒武中以上廣濟人
張銘　錢弘勳以上黃梅人

武舉人

明

徐時濟進士　金來相
徐時俊　徐飛熊
金城　金印解元官京營千總
於佳　杜修解元

蕭鄴俟　葉思隆
葉顯祚　於黃國
陳全斌中三科　於必聖
趙璧　方應星
蔡一申進士以上黃岡人　文質狀元進士
文應詔進士　胡振揚
文應科　洪鐘響解元
歐梅　鄧祖禹進士
陳經邦進士　雷應貴進士以上蘄水人

聞嘉謨　胡一驄
胡文垣　胡向義
謝錦　胡芳中三科
胡斌官守備　毛師虞以上羅田人
劉守有進士　周弘謨進士
彭信古進士　劉承禧進士
鄒之寵　梅國林官錦衣衛
袁千里官守備　蕭明時
劉幼堪　梅守盛

梅廷和解元官都司僉書　黃定儀官都司僉書
萬吉齡官都司僉書　喻秉鉞
羅萬有進士　黃萬里官都司僉書
袁尚綗　丘坦進士以上麻城人
丁揚泗　彭益巖進士
丁顯祖　梅魁春
黃金印　周昌祚中三科官守備
易大有　韓養正進士
韓范聞進士　周秉恪

馮時中　周開祚
姜周仁　吳登功
陳平喬　馮英
呂國泰　詹用吉
段養心　楊志正
蕭啟先　方承寵
段士美　周無敵
阮國珍　旁貞寵
韓黎伯　張曙

羅彥善　楊之崑官守備
陳三捷　王生善
蕭啟龍進士　許鳳儀
熊飛渭　韓應暘以上黃陂人
夏舞雩　彭泰齡
秦文調　張君禾
秦文光進士　蔡之茂
胡白　趙完朴
王鼎　胡順以上黃安人

田有龍官守備死難賜蔭　李標官守備
楊模官遊擊　劉克官守備
朱家棟　張膽
王屋　李武
葉植　毛一桂以上蘄州人
王添勝官征南將軍　黃鎮中官守備
李井來進士　方定
干將　李大來中三科官守備
胡海進士　干鴻漸中三科

陸海　鍾鼎
翟志超進士　王之印
陳金　胡奇
舒萃生　胡乃寧
陳時可　干應泰
李涉域　干應奇
陳文奇　干若霖
李泰國　胡順錫
張佐基以上廣濟人　周乃武進士

蔡玟官守備　張其謨官守備
李先實官守備　戚佐以上黃梅人
國朝於斯貞　李成功
宋英　孟賢
徐逢春官守備　杜洪烈
郭桐封　易爲斌
陳璧　彭試
奚鼎誌　陳士鰲官遊擊
陳邦畿　方應魁

鄭繼啟官遊擊　姚從時
陶之琇　張尚聖
湯佐　田既霑
汪家禎　周中時進士
黃時順　胡紹虞
劉炳　閔鴻
徐弘業以上黃岡人　郭正中
蔡進卿　蔡中鑾
周從奎　彭可治

楊永之　蔡捷
張朔　范貞以上蘄水人
余斌羅田人　夏韜
金龍翔官守備　丁良捷官守備
彭進　孫鼎鉉
劉先定　萬晷
吳紹起　陶朱
張其維　袁斯年
李文舉　劉再昇

李大謨　魯試
田奕坤以上麻城人　韓奕進士
張大威　杜松然
姜疆　王猷善官守備
韓光裕　翁鎮國
丁巽聖官都司　馮士彥
王偉　王錦
王生善　方可從
胡鍊　夏繼禹

彭試　韓自春
冷先　陳遵祖
劉紹基　曾師參
張文弘進士　王賓善
曾世榮　劉志昜
嚴萬年　胡文炯
周大成　馮生聖
劉應昌　李允暹
劉遐　周嶁進士

周定鼎　馮全德
胡佐聖　劉仕偉
毛鼎銓官都司僉書　彭佳章
熊奎　韓珽
夏大慧　劉貽孫
傅憬　黃爾黙
王式坦　燕受琪
傅彪以上黃陂人　蕭演華官守備
劉茂基官守備　吳之寬

梅滋　趙琦
劉之英　汪之鯨
李如寬　鍾其鐸以上黃安人
王長年　葉有德
張世斌　王煥
管一舉　管世英
管遵王進士　張承斌
陳國贍　熊光
袁鼎　嚴鈞進士

丁彭進士以上蘄州人　陳萇
翟斯楷　李廣生
田永年　王秉鉞官守備
郭祖儀　張峻基進士
陳士昂　饒武中進士
吳洪範以上廣濟人　程曉
方昺　王道
王信　余欽
陳師貞　戴時旭

張大經　石奇
石鼎　張學載
張銘　錢弘勲進士
劉之炎以上黃梅人
論曰以道佐人主者不以力威天下故智仁勇之將材必歸於儒此弓馬兼策論之制也既馴其决拾之氣又養其韜畧之才亦天保治内采薇治外之遺然求之而不窮者天下奇才無幾也孫武子其兵之雄乎武自爲書尚不能自用以取敗於秦楚吳越之交

况區區下焉者歟多士勉乎哉

武勲

詩序彤弓王者所以錫有功也受言藏之中心貺之恩數殊矣興起後人香餌之下有魚焉彼其人之能靖者宜何如

唐
唐國徵官安南將軍　魏英官招討使封五原郡公以上黃梅人
宋
胡瑞官威德侯　施綸官左衛使以上黃梅人
元
薛天定官招討上將軍　薛徵官都統以上蘄水人
管如德官都統左丞黃陂人　陳國玉官大將軍司馬元帥
陶德甫　燕士貴官指揮以上黃梅人
明
廖永忠封德慶侯　黃榮官指揮使
王弼封定遠侯　胡恩世指揮官總兵
曾言世指揮官都司僉書　曾恕世指揮官都司僉書
滿思謙世指揮官參將　曾爵世指揮官都指揮使
曾一夔世指揮官都督　倪敏政世指揮官參將
王景官錦衣衛千户　牛可耕世指揮官守備
金來相官都司僉書　金城官都司僉書以上黃岡人
王聰封武城侯　王誠官宣慰以上蘄水人

胡渤　劉寬以上羅田人
丁普郎官樞密院同知　韓煥以上黃陂人
康茂才封蘄國公謚武毅　康鐸贈蘄國公謚忠愍
柳艮正封吉安侯　李楷世千户官總兵
李棟世指揮官參將以上蘄州人　於顯官都督追封英山侯
石泰官昭勇將軍　於琥官大都督以上黃梅人
國朝
劉志高殉難贈遊擊　劉思玉官副將
陳士銘任掩沙喇哈番　滿如弦明世職官副總以上黃岡人
高有功殉難贈都司僉書蘄水人　周室鼎任副將羅田人

任惟我　陳世昌

馮奮淸 官守備以上黃陂人　紀正國 世襲阿思哈哈番黃梅人

論曰凡賞無常輕重視功整齊之等繫於詩勳自秦尚首功以一爲十下所爲而上不知也討莫舊等武之以義責其紀功之臣則下人知所戒矣

貤封

王者以德詔爵以功詔祿有等而上之仁焉卿大夫之父祖不詔祿而詔爵雖小吏亦無遺者可謂善推圭田之制而通之矣

明

蕭得輔 以子昇貴封監察御史　謝志善 以孫杲貴贈右副都御史

謝希哲 以子杲貴封右副都御史　張福 以子佐貴封主事

王文凱 以子麟貴封知縣　王濟 以子廷瞻貴贈戶部右侍郎

王文奎 以子濟貴封吏部郎中以孫廷瞻貴贈戶部右侍郎

王麟 以子廷梅貴贈戶部郎中　陳艮 以子廷瓚貴封通判

曹儀 以子珪貴封監察御史　杜永璘 以子華貴贈鹽課提舉

曹自學 以子詰貴封主事　陶以亨 以子垍貴封知縣

汪倬 以子文淵貴贈郎中　方勇 以子任貴封知縣

李大安 以子學淵貴封戶部主事　呂淳 以子諮貴封郎中

奚朴 以子世亮貴封主事　丘尚忠 以子岳貴封給事中

王廷槐 以子同道貴贈監察御史　徐榮 以孫時可貴贈叅政

徐尚義 以子時可貴封叅政　熊璦 以子養中貴封員外郎

奚樟 以子世文貴贈知縣　黃珪 以子士元貴贈知縣

汪廷儒 以子仲川貴封員外郎　范芝 以子宗鎮貴贈推官

李陽明 以子植貴贈監察御史　徐廷蘭 以子應聘貴贈知府

易明幾 以子儆之貴封監察御史　江濟 以子沛然貴贈郎中

杜鳴陽 以子伸貴贈奉政大夫　汪廷彩 以子守廉貴贈知州

涂友紀 以子瑜貴贈推官　涂東山 以子巍貴贈同知

徐檻 以子銘貴贈知縣　汪廷信 以子一右貴封知州

劉承芳 以子同道貴贈知州　李田 以子之用貴贈知府

樊煒 以子玉衡貴封監察御史　曹雲深 以子繼孝貴封知縣

余瀹 以子純心貴贈知縣　吳嶽山 以子士端貴贈戶部主事

孫仕時 以子大壯貴贈奉政大夫　韋體亨 以子石麟貴贈戶部主事

穆守文 以子天顏貴贈知縣　官如皋 以子應震貴贈知縣

於廷試 以子倫貴封太僕少卿　曹自化 以子光德貴贈推官

廖珩 以子自伸貴封知縣　朱顯富 以子萬年貴贈國子監博士

王文炳 以子陞貴贈知州　孫仕亨 以子大祚貴贈知州

何友亮以子天申貴贈順天府通判
鄭善以子文彬貴贈蒲州知州
鄭重以子之良貴贈文林郎昭化縣知縣
王都以子欽濂貴贈文林郎南陵縣知縣
李葵以子五美貴贈奉直大夫欽州知州
鄭廷柱以子謙貴贈奉政大夫
甄善以孫淑貴贈資德大夫刑部尚書
甄其賢以子淑貴贈刑部尚書
王家欽以子源昌貴封承德郎禮部主事
秦必富以子繼宗貴贈承德郎主事
晏應元以子清貴贈奉直大夫吏部員外
祝一先以子世美貴封給事中
洪承化以子尉祿貴封承德郎戶部主事
劉功允以子宗祥貴封中順大夫
牛拱極以子若麟貴封文林郎
以上黃岡人
王貴卿以子聰貴封武城侯
張吉華以子統貴贈徵仕郎

彝綱以子永清貴贈評事
徐溱以子紹先貴贈主事
游復初以子庠貴贈光祿署丞
徐桂以子貞吉貴贈員外郎
周紹言以子卿貴贈給事中
胡溥以子仲謨貴贈副使
陳厚元以子欽貴贈文林郎
張大昕以子瑨貴贈員外郎
汪復榮以子輔貴封廸功郎
朱文奎以子欽貴贈副使
周楫以子鳴塤貴封主事
田貢以子邦偁貴贈知府
李美以子畿邦貴贈郎中
王承芳以子希元貴贈副使
徐文言以子一唯貴封知府
李廷志以子時貴封御史
徐步雲以子存德貴贈文林郎
何太昭以子鳳起貴封知縣

向鳳池以子共弘貴贈文林郎
朱袗以子昌期貴贈奉政大夫
蔡灝以子斗移貴贈大中大夫
閔翔以子廷甲貴封通政使
易任以子之貞貴贈刑部司務
楊伯資以子繼哲貴封文林郎
周栻以孫廷光貴贈通奉大夫
周鳴仰以子廷光貴封奉直大夫
楊申春以子伯廷貴贈徵仕郎
楊蒞以子惟一貴封奉直大夫
姚子鶴以孫明恭貴贈大學士
楊繼周以子楚龍貴贈文林郎
姚光盟以子明恭貴贈東閣大學士戶部尚書太子太保
畢大猷以子九臣貴贈奉直大夫
謝魁芳以子天申貴贈文林郎
黃一選以子耳鼎貴贈徵仕郎
周延甲以子之士貴贈奉政大夫

朱廷錫以子朝熙貴贈奉直大夫
以上蘄水人
劉應春以子廣貴贈宣武將軍
張立以子義貴贈徵仕郎
王永昌以子澄貴贈承德郎
王澄以子德純貴封奉政大夫
蕭洪以子時臣貴贈文林郎
張大洪以子明道貴贈奉直大夫
汪汝以子慶舟貴贈徵仕郎
蕭玭以子繼美貴贈文林郎
余梧以子瑞貴贈奉政大夫
王德立以子瑜貴贈文林郎
王德純以子儀貴贈文林郎
王寀以子儼貴封文林郎
蕭繼美以子譽貴贈奉直大夫
汪韶鳳以子之浹貴贈奉政大夫
蕭天敘以子魚貴贈奉政大夫
王邦伯以子先貴贈文林郎

胡劾藎以子一賓貴贈文林郎　以上羅田人
鄒惠和以孫來學貴贈左副都御史
鄒希魯以子來學貴封左副都御史
鄒瀚以子巽貴封給事中
梅王鼎以子吉貴贈郎中
劉瑚以子淑相貴封主事
劉紀以孫采貴贈尚書
劉仲輢以孫天和貴贈尚書
毛本學以子騤貴贈主事
毛驥以子鳳韶貴贈知縣
王本榮以子宇貴贈知縣
李文玉以子寵貴封郎中
陳孟常以子文貴贈員外
劉漢以子采貴贈尚書
董紹以子朴貴贈員外
吳璋以子孔祥貴贈知縣
周坎以子文熙貴贈給事中

周貞常以子兌貴贈知縣
劉璲以子天和貴贈尚書
周仲馗以子鑑貴贈御史
萬鏞以子山貴贈郎中
黃璲以子卷貴封員外
周廷徵以子載貴贈中憲大夫
萬玉璇以子棉貴贈文林郎
周篪以子思久貴封主事
周鈇以子弘祖貴封御史
劉濬以子廷舉貴贈郎中
蔡珩以子應陽貴贈御史
鄧植以子楚望貴封御史
董子竹以子時貴贈御史
袁杲以子亮貴贈郎中
蔡宿以子亮貴封司務
劉澄源以子光貴贈通判
周任以子思敬貴贈主事
周法以子思稷貴贈知縣

方鳳以子民悅貴封郎中　以上麻城人
耿大振以孫定向貴贈通議大夫
耿金以子定向貴封中憲大夫僉都御史
耿汝愚以子應昌貴封承德郎　以上黃安人
王箴以子坤貴贈後府經歷
張縉以子克恭貴封戶部郎中
李悅洪以子誠貴贈戶部員外
陳綱以子伯安貴贈刑部郎中
陳海以子獻貴封州同
馮訓以子霄貴封知縣
王廷賓以子賽貴贈主事
鄭鸞以子佶貴贈大理寺丞
丁樹以子惟城貴贈督府經歷
張天爵以子濤貴封文林郎
張萬鎰以子大猷貴贈中憲大夫
胡宗明以子賓臣貴贈文林郎

黃雲闓以子彥士貴封監察御史
吳子榮以子之皞貴贈中憲大夫
鄧夫應以子光舒貴封大理評事
陳文運以子吾獻貴贈承德郎
韓允嘉以子范聞貴封忠顯校尉
王之剛以子惟善貴封承德郎
楊成性以子正宗貴封文林郎
余好義以子新民貴封中憲大夫
艮成實以子養度貴封文林郎　以上黃陂人
康文質以曾孫茂才貴贈中奉大夫中書省參知政事京兆郡公
康德懋以孫茂才貴贈資善大夫中書左丞京兆郡公
康壽以子茂才貴贈榮祿大夫同知大都督府事柱國蘄國公
馮寶以子思齊貴贈監察御史
王恭以子翰貴封主事

張允誠以子翀貴封廸功郎　華珏以子仲賢貴贈中憲大夫
陳理以子大中貴贈主事　劉仲誠以子樽貴贈太僕寺丞
高政以子鵬貴贈武德將軍　郝源以子守正貴贈員外郎
馮翱以孫天馭貴贈御史　馮鵬以子天馭貴贈御史
甘銘以子豊貴贈知縣　周大霖以子禧貴贈御史
顧敦以子問貴封朝議大夫　李時珍以子中貴封文林郎
李時言以孫載陽貴封中憲大夫　劉義以子如寵貴封文林郎
張乾以子邦冀貴贈中憲大夫浙江按察副使　李建中以子樹初貴贈中憲大夫
李建木以子樹初貴贈中憲大夫按察副使　王之麟以子珙貴封文林郎

李于節以子新貴封文林郎　以上蘄州人
孫萬善以子喬貴贈戶部主事　劉世重以子天衢貴贈中憲大夫
張鏞以子步雲貴贈知府　王照以子大謨貴贈文林郎
舒賢以子共志貴封奉直大夫郎中　吳廷學以子亮嗣貴贈徵仕郎給事中
劉秉鉄以子洪甲貴贈中書舍人　胡本臣以子胡海貴贈鎮國將軍
以上廣濟人
邢暹以子纓貴封御史　徐用以子欽貴封行人
石堅以子泰貴贈昭勇將軍　石廸以子金貴封御史
胡世槐以子鳳貴封御史　曹容以子麟貴封員外郎

汪智以子盤貴贈知州　瞿廷桂以子晨貴贈主事
洪模以子恩貴贈員外郎　倪鳳岐以子民望貴贈知縣
段淯以子尚鏞貴封知縣　石承芳以子崑玉貴封主事
汪勳以子可受貴封參政　黃卷以子茹雲貴封知縣
周渭以子寀貴贈承德郎　宛一成以子三奇貴贈知縣
張惟正以子國光貴封知縣　以上黃梅人
國朝王崇擢以子用予貴封徵仕郎檢討以孫澤弘貴贈通議大夫侍讀
王用予進士官檢討以子澤弘貴贈通議大夫翰林院侍讀
王同觀以子追駿貴封承德郎戶部主事以子追騏貴封翰林院庶吉士

王一鈝舉人以子封潔貴贈承德郎翰林院侍讀
曹大輔以子本榮貴贈文林郎　汪之煥以孫煉南貴贈中大夫
汪世極以子煉南貴贈中大夫侍讀學士　熊應龍以子光裕貴贈奉政大夫
奚應賢以子祿詒貴贈文林郎三河縣知縣　龍睿宮以子可旌貴封文林郎
王追騄以子之鯨貴贈文林郎　孫應鴻以子錫蕃貴贈文林郎
陳天生以子肇昌貴贈承德郎工部主事　汪明盛以子士奇貴贈文林郎
以上黃岡人
張可善以子焜羅貴贈承德郎　羅應光以子世珩貴贈文林郎
姚承恩以子絲虞貴贈文林郎　葉長青以子封貴贈奉直大夫

黄墀以子信讓貴贈奉直大夫　楊正東以子乾晉貴贈奉直大夫

以上黄陂人

盧爾悌以子綎貴封文林郎　黄安人

盧楷以孫鋐貴贈中大夫鹽運使　盧如鼎以子鋐貴贈中大夫鹽運使

高自見以子培貴贈中憲大夫　王道隆以子協貴贈文林郎

張效論以子承瑞貴贈文林郎　以上蘄州人

胡浩以子一璉貴贈奉政大夫　王凝鼎以子秉鉞貴贈明威將軍

以上廣濟人

熊華夏以子兆師貴贈知縣　石映昱以子鎮國貴封中憲大夫

紀尚珩以曾孫正國貴贈光祿大夫　紀天榮以孫正國貴贈光祿大夫

紀仲勝以子正國貴封光祿大夫　紀正通以子大昇貴封奉直大夫

以上黄梅人

論曰七世之廟可以觀德此五等侯制也今之公卿大夫士制本乎古隨其位之尊卑功之巨細等而及於高廟仁之至義之盡也汝弗能好於而家時人斯其辜

録蔭

國家御臣之道積日月以進秩循資塗而授官獨於任子澤至渥也蓋報功報德之美意以謂其父賢其子必肖彼其人尚可虛位以餐乎

宋

吴瑛以父遵路蔭補太廟齋郎

元

薛楚卿以父天定蔭襲總管

明

謝元以父杲蔭鴻臚主簿　王追阜以祖廷贈貴蔭

奚繼善世亮嗣子以死難蔭官鴻臚寺主簿　曾恕以父指揮征横江陣亡蔭

以上黄岡人

王琰以父聰襲武城侯　王玘承襲指揮僉事

以上蘄水人

劉淠以父天和蔭入監　劉守業以祖天和蔭衣衛正千戶

劉守孚以祖天和蔭錦衣衛正千戶　劉守有承襲錦衣衛正千戶

劉守乾以祖天和蔭都督府都事　劉幼基以祖采蔭

鄒瀾以父來學蔭官河西知縣　以上麻城人

鄧瓊以父鏜蔭官知州　張世祜以父用勳死難蔭

以上黄陂人

康鐸以父茂才襲封蘄春侯　康鑑茂才仲子蔭廣西衛指揮使

康淵茂才孫年二歲授蘄國公　康永鐸之元孫蔭千戶

馮汝承以父天馭蔭官同知　李郁以父盛春蔭官知府

以上蘄州人

楊勝以父普銘廕襲指揮使　汪道春以父可受廕官知府

石盤以父有恒廕累官副使　以上黃梅人

國朝汪惟錡以父基遠廕官霸州知州　韓鍾炳以父成賢廕任石城知縣

曹本懋以兄本榮廕　曹宜溥以父本榮廕復以博學弘詞授

翰林院檢討　李提龍以父占春廕任知府

王麟紱以父宗臣廕　陶思哲以父之俊殉難廕

以上黃岡人

官純心以父撫涣廕官知縣　蘄水人

盧昭初以父紘廕　蘄州人

紀大昇以叔正國廕官員外　黃梅人

論曰三代世官卿士之子弟皆與天子之元子講誦於大學故分族命氏卒爲名卿後世入監讀書然後授爵去古制不遠名存而實亡無能者叨祿矣然而不可廢者義不可廢也善哉呂聖功之議而就賤豈非端心向公者歟

黄州府志

（十一）

卷之七上
人物志

黃州府志卷之七上

知黃州府事襄平蘓良嗣較定

人物志

理學

乾父坤母化醇萬物者理也物後而開先要其終也物兢而處静應其始也命之有主統之有宗聖賢各存其會而下焉從事者具體而已

宋

程明道先生諱顥字伯淳父珦尉黃陂生公于仁宗明道元年壬申以歷官宗正寺丞卒於神宗元

豐八年甲申嘉定間謚曰純淳祐間追封河南伯元至順間封豫國公全書行於世

程伊川先生諱頤字正叔珦次子生於仁宗明道二年癸酉以歷官直祕閣卒於徽宗大觀元年丁亥嘉定間謚曰正淳祐間追封伊陽伯元至順間封洛國公全書行於世

明

郭慶字善甫正德丁卯舉人質直力學時王文成倡道東南慶徒步從之三年有得授清平令以廉稱勤撫字捐俸給貧民牛種五載乞休民為立祠祀之

詹時明字爾用少慕薛文清之學求王文成之所以異處歲薦司訓常德身督多士以聖學務在實踐戒式浮靡視縣篆簿書刑獄之事一以至誠為本陞四川連筠知縣解組歸談道講藝學者尊為冲默先生

王陞字進吾萬曆巳卯舉人其學以天理為安蓋自其祖直庵公得湛甘泉之學隨處體認天理陞學遂粹歷官廉正歸講學正宗會館正濂溪貳程

陽明之祀著有退省錄退問集綱鑑讀要等書

吳艮吉號石梁篤信好古聞王陽明講良知學齎産得五金往從之歸以講學為事不問生業卒舉祀於鄉

樊煒號崙川萬曆時選貢講良知學博通經史訓導漢陽教諸生以篤行監司守令折節相禮弟子一秉程度著有史學集等書

國朝曹本榮號厚庵博洽羣書學宗程朱已丑進士選庶吉士清節自勵以聖學疏應陳言詔曰侍三聖

殿講究不離左右進　經筵階學士尋注易進呈
上一日閱孟子囂囂章顧榮曰爾宜號囂囂居士其眷
顧之隆如此著有五大儒語要居學錄等書行世
以上黃岡

明

李汰號立庵修身正家篤行古道由舉人授禾興
訓陞義烏諭立教以操行爲先刻小學家禮等書
俾學者講習而躬行以率之應聘試福建有干以
私者叱遣之府公知其貧餽金三百受之以修學
宮報曰一縑之惠上及聖賢下及士類矣考績過

家遂不出

蔡月涇號涉江性純孝年十三四割股愈母舉於
鄉好古博學擔囊受業於王陽明入南雍與湛甘
泉遊遂終身不仕教授生徒　以上蘄水

明

胡明通羅田人孝友篤學幼育於兄事之如父同
居四十年無間言兄卒撫孤如子領鄉薦授信豐
令退賊彌盜有奇功陞金華府通判甫一月聞母
墓圮遂致仕歸學宗朱程嘗云主敬窮理可到聖
賢不必求新異也時稱東郊先生　以上羅田

明

毛鳳起字瑞東少習舉子業後厭棄之勵志聖賢
之學聞王陽明倡道東南往從之歸講學授徒作
心學圖致知說以淑人士嘉靖壬辰詔舉賢良敦
行遺逸之士有司以鳳起應辭不就邑令陳子文
爲建道峯書院以居就教者益衆鳳起德性和易
志行高潔孝友敦睦老而彌篤

劉承烈號拙齋少聞耿楚侗講學執贄往師焉歸
閉關讀書窮理清操不苟生平學易有得翛然樂
天人呼爲拙聖崇祀明德堂

周思久字柳塘嘉靖癸丑進士任瓊州知府致仕
抗志希古與耿恭簡相友善其治行見稱於海剛
峯嘗謂門人楊起元曰學必求至聖賢非但欲爲
好人也建輔仁書院著有石潭集

鄧光舒字葆之萬曆丙午舉人授浮光廣文歷陟
廷評寺正守廣南致仕留心性命之學嘗曰心爲
主則諸物爲奴視黃金爲瓦礫不難也幼常爲後
於伯父伯父舉子甫三歲而沒光舒撫循教訓既
長舉遺產悉授之歸本生父　以上麻城

明　黃雲闓字時闓幼性沉靜端凝開館授徒家雖貧未嘗受來者一篚以歲貢除泰順訓導初至却寒士贄比得俸輙周貧者訓士諄諄以章楓山王伯安爲法遷濟源論起復初書院講周程之學陞歸德授署柘城篆初柘荒蠲逋止訟凡六月無鈞金束矢之牘及歲熟徵收但封識以待新令解官歸林下於古今書及先賢所論太極西銘等無不該洽學者私諡爲仁誠先生

黃彥士號武阜萬曆甲辰進士授御史會孝定太后崩疏請神宗復古制終三年喪神宗心是之曰黃御史眞君子宮中不解縗服熹宗即位疏請講學差按中州潞藩監稅者不法責革之而歸徵撤於有司比歸值歲饑倣古義倉常平法取新出陳而民得不殍建甘露書院近二程夫子祠商求聖學繼仁誠之志自家塾至服官以及歸里如一日所著有疏草四卷甘露館集十卷詩古文行世弟奇士字武濱初納貲於耿楚侗甲午舉於鄉授壽州學正設四科教士首德行次經濟三制藝四騎

射詩賦問學者無虛日其學以靜入以悟精以修實與人言必抉心髓以示時稱爲二黃先生以上黃陂

明　耿定向黃安人字楚侗一字天臺三歲時有公卿到門者問其祖曰更有上者否祖曰獨有聖人向曰兒當爲聖人嘉靖丙辰進士由行人遷御史疏列太宰吳鵬六事語侵分宜督南學開正宗書院以明道彰教爲已任忤新鄭累官戶部尚書總督倉塲九疏乞歸居天臺山弟兄汲汲於講學慮文成之傳久而失其本旨乃以反身默識爲主以語默動靜示之範圍其於奇衺曲說排擯不遺餘力卒賜祭葬諡恭簡

耿定力字子健一字叔臺隆慶辛未進士授工部主事江陵相故座主又先嘗執贄加殊眄力深自引避出守成都遷副使督閩學錄蔡文莊陳布衣後以示風向累遷南僉都御史督操江疏言榷使罔利藪奸已復極言中使之害累官南兵部侍郎卒生平學問以求仁爲宗以與人爲善爲體眞修實踐超然自得兄弟講學人稱爲八先生

彭台字公甫早孤穎異不羣讀書務根理要時以
聖賢語反躬自証因讀性理羣書感奮有必爲聖
人之志嘗爲帙籍記日履題曰天監在兹領鄉薦
益孜孜以明道善俗爲已任年二十有九而卒
吳心學號少虞家世業農一意孔孟之學勅斷家
事隱似馬山中鑿山開逕倚石爲壁引木爲巢於
絕頂兩巖間面壁靜坐者久之訪學求友足跡幾
遍天下收遺書數百卷買舟而歸講會益力以下
學上達爲宗教人以即事即心爲本居山中凡二

十年而終初入山鋤石得記云似馬山中出洞龍
故學者以洞龍稱之　以上黃安

明

韓萬鍾字天爵歲貢少貧窶所嗜惟書史持守方
正步趨循規矩分教休寧擢潁川學正皆以身範
物不失尺寸於天人之理靡不究竟著有象緯彙
編三書圖解皇極註解四真集要等書士人莫不
尊禮之

顧問字子承幼與羣兒嬉嘗獨積瓦礫陳盤盂薙
容揖讓作籩帘禁示之語成進士授壽昌知縣擢

御史疏劾中貴謫來安令累官福建參議以內艱
歸與弟闕同廬墓側三年父卒復廬墓鈷鉧鐔上
起補徐州兵備陞八閩參政九疏乞歸兄弟同隱
築崇正書院與四方賢士往來講學號日巖先生

顧闕字子良號桂巖幼志高遠舉鄉試不忍離親
父強之成進士除刑部主事累官福建按察司副
使會與兄同官幷致仕囊橐蕭然布袍革舄者四
十五年治六經尤精詩易所著有諸議諸說而其
要以社學社倉爲王道首務云　以上蘄州

明

吳自守字介夫當嘉靖間王文成學盛行自守深
究其旨尤邃於易顧日巖建室延之曰讀易菴學
者稱易菴先生家江上設講堂泉湖側以待四方
來者萬曆庚寅門人私謚之曰闡道

陳王道字仁甫萬曆癸酉舉人嘗欲彷行仲淹義
田朱熹社倉法復古仁政而有志未逮是時廣濟
最苦漕運懇求當事改折色獲允其半濟民稍得
休息至今賴之

楊民服字信甫歲貢分訓吳縣與管東溟論道大

契轉蔚州學正輙自能還不預世事教人以求放心爲本體爲訓學者稱任庵先生

吳一庵爲諸生不得志慨念人生碌碌無益也遂潛心性理攜筬匡山閉戶鍜鍊情識豁然有得自是日謝人事本源澄徹布衣蔬水養親極其誠敬

韓南皐與一庵相友而學入稍異一庵王宋儒持敬而南皐直捷頓悟以陽明爲歸與人遊變同骨肉雖極貧猶減衣食以給無告將卒沐浴衣冠笑語而逝 以上廣濟

瞿九思號慕川少有異稟十歲從父宦江西師敬事羅念菴十五作定志論嗣從耿恭簡遊歷王白鹿濂溪嶽麓石鼓書院萬曆癸酉舉於鄉爲墨含所誣被逮獲白還里則閉關不出作中庸口授中庸位育圖并採土俗章程盛朝倣古編孔廟禮樂考六經以俟錄洪範衍義諸書臺臣疏薦授翰林待詔不起命有歲給米六十石以貲著述復著明詩擬萬曆武功錄遣少子罕并樂章獻之其論曆法不宜接元廟樂不宜用菩薩蠻清江引諸野調自定黃鍾律曆罔不合卒年七十有一 以上黃梅

論曰漢儒說經自成一家大賢如董子猶醇不掩疵況荀楊乎宋末大儒發其不傳之祕要之因材以教因事以程小大隨其所合於以範圍後世之性情而不失其始也莫不有神物以受之而後分得失焉畸偏畸全舉未可廢也

忠孝

君者義之制也父者仁之表也乾坤之交也鬼神之會也天之生是使同也人之歸有全有不全也

明

王弼定遠人膽畧過人號雙刀王歸高帝備宿衛從征累功封定遠侯其女爲楚昭王妃靖難後逐跡楚府文皇召用不出尋卒子誠孫貴還黃岡爲世族

吳璋倜儻負氣少折節讀書慕儁不疑之爲人嘉靖初大禮議起一時忤旨被譴諸臣凡一百二十人璋曰陳東之於李綱非古人哉子死孝臣死忠分也遂徒步數千里詣闕上書伸救楊廷和等力持諸公前議語甚激烈上怒下錦衣衛獄杖八十

越數日太廟災上問曰湖廣前日上疏小吏何在守者意上不能容遂壓死以報上曰惜哉朕將有以用之也

奚世亮字默齋嘉靖丁未進士歷官戶刑二部郎中因餉楊繼盛於西市嚴嵩銜之鐫亮秩還里嘉靖四十二年閩越苦倭嚴嵩藉手殺亮故起廢除福建延平府同知尋倭薄興化亮請署篆志致命也至則竭力戰守三月大吏爲賊僞兵所紿城遂陷叅政翁汝器叅將畢高皆縋城走亮獨格鬭身

受三刃而死事聞賜全祭諭葬於定惠院後廕嗣子奚繼善授詹事府錄事

康良臣嘉靖間以椽尉定海率義兵與倭戰斬首三十餘級竟受重創殞馬上手戈尚未釋事聞廕一子入監

王追阜字直之貌魁梧以任子官郎署轉貴州安順守時黔中亂甚阜慷慨滂泣就道中丞王三善見其奇偉多謀畧深引爲已助黔圍解從征監軍凡屢戰屢捷阜力也於是病瘁中丞欲以三千騎護歸黔署阜曰不忍負國并不忍負知已徐瞑

樊玉衡號友軒萬曆乙未進士授廣信司李晉侍御史時儲位未定光宗爲皇長子年九齡未視學朝臣未敢言衡抗疏請正元良之位越三年忽傳三王并封之旨衡復疏諫語益激引繩批根且及皇貴妃留中不報亡何謫判無爲州移令全椒衡仍以國本爲深憂齋祓三日草疏朝衣百拜而後發疏上戚畹譖入臣訕上大不敬論死上猶豫未忍許謫譴戍雷陽二十四年迨光宗登極衡長子

維藩季子維城先後以解職停封追父罪起南比部辭不赴復陳新政十款疏乞致仕卒加贈太常寺少卿

王一桂字爾實萬曆已酉舉於鄉歷官戶郎崇禎間典昌平餉昌平陷策馬歸衙內大呼曰合家眷屬當速死闔門死難者二十七人僅一十歲兒與一婢藏土穴中得免事聞贈太僕卿賜祭

周之訓號日臺萬曆癸丑進士歷叅山東登萊移巡會城聞警馳至晝地守曰死吾分也援兵不至

城陷被執奮聲大喝身中數鎗磔而死

王家錄字愧修天啓辛酉舉人歷官戶郎督餉延綏偉滿陞關南僉事賊李自成猖榆林或曰交代畢可以謝事錄曰撫軍未至總戎且去吾未離兹土何非朝廷封疆可異視耶潛佩利刃誓死戰守二十餘日城陷遂自頸事聞贈光祿少卿賜祭

樊維城號紫葢萬曆己未進士由海鹽知縣累遷福寧兵備副使以刻魏忠賢罷職歸里肆力於古學崇禎癸未春張獻忠攻陷北城郡人爭奔南關

從溝瀆出城語僕曰吾紳也詎瀆乎人集不得逹有斬關而出者又曰吾臣也詎可蹈斬關之跡乎遂被執駡賊而死 以上黃岡

元

李凊七與弟凊八居黎山以義烈名會妖人徐壽輝陷蘄水人多脅從知凊七才求得爲己用凊七兄弟以爲恥賊怒大索獲之堅抗不屈而死今薛湖東立廟河中祀焉

明

王聰膂力過人隸籍北平靖難師起聰多戰功封武城侯後北征戰死贈漳國公謚武毅

邑鏞宣德丙午舉於鄉授萬安教諭陞淸流令賊鄧茂七陷淸流邑無城郭鏞拒守力不能支具服端坐庭中抗駡賊賊怒殺之淸流爲建祠祀焉 以上蘄水

元

余闕字廷心至正進士歷安慶路總管陳友諒攻安慶堅守凡三月友諒決水灌城闕率家屬自刎明太祖旌其忠贈謚建廟祀之

明

張正福有膂力嫺武藝正德六年流賊寇黃直抵羅田福承命追擊冒險深入爲賊所困與弟正顯

姪友舜友珠俱死之 以上羅田

元

管如德任江州都統制從世祖南征有功遷浙西宣慰使上時政五條累遷江西行省左丞招降廣東盜鍾明亮卒封平昌郡公謚武襄

明

丁普郎洪武初從征陳友諒授行樞密同知戰鄱陽湖被刃首脫猶執兵立舟中作戰狀贈官桂國上將軍祀忠臣祠 以上黃陂

元

李宗可有勇畧善槊余闕以兄女妻之用爲州判督義兵萬戶陳友諒攻安慶城破宗可橫槊入賊

中擊殺甚衆聞闕死馳還或勸之降怒曰元帥生平遇我厚死即背之何面目相見於地下驅其家屬盡殺之據胡床縱飲醉遂自刎以上蘄州

元　張大九自幼習左氏春秋元末見天下兵起遂隱陳友諒強致欲官之不可友諒怒刖其兩足而去以上廣濟

明　張訓官南京鴻臚寺序班告歸養親聞建文遜難拜辭其父士英曰忠孝不能兩全矣投井而死其子孫名爲忠井

沙瑞字鳳翔歲貢事親孝任寧府紀善宸濠反瑞泣諫濠恚曰不從且死瑞頓首流血曰大王求臣急臣有死耳囚之瑞痛哭自縊死以上黃梅

元　林鳳陽事母孝宅失火獨負母出家貲悉棄不顧有過客憐之遺以金謝不受治春秋不第奉母屏跡林泉吟咏自適

明　唐治以椽授冠帶馴行退讓若儒者鄰家火發舉室奔避父柩在堂挽無力抱而哭曰天乎吾何生爲左右數百家一時俱燬治室獨存治受炙死伏柩上面色如生萬曆三十二年詔建坊旌之

周日昇生而篤孝親卒哀毀殊甚及葬廬墓側苫塊三年感白鳩營巢之異有司以聞旌其閭

劉承芳字世美少穎悟善屬文舉止冲雅父母蚤卒事繼祖母以孝稱仲父幼孤奉事罔懈撫從弟尤稱友愛以歲貢授同安司訓未任卒

劉淪爲父廬墓三載晨昏號泣不絕萬曆二十一年督學俞士章題請建坊旌表

高澄字汝清折節讀書大父有暴疾刺血焚指籲

天請代疾因以愈大母年五十目雙瞽澄日以舌舐之不飲酒不茹葷不入內者二十年大母目復明其事父母飲食必嘗而後進非有所命不敢外出父疾革枕間有百金欲畀季子澄令弟浣枕而佯外出少頃還侍父大呼曰孝子孝子比卒哀毀骨立廬墓三年里中貧者周給不倦有兄弟爭貲於官聞澄言感泣相讓巡撫顧東橋貽以扁額絹帛人稱爲南城公

國朝曹大聲字子先食餼府庠家貧父病大聲侍寢不

離中夜室內災負父而逃火封戶矣茅廬葦壁救不可大聲數褰衣覆父首猶懼熖之燎而父也數蹶數起頂踵焦爛詰朝父氣絕大聲號泣床上伏枕九叩頭衾加斬衰拖絰而歿 以上黃岡

明

周飛弘治時人素孝友母病侍湯藥惟謹母終痛甚含殮如禮大哭一聲遂倒地卒

樂和性和易善屬文母程氏卒哀毀廬墓三年父卒亦如之

姚永濬讀書能記姓名父早卒事母張氏盡色養

母終三年溫凊臥榻一如其生一日耕歸見妻蔡氏供饌禰衽不肅號哭謂以死視母妻幾被黜

許恩治前南市人獨與母居忽夜半鄰家火逼恩宅恩覺出尋母不獲忽突入與母俱焚火止人視之骸盡炙裂猶見兩肱隱隱抱母身云

王敎民大參王希元孫父三捷嘗爲樂林丞崇禎乙亥流賊突至執三捷將殺之敎民從林間奔出求以身代願死之聲震天地賊遂殺敎民而舍其父 以上蘄水

趙悅以詩書敎授生徒父母同日死悅號慟盡哀負土成墳人或助工哭而辭之廬墓側六年感二白雀馴擾棲於墓樹正統中旌表其門

顏時熈字炎文府庠生父顏如愚病篤割股救愈

國朝順治乙未年知縣王潞詳報院司給扁旌獎 以上麻城

鄧澄高性至孝父瓊卒廬墓三年有鳩巢墓木産芝一本九莖邑令呂調陽親顧其廬捐貲置産五十畝以供粢盛著於籍

李嚳邑庠生父母合葬邑城薛家湖岸嚳廬墓三

年正德間賊劉六劉七過縣士民盡逃嚳蓮首墓側一步不移賊爲感動贈劍一口

林機崇義里人樸鈍不學性至孝力耕養親親病侍湯藥寢食俱廢及卒廬墓三年哀號如一日

閔啓元偶遠出母汪氏病幾死妻李氏告神刲股得甦尋復病啓元刲股救之又甦李氏偶病幾死子善保刲股以奉李亦頓愈載在憲綱曾經題請

張世祜字公望弱冠遊庠父國勳以廣文死難應城祜年十三尋父屍不獲斬左手一指血書詣闕

上疏旨下謚國勳忠烈崇祀名宦鄉賢廕一子世
祀
譚孟陽力田好施事親竭力一日繼母病篤刲股
救之立甦
凃遠還性至孝方九齡父病嘗糞哭天刲胸煎湯
以進得愈逾歲父卒母病危傭工置棺及卒搭草
蓬廬墓於昏山之陽有靈雞黃犬依墓三年不去
鄉人異之
汪顗早孤事母孝母卒廬墓晨昏泣奠悲號不已

白兔伏側羣烏繞室弘治間崇祀 以上黃陂
李學梅為臬司幕母先卒父繼卒廬墓六年煢棲
莽間暑雨一蓋嚴冬一藁席頗生理窘日或有他
往即深夜必還一夜溪漲忽隔望墓號曰兒在此
於是達旦又一夜積雪數尺鄰有老儒往矙之見
雪中隱隱一髻亦復不僵死耿恭簡為作孝椽傳
以上黃安
羅天立傭工奉母母病割股救之人稱為孝子里
壽儒字宗舜進士授主事父畏寒而不喜薰被儒

輙身溫之母有疾不食儒亦涕泣不食所得坊金
盡以予族屬之貧者 以上蘄州
張本端舉人任主事擢廣東僉事性醇謹勵風節
父没廬墓三年有鹿常棲止於其側遠近異之
史玉明早孤傭工奉母母老起居維艱必負置田
畔奉食母卒隻身搆茇舍於墓側後遂居此以終
僧永鑑鄰人顏友祿等憫之傭棺營葬焉
麗耀事母孝母病赴横岡山謁真武帝默禱願以
身代忽走捨身巖投而下巖高千尺耀墜地不死

母尋愈
盧應昇歲荒家貧母病危思肉食不得默禱於天
割左股救之母以是愈
翟近泉舉人性至孝父病割股愈後以舉人署華
容諭
呂默卿父晚竹十年目盲默卿日夜舐吮之目復
明 以上廣濟
元
張德懋蘆塘村傭也母老妻亡當兵亂肩母走唐
山浚谷中日置母坐上坐丐食酒諸脆味跽享之

復歌且舞令母歡以爲常母死瘞廬左哀慕終其身

龔暎祥母疾刲股飼之而愈越七年母又疾祥又割股及卒同兄暎麟廬墓三載邑令旌之以上黃梅

論曰聖君聖父聖子聖臣古今稀遘大禹幹蠱文王明巳變而不失其正亦非臣子所願居至于愚忠愚孝大道不取焉苟有血性未可深絕

賢哲

聖人者道之極也不可得而見也伊周而下賢智亦

未嘗往往而絕其間儁拔之士不以利祿患難動其心者可以磨礪一切矣然則治亂不同豈非所託無人乎

唐

周墀字德升其先汝南人自褒城侯靈超徙居黃岡歷梁隋多顯仕墀少孤事母孝舉進士以詞學經濟重於時事文宗武宗宣宗累官兵部侍郎判度支同中書門下平章事中書侍郎會議河湟事不合旨罷爲歙南東川節度使駙馬都尉鄭灝言於帝曰世謂墀以直言相亦以直言免帝悟加檢校尚書左僕射

宋

董助教性仁慈篤於信義見貧乏輒捐貲賑恤大觀間歲大旱嘗爲飯飼饑又設養食給小兒多所全活以壽終

明

詹同字同文舊名書婺源人元至正中授郴州路學正避亂黃州因家焉僞漢徵爲學士承旨太祖下武昌授國子博士易今名洪武元年命畫孝行及起家戰伐歷試愁苦圖以垂世訓劉基疏請加禮大臣同因取戴記及賈誼疏以進開說剴切六

年陞翰林學士兼吏部尚書墓在府城北九十里雷公岡

吳琳字朝陽性資純篤通毛詩小戴記高帝召爲國子博士命同魏觀等求遺書改吏部尚書量材授官號得人以老乞歸

孫子華正統間值歲祲轉粟近萬石賑濟黃麻蘄水三縣饑民有司御史臺以聞詔賜義民尚書

張佐字艮弼成化進士有介行累官按察僉事免歸饘粥不繼晏如也

王思旻起家刑名有吏材倅泰州泰多水患旻爲疏減牧馬三之二嘗請部使者蠲租六萬餘石撓舟懇訴至以身投水使者大驚具奏允所請及去泰民祠祀之

余鑾字廷儀進士授行人奉使封唐王王餉以金帛不受歸與諸生論學不輟有豪右觸法懷多金求解鑾曰吾豈以多金禍鄉曲耶斥遣之

王廷陳字稚欽進士選翰林庶吉士武宗南巡與修撰舒芬庶吉士汪應軫等上疏諫止上怒跪門

廷杖謫守裕州治尚嚴明士民畏之後罷歸屏居林壑絕跡公庭著有夢澤集

王麟字體仁弘治進士授封丘令勸農桑鋤强梗一境大治嘗踰河見百餘人舉大木作揶揄歌而著頭乘馬鞭之問知爲太宰馬公治宅麟執奴撻之因切責其子比覲與天下計吏謁太宰太宰忽起席曰誰爲封丘令賢哉愛其民吾亦與焉因下揖時兩賢之

方任字志伊進士歷官都御史以清謹稱棄官終養鄉評稱重

曹珪字廷獻進士令桐廬以治行稱擢監察御史按廣西平猺獞有功再按陝西時武宗以別旨遣中官迎指揮韶鳳妻過陝珪遮留疏諫竟得寢歷官有餘俸不置私產咸與異母弟共之著南坡奏議十餘卷

王廷儒號七澤正德丙子鄉貢由都察院都事轉四川按察僉事左遷成都府通判歸建家廟如制子弟有不謹者廟責之撫三庶弟友愛子二女一

即適奚世亮守節建坊三黨存問者也

王廷瞻字稚表進士除淮安司理擢侍御史巡撫四川總督倉厰時賓應諸湖水爲患漂沒糧艘議於石隄東濬月河避湖險甫八月竣事賜名弘濟河陞戶部尚書以勞瘁乞歸

陶珪字廷獻進士累官按察使所至稱爲廉平餘俸給諸孤姪事繼母以孝聞

陳言字秉忠仁慈謙慎鄉里稱爲長者以歲貢任慶陽府判嘗督邊餉捐俸以助軍民立祠祀焉

杜鳴陽字子鳳舉人性渾厚與物無忤親歿遺幼弟尤親愛之故人朱廷相女許聘豪右迨貧且死豪右背約鳴陽聘爲仲子傑婦兩爲縣令俱有惠政卒於官

樊玉衡字柴軒萬曆乙未進士除商城令介性無阿爲治首誅大豪餘蠹不敢犯中璫采礦至商衛宣言無礦與璫抗璫氣少奪因導璫入險爲文告山靈曰有礦當吐符涷貢不然徒爲民禍神其殛之璫怏怏去調崑山折織造中璫亦如商時報最

擬授銓部衡解印馳歸侍父疾數月不解衣勞苦成疾卒崇禎初勅建祠謚孝介

王一鳴字伯固兒時有令譽以進士授臨漳令加意撫摩不取邑中一錢公餘肆力古學卒於官知與不知皆爲慟惜著有朱陵洞稿

王孚生而穎秀童時與張寶相約學於白鹿洞三年學有成就景泰癸酉白衣入塲同以麟經冠多士天順癸未偕弟美玉與寶隨行至京值貢院鎖而災美玉踰墻負孚以出火益烈復入尋寶則頭面半毀美玉又負屍而出尋將骸骨肩負南還張感其德兩姓聯姻俱以春秋世其家孚後爲襄城教諭應河南鄉試聘有翰林之壻以賄求關節孚曰我爲朝廷拔才乃可以貨取乎遂叱去於是赴闈得士皆一時名俊襄城有尚書于達教令孚朴責之誤傷一足尚書恚遂乞歸隱建書院於西阜山莊以來學者著書數十卷年七十餘終

王同鼎字調甫以歲貢爲江寧令著廉聲諸生時好施予篤友誼家中落不倦比歲大饑弟王同觀

號養所者捐粟千石以賑調甫亦力附之一郡多所全活損有餘補不足天之道也難兄弟有焉

杜仲字冲宇隆慶辛未進士仕至松潘兵備道守邊陲以勤事卒巡撫喬維新爲治喪發篋惟敝衣數襲耳聞於朝賜祭葬贈太僕少卿

杜應芳字懷鶴進士授禮部主事轉知河間府值封王過河間例有供應銀王嘉芳清操舉以賜之芳隨封還各屬遷四川督學以背公徇私陽誅陰譴八字大書木牌懸之干請遂絕海內稱之

劉宗祥號梧陽天啓乙丑進士除金壇令舉最爲
御史崇禎初廵按江西廷對與利除害數條稱旨
繼廵四川陛見面劾少宰張捷行私捷罷職累官
江西廵撫引年致仕可謂知止君子也
王用予號霍童崇禎戊辰進士除淮安李官淮有
黠胥南北通家也民苦之商苦之令亦苦之用予
甫任廉其穢即先按焉黠百貪緣用予曰骫法而
賄是吾以治殖也卒斃於杖尋建文起書院月課
士授以禮經淮之有曲臺自此始也其於明允敷

教殆謂兼之最聞欽取翰林檢討
王同軌字行甫 汪世楨字幹卿 樊維甫字山圖 何諟字韋長
宋家瑚字伯華 其生也先後其要歸一也德同學同
楚士矜式無不同修身之道抑漢而尊宋經史之
餘天之七政地之九丘探微入奧旁及釋老諸典
延陵季子之流也
詹謹之字仲庸崇禎丙子鄉舉任濟南司李力鋤
宿奘訊讞多平反以疾歸講學惟體認誠敬二字
國朝劉子壯字克猷崇禎庚午弱冠登賢書帖括成一

家言有雅量人以公輔期之順治己丑進士
廷對第一人授修撰其制策條答如開 經筵建滿學
等事皆掌舉行壬辰分較禮闈告歸究心經術爲
當世用乃病卒年止四十四歲
王躬允字爾極順治六年歲貢授潮陽知縣潔己
愛民不驟施刑責解組歸課子孫讀書不倦遇人
溫厚年八十六歲終
王追騏號雪洲順治己亥科登甲第入石渠氣岸
山立不期月轉左掖抗疏者三旋黜旋陟歸終養

閉跡窮經者二十年徵博學不就晩好易象懸河
洛圖於座知進退存亡雪洲之占也有以夫
宋必達號東巖由進士除寧都令政先撫字有清
白聲會耿逆攖閩叛窺江右以寧邑阻其衝悉衆
來攻東巖身先兵民誓死守禦間出奇邀擊敗之
賊氣奪引去南贛獲全尋以勞瘁引疾歸以上黃岡
明
薛均少有奇節好讀書高帝召赴南畿上十策陳
母老放歸文皇召入爲陝西太僕寺卿補應天府
尹先是應天以租逋官多得罪均管事月餘即完

報年七十乞骸比歸行篋甚重疑者至中途發篋惟紙馬板一副帝知其貧命有司賜官湖一項曰薛家湖迄今子孫守湖而鬻紙馬以爲生

徐吉貞舉人守忠州時麻鷂兒文千戶暴橫里中百姓惶懼吉貞討除之遷戶部郎乞歸絃誦自適而已

聶永清字本端進士爲大理評事援據典刑不少爽情理已而知成都府遇旱設糴賑之爲石四萬餘府故無預備乃置倉爲糴本明年又饑出如入

數而泛賑者不與焉時安縣賊烏集黨萬人公在善諭之賊皆散去先是設八釜於公門外令諸訟者各以粲就爨訟輒斷輒得歸有聶不解擔之謠

郭文輔少家貧父使牧牛挾筆硯就農間誦周易由舉人授鹽提舉不耐繁劇棄官歸惟圖書數篋而已

田重器字國用舉人溫雅有蘊籍早孤事母兄孝謹兄卒多男割產以益之除永川令值流賊殘破興廢補墜境內以寧

李宗元字東皋舉人剛毅有爲除知河南沈丘縣上檄下有不便於民者輒封還之有理沈政器後至者多遵行焉

程轍字子建舉人沉毅有大節雅志不仕父强命之授墊江教諭墊素不好學轍從容化諭每耐飲以談說經籍爲娛蜀人化之著有詩易錄

李延芳字叔慶歲貢性純正好施交識有不葬者出貲助之授大足縣訓導士類多賴薰淑會饑荒道殍相望延芳爲掩埋之諸生貧者分俸助給還

汝州教諭致仕

周瑯號西山進士在省垣以抗直故出守廬州務爲惠愛有廉名督學嶺南率先行義重經術士多興起人無干以私者

周鳴塤字思友進士授餘姚令姚以倭役最苦大戶徭役塤下令丈田覈籍按籍行催募而公私便之歷官廣東參議掛冠歸三十年絕足不入城市

何鳳起號近郝進士授葉縣令清苦好修每散步庭間令訟者自說而聽之會江陵相之長子北上

獨贈以疏布江陵以清操服之遷廣德州守以上蘄水

宋　王韶字子純舉神童科嘉祐進士上神宗十策以韶掌秦鳳經畧機宜乞復熙河故地累官樞密副使卒謚襄敏

程瑩少爲掾以文無害察舉知瓊州府有惠政士民立祠祀之

明　王澄進士少好學多文辭善啓廸人士撫幼弟淑尤加友愛貲產悉歸之歷官郎中所至有聲

張美歲貢孝友謹厚撫兄孤篤至產値千金不計

也捐貲修學人有爭其地者讓不校

張明道字希程進士少有大志覗勢利蔑如也初知吳江陞紹興守俱有惠政乞歸發明朱子綱目學人多宗之

胡明庶字功甫進士博覽經史尤精理數有蔡氏皇極律呂行於世以上羅田

唐　閻伯嶼進士咸淳間爲豫章都督王勃以雅量稱之

明　劉從政字恭明洪武初進士授御史有蹇諤風累官參政

周鑑字孔明進士授御史出按江西大學士陳循子所爲不法鑑置之大辟陳切齒思以中之無所得遷雲南副使所至汰墨理枉開寶泉壩溉田數萬頃民至今賴之遷山東按察使乞歸

鄒來學字時敏宣德癸丑進士戶部主事督餉關陝規畫有條總理預備倉於淮揚諸郡賴以全活者衆從征麓川有功遷通政司參議正統中以副都御史提督軍務廵畿甸扼險隘整戎分屯邊事

以寧廵撫蘇松常鎮會旱疫蠲止征徭置辦糧草治貪墨之吏復輪運省勞費諸科況瘁日深遂道卒諭賜祭葬先是以墨答一守卒搜其囊惟奏議數卷朝衣一襲而已守感泣而奠焉在官寄書戒子皆先正格言

董應軫字宗南宣德壬子舉人授鄭州學博楊文貞過滎洧奇所製碑文薦於朝卽擢福建提學僉事會廣寇亂遷兵備參議平蠻有功

丘瑩號北山舉人知開縣持政廉平榜其門曰愛

百姓如子受一錢非官

李文祥字天瑞成化進士孝宗即位上保天承命疏請裁抑中貴人大學士萬安票旨謫陝西咸寧丞數月擢職方司會中書舍人吉人言事下獄復媒孽被逮降興隆衛經歷尋進表至商城河曲氷陷卒先是萬安重文祥才名欲招致之使孫弘璧延欵言之瞪目不答索筆題壁上畫鳩云春來風雨尋常事莫把天恩作巳恩故終銜之也

周廷徵字公賢舉人以教諭擢御史巡鹽河東鹽

大發課餘數萬金劉瑾擅權利其入徵不顧盡上於朝按陝值安化王反檄諸將討縛之奄人張永欲奪諸將功徵為廷爭功得白尋遷副使卒

曾大有字世亨進士定遠知縣擢御史按直隷有勳戚奪民田大有力與抗卒歸之民忤劉瑾除名瑾敗起用累官布政使

劉天和字養和正德進士擢御史按陝西以法裁大璫廖鏜忤劉瑾誣奏被逮謫金壇丞瑾敗累官擢都御史巡撫甘肅訪求趙充國金城舊蹟大舉屯政利盡青海嘉靖間漕河淤塞巡視河道躬親疏濬運道遂通進總督三邊加兵部尚書屢奏奇捷告廟策勳廕子錦衣衛千戶旋召入提督團營治軍勞瘁成疾賜馳驛歸三年卒贈少保賜祭葬謚莊襄

曾大顯字世榮弘治進士禮科給事中忤劉瑾謫江西布政司照磨累官參議所至有風裁以疾乞休

董士毅字惟遠舉人授四川南充縣令一介不取

有青菜布衣破轍羸馬之謠

劉淑相字養忠進士兵部主事會武宗南狩叅贊尚書喬宇選一人奉迎諸司皆憚相獨請行竟得旨還宇奇其節歷陞順天府尹權貴多憚之未幾與內閣詰奏詔獄褫職歸卒於家

喻儀字麟野諸生教授以邑不通水次漕糧運兌甚為民苦於萬曆二十四年呈縣詳府轉申司道撫按查勘批詳題准永改折色入一條編內徵解今碑記尚存

𥬇希禮字節之嘉靖進士以重慶推官擢御史會議大禮大獄謫杖者多死荒徼希禮上疏極諫又以建壇禁中集道流奏封事云今日者不在建壇設醮之虛文而在祈天永命之實事世宗震怒閣臣夏言力救杖謫六安戍隆慶朝追贈光祿少卿賜祭

劉采字汝質嘉靖進士初知宿州約己裕民妻孥僅供饘粥會歲饑當路督課且急采移官帑金代輸至秋民爭輸無逋者歷郎署藩臬二十五年乃

敘遷都御史以疾致仕穆宗卽位起歷工兵吏三部尚書弘量雅度至臨大事不動聲色片言定之在任四十年清介如一日卒賜祭葬贈太子少保諡端簡

曾梃號筆山嘉靖進士知獻縣擢給事中世宗南巡抗疏止輦廷杖下獄謫靈州幕直槪傾動一時

梅國楨字客生萬曆癸未進士知固安縣政最入爲御史寧夏鎮將哱拜子承恩劉東暘殺巡撫黨馨據城以叛攻下四十餘堡命國楨監李如松軍以往國楨以忠赤風厲將士城三面阻水總兵牛秉忠年七十賈勇而上國楨緣梯大呼老將軍先登矣乃畢登傳呼止殺男女夾拜讙呼再生劉東暘許朝誅死哱拜自焚俘承恩以獻論功國楨陞大理少卿廕一子

梅國樓字瓊宇進士選庶吉士歷遷至四川敘州副使時播酋楊應龍反蜀撫進討失利督特起李化龍節制檄國樓隨軍進勦國樓同將軍劉綎冒險出奇併力合攻應龍倉皇闔室自焚死播州平

捷聞各加一級賜賞有差

彭好古字熙陽萬曆間進士知歙縣擢御史歷僉事剛直不撓風格類古人弟遵古字旦陽鄉會同榜歷官尚寶卿始家貧力學弟承兄訓及貴終身事如嚴師

楊王庭字忠愚萬曆己酉舉於鄉授潯陽令江岸北地形窪下民數千家聚廬於此忽值夏泛居民待斃卽破浪親往捍築潰隄立就至今呼楊公隄萬曆中鑛使四出持正忤璫坐是不得內召卒祀

鄉賢

李長庚字孟白萬曆乙未進士由戶部主事累遷順天府尹江西布政晉戶部侍郎陞刑工二部尚書魏忠賢以楊左黨人削籍還里崇禎起戶部尚書陞吏部尚書上嘗以勤勞靖慎褒之與柄政意不合歸卒於家

毛可學號思溪經學傳家孝友風世與弟可教同志切劘

田可東字季川讀書靜退尚義好施身樂隱遁喜延名儒教子孫嘗受故人千金密寄其人旋死十餘年俟其子成立呼而與之封識如新鄉里以潛德稱之

劉僑字東卿以襲祖莊襄公錦衣職明允有聲授北鎮撫司會逆璫魏忠賢嚴諭僑鞫陷中書汪文言誘以重用僑歎曰媚璫以博富貴吾不為也璫怒即日削籍歸一時餞送涕泣不輟崇禎御極首拔僑一歲遷十三級加太子太傅命勘袁崇煥得其奸狀上喜賜紵絲表裏新鈔有差蔭一子東宮侍衛尋上怒都憲易昌應大司寇喬允升引律未協俱發僑訊之僑素服二人端方遽訊恐攖上怒緩待熱審時曲全之後因委緝六部十三省事極言耳目難信執政宜寬忤旨謫戍癸未大司馬馮元飈疏僑忠直老臣宜還職報可未補卒於金陵先是都御史楊漣疏魏璫二十四罪內云劉僑不肯殺人媚人自是在刑慎刑也其典獄平反舉朝交口譽之如此

王之機萬曆壬午舉人由廣文歷遷至四川雲南監司以才幹機警著績滇藩莊兵為盜執法相忤投劾歸

梅之熉字惠連少司馬衡湘之侄公子也性恢郭每賙貧友遠客揮手千百金博學窮理無虛晝夜芥視文武二蔭亦不屑屑於帖括彼其胸中蓋自有千古也崇禎間文體糜爛或以禪詁儒或以子竄經熉獨以古學為砥柱其他周急振亂猶瑣節也晚年篤學益力作團瓢以終以上麻城

明

萬鈞學問純正人稱為萬五經洪武初召入史館

上親試古硯銘稱旨賞賚
王驊舉人少孤事母孝母卒廬墓終制不赴選有
司敦勸始出歷官以廉幹稱驊沉重好學嘗築室
二程側臨終書帶以識之
杜時歲貢任楊州府判以清慎稱會歲大饑民至
相食部使者檄時賑濟多所措置復捐俸濟之全
活甚衆
蔡完進士授蘭溪令以異等召拜御史有聲尋卒
於京邸中惟破竹篋有禮綬粗葛各一而已同官

醵賻旅櫬以歸
鄭佶舉人授豐城令分宜用事無所徇改商城擒
盜蔡䢵遷大理評事會給諫吳時來主事董傳策
疏擊分宜下獄分宜啖之持平不附守雲南繩沐
國以藩臣禮謫判通州立辨征繕禦倭有功再守
尋甸平叛酋安詮解南紀大患以剛直歷事兩朝
二十年而在謫籍者居其半
李誠戶部主事歷官副使不附劉瑾高尚致仕墐
誅起廣西布政卒以功賜葬

吳之皞進士號北陽授霍山令霍茶稅煩重甫任
輙抗請捐三之一借存留歲賦招集流亡給牛種
墾田擢御史陞大理少卿抗疏魏忠賢罷歸尋卒
王霖進士初任吉水令時朝廷行方田法日與經
文恭講求行之民以不厲補戶曹擢守保寧值採
求命下調護夫役境內帖然觀察雲南制滇藩之
横解大僚之獄尋以太僕卿致政歸
胡天起字仰文博學嗜古不競時名歲大祲盡傾
貲以賑助之偶拾遺金揭招以還其人初鄭嗣以

田產分諸姪晚乃獲子竟置舊產不問開館講學
至老不倦
梅芳歲貢任福建理問平寇有軍功其祭葬一遵
家禮教三子俱顯仕歸二十餘年不事干謁清德
爲一時所尚
陳伯安進士拜御史因忤劉瑾謫知南充縣尋謫
丹陽教諭瑾敗復知靈璧巨寇楊虎犯境伯安築
城防禦民賴以安
王褒任州守告歸窶甚值歲凶僉使行縣餽粟二

百斛寰止取十斛餘悉以分人
王一凱號岐石弱冠舉孝廉遊耿恭簡之門授武康令擢西安同知以病免歸講學甘露邑令造訪以姓名八人授之曰此盜也凱曰眞盜法不宜貰假盜情則可矜二者之間何以教之相視笑而去
陳致中字正吾長子堯道娶劉氏聾瞶痿躄女父母請別娶致中曰棄疾毀盟傷信不仁何以示子孫迎歸愛若已女父八旬遇寇見執致中先避莽中哭出傷左股寇義而舍之獲免

方一鳳字丹山受學羅文恭敎以歛聚精神專心所業推而至於服食交遊一切檢點此身便自莽立鳳乃與一時名賢大儒遍相商訂歸而默坐澄心無間隱顯以樹人善俗爲己任李見羅撫鄖深契其正修之學爲築室於二程祠右題曰丹山止水
張濤字元裕萬曆丙戌進士初任富順以異等徵諫垣上書侵政府疏請教儲復劾大司馬及兩經略奸狀又指斥大璫不法事忤旨謫廣靈尉儲位定起新安令由戶部郎轉光祿大理卿解綬歸卒

以上黃陂

明

吳琛字文錫少好學修父業與兄琳齊名授衢州同知盡心奉法政多偉績
吳化字敦之領萬曆戊子鄉薦成進士授鎮江推官平反獄遠近神之累官戶部主事風流曠達爲時名人 以上黃安

宋

吳瑛字德仁以父遵路廕補太廟齋郎通判池州至工部員外乞休公卿挽留之不聽歸種花釀酒

賓至必飲有臧否人物者不酬一語會薦召爲吏部郎中不起

元

朱仕俊字時英耿介好讀書至正間以太學生授樞密院經歷出守贛州禁毀淫祀改潮州除大盜調判延平遷同知致仕自號東村叟

明

康茂才字壽卿元末寇陷蘄州茂才結義旅捍禦尋從高帝渡江上欲速陳友諒來寇遣茂才誘致之友諒敗走嗣從破蘄黃戰鄱陽湖國武昌收湖南伐吳逼蘇州從征齊魯關隴節制太原再征漢

中所在有功軍中疾卒封蘄國公謚武毅

黃安泰洪武初知彭澤縣時兵燹後民物凋瘵勤於撫綏民賴以寧

馮思齊洪武初以貢入太學高帝幸學見其儀度環瑰悅之授御史思齊爲諸生時與百戶黎瑄有隙及按江西瑄被九江獄中思齊平心直之瑄感泣刻像以祀

陳溙字濟寬舉人授工部主事督濟寧河閘時値中貴樓船有犯禁者即繩以法不少貸中貴銜之

誣以他事逮詔獄謫戍貴州溙慷慨就道至則日持戟從事憤激憂深則寓詩歌怨而不怒庶幾風人之意

張禧字吉夫舉人授推官性抗直人不敢干以私讞獄多所平反遂與長官不合丐歸家貧甚州大夫問而周之悉麾去不受

王翰字廷舉進士累官廣信知府廉謹愛民陳便宜七事行之解綬歸規搆數楹種松環堵校讐古書絕口世事淡如也

華仲賢字廷佐進士歷官廣東參政命下採珠力革舊弊事集而民不擾擢布政使以廉稱乞休卒於家

郭承恩字惺寰性靜無他嗜務精經史及先天理數之學舉歲貢轉漢州什邡知縣氷蘗自矢暇與諸生肄業鄰封多負笈至者告歸惟講學理性是務年八十九長嘯而逝

馮翺字時舉歲貢任推官治獄平恕撫孤姪如已出爲諸生時比舍火起勢且及翺自外馳歸負其

母及先世誥命而出餘無所問

馮天馭字應房進士督學南畿崇雅黜浮簡拔多儁乂累官刑部尚書致政生平孝友待弟尤鍾愛閭里尊重稱午山先生

顧敦字化之性警敏有卓識敦睦婣族尤愛異母弟素喜陽明則言朱儒孝順詩每令人歌誦以自適

吳瑞鳳字翼靈舉人冠後始習舉子業以理學爲鄉里倡教諭太和有師範督學檄主正學書院選

禾豐令以遺戍觸權貴竟莫能擠擢兗州同以直忤當道當道廉知其端方愈優禮之每書寄子勉以耕讀卒於任

張思齊字希賢進士授四會知縣縣遭水患民聚爲盜思齊捐俸築隄遂成膏壤民以殷富盜亦頓息知霸州有民奏中官奪產思齊治之歸產於民中官家財入官上其狀部使者不報遂投劾歸復起累官布政使所至有聲

張星字聚薇舉人事孀母孝三十年如一日終喪

就仕授如皋知縣奏丈沙田中貴騷擾正色不避闔邑晏如遷歸德同知致仕

汪宗文字泗濱萬曆丁酉舉人授上高令民瘠而玩惟務惠綏不專倚法民以感動逋賦應期告竣累官雲南憲副告歸處鄉恭謹里人懷之

袁世振號滄孺萬曆戊戌進士授臨川令陞戶部郎中值鹽法方壞商引不行世振爲十議上於朝上覽奏嘉其能特命兩淮疏理鹽法副使賜璽書疏理官之設自此始

陳大中字時甫正德進士任南戶部羨金積還公帑大司徒曰此足以愧既往風將來矣擢慶遠知府所屬土官舊以金銀器物爲贄大中却不受削平藍賊以通商旅遷運使未久致仕以上蘄州

宋

余玠字義夫家貧落魄好大言爲諸生殺人亡命脫走江淮作長短歌謁趙葵留幕府俾率舟師有功累擢制置副使入對稱旨授四川宣諭使尋加制置使知重慶府大更弊政遴選守宰招賢禮士屯兵聚糧爲必守計招致冉璡冉璞待以上客用

其計徙合州城諸砦移守釣魚山利州都統王夔殘悍桀傲朝廷知其不法不能制玠夜召計事而斬之奏疏詞氣稍不謹帝意不平會徐清叟入對言玠不知事君體遂以資政殿學士召還聞命不自安一夕暴卒蜀人莫不悲慕爲祠祀之

梅應春號雪樵寶祐丙辰與弟應申同進士初授餘干令遷瀘州安撫使當國事多艱之日事君不貳政績丕著累官禮部尚書有寓瀘遺稿

姜賢咸熙間以薦舉累官副使有清譽號樵隱先

生

元　張紹祖字可成進士歷任寧國路總管操縱中度邊鄙肅然

明　徐麟號月齋由儒士辟薦累任河南知府洪武三年以母老辭官許改選蘄州就祿養親政尚寬平愛民如子

王佐字朝佐由監生任徽州府同知陞饒州府知府乞老歸僚屬贈金江滸佐辭不受民感思之搆却金亭

陳愷由鄉舉歷戶部郎中性敢言孤行一意不避權勢陞重慶知府矜孤制暴郡人多賴之

鄭逵舉人任崑山知縣值大荒乞羸塡街民哭逵亦哭煮粥賑之疫作令醫遍詣全活遂多重學校恤窮嫠自奉凊約圖書外一無所好

陳釗監生任監察御史振肅風紀歸休日饜無寸貯及歿其殯葬皆爲里人所賻

徐來聘萬曆間以貢生歷官永寧知州有猺獞仇殺憲臣密檄勦之來聘不忍單騎詣營諭以禍福

翕然感化

徐來建萬曆乙酉鄉舉知壽州壽近濠河時爲患丁徭偏重來建奏記臺使者懇均二賦租歸田庸歸丁悉剤其平臺使爲具奏可民困用蘇

王大謨萬曆庚戌進士授太湖令入爲北部郎中會熱審中官至大理寺南面坐尚書以下皆侍謨曰春秋尊王人而中官不列朝會使者當下中官訴怒謨抗疏極論之歷官廣西參政以母老乞歸薄田數畝而已

舒其志字元渚萬曆乙未進士累擢江西按察使時淮王欲立寵娼子而錮世子於祕室娼黨皆羣盜志初弗問忽夜半出片紙捕其黨寘之法面責王王立出世子而殺其娼子稅璫於湖口鳳凰磯爲暴計縛其魁請旨獨除仍屬戶部鈔關如故民立祠祀之

胡士容字仁常萬曆庚戌進士授嘉定令調長洲累遷山西參議兵備薊州魏黨崔呈秀薦其妻弟爲材官拂然絕之有奸贓吏捕急投崔氏第取論

如法郡邑爲忠賢立生祠禁不許誣逮鎮撫獄擬贓七千薊人及長洲民聞之咸輸鏹以代崇禎初起叅政駐甘州一夕無疾卒

金之純字徤之乙卯鄉舉補諭淅川以績擢陜西興安知州寇忽薄城公倉皇登陴殊死戰賊却一歲中瞰城者四久之糧盡且陷矣公遣人密檄旁郡游擊將軍唐通爲援會襲之斬獲不可枚賊退民饑且疫公設粥食調醫藥存活數千人御史以狀聞朝議擢守漢中會疾卒

王臨字泰生其先三世同居以孝義聞邑令蔡洪煇旌其門臨生而純孝居喪三年不入寢過墓必泣家貧好學諷誦不輟或曰饑乎曰吾有書故俗稱王生代飯書嘗作禹貢圖及河圖考以文名崇禎末避寇居江南沙村沙村山後懸岩如屏墨書梅山傷識范純仁題臨遂作梅山記時李自成敗餘賊南奔臨被獲有渠魁異之因釋焉後從江上歸避雨村店有婦棄繈筐而走就視乃廣濟舊志殘缺失次臨慨然修輯傷搜博訪數年成書將志之存臨之力也

劉醇驥字千里性方正簡塞貧而好學博窮圖史每歎宋元以來文習日卑孱因奉左國史漢爲繩矱之文章爾雅典重一時賢傑無不知有劉千里者得其傳記碑銘莫不以爲美晚年挾策遊京師無所遇歸老山林著述自任有芝在堂集行世以上廣濟

宋

王仲瑄性敏潔善綴文崇寧間進士授翰林學士

元

劉所進士以功名自許初任眞州後遷蘇州府守皆有德教

汪振卿居官端廉不阿權貴有古驄馬風

明

邢寰進士授給事中好直諫毅宗嘗呼曰酸子禁中有舉動輒問中常侍曰邢酸子得毋知之乎一日命駕欲遠狩寰伏五鳳樓遮留上竊知之從後戟門徑出尋謫廣德州判遷南昌知府所至興賢剔蠹有聲

魏澄舉人行履端潔邑人有寃澄爲解之其人詶以金嚴却不受居鄉授徒貧者不取其贄

石金字南仲進士拜侍御史會宰臣張桂用事臺

中爭趨附之金與戴金力持風采京師語曰楚有
二金臺中錚錚嘉靖中方士邵元節請事齋醮金
抗疏言當節勞葆和不宜邀福鬼神下錦衣衛拷
訊謫戍宣府尋宥歸棲跡白蓮峯下謝絕世事後
詔起用不出
陳言舉人授泗州學正廸士敦古行不諜諜詞藝
遷都昌令卒於官民間合循吏潘劉楊祀之號四
公祠
王夢麟萬曆癸酉舉人性友孝居官不事苛刻愛

民如子三載解組安於貧約
潘文誥歲貢授廣西灌陽知縣性洞達無他腸縣
有虎傷禱之城隍三日虎伏死廟門嶺猺桀黠夙
爲民患不可制誥誘其黨計縛之遂降當道交薦
其材擢知府
汪可受號靜峯萬曆庚辰進士歷官少司馬神宗
賜安稱爲天下清廉第一
邢繆字文甫進士歷官御史行部境內舉動甚秘
諸司耆宿未能窺其際一日謁狄梁公祠指壁間

韻揮毫立就出射飛隼一發中之人稱爲文武才
瞿晟字景明進士授戶部主事督賦江西搜剔利
病規畫明悉人甚便之邊務旁午內帑告匱遷晟
郎中疏理財數十事上之帑遂饒尋遷廣平守以
疾卒
鄒如頴字允貞舉人以才學名家歷任三縣囊橐
蕭然清廉自愛致政歸居深山讀書以老以上黃梅
周啟元字善長天啟丁卯舉鄉試任山東高苑縣
知縣會青齊中兵禍高苑下邑陴垣孤小敵陷城

公從容著朱衣坐堂上厲聲罵敵而死黃岡人
張國勳字伯明由明經授應城訓賊張獻忠犯城
急或謂公無城守責請避之曰非忠臣爲也城陷
從容入齋着朝服抱先聖木主罵賊賊焚文廟投
烈焰中以死黃陂人以上補忠之遺
劉淳永樂時歲貢未出仕先年父早卒事母呂氏
溫凊必時朝夕必謹及母老不能健飯輒數行泣
下委曲承歡者數十年母死廬墓三載風雪中苫
塊自若臺司上聞賜扁表其廬曰孝子蘄水人補孝之遺

黃州府志

革

卷之七下

人物志

黃州府志卷之七下

知黃州府事襄平蘊艮嗣較定

人物志

貞節

采蘋采蘩卿士之妻也條枚執筐庶人之妻也婦女庸德不以奇行爲表見不得已而奇其得死所耶

明　魏氏魏英女熊谷眞妻年二十四谷眞死奉養舅姑各壽終家貧攜幼子依父年八十餘卒洪武中旌表

周氏余文瑞妻文瑞登進士卒氏飲屍汁絕粒或勉之曰此呱呱女非汝夫遺乎乃矢節撫女面垢髮結母死亦不歸以夫衣舄爲衾枕偶婢褻其衣謑近男子衣立命焚之

張氏萬曆癸酉舉人於廷評繼妻二十四歲夫亡苦守四十年題請賜額完名全節建坊先是廷評之祖名伯貴妻熊氏亦守節五十餘年壽八十

劉氏女父負薪爲活正德間流賊過黃見女殊色欲亂之女紿賊以飾粧請賊置女舟中投江死

項氏李富妻正德間爲流賊所刼項誓不辱赴水死

盧氏劉鵬妻夫病篤先期自盡死嘉靖中旌其廬

張氏女不知何許人嘉靖間父挈居團風鎮有富商謀娶爲妾父許之女醜其非偶引刀自刎

劉氏倪天瑞妻年二十天瑞死撫孤子以女紅自給齒踰九十萬曆二十二年建坊旌之子士觀爲諸生教授里中事孀母孝養備至并奉旨旌其家

方氏舉人盧靜妻副都御史方任妹年二十四孀

居事舅姑以篤孝稱守節七十二年萬曆二十三年建坊旌表

王氏都察院都事王廷儒女適進士奚世亮爲繼配世亮殉難時王甚少苦節七十餘年年九十四卒其封恭人以婦節而服忠臣之寵命也萬曆間三棠存問賜建坊并祔世亮之諭葬

汪氏諸生王追宣妻夫亡無子弱齡苦節年六十餘建坊旌表

盧氏諸生曹銓妻銓死氏年二十二撫棺哀慟夜

自縊以救甦撫遺孤勤劬萬狀偶鄰媼以微言吮之氏剪髮齧指唾媼面不再見年七十五歲卒萬曆三十六年建坊旌之

余氏宋蒙側室無出嫡劉氏生子女各一蒙病篤託余以二孤余受之無難色蒙殁劉不能守余如命撫字勤儉治家踰二十年子女皆婚嫁有成一日無恙呼二孤曰吾不能終視若等第勉作上流人吾無憾矣越宿而逝年五十四

周氏韋體亨妻生子石麟方幼亨疾篤氏痛號幾

絶亨指老母幼子瞪目視之比卒閉戶自縊姑救免奉姑撫孤課之學辯纑佐讀石麟登萬曆戊戌進士三十五年建坊旌表

杜烈婦者滇大理人黄岡秦一才爲大理倅娶杜繼室年僅十八一才且艾無子或慮其不能偕老杜曰緣定矣不能偕老獨不能偕死乎一才困頓自滇歸請其族弟秦繼宗爲首丘之願尋一才卒杜請繼宗爲治兩棺繼宗如其請杜服斬衰答弔客之拜曰吾不欲客謂先夫無子也自蓺自紡成布以散婢僕三年喪畢服酖以殉蓋初嫁時所攜之鴆也血盈盈漬五官猶自拂拭臨絶乃令加故祿衣于衫上

王氏袁文任妻適袁甫二年生子希詩文任性孝友其兄宛繫先受重刑次當解讞告于父母曰兄不堪矣願代赴理遂斃杖下氏慟夫死義上奉九旬舅姑下育月餘遺子矢志苦節年八十病危希詩妻何氏泣天割股救之又逾四載而終天啓四年賜坊曰節孝流芳

余氏進士樊玉衡妻衡兩令商崑淯操家貧而卒氏矢志苦節四十餘年撫立夫弟玉衢之子維孝爲嗣天啓六年建坊旌表題爲廉貞雙美

袁氏賈爟妻適爟二年而爟逝遺生一女擕歸依父結靜室奉佛迨女嫁誡曰自汝父死我眼未嘗視男人女人一世不可輕視人也萬曆戊申卒年六十有六

李氏諸生王相妻崇擢母年二十而孀崇擢僅三歲斷髮茹荼以孫用予貴受封

陳貞女新都知縣陳相道之女通論語許聘汪幹卿之長子二南未字二南卒女毀容矢不再聘父母嘉其志製斬衰歸汪承服苫塊于二南靈右者三年如子之事父苦節至五十七歲卒

胡氏曹獻甫妻年二十二歲夫死撫孤孤尋死其兄弟及母欲奪而嫁之誓死不變紡織自給卒年七十二

陶氏黃州衛指揮牛可耕之母娠三月而夫故氏每夜禱天祈牛氏一綫不絕及可耕生虞匪人覬

世爵中害之自幼至壯保護尤苦可耕襲祖職孫若鱗成進士而陶氏以全節百歲終

足大陶成芝之女年十四許聘朱君錫子廷傑傑死女欲往祭父母堅止之涕泣竟日遂縊死

樊氏杜應芳妻年七旬獻賊破城氏白髮皤皤坐于中堂賊亦不欲加害會見眷屬受侮乃正色大罵之遂被殺

汪氏徐某之妻萬曆四十二年御史題請疏云十九于歸未及期而良人早逝廿年守制不移時而舅姑雙亡建坊旌表

王氏奚祿詒之元配通孝經及楊慎史談張獻忠破城隨夫避難于大冶之鴐虹山下冶令與夫舊交夫往訪之中途爲土賊石可鼎刼去氏聞信即投居停之汪而死惟八歲幼子在傍及夫脫難歸巳死十餘日矣崇禎癸未八月十二日也康熙九年因夫貴封孺人

何氏王箕繼室前郡守何晚齡女歸箕數歲箕卒氏年甫二十生子鳳閣尚在襁褓依長子孝廉鳳

陽奉養矢志柏舟年六十有八卒

陳氏南陵令王欽濂繼室欽濂卒陳年二十七遺子承啓延師教子舉于鄉尋殀守節四十餘年

杜氏生員劉晉運之妻年二十三歲晉死杜哀泣幾絕誓不欲生以子隆譽尚在襁褓忍死撫育時訛傳有富室求婚杜引刀自刎以救得免上奉舅姑下課孤子備極艱辛

宋氏年十七適鄭一聲聲從父任蜀中歸泊巫峽夜崩壓舟殁氏年二十一家中聞信觸墻而死葬

甦慟念襁褓二嬰孀居五十三年衣唯粗蔴足不
越梱年七十有四卒
程氏贈文林郎王追騋妻崇禎癸未城破逃竄于
武湖舟邸騋病歿氏年二十八三子幼各隨乳母
存亡未審氏忍死脫簪珥倩人涉險訪求既而皆
得扶櫬赴鄉莊依外戚居焉課子禮師纖毫不懈
教長子之鯨登順治庚子賢書年七十苦節如一
日
余氏曾齊賢之妻賢早卒余方二十歲撫教兩子

俱成苦節五十年崇禎間賜旌表
劉氏陶光先妻二十喪夫勤績養姑茹荼撫子苦
節五十年順治九年旌表賜銀建坊
余女余家店鄉民余君儒之女未嫁夫死有熊宦
購之女毀容矢志今年六十矣依父紡績自給府
給匾旌之
金女團風鴨蛋洲漁家女崇禎末年自幼許聘李
人之次子暨女長成李因子匹呆日甚謀于金父
母欲以長子移配父母許諾女聞悲憤曰此何事

而可以移易乎父母強定婚期先一夕女悉縫周
身衣至夜半闢戶出追者不及直奔大江如履平
地至波心而死
李氏學生徐天初妻年二十七夫喪遺二孤長斐
三歲次雯襁褓孀姑六旬無依勉力殯夫柩事女
工以養姑教二子次第入庠崇禎末年張獻忠屠
城氏被戮
國朝杜氏舉人王承啓妻承啓卒氏年二十四遺孤懋
德甫八月氏絕粒求死孀姑救甦曰汝死孤兒無

生理矣撫孤懋德中康熙壬戌進士以上黃岡
元武氏趙正二妻年二十二夫死家貧守節奉舅姑
尢謹事聞旌表
明王氏甘原禮妻年二十二適原禮甫二年夫亡甘
貧守節五十三年洪武初事聞旌表
淅氏李渭妻適渭二年夫死踰七月生子寡居五
十年壽八十餘終
呂氏劉永釗妻年二十適永釗釗卒父母欲奪其
志引刀破面乃止清冽五十八年終

胡氏汪弼妻年二十三夫故妾楊氏生遺腹子二
氏誓死共守家故貧事孀姑盡孝織紝自給至死
不變
楊氏王仲謨妻十五適仲謨二年夫亡父强之再
醮斷髮自誓撫遺子事二姑至老完節
胡氏周道妻道卒舅姑憐其少令再適誓死不變
六十年如一日
楊氏周鳴復妻年二十無出夫故撫前妻子延祚
如已出事舅姑以孝至老

程氏李黄妻僅一女甫七月而黄卒氏年二十五
葵夫時即成二椁虚右以自待言動一秉于禮壽
八十九以完節終
鄧氏張存貴妻苦節孀居舅張時年九十病篤氏
思家貧何以供藥餌齋沐禱天割股以進一服而
甦者五年鄧壽亦七十二而卒
何氏蔡寵妻年十八生男際盛而寵故勵節撫子
壽八十終
楊氏徐尚國妻年十八而夫亡遺腹生一子名鉉

氏泣血撫孤姑病割股以飼萬曆乙卯賜建坊
楊氏周延祚妻年十九適周一年而夫卒父母欲
奪之以死爭撫前孤如已子人無間言
胡氏李漳芳妻漳卒氏年二十子二齡家季不徹
廹而遣之歸寧母家亦慫恿[illegible]嫁氏激節益勵課
子勤女工以老壽躋九十
鄭氏易文訓妻文訓會試卒於京氏喪葬祭祀悉
按家禮舉行寡嬸李氏為易文誥妻誥卒于偲生
八月家甚貧二氏共誓堅守無二

廖氏袁正魁妻年十八夫故撫孤袁貞堅誓死守
至七十八歲無間言萬曆末年奏聞建坊旌表
申氏李新期妻夫死不嫁土人李尉恃宦戚串申
父兩子黨謀[illegible]娶氏斷髮不從劈門縛擡至家已
自縊死明末亂無有申其冤者
洗馬畈婦人不知其姓名崇禎間為兵所執氏不
受汙兵以刃剖其腹婦人一手抱嬰兒一手捧腹
使初氣絶立以待夫夫至付兒放手而斃
黄氏程若沼繼妻生五男夫卒前室周氏生一男

氏撫愛過己子夫遺緒業半予周子僅割半以食五男教子孫以義

吳氏蔡應乾妻其夫處繼母下逼之自縊氏年二十二痛心守節姑逼氏萬狀氏心歷三十年不變崇禎癸未城屠爲賊所殺

李氏何之旦妻崇禎乙亥流賊至蘄李氏被執奮勇罵賊大罵賊怒刺遍體無懼色斷其頸乃死時從娌來女抱李幼女守側賊奪女將殺之娌不與因伏地以身翼庇幼女賊不能奪亂刺百餘創并女俱死

王夢貞河東王論女許聘未字會論母逝女翁并壻行奠女居内未出讀祝有輕薄子嘲女屬目女聞之曰造言嫁誣天自鑒之然我義不受誣遂憤詈不食三日自縊死

國朝繆氏戴天眷之妻十七歲而夫亡子女俱無矢志守節惟一老僕傭莱以給饔飧寄居姪孫之廊房親姪之宅一足不履言動秉禮者數十年兩經知縣劉祐李長敏表額疾革謂姪孫曰爾其遷我于正寢使得正而斃焉儼然有曾子易簀之風九十一歲終先是巴河廵檢張一經每元旦必先拜氏節然後在縣與相府爲鄰而不敢侵其德之感人如此 以上蘄水

明

周氏江尚忠妻年十八夫死一子甫半歲有謀娶者姑欲許之誓守不奪後姑得風疾左右扶持曲盡孝養

劉氏女許聘姚相未婚而相歿鄰人張正位與人爭娶速之訟女不從乃自縊死事聞旌表

張氏程雲鵬妻年十九生子升八月而夫歿杜門育孤兄勸改適氏憤激舉茶甌擊之孀居五十餘年以完節終

徐氏黄綸妻年十七歸綸僅半月繼姑逐令莊居生子可行而綸亡氏年十九姑不之顧欲奪其志持刀刺媒氏獲止及姑疾作歸侍湯藥惟謹居喪如禮可行年二十又夭氏辟纑傭莱以終其身

蔡氏張發妻年二十四發歿生子恒甫四月父母欲令再適氏斷髮焚柩前誓無他志年八十卒

徐氏張義妻王氏張美妻義兄弟相繼卒徐年二十三無嗣王年二十二有子二乃以一爲義後娣姒同心白首不渝

王氏女父蚤喪諸弟俱幼女誓不嫁撫弟成立年九十餘卒

閻氏胡粹然妻被賊執不從賊怒支解駡不絶口

胡氏王娗妻被賊擄竊刀自刎死

汪氏江文柱妻遇賊將殺柱挾氏去氏請釋夫乃從及柱行遠大駡激賊殺死

熊氏貢生胡闇然之母年甫二十夫死有遺腹越三月生子闇然氷雪之操歷四十餘年院道屢加旌奬

胡氏避兵赤剎崖聞夫被殺哭數聲投崖而死

楊氏叚喜樓妻年二十七子方三歲張獻忠陷城夫被戮氏念遺孤在抱隨衆脫走矢志撫孤今五十年苦節 以上羅田

明

張氏劉漢妻從夫任商水流賊至氏同女鸞山死土窟中正統中旌表

李氏舉人周弘烈妻烈卒氏不食死

熊氏庠生幼學女許聘劉康康遘疾且篤女齧左肱肉遺之爲幼弟誤棄復割寸許父母遺啖康稍瘥閱月死女聞訃慟仆絶粒父母力救乃言不令我哭弔于劉終不生于是偕之往觸棺毁裂是夜再自縊姑救解泣諭之曰吾子康未汝諧何必死女曰以肱食之即身事之矣安能以殘肱事他人乎然舉家防守益密遂呼父母與姑曰請許我伴姑孀終餘年姑喜諾女佯起櫛沐拜康靈入室閉

户撞撲破門覗之則觸柱壁立死矣遂葬康穴中當路奏表其門

劉氏端簡公季女適周弘祚祚早卒氏孀居三十餘年執夫喪坐臥一樓執舅姑喪盡禮以節孝聞

喻氏御史喻希禮女適舉人周弘祁祁死氏以憂毁殉

毛氏侍御毛聚峯女適劉文文早死氏年二十有四矢志不易潛心內典壽逾八十卒賜坊旌表

李氏王師妻師卒氏孕八月越兩月而生子山玉

氏年僅廿餘　媼勸以改節氏泣曰我此餘生與呱呱隨分待盡而已尋鄰家火起氏撞地呼天願留亡者之柩拜畢同一老僕扛柩出柩輕若神助也自是家業焚盡饑寒益甚終無怨言呱呱者能讀書且束修無缺以壽終

李氏刺史王寵麟繼室寵麟卒氏年二十餘哭泣不食經四十日會疾革知族衆將不利于孤預戒家人置棺中勿封殮衆果蝟集謀孤殺母氏從棺中言已知汝輩計必出此衆大慚而去然後瞑

鄒氏董應長妻應長疾錮臨危氏已絕粒及夫死勺水不入口六日遂絕

余氏葉振華妻崇禎乙亥流寇初入境氏聞警即以節烈自矢及寇至隨夫竄身斑竹園勢危廹度不免氏自經夫解繩數次抵暮乘夫不見縊樹間死

李氏王埏春妻土賊徐大元等十八人乘亂殺絕埏春父子祖孫五命氏奔憲行緝盡破家貲計擒赴審報部駢磔氏請得逆首祭于夫墓一慟幾絕哀感行人遂服素茹苦以終

鄒氏諸生楊晉妻晉有文名早歿氏年二十六歲黄口三子矢節撫孤伯氏析產不較躬親紡績亡何二子繼亡僅季子知數娶蔡氏舉孫甫就塾而知數又歿婦姑相依益勵氷霜數十年如一日

董氏庠生戴崇禮妻年二十崇禎乙亥流寇入境偕夫逃難顧夫言曰如遇賊誓不生還時生子載曜甫六月餘授其乳母囑善攜之行至楊家冲遇賊猝至賊擁上馬斷袖强行適有深塘奮身躍入

立死水中

國朝蔡氏周方旦妻適周一年而方旦病疽淹抑床蓐者四年屬纊日値氏生辰登樓雉經挿其女曰汝可依外祖母勿戀我方旦聞之合目而逝康熙十九年旌表建坊

梅氏李春流妻夫故撫子康熙十年請旌表以上麻城

明

盛氏鄧鑑妻鑑沒土木之難氏年二十七撫孤子瓊恩錄爲裕州守盛年九十餘終建坊旌表

彭氏丁侗妻侗歿氏年二十七無子家貧矢不再

適姑亡喪葬如禮兄洪欲奪其志氏憤絕之終身
不至洪家及卒親族憐而殮之
王氏黃香妻氏年二十一夫歿無子家貧矢守苦
節八十餘歲終
王氏劉灌妻夫卒無子與其妾侯氏撫一僕男爲
義子以釀酒爲生形影相弔偕以八十終
林氏黃自誠妻十七適誠因黃繪強姦不從訟繪
于官得正其罪而後縊死邑令蕭應儒申于當道
各官給銀祭其墓

馮氏李國臣妻夫死富豪吳泮強贅之斷髮燒屋
得脫邑人士鳴冤于有司坐泮永戍
麗氏貧家女美姿容言動不苟夫袁三才酗酒游
食氏力勸不悛債家責負立夫婦身券爲質氏知
不能免泣血曰死即死耳不能自辱遂手刃七歲
女身有孕復自刎數日乃殮顏貌如生奏聞建坊
旌表
秦氏順天府尹秦淩虛女適張王馳馳死氏年二
十二孤僅六月當寇亂焚刼撫孤成立姑卒居喪
盡禮嘗忌誕日必八拜曰未亡人謹代阿夫四拜
有司議欲旌之輒辭不受
吳氏蕭森妻森歿氏年二十有五撫孤芳成立年
過五十有疾芳刲股以汁進氏知之泣曰會須見
汝父于地下何苦自殘踰年疾復作呼芳戒曰
人生當有死愼勿復然遂卒
孫氏李正英妻年二十一而夫死舅年九十有九
繼姑年八十有一竭力事之遺孤青珠三歲亦珠
六月皆撫成入庠兩子繼亡復撫諸孫年七十以

壽終
戴氏王鼎銘妻生而幽貞十六適王事舅姑至孝
年二十八不孕立一姪爲嗣將六歲而王生死子
甫能文舉一孫而子又死氏撫立弱孫凡族人曾
無聞聲見面者壽八十餘終
鄭氏張垣妻垣賊擄無耗苦志二十年舅姑歿盡
力歸窆踰年氏亦卒
左氏陳少峯妻陳夭無子立嗣承祀死捍強暴全
節七十餘而卒

國朝王氏侯希哲妻夫歿家業蕭條訓三子有成順治
十四年事聞建坊
張氏韓邦舊妻夫故教子家貧積瘁矢節四十年
順治間巡撫李棲申論獎賞
萬氏舉人周若衡妻年十九夫亡課子甫成子又
亡遺媳黃氏氷霜茹苦荒亂相隨氏年七十餘順
治間賜金建坊
鄧氏周若峋妻夫歿氏尚少孝養公姑勤督諸子
五十年無間順治間建坊

劉氏陳巨任妻巨任死闖中氷蘖自矢養姑盡孝
子世昌累軍功貴受封康熙間事聞旌表
朱氏黎昌期妻夫歿氏年二十五苦節五十餘年
事舅章至孝教子時舉登賢書康熙十年賜建坊
樂氏王軫善妻年二十四夫歿守節訓子軒登已
酉鄉舉康熙十八年七月旌表 以上黃陂

明

胡氏乳名黑女妹次女正德七年爲流賊所掠年
可十五六賊悅其姿欲汙之女抗志不辱合拳婦
誘之以死誓賊取刀斷女足趾不從復斷女手指
堅執如初賊怒刃之
彭氏耿大賓妻賓卒氏年二十六遺孤二氏抗志
撫之家窘不能給朝夕拮据百方年六十六歲終
居恒凜凜若鐵面然
張氏王威妻威幼失父母從父時瑩撫養之瑩與
其媼皆多病臥榻者十餘年威與張百計調護張
澣滌溷溺無難色威每取媼糞以嘗之尋瑩與媼
先後歿而威亦隨歿張氏僅廿餘歲守一孤兒以
爲命每遇大雷雨恐震驚嬰兆必抱孤哀號呼天

家益貧朝鋤夕紡者數十年時稱從子婦孝節雙
全
黃氏王惠妻甫笄歸惠惠爲承使受役在外氏敬
養舅姑身下諸姒克諧以和舉子國孝甫周而惠
卒氏號慟忍死襄事後屏居一室緝織以撫其孤
病不用醫藥曰嫌其診也亦不用禱曰天年果盡
得早從夫于地下可矣年八十二歲終
張氏蔡純仁妻年十七嫁甫朞而純仁卒氏矢志
不渝舅姑閭閻下族也强廹再醮氏引刀割耳驚

封其戶奉王床頭蚤暮哭越數歲寇掠鄉村舉家走遁棄氏不顧氏繫組于頸懸梁據几以待囑其老婢曰盜第入門即推几令得速斃也盜過門不入得不死後純仁弟純信亦夭娣徐氏感之矢志與張同居死守迄老各以壽終

國朝匡氏盧堯臣妻夫歿教子康熙十一年請旌表

杜氏吳之璜妻璜歿氏年二十四茹荼守志撫子應庚戌庚戌進士康熙二十二年呈各憲俟　題

以上黃安

元　張氏二女父任總管長女三十一次女二十九俱未適人至正辛卯寇逼蘄二女與父散失乃相語曰我是宦家女可被賊辱乎即挽手赴州北蓮花塘而死

明　陳氏羅冠妻夫故甘貧奉姑守節撫子禾樂時事聞未報而卒

呂氏陳溥妻溥自幼隨父從戎清平衛因娶呂年甫十八生一子而溥亡尋父以老疾遣還其家欲留之氏執孩誓同生死比歸蘄終事舅姑勤儉撫子至年八十三而終

張氏張文秀女正德末賊劉六逼城秀攜女避江南遇賊執之女罵不從并其母而被殲

顧氏劉鉞妻年十八適鉞甫十八日而鉞赴童子試溺死氏苦節數十年癸未寇難年七十四歲觸石血汙面賊欽亦釋之尋以病善終

廖氏張忠祿妻年十七適忠祿四年生二子克懋克恕忠祿病革氏齧斷食指以示誓而夫目瞑後養姑甚謹激勵二子成諸生年六十四歲以完節終

袁氏盧震初妻年二十二崇禎癸未賊陷城氏聞變度不能脫拜辭祖舅姑及舅姑抱週歲兒投井死

陳氏王從禮妻年十五適從禮生三子從禮卒奉姑教子垂四十年崇禎癸未避亂于武昌城破聞變指庭前井謂二媳曰是死所矣若有意乎二媳再拜先下氏取婦帨履標之井幹投井俱死

翟氏諸生楊權之母夫蚤卒事姑至孝姑病割股

年六十餘卒
麗氏御史王珙之祖母以完節終珙陳狀部覆云
守節節完撫孤孤立自青春而白首以慈母而嚴
師崇禎間建坊旌表
黃氏朱用謙妻年二十二而用謙亡垂四十餘年
以完節終子垓徒步叩閽以請崇禎間建坊旌表
以上蘄州
朱氏徐宗妻年二十一孀居守節以死自誓卒年
七十洪武十六年有司狀聞旌表今石柱猶存

楊九姑永樂時許聘童子雷某未醮而寡即誓死
不再醮父母不然其志鍵戶刺一目至九十六乃
卒
王氏蔡永忠妻寡居數載姑與族人逼嫁不獲已
赴水而死族人惡之窆水滸是歲大旱邑人陳愷
聞之歎曰一婦含冤三年不雨茲歲之旱未必不
由王氏之冤致之遂僉議阡高岡不數日而雨
張氏何儀妻年十六適儀未三月儀死即欲致死
母諭之氏曰何氏宗祀已絕舅姑之衰敢不遵命

乃堅心自誓竭力以事舅姑舅姑歿變產以厚衣
棺以是家日落鄰多暴客附居母族撫姪華宗越
九十姪以恩例入貲授前衛經歷陳情以表姑節
賜銀建坊正德己巳年九十七而卒
張氏徐九敘妻敘卒氏年十九以舅姑在任委曲
處喪務稱禮既殮破鏡納半於棺自藏其半孀居
四十年心如一日
李氏董傑妾北京人傑初携嫡京居生一子名松
甫週歲娶李年二十月餘傑死嫡亦亡家人欲奪

李節剪髮自誓賣糜活孤子松復出其資謀歸夫
及嫡柩撫松成人以承夫後年七十餘卒憲臣請
旌表
劉氏張鳳妻鳳死劉年二十無嗣齧指慟誓始終
一節歷年八十
邢氏胡嬌妻夫歿無子撫姪敏見嬌弟煥妻李氏
年十九守遺腹子敏德德蚤死妻張氏不忍棄姑
與姑共守撫房姪端本爲嗣
胡氏女未及笄爲繼母所誣不能自明晨投江死

後尸浮出逆流而上衆共寃之知縣夏可雷爲白其事

劉氏饒欽覩妻適饒事繼姑孝二十二歲饒死守節四十餘年崇禎九年事聞旌表

張氏舉人劉人表祖母十九歲守節唇傷出白鬚三寸許卒年九十一歲

王氏楊啓顔妻顔癱久肢節潰臭氏服侍罔不曲當崇禎乙亥賊突至家衆竄匿氏不忍離夫側顔遣之不去賊至笞顔氏輙身翼之顔垂危掠氏以

行氏乃紿賊欣然乘馬十餘里見一大塘忽躍溺死越兩旬氏自塘直立見半身於水上面色如生

吳節姑者石薈女也幼慧適饒踰歲夫死女抗志舅姑不能奪長齋事佛明末隨母避賊山中常懷利匕首防不測迨遘疾度不起囑叔脅從荼毘法及期姑蚤起趺坐盥沐更衣登輿正坐積薪中火起合掌念佛而逝時崇禎癸未六月六日年三十七

唐氏潘龍躍妻龍躍偕妻攜子避寇靈東山谷崇禎十三年冬賊突至盡執之賊加刃於龍躍甚急氏跪泣曰乞免夫死願以身代女與大亦同母跪曰乞免父死願以身代賊不許唐氏遂殞命於塘女見母溺亦從母死賊意動始釋龍躍

烈女福瑗舉人張伯瑜女未嫁隨父避亂湖上賊至父爲所傷强女乘馬大駡不絶聲被害族科甫女亦同被執賊趣使乘遂乘馬畧不爲介介者及至門首投塘水死

徐氏劉滋妻生子遇文才三齡而滋歿徐截髮毀

容茹苦事舅姑撫孤舉三孫年七十闖賊掠省城死焉順治十六年題請建坊旌表以上廣濟

宋

李氏韓秀妻宣和末秀客汴母老病劇氏泣禱天懇醫調治姑愈益盡孝養母語人曰吾今九十三吾媳亦六十老矣吾子有若無也吾非媳何賴哉

元

伏氏少定聘而夫亡誓不再嫁母病疽吮之而愈年二十七卒里人哀之曰孝烈女

蒲氏邑掾汴女年十六爲紅巾賊所執欲污之女紿以至山橋靜處賊信爲然比至女潛拔簪刺其

一日伏地衆賊刃之罵不絕口死

明

陳氏馮禾妻禾綱運溺水死陳年二十二守節壽七十終

周氏劉瑄妻年二十夫故三月而遺腹子詔生後詔復夭煢窘終身守節不渝

陳氏年二十六夫兄弟俱亡遺姪一人與弟婦共撫之一日盜至執孤子將殺之氏走出告曰一家之命懸于此子若殺之死一家矣願以身代賊怒刺之血流哀請不置賊乃併釋而去壽七十餘終

胡氏李文明妻文明死子又旋卒氏年二十七鐫誓墓門手植雙柏餘年并茂偶爲牧豎折左柏二尺許氏跪而禱曰左夫道也吾夫其有遺憾乎泣月長與右齊人以爲誠感

江氏程太仲妻青年守節苦志不回卒年九十九

周氏程夢斗妻夢斗遭里中惡少窘辱喪軀氏痛夫非命白于有司又不忍暴屍讐黨止於坐戍氏以寃未盡雪抱棺毀裂嘔血而死

汪氏熊華夏妻夏病篤囑氏以高堂幼子氏焚香禱天割左股三寸許以進夏稍甦仍卒氏奉舅姑撫孤子閱六載忽一日痛哭嘔血數升而逝

李氏瞿平妻平卒氏青年矢節每日置夫衣冠書籍于庭撫而哭之崇禎間建貞節坊

黎氏王作雨妻適雨生一子而雨卒三年制滿入曰脫孝服換新服氏曰吾服寧有盡期四十年齊衰不改壽六十五終

王氏陳廷榮之繼室廷榮亡氏方二旬撫前妻子陳顯年慈愛無異已出卒年八十有六遠近無間

石氏曾偉妻崇禎壬午賊陷城夫婦俱被執私語夫曰我惟有死君可潛逃勿依我少頃賊勒上馬氏遂投井以頭觸石血流滿面罵不絕口賊怒殺之

梅氏石一音妻崇禎丙子音被寇執不屈慷慨罵賊而死氏聞之痛哭觸地曰喪吾天矣奔投湖濱相繼而逝

洪女父洪世寵年及笄城陷被執度卯不免道經烈炬處投火而死

商氏馮公甫妻有美色賊執而悅之氏見夫姑并執詐許之先脫姑之難又脫夫之難計已遠奔投烈火中而死

王氏石元岱妻年二十餘孀居苦節至年七十盜入其宅舉家驚走氏獨危坐不出盜執之問故氏曰吾夫棄世時囑我毋出此門今豈可偷生以背遺言羣盜義而釋之

邢氏石研妻研讀書善病氏于歸即全身藥爐間年方二十六研死無子盡出私蓄貲産還石諸昆

處一室設夫主朝夕泣奠以月以年如初禮雖播遷必懷之誓死不渝

胡氏梅亮中妻年二十二亮中死事孀姑向氏孝敬彌篤姑病焚香祝天割股飼之尋愈

國朝熊烈女熊兆吕之女許聘洪楠年十五楠病亡父母將爲改適女引刀自割其鼻父母知不可奪乃送歸洪誓以死守府縣通詳侯　題　以上黃梅

論曰古者后夫人掌天下之內治以明舉婦順故天下內和而家理于是婦學之法未有出于禮義者也有能洗滌其無禮無義之腥穢而一以至性行之雖曰未學可以愧天下之學者矣

隱逸

有跡無名斯爲真隱固也然而不足礪也其謂訓後世以藏拙而非綱常之謂也忠義之氣絪緼於名山蓋有精意在焉

宋

潘大臨與弟大觀家貧工詩不仕爲蘇軾張耒黃魯直所重

元

范愷字士元博學能文性淡泊家殷富處之若布

素年九十餘終

吳國瑞重義樂施歲饑設粥於路貧不能殮者助之棺置橋四十餘處井十九以便民湖省平章以聞詔徵不起御書西山二字賜之人稱西山先生

明

吳榮一洪武初棲中和石壁山種蔬養鶴博覽豪吟抗志巢許嘗荷鑱斸藥濟人

曹艮輔字大忠好禮尚施以妻奩置産分兄弟里有不法事恐艮輔知之輒自省改游釣清溪自號清溪居士

徐徵有隱德兄蚤卒遺子撫育教訓俾有成立鄉
有不能葬者助之無吝色
吳艮吉字仲修家貧授徒矩矱凝然純粹可掬作
詩有邵堯夫風孟津令黃岡延之書院有人夜懷
金屬請間怒却之及卒耿恭簡定向備棺斂焉
國朝王一鶱字子雲黃岡貴公子也父追阜靖節黔中
賜祭蔭子雲不屑屑於任子官思以大用性類嵇
阮才亦與兩人相頡頏頓至崇禎庚午始舉于鄉
于時科名仕籍糞壤充帷故子雲覩公車令爲岐

路隱於廬山尋爲綠林所駡籯篋典籍無遺者還
寓巴江閉門著述家益貧學益富文宗西漢詩本
風騷天下莫不知有王子雲也宦楚者必先訪王
子雲子雲一切以恢諧應之敬者愈篤與人寤笑
多危苦之言君子知其忠孝憤懣致愛慕焉庶母
老且瞽敖水必誠子雲屬纊之日郡邑朋賻邑人
爭爲斂葬道路咸垂涕而納墓在巴江里許詩文
散逸惜矣哉
李之泌字鄴倀讀書半袁豹尤精大易研理程朱

不爲王弼京房之學明於亂萌可謂知幾糠粃弟
子員以長桑終其身嚴氣正性對卿士間閉目袖
手端坐不一語督學徵之不起與才人何履仕齊
名時稱何李俱黃岡人
杜濬號茶村黃岡人原名詔先猶陶靖節改元亮
之名而稱潛也性狂簡氣岸凌公卿少立令譽嘗
謂文體壞於苑陳詩體壞於元白其所著作力砥
流風崇禎己卯副車後隱江南之鍾山名公巨儒
不識茶村之面者自以爲赧時遊吳越山水間寄
其憂時憫俗之志忠孝灌灌不形於色貧詩文多
未刊　以上黃岡

宋
林敏功號松坡以春秋舉進士下第杜門不出者
二十年博通五經尤長於詩元符末詔徵不起賜
號高隱處士弟敏修亦不仕終老以文字相友善
元
李子賢以孝聞持身醇謹平生無褻語以山水
自娛鄉里重之
程在霄性矜嚴好古籍謝絕賓客每呼童子挾卷
隨步吟咏而已晚號孤山樵隱

章煥然字素夫嘗從黄守拙學至忘寢食領薦
或勸之仕笑而不答明末歎曰時事至此吾其入
白雲深處矣未幾全省被難隱而壽終 以上黄陂
明 袁信讀書敦禮聞義勇爲嘗以便民事陳言於朝
特賜俞允錫以爲善陰隲孝順實事二書歸隱年
九十八無疾而終
朱紳號竹坡居田野自食其力牛背夕陽卷册相
隨悲今弔古慷慨激烈時人莫窺其際 以上蘄州
宋 梅國淳號作所工詩賦肥遁林石宋亡武昌程平

章薦之屢聘不起謝之以詩
元 姚楚山明爽有智畧屏跡山林日事吟咏過其廬
者皆稱爲白雲處士家
何朝舉有志操師事饒雙峯先生養志巖阿不樂
仕進著有文公性理吟一編
明 柯仲立號半山性孝友恬靜博學作半山書舍於
山巔而聚文儒講論經義窮年不倦
程希闕博雅典則以古人自命搦管爲文詞類莊
騷舉於鄉屏跡深山力行孝弟而已

明 柴大楠生隆慶肆磊落英奇弱冠棄家遠遊塞外
涉泥同鴨綠諸境晚歸傍巖臨溪築一洞不盈丈
隱居四十餘年讀老易諸書足不出戶
畢良凱性嗜古立義館以贍貧士嘉靖間舉明經
不仕生平不以私謁公門 以上蘄水
唐友義鄉薦後不上公車棲遲衡門屢辟皆辭自
號多雲老叟年九十餘終 以上羅田
宋 張慤子隱居九螺山自稱九螺山逸人東坡志林
所云黄州故縣張慤子行止如狂者也人使力作

終日不辭時從人乞與之錢不受冬夏一布褐三
十年不易然近之不覺有垢穢氣
王翊建桃黄庵自號桃黄山人熊吉贊云桃黄之
庵中有隱君尸居蔬食抱樸含真匪道曷依匪道
休行孰無懷氏葛天之民
甘望魯幼爲人牧奮志攻苦研窮程朱之學卒成
大儒以黄陂有二程望魯臺因以自號 以上麻城
明 鄭鑾精周易俗從乾竺教作箴俗論以規孺慕至
老不衰作風木篇

陶之哲號復九少厭進取嘗言聖賢事業非徒博名遂專精五經學尤深易禮性鑑大全諸書爲人恂恂長者和氣襲人而中實耿介母年九十七終廬墓止擕一丁給薪水墓前古松每天氣晴朗輒有白雲聚其上經晝不散一時以清苦真實君子稱之

徐玉吾博學善諧晚年爲隱士服芰茅赤土山下曰蚓可齋友至自起烹茗自備雞黍不假一力共子請代之輒麾去曰吾自適志耳銘楹云灑掃一

室以待死破除萬事以延生

朱顯授號希庵少有隱德喜讀書尤深於易嚴重不苟言笑晚精卜筮醫藥等書解觀天象知世變避亂沙村梅山諸處有幾先之哲人士多依之崇禎丙子秋夕共友人啜茗觀蓮歎歸而逝以上廣濟

唐

李玭開元時人一日明皇夢廬山使者請立廟詔刺史獨孤正命所在學士製碑文作者六百八十一人獨玭文稱旨詔舉博學宏詞不起或勸之玭曰世所稱文詞何如張九齡裴耀卿賢今槩以李林甫罷去予安能保予之必終竟築室來山麻林之窪讀書樂道稱衡門居士以老

元

汪堯舉字熙甫淸介自立天曆中登進士第不受官歸隱林泉詩酒嘯咏以終

明

商顯雅好詩書永樂二年徵聘至朝固辭不仕賜號樂耕徵士翰林張和美作寒江歸隱圖賦詩送之

程仲魯字少愚布衣高尚慕邵康節之風嘗乘小車出入載筆床茶竈吟咏自若刻有東峯外稿以上黃梅

論曰歸休於君昉於巢許司馬遷論列西山以下衰於孔子至德之說也客星居少微上下之際通於呼吸處士誠難矣哉

流寓

古者寓公不繼世謂子孫不復以侯禮禮之也下此賓旅莫不有交際之等級則飛鳥無焚巢之慮矣

漢

周仁周平王次子汝墳侯烈十八世孫至西漢居黃岡繼烈封侯其後以避西晉亂去黃岡至周靈

者起仕粱
毛价字孝先陳留人攜幼子家于麻城有魏武賜
价手書萬古高風四大字迄今子孫珍藏之
南北朝鮑照字明遠東海人臨海王子頊鎮荆州照爲
前軍參軍掌書記因築室於黄梅今邑治基卽其
舊宅有讀書臺在東冲山
徐儉字孝穆山陰人隋大業間子斐授廣濟令儉
隨斐到任遂留家居郭西郊外
宋　韓琦字稚圭相州人兄琚天聖間守黄州琦隨侍

寓居安國寺讀書後人想其德望立祠于讀書處
祀之
陳慥字季常蜀人一云洛陽人寓居麻城之岐亭
與蘇子瞻友善蘇謫黄往來倡和爲作方山子傳
王濟開國元勳王審琦十世孫封宗翊郎高宗南
渡護蹕南來保障江黄任蘄州刺史寓居富池卒
葬車坊山
程居字隱谷咸淳三年授漢陽簿由漢陽徙蘄占
籍查山之東迄今子孫猶盛

岳霆飛第五子父死知兄震留家黄梅潛依焉檜
惡岳州與飛姓同改純州子孫因不敢以岳爲氏
孝宗登位贈飛忠武鄂王子孫在梅者悉宗鄂姓
其裔孫全官沭陽令
文天禎天祥之兄寶祐間鄉舉署廣濟諭天祥死
不忍仕元棄官隱居廣濟五里橋東家世迄今儒
業未艾
元　龍仁夫永新人至正間徙居黄州明五經爲時矜
式學者稱麟洲先生

洪僎忠宣公皓之裔元末授建昌令再授淸遠令
知世代將易遂掛冠攜四子二女過淮訪舊識悦
黄梅山水買田築室于東山子孫世家焉
蔣彦忠南昌人勸課蘄黄元末兵盛隱居黄岡庶
安鄉講學授徒因家焉
明　范承吉姑熟人學士常之後洪武初徙居蘄水北
之土門少孤廬母墓三年一日之野獲遺金數百
守之以還遺者
蔣翹之廬陵人掌羅田教因隸籍焉工吟咏凡山

水之勝多經游覽

周浩字季深四川人正統間任黄州同知視民如子致仕附籍黄岡孫瓚中鄉試爲偃師令

壽章上虞人爲荆藩伴讀因占籍于蘄子虞舉進士

陳遜長洲人荆藩紀善因占籍于灝本府教授泳萬縣學訓

羅啓長壽人荆藩長史子志觀留籍于蘄原懿工詩有山林風致蘄人樂與之遊

瞿大成其先合肥人通之孫能之第三子能副李景隆戰靖難兵敗與長子大芳俱死成逃之黄梅遂家焉後補戍籍從征有功授都指揮得世券以奉通祀今圖籍尚存

楊哲順天人洪武進士歷任湖廣分守副使入籍黄梅離城二十里黄花港建有副使坊

羅洪先字達夫嘗偕王龍溪遊黄陂山中獨留居小樓日夜趺坐凡五閱月

補帽匠不知何許人無家室居止嘗擔補帽具往來黄州團風間以所得値市米取擔頭小鐺作炊或煎水爲茗飲晚乃舉襆被投逆旅有書數帙暇即閱之有琴一張遇知者亦間爲撫弄問其姓名漫應姓何蓋亦因亂而隱者後不知所終

國朝羅氏何世遠妻世遠桂林同知卒於官乏嗣羅扶櫬還楚涉險五千餘里途遇盜劈其棺殺其僕羅身護之亦被重傷歷盡艱辛始得歸葬遂守制以終苦節黄岡

論曰比閭族黨之禁令人無遷徙流何自而作耶世

不古處而逐臣有號咷之憂文人墨士有禾黍江山之感貴準既斬則等于編氓僑居既久則同于土著釐正其譜籍而加之任䘏王者之道也

黃州府志

㊍

卷之八 藝文志

卷之九 稗函志

黃州府志卷之八

知黃州府事襄平蘇良嗣較定

藝文志

古文詞

易象之化成天下文之始也必本於觀天以察變唐虞之歌敘詩之始也不外於永言依永和聲秦灰之餘缺有間焉苟得片言居要謂之警策

古文 以下黃岡

竹樓記

宋王禹偁

黃岡之地多竹大者如椽竹工破之刳去其節用代陶瓦比屋皆然以其價廉而工省也子城西北隅雉堞圮毀蓁莽荒穢因作小樓二間與月波樓通遠吞山光平挹江瀨幽闃遼夐不可具狀夏宜急雨有瀑布聲冬宜密雪有碎玉聲宜鼓琴琴調和暢宜咏詩詩韻清絕宜圍棋子聲丁丁然宜投壺矢聲錚錚然皆竹樓之所助也公退之暇披鶴氅衣戴華陽巾手執周易一卷焚香默坐消遣世慮江山之外第見風帆沙鳥煙雲竹樹而已待其酒力醒茶煙歇送夕陽迎素月亦謫居之勝槩也彼齊雲落星高則高矣井幹麗譙華則華矣止於貯妓女藏歌舞非騷人之事吾所不取吾聞竹工云竹之爲瓦僅十稔若重覆之得二十稔噫吾以至道乙未歲自翰林出滁上丙申移廣陵丁酉又入西掖戊戌歲除日有齊安之命己亥閏三月到郡四年之間奔走不暇未知明年又在何處豈懼竹樓之易朽乎後之人與我同志嗣而葺之庶斯樓之不朽也咸平二年八月十五日記

黃州快哉亭記

蘇轍

江出西陵始得平地其流奔放肆大南合沅湘北合漢沔其勢益張至於赤壁之下波流浸灌與海相若清河張君夢得謫居齊安即其廬之西南爲亭以覽觀江流之勝而子兄子瞻名之曰快哉蓋亭之所見南北百里東西一舍濤瀾洶湧風雲開闔晝則舟楫出沒于其前夜則魚龍悲嘯于其下變化倏忽動心駭目不可久視今乃得翫之几席之上舉目而足西望武昌諸山岡陵起伏草木行列煙消日出漁夫樵父之舍皆可指數此其所以爲快哉者也至于長洲之濱故城之墟曹孟德

孫仲謀之所睥睨周瑜陸遜之所馳騖其流風遺迹亦足以稱快世俗昔楚襄王楚宋玉景差于蘭臺之宮有風颯然至者王披襟當之曰快哉此風寡人所與庶人共者耶宋玉曰此獨大王之雄風耳庶人安得共之玉之言蓋有諷焉夫風無雌雄之異而人有遇不遇之變楚王之所以爲樂與庶人之所以爲憂此則人之變也而風何與焉士生于世使其中不自得將何往而非病使其中坦然不以物傷性將何適而非快今張君不以謫爲患竊會計之餘功而自放山水之間此其中宜有

以過人者將蓬戶甕牖無所不快而况乎濯長江之清流揖西山之白雲窮耳目之勝以自適也哉不然連山絕壑長林古木振之以清風照之以明月此皆騷人思士之所以悲傷憔悴而不能自勝者烏覩其爲快也哉

河東書院記

朱熹

齊安在江淮間最爲窮僻而國朝以來名卿大夫多辱居之如王翰林韓忠獻公蘇文忠公邦人至今樂稱而于蘇氏尤致詳焉至于河南兩程夫子則亦生于是邦而未有能道之者蓋王公之文章韓公之勳業皆已震耀于一時而其議論氣節卓犖奇偉尤足以驚世俗之耳目則又莫若蘇公之盛也若程夫子則其事業湮鬱旣不足以表于當年文詞平淡又不足以誇于後世獨其道學之妙有不可誣者而又非知德者莫能知之此其遺跡所以不能無顯晦之殊亦其理勢之宜然也蓋天聖中洛人大中大夫程珦初仕爲黃陂尉秩滿不能去而遂家焉實以明道元年壬申生子曰顥字伯淳又明年癸酉生子曰頤字正叔其後十有餘年當慶曆丙戌丁亥之間攝貳南安乃得獄掾舂陵周公惇頤而與

之遊于是二子因受學焉而慨然始有求道之志旣乃得夫孔孟以來不傳之緒於遺經遂以其所學爲諸儒倡則今所謂明道先生伊川先生是也先生之學以大學論語中庸孟子爲標準而達于六經使人讀書窮理以誠其意正其心自家而國以達于天下其道坦而明其說簡而通其行端而實蓋將有以振百世之沉迷而納之聖賢之域其視一時之詞章事業議論氣節所係孰爲輕重所施孰爲長短當有能辨之者而世非徒不知好也甚者乃目以爲道學之邪氣而必剪滅于斯時

也苟無遺其伐木削跡焉斯已幸矣尚何望其餘哉今太守李侯乃能原念本始追誦遺烈立二夫子之祠于學宮以風厲而作興之非其自信之篤而不以世之趨舍動其心其孰能與于此李侯名銑字誠之其爲此邦勤士愛民固多可紀特于此舉尤足以見其操行之不凡而非衆人之所能及是以因其請記而具論之以告來者使有攷焉

黄岡儒學記　明李時勉

學校之興有資于守令舊矣文翁之在蜀郡范純仁之

在襄邑皆以能興學校崇教化致民俗丕變故聲譽顯于當時名聞昭於後世有不可及也蓋學校風化之源三綱五常之道由是而明詩書禮樂之教由是而行風俗由是而變人才由是而出古昔治效之盛非後世所及者有此道也洪惟我明太祖高皇帝自卽位以來輒詔天下郡縣皆立學詔師弟子員付之守令以程督之藩臬二司考察其勤惰而勸懲之賢能文學之士往往出於其間自公卿大夫至於州縣之選常不乏人是亦興學校之效也比年以來儒學之士多以記誦文辭爲業而不務實學者蓋由有司者每以簿書期會爲急視學校若不干已者雖廟舍頹毁教化廢弛畧不加之意故爲師者怠於教爲弟子者怠於學雖朝廷專設憲臣以督理之未能或之變也吁豈漸染之深未可以朝夕革與是殆不然憲臣之廵歷有時而守令臨蒞無間苟一加之意焉則無不可者在鼓舞而作興之者何如爾黄岡黄州之附郭邑也地濱大江舊有學規制卑隘且歲久頹圮太守錢公至周覽慨歎首捐已俸欲擴而大之於是縣正僚佐邑人富室爭出錢幣以相助者甚衆

乃庀材僦工諏吉興作自大成殿以至明倫堂泮臺門廡師生講誦之所齋宿之舍一新理之至於神厨倉庫泡湢之處莫不備其壯麗宏偉數倍於昔經始於正統二年九月告成於五年庚申越月費不出於公絲勞不及於庶民而成此大功其孰能之公之爲人端厚坦率廉靜而不阿居家以孝弟聞親喪廬墓三年朝廷旌異之在大理獄不以寃今爲黄州環千里之民無不歸心焉又能以其餘力一新郡縣之學暇則與諸生講論經史課其所業而奬厲之莫不翕然向於學文翁范純仁

不得專美於前矣孔子曰身修而後家齊家齊而後國治此大學之道也若公者可謂身體而力行之矣邑學官尹勗以書來求余言夫郡縣博士樂得賢太守以蒙其作與之惠又樂得英才以盡其教育之功何其幸哉

孝介先生祠記　茅瑞徵

孝介先生祠爲邑人樊公立也先生兩爲令民見德旣去民思旣歿民如喪厥妣考所在創祠中畏壘之祝矣而復祀于其鄉何居鄉人矜式於是乎在爲是憑而予之以不死先生也祀先生不以爵不以姓氏以先生位

不配德而又格于易名之例鄉人賢而私淑之叩謂先生襄官從父竟死于孝居官不私一錢儕如冰雪此無媿孝介矣陶之爲靖節也孟之爲貞曜也皆其友其門人所從而私諡之者也先生孝介名與實乎此兩字傳先生之神可無問而知其爲樊公也按祀法非請于朝載在秩典不得立廟特祀今先生之賢表表梓里即已合祀鄉賢謂未盡也而先生又無子一女伶仃蒸嘗幾廢如之何而昆弟能愁然也則雖朝典有待而聚族以謀專祠亦古所謂鄉先生歿而可祭于社者之例也先生蔡海忠介之爲人其令商城抗中貴人開採事余過其地父老猶豔述之崑爲吳望邑獨嚴事先生以爲神君惜天不假年未竟其用然先生之伸萬世者要爲無忝忠介也先生旣歿之數月余叨令茲土其明年學使者元宰董公手書孝介先生祠爲贈議子弟一人衣冠奉祀未果又三年戊申春王正月而先生祠成先生弟玉衢輩數以記請始余昔聞先生令吳擬赴官從受益焉而先生死矣每過其閭低回久之先生大節炳然旣可師百世而其後又能拮据以不死先生是皆可書也

遂爲之記以志歲月先生諱玉衡字元之其官政及它行詳志銘及傳余所記者先生之祠也以上記

夢澤集序　明皇甫汸

夢澤集者齊安王君之作也君名廷陳字稚欽號夢澤子因以名集云父南墩公濟孝廟時登壬戌進士爲吏部郎生君穎慧絕倫髫齡卽能綴文殆由性靈非假師授黃童世謂無雙倚相時稱能讀成楚產也君寔似之吏部公愛之甚常云王氏千里駒復見此子矣甫冠舉于鄉越丁丑試春官俱爲禮經第一廷對擢高第選爲

庶吉士與東浙汪子應軫江子暉關中馬子汝驥許子宗魯任丘蹟子灝大梁林子時曹子嘉西蜀余子承勛楚顏子木暨君並摛藻掞天敷華緯國得人之盛彬彬首是科矣江子爲文鈎元獵秘雜以古文奇字指既閎眇語復聱牙令讀者謬糧眩霓至莫能句隱口汗顏而罷王君每有所造輒大叫以視人曰有能增損一字者願以千金爲贈恐呂覽金卒莫可得也又好爲議評由是人多陽服而陰憾之矣歲餘解館弃爲吏科給事中値毅皇帝將南狩在廷羣臣咸諫止之章奏日盈於公

車不獨言責也汪子乃邀衆詣闕下上書宰相熊峯石公典司館教危言沮之曰倘禍叵測老夫力莫汝庇也旦賦烏母謠大署玉堂之壁語侵石公公爲大懟其縱誕多此類先是忌者以館中議評寖淫聞於政府政府銜之書上果諷吏部出補州郡吏竟得裕州夫腊韋磬折不習其容訟牒委塡又非所好至則治尚嚴棘不畏强禦法行貴戚有鷹擊之風謫御史不爲少貶迺希附權勢文搆舋稔遂使鍾儀縶冠於楚囚鄒陽按劒於梁獄悲乎今上嗣位湛恩汪濊虛納貸子稍稍晉復君獨

詿誤擯棄顏子嬰禍尤烈至使患同黨禁而榮異稾徵去均淵墜而進乖新積世共惜之自後一紀而余忝已丑進士識崑崙山人於都門山人者張詩也雅善諸子間與余道夢澤事因聞其詳余亦濫有時名諸子引與締交未嘗不延頸想見王君也況負才使氣亦與同病尋以觸忤權貴賴天子寬頌謫爲黃州理官是役也不以左遷爲恨而以得繼蘇長公爲榮不以赤壁爲樂而以得見夢澤子爲幸下車亡何乃乘雪造其廬時君足跡久不入公府余置自外員居由別館君亦不惜造余

作奉半面驩若平生接以杯酒申以贈章辭載集中夫王氏業紹青箱官聯朱紱爲楚世家又令其子暨弟若姪從余遊嗟乎若胡白首於衆而傾蓋於余余亦胡爲在衆欲殺而在君獨憐也顏子雖淸揚未覩而芳訊亦數相聞矣君屏居幾二十載釋戀於爵服娛志於琴書覃思古人專精作者屢勤剡薦耻赴弓招覩其上顧中丞陳監察書若嵇康之絕山幸及寄余懋昭舒國裳二劄即楊惲之報會宗其節槩可想見矣君方斂英戢鋭撝謙履坦不以才華傲物而以道術誘人使早年砥行

能然可優游以取卿相然未能宣耿介發孤憤如晚歲所底也固知書成於去趙賦就於還邛人爵榮名豈有既乎終不以彼易此矣夫楚多材之邦而辭賦之藪也屈原見詆於上官宋玉嘗詬於登徒禰衡被害於曹瞞然其志則爭光於日月而其言則等儆於霄壤矣君亦奚媿哉是集也樂府古詩瀋陸齊軌下擬陰何五七言律沈杜比肩叅之盧駱文效左氏國語而兼騁班馬書類東京尺牘而雄視崔蔡足以不朽矣凡詩賦十一卷文六卷成一家言舊刻于家塾季弟雲澤君廷贍刻於

淮陽姪三湘君同道又刻於吳中而吳板益精矣二君皆以進士爲理官善治獄號神明蒞淮者以賢拜河南道御史蒞吳者亦被徵行矣三湘謂余知夢澤最深命序諸首嗟乎甲寅之秋余有滇南之役取道齊安訪君故廬見其子若孫欷歔收涕賦詩弔之茲復序之是生卯敬禮賞訂之交死辱彥昇筆劄之託不敢辭三湘者不忍負夢澤云爾言惡足爲集寵哉

書韓魏公黃州詩後　宋蘇軾

黃州山水清遠土風厚善其民寡求而不爭其士靜而文朴而不陋雖閭巷小民知尊愛賢者曰吾州雖遠小然王元之韓魏公嘗辱居焉以誇于四方之人元之自黃遷蘄州沒于蘄然世之稱元之者必曰黃州而黃人亦曰吾元之也魏公去黃四十餘年而思之不忘至以爲詩夫賢人君子天之所以遺斯民天下之所共有而黃人獨私以爲寵豈其尊德樂道獨異於他邦也與抑二公與此州之人有宿昔之契不可知也元之爲郡守有德于民民懷之不忘也固宜魏公以家艱從其兄居耳民何自知之詩云有斐君子如金如錫如圭如璧金

錫圭璧之所在瓦石草木被其光澤矣何必施于用奉議郎孫貴公素黃人也而客于公公知之深蓋所謂教授書記者也而軾亦公之門人謫居于黃五年治東坡築雪堂蓋將老焉則亦黃人也於是相與摹公之詩而刻之石以爲黃人無窮之思而吾二人者亦庶幾托此以不忘乎元豐七年十月二十六日汝州團練副使蘇軾記

奚大夫像贊有序　明吳國倫

嘉靖壬戌十一月奚大夫攝政莆事而死其難君子哀

之初賊之圍莆中也先以僞兵入大夫心知其僞將執之以伐賊謀乃憲大臣卒爲僞兵所紿城遂陷憲大臣亦縋城走得不死奚大夫死之死之日無有知者又失其屍所在即莆人多謂奚大夫死之或不死賊手延平太守周公曰豈有奚大夫不死莆難哉乃使人大索三月得大夫屍於民舍中雖膚受三刀而顏面肌色如生時延平公乃使繪事者貌其像爲位哭甚哀諸父老子弟覩者亦莫不哀奚大夫如生也後莆人又稍稍言奚大夫欲執僞兵之事延平公泣曰我固知奚大夫與城俱亡

於是以奚大夫像屬國倫且告之故曰子能嶄一言使此大夫泯泯乎嗟乎悲哉莆中不守非大夫罪然大夫亦可以死矣不則縋城走耳莆之子遺謂大夫何大夫楚人又與子善故涕泣而讚之曰峩峩爾冠烝烝爾儀爾命非正爾顏則怡嗚呼噫嘻豈得死所耶

黃州府志序

耿定向

萬曆乙亥春黃郡志成中發凡舉例咸裁自郡侯雲中潘君余友周大夫子徵甫問爲論著以抒侯意而考故獻軼蒐聞舉知則任諸學博暨諸弟子員云耿子定向曰夫志志志也求民瘼維民風莫重乎志矣蓋備往鏡來登良黜瑕俾良令循守按籍而發慮廣仁志士髦英撫卷而憬思興奮即鮮仁凉德亦賴此籍存有所顧畏而不敢有所禁限而不得則志之效也綜其原本顧存乎作者之志矣惟志於民瘼也切則於經制劈畫也必詳惟志於民風也篤則其稱譏刪存也必不苟是故觀於其志而志可知也潘君累世載德篤衷潔履天實植之其志壹矣志壹則思深撫今思昔舉近思遠由今所睹記而證諸攷覽無亦惻然有隱耶惟吾黃疆里故也

山川故也乃建置頻矣而閭閻漸丘吏踐繁矣而物力益耗民瘼益孔棘而民風日以媮矣即一郡而天下可推也君茲志也其念深乎深乎雖然民瘼之棘由民風也民風之回變人心實爲之耳以余觀於黃之人心殆猶未替往初者何以明其然自黃列郡以來下上數千載間膴仕纓人何可指數乃今藉藉稱引爲吾黃重者必首兩程夫子次蘇長公云彼兩程秩位俱不甚通顯蘇公滯黃數稔落莫甚甚乃今慈孫孝子欲顯其親者咸願係籍尾附以爲後稱是懿德之好今猶古也而山

澤之故老與人問與披籍而指之某也當某也無當若辨黑白數一二然直道之行昕三代何殊焉於戲觀於黃而天下之人心可知矣豈不幸哉第人人胥充此心弗浮慕其名必踐其實弗徒論其世務省諸躬民風其丕振民瘼其有瘳乎是則潘君輯志之大凡也余不佞辱交於潘君也素矣知潘君爲最深爰明其志於首簡以諗諸同志云

黃州府志序

周思久

余屏居浪游束書不覽卽朋儕竿牘亦漫不省答尚安

所議於編摩之事乎潘君侯伯明爲邦之三年政號廉平民以寧壹暇日閱郡舊志頗殘缺爰集諸博士弟子員披討舊章編輯成帙以余友耿在倫言寓書山中俾余更訂之余以不敏辭侯不可余乃發篋取志稿讀之顧爲諸弟子時時請業每開卷輒廢徒以其餘力稍稍刪潤又摭拾其軼事多從耳剽弗詳踰時書始成勒爲七卷初一曰地理次二曰建置次三曰田賦次四曰官師次五曰選舉次六曰人物次七曰雜志一郡文獻大都具是矣然是數者綜之得人其要乎有人則諸措注可從而理不則方策雖存文具爾猶之富氏大賈其子不克家卽有家籍將焉用之則夫司牧君子急作人之爲務可焉

黃州府志後序

王廷瞻

此余黃郡志也余讀之歎曰傳矣夫黃在楚稱巨郡而文獻尤甲諸郡乃諸郡各有志獨黃志頗蕪弘治間嘗一捌管距今七十餘稔闕久弗載僉病之隆慶壬申潘侯以侍御遷黃守比至黃數月所稍稍頓飭政局惟新輒取郡舊志檢閱乃矍然曰此何足以志黃哉因集一

時掌故輩相與編輯之而侯總其事事竣仍附麻城周君子徵再訂之業已鋟梓在歲余在告還里中侯以志事告余今欲余序余拘閡特甚何能文余不佞乃言諸末曰夫志一方之史也公善惡厚風俗固封守制財用備因革此數者史之大者也理道繫焉昔人云必資三長余則曰本於一德苟以天地生物之心爲心則天下事皆吾分內事矧一方之事哉第今之史徒以麗藻相騁角而敦行覈實無聞焉且猶奔逐炎興涼薄節義意所欲賢則曲益好詞不則繆加秕行斯皆輕弄筆端恣

情高下何足以示昭鑒垂不朽而資風采者也是編也例凡七而其目若干條要在本諸實行發爲文詞毋法盭毋勢狥毋名浮簡者詳之遺者補之亥豕者証之惟公惟明無所不當而地理風俗人物之事燦然明備余故曰傳矣夫志者言乎心所之也侯之心壹意爲民法厲民者亟抜去之而虛聲濫頌靡匪厥衷凡所施注皆以移易民心而還之古庶幾慓慓德義君子之風光昭斯志有餘烈者矣豈徒爲文具已哉雖然昔昌黎在潮文翁在蜀二公當治郡之餘著集以侈其境郡人濡而

化之至今與中州埒蜀與廣濱等者也尙爾丕變黃旣爲楚巨郡聲名文物又與海內大區相比數其中豪儁興起於侯之治化反誚鄙爲龐裕當不逾朝夕斯志也功信偉矣余不文奚能序其萬一哉

黃岡縣志後序　茅端徵

黃入國朝版籍二百餘年矣而志故有闕有以邑軼事問王者安所置對而山川之險易風土之淳澆田賦之登耗卽王者蕩然不得其要領譬如亂絲棼拏萬端無復條貫而欲經緯裁割以幾於治不戛戛其難哉嗟夫

此予今志所爲作也邑之有志以悉四境苑張佐遺忘耳嘗不得以擬史頡國史摩班馬之壘馳逞千古體宏而畧邑志附輶軒之義綜覈一方體詳而盡不以緐麻棄彼管蒯蓋互相發焉黃亦古一都會原隰墳衍鱗錯綺分風氣人文蔚乎大備而上下百年缺如罔紀卽後有銳志信史何所考據其將遂鄙棄鄙之耶或謂茲事體大古亦有云闕疑且殆夫前後之相沿亦旣閱二百餘年矣若更袖手轉待後人疑殆滋甚傳曰惡其害已而去其籍今之侵蝕豪右繭絲亂於猾胥者者計

皆無便于志乃窮源探委破羣宵之朦朧于光明如挈五指而頓裘領此志安可緩哉或又謂臧否人物何以不如嗣宗之愼而家驥人璧多嗛孝慈之腹志之難言久矣予獨以爲二百年來高賢踵武而直任其名實浮沉靡以興於儕俗將善良何所觀而中庸何所勉維楚有史稱名檮杌意王以創小人而近世兼以牖君子所爲揚榷逸光磨礪末俗繫志是賴獨奈何以斧袞之嫌不奮筆清議也予旣治黃無狀得借筆端維風萬一庶免予戾卽言之不文而竊以一日簡牘仰資國史采擇

不猶愈于隨人觀場漫無鑒裁者乎志凡十卷其折衷總志及郡志者十之三而博稽文獻及出之蠹簡斷碣者十之七稿經三易而於建置錢穀特詳以治邑要領具在是書而理之將有取焉今而後王者有所置對矣

以上序

前赤壁賦　宋蘇軾

壬戌之秋七月既望蘇子與客泛舟遊於赤壁之下清風徐來水波不興舉酒屬客誦明月之詩歌窈窕之章少焉月出於東山之上徘徊於斗牛之間白露橫江水

光接天縱一葦之所如凌萬頃之茫然浩浩乎如馮虛御風而不知其所止飄飄乎如遺世獨立羽化而登仙於是飲酒樂甚扣舷而歌之歌曰桂棹兮蘭槳擊空明兮泝流光渺渺兮予懷望美人兮天一方客有吹洞簫者倚歌而和之其聲嗚嗚然如怨如慕如泣如訴餘音嫋嫋不絕如縷舞幽壑之潛蛟泣孤舟之嫠婦蘇子愀然正襟危坐而問客曰何爲其然也客曰月明星稀烏鵲南飛此非曹孟德之詩乎西望夏口東望武昌山川相繆鬱乎蒼蒼此非孟德之困於周郎者乎方其破荊州下江陵順流而東也舳艫千里旌旗蔽空釃酒臨江橫槊賦詩固一世之雄也而今安在哉況吾與子漁樵於江渚之上侶魚蝦而友麋鹿駕一葉之扁舟舉匏尊以相屬寄蜉蝣於天地渺滄海之一粟哀吾生之須臾羨長江之無窮挾飛仙以遨遊抱明月而長終知不可乎驟得託遺響於悲風蘇子曰客亦知夫水與月乎逝者如斯而未嘗往也盈虛者如彼而卒莫消長也蓋將自其變者而觀之則天地曾不能以一瞬自其不變者而觀之則物與我皆無盡也而又何羨乎且夫天地之

間物各有主苟非吾之所有雖一毫而莫取惟江上之清風與山間之明月耳得之而爲聲目遇之而成色取之無禁用之不竭是造物者之無盡藏也而吾與子之所共適客喜而笑洗盞更酌肴核既盡杯盤狼藉相與枕藉乎舟中不知東方之既白

後赤壁賦

是歲十月之望步自雪堂將歸于臨皋二客從予過黃泥之阪霜露既降木葉盡脫人影在地仰見明月顧而樂之行歌相答已而歎曰有客無酒有酒無殽月白風

清如此良夜何客曰今者薄暮舉網得魚巨口細鱗狀如松江之鱸顧安所得酒乎歸而謀諸婦婦曰我有斗酒藏之久矣以待子不時之需於是攜酒與魚復遊于赤壁之下江流有聲斷岸千尺山高月小水落石出曾日月之幾何而江山不可復識矣予乃攝衣而上履巉巖披蒙茸踞虎豹登虬龍攀栖鶻之危巢俯馮夷之幽宮葢二客不能從焉劃然長嘯草木震動山鳴谷應風起水湧予亦悄然而悲肅然而恐凜乎其不可留也反而登舟放乎中流聽其所止而休焉時夜將半四顧寂

寥適有孤鶴橫江東來翅如車輪元裳縞衣戛然長鳴掠予舟而西也須臾客去予亦就睡夢一道士羽衣翩躚過臨皐之下揖予而言曰赤壁之遊樂乎問其姓名俛而不答嗚呼噫嘻我知之矣疇昔之夜飛鳴而過我者非子也耶道士顧笑予亦驚寤開戶視之不見其處

以上 賦

詩歌

赴荊州泊三江口　梁元帝

涉江望行旅金鉦間絲旌水際含天色虹光入浪浮柳條恒拂岸花氣盡薰舟叢林多故社單戍有危樓疊鼓隨朱鷺長簫應紫騮蓮舟夾鶴氅畫舸覆緹油楊歌殊未息於茲泛安流

登琴臺　簡文帝

蕪階踐昔徑復想鳴琴遊音容萬卷罷高名千載留弱枝生古樹舊石抗新流由來遞相歎逝川終不收

涵輝樓　宋韓　琦

臨江三四樓次第壓城首山光徧軒檻波影撼窗牖予兄天聖中向擧齊安守兄才無不宜吏治孰可偶公庭

常寂然所樂在文酒

黃州　蘇　軾

南山一尺雪雪盡山蒼然澗谷深自暖梅花應已繁使君厭騎從車馬留山前行歌招野叟共步青林間長松得高蔭磐石堪醉眠祇樂聽山鳥攜琴寫幽泉愛之欲忘返但苦世俗牽歸來始覺遠明月高峯顛

別黃州　宋張　耒

扁舟發孤城揮手謝送者山回地勢卷天豁江面瀉中流望赤壁石脚插水下昏昏煙霧微歷歷漁樵舍居此

實三載鄰里通假借別之豈無情老淚爲一灑篙工起
鳴鼓輕櫓徤于馬聊爲過江宿寂寂樊山夜

赤壁亭宴謝蔣子胡子　王廷相

適志在林丘所嗟嬰宦籍雖偶登嶽諸終爾煙霞隔日
來有所期蘭尊和時哲虛館俯江郊况覽豪賢跡鳴雷
輕隔浦凉風近將夕遊禽屬啁啁落木方戚戚瑤草未
堪贈佳人徒艮覲遠心入洞庭曠覽狹夢澤事在情彌
牽年衰感易迫已悲王子車終返原生宅賞心非外慕
懷賢亦屢積且逐俄頃懽爲君謝行役

乞龍南歸過黃岡次舊游韻　林大輅

杲日照北林丹崖俯幽壑澄流碧於藍微風吹雲漠遠
渚浣縈紆層峯亦連絡樵路莽荊蓁村樹栖烏鵲緬彼
達士懷形骸非有託撫化薄浮名招搖千古樂我今已
明農重游宛如昨神曠物徒縈歲寒江猶廓縱談天壤
間豈復知龍蠖巾烏偕樵漁聊謝世人度

黃州赤壁　潘恩

坡僊不可作哀泉嚮蹊壑衆星羅青旻光彩粲紛錯感
之幽意多酹酒謝寥廓海月東漸生照我黃花酌對月
忽懷人顧影傷寂寞大叫招天風馭此橫江鶴

留雲洞　陳宗虞

古洞解留雲不解留車馬笑此行路心又逐山亭下拂
衣向前楹元雲夜堪把蒼狗與白衣出岫何爲者爲霖
在九垓從龍亦瀟灑

赤壁陪胡茂承宴賦　王同軌

壁壘血未乾霸氣中原散蘇公夫何爲復此弄文翰俱
爲地借名俯壁開樓觀上欲礙飛雲下踞江之半回思
故聲華何異暮與旦蘇公昔已悲翻爲後人歎我生室

其旁君來自天畔踏蘚秋尊攜木葉紛已亂痾絕君不
無一笑冠纓斷高窺鸛鶴巢險坐黿鼉岸題詩擊鉢成
字字珠光爛尊罍歡處饒年華暗中換却恐留徽音千
秋益悲惋三益古所稱兩情殊泮渙江上山聯翩從君
徧探玩

春日赤壁晚眺效謝康樂體　呂元音

步出城西隅脩然靈界敞輕陰澹夕暉凉風正飄蕩雨
初綠埜秀臺高白雲朗叠雉刺中流千颿落漭泱林煙
戍翠綃湖霞披絳幌既懽僻野性復挾滄洲賞振衣登

前岡徘徊命吾黨愛此離埃氛且得脫羈鞅美酒滌煩
囂劇談發神爽會須倚層樓一嘯衆山響
纖月掛東林羲和節西弭遊目意未足緩步信所履逕
轉石磴坼溪漲漁梁毀翠荇出水鮮朱櫻然林紫涓涓
芳露潤淡淡行雲止野照晃空明泉溜響清泚伊余丘
壑姿眷茲景物美登眺豁幽襟俛仰忘悲喜凭高身以
軒臨流耳堪洗泠泠御遠風悠悠得真理塵世事俱非
獨此逍遥是預愁還城市車馬紛如駛

赤壁送別歌　唐李白

二龍爭戰決雌雄赤壁樓船掃地空烈火張天照雲海
周瑜於此破曹公君去滄江弄澄碧鯨鯢唐突留遺跡
一一書來報故人我欲因之壯心魄

書王定國所藏煙江疊嶂圖畫　宋蘇軾

江上愁心千疊山浮空積翠如雲煙山耶雲耶遠莫知
煙空雲散山依然但見兩崖蒼蒼暗絕谷中有百道飛
來泉縈林絡石隱復見下赴谷口爲奔川川平山開林
麓斷小橋野店依山前行人稍度喬木外漁舟一葉江
吞天使君何從得此本點綴毫末分清妍不知人間何
處有此境徑欲往買一頃田君不見武昌樊口幽絕處
東坡先生留五年春風搖江天漠漠暮雲卷雨山娟娟
丹楓翻鴉伴水宿長松落雪驚醉眠桃花流水在人世
五陵豈必皆神仙江山清空我塵土雖有去路尋無緣
還君此畫三歎息山中故人應有招我歸來篇

過江夜行武昌山聞黃州鼓角

清風弄水月銜山幽人夜渡吳王峴黃州鼓角亦多情
送我南來不辭遠江南又聞出塞曲半雜江聲作悲健
誰言萬方聲一槩鼉憤龍愁爲予變我記江邊枯柳樹

未死相逢真識面他年一葉泝江來還吹此曲相迎餞

陽邏堡　元傅與礪

微雨瀟瀟濕行李馬頭即見長江水煙消明侵白鳥邊
風帆亂入青雲裏望人南北久離居況復今年無素書
明日重吟漢陽樹何須不食武昌魚

陽邏堡　陳剛中

陽邏殘壘高巑岏亂山勢如秋蛇蟠長江西來五千里
雪濤怒濺秋風寒憶昔王師駐江上旌旗百萬騰江干
九神俛首不敢喘鏡光浮碧無驚湍乾坤一統自此始

坐見北極朝衣冠我來蘄黄望夏口彷彿但認煙波竿漁歌數聲起何處白鳥飛盡青天寬鱓公盈尺不論價翛然一笑生清歡與亡往事誰復問磯頭石老蒼苔乾津鼓急催渡江去又見曉日浮晴巒

赤壁歌　明方孝孺

東夏口西武昌赤壁峭絶當中央奸雄將軍氣蓋世敗卒零落慚周郎得鱸魚沽美酒孰若黄州蘇子瞻謫向江湖動星斗噫吁戲曹公氣勢蘇子文章人物銷鑠塵跡荒凉惟有江山千古萬古空流長

詠赤壁　藍潤

長江西來雨如霧赤壁蒼蒼風雨暮草木猶疑横槊時塵沙尚想焚舟處烏林渡口下舳艫曹瞞巳料無全吳陣前部曲走劉備眼前談笑輕周瑜君臣謀合士鼓勇玉帳旌旗亦飛動樓櫓晴空煙焰高魚龍白日波濤湧荆門牢落駐殘兵野曠不聞鼙鼓聲戰骨秋埋邊地草提書夜報石頭城雄圖霸氣雨消歇地老天荒秋一葉石上殘碑過客題沙中古劒漁人得漢王祠枕碧山隅諸葛臺荒野鳥呼千年忠義出師表萬古江山八陣圖

由龍山登兩耳山至赤壁作歌　王一鳴

聚寶山南一尊酒主勸賓酬不離手夜深霜露沾人衣莽莽長江峽中吼兩耳山高連右肘發興携壺作狂走風逆難聞童稚呼雲迷翻訝藤蘿陡路細石古狐狸啼絶頂蒼茫一翹首班荆度地當開筵舉杯邀月呼青天野燒横出孤松巔炙酒酒熱西風便明伯耳熱掀長髯若愚矜持禮法謙叔孝問詩猶細容囂飲恨少東濵漆擡頭一望山巉巉赤壁半墮滄波銜秋浪浩渺動樓榭天風空濶吟松杉十步五步山出没東坡先生祠眼前

造次留客何生賢鷄酒陸續深林傳鷄煮最憐白玉熟酒行滴作珍珠圓慇懃苦勸上客醉髣髴便擬中山眠酒後坐起忘主客吟遍今古呈山川老僧空谷捲青磬漁子趂月撐歸船酒罷便作城南步鬱盤城郭紆煙霧月薄如霜紅蓼稀天高慣闘清風怒吁嗟乎英雄身世多坎坷今朝且樂樂奈何向平五嶽有消息看我淋漓醉掃青天歌

黄州　唐方于

弭節齊安䂓孤城百戰殘傍村林有虎帶郭縣無官暮

角梅花怨清江桂影寒黍離緣底事撩我起長歎
高亭廢已久下有種魚塘暮色千山入春風百草香市
橋人寂寂古寺竹蒼蒼鸛鶴來何處號鳴滿夕陽

江上晚步　宋潘大臨

白鳥没飛煙微風逆上船江從樊口轉山自武昌連日
月懸終古乾坤別逝川羅浮南斗外黔府若何邊

臨江亭　鼂補之

古木嘯寒禽層城帶夕陰梁園多綠樹楚岓盡楓林山
際豈爲險江流長自深平生何所恨天地本無心

夜泛赤壁　元楊惟中

暫艤清江舸來登赤壁山怒虬松偃映漱玉水潺湲明
月尊前色丹崖戰後顏高城催暮角醉倚棹歌還

齊安即事　明陶安

霧雨一城暗梨花三月天空梁春蟻墮疎壁暮蚊穿草
窖藏枯井苔荒蝕斷碑開門山色好飛翠落吟箋

黄州登赤壁亭　廖道南

亭倚石岩開風鳴萬樹哀人閒不知去鳥倦忽飛來江
勢平吞闊山形曲抱臺雲林秋色霽眞自可幽懷

過孔子河　吴國倫

夫子南遊後山川不可名問津千古事環轍至今情雨
洗沙茸淨波吹石髮輕惟應楚孺子下馬濯塵纓

八月初五夜集赤壁　徐學謨

萬堞凌丹阜千家俯白雲雄圖餘戰伐清籟隔氛氳月
色遠山盡江聲靜夜聞回鑣看斗直懸漏欲宵分

泊赤壁　車大任

地是烏林舊名還赤壁留獨詢三國事空見一江流風
落山樵地霜凋楚客裘孤舟今夜夢明月冷沙鷗

赤壁再泛　祝世祿

木落磯頭石霜林紅欲燃重來摩赤壁孤嘯破蒼煙鴈
下瀟湘雨人歸雲夢田江山英爽在平挹一尊前

寄李岳州黄州作　唐杜牧

城高倚絶巘地勝足樓臺朔漠暖鴻去瀟湘春水來縈
盈幾多思掩抑若爲裁返照三聲角寒香一樹梅烏林
芳草遠赤壁健帆開往事空遺恨東流豈不迴分符潁
川政弔屈洛陽才拂匣調朱柱磨鉛勘玉杯棊飜小窟
勢壚撥凍醪醅此興予非薄何時得奉陪

春日書懷　宋潘大臨

舟楫凌漳水風濤接鄱湖龍媒成跬步驪頷脫微軀樂土供游戲深文苦綮拘胸中雖磊磊牆外或歌呼老去稀生懶歸來谷子愚千鍾真臭腐十畝借膏腴春雨何曾密園花竟自都小橋藏細柳方沼出新蒲酒熟拈巾漉芹荒帶雨鋤行盤隨所有坐客幾時無日轉槐陰暮門通鳥逕迂仰頭看餔轂引手亦將鶵揄事益纏繭勞生戶轉樞形骸浮大塊毛髮燎洪爐世論幾膠柱人心盡好竽屠龍非至計射雉屈良圖借箸方隆漢推枰已滅吳從渠畫麟閣吾自著潛夫

季夏遊赤壁偕子言諸公　明王廷陳

六月輕舠敞三分割據雄江淮城抱日艦火岸餘風詞賦留天上旌旗在眼中霸圖今已歇幽賞幾回同檻外飛陽亂尊邊雲霧通松杉盤虎穴臺榭接龍宮早歲辭榮級滋遊感數公願言攜桂楫常此狎漁翁

郡事黃州作　唐杜牧

因思上黨三年戰閑詠周公七月詩竹帛未聞書死節丹青空見畫靈旗蕭條井邑如魚尾早晚干戈識虎皮莫笑一麾東下計滿江秋浪碧參差

齊安郡晚秋　杜牧

柳岸風來影漸疏使君家似野人居雲容水態還堪賞嘯意歌懷亦自如雨暗殘燈棊散後酒醒孤枕鴈來初可憐赤壁爭雄渡惟有簑翁坐釣魚

赤壁懷古　崔塗

漢室山河鼎勢分勤王誰肯顧元勳不知征伐由天子那許英雄共使君江上戰餘陵是谷渡頭春在草連雲分明勝敗無尋處空聽漁歌到夕曛

雪後到乾明寺遂宿　宋蘇軾

門外山光馬亦驚堦前屐齒我先行風花誤入長春苑雪月長臨不夜城未許牛羊傷至潔且看鴉鵲弄新晴更須攜被留僧榻待聽摧簷瀉竹聲

讀赤壁賦　文天祥

一蟠滄波浩浩流隻鷄斗酒更扁舟八龍寫作詩中案孤鶴來爲夢裏遊楊柳遠煙來北府蘆花新月對南樓

赤壁寫懷　明無名氏

玉仙來往清風夜還識江山似舊不

武昌東下次江皐赤壁磯頭巘書槐廢壘煙消荒草合
橫江鶴去碧天遥岸邊漁火疑殘炬水底龍吟憶洞簫
往事千年增感慨荻花楓葉晚蕭蕭

邾城懷古　　劉基

孤城寥落遍蒿蕪萬里蕭條近楚符殘帶夕陽歸舊壘
鴈將秋色下平湖遺墟渺渺生禾黍古木蒼蒼接里閭
故事豈勞重借問漢江流水自縈紆

宴集赤壁書懷　　王廷陳

春深遊興屬芳洲選地張筵對狎鷗赤壁徑盤危磴出

青天城抱大江流乾坤久壓三分業山水仍含萬古愁
客散晴沙樓閣晚佛燈漁火共悠悠

赤壁　　方逢時

危磯巘嵲倚高江人道曹劉舊戰場往事已隨寒浪滅
遺堂惟有暮山長雲霞尚帶當年赤蘆荻空餘落日黃
欲弔英雄千古恨漁歌蕭瑟弄斜陽

夜泊赤壁　　羅洪先

五百年來此勝遊水光依舊接天浮徘徊今夜東山月
彷彿當年壬戌秋有客得魚來赤壁無人載酒出黃州
吟成一嘯四山寂孤鶴橫江掠小舟

赤壁懷古　　皇甫汸

人留勝地臨江上客有高軒得並過雲起楚臺聯石壁
水從湘浦接煙波漫因明月傷千里更遣迴風入九歌
自愧清時承遠讁可無辭賦擬東坡

赤壁感興　　李得陽

峭壁臨江控上遊登高懷古一停舟曹瞞霸業寒煙盡
公瑾勛名野水流山鳥似啼當日恨東風猶作舊時秋
坡仙辭賦多悲慨半入江雲黯結愁

春日過赤壁席上分韻　　李維楨

孤亭絕壁亦奇哉學士風流此地來東望拍天江白迥
南飛啼月鵲堪哀但令詞客名千古不盡遊人酒一杯
最美使君能吏隱追歌清夜共徘徊
高歌急管促行觴莫問金門與玉堂估客舟從波上下
美人家自水中央壁銜煙嶼殘陽赤洲枕春江宿霧黃
忽有東風生四座應知不爲使周郎

[illegible]人日過赤壁　　王同軌

今年人日條風柔邀客把酒臨江樓青陽乍驚七日復

赤壁尚帶三分愁鎮魚鷺立斷冰遠炙背僧臥孤石幽
人眼煙波動遊興那能長繫木蘭舟

冬日赤壁宴集　王一鳴

坐來赤壁下斜陽亦有登臨二客羣澤畔煙霞渾不斷
城邊江漢欲平分千山點淡原非雨幾處氤氳似是雲
入散水濱樓閣晚諸天鐘磬夜深聞

赤壁懷古　王同軌

來游赤壁山不識鏖兵處山南片片雲飛落崖前樹

武磯山　無名氏

寂寞武磯山上樹蕭條邏阜水中天垂楊不管人間事

猶自青青兩岸邊

古文以下蘄水

贈謝爵來雨敘正德壬午知蘄水　王廷陳

謝君令蘄水壬午春三月不雨民戚曰何以播君步自
邑壇禱焉越四月不雨民戚曰何以植君步自邑壇禱
焉越五月不雨民戚曰何以穫君步自邑壇禱焉雨邑
人歌之爲來雨之章王子聞之曰歌也是爲長民者風
矣帝也豈民棄夫錫蕃育庶靡民焉供是務殖也或雨
蘄焉食且不粒以斃務殖之而復以棄也其否也矣是
孰用棄棄吏也吏也者殊民而臨之殆爲帝殖者乎不
德而賄帝其曰吾且衹殖不有於民之室而吏褒用盈
是以吾殖賄也故蘄焉不愛棄民昭吏棄也君之政聞
之矣敏而思達而執肅肅而惠法不勢貸其仆也勁者
先苟民庇焉不惜肖法罰邑人宜之乃不吏亦靡不禮
帝其曰令良吾衹殖焉令不有也禱輒雨豈惟殖民不
吏棄焉昭其良也傳曰禮有祈焉有報焉夫傴僂而趨
匪其衷也即湯焉以其軀犧巫也感而酬豊品是事而

幸帝之私也謂帝需乎君也不然乃不雨曰予也帝何
意焉其雨矣曰帝也予何力焉夫始不奸帝之命既也
不有帝之功是謂對帝之休帝其永庇之矣

重修學記時嘉靖丙申　王鎔

蘄山之陽南溪之涯古建學宮焉負崖抱流探奇挹勝
其左則鳳棲玉臺之廻翔其南則登瀛天馬之拱向風
氣萃止靈光俱存斯以文藻淵源簪纓聯續樂育餘音
庶幾鄒魯善乎作者之遺也爰考邑志國初祠宇迄今
僅一再修棟橈榱朽甍零籍配席饗禮無所於依久之

未有克振者走以展謁因論其不飭而諸生亦奉以告
敝焉此有司之責也夫墜而得舉者亦艱矣謀貳則不
協數殷則厭衆計處稍濫則財用不給任事者惰則鮮
克有終今縉庶同聲二三紀而後葺不可謂殷庶支簡
節不可謂濫師賢而丞厲不可謂惰夫鎔也會其謀而
逵其幾者也乃裒金於東矢取材於廢寺鳩工於比閭
鍰不滿百工不踰月作而新之以求安妥聖作鍾焉豪
傑興焉茲非文運之一助歟夫吾儒誦法者夫子之言
所推行者夫子之道瞻宮墻而弗肅者非禮也逢屯忽

而弗加之意者非義也禮以成敬義以孚信將令德之
保膺而民協和在位者慎矣將帝學之緝熙而敬恭明
神諸士子亦進於是矣事已而竣敎諭李仁偕其僚友
求重以文請因緒書其槩以識歲月云

厲壇記 時嘉靖庚申知縣陳蘭化建　朱袗

蘄邑舊有厲壇民居焉諸六博鞦韆蹋鞠鬬鷄走犬之
儕事於此紛囂相攙門垣俱圮莫或舉之水則浸大河
若旱則木益槁死亢陽之氣焦金若蝕蝨閭之父老竊
色懼陳侯以故侯惆然事蝟亡及也乃庚申吉遂易建

朱子曰庶有豸乎是役也夫侯也帝以氓授也族而氓
之是用撫柔明惠也而悍者先祀爲氓也被髪如野海
若祗惴惴乎假手是皇而曰神將不湜於氓若其以禍
悔福於蘄毋寧茲而厲也曰滋蔓無能奚事僥卮而臘
爽螘而憶寧我其有辭於靈靈將曼露草間大地之泣
若罝焉奚厲後哉而不爲氓忌侯爲政鷹擊而惠提而
執事乎振覆亡藴年以病不立下氓欣焉爲氓急而厲
明德而羞厲將蔑焉其吐之乎而壇且圮操蒴從事亡
能靈是妥焉靈卽不言非制也梧丘洗首也鴞亭灰骨

也俾有依也茲有祐也侯爲氓修祀事𢊍遺而厲而且
也重而壇方閱月奏成崔蔚矣觀美矣而其妥之無驚
其爲佐我氓時則秋不時則不秋而厲若尸之亡令吾
氓瘁而重侯釐則壇之於侯也不虛矣壇建於嘉靖庚
申九月十月事竣地在北門制如故南北一十二丈東
西八丈七尺周繚以垣外爲門內爲宇爲齋若爲省牲
室度於大卒之若焉是爲記

蘄志序 萬曆十年記　前人

今天下郡邑皆有志夫志稱掌故蓋紀述以動人心之

所之也故心之所之亦謂之志結繩而後四史昉於黄序五史逵於蒼籙以致列國莫不有史稱名立號罔非爲幾希計爾他毋論已即楚名檮杌夫大烏諫也璧寶賜也鑾召却也援桴救也所稱引非不吁然大乃取而貌之檮杌何居反觀此心雖當放逸而試一語之檮杌在前有不蹶然動者乎古人名史之意可繹思已嗣是立明得徵言創爲傳傳者轉也意者轉移人心之義哉爰及孑長取式呂覽通號曰紀鴻具叔皮論中蠶室之後厥有孟堅氏綴十志大都鏡前鑒後匪擷英搴芳云

蘄在楚爲六聚四通之地不穀來三載於茲惟是日夜無敢寧先是坐會計事鞅掌三年乃可間取故志繙閱之洋洋足徵而田賦稍異於舊諸故事當增入者乃博選文學摭其詳而不穀刪潤之惟以動人心之義宣道其中故標目則例不眩異以從古不灑濯以投好使凡昧昧啉啉欲離其童蒙之心而覺視於天地之間者或觸而動焉人物之首忠孝也循良之重教化也山川之以人物也坊之以人重也冠節孝而後弟也田賦之冣實也藝文之首經也動人心之義也夫潄腴擷潤以垂不朽者史氏之職而宣化正俗以維人心者有司之務不穀業有司惟言有司之務凡我士民竦身而載聽視者觀志所稱備矣其香欲襲其羽欲儀不穀與士民共矢之昔燕人有亡者生於燕長於楚老而以其國反同行者道晉望晉之城若社而誑之曰若燕也其人瞿然不自禁者久之重鄉也爾士民生斯鄉將比肩百里旦暮遇之誦其詩讀其書私淑諸人也不穀於蘄厚望焉

修巴河唐睢陽張公廟記　時萬曆十三年　前人

夫忠於主者人之主皆欲其臣主於人者皆欲其忠以

故刼遷代異而忠無貳軀烈有餘氣誠欲之也天地一指萬物一馬而入無窮之門游無極之野與日月參光天地爲常者誰乎南華之言曰小人以身徇利士以身徇名名聲異號其餘傷性以身爲徇一也有旨哉誠傷性矣則徇名之徇何異徇利之徇唐睢陽張公迺唐忠今王公民旺罔不目嚮神悚曰忠獨其所謂忠者則公固刻心焉按唐紀公尹真源先是譙郡太守以城降使公爲長史西迎賊公還真源帥吏民哭元元皇帝廟誓不與賊俱生起兵討賊迨雍丘戰死公併其衆令狐賊

尹賊前後擁至公嬰鋒百餘戰殺賊十二萬人使公乘戰勝之威以雍丘一隅之地不足恃擁衆還報天子其勳猷未必不乎李郭銘彝鼎公獨私念睢陽江淮保障寧掘鼠雀啖茶馬殞愛妾不悔封疆之臣死封疆義也彈丸不足以當勁敵公稱多算豈不燭照預計之刎死縊死皆成戰死皆謂死封疆而公獨不死豈難死哉括城中老弱逮城中婦女暴秦之酷是烈矣公尹其地魚肉其素所耳聞目見之人以成一已之忠公奚忍之大臣慮四方念此彈丸爲江淮保障無睢陽是無江淮無

江淮是無唐也國家養士百年我宗祧藉其休養生息之澤以有我此身而我一旦擔圭析符値此九九之運猶得以爵號呼吸此方之人藉以振賊之衝維其既衰之運使我委封疆於賊以死繼之賊蠶食江淮操弄國脉我當躡魂受譴地下公被執日臣力竭矣死當爲厲鬼殺賊是竭力者公之心而輕一死於鴻毛以塞死封疆之責非公心也死一也徇利死徇名死皆有倚有倚則有盡而公之死夫焉有所倚哉無倚之謂神神則不可知蓋所謂入無窮游無極與日月參光天地爲常者也巴河故有公廟在有議毀之者而巫稱公降有詞廟得無毀余過巴河禮公廟主廟者爲余述其詳如此士人聚觀其詞曰此僞也余詰士人以果僞也孰使之使天下之人者鬼神之德之盛而眞僞無辨矣廟不知所自始嘉靖間倪令曾新之至萬曆十三年余帥士之鄉者等爲理崩圮增堅石坊淸民基之侵占者爲臺高二丈許臺之上爲室三楹廟貌改觀瞻拜臺下可仰不可即孰非神所使哉若曰靳當江淮間蘄人當祀公公宜享蘄祀是猶有倚之說也

詩歌

渡伍洲　　楚伍員

日月昭昭乎寖已馳與子期乎蘆之漪

日已夕兮予心憂悲月已馳兮何不渡爲事寖急兮將柰何

蘭溪　　唐杜牧

蘭溪春盡碧泱泱映水蘭花雨後香楚國大夫憔悴日應尋此路達瀟湘

陸羽茶泉　　宋王禹偁

甃石封苔幾尺深試嘗茶味少知音惟餘夜半泉中月
留照先生一片心

綠楊橋詞　蘇軾

照野瀰瀰淺浪橫空曖曖微霄障泥未解玉驄驕我醉欲眠芳草可惜一溪明月莫教踏破瓊瑤解鞍攲枕綠楊橋杜宇數聲春曉

漁父詞　張志和

西塞山邊白鳥飛桃花流水鱖魚肥青箬笠綠蓑衣斜風細雨不須歸

古文以下麻城

漕運解折議　明　梅國樓

麻城舊隸河南介在萬山中治前止一衣帶水淤沙平淺掬土可塞雨集而漲雨霽而涸舟楫不通揭厲可涉也因附籍楚楚濱江之區例有漕運故麻不免焉計糧共肆千貳百石有奇水遠運苦頻年以來吏抱牘而不休民無以苟旦夕每一傳呼必立收受頭會箕斂倍於常額上下山阪出入溪澗車不方軌馬不成列負載道路之間伺候公府之門不待至水次而已疲累矣一至水次吏胥必有稽查折耗必有賠補船脚楞板之類所費倍之故心剜腰折閭閻告病曩時邑父母及鄉先生曾議及此然狡獪之徒因而爲利陰撓于主計者故朝上議而夕報罷郎發言盈庭遂成作舍矣禮部儒士喻儀醇雅篤實之士也素好義而樂施奮臂興曰吾儒不能利及天下而使桑梓之中有扼腕而悲者非夫也乃輸產捐金代三鄉父老子弟而請命焉歲丙申夏周尚寶偕不佞冒行烈日中謁當事者白其狀曰漕爲水設也近水者利本色遠水者利折色此兩利之道也奈何

獨于麻而靳之今民不堪命逃死四方者種種矣此之不改毋乃轉陸爲海化夷行舟乎邑人嘵嘵然不憚請命者非爲私也當事諸公亦爲感動而喻生周旋其間曾改五分之三然猶未得堅決也蓋徵泒猶累小民而全書未垂永利喻生依牆之哭尚未動於秦而泛舟之情猶未遍于晉也惟是邑縉紳學校里老人等再因喻生之請而呼籲其事維時西蜀劉公來涖茲土下車以來政通人和利興害袪力任其事文移旁午內云免米一徵有破產屋市妻子言之刺心聞者酸鼻等語亡何

公入覲而陳留高公代署其篆覩艱難困苦之狀毅然以身任之文移中有小民肩擔背負皮破足穿哭聲載道聞見心酸等語懃懃懇懇蓋身當之故言之親切而有味也時東粤方伯梁公持其議而西蜀撫臺趙公在爲監司時曾身歷亭州目覩地里力允其議先後肆千貳百石有奇盡折色矣俞允之日歡聲載道億者復甦勞者復息眞千年之利萬世之福哉嗟夫非常之原黎民懼焉及臻厥成而天下晏如也

詩歌

穆陵關北逢人歸漁陽　唐劉長卿

逢君穆陵路匹馬向桑乾楚國蒼山古幽州白日寒城池百戰後耆舊幾家殘處處蓬蒿徧歸人掩淚看

木蘭將軍出征見古樂府　以下黃陂　古人

唧唧復唧唧木蘭當戶織不聞機杼聲惟聞女歎息問女何所思問女何所憶女亦無所思女亦無所憶昨夜見軍帖可汗大點兵兵書十二卷卷卷有爺名阿爺無大兒木蘭無長兄願爲市鞍馬從此替爺征東市買鞍韉南市買轡頭北市買長鞭旦辭爺娘去暮宿黃河邊不聞爺娘喚女聲但聞黃河流水鳴濺濺旦辭黃河去暮宿黑山頭不聞爺娘喚女聲但聞燕山鐵騎鳴啾啾萬里赴戎機關山渡若飛朔氣傳金柝寒光照鐵衣將軍百戰死壯士十年歸歸來見天子天子坐明堂策勲十二卷賞賜百千鏹可汗問所欲木蘭不用尚書郎願馳千里足送兒還故鄉爺娘聞女來出郭相扶將阿姊聞妹來當戶理紅粧小弟聞姊來磨刀霍霍向猪羊開我東閣門坐我東閣牀脫我戰時衣著我舊時裳當窗理雲鬢對鏡帖花黃出門看火伴火伴皆驚忙同行十

二年不知木蘭是女郎雄兎脚撲朔雌兎眼迷離雙兎傍地走安能辨我是雄雌

木蘭將軍歌　明張濤

木蘭山上青草發將軍塚裏埋香骨殺氣應隨艷魄消眞心不向征魂沒憶昔當年聞鼓鼙曾抛機杼逐旌旗卽戎非女子市韉有男兒誓把雄心赴金柝鳴鞭直抵長城窟寶劒磨殘黑水雲雕弓彎破陰山月英雄陣骨幾塵灰十二年來百戰回故園砧杵無人怨絕塞征衣好自裁絕塞煙塵一朝掃捷書飛出關山道含羞蔡女

拍中笳掉臂明妃墳上草邊草鳴笳別塞雲征人誰識女將軍願題彤管篇中字不羨燕然石上勲惆悵歸來啓故闥空房猶閉舊支機羅衣香冷鴛鴦死蘭幔塵生燕子非燕子鴛鴦殺度春還闈原是別閨人臂上舊紗痕未脫眉間新恨還顰可憐烈女腔中血不死沙場死閨閫百年心比匣中霜數寸腸分衣上錢千年孤墳過客悲紅顏薄命寄芳祠一函金甲爲同穴三尺青鋒是故知我賦大招招未還難堪杜宇泣空山祠前明月朝朝鏡壠上屯雲葳蕤鬟君不見漢寢唐陵臥鹿麋故

都何處歎離離惟有木蘭墳不改青山猶自屬蛾眉

古文 以下蘄州

州學教授廳記

宋朱熹

乾道八年秋予友建安李君宗思爲蘄州學官始至入學釋菜召諸生坐堂上而告之曰朝廷立學建官所以養人材而待其用德意甚美宗思不佞得備選焉深爲淺露懼不能稱今將何以教二三子者而相與朝夕乎古人爲己之學以無負朝廷教養之意二三子其亦有志於斯乎諸生起而對曰諸生不敏惟先生有以教之則幸甚於是宗思退卽其居距學且十里宗思顧而歎曰學官宜朝夕于學與諸生相切磋者其相距之遠可若是邪翌日相學之東偏有廢地焉請於州願得爲屋以居而日往來于學以供厥事於是通守北海王侯某領州符嘉宗思之意而悉其力以相之不逾時遂以備告然後宗思得以日至於學進諸生而教誨之蓋使之潛思乎論語孟子之書以求義理之要又考編年資治之史以議夫事變之得失焉日月有程不躐不惰操篆而問勸督以時凡使之知所以明善修身之方齊家

治國之本而於詞藝之習則後焉而不急也旣又禮其士之賢而有德者而與共居凡學之教悉使之聽焉由是蘄之爲士者始知所以爲士之事而用其力宗思亦喜其教之行而將有成也礱石於堂考前爲是官者得自某人以下若干名氏歲月刻之屬予記其所以然者予惟宗思之教可能也而其所教則非世儒之可及王侯之垂意於學可及也而不以宗思之說爲迂濶於事者則非俗吏之可及是皆宜書以詔於後蓋非獨能繼宗思而居此者有所考法抑亦承流千里而帥其民者

所宜知也於是悉書其本末如此俾刻寘題名之首云
九年七月壬子新安朱熹記

崇賢祠記　明邵寶

蘄州儒學有祠祀其故學正莆田敬齋林先生先生去蘄州若干年矣其生也故祠之其歿也春秋饗焉至于今不衰仕蘄之君子謂是舉也義不可弗繼乃葺其祠之敝益加崇奉而使來請記其事也寶作而歎曰於戲盛矣此古之遺教也夫古之教者蓋敎之以學率之以行格之以規泱之以恩裁之以義而分不與焉非惡夫

分也徒分不足以爲教教之本立矣則是分也乃吾教之所以行也而益以遠故有林先生之教則有蘄諸生之思觀其所思而教于是乎可知矣非古之遺而今乃有是哉今學校之師例出銓注其于弟子蓋分相與也始先生至蘄諸生事之亦以分而已矣久而資其學焉懷其恩焉畏其義焉曰先生吾師也是雖不吾涖固將輕千里而從況以朝命而來哉於是凡蘄諸生無長幼後先翕然以歸論者蘇湖之風復見于蘄而先生擢揚州教授去矣此祠之所以作也寶不及見先生見其孫中丞公出故太常少卿贈禮部侍郎公文所爲先生墓碑謂先生始爲諸生學成未出提學高公強而後舉及會試得一榜例授學職或勸之辭不聽卒以教顯其校文格以義理無少遷就時稱得人至以養歸白揚尚未老也秖守岳公蒙泉客之訪之則答餽之財遺之田辭蓋其少也敏而重其壯也順而莊其老也靜而廉迹其學行有古之遺焉以是爲蘄之師其規也非抗其思也非徇其義也非激吾所謂古之遺教固在是矣蘄之諸生曰先生吾師豈過也夫鄉先生歿則祭于社古之道

也今蘄之爲祠實取諸此而義起焉者視尋常名宦之舉相去遠矣且學校達天下而祠其師如蘄者乃不多見蘄之師在先生後先無慮百人而惟先生是祠蓋功深思遠自有不能已者而豈徒分所能致哉記禮者爲學莫先于嚴師而極其效至于民之敬學其于師去而祠歿而饗其爲嚴至矣推是心焉爲子必嚴其父爲臣必嚴其君固與起于斯豈直知學之敬而已哉然則是舉也其亦古之遺也先生諱宗字存敬敬齋所自號系出唐九莊若干傳而至先生中丞公文章德行望在海

內蓄古遺才君子推其所自亦必歸諸先生云

詩歌

蘄州刺史座右御製詩　唐元宗皇帝

眷言思共理鑑古想維良猗歟此推擇聲績著周行賢能既俟進黎庶實竚康覗人當如子愛人亦如傷講學試誦論阡陌勸耕桑虛譽不可飾淸知不可忘求民迹易見安貞德自彰訟獄必以情教民貴有常恤惸且存老撫弱復綏强勉哉各祗命體予眷萬方

九江口南濟北接蘄春南與潯陽岸

唐蘇味道

江路一悠哉滔滔九派來遠潭昏似霧前浦沸成雷鱗介多潛有漁商幾泝洄風搖蜀柿下日照楚萍開近溆溢城曲斜吹蠡澤隈錫龜猶入貢浮獸罷爲災津吏揮橈疾鄖童整傳催歸心詎可問爲是落潮迴

泰娘歌　劉禹錫

泰娘家本閶門西門前綠水環金隄有時妝成好天氣走上高橋折花戲風流太守韋尚書路傍忽見停隼旟斗量明珠鳥傳意紺幰迎入專城居長鬟如雲衣似霧錦茵羅薦承輕步舞學驚鴻水榭春歌撩上客蘭堂暮從郎西入帝城中貴遊簪組香簾櫳低鬟緩視抱明月纖指破撥生春風繁華一旦有消歇題劒無光履聲絕洛陽舊宅生草萊杜陵蕭蕭松柏哀妝奩蟲網厚如繭博山爐側傾寒灰蘄州刺史張公子白馬新到銅駝里自言買笑擲黃金月墜雲收從此始安知鵩鳥座隅飛寂寞旅魂招不歸秦家鏡有前時結韓壽香銷故篋衣山城少人江水碧斷雁哀猿風雨夕朱絃已絕爲知音雲鬢未秋私自惜舉目風煙非昔時夢尋歸路多參差

如何將此千行淚更灑湘江斑竹枝

寄蘄簟與蒲傳正　宋蘇軾

蘭谿美箭不成笛離離玉節排霜脊千絲萬縷自生風入手未開先慘慄公家列屋閑蛾眉珠簾不動花陰移霧帳銀牀初破睡牙籤玉局坐談棋東坡病叟長羇旅凍餓饑吟似饑鼠倚賴春風洗破衾一夜雪寒披故絮火冷燈靑誰復知孤舟兒女自嚘咿皇天何時及炎燠娩此八尺黃琉璃願公淨掃淸香閣臥聽風漪聲滿榻習習還從兩腋生請公乘此朝閶闔

武昌老人吹笛歌　范純仁

武昌老人七十餘手把庭令相問書自言少小學吹笛早事曹生曾賞激往來征鎮戍蘄州楚山蕭蕭笛竹秋當時買材恣搜索棄却身上烏貂裘碧苔蒼蒼知老節石上孤生飽風雪商聲五音隨指發木中龍應行雲絕曾將黃鶴樓上吹一聲占盡秋江月如今老却語言遲音韻高低不自知氣力已無心尚在時將一曲夢中吹

白巖寺石刻　無名氏

金殿重重鈴動風六龍飛入碧雲中晚來落盡前山雨

人借僧房鶴借松

四見亭　元幹克莊

前朝亭廢野蕪侵暇日躋攀試眺吟楚地寒煙青障遠漢江秋水碧流深連城阡陌桑麻藹負郭人家竹葉森千載麒麟山下路不知遊客幾登臨

題浮玉亭　明吳國倫

石扼中流險亭當一柱支河山懸震盪日月莽推移岸樹微茫出風帆上下馳望中吳楚盡秋色最堪持

古文以下廣濟

新遷儒學記　張鳳梧

濟邑介江黃間地僻以簡而學又加僻焉邑東南一里許隔溪遠市淋潦時溢道爲弗通踰旬月有司弗獲一顧視齋舍頹敗旁無居民纍客奄至師生屹屹乎若將不終歲也絃響久寂鄉書搖疎蓋數十餘年邑之人習見爲當然耳弘治庚申令山西副憲南昌陳公奎以名進士拜令謁廟之餘顧而歎曰學關于治大矣久敝如是乎改遷之責將有待于予諸生復以爲請屬下車歲方弗稔未暇也越明年辛酉政治民和百廢俱興乃率

僚屬師生達觀邑治惟縣左按察行臺與府館並列地勢爽塏四山環抱公曰學在是乎衆志僉同不卜而協復度布政分司之左可以徙行臺廣濟邑之右可以遷府館爰具顛末白于巡撫都御史韓公重巡按御史王公暨藩臬諸公咸是其議盧太守濬羅節推翰更從臾之壬戌春擇日鳩工中建大成殿毀淫祠之材爲前門門左右祠鄉賢名宦後有齋堂伐境內古松栢舊學椽甓可用者以爲廨宇爲號舍粟米則勸諸富室出所有以食梓人力役則取諸審戶口與訟之健於官者凡工

料之需隨宜區畫不動公帑不歛剩民甫數月而落成規模壯偉實甲諸邑左建鹿易堂以會餼蓋以鹿價易隙地而爲之也右建式穀書館以訓僚屬子弟釋菜禮訖邑之士民更相賀曰是學之遷非吾賢侯何克以成乙丑夏初鳳梧奉命典學於楚聞公賢聲籍籍既以修學之資名宦鄉賢之祀費無所出欲取舊學基利充之公遂移文以達予未幾公以御史徵去矣丁卯春予閱士至濟值上丁釋奠周旋廟學顧瞻咨嗟嗣令葉溥學諭趙杲述公績亹亹不倦奠禮成而時雨降予喜賦詩

一章諸生咸賡和之今且十閱歲矣予改官晉臬公以副憲同僚案相與道舊政公曰廣濟學成矣而久弗記徵諸東白先生而未果也予有典學一日之雅何辭焉予惟學校之設所以敦彞倫明敎化自三代以來未之有改皇明稽古制庠序周寰宇其法至精且備守土之臣未能奉宣德意傳舍視之因陋就簡舊者弗暇葺而況撤而新之乎公以宏才雅操爲邑獨知所先務而又經度有方公私不匱其賢加于人數等矣使天下之守令皆若是敎化之行不患其不古若也諸弟子其遠守

聖賢之訓近服朝廷之化勤以勵學愼以檢身英才輩出爲時建勳業無窮不徒爲章句口耳之習也斯公遷學育才之盛心庶乎無負而于鳳梧亦有光焉尚勉吾言哉是役相之者主簿宋睿典史金清而督工者義官李勝春也因并書云

遊陽城洞記　吳國倫

陽城山在盤塘西十五里邇江與五郎磯相望去予州不盈六十里山故無名予數往來江行亦不知其中有洞頃與方山人遊三山還過蘄蓋聞諸舟人云其山故

有僊人洞艸土蕪塞不知幾千百年往歲道士數輩始營而居之有一道士年最老常蓬跣入穿其中上下屈曲不知幾里見洪濤從地底湧出而聞江上曳櫓聲知其處已與江通疑有水怪窟其下遂驚而出尋自散去莫知所之今其僊蹟故在可一艤舟造也予與山人忻然艷慕之擬即取道一遊會北風驟急巨浪拍天舟不可艤遂旦棄去山人曰得無有待乎未幾山人越元嶽數月不返而王行甫適至自黃留醉北園者十日買舟送之富口富口諸故人各攜具來覘予因就江岸與之

席地飲甚豪徐起步月登漁磯瞰黃龍洲指顧江北諸山突兀天表而所謂陽城者隱隱在其西陬是夕行甫不能寐而予門人黃子登莊則大從之入舟坐談漸瞎即趨渡口須臾登岸行田間五里許見磵道中奔泉淙淙有聲心喜之而莫知所從出已入一山紆廻兩湖間高可百餘仞而洞在其腹未至洞二百步有水洞一蓋受山心諸泉滙爲盤渦穿石罅而落磵道者是也時予病酲道喝稍自掬水漱之即灑然神清從二子攀躋而上得洞門廣方丈扶攜躡石磴而下不盡一仞地稍平

四壁多赭碧色而其泐處多滴乳中有石竈石榻則道士營洞時所遺非仙蹟也趺坐少選乃令人秉炬深入得一洞稍廣而石益瓌瑋奪目覆者若華蓋褰者若緹帷挺者若土筍幹者若天柱流者若霞液湧者若雪濤紛而披者若地肺屈而蟠者若雲根與予州鳳棲嵓大相彷彿心竊異之已又緣磴而升可仞餘得一洞高廣數倍儼然夏屋而其四隅又各一小室幽莫可窺其上之石牖壓壓如箭括可通日光疑即山之絕頂乃其氣積陰甚寒而下多水泉淫濕無所投足遂不能復前迺探所謂聞櫓聲處還至初洞使數童子簫鼓其中飲焉輟飲而出則日已下暮仍就田家小茆菴飲數行徐散步登舟與行甫別予因次而爲記蓋在萬曆壬午十月既望云

詩歌

復爐凱歌　宋梅應春

重壁山前瑞色開浮環夜渡捉騎來一旗金鼓轅門曉喚得滿城生意回

休訝朝家奏報遲平生忠孝鬼神知但留一片丹心在會有天同地轉時

辭薦舉　梅國淳

野人不慣服冠裳散髮披襟興味長他日麒麟應有楦願留蘇武牧羝羊

石牛　元姚楚山

一卷怪石老山巔頭角崢嶸幾百年毛長蒼苔春夜雨頭昂芳艸夕陽天終宵見月何曾喘盡日和煙自在眠惱殺牧童鞭不起一聲長笛思悠然

金縷歌六疊　宋梅應春

楚幕占烏喜望西來曉起星流凱聲盈耳神倚山頭金城峙誰遣熊羆貔士半夜向空中飛墜江表功臣風雲起肯鯨鯢腥卻龍堆水唐號令漢仁義　岷峨萬古浮天翠管從今挽取銀河洗清玉壘露布朝馳蒼龍闕三殿驩呼動地看中使傳來褒璽虎拜稱觴聖天子對九重春色仙桃醉丹扆近紫垣邃

其二　前歌未足盡魚臺之功業再賦二闋

獨倚東西帥記年時兩柱巍峩共撐天地指望凌雲山九頂障住錦江狂沸誰料得元規塵起當午陽光成陰翳更一時血染三瀘水終古恨壯夫淚嘉城廢之日太微蝕瀘城廢之日江水爲赤　功名自是英雄事有魚臺貫日精忠指天爲誓白馬銅盤傳三矢南八男兒死耳算底用偷生餘子咫尺神明能知此看靈旗所向皆如意恢宛洛是吾志魚臺曾集闔城文武士民刑白馬告天折三箭爲誓并紀實云云

其三

蜀道難如許問蒼天西極將傾有誰撐住千載孤忠睢陽老慷慨平生自負要虎穴擒將元虎意氣軒軒吞秦

之道盡矣夫國事危急之秋不恃敵之不侵而恃已之有備淮泗濱河利在舟師重慶有瀛塗縉雲之險利在騎射故義夫之策淮與策蜀有間也當其時紀綱大頹戰守無計百餘年間擅彊大覬非望者相屬如王夔姚世安輩皆逡巡而不敢發夔雖就戮而世安猶在此義夫之所以危也義夫楚國一男子也其忠義之氣與依違之小人本自不同惜其白鹿之學道力猶淺故疏詞多烈理宗中主安能容之物必腐而蠹生此宰相謝方叔與徐清叟之讒說易入而義夫危矣資政召還悲憤以死使義夫而在其挈全蜀以還之亦何難哉嗟夫和親之議始於漢高盛於趙宋北轅不返南土日削咎固在乎宰臣而人主稱臣稱子稽首而甘心焉於是歎宋之用人與其所以亡也公姓余名玠字義夫黃之廣濟人墓在江北之青蒿里中余康熙二十三年守黃訪其墓鞠爲荆榛蓋自賈似道發塚取帶時遂至平衍而似道今安在耶余慕義夫之烈以爲此邦人也乃鐫石而表之題曰宋資政殿大學士前四川制置使余公神道且封其塚焉明年其裔孫以其家譜告義夫子名如孫

六七傳而族氏繁大有四十八戶分籍於廣濟黃梅問
欲搆祠以祀顧余有逃夫義夫之赫赫不沒者不繫於
祠之有無然人之向往不足者非祠則無以致其敬也
今世州郡之制非法令所及多置不議余嘉其後人能
追先志故樂記之以告夫凡爲人臣人子者

詩歌

復瀘凱歌　　宋梅應春

重壁山前瑞色開浮環夜渡捷騎來一旗金鼓轅門曉
頃得滿城生意回

休訝朝家奏報遲平生忠孝鬼神知但留一片丹心在
會有天回地轉時

辭薦舉　　梅國淳

野人不慣服冠裳散髮披襟興味長他日麒麟應有檀
願留蘇武牧羝羊

石牛　　元姚楚山

一卷怪石老山巔頭角崢嶸幾百年毛長蒼苔春夜雨
頭昂芳艸夕陽天終宵見月何曾喘盡日和煙自在眠
懶殺牧童鞭不起一聲長笛思悠然

隴看强兵猛將如風雨隨指授見攻取　金泉談笑寨
旗鼓任東征西討收功凱書無數王閫雲深重壁外鐵
鎖橫遮江路元不抵周郎一炬更有渡瀘諸葛表倩秋
風吹上丹墀去淸玉壘報仁主

費仙祠龍湫歌　　明瞿九思

我聞橫岡有山山東頭蛟龍作窟多龍湫其下絕壑深
潭不知幾千尺仙人往往稱靈丘誰爲此者乃爾水聲
怒吼目觸激費家兒子總濟留我有所親在山麓千家
兄弟吾姨族有時詠歌來舞雩郎君有傳長披讀君去

如今幾朝代鬼物精靈仍不改只今尚有雲浮浮四時
谷口風颼颼此地君民百不憂五風十雨將何求村醪
社鼓今千秋憶昔親征陳有諒君來隱見鄱陽湖底事
君眞神絕異人今廟宇康山住前歲江頭虎負嵎烹肌
吸骨無完膚須臾有詔還京都莫是皇天遣使君來驅
風雷倒走蛟龍遁登時黃雲掃盡靑天孤天乎天乎安
得借君甘霖雨天下坐令四海無乾枯

打藤曲　　劉養微

日出湖上山山頭草蓬千萬開相呼相喚打茇藤銜風

擻波船上天翁嫗在家兒女泣打得茭藤日將八掐葉
抽藤煮藤食生飼豬牛哺鵝鴨唶我人民何不烹豬宰
牛日食鵝鴨官租未輸奈若何

悲高山　楊晉

高山鄧舍也距邑三十里丙子冬設險高山濟尉魏
時光以鄉兵守之賊初不敢度相持旬日尉夜襲賊
有首功翌朝賊大至尉馬蹶斷被縶不屈死

殺氣障天天不雨中原白晝驅豺虎無賴少年好英武
擁尉登壇建旗鼓尉也膽氣本粗豪百金市馬如人高

馬上結束青絲韁左右馳擊雙寶刀搴旗斬將不足數
眇視秦寇同鴻毛軍中昨夜傳飛箭鐵騎西來亂如霰
不聞犄角有何營獨引鄉兵當一面徤兒身手等閒強
矢石未交先怯戰衆寡相持大不如支吾日久情形見
尉也膽氣眞絕人夜叩壘門惟一身歸來笑擲人頭臥
不知禍福如轉輪亂流馬嘶侵曉度高山遙望寧知數
竹筒一吹已會圍塞斷孤軍歸去路此時拔劍怒冲冠
翻身上馬突圍看黃巾赤幘有羽翼有將無兵勢難測
兇牟脫處戰猶酣馴帶斷時死不得可憐壯士在垓心

援師望絕無消息高牙大纛坐城中薄祿微官死山側
朝廷有事須將材豈復下僚多屈抑高山燐火繞忠魂
爲爾悲歌淚沾臆

送清紀郎張伯原　王直

鵷禁承恩久歸依佩寵榮衣冠明主惠詩酒故人情貢
菊新移就蒼松舊種成懸知還魏闕淸夢到神京

遊龍廟　劉養微

大樹晚陰陰長歌入翠林石連樓閣起雲隱洞門深澗
水流開闢山花雜古今振衣登絕巘潭底臥龍吟

憲皐督學滇中歸阻風雪公安　袁宗道

此日成僵臥何期見子猷牂牁萬里到駟馬一尊留小
邑饒村釀長江苦石尤無嗟鄉路遠五日近黃州

送清紀郎張伯原　楊溥

湖海星霜入鬢絲九重優詔許歸時甘盤學術商規範
甪里衣冠漢表儀玉佩聲閒山月曉松濤夢覺晝陰遲
江鄉秋到飛鴻早天際停雲正爾思

古文以下黃梅

重修儒學記　明黎淳

成化六年夏五月朔都察院右僉都御史繁昌吳公承
制巡撫湖廣下車檄戒表臣百司恪遵勑旨興墜補廢
自學校暨凡公署皆務葺完圖新政化維時守令有哲
有昏有勗有怠或連數州縣功罔就緒罰亦隨行惟新
淦戴侯中由丙戌進士令黃梅克能厥官敷法中度乃
飭貨財儆工役勸民助官以巳丑十二月甲戌首建明
倫堂東西兩齋各五楹前建大成殿東西兩廡亦各五
楹殿之制增於堂廡之儀減於殿席坐先賢木主陳列
祭几皆有區畫又前建戟門欞星門各視舊規愈高益

美凡九閱月而畢講道得所釋奠禮成莊麗通明仰瞻
敬憚亥以餘力恢弘藩館憲臺整飭縣治廳事暨諸壇
壝置郵之宇巡徼之司倉庾之屋百度畢舉未幾都憲
公臨焉入其郊無惰農進其郭無羈旅坐其公堂無嚚
訟怨咨臨其學宮師勤教弟子勤學儀文制度蔚乎足
觀父老仰迓干旃而稽首曰下邑之廢學久矣惟我侯
急此先務吾儕今獲知聖道當共行王化當共遵三綱
五常當共由而不可一日廢幸在斯學敢具以聞都憲
公曰然誠有光於進士甲科者雖微爾言吾固將表揚

之以為羣吏勸遂錄其政績薦於朝明年夏繡斧再臨
而侯之召命來矣都憲公又曰君子樂善無窮曷銘茲
德以告太史氏而刻之碑於是教諭鍾安定訓導元仲
余浩來請黎淳曰美哉黃梅山川之靈於地也往年大
江雪漲吾汎舟上下遠而望之見德章龍坪馮茂破額
烏牙諸山卷舒雲霞送迎日月而爭奇競秀於萬里雲
山之表晴焉嶂屏之麗錦也晦焉樓閣之迷煙也吾意
其山神靈蓄洩必鍾於人其先亂時英豪奮起而戰爭
豈無奇謀忠勇之士出而仗義立節及入治朝賢俊奮

庸又豈無道德之儒貞良之輔出而弼化長民然博考
載籍罕聞焉惟一二釋氏子乃雄稱斯土若專其神靈
者何歟夫豈山川之靈豐在外說而反嗇於吾道正脉
歟抑亦有之而傳記小說失於傳聞歟無寧人心之靈
感於他道無學校之教以開之雖有山川之險莫能顯
也仰惟天德崇文都憲公隆儒以振其綱督學憲副嚴
分申飭教條以肅其紀又幸有賢侯成此風化之基百
年文運復一新矣吾當盡收山川之靈還於爾學必有
傑才科第騰芳奕世罔俾興端澆漓氣化凡我同盟務

敬易諸

題名亭碑記　金　章

我朝治天下惟養賢以圖養民故自太祖高皇受命之明年卽詔天下郡縣皆建學以養士爲先務也其法凡有官者子弟與民之秀皆選而教於學學必專經經明而後試之凡三場中式而後貢試南宮其登額而進對大庭者特賜曰進士以次官之仍命工部立石太學紀其名氏亦重科目人材且爲天下勸也故凡天下有司推明朝廷德意亦各得立石於其學紀其士之由明經

進於科目者焉黃梅爲湖藩大邑亦豪傑所産地也予第乙未進士科試政春官越二年出宰是邑既至觀於學見舉進士及鄉薦者未有題名石問其人有無而諸生歷舉進士韓中舉人馬性聾若干以告且述其科第年次甚悉余曰嘻朝廷設學校以養士如雨露之養萬物焉既設師儒以敎之又命憲臣以作成之士初有進卽有廩餼之供材既成而官之又有祿養之厚凡作興鼓舞之道咸備至焉士而得作養於學宜思上之所以望我者大豈徒學文章以媒利祿而已必禮義養心以修吾他日養民之具求不負上之所以作養我者可焉爲守令而不知振作士氣涵養士心又豈朝廷寄學校於守令之意哉若夫立石題名以重科目人材亦有司作興之首務胡獨缺于斯乎適舟客載堅珉自南畿來其高濶與碑制宜遂構之樹於講堂之右覆之以亭刻諸進舉姓名於科日年次之下俾士子觀焉咸相謂曰某某皆以作養有成進於科目得刻石垂名不朽吾徒容可優游歲月不求銳進耶於是豪傑之士奮然以出科目之英後先相望區區片石殆不勝書矣因志此於

後用旌多賢爲諸士勸云時成化戊戌冬仲月朔

詩歌

破額山慈雲寺　唐常　建

清晨入古寺初日照高林曲徑通幽處禪房花木深山光悅鳥性潭影空人心萬籟此俱寂惟聞鐘磬音

破額山　柳宗元

破額山前碧玉流騷人遙駐木蘭舟春風無限瀟湘意欲採蘋花不自由

五祖寺　宋歐陽修

日煖東山去松門數里斜山林隱者趣鐘鼓梵王家地
僻遲春節風晴變物華雲光漸容與鳥弄已交加冰下
泉初動煙中茗未芽自憐多病客來探欲開花

登白蓮峯　蘇軾

登嶺勢巍巍蓮峯太華齊凭欄紅日蚤回看白雲低松
栢月中老猿猱物外啼禪師吟絕後千古指人迷

五祖寺　明羅洪先

五祖名山寺三乘戒法叢袈裟不單月衣鉢已飛空地
勝雲遮護山蹊樹更濃風塵慚愧在不厭聽晨鐘

遊東山　何遷

白日青林中行覔石髓食夜來山雨過沙上有虎跡
邅回古洞旁誰是觀心者一見白雲生忘言秋月下

贈道悟山僧

朝出看山暮不歸巖雲谿色相因依香樓對女夜已靜
猶聽山寒泉作飛
山人白髮披兩肩顧我一笑蓮峯前夜深欲問乘槎者
滿眼河山不可傳

遊西山　趙貞吉

靈潤橋橫碧玉流山盤正覺白雲悠老松奔石矮遮屋
修竹接天高出樓鹿抱麝香眠砌草鳥飛翠羽薄簾鉤
狂夫野性邪閒散又得浮生半日遊

靈潤橋八首　劉南金

水氣何氤氳星蟾夜相薄西風似有情散作霜花落
試叩碧流痕冷然動清響驚開石上雲飛去松花上
道人臨水渴一飲即成酣欲問飲時味沉吟不解譚
坐見石光飛瀑音亂花徑應有石中人慇懃奏笙磬
誰把天漿溢仙人不復掃一灑秋塵空千峯顏色好

每到月明時似有江潮送青山不可收白鶴閒相弄
時呼洗藥僧共臥青湍背那知禪夢中説道天花碎
怪得石橋路無風雪自沉夕陽涼易足聽罷素心迎

論曰聖賢之微言忠臣孝子勞人思婦之發憤出乎
情止乎義而律度生皆隨辭以定體非選體以配辭
也文體十有八誥誓紀表書傳論序箴記頌志銘贊
賦誄箴跋是也詩體有八行吟題咏怨歎章篇是也
樂府體亦有八操引謠謳歌曲詞調是也此十六體統謂之詩
至於詩餘不過南北套數曲耳滅性叛經孔孟放之

矣漢人運氣於骨中魏晉以降骨脆而氣變其間得失升降治亂之機不自知其何以至此也摭拾黃岡漢編荒落有唐及明頗可採述而志之無以淫破義夫人之才固有不可彊者歟

黃州府志卷之九

知黃州府事襄平蘓良嗣較定

稗函志

仙釋

言僞行僻有誅載在王制仙釋之害罔上誣民最大蕭禹遵無父之教崔浩師事寇謙之孔孟之所深絕也志事警嚴以法春秋云爾

晉

葛洪字稚川句容人咸寧中爲散騎常侍通神仙導引術以交趾出丹砂求爲勾漏令號抱朴子年八十一尸解相傳於元妙觀煉丹今丹井尚在

明

柳氏陽邏堡人生不茹葷日爲導引不由師授延年九十欲尸解誓建泰嶽祠於江岸之武磯頭人以無木難之氏曰無慮也會大賈舳艫塞江柳以一絲繫績具木不行賈懇有司覘之舟亦膠遂拜謁爲治祠二一祠泰嶽一塑柳像於中事聞勑封柳夫人商人祭爲水神亦爲痘神以上黃岡

唐

伏虎珪禪師名令珪涿州人來遊三角山遂居之山素多虎人不可行珪住此虎悉遁去因號伏虎

禪師乾化間始建寺宋仁宗賜額龍門謚慈應禪
師 以上蘄水
晉 麻姑石虎時麻胡秋女父猛悍人畏之築城嚴酷
晝夜不止惟鷄鳴乃息姑有息民心假作鷄鳴羣
鷄皆應衆乃息父覺欲撻之姑懼逃入山洞修道
後於城北石橋飛昇因名其橋曰望仙
宋 土王世傳西蜀人張姓行七初遊歷麻城見沿江
多淫祠毀之繫獄邑有火災釋而捍之跨烏騅執
朱挺指火火滅遂至縣西北五腦山人馬俱化去

鄉人建祠祀焉
釋無念名深有東山熊氏子少孤披剃徧遊諸方
叅名宿究心四十年忽有省原不識文字自是偈
頌書札口占如流 以上麻城
唐 張祖師貞觀間人蘄州有勝地爲妖神魯王所據
師至欲居其地神與鬬法師布帨於地神莫能舉
遂居之神怒推石擊師師以手承之輙成一龕今
有掌跡 以上蘄州
晉 羅致福眞仙本江西廣昌人武帝時入陽明山洞
已徧歷名山大川至黄梅悅鳳臺蘆溝之勝棲止
焉一日遇道者語合留居經九歲忽一日引去適
月歸偶一秀士以疾首來謁福曰俟吾北郭母悸
吾民尋之北郊有龍伏坎中即仗劒劈腦取白蜈
蚣一殺之授以丹九龍徐徐騰去後名其地爲乾
龍池元康中惠帝病尫索名醫福被召投之劑病
愈賜金帛官爵不受勅號眞人禮送至泰源觀修
煉後白日冲舉名其地爲飛昇臺
千歲寶掌和尚中印人也生而左手握拳不展父

母攜以謁佛陀精舍遂展掌禮佛故以寶掌稱焉
徧閱聖僧廣研乘部策錫黄梅居雙峯遂成叢社
後移錫江浙寂於會稽之雲門壽傳一千二百歲
天王道悟和尚姓程氏年十五依長沙寺曇翁律
師薙染受具南謁馬祖祖教以識取自心本來是
佛師大悟服勤九年辭去後仗錫過蘄春登雙峯
遂卓錫龍峻之墟已遷雙峯南是名上寺復退而
結菴於紫雲之巔即寶掌故址也有得法弟子龍
潭信信之子爲德山鑒是爲雲門法眼之祖

唐　四祖大醫禪師名道信姓司馬河内人父爲永寧令即今廣濟周靜帝大象二年三月三日示生先是達摩尊者以其法傳二祖可可傳三祖璨師謁三祖乞解脫璨曰誰縛汝更求解脫乎師悟斷髮事之久乃授以衣鉢武德七年卓錫於破額山武宗慕之屢徵不赴賜紫衣以成其志閱世七十二年寂於毘盧塔次年塔戶自開衆歡呼珍奉代宗謚爲大醫禪師祖涅槃時言吾手開過千紙當再來明武宗正德十四年右手漸舉火從頂發自焚

惟存舍利

唐　五祖大滿禪師名弘忍黃梅人也先是四祖居破額山山有老僧以種松爲業嘗請於祖曰法印可得聞乎祖曰若耄矣脫有聞其能廣化耶倘能再來吾當遲汝僧作禮而去至濯港有女浣衣澤畔僧揖之曰可寄宿否女曰有父母在可往求之僧回山趺坐而逝女周氏季子也歸遂孕父母惡逐之傭紡里中夕於社屋之下以隋仁壽二年十月二十三日舉一子以爲不祥棄之港中逆流而上漁者收養之啼不止明日母踪至啼忽止漁者與而還焉乃育之社屋仍傭紡爲生子七歲不語一日從拾遺麥田父追令以父呼之師曰吾將父天下後世誰復父吾哉至今名其地爲新開口未幾逢信祖於道與語器之因化其母令出家母許諾祖歸告衆嚴壇以迎諸比丘久俟不至意且怠俄一貧嫗負兒竟趨佛殿衆渺如也鐃鼓不扣而鳴始異之登堂禮拜即悟夙因復理前問執侍八年授以衣鉢是爲五祖卓錫於馮茂山在破額東故

曰東山上元二年示寂壽七十有四代宗謚爲大滿禪師

宋　法演禪師名法演五祖十五世孫也巴西綿州鄧氏子少爲書生長慕出世法遍遊叢社晚至東山初五祖之寂也遺記云吾滅後當留真身吾手啓而衆當再來後四百六十年演果至適像與手相裂中可容箸衆咸異謂果乘願再來者也於是主東山席崇寧三年逝

明　靜鑑祖師爲泰和梁氏子生七歲父母繼歿投雪

峯寺落髮後入終南山二十九載每以巳事未明欲捨身投崖若有掖之者六投六掖乃止忽有老僧名天台比丘謂曰若無泡影大事難辨時節一至其理自彰奚必身之捨爲乃示以黃梅紗高山可居師遂挈鉢而來掛錫幽巖攻苦精進歲種魁芋三百六十本日啖其一閱歲久慧鑑圓朗一日呼徒衆曰有來必有去我其行乎三年後當以吾演化也趺坐而逝時正統十二年二月八日也後三年徒衆啓塔見師顔貌如生膠漆莊嚴稜稜瘦骨千古如生

國朝起高名智渂建昌周氏子幼祝髮於甘露菴遍叅名宿得法後卓錫於黃梅四祖寺以上黃梅

論曰嘗讀兩漢書而知邪說之自禍也文成五利武帝以欺誅明帝時佛教初入東土摩騰竺法藍即以謀反正法充塞仁義隱害人心爰及干戈首亂天下故聖人絕地天之通謹始慎微其嚴乎

方伎

秦灰煽熖儒術微矣而方伎存後代郭璞葛洪及陰陽雜書房中運氣之術爲法不同豈必滅其籍要使當世之人辨其說之可從不可從而已

明

陶仲文故姓潘爲黃岡陶氏養子少爲椽喜方術嘗授符水訣於羅田萬玉山又從邵元節游嘉靖初以庫大使秩滿需次銓部會元節之薦得幸累封恭誠伯加禮部尚書歷三孤隆慶初追奪封爵籍其家

宋

龐安時元祐間人字安常家蘄水精醫名聞海甸蘇軾寓黃聞其賢訪與語甚相得四方扶病就治者所全活甚衆其學自神農黃帝經扁鵲八十一難經靈樞乙甲葛洪輯百家言獨深解悟嘗言曰世所謂醫書予皆見之惟扁鵲寓術於書而言之不露使人自求耳所著有傷寒本論脉法龐氏家藏秘寶方數萬言安時少患聵人以手畫字即解軾嘗戲之曰余以手爲口君以眼爲耳

明

萬福敦羅田人幼穎異攻舉子業已輒厭棄投塔山寺爲僧法名道璣即寘解禪宗邑令徐召與語大器之命蓄髮訪道四方遂號玉山數年徧遊五

嶽諸名勝身短精悍善踵息鍮鍊不啖秫麵鹽酪深味丹經旁通風角堪輿奇門符水而猶聖於醫繪蘭竹淸逸有韻其他譜琴擊劍蹴踘躧蹻雜伎種種入能品語人禍福多奇中人問以故曰太淸無纖雲誠則明矣年六十始娶妻生一子正德乙亥遊霍山明年庚辰四月謂其主人曰靈鶴夜且至倘余假寐幸亟呼出戶也是夜風聲驟至瓦甍盡鳴主人舉炬視之則羣鶴集竹稍仆壓墻屋呼玉山不應乃知即化矣年九十二

萬全號密齋羅邑諸生也潛心醫學著有養生四要育嬰家祕廣嗣紀要痘疹心法諸書行世天下咸稱爲醫聖

蔡密麻城人有道術能運掌心雷祈雨輒應

樊子晉少聰敏尤精醫術察脉知人十年生死人學之終不能得其妙

李時珍少補蘄州弟子員精岐黃術楚王薦之於朝授太醫院判後以子建中貴封文林郎生平搜羅羣書罔不博洽著述甚多有命門考三焦客難脉訣諸書行世惟本草一書歷三十年參考九百家凡三易稿著成五十二卷名曰本草綱目明世宗購求天下遺書其子上之命禮部刊行

論曰聖人教人以六藝不聞有九流之儒一道德同風俗所以大治方伎之士設心注意偷爲一切雖有得而不勝其失也惟醫道可託死生別有通徹之理其他無關教化遊方之外者命曰天放可也

寺觀

志寺觀匪異端是予或前代勑建未可廢也傳曰勝

國之社屋之此物此志也夫

報恩寺 在青雲路巷　　安國泰平講寺 在城東南二里

南塔寺 在文峯塔下　　禪寂寺 在團風鎭

圓通寺 一在團風鎭一在周山舖　　彌陀寺 在陽邏鎭郎蓬萊寺

白虎寺 在還和鄉　　化樂寺 在舊州城

方廣寺 在金舖山有上下二寺　　能仁寺 在大崎山

無盡寺 在大崎山南　　定香寺 在東絃鄉

雙林寺 在中和鄉　　覺林寺 在庶安鄉

靜安寺 在庶安鄉　　雨華菴 在淋山河

珉龍菴
元妙觀 在城南
鐵樹觀 在新家冲
眞武觀 在團風鎮
南塘廟 在團風鎮
文峯塔 黄郡羣山左翔而長江東下此爲巽方明萬曆二年黄岡鄉紳李郡丞時芳黄别駕士元醵金捐貲建未合尖而解額三捷今漸傾頽
漏澤園 在城東 以上黄岡
昭化寺 在縣東
凊泉寺 在縣東北二里
龍泉寺 在縣北
天然寺 在青獅山
鳳城寺 在縣西四十里
斗方寺 在縣東五十里
三角寺 在縣東五十里
穆悲寺 在縣東五十里

神光觀 在縣東
鳳城觀 在巴河鎮
仙靈觀 在蘭溪鎮
玉泉觀 在玉泉山
文峯 在縣西雨標山
漏澤園 在縣西北 以上蘄水
老塔山寺
十王寺
麻姑寺
萬壽寺
元妙觀
義塚 在縣西 以上羅田
萬壽寺 在城內南街
東禪寺 在城內東隅
繡佛寺 在城內北街
寶筏寺 在朝聖門外
芝佛寺 在龍湖北岸
九龍寺 在九龍山

大安寺 在大安山
興福寺 在白杲鎮西一里許
能仁寺 在龜峯之北
基隆寺
法眼寺 即黄蘗寺
半偈菴 在河東岸
念力菴 在河東
翠峯院
元廟觀 在縣北十五里
張相公廟 在五腦山一在西門外
東嶽廟 在北關
化王廟 在龜峯頂
東嶽行祠 在沙街
道觀磯 在五腦山左谷中
三教堂 在白杲山南
漏澤園 在治西 以上麻城
東山寺 在治東一里
甘露寺 在治東十里

白龍寺 在治東三十里
寶塔寺 在治西南二里
大生宮 在治西一里
三清觀 在治西一里
紫霄宮 在木蘭山
漏澤園 在治西五里 以上黄陂
雲莪寺 在治北五十里
琉璃寺 在治西百里
雨山寺 在治西 以上黄安
眞惠寺 在治東二十里
正覺寺 在鳳凰山
鐵佛寺 在北門內
乾明寺 即觀音閣
昭化寺 在治北三里
地藏寺 在治東十里
資教寺 在治北五十里宋真宗賜額龍門寺
廣教寺 在治北五十里白雲山

高溪寺在治北一百二十里　存金寺在治北舊名瞿金寺唐貞觀間建

元妙觀　天真觀在治北

滿澤園以上蘄州

幽居寺在治南五祖大滿禪師建　大藏寺在治東二十里

成相寺在治東四十里　南山寺在治東南

黃牙寺在治南　龍山寺在馬口湖北

雙泉寺在治南五十里唐貞觀間建　元妙觀在治北

善潭觀在治西五里　滿澤園在治西郊外　以上廣濟

老寺去治四十里千歲寶掌建　栢林寺遠公建明永樂間勅賜護國寺

四祖寺在治西四十里一名西山一名雙峯山一名破額山唐貞觀間建

五祖寺在治東北二十五里一名東山一名馮茂山唐宣宗勅建天中東山寺

東禪寺在治西南有佛母塔即五祖當日養母處　意生寺在治南五十里

靈泉寺在治東二十里　古佛寺在治西六十里

南山靈峯寺在鼓角山圓證禪師道場　北山寶相寺在鼓角山無跡祖師道場

西永福寺明永樂間勅名瑜伽寺　蔡山寺在治西南江畔舊名江心寺

妙高山寺在考田山名高山普照寺即靜鑑祖師肉身道場

紫虛觀在獨山王月航真人修煉處　大洋廟即福主廟宋公益修煉處

泰源觀　武當宮在西關外

東嶽廟在東關外　南嶽廟在南關外

陶王廟在上新祀晉都督陶侃　以上黃梅

論曰白馬馱經來止於鴻臚寺故桑門遂以寺名金莖近鳷鵲觀故方丈遂以觀名篡號王宮名器豈可假乎此同泰昭應之所以遺譏也

兵變

夫陰陽相薄水火相射天道且然而況國乎一治一亂孟子傷之雖曰天道蓋亦由人事焉布昭聖武何嗛乎獻功

春秋桓公八年楚子合諸侯于沈鹿黃隨不會使薳章讓黃莊公十九年伐黃敗黃師于踖陵僖公十二年楚滅黃

晉　太始元年吳圍弋陽

唐　乾符三年黃巢兵起江南永興民皆亡爲盜杭州刺史路審中爲董昌所拒走黃州光啓二年安陸賊周通攻審中亡吳討據黃州駱殷據永興乾寧初杜洪鄂州人自將擊討乞師淮南楊行密遣朱延壽助之洪引還延壽援黃州俘討獻京師駱殷

棄永興走行密取其地洪得駱殷倚爲心腹

宋

元嘉二十九年西陽蠻反遣沈慶之討之三十年遣武陵王駿統諸軍討西陽蠻

元

順帝至正十二年羅田徐壽輝麻城鄒普勝等以妖術聚衆反紅巾爲號

明

正德四年仙姑洞賊大肆焚掠五月劉六劉七趙風子取道麻城至團風奪舟入江殺戮甚衆

崇禎七年甲戌流賊始渡河冦江北地方乙亥春二月經麻城雷馬二將迎戰於陰山阪死之自是

賊分枝蹂躪往來如織然未嘗攻城止肆野掠房屋盡燬人民殺擄無筭各鄉依山結砦保聚官兵坐視不援凡賊魁謂之掌盤子餘以綽號行曰紫薇星老回回闖塌天曹操營過天星一隻虎隔辣煙掃地王闖王闖將一斗粟混世王八大王等號

崇禎癸未年二月賊張獻忠破蘄州壽破蘄水三月破黃州府城城內外官民房舍盡燬城平如肩鄖亂無噍類矣五月破湖廣省據城稱王設官至七月始拔營入川

國朝壬辰癸巳間東山李有實等倡亂攻黃州諸堡同知白秉貞招撫之

康熙十三年十月麻城東山萬野如鮑世榮李公茂等作亂知縣屈振奇請兵進勦副將王宗臣領兵知府于成龍督率鄉勇會勦陣擒萬野如鮑世榮等正法東山遂平

論曰春秋以來楚黃多大介其與殷武之首章曰奮伐荆楚罙入其阻蓋楚啓山林惟黃爲四聚之國故明之末苞有二蘖李有實鮑世榮然攸馘以安仍用鄉勇則詩所謂裒荆之旅是也